Vom Urvertrauen zum Selbstvertrauen

Sandra

Rüdiger Posth

Vom Urvertrauen zum Selbstvertrauen

Das Bindungskonzept in der emotionalen
und psychosozialen Entwicklung des Kindes

Waxmann 2009
Münster / New York / München / Berlin

Bibliografische Informationen der Deutschen Nationalbibliothek
Die Deutsche Nationalbibliothek verzeichnet diese Publikation in der
Deutschen Nationalbibliografie; detaillierte bibliografische Daten sind
im Internet über http://dnb.d-nb.de abrufbar.

2., verbesserte und ergänzte Auflage 2009

ISBN 978-3-8309-2155-4

© Waxmann Verlag GmbH, Münster 2007

www.waxmann.com
info@waxmann.com

Umschlaggestaltung: Christian Averbeck, Münster
Titelfoto: martin.wasler@vol.at
Druck: Hubert & Co., Göttingen
Gedruckt auf alterungsbeständigem Papier,
säurefrei gemäß ISO 9706

meiner Frau und meinen Kindern

Inhalt

Vorbemerkungen und Darstellung der Grundansichten 11

1. Urangst und Schreien 27

1.1 Die Basis der vorgestellten Konzeption 28

1.2 Anfänge der menschlichen Persönlichkeit 33

1.3 Der Zugang zur Erlebniswelt des Säuglings 38

1.4 Schreien als ursprüngliche affektive Äußerung und die Urangst 46

    1.4.1 Seelische Widerstandsfähigkeit und die Temperamente 63

    1.4.2 Die Unmöglichkeit, einen Säugling zu verwöhnen 66

1.5 Formulierung der Vorstellung von der emotionalen Integration 69

1.6 Wut/Ärger und Freude als weitere affektive Äußerungen des Säuglings 82

1.7 Das sogenannte Schreibaby und die Schlafprobleme 86

2. Fremdeln und Anhänglichkeit 100

2.1 Das Fremdeln 100

    2.1.1 Der Säugling als erkennendes Wesen (der „kompetente Säugling") 100

    2.1.2 Das Phänomen des Fremdelns und die Neugier 105

    2.1.3 Der fremdelnde Säugling im Alltagsgeschehen 113

2.2 Die Anhänglichkeit 115

    2.2.1 Die Grundlagen der Bindungstheorie (Fremde-Situations-Test) 120

    2.2.2 Tiefenpsychologische Erklärung der Bindungstheorie 124

    2.2.3 Die Anhänglichkeit im alltäglichen Umgang 128

    2.2.4 Entwicklungsbeziehung zwischen Fremdeln und Anhänglichkeit 131

2.3 Die sichere Bindung in der Praxis und die Bindungsverwirrung 139

3. Loslösung, Trotz und Selbstbewusstsein 142

3.1 Ausformulierung der primären Bindung in Bezug auf das Selbst 143

3.2 Loslösung, Widerstand und erster Trotz (das Gefühl des Willens) 149

   3.2.1 Die frühen Bedürfnisse, der Wille und die Entscheidungsunfähigkeit 153

   3.2.2 Die Konditionierung, das Gewöhnen und die Rituale 158

   3.2.3 Der Drang und das Beharren 162

   3.2.4 Von der Wut zum Widerstand 165

   3.2.5 Das „Nein" und der Beginn der Erziehung 167

3.3 Die Triade und das dynamische Verhältnis von Bindung und Loslösung 169

   3.3.1 Die gelungene (auch gelingende) Loslösung 171

   3.3.2 Die Formen der erschwerten und misslungenen Loslösung 174

3.4 Die Psychodynamik zwischen Bindung und Loslösung und die „beschleunigte" Loslösung 182

3.5 Entwicklung von Ich und Selbst im emotionalen Bewusstsein 188

3.6 Die Entstehung des Selbst und frühe positive und negative Attribute 193

3.7 Trotzerscheinungen und Selbstbewusstsein 200

   3.7.1 Die Elternmacht 202

   3.7.2 Die natürliche Macht 205

   3.7.3 Die Union der Elternmacht mit der natürlichen Macht 207

   3.7.4 Die Macht der (gleichaltrigen) anderen Kinder und Geschwister 209

3.8 Erste Widerstände in der Loslösung und Fütterungsschwierigkeiten 213

3.9 Trotz und die Reaktionen der Umgebung (Akzeptanz, Deeskalation und Intervention) 217

   3.9.1 Allgemeine Vorbemerkungen 217

   3.9.2 Akzeptanz 222

   3.9.3 Deeskalation 223

   3.9.4 Intervention 226

3.10 Auswirkungen der Rivalität im Kleinkindalter 229

3.11 Ausblick in die Zukunft aus dem Blickwinkel des Trotzes 241

4. Stolz, Scham und Sozialleben 244

4.1 Das Verhältnis von Bindung und Loslösung in Auswirkung auf das Selbst 245

4.2 Die Daseinsempfindung als Ablehnung und Begehren 249

4.3 Differenzierung des Selbst in gut und schlecht und das Übergangsobjekt 259

4.4 Stolz und Scham als soziale Kerngefühle (mit Selbstdarstellung und Scheu) 262

4.5 Grundsätzliche Vorstellungen über das Triebgeschehen von Aggression und Sexualität 278

4.6 Das aggressive Geschehen im Kindesalter 279

    4.6.1 Die Aggression und ihre generelle Verbindung zu Trotz und Rivalität ... 279

    4.6.2 Die Rolle der Agression beim verstärkten Trotz gegenüber der Elternmacht ... 285

    4.6.3 Aggression an der Grenze zum pathologischen Sozialverhalten ... 288

4.7 Die Sexualität und ihre Auswirkungen auf das frühkindliche Verhalten 291

4.8 Der Umgang mit Aggression und den Gefühlen von Stolz und Scham 298

4.9 Besprechung der Sauberkeitsentwicklung 320

5. Grundzüge des Gewissens 328

5.1 Entstehung von Über-Ich, Ich-Ideal und Gewissen 329

5.2 Die „Balance" von Scham und Stolz und das schlechte und gute Gewissen 344

    5.2.1 Allgemeine Betrachtung 344

    5.2.2 Die Gewissensformen 350

5.3 Das frühe Gewissen im Verhalten des Kindes 355

5.4 Gehorsam und Bedürfnisaufschub auf der Basis von Gewissen 367

5.5 Defensive und offensive Persönlichkeitsmerkmale im Sozialverhalten 373

    5.5.1 Aggressivität und ihre Rolle im Sozialverhalten 375

    5.5.2 Schüchternheit und ihre Rolle im Sozialverhalten 376

    5.5.3 Das väterliche und mütterliche Vorbild 377

    5.5.4 Der fehlende Vater im Kinderzimmer 378

5.6 Das Gefühl von Recht, Unrecht und Gerechtigkeit 379

5.7 Gewissen als individuelles Gefühl und soziales Verhaltenskorrektiv 385

5.8 Das Gewissen, sein Verhältnis zur Vernunft und das Gute und Böse 403

Nachbemerkungen und sozialpolitischer Ausblick 417

Literatur 427

Vorbemerkungen und Darstellung der Grundansichten

Das seelische Empfinden von Säuglingen und Kleinkindern ist immer noch zu wenig erforscht, und man könnte bei kritischer Betrachtung beinahe von einem weißen Fleck auf der Landkarte aller Entdeckungen über die menschliche Natur sprechen. Das Bedenkliche daran ist, dass die große Bedeutung dieses frühen Entwicklungsstadiums der Gefühle für den Menschen über Jahrhunderte hinweg nicht erkannt und infolgedessen in der genauen Erforschung vernachlässigt worden ist. Erst in den letzten Jahrzehnten rückt dieser Lebensabschnitt des Menschen in den Blickpunkt des allgemeinen Interesses und auch die Wissenschaft nimmt sich des Themas an. Dabei stellt sich heraus, dass die ersten Jahre im Leben eines Menschen von elementarer Bedeutung für seine Persönlichkeitsentwicklung und seine sozialen Beziehungen sind.

Diese Ansicht wird zwar von manchen Skeptikern gerne bestritten, aber wer mit einfühlsamem Blick und unter Aufbietung seiner intuitiven Fähigkeiten die noch unverfälschten Gefühle, die begierige Aufnahme von Wissen und das völlig spontane Beziehungsverhalten von Säuglingen und Kleinkindern studiert, spürt schnell die entscheidende Bedeutung dieser Entwicklungsphase. Mimik, Gestik, Lautäußerung und Sozialverhalten unserer jüngsten Gesellschaftsmitglieder verraten noch alles über ihr Innerstes und machen das frühe, menschliche Gefühlsleben wie in einem großen Freifeldlabor offenkundig. Voraussetzung für ein effektives Studium dieses noch unbehinderten Gefühlsstroms ist die Bereitschaft des Beobachters, sich den Säuglingen und Kleinkindern mit Geduld und Verständnis zu nähern, sich ihnen zuzuwenden und sie bei ihren Aktionen und Handlungen aufmerksam zu studieren. An dieser Bereitschaft und Geduld mangelt es den Menschen aber, und ich bin der Auffassung, dass in diesem Mangel die Gründe für all die Irrtümer zu suchen sind, die über das Erleben und Verhalten von Säuglingen und Kleinkindern noch heute verbreitet sind.

Unvoreingenommen zu erleben, was Säuglinge in ihrer Mimik und ihren Affekten zum Ausdruck bringen und bereitwillig zu hören, was Kleinkinder in ihrer unverdeckten Sprache sowie im Rollenspiel von sich preisgeben, sei eine allen Erwachsenen empfohlene Aufgabe, um die kindliche Welt besser zu begreifen und zugleich ein tieferes Verständnis der eigenen Seelenstruktur und der persönlichen Reaktionsweisen zu gewinnen. Denn jeder Erwachsene ist selbst einmal Säugling und Kleinkind gewesen, und wenn er sich auch an diese Zeit nicht definitiv erinnern kann, die Gefühle von einst sind immer noch in ihm wach. Das ursächliche Verständnis eigener Reaktionen und Verhaltensweisen im Rückblick auf die Kindheit ist aber unbedingt nötig, um die Gründe für die zahlreichen Konflikte zwischen Erwachsenen und Kindern über die Generationen hinweg zu verstehen, und um eigene Elternschaft in einer kindgerechten Form ausüben zu können.

Neben umfangreichen, empirischen Einzelbeobachtungen sind es wissenschaftliche Studien der Entwicklungspsychologie, die Aufschluss über das Empfinden und Erleben von Säuglingen und Kleinkindern geben. Die hier vorgelegte Arbeit macht es sich zur Aufgabe, die Essenz aus solchen Studien, aber auch aus den zahlreichen Einzelbeobachtungen, in einer kindgerechten, den Entwicklungsgedanken hervorhebenden Form, zusammenzufassen und zu interpretieren.

In jüngster Zeit kommen dem Bestreben nach objektiver Erkenntnis über die Vorgänge in der Lebenswelt des Kindes neben den entwicklungspsychologischen Beobachtungsstudien immer mehr die Neurowissenschaften und die Hirnforschung zu Hilfe. Insbesondere durch die bildgebende, apparative Technik ist den Wissenschaften inzwischen möglich geworden, dem Menschen wie durch ein Fenster ins Gehirn zu gucken und gleichsam bei der Arbeit zuzusehen. Dabei handelt es sich um radiologische Untersuchungstechniken wie z.B. die funktionelle magnetische Resonanztomographie, kurz fMRT oder die Positronen-Emissions-Tomographie, kurz PET genannt. Diese computergestützten Untersuchungsmethoden sind in der Lage, bestimmte, experimentell ausgelöste Hirnfunktionen auf dem Monitor farblich sichtbar zu machen. Das gilt sowohl für mentale, als auch für emotionale Vorgänge. Ich erwähne diese Techniken gleich zu Anfang deswegen, weil sie einen immer größeren Einfluss auf die Anschauungen über die Vorgänge im menschlichen Gehirn gewinnen und weil sie beweisen, dass alle seelischen und geistigen Prozesse des Menschen sich im Organ Gehirn abspielen. Die Neuroradiologie ist sicher die bisher größte Herausforderung für die ursprünglich eher geisteswissenschaftlich ausgerichtete Psychologie.

Solche radiologischen Untersuchungstechniken, die zu wissenschaftlichen Zwecken ausschließlich an erwachsenen Personen durchgeführt werden, bieten im theoretischen Rückschluss auch wichtige Erkenntnisse über die Hirnfunktionen im Säuglings- oder Kindesalter. Für die Entwicklungspsychologie besteht das Problem, dass solche Untersuchungen aus technischen wie aus ethischen Gründen nicht direkt an Säuglingen und Kleinkindern durchgeführt werden können. Die wenigen Einzeluntersuchungen an Säuglingen und Kleinkindern, die es dennoch gibt, ermöglichen immerhin einen ersten Einblick in die speziellen Reifungsprozesse des noch in der Entwicklung befindlichen Gehirns. Auf diese Weise lässt sich vielleicht eines Tages der Entwicklungsverlauf der neuropsychologischen Reifung des Menschen exakt definieren und damit auf das Niveau einer Beweisbarkeit heben.

Außerdem lässt sich auf diese Weise die gesunde, neurofunktionale Entwicklung von der krankhaft gestörten unterscheiden. Aus einer Vielzahl solcher Untersuchungen lassen sich wiederum frühzeitig Rückschlüsse auf eine gesunde oder pathologische Entwicklung ziehen. Insgesamt ist von solchen Fortschritten in der Erforschung des menschlichen Gehirns in Zukunft viel zu erwarten. Ich meine bezogen auf deren übergeordneten philosophisch-ethischen Aspekt, dass die Entdeckungen über das „Innenleben des menschlichen Gehirns" keineswegs, wie oft beklagt, den Schleier des Unfassbaren von unserem Zentralorgan herunterreißen, sondern im Gegenteil einen ganz neuen Kosmos eröffnen, den Kosmos in unserem eigenen Kopf.

Die Aufgabe dieses Buches ist aber nicht nur eine Aufarbeitung entwicklungspsychologischer und neurowissenschaftlicher Forschungsergebnisse zur emotionalen und psychosozialen Entwicklung des Kindes in Verbindung mit einer Darstellung von Hintergrundswissen. Gleichermaßen im Mittelpunkt steht die Standortbestimmung des Kindes in der modernen Gesellschaft als soziales Wesen. Dazu ist ein Blick auf die Lage der Familie in der heutigen Zeit zu werfen, denn die Familie ist über alle Zeitströmungen hinweg die natürliche Lebensgemeinschaft, in der Kinder groß werden. Gleichzeitig gilt die Familie als die Keimzelle der menschlichen Gesellschaft. Die traditionelle Familienform, darüber scheint in der Gesellschaft Einigkeit zu herrschen, lässt sich heute jedoch nicht mehr aufrechterhalten. Diese Aussage gilt zumindest für die westlichen Industrienationen. Wirtschaftspolitische sowie soziokulturelle Faktoren stellen die konventionelle Familienstruktur infrage.

Der Bedarf an Arbeitskräften in der Produktion und im Dienstleistungsbereich zwingt die Frauen und Mütter zu immer größerer Mitarbeit und lässt die klassischen Familienbindungen auseinanderbrechen. Arbeitsplatz und Wohnort liegen immer häufiger weit auseinander. Kind und elterliche Arbeit begegnen sich nicht mehr. Viele Kinder wissen überhaupt nicht, was und wo ihre Eltern arbeiten. Das Fehlen von Vater und/oder Mutter über viele Stunden am Tag charakterisiert vielerorts das moderne Familienleben. Es existiert kein Prinzip Großfamilie mehr, das mit dem Einsatz von Großeltern oder Verwandten solche familienfeindlichen Bedingungen ausgleichen könnte. Nicht zuletzt trägt auch das Emazipationsbestreben der Frauen zu dieser Entwicklung bei, waren es doch die Frauen, die bisher die funktionierende Familie aufrechterhalten haben. In jüngster Zeit kommt ein weiterer, rein wirtschaftspolitischer Aspekt hinzu. Die Konstruktion der sozialen Absicherungssysteme macht es erforderlich, dass eine möglichst große Zahl an

Produktivkräften in Lohn und Brot steht, um die Kosten für ihren Erhalt zu erwirtschaften. Die zunehmende Überalterung der Bevölkerung spitzt diese Problematik weiter zu, so dass nun auch aus dieser Richtung der Ruf nach Mitarbeit der Frauen immer lauter wird.

Eine besonders prekäre Situation für die Lage des Kindes ergibt sich aus dem gesellschaftlichen Trend, Partnerschaft aus einem gestiegenen Bedürfnis nach uneingeschränkter Selbstverwirklichung frühzeitig zu beenden und sich – wenn nötig – wieder scheiden zu lassen. Die Anzahl allein erziehender Mütter nimmt dadurch drastisch zu. Sogenannte Ein-Eltern-Familien finden sich neu zusammen und bilden Patchwork-Familien. Daraus ergibt sich in den Familien eine beträchtliche Zahl an Stiefmüttern und Stiefvätern, sowie Halbgeschwistern. Nichteheliche Lebensgemeinschaften komplizieren juristisch und wirtschaftlich die Elternschaft und gleichgeschlechtliche Lebensgemeinschaften können durch künstliche Befruchtung oder Adoption Elternschaft erlangen. Alles das stürzt seit wenigen Jahrzehnten auf das Kind ein.

Im gleichen Atemzug ist die drohende Isolation der Familien zu nennen, begünstigt durch eine Städtearchitektur, die immer mehr rein funktionalen Gesichtspunkten folgt. Der Wohn- und Lebensraum für Kinder wird im Zuge dessen ständig kleiner und beengter. Ein Grund für Entbehrungen in der Kindheit liegt aber auch in ganz anderen Dingen wie z.B. dem fortgesetzten Fernbleiben der Väter vom Kinderzimmer, eine Erfahrung, die in der Gesellschaft bis heute als Normalzustand gewertet wird. Nicht zuletzt ist ein häufiges Versagen sozialpolitischer Netzwerke zu vermerken. Konkrete Anklage richtet sich gegen die drohende Verarmung kinderreicher Familien und die soziale Benachteiligung der Eltern in Ausbildung und Beruf durch Auszeiten für die Kindererziehung.

Aber nicht nur das Zerbrechen und soziale Abgleiten der Familien gefährdet die gesunde Entwicklung der Kinder, sondern auch die Desorientierung hinsichtlich erzieherischer Grundsätze in der noch erhaltenen Elternschaft. Traditionelle Erziehungsformen gelten als überholt und falsch, neue zerfasern sich in einem beinahe ideologisch geführten Richtungsstreit.

Bei all diesen sozialökonomischen und soziokulturellen Schwierigkeiten droht das Kind mit seinen berechtigten Ansprüchen an eine funktionierende Elternschaft unter die Räder zu geraten. Ich sehe es daher als meine Aufgabe an, diesen für das Kind offensichtlich schlechten Zukunftsperspektiven programmatisch entgegenzutreten. Eine solche Aufgabe erzwingt die Fähigkeit des Aktivwerdenden, einen Spagat zu vollführen zwischen politisch-ökonomischen Sachzwängen im alltäglichen, gesellschaftlichen Leben und wissenschaftlich ausgerichteten, sozial-psychologischen Prämissen für ein gesundes Großwerden der dringend gewünschten Nachkommenschaft. Diesen Spagat auszuhalten und zu managen ist auch die wichtigste Aufgabe in der aktuellen Erziehungspolitik, damit wieder mehr Kinder auf die Welt kommen.

Im Zentrum dieser Politik steht nach wie vor die kleinste soziale Einheit in der Gesellschaft nach dem kinderlosen Paar, die Familie. In ihr erfährt das Kind seine ersten und grundlegenden sozialen Bezüge und in ihr entwickelt das Kind die Basis seiner psychosozialen Eigenschaften. Die in früher Kindheit erworbenen Eigenschaften werden zu einem wesentlichen Bestandteil seiner Persönlichkeit. Aus diesem Grunde darf die Familie für sich einen besonderen Schutz beanspruchen. Die Familie ist gleichsam der Biotop für die gesunde Entwicklung der Persönlichkeit des Kindes.

Mit dem Schutz der Familie verbunden sind gleichzeitig der Erhalt und die Absicherung der Kindheit an sich. Die Entdeckung der Kindheit gilt als eine wesentliche Errungenschaft der bürgerlichen Gesellschaft und heute, kaum zweihundert Jahre später scheint dieser Fortschritt im humanen Denken schon wieder aufgekündigt zu werden. Das Kind droht zurückgestuft zu werden auf eine menschliche „Verschiebemasse" in der Maschinerie der Wirtschaftspolitik. Das kann nicht förderlich sein für seine gesunde Entwicklung. Am Ende der gesamten Abhandlung möchte ich aus erklärtem Grunde ein sozioökonomisches Programm entwerfen, wie die im Buch besprochenen, psychosozialen Grundsätze der frühkindlichen Entwicklung im sozialpolitischen Kontext realisiert werden könnten. Wer diese Ziellinie zum Lesen immer vor Augen braucht, kann zuerst das dahingehend ausgearbeitete Nachwort aufschlagen, um zu erfahren, wohin es soziokulturell auf gesellschaftlicher Ebene gehen könnte, um danach voller Interesse vorne zu beginnen.

Die Absicht dieses Buches, das sich nahezu ausschließlich mit der emotionalen Entwicklung von Säuglingen und Kleinkindern befassen wird, ist es, tiefer als gewöhnlich in die Funktionsweise des kindlichen Seelenlebens einzudringen und vor allem auch detaillierter, als es der Leser z.B. aus der umfangreichen Ratgeberliteratur zum Umgang mit Kindern gewohnt ist. Dabei will ich mich darum bemühen, übergeordnete Gemeinsamkeiten in der ansonsten absolut individuellen, kindlichen Entwicklung herauszuarbeiten. Auf diese Weise möchte ich das ergründen, was man als die Grundstrukturen der psychosozialen Entwicklung des Kindes bezeichnen könnte. Die so erarbeiteten Strukturelemente der kindlichen Psyche sollen dann, um den allgemein wichtigen, pädagogischen Aspekt nicht aus den Augen zu verlieren, im Hinblick auf ein günstig erscheinendes Eltern- und Erzieher(innen)-

verhalten besprochen werden. Das Vorhaben möchte ich verbinden mit dem Versuch, konkrete Empfehlungen für das Vorgehen der Eltern und Fachkräfte zu formulieren. In praxisnaher Form werde ich also z.b. auf die Problematik des schreienden Säuglings (sogenannte Schreibabys), des Widerstand übenden und trotzenden Kleinkindes, sowie des schüchternen und anhaltend anhänglichen, „klammernden" Kindergartenkindes eingehen. Zieht man nun alle dem Buch zugrunde liegenden Absichten seines Autors zusammen, lässt es sich verstehen als der Versuch, die Nahtstelle zwischen Kinderpsychologie, Pädagogik und Neurobiologie des Menschen auszuleuchten und zu verstärken. Das Kind selbst steht dabei mit seiner Entwicklung im Mittelpunkt. Nicht leisten kann das Buch, eine konkrete Lösungsstrategie für die familienpolitischen Probleme zu entwickeln.

Den gerade beschriebenen, methodischen Ansatz will ich noch etwas genauer erläutern. Ein psychologischer Rat oder eine pädagogische Empfehlung für Eltern, sowie für Erzieherinnen und Erzieher als Fremdbetreuer, wie sie im täglichen Umgang mit den Kindern ihre Aufgabe erfüllen sollten, bedürfen einer soliden Basis in der Vorstellung davon, wie sich Psyche und Sozialverhalten im Kind aufbauen und entfalten. Ein entscheidendes Gewicht fällt dabei auf die interaktionären und kommunikativen Strukturen in der Familie und dem engen, sozialen Umfeld. In meiner Arbeit möchte ich hierzu verfeinerte und dem natürlichen, kindlichen Anspruch gerecht werdende Grundlagen in der psychosozialen Entwicklung und der Entstehung der Persönlichkeit entwickeln. Die in den letzten Jahren zahlreich aufgekommenen Erziehungsprogramme und Elternschulen sind beredtes Zeugnis eines dringenden Bedürfnisses in der Gesellschaft, die Erziehungsarbeit neu zu definieren und zu diesem Zweck etwas über die Grundlagen frühkindlicher Entwicklungsschritte zu erfahren.

Wegweisend bei der Erarbeitung solcher Grundlagen sind für mich – neben der eigentlichen Entwicklungspsychologie – die Tiefenpsychologie, die Evolutions- und Verhaltensbiologie, sowie die aktuellen Neurowissenschaften. Die große Schwierigkeit besteht darin, diese an sich sehr verschiedenen Disziplinen, von denen jede Einzelne wichtige Beiträge zur frühkindlichen, psychosozialen Entwicklung vorweisen kann, zusammenzuführen. Ziel ist es, ein in sich geschlossenes, gleichsam metaphysisches Bild des Menschen entstehen zu lassen.

Die Persönlichkeit des Menschen entspringt, das gilt wissenschaftlich als unbestritten, aus zwei Hauptwurzeln: einerseits aus den genetisch vorgegebenen Charakteranlagen mit dem zugehörigen Temperament und andererseits aus den Einflüssen der individuell angetroffenen, realen Lebensbedingungen in der Kindheit. Zu den angetroffenen Lebensbedingungen möchte ich neben den biologisch-gesundheitlichen Voraussetzungen und der unmittelbaren, sozialen Umgebung auch die bindungstechnischen Prozesse zwischen Eltern und Kind und die das Selbstgefühl generierenden Vorgänge im Inneren des Kindes zählen. Bindung und Selbst sind die beherrschenden Themen dieses Buches.

Genetische Anlagen, körperliche Gesundheit und soziales Umfeld gehen im Laufe der frühen Kindheit ein vielfach verschlungenes, hochkomplexes Wirkgefüge ein, so dass die beiden Einzelkomponenten eines Tages nicht mehr scharf voneinander zu trennen sind. Im ersten Lebensabschnitt des Menschen, dem Kindheitsstadium ist das menschliche Gehirn optimal formbar und maximal anpassungsfähig. Das ist der Grund, warum Kindheit in der Ausgestaltung der menschlichen Persönlichkeit ein absolut entscheidender Lebensabschnitt ist. Aus diesen und weitere Erkenntnissen leitet sich auch noch etwas anderes ab, dass nämlich das Organ Gehirn Träger und Repräsentant der individuellen Persönlichkeit ist. Ein spirituell ausgerichteter, rein immaterieller Zugang zur Persönlichkeit des Menschen ist mit dieser Anschauung nicht mehr vereinbar.

Die Gestaltung der menschlichen Persönlichkeit vollzieht sich in den frühkindlichen, sozialen Beziehungsstrukturen in der Abfolge von fünf großen Teilschritten: die Bindung, die Loslösung, die Selbstentfaltung (Autonomie), die Sozialisation und die Ausbildung von Gewissen und Vernunft. Diese Teilschritte bestimmen auch die Themen der fünf Kapitel dieses Buches. Hier in der Einleitung soll kurz das Grundkonzept erörtert werden, das heißt wie die Einflüsse aus der Lebensumwelt ihren Weg in die Erlebnis- und Vorstellungswelt des Kindes finden. Dazu muss untersucht werden, wie die Welt überhaupt in den Kopf des Kindes gelangt. Zwei Begriffe aus der allgemeinen Psychologie, speziell der Wahrnehmungspsychologie, sind notwendig besprochen zu werden, Begriffe, die nicht immer trennscharf unterschieden werden. Gemeint sind die Wahrnehmungsvorgänge **Internalisation** und **Integration**. Beide Begriffe bezeichnen eine besondere Form von seelisch-geistiger Verinnerlichung der in der Außenwelt stattfindenden Ereignisse. Als Verinnerlichung oder verinnerlichende Wahrnehmung werden in der Psychologie diejenigen Funktionen des menschlichen Gehirns bezeichnet, durch die die äußeren, objektiven Vorgänge in der natürlichen Umgebung und im gesellschaftlichen Raum der Vorstellungswelt im Gehirn zugeleitet werden. Für den Menschen bewusst erlebbar wird dieser informelle Zustrom von außen, der sogenannte input, als Vermehrung von Faktenwissen und Erkenntniszuwachs. Neben der Wahrnehmung der realen Umwelt existiert in jedem Menschen zugleich auch immer die Wahrnehmung seines eigenen Körpers, die seine Daseinsgrundlage bildet.

Internalisation legt die Betonung in der Wahrnehmung auf den Zuwachs an Wissen und die gleichzeitige geistige Einvernahme bislang unbekannter Dinge, Ereignisse, aber auch Auffassungen, Werte und Normen. Damit handelt es sich um ein rein kognitives Geschehen im Sinne von Erkenntnis und Weltverständnis. Integration ist dagegen ein vielschichtiger Prozess von Wahrnehmung, Empfindung und Verarbeitung im Gehirn zugleich mit konstruktivem Einfluss auf die verbindenden und vereinheitlichenden Ordnungsstrukturen im Gehirn. Das betrifft die Neu- und Umstrukturierung von Netzwerken zwischen einzelnen Neuronenverbänden und die Verknüpfungen verschiedener Hirnareale durch Assoziationsbahnen. Darin eingebunden ist auch die für den Menschen so wichtige Assoziation von Gedanken und Gefühlen. Die Integration soll in dieser Arbeit im Mittelpunkt stehen.

Ich möchte den Vorgang der Integration als einen erlebnisgebundenen und strukturbildenden Gestaltungsprozess in der Organisation des Gehirns verstehen, durch den die Empfindungs- und Vorstellungswelt des Menschen dauerhaft bestimmt wird. Dabei steht für mich das frühe Kindesalter im Zentrum der Betrachtung, weil in diesem Lebensabschnitt erwiesenermaßen das quantitative Maximum solcher Vorgänge stattfindet. Die Richtigkeit dieser Aussage spiegelt sich schon allein in der immensen Kopfumfangszunahme des Menschen im Alter von null bis vier Jahre wieder. Integration bedeutet ganz konkret, dass ein ausreichend eindrucksvolles Geschehen aus der Wirklichkeit, positiv wie negativ, über Wahrnehmung und Gedächtnis zu einem bleibenden, inneren Abbild im Gehirn wird, das heißt zu einem gedanklichen Inhalt, der in der Wissenschaft als **Repräsentation** bezeichnet wird. Hervorzuheben ist dabei, dass diese Repräsentationen oder Gedächtnisinhalte immer mit einer ganz bestimmten Gefühlsempfindung verbunden sind und mit dieser solange unterlegt bleiben, bis hierzu irgendwann vielleicht eine stärkere emotionale Assoziation zustande kommt. Mit einer solchen „emotionalen Markierung" versehen ist der Spiegel der Erinnerung das innere Abbild der Wirklichkeit. Das geistige Rückerleben dieser Innenwelt geschieht in Form eines gedanklich erzeugten Zusammenspiels aller auch im Ursprung angesprochenen Sinne und Gefühle, was besonders bedeutsam ist für die rückerlebte, eigene Kindheit. Dieser Vorgang wird aktiviert vom alles steuernden Ichempfinden des Individuums.

Integration in der hier ausgesprochenen Definition meint im erweiterten Sinn immer auch die Wahrnehmung des eigenen Körpers als Zustrom der Reize aus dem Körperinneren. Dieser teilt sich auf in Informationen aus den inneren Organen (Viszerozeption), und solchen der Muskeln, Sehnen, Gelenke sowie der Haut (Propriozeption). Diese Aussage wird sehr wichtig in der Ausformulierung des Körper-Ichs als der frühesten Ichempfindung des Kindes überhaupt. Ferner schließt die Integration das Erleben der Gefühlsempfindungen selbst mit ein. Jede Wahrnehmung ist, das sei noch einmal wiederholt, mit einer Empfindung oder einem Gefühl unterlegt, so dass diese gefühlsmäßige Einfärbung des Erlebten eine eigene Erinnerungskategorie ausbilden kann. Ein Mensch kann sich an Gefühle erinnern, ohne zu wissen, wann und wie diese entstanden sind. Gefühle können sich auch unabhängig von ihren faktisch-biographischen Erinnerungen erhalten und abhängig von ihren emotionalen Vorzeichen in andere umwandeln, was als **Psychodynamik** bezeichnet wird. Auch das ist ein wichtiger Grundsatz in der Psychologie der Säuglingszeit und charakterisiert die emotionale Integration.

Ich lege deswegen soviel Gewicht auf die Besprechung von Internalisation und Integration, weil beide Vorgänge eine entscheidende Rolle in der Aneignung des Kindes von Wirklichkeit spielen und in der Art und Weise, wie sie aus ihrem frühen Weltverständnis Verhalten entwickeln. Um Klarheit in die Darstellung zu bringen, möchte ich vorweg noch eine wichtige Erläuterung zur **Gedächtnisfunktion** im Kindesalter geben. Neuere Forschungen belegen eindeutig, dass sich die Gedächtnisfunktionen am Beginn eines jeden menschlichen Lebens weitgehend auf unbewusste (implizite) Vorgänge beschränken. Bewusste (explizite), das heißt an Fakten, Wissen und logische Erkenntnisse geknüpfte Erinnerung, setzt erst jenseits des zweiten bis dritten Lebensjahres ein. Zu den noch unbewussten Gedächtnisinhalten im ersten Lebensjahr gehören neben den Wahrnehmungen vom eigenen Körper, den Gewohnheiten und Konditionierungen sowie der Ausbildung basaler Kategorien in erster Linie auch die ganz frühen Stimmungen und Gefühle. Für letztere spielt ein Kerngebiet im menschlichen Gehirn eine Rolle, das in der Wissenschaft als Mandelkerne oder **Amygdala** bezeichnet wird. Oben gemachten Ausführungen zufolge handelt es sich bei solchen überwiegend emotionalen Abspeicherungen um Resultate der integrativen Wahrnehmung.

Die Wahrnehmungsverarbeitung der Internalisation mit reinem Wissenszuwachs und Vermehrung von Erkenntnis, wofür eine differenzierte Sprache und ein Symbolverständnis (Semiotik im psych.-linguist. Sinn) Voraussetzungen sind, setzt erst später mit dem expliziten Gedächtnis ein. Das liegt daran, dass für ihre Abspeicherung die weitere Ausreifung des Gedächtniszentrums erforderlich ist. Diese ist geknüpft an die vollständige Funktion des „Seepferdchens" oder **Hippocampus**, der neben der Amygdala an der inneren Basis des Schläfenhirns gelegen ist. Die reife Hippocampusfunktion gilt wissenschaftlich als Voraussetzung für das Funktionieren des bewussten, expliziten oder auch episodischen Gedächtnisses. Mit ihm beginnt die Abspeicherung von biographischen Daten und Lebensereignissen, was sich ganz mit der Alltagserfahrung der Menschen deckt. Den zeitlich nacheinander einsetzenden Beginn von emotionaler und faktischer Erinnerung halte ich für einen zentralen Faktor in der Beurteilung darüber, wie mit Säuglingen und Kleinkindern in der Eltern-Kind-Beziehung umzugehen ist.

Aus diesen Entdeckungen über die Hirnentwicklung in der Kindheit entspringt mein Bemühen, die verschiedenen, frühen Wahrnehmungsprozesse genau zu differenzieren und auf ihre tatsächlichen Auswirkungen auf das Bewusstsein zu überprüfen. Die Erinnerung an Gefühle bereits von Geburt an (oder noch früher), ohne das gleichzeitige Erinnern an die dazugehörigen Fakten, ergibt eine Sicht auf das Gefühlsleben der Säuglinge mit bedeutsamen Folgen für die gesamte Lebenszeit des Menschen. Das Wissen darüber, dass Gefühle schon vor den dazu gehörigen Fakten über das implizite Gedächtnis im Gehirn abgespeichert werden können, muss meiner Auffassung nach entscheidende Auswirkungen auf die Verständigungsformen zwischen Eltern und ihren Säuglingen und Kleinkindern haben. Dieser Appell basiert auf der Schlussfolgerung, dass ein Säugling sich seine Gefühle generell nicht erklären kann und daher *mehr* an ihnen leidet. Die von der Evolution offensichtlich in Kauf genommene Diskrepanz der emotionalen und faktischen Gedächtnisfunktionen im ersten bis dritten Lebensjahr hat bei dem damit verbundenen Risiko einer potenziellen Überfrachtung des Gehirns mit Gefühlen unzweifelhaft einen speziellen Grund. Ich meine diesen Grund darin erkennen zu können, dass die hoch sensiblen, sozialen Bindungsprozesse am Anfang des individuellen Lebens nicht durch differenziert ausformulierte Ansichten und Standpunkte oder durch Vorbehalte und komplizierte Fragestellungen gefährdet werden sollen. Ein Säugling, der anfängt, seine Eltern kritisch zu betrachten und ihr Verhalten zu hinterfragen, läuft Gefahr, die Chance zur Bindung zu verspielen, bevor sie überhaupt zustande gekommen ist.

Die oben genannte Tatsache eines rein emotionalen Erinnerungsvermögens am Anfang des Lebens bekommt ein besonderes Gewicht in der Ausformulierung der **emotionalen Integration**, sowie der Entstehung des Selbst und der Entwicklung von Gewissen und Moral, alles Begriffe, die in der hier vorgestellten Entwicklungskonzeption eine zentrale Rolle spielen. Die letzten beiden Instanzen möchte ich als herausragende Bestandteile der individuellen Menschwerdung in ihrer Entstehung aus dem Gefühlsleben herausarbeiten und in ihrem seelisch-geistigen Wirkungsgefüge beschreiben.

Die Vorgänge der emotionalen Integration im Säuglingsalter und am Beginn des Kleinkindalters werden von mir in dem Begriff „**emotionales Bewusstsein**" zusammengefasst. Darin gehen alle schon besprochenen Grundlagen frühkindlicher emotionaler wie kognitiver Entwicklung ein. Es handelt sich philosophisch betrachtet um jenen Daseinsabschnitt in der Entwicklung des menschlichen Lebens, der in der Philosophie vom präreflexiven Bewusstsein gekennzeichnet ist. Der gerade vermutete, evolutorische Sinn in der diskrepanten Gedächtnisfunktion gibt den Fundus ab für das, was im Bewusstseinsprozess des Menschen mit präreflexiv genau gemeint ist.

Jede integrative Wahrnehmung bezieht sich neben dem Bemerken des eigenen Körpers in den ersten Lebensjahren hauptsächlich auf die Ereignisse und das Geschehen unmittelbar um den Säugling und das Kleinkind herum. Diese Ereignisse spielen sich noch ganz in der kommunikativen Beziehung zwischen Kind und Eltern sowie zwischen Kind und Geschwistern ab. Ich bezeichne diese frühe Beziehungsstruktur als die **primäre Interaktion**. Damit erhält die Familie den ersten Rang im sozialen Beziehungsgefüge des Kindes und schafft den **systemischen Rahmen**, in dem sich die entscheidenden Sozialisationsschritte des Kindes vollziehen. Weitere in engem Kontakt mit dem Kind stehende Personen wie Großeltern, Erzieherinnen, oder auch Kinder aus der altersgleichen Gruppe und deren Geschwister, stehen im Rang der sekundären Interaktion. Die für das ganze individuelle Leben entscheidenden interaktionären und kommunikativen Strukturen der Eltern-Kind-Beziehung in den ersten zwei Lebensjahren gehen heutzutage ein in eine Theorie, die man als die **Bindungstheorie** bezeichnet. Diese wurde von John Bowlby und Mary Ainsworth in den fünfziger Jahren des vergangenen Jahrhunderts hauptsächlich in der Beobachtung an elternlos gewordenen Heimkindern entwickelt. Sie hat in den letzten Jahren eine bedeutsame Stellung in der Betrachtung der frühkindlichen, psychosozialen Entwicklung erlangt und wird immer häufiger Brennpunkt einer Untersuchung, die unterscheiden will zwischen einer gelungenen oder schwierigen Kindheit. Die inzwischen schon fast als klassisch geltende Bindungstheorie wird von mir gezielt erweitert um das entwicklungspsychologische Phänomen der triadischen **Loslösung**, das die Evolution in der psychosozialen Entwicklung des einzelnen Menschen zur Ausbildung seines individuellen Selbst als nicht zu überspringende Stufe vorgesehen hat. Triadisch heißt, dass nach (gewöhnlich) der Mutter als der primären Bezugsperson der Vater als sekundäre Bezugsperson eine entscheidende Rolle in der Weiterentwicklung des Kindes zu seinem autonomen Selbst spielt.

Die Variabilität in den angeborenen, charakterlichen Voraussetzungen des einzelnen Kindes in Verbindung mit einer beinahe endlos vielgestaltigen, realen Lebensumwelt, erlauben es bei aller Plausibilität der Bindungstheorie jedoch nicht, eine geglückte oder schwierige Kindheit aus wenigen Charakteristika der eingegangenen primären Bindung und der gelungenen Loslösung herauszulesen. Die in diesem

Zusammenhang aufgeführten Bindungsmuster sind denn auch nur einigermaßen trennscharfe Einteilungen von kindlichen Reaktionsweisen und Verhaltensformen in speziellen Konfliktsituationen, die besonders bei der Trennung von der primären Bezugsperson und der mangelhaften Verfügbarkeit eines Loslösungsvorbildes auftreten. Sie lassen noch keine endgültige Unterscheidung in eine gesunde oder gestörte Entwicklung zu. Die erzielten Beobachtungsergebnisse sagen aber sehr viel über das Risiko für die fortgesetzte Selbstentstehung und die weitere psychosoziale Entwicklung des Kindes aus. Die Bindungs- und Loslösungsformen, die insgesamt ein deutlich abnormes Muster und ein fehlendes oder inadäquates Sozialverhalten erkennen lassen, müssen allerdings auch schon im frühen Kindesalter als sicher pathologisch bezeichnet werden (Bindungsstörung, Deprivationssyndrom).

Ein schlecht gelungenes Bindungsgeschehen, in das ich die erschwerte Loslösung aus der primären Bindung von Vornherein mit einbeziehe, stellt den bisherigen Ergebnissen verschiedener Längsschnittstudien zufolge eindeutig ein hohes Risiko für die weitere psychosoziale Entwicklung des Kindes dar. Die Ursachen für eine solche risikoreiche Entwicklung liegen in Störungen der verinnerlichten Beziehungsstruktur und der frühen, emotionalen Verständigung zwischen Eltern und Kind. Insofern sind Studien und Beobachtungen zum Bindungsgeschehen bei Säuglingen und Kleinkindern doch von großer Aussagekraft für deren gesunde, psychische Entwicklung. Dagegen spricht auch nicht das Wissen darüber, dass sich das menschliche Gehirn lebenslang noch weiter verändern kann (Plastizität) und Bindungsdefizite bis zu einem gewissen Grad wieder aufholen. Manche Defizite scheinen so gut wie nicht mehr aufholbar zu sein.

Je schwerwiegender die Bindungsstörungen und die Loslösungsprobleme sind, desto größer wird die Gefahr, im späteren Leben auftretende Konflikte bei der Anpassung an die normativen, gesellschaftlichen Ansprüche und bei der Notwendigkeit zur sozialen Integration nicht mehr lösen zu können. Die Schwäche des entstandenen Selbst ist der zugrunde liegende Faktor. Das entstandene Selbst ist zu unausgewogenen zwischen guten und schlechten Anteilen und besitzt zu wenig Ressourcen, aus den zu schöpfen wäre, um den Ansprüchen der Gesellschaft an ein verträgliches Sozialverhalten zu genügen. Die pathologischen und antisozialen Entwicklungen des Selbst sind jedoch Thema der Entwicklungspsychopathologie und können in diesem Buch nur am Rande gestreift werden. Grundsätzlich nehme ich immer dann umfangreicher Bezug darauf, wenn solche Entwicklungen auch als Erklärung für das normale Entwicklungsgeschehen nützlich sind. Im Mittelpunkt der Besprechung steht aber die weitgehend normale, ungestörte frühkindliche Entwicklung.

Auch die Beschreibung der kognitiven Entwicklung und damit die Frage der Intelligenzentwicklung des Kindes kann in dieser Abhandlung nur gestreift werden. Auf sie wird immer dann etwas umfangreicher eingegangen, wenn sie zur Erklärung emotionaler Vorgänge und Entwicklungsschritte im Säuglings- und Kleinkindalter entscheidend beiträgt. Als psychologisches Modell sollen die theoretischen Grundlagen der geistigen Entwicklung des Kindes von Jean Piaget gelten, so wie er sie im vergangenen Jahrhundert entworfen hat. Allerdings sind diese durch neue Erkenntnisse zu präzisieren, in manchen Punkten zu erweitern und z.t. auch zu korrigieren. Das ergibt sich insbesondere aus den neueren Aspekten der Forschung zur kindlichen **Theory of Mind**. Sie gilt seit einigen Jahren als Erklärungsmodell für die begriffliche und existenzielle Weltsicht des Kleinkindes. Danach erwirbt erst ein etwa vierjähriges Kind ein Verständnis von rein objektiven Vorgängen in der Welt. Bis dahin erlebt es alle Dinge und Geschehnisse aus seiner vollkommen subjektiven Perspektive. Das gilt insbesondere auch für die kommunikativen Verständigungsformen. Erst mit dem Schritt zur Objektivierung begreift es endlich auch in der psychosozialen Auseinandersetzung zwischen den Menschen, dass in jedem einzelnen Menschen ein ganz eigenes Denken und Empfinden zu den objektiven Vorgängen in der Welt existiert. Es vollzieht damit den **Perspektivwechsel**. Anders ausgedrückt: Das Kind beginnt jetzt eine Vorstellung von dem jeweils ganz persönlichen „Realitätskontinuum" eines Menschen zu entwickeln. Es lernt zu verstehen, dass die Wirklichkeitssicht des Anderen sich nicht mit der eigenen Vorstellungswelt decken muss.

Dadurch wird in der kindlichen Weltsicht ein wichtiges Tor zum logischen Verständnis von Wahrheit und Wirklichkeit aufgestoßen. Der mögliche, eigene falsche Glaube („false believe") über eine Begebenheit oder einen Sachverhalt wird dem Kind jetzt begreifbar. Dieser eminent wichtige, seelisch-geistige Entwicklungsschritt macht dem Kind die grundsätzlich relative Wahrheitsannahme des einzelnen Menschen verständlich, also auch seine eigene, und besitzt damit eine fundamentale Bedeutung für das frühkindliche Sozialverhalten. Solche Ausflüge in die Welt der experimentellen, kognitiven Neurowissenschaften sind notwendig, weil die emotionale und kognitive Entwicklung in Wahrheit untrennbar miteinander verbunden sind. Sie tragen nur in Gemeinsamkeit dafür Sorge, dass das Kind tauglich für die menschliche Gemeinschaft und schließlich für die ganze Gesellschaft wird.

Neben der kognitiven Expansion spielt auch der rein körperliche, also der (stato-)motorische Anteil der frühkindlichen Entwicklung für die seelische Gesundheit des Kindes eine große Rolle. Er steht prinzipiell sogar ganz am Anfang aller Entwicklungsprozesse, führt aber in Grenzen auch ein Eigenleben. Vor allem in den Lebenszusammenhängen, die viel mit Körpergeschicklichkeit zu tun haben, greift er stark in die psychische Struktur ein. Es muss betont werden, dass die normale statomotorische Entwicklung zusammen mit der körperlichen Gesundheit entscheidend dazu beiträgt, Geist und Seele ein funktionierendes Haus zu bereiten, in dem sich erfolgreich und gut leben und agieren lässt.

Ziel der vier unterschiedlichen Entwicklungsstränge Wahrnehmung, Fühlen, Denken und Handeln ist es, ein von Natur aus in seinem Inneren harmonisches Menschenwesen zu erzeugen, dessen Persönlichkeit mit sich und seinem Selbst identisch ist und dessen soziales Funktionieren im verantwortlichen Handeln lebenslang gewährleistet bleibt. Um dieses verantwortliche Handeln zu sichern, bedarf es der Herausbildung des Gewissens über den Weg der emotionalen und sozialen Reifung sowie der Ausgestaltung von Vernunft und Verstand über die kognitiven Entwicklungsschritte. Die sich harmonisch gestaltende Ergänzung von **Gewissen** und **Vernunft** ist die Grundlage jeglichen prosozialen Handelns des Menschen. Was nützten Wissen, Erkenntnis und Intelligenz dem Menschen, wenn sich die Gefühle gegen die menschliche Gemeinschaft und sich der Verstand gegen die Kultur und die Gesellschaft aussprechen?

Zum Abschluss möchte ich ganz kurz noch das methodisch-didaktische Programm dieses Buches vorstellen. In fünf Kapiteln werden die Kernthemen der frühkindlichen emotionalen Entwicklung besprochen, wobei ich die drei Grundbausteine Bindung, Loslösung und Selbstentfaltung, sowie die sich daraus entwickelnden Persönlichkeitsmerkmale Sozialverhalten und Gewissensbildung herausarbeite. Die Darstellung beginnt mit dem „Urangstschreien" und der entstehenden, primären Bindung und endet mit der Ausbildung der Gewissensformen. Das Thema Vernunft als dem unbedingten Pendant zu Gewissen hätte einen kognitiven Ansatz erfordert, der von mir aus methodischen Gründen nur am Rande abgehandelt werden kann. Folglich endet der Text mit dem Fragenkomplex zur Ausbildung von Gewissen und prosozialem Verhalten.

Einem jeden der fünf Kapitel ist eine kurze Fallgeschichte vorangestellt, wie sie mir in der kinderärztlichen Praxis über die Probleme in der frühkindlichen Entwicklung geschildert worden ist. Die Geschichten sind individuell zu betrachten, obgleich sie typische und beispielhafte Inhalte eines bestimmten Entwicklungsabschnitts widerspiegeln. Eine therapeutische Aufarbeitung meinerseits kommt nicht zur Sprache, da es mir nur um eine schlaglichtartige Darstellung der entwicklungstypischen, kindlichen Verhaltensweisen geht. Mit dieser Methode der Konkretisierung will ich versuchen zu zeigen, dass es sich bei meinen Ausführungen nicht um ein rein theoretisches Konstrukt über die seelische Entwicklung des Säuglings und Kleinkindes handelt, sondern um eine an der Praxis gemessene und mit der Wirklichkeit übereinstimmende Gesamtkonzeption. Diesem Anspruch dienen auch die dreizehn kleinen Fallbeispiele, die ich an erforderlicher Stelle eingefügt habe.

Mit der Darstellung der Fallgeschichten möchte ich zugleich herausstellen, dass die konkreten Sorgen und Fragestellungen betroffener Eltern sowohl persönlich in der kinderärztlichen Praxis als auch anonym im Internet die Leitlinien dafür abgegeben haben, wie ich mit dem wissenschaftlich-theoretischen Datenmaterial umgegangen bin. Es erscheint mir bei der aktuell größer werdenden Zahl an publizierten Studien wichtig, ja entscheidend, den wachsenden, theoretischen Kenntnisstand über die seelische und geistige Entwicklung in den ersten fünf bis sechs Lebensjahren des Menschen so „handlich und brauchbar" darzustellen, dass neben den Fachleuten und Experten auch die davon eminent Betroffenen, die ihre Kinder erziehenden Eltern, einen praktischen Nutzen ziehen können.

Demzufolge ist es meine Idee, das Aufziehen von Kindern so mit psychologischem Wissen und entwicklungspsychologischen Erkenntnissen zu flankieren, dass all die vielen Irrtümer über die Säuglinge und Kleinkinder und die damit automatisch verbundenen, wenn auch häufig unbeabsichtigten, Erziehungsfehler einmal der Vergangenheit angehören werden. Dadurch ließen sich die seelischen Schutzfaktoren, die jedem Säugling mit auf den Weg gegeben sind und die dafür Sorge tragen sollen, dass eine normale, psychosoziale Entwicklung gesichert ist, in ihrer Wirksamkeit erhalten oder noch verbessern. Anders ausgedrückt: Das Buch will dazu beitragen, in der Ausbalancierung zwischen den Risiko- und Schutzfaktoren in der psychosozialen Entwicklung einen gewichtigen Ausschlag zugunsten der letzteren herzustellen. Erklärtes Ziel ist demzufolge die Verhinderung psychopathologischer Entwicklungen durch die Empfehlung für Eltern und Erzieher(innen), ihre Kinder auf der Basis evidenter, entwicklungspsychologischer Grundsätze zu erziehen. Auf diese Weise wäre es meiner Meinung nach möglich, dass in fernerer Zukunft immer mehr Kinder mit einer besonders günstigen seelischen Konstitution in die Adoleszenz eintreten werden.

Es gab drei Beschränkungen, die diesem Buch aufzuerlegen waren. Ich will sie, wenn nicht schon geschehen, hier noch einmal kurz benennen:

1. Es werden nur Gefühle und Verhaltensweisen bis zum Vorschulalter des Kindes betrachtet. Danach wird die psychosoziale Entwicklung des menschlichen Selbst so umfangreich, zugleich aber auch so individuell und vielgestaltig, dass eine weitere Besprechung in diesem Zusammenhang den Rahmen sprengen würde.

2. Es bleiben die kognitive Entwicklung und damit viele Aspekte des Lernens, des Spiels, aber auch der Intelligenz des Kindes weitgehend unberücksichtigt. Der Schwerpunkt soll, soweit möglich, allein auf der emotionalen und sozialen Entwicklung liegen.

3. Die auch schon in einer solchen Beschränkung noch bestehende ungeheure Vielfalt der einzelnen, oft individuellen Entwicklungsformen und Kennzeichen machen es unmöglich, auf jedes einzelne, individuelle Verhaltensmuster oder Signal des Kindes einzugehen. Dabei ist auch zu beachten, dass jede hier gemachte Alterszeitangabe zur Entwicklung aus denselben Gründen immer nur eine ungefähre sein kann.

Aber gerade diese individuelle Vielfalt der Einzelerscheinungen, sowie die zeitliche Varianz der individuellen Entwicklungsmuster macht klar, wie anpassungsfähig, ja geradezu um Anpassung bemüht, der Mensch in seiner psychosozialen Entwicklung ist. Die Präzision der jeweiligen Aussage mag dadurch vielleicht etwas verloren gehen, aber die Dynamik der Fortentwicklung gewinnt dabei enorm an Kraft.

Ein letzter Hinweis sei mir noch erlaubt. Die eingefügten Textkästen mit den Ausflügen in die reine Wissenschaft sind für das Verstehen des laufenden Textes nicht unbedingt erforderlich. Sie sollen nur die Verbindung zu den historischen und den aktuellen Erkenntnissen über die psychosoziale Entwicklung des Kindes herstellen und den Beweis erbringen, dass die Grundlagen, auf denen meine Konzeption basiert, mit den allgemein gültigen Grundlagen zu diesem Thema übereinstimmen. Wem diese Ausführungen zu theoretisch sind, kann sie einfach überspringen.

1. Urangst und Schreien

Fallvignette 1

Ein halbes Jahr nach der Geburt ihres ersten Sohnes Marc sucht mich die Mutter zum ersten Mal in meiner Praxis auf und gesteht mir, dass sie mit ihren Kräften am Ende sei. Ihr Sohn ist ein von Anfang an stark unruhiger und besonders ungeduldiger Säugling. Mit etwa vier Wochen hat er angefangen viel zu schreien. Die Schreidauer hat einige Stunden pro Tag betragen, und nur durch ständiges Anlegen an die Brust und durch viel Herumtragen ist es der Mutter gelungen, das kleine Nervenbündel einigermaßen zur Ruhe zu bekommen. Die Nächte waren zu dieser Zeit von beinahe zweistündlichem Aufschreien unterbrochen und allein durch das wiederholte An-die-Brust-legen ließ sich Marc beruhigen. Diese Ruhe hielt häufig aber nicht lange an, und schon nach einer Stunde musste die Mutter wieder aufstehen und ihr schreiendes Kind durch die Wohnung tragen. Von allen Seiten wurde ihr nun geraten, mit dem Herumtragen ihres Sohnes würde sie ihn nur verwöhnen und er würde dann immer von ihr getragen werden wollen. Danach hat sie ihn schweren Herzens liegen lassen, auch wenn er weiter schrie.

Vor allem die Schlaflosigkeit zehrt jetzt an den Kräften der Mutter und ruft in ihr immer häufiger Aggressionen gegen das eigene Kind wach. Die ansteigende Wut auf die unablässigen Forderungen und Ansprüche ihres Sohnes erschreckt die an sich ausgeglichene Frau zutiefst, zerstört sie doch alle Träume von der großen Harmonie zwischen ihr und ihrem ersten Kind. Auf ihren Mann kann sie nicht setzen, denn dieser befindet sich in einer wichtigen beruflichen Phase und leidet bereits selbst unter dem Schreien seines Sohnes. Die partnerschaftliche Beziehung gerät mehr und mehr unter Spannung, was die familiäre Lage zusätzlich belastet. Von den Großeltern, die wenigstens am Tage hätten hilfreich einspringen könnten, wohnen die einen zu weit weg und sind die anderen dazu nicht willens.

Die bisherigen Besuche in der kinderärztlichen Praxis erbrachten bis auf die Aussage, dass Marc ein kerngesundes Kind ist, keine weiterhelfenden Erkenntnisse. Einige vorsichtige Versuche, ein zugrunde liegendes Blähungsproblem zu beheben, führten nur zu marginalen Verbesserungen. Das Grundproblem blieb und ließ sich medizinisch nicht abstellen. Von ärztlicher Seite wurde ihr zu einer Reizreduktion und zu möglichst vielen gemeinsamen Ruhephasen geraten, und sie bekam die Weisung, nicht immer auf das Schreien zu reagieren.

Weiter wurde der Mutter gesagt, diese Beschwerden gehörten zum Alltag eines Säuglings und verschwänden nach wenigstens drei Monaten spontan. Auf diese Aussage hatte sich nun die Hoffnung der Mutter gerichtet. Aber es kam anders. Statt einer Abnahme der Schreiattacken wurden diese immer schlimmer, und wenn bisher das Schreien hauptsächlich in den späteren Nachmittagsstunden eingesetzt hatte, fing es jetzt teilweise schon in den Vormittagsstunden an. Die einsetzenden Schreiattacken zeichneten sich mehr und mehr durch typische, schnelle emotionale Steigerungen aus, die bis zur Exzessivität eskalierten. Marc schrie dann aus Leibeskräften und mit hochrotem Kopf. Wenn es soweit gekommen war, brauchte die Mutter manchmal eine geschlagene Stunde, bis sie ihren Sohn wieder einigermaßen zur Ruhe gebracht hatte. In solchen Momenten half auch das Herumtragen nicht mehr.

Manchmal hatte sie nun Erfolg mit einem Schnuller oder lauwarmem Tee. Die Methode, ihren Sohn häufiger ganz in Ruhe in seinem Bettchen liegen zu lassen und nur abzuwarten, bis er sich von alleine beruhigt (also „nicht gleich zu springen"), hatte ihren Aussagen nach einzig zu fatalen Fehlschlägen geführt. Die Dauer des Beruhigens danach hatte sich noch einmal verdoppelt, und überdies sei sie davon überrascht gewesen, wie hartnäckig und ausdauernd ein so kleiner Mensch schreien konnte. Irgendwann hätte sie es einfach nicht mehr übers Herz gebracht, weiter untätig dabei zu stehen und ihren Sohn schreien zu lassen. Ein solches Verhalten konnte letztendlich nur jene Schuldgefühle noch vermehren, die sie ohnehin schon durch die innere Wut auf ihr Kind aufgehäuft hatte.

In ihrer Verzweiflung hatte die Mutter sich zwischenzeitlich auch alternativen Heilmethoden zugewandt wie Osteopathie (wegen einer angeblichen Blockade im Kopfgelenk mit etwas schief gelegtem Hinterkopf) und Homöopathie. Aber außer der Tatsache, dass sie für diese Maßnahmen viel Geld ausgegeben hatte, waren sie nutzlos geblieben.

Der Hilferuf mit dem die Mutter sich jetzt wieder an die schulmedizinisch ausgerichtete Kinderheilkunde wendet, entspringt ihrer Hoffnung, dass doch noch organische Ursachen für die Unruhe und das Schreien ausfindig zu machen sind, wie z.B. eine Kuhmilcheiweißallergie oder eine chronische Darmträgheit mit Verstopfung. All das lässt sich jedoch nicht beweisen, so dass das Mutter-Kind-Verhältnis wieder ganz in den Vordergrund rückt.

Die Mutter wirkt in der Praxis erkennbar unsicher im Umgang mit ihrem ersten Kind und ratlos, wie sie auf die frühen Kommunikationsangebote von Marc reagieren soll. Die Art und Weise, wie sie mit ihrem kleinen Sohn umgeht, wie sie ihn hält und trägt, wie sie sich auf ihn einlässt, wenn er lallt und wie sie auf ihn reagiert, wenn er zu weinen anfängt, sind von großer Unerfahrenheit gekennzeichnet. Zu diesen Unsicherheiten haben die Schwierigkeiten, die kurz nach der Geburt schon eingesetzt haben, zweifellos ihren Teil beigetragen, aber die Mutter gibt zu, von Anfang an nicht richtig gewusst zu haben, wie sie mit ihrem Kind und vor allem mit der unerwartet hohen Dynamik in seinen Reaktionsweisen umzugehen hat.

1.1 Die Basis der vorgestellten Konzeption

Die in diesem Buch zusammengefasste Arbeit über das Gefühlsleben der Säuglinge und Kleinkinder hat die Absicht, die schwierigen Verknüpfungen zwischen der innerseelischen, frühkindlich emotionalen Entwicklung und den sozial ausgerichteten

Bindungsstrukturen zu der oder den Bezugsperson(en) aufzudecken und in einer allgemein verständlichen Form darzustellen. Denn neben Kinderpsychologinnen und -psychologen, sowie Vertretern der Erziehungswissenschaften sollen, wie einleitend betont, auch interessierte Eltern und Laien Zugang zu dem Wissen über die Entwicklungspsychologie der Säuglinge und Kleinkinder bekommen. Die verschiedenen, historischen Einflüsse der Kinderpsychologie, die mir bei diesem Unternehmen Pate gestanden haben, beschränken sich auf einen Zeitraum, der nicht viel mehr als die letzten fünf Jahrzehnte des vergangenen Jahrhunderts ausmacht. Solche Einflüsse sollen, was Zitate aus der Fachliteratur anbelangt, auf das Nötigste beschränkt bleiben. Die manchmal unvermeidliche, fachspezifische Terminologie und Ausdruckweise bemühe ich mich soweit zu reduzieren und an den normalen Sprachgebrauch anzupassen, dass eine Allgemeinverständlichkeit der Zusammenhänge erreicht wird. Darüber hinaus werde ich mich dazu anhalten, die Fachbegriffe, wenn sie unvermeidbar sind, möglichst sofort oder wenigstens noch im aktuellen Zusammenhang zu erklären. Jede weit entwickelte, wissenschaftliche Disziplin besitzt ihre eigene Sprache, die sie braucht und benutzt, um sich einen schnellen und möglichst global verständlichen Kommunikationsaustausch zu sichern.

An geeigneten Stellen möchte ich kurze Ausflüge in die Welt der Wissenschaften unternehmen, weil ich Verständnis dafür erwecken will, dass es sich bei den hier vorgetragenen Erkenntnissen keineswegs um unbewiesene Theorien handelt, sondern um eine fundierte Konzeption, welche mit dem neurobiologischen und neuropsychologischen Geschehen im menschlichen Gehirn in gute Übereinstimmung gebracht werden kann. Einiges davon ist allerdings noch sehr neu und bedarf weiterer Überprüfungen, wie es in jedem jungen Wissenschaftszweig der Fall ist. Besonders in den ersten Kapiteln wird um des Verständnisses der Grundlagen willen etwas häufiger auf die Neurowissenschaften zurückzugreifen sein. Die Gesamtkonzeption der Arbeit ist aber auch ohne diese Ausflüge in die Wissenschaft und Forschung gut zu verstehen.

Welche ist nun die in dieser Arbeit konzipierte Grundvorstellung von der Empfindungswelt des Säuglings? **Der menschliche Säugling kann nach heutigen Erkenntnissen als eines der empfindlichsten Wesen in der Natur gelten.** Er ist weit weniger durch eine instinktive Brut- oder Nestpflege seitens seiner Eltern existenziell abgesichert, als der Nachwuchs unserer Artverwandten aus dem Tierreich. Außerdem hat er von der Natur nicht die rasche Entwicklung zur Selbstständigkeit in der Fortbewegung und Nahrungsbeschaffung mit auf die Welt bekommen. Lediglich einige wenige Reflexe, die sogenannten Neugeborenenreflexe (z.B. Saug-,

Such-, Kriech- oder Mororeflex, s.u.), sind ihm von der Evolution mit auf den Weg gegeben. Schließlich existiert bei ihm kein genetisch vorgegebenes sozioökonomisches Programm. Das soziale Beziehungsgeflecht der Menschen ist aufgrund seiner hochkomplizierten Strukturen genetisch so gut wie nicht kodierbar. Im Übrigen wäre auch der individuelle Entfaltungsspielraum des Menschen durch ein solches Programm zu sehr eingeschränkt. Vorgefertigte Schablonen wären für die Entwicklung im Einzelfall nur hinderlich.

Demzufolge ist der Säugling auf zwei entscheidende Beigaben der Natur angewiesen: Zum einen auf seinen Drang, den Sozialkontakt zu seinen Eltern von Anfang beständig und wirkungsvoll herauszufordern, diesen auf die individuellen Gegebenheiten exakt abzustimmen und den Drang sich dauerhaft zu erhalten „im Guten, wie im Schlechten". Das bedeutet für ihn, dass er seine Bedürfnisse zur Herstellung von Sozialkontakten sowohl auf freundliche, animierende Weise mit Lächeln, Anlachen und Arme ausstrecken, als auch auf fordernde Weise mit unterschiedlichen Äußerungsformen von lautstarkem Protest zum Ausdruck bringen muss. Da es in der außermenschlichen Natur Kategorien, wie gut und böse (bzw. „schlecht") nicht gibt, zumindest nicht nach menschlichen Maßstäben, geht es im Verhalten allein um den wirkungsvollen Austausch von Signalen. Diese Signale müssen unmissverständlich sein und den erforderlichen Zweck ohne große Verzögerung erfüllen können.

Als zweite Mitgabe der Natur besitzt der Säugling – wie jedes andere Lebewesen auch – elementare Grundtriebe wie Hunger, Durst, Suche nach Wärme, Schmerzfreiheit, und wenn auch das noch als Trieb anzusehen ist Streben nach Sicherheit, Schutz und Geborgenheit. Beim Menschen spricht man in diesem Zusammenhang mit Fug und Recht lieber von Bedürfnissen als von Trieben. Das ändert nichts daran, dass diese Bedürfnisse ebenso intensiv empfunden werden wie allgemein die Triebe. Daher rühren seine hohen Ansprüche an den Sozialkontakt zu seinen Eltern und seine Bezugspersonen, die auf nichts Geringeres abzielen, als auf den persönlichen Daseinserhalt und das eigene Überleben. Solche Triebe und Bedürfnisse können von Natur aus keine Rücksicht auf die den Säugling am Leben erhaltenden Eltern nehmen. Dass die prompte Befriedigung der Bedürfnisse und der Grundtriebe gleichzeitig auch ein Garant dafür ist, den lebensnotwendigen Sozialkontakt abzusichern, ist eine geschickte Verkopplung der Resultate durch die Evolution.

Angeborene innere Gefühlsmuster wie Glück/Freude über eine erfolgreiche Kontaktaufnahme und Beziehungsgestaltung sowie Angst/Wut im Falle eines Versagens der Kontakterstellung oder bei einem Beziehungsabbruch, sowie über Jahrtausende hinweg ausgestaltete Prägungsformen im kontaktfördernden Sozialverhalten, garantieren dem Säugling die Fähigkeit, sein Leben in der Gemeinschaft vom ersten Augenblick an aufzubauen. Diese mit auf die Welt gebrachten Prägungsformen und sozialen Kompetenzen, die zunächst eher schematischer Natur sind, müssen – wie gesagt – eindeutig und intensiv im Ausdruck sein, weil sonst die Eltern, die sich gleichzeitig mit eigenen existenziellen Problemen plagen, diese Signale überhören oder fehlinterpretieren könnten. Letzteres wird entweder aus egoistischen Impulsen oder aus Unkenntnis über die Bedürfnislage des Säuglings in Kauf genommen. Das **Säuglingsschreien** ist ein solches Grundsignal, welches beim Erwachsenen generell Sorge um das kindliche Wohlbefinden auslösen soll, verbunden mit dem Auftrag, sich intensiv um die elementaren Bedürfnisse des Säuglings zu kümmern und ihm unangenehme Empfindungen und Gefühle zu ersparen. Das **Säuglingslächeln** ist der dazu gegenteilige Ausdruck von Zufriedenheit mit dem elterlichen Reagieren und Handeln und entwickelt sich ab etwa einem Monat als die prompte, positiv gestimmte Antwort. Sie sichert dem Erwachsenen den Lohn für seine Bemühungen.

Zwei spezielle, in seiner eigenen Sozialbiographie geprägten Gefühle und Empfindungen sind für den Erwachsenen handlungsweisend in seiner Sorge um den Säugling, Gefühle, die gleichzeitig auch für sein Selbstverständnis von großer Bedeutung sind. Erstens die grundsätzliche **Sorge** von Mutter oder Vaters um ihr Kind, die ihnen als solche im Prinzip angeboren ist, wie die Brutpflege dem Elterntier, und die am eigenen elterlichen Vorbild seine endgültige Form und Ausrichtung erhalten hat. Zweitens ihr persönliches **Verantwortungsbewusstsein**, ein schwächeres Wesen wie ein Kind grundsätzlich zu beschützen, ein innerer Appell, den sie zusammen mit den Inhalten ihres Gewissens im Laufe der eigenen Kindheit und Jugend erlernt haben. Dass Mann und Frau überhaupt nach Fortpflanzung streben und sich den Kinderwunsch erfüllen, ist ein Grundtrieb der Menschen, der sie auf natürliche Weise dazu anhält, im Kontext von Generationen zu denken und zu empfinden. Darin kommt die Sinnfrage des Lebens zu einem ergebnisorientierten Endpunkt. Diese Empfindung teilen jedoch heutzutage immer weniger Menschen. Auf die vielen Ursachen hierfür möchte ich am Schluss des Buches einen kurzen Blick werfen.

Die beiden die „Nestpflege" bestimmenden Empfindungen, also Sorge oder Besorgnis und Verantwortung oder Gewissen, kennzeichnen gleichzeitig entscheidende Werte der Menschlichkeit und halten den Erwachsenen ein Leben lang an zu guter Elternschaft und zu einem den Erhalt und Fortbestand des menschlichen Lebens sichernden Gesellschaftsmitglied. An diese Gefühle im Erwachsenen appelliert letztlich auch dieses Buch. Dass ein Versagen von Eltern genau an dieser Stelle ein häufiger Grund für misslingende Elternschaft ist, darüber wird im Verlauf des Textes immer wieder zu sprechen sein.

Für eine gute Elternschaft ist nun nicht so sehr die persönliche Herkunft entscheidend, wie man spekulieren möchte, sondern seine soziale Einstellung und Überzeugung, so dass jeder Erwachsene unabhängig von Herkunft und gesellschaftlichem Rang eine gute Mutter oder ein guter Vater sein kann. Entscheidend hierfür sind allen Beobachtungen und Nachforschungen zufolge vor allem die emotionalen und sozialen Erfahrungen aus der eigenen Kindheit.

Neben dem Schreien und dem Lächeln (ab der 4.–6. Lebenswoche) sind die ersten Lall-Laute und das stimmhafte Lachen (ab dem 3.–4. Lebensmonat) die zentralen Kontaktsignale zu Beginn des menschlichen Lebens. Sie drücken untrüglich innere Freude und Zufriedenheit aus und bestätigen auf überzeugende Weise die emotionale Übereinstimmung zwischen Säugling und Eltern. Das (An)lächeln und Lachen hat zwei Aufgaben, nämlich erstens die Kommunikation mit der primären Bezugsperson herzustellen oder nach einem Abbruch zu erneuern, und zweitens, den hergestellten sozialen Kontakt möglichst lange aufrecht zu erhalten. Im ersten Fall spricht man in der Kinderpsychologie von **Kontaktlächeln** im zweiten von **Antwortlächeln**. Beide Formen lösen regelmäßig bei den Eltern, ungestörte Elternschaft vorausgesetzt, eigene Freude und tiefe Befriedigung aus.

Das (An)lächeln und Lachen, sowie die kehligen, „gurrenden", frühen Stimmlaute des Säuglings sind immer Ausdruck seines allgemeinen Wohlgefühls. Die hiermit verbundene Mimik sowie das zufriedene Stöhnen und Glucksen vor allem beim Saugakt vermittelt der Mutter Bestätigung ihrer guten Betreuungsleistung. Es wirkt auf sie selbst zurück wie eine Belohnung und steigert ihren Antrieb, im Bemühen uneingeschränkt fortzufahren. Das Bestätigungsgefühl brauchen alle Mütter und alle Eltern dringend, um ihre Zuwendung und Pflege trotz aller aufkommenden Schwierigkeiten im sozialen Miteinanderauskommen beständig fortzuführen. Solche umsorgende Beständigkeit empfindet der Säugling wiederum als Zuverlässigkeit und Vertrautheit, wichtige emotionale Erfahrungen, von denen sein Wohlbefinden auch in Zukunft stark abhängig bleibt. Dieses Wohlbefinden verschafft sich beim Säugling in einem strahlenden Gesichtsausdruck und in begeistertem Strampeln unmittelbar Ausdruck.

In der Psychologie spricht man gewöhnlich bei jenen die Emotionen eines Menschen ausdrückenden Verhaltensweisen von Affekten, was dazu geführt hat, dass der Begriff Affekt zuweilen synonym als Bezeichnung für Gefühl gebraucht wird. Ich möchte jedoch die sehr aussagekräftige Unterscheidung beider Begriffe um eines klaren Verständnisses des Gemeinten willen gerne beibehalten. Schreien, Lachen, Streicheln, Umarmen, Anschmiegen, Kopfschütteln, Schlagen, Beißen usw., all das sind Affekte, bzw. affektive Handlungen, deren jeweiligen emotionalen Hintergrund der erfahrene Betrachter kennt und sofort versteht. Eltern müssen manchmal erst lernen, das Verhalten ihrer Nachkommen richtig zu interpretieren. Die den Affekten zugrunde liegenden Emotionen sind Angst, Freude (Glück), Wut oder Trauer und Widerwille (Ekel). Das richtige Interpretieren der Affekte führt zum Verständnis der ihnen zugehörigen Emotionen. In meinen Ausführungen geht es um Affekte ebenso wie um deren Ursachen, die ihnen zugrunde liegenden Emotionen.

1.2 Anfänge der menschlichen Persönlichkeit

Aus den Begriffen der Entwicklungsneurologie abgeleitet, die sich hauptsächlich mit dem Bewegungssystem und den äußeren Sinnen wie Sehen und Hören von Säuglingen und Kleinkindern beschäftigt, und denjenigen der Entwicklungspsychologie, die die psychosozialen und kognitiven Entwicklungsschritte des Kindes untersucht, berechnet man das Säuglingsalter auf das erste Lebensjahr und das Kleinkindalter auf weitere fünf Jahre. Danach beginnt das Schulalter, das in die Adoleszenz hinein reicht. Die Ausführungen in diesem Buch erstrecken sich aus Gründen der Beschränkung nur auf die ersten fünf bis sechs Lebensjahre.

Ein ganzes Jahr braucht der Mensch, um seinen aufrechten Gang gegen die anfängliche, koordinative Unfähigkeit und die Auswirkungen der Schwerkraft zu erlernen (= Stato- oder Grobmotorik). Mindestens genauso lange braucht er, um die Funktion der beim Gehen frei bleibenden Arme und der Hände im Wesentlichen unter Kontrolle zu bekommen (= Hand- und Feinmotorik). Störungen oder Schwächen in der für ein selbstständiges Leben notwendigen Beherrschung dieser Funktionen bezeichnet man seit einiger Zeit als sensomotorische Integrationsstörung.

Interessanterweise braucht der Mensch aber mindestens ebenso lange, um verstehen zu lernen, dass er ein eigenes Individuum ist. Dieses Verständnis erwächst aus der Erfahrung, sich von der oder den ihn aufziehenden, erwachsenen Personen räumlich zu entfernen und je nach Bedürfnislage wieder zu ihnen zurückkehren zu können. Dazu müssen der Säugling und vor allem das Kleinkind sich mit wenigstens zwei Dingen vertraut gemacht haben. Erstens mit der Gewissheit, beim Verlassen der Bezugsperson diese bei der Rückkehr an demselben Ort auch wieder aufzufinden (**Objekt-, resp. personelle Permanenz** nach Piaget 1983). Zweitens mit der Erfahrung, dass die Lebensumgebung ein freier Raum ist, den es „durchkrabbeln" oder durchlaufen kann, und in dem es jederzeit wieder umkehren und an den gerade verlassenen Platz zurückkehren kann (**Raumkonstanz**). Dass ein Mensch für dieses Abschreiten des Raumes Zeit braucht, die währenddessen verstreicht und in der Vergangenheit gleichsam „verloren" geht, in der Erinnerung jedoch erhalten bleibt, davon wissen der Säugling und das Kleinkind lange Zeit noch nichts. Denn dazu muss im Gehirn erst ein gut funktionierendes, alle Ereignisse speicherndes faktisches Gedächtnis (insbesondere das biographische Gedächtnis) aufgebaut werden. Für die reife Funktion dieses Gedächtnisses braucht der Mensch etwa drei bis vier Lebensjahre.

Außerdem muss ein Bewusstsein davon entstanden sein, dass alle Ereignisse in einer bestimmten raumzeitlichen Korrelation zueinander ablaufen. Für solche mentalen Fähigkeiten benötigt der Mensch noch einmal etwa zwei Jahre. Erst dann sind vergangenheitsbezogene Vorstellungen und zukunftsgerichtete Denkweisen strategisch möglich. Im letzten Kapitel des Buches wird davon ausführlicher die Rede sein.

Neuerdings werden Entdeckungen aus der Kognitionspsychologie zu dieser Frage beigesteuert, die darauf abheben, dass Säuglinge schon vor der Entdeckung der Raum- und Objektkonstanz durch sogenannte kognitive **Kontingenzerfahrungen** ihrer Person ein Verständnis von eigenen Körpergrenzen und einem außerhalb von ihnen selbst existierenden Raum mit Objektfunktionen entwickeln. Diesen Theorien darf man derzeit noch etwas kritisch gegenüber stehen, da die Studienergebnisse, die dies bestätigen sollen, noch zu wenig zuverlässig erscheinen. Kritik ist auch dahingehend angebracht, dass das sich daraus ergebende, selbstbezogene Identitätsempfinden des Säuglings allzu leicht überschätzt wird und zu unberechtigten Ansprüchen an sein Handeln führt. Im Übrigen tragen diese Erkenntnisse zu den Aussagen über die Gefühlswelt des Säuglings nur wenig bei. Ich werde bei der Formulierung der emotionalen Integrationstheorie auf dieses Problem noch einmal etwas genauer zurückkommen.

Die Handlungen des Säuglings, die am Ende des ersten Lebensjahres mit räumlicher Entfernung von seiner Bezugsperson einen entscheidenden Wendepunkt vollziehen, sind zum erstenmal von seinem **eigenen Willen** geprägt. Alle Eltern spüren diesen Entwicklungsschritt, wenn ihr Kind plötzlich nicht mehr so „will", wie sie selbst, und wenn es anfängt, Widerstand zu üben und dabei auch wütend zu werden. Es beginnt dann auf einmal Dinge zu tun, von deren Umsetzung es nicht wieder ablassen kann (Drang), und deren Realisation es auch ständig neu inszenieren muss (Wiederholung). Drang und Wiederholung sind die beiden typischen Merkmale der ersten willentlich inszenierten und absichtsvollen Handlungen beim

Eintritt des Säuglings ins Kleinkindalter. Der hier spürbare Wille ist einstweilen noch so starr und beharrlich, dass er beinahe einem Zwang gleichkommt. Das heißt, dass das Kind seinen einmal gefassten Willen von alleine nicht ohne weiteres zurücknehmen oder auch nur korrigieren kann. Eine Behinderung in der Ausübung des Willens z.b. durch die erziehenden Eltern quittiert es demzufolge allzu häufig mit dramatischem Protest. Was sich im Säuglingsalter mit beharrlicher Persistenz als statomotorische und feinmotorische Entwicklung vollzogen hat, ereignet sich im zweiten Lebensjahr also mit gleicher Intensität in der Ausübung des Willens.

Wie die Hirnforschung heutzutage belegen kann, bewegt sich der Wille im menschlichen Gehirn auf ähnlichen funktionellen Pfaden, wie der motorische Drang zur Bewegung. Man könnte sagen, der Wille ist, bevor er als eigener Wille empfunden und beherrscht wird, nichts als ein starker, auf Gedanken bezogener Bewegungsdrang, von dem das Individuum selbst beherrscht wird. Tiefenpsychologisch orientierte Psychologen meinen in diesem Prozess, weil er immer einem momentanen Bedürfnis entspringt, das grundlegende Phänomen der **Motivation** zu erkennen. Aus dieser Perspektive ist der ganz frühe Wille des Menschen also hauptsächlich als motivationales Handeln zu verstehen. Die neurophysiologischen Ursprünge des Willens könnte man demzufolge als eine Art Bewegung im Gehirn verstehen in Form eines momentanen, synaptischen Verschaltens von miteinander „im Takt" schwingenden Hirnnervenregionen oder neuronalen Netzwerken. Synapsen sind die funktionellen Knotenpunkte in der Verbindung von miteinander verschalteten Hirnnervenzellen. Der Wille dient dazu, neue Verknüpfungen im Gehirn zu erstellen und die geistige Entwicklung in Gang zu halten.

Ich habe ganz bewusst gleich am Anfang den Willen des Menschen ins Spiel gebracht, weil sich um diese spezielle menschliche Ausdrucksform viele pädagogische Interpretationen, aber ebenso auch zahlreiche philosophische und kulturelle Spekulationen ranken. Für die Entwicklungspsychologie ist es von entscheidender Bedeutung zu erkennen, dass der kleine Säugling noch keine Entscheidungen oder Entschlüsse auf Willensbasis treffen kann, sondern rein aus natürlichem Bedürfnis und unabweisbaren Drang heraus sich verhält und handelt. Das ist von der Evolution so eingerichtet, weil nur unter den Bedingungen einer ungehinderten Anpassungsfähigkeit der Fortbestand seiner Existenz gesichert ist und sich nur auf diese Weise seine optimale Entwicklung vollziehen kann. Ein zu früher eigener Wille wäre dabei hinderlich.

Anders ausgedrückt, ein Säugling fällt keine Entscheidung darüber, ob er zu einer Handlung wirklich Lust hat oder nicht, sondern diese Lust wird ihm durch seine momentane Bedürfnislage gleichsam aufgezwungen. Seine nachfolgende Handlung ist allein die automatische, motivational gesteuerte Reaktion auf das dringende Bedürfnis. Neugier und Interesse sind unter diesem Aspekt nichts anderes als große Bedürfnisse, Personen und Objekte aus der Umwelt kennen zu lernen. Sie initiieren damit den Handlungsimpuls, Erfahrungen mit den Menschen und den Dingen zu sammeln und dadurch Lernprozesse in Gang zu bringen.

Geäußerte Unlust mit Ablehnung eines Bemühens seiner Eltern ist beim Säugling demzufolge kein Ergebnis einer überdachten Entscheidung gegen deren Ansprüche, sondern einzig Ausdruck seiner augenblicklich negativ eingestellten Bedürfnis- oder auch Motivationslage. Lust wiederum ist unter diesem Gesichtspunkt keine sich wiederholt einstellende „Gier" auf etwas, das vom Säugling als besser als etwas anderes empfunden wird, sondern immer nur Ausdruck seiner momentanen starken Motivation oder hohen Bedürfnislage.

Insofern ist das Schreien eines Säuglings kein Instrument zur Erzwingung einer von ihm vorab bewusst geplanten Handlung seitens der Eltern und schon gar keines zur Marterung des elterlichen Nervenkostüms. Ebenso ist das Juchzen und Lachen des Säuglings kein Bestechungsversuch seiner Eltern, ihn in Zukunft ewig zu verwöhnen, sondern allein Ausdruck seiner Freude über das Verständnis, das er bei ihnen vorfindet. Erst im Laufe der Kleinkindzeit unter Hinzutreten mannigfaltiger geistiger Fortschritte auf der Basis von Begriffsverständnis und formaler Logik ändert sich dann das Bild, und auf einmal kommt tatsächlich Berechnung in das kindliche Wollen und Streben.

Auf alle diese Fragen werde ich im Verlauf des Textes zurückkommen, denn sie spielen eine entscheidende Rolle im elterlichen wie auch allgemeinen Umgang mit Säuglingen und Kleinkindern. Außerdem bilden sie die Basis zur Formulierung der emotionalen Integrationstheorie. Vorläufig möchte ich aber noch bei ganz anderen Gefühlen des kleinen Säuglings bleiben. Als Beobachter eines Neugeborenen und Säuglings muss man sich vorstellen, dass dieser, nachdem er die schützende Hülle der Gebärmutter verlassen hat, in einen ihm völlig andersartigen, völlig fremden „Raum" hinübertritt. Alles das, was er dort vorfindet, ist ihm fremd, tatsächlich alles, sogar die mütterliche Stimme klingt plötzlich anders, und ihr Herzschlag ist ihm viel ferner als zuvor. So ist es verständlich, dass die ersten motorischen Bestrebungen des Neugeborenen eine **Anklammerung an die Mutter** sind, die ihm gleich nach der Geburt mit ihrer Brust und ihren Armen Schutz und Sicherheit bietet. Fortan werden Brust (= Saugen) und Arme (= Tragen) die wichtigsten Schutzelemente sein, die ein Säugling von Anfang an spüren und richtig verstehen kann. Es sind seine ersten Erfahrungen mit der Wirklichkeit.

Diese Erfahrungen betreffen aber nicht so sehr sein verstehendes Wissen, denn das entwickelt sich erst am Ende der Säuglingszeit, sondern hauptsächlich seine Gefühlswelt, denn die ist gleich am Lebensanfang hoch aktiv. Insofern redet man in der Säuglingspsychologie lieber von **Erlebnissen** als von Erfahrungen. Der kleine Säugling erfährt sein Dasein also in gefühlshaften Erlebnissen. Dass diese prägend für sein ganzes späteres Seelenleben sein sollen, wird ebenso heftig bestritten, wie verteidigt, aber allein die Tatsache, dass diese Vorstellung das menschliche Gemüt so heftig bewegt, beweist meines Erachtens, wie wichtig diese Anschauung im Grunde längst geworden ist. Auf die Tatsache, dass solche „Prägungen" von Geburt an durch das bereits funktionierende implizite Gedächtnis stattfinden, hatte ich in den Vorbemerkungen hingewiesen.

Sigmund Freud entwickelte seine Vorstellungen über die frühkindlichen Lebensäußerungen am Anfang des vergangenen Jahrhunderts (S. Freud 2000/1940). Er führte die Erlebniswelt des Säuglings aufgrund von psychoanalytischen Studien an Erwachsenen ursächlich auf libidinöse Triebe zurück. Unter Libido verstand er auf direkte Befriedigung ausgerichtete, lustvolle Bedürfnisse aus dem vorbestehenden Unterbewusstsein bzw. dem „Es". Durch triebhafte Empfindungen sollte eine innere Spannung entstehen, die auf einen schnellen Ausgleich und vollständige Abfuhr hinzielte. Diese Anschauung stellte einen starken Bezug zur Sexualität her, so dass sie von seinen Nachfolgern mehrfach neu überdacht und anders formuliert worden ist. Trotzdem steht sie heute keineswegs unumstritten da. Vor allem Freuds eigene Tochter, Anna Freud, bemühte sich Mitte des vergangenen Jahrhunderts darum, die Triebtheorie Ihres Vaters klarer auf Säuglinge und Kleinkinder zuzuschneiden, und eine Erklärung dafür zu finden, wie die kleinen, vorgeblich von ihren Trieben geleiteten, kindlichen Seelen mit der Unabweisbarkeit dieser Empfindungen umzugehen lernten. Eines ihrer Themen lautete, wie Säuglinge und Kleinkinder Triebe auch unterdrücken oder abwehren könnten (A. Freud 2000/1968).

Andere Erklärungsmodelle frühkindlichen Verhaltens entstammen der Instinktlehre und der Verhaltensbiologie, die ihre Ansichten dem Tierreich entnehmen, vor allem jenen Arten, die dem Menschen im Sozialverhalten vergleichbar sind. Der Blick ist dabei in vorderster Linie auf Primaten, insbesondere auf Schimpansen gerichtet, welche die höchste genetische Ähnlichkeit mit dem Menschen besitzen. Solche Modelle als Erklärung für menschliches Verhalten sind aufgrund der Evolutionstheorie hoch interessant und werden von mir an geeigneter Stelle herangezogen.

Auch die Soziologie steuert wichtige Beiträge zur Erklärung menschlichen Verhaltens bei. Aus meinen Ausführungen wird ersichtlich, wie groß ihr Einfluss auf die Interpretationen ist. Die Vorstellungswelt und das Theoriekonzept des Behaviorismus aus der allgemeinen Psychologie werden in meinen Ausführungen hingegen nur im Zusammenhang mit den Konditionierungsvorgängen bei jungen Säuglingen gestreift.

1.3 Der Zugang zur Erlebniswelt des Säuglings

Heutzutage wird ein Zugang zur Erlebniswelt der Säuglinge bevorzugt, der Interpretationen aus der Erwachsenentherapie und Theorien der Abstammungslehre hinter sich lässt. Ein wesentliches Element dabei ist die sogenannte **Direktbeobachtung**. Anders als Freud und die Psychoanalytiker in seiner Nachfolge, die das kindliche Erleben rein retrospektiv aus der rückwärts gerichteten Sicht von im späteren Leben psychisch erkrankter oder auch nur leidender Erwachsener betrachtet haben, und anders als die Verhaltensbiologen, die Säuglinge und Kleinkinder mit Jungtieren vergleichen, wählt die Psychologie in neuerer Zeit die unmittelbare Beobachtung und Analyse des Säuglingsverhaltens selbst als Grundlage für ihre Rückschlüsse. Dabei spielen, um eine höhere Objektivität zu erzielen, geschickt angeordnete Videoinstallationen eine große Rolle (Dornes 2000). Auch mehr oder weniger stark strukturierte Interviews von Eltern rücken auf in den Mittelpunkt der Verhaltensanalysen.

Mit der reinen Beobachtung und den Interviews ist es aber meiner Auffassung nach nicht getan. Ich meine, der Untersucher muss sich zuvor klar machen, auf welche Weise er den Säugling eigentlich untersucht und was er von ihm überhaupt registriert. Weiter muss er sich darüber Klarheit verschaffen, wie der Säugling seine Umwelt organisch und psychisch wahrnimmt und mit welchen Gefühlen er diese Wahrnehmungen in seiner Innenwelt verknüpft. Zu der organisch-neurophysiologischen Art und Weise, wie ein Säugling seine Umwelt aufnimmt, gibt es zahlreiche Untersuchungen, die allesamt darauf abheben zu verstehen, wie die Sinne des Säuglings im Einzelnen funktionieren und wie sie auf „Hirnebene" miteinander arbeiten (Wahrnehmungspsychologie).

Dass die fünf Sinne des Säuglings noch etwas anders funktionieren als beim älteren Kind und Erwachsenen, wurde schon seit langem verstanden. Worin aber diese Unterschiede genau bestehen, ist Gegenstand aktueller Forschung. So weiß man heute durch geschickte Untersuchungsanordnungen ziemlich genau, dass Säuglinge ihre fünf Sinne im Gehirn schon recht gut miteinander in Beziehung setzen können und dass ihre Wahrnehmung der Umgebung sehr viel differenzierter ist, als man das früher gedacht hat (Gopnik, Kuhl, Meltzoff 2000, s.u.).

Das heißt allerdings nicht, dass Säuglinge mit ihren Fähigkeiten auch ein uns Erwachsenen vergleichbares Wirklichkeitsverständnis entwickeln können. Mir kommt es hier aber auch gar nicht so sehr auf die neurophysiologische Funktion der Wahrnehmung bzw. Perzeption des Säuglings an, sondern vielmehr auf die dabei in ihm entstehenden Gefühle, die jede dieser Wahrnehmungen automatisch begleiten (vgl. Vorbemerkungen und Darstellung der Grundansichten).

Ich wähle jetzt zur Konkretisierung des Besprochenen und zum genaueren Verständnis meiner Positionen eine Funktion im Leben der Säuglinge, die in den Grenzbereich von Gefühl, bzw. Emotion und Affekt fällt, das **Schreien**. Der unverkennbare Affekt des Schreiens und die dazugehörigen Gefühle des Kindes geben das Anliegen und Hauptthema dieses Kapitels wieder. Das Schreien gehört unbedingt an den Anfang einer jeden Besprechung über das Säuglingsverhalten, weil es stärker noch als das Lachen oder der frühe Spracherwerb Inbegriff der ersten Lautäußerung des Säuglings ist und für alle Eltern ein zentrales Geschehen im ersten Lebensjahr ihres Kindes bedeutet.

In zahlreichen, wissenschaftlichen Studien ist hinreichend untersucht worden, wie oft und wie lange der Säugling durchschnittlich schreit, in welchen Lebenswochen das Schreien einen Höhepunkt erreicht und welche Schreiformen generell zu unterscheiden sind. Pulsfrequenz, Atmung, Blutdruck und Hautleitfähigkeit wurden exakt gemessen und darüber hinausgehende Auswirkungen auf das vegetative Nervensystem detailliert dargestellt. Diese Symptome des vegetativen Nervensystems sind nachweislich Folge des hohen Cortisol- und Adrenalinspiegels im Blut, bedingt durch die zugrunde liegende, negative Stressreaktion. Das körperlich spürbare Resultat ist beim Säugling, wie bei jedem anderen Menschen auch, als Alarmreaktion für den Gesamtorganismus zu verstehen, damit dieser sich durch eine gezielte Anpassungsreaktion im Verhalten aus der mutmaßlich bedrohlichen Lage befreit. Einem auf sich alleine gestellten Säugling ist die Fähigkeit hierzu jedoch noch nicht gegeben.

Eine noch nicht eindeutig zu beantwortende Frage ist trotz all dieser untersuchungstechnischen Bemühungen immer noch, ab wann ein Säugling abnormal viel bzw. krankhaft schreit. Alle Versuche, den Anstieg des Cortisol- und Adrenalinspiegels als Maß zur Unterscheidung von physiologischer, das heißt noch normaler, und pathologischer, das heißt krankmachender Reaktion, heraus zu filtern, führten zu keinem klaren Ergebnis. Solche Messungen wurden aus humanethischen Gründen tatsächlich nur in Tierversuchen vorgenommen. Sie sind aber mühelos auf den Menschen übertragbar. Ein klares Ergebnis ließ sich schon deswegen nicht ermitteln, weil die pathologischen Wirkungen des Stresses (und des dadurch ausgelösten

Schreiens) kaum von den noch als normal geltenden Stresserscheinungen im Sinne der physiologischen Warnreaktion unterscheiden ließen. Eindeutig ist die Erkenntnislage nur dahingehend, dass der an sich physiologische Stress der Warnreaktion in dem Moment krankmachende Wirkung entfaltet, in dem der die notwendige Funktion der individuellen Anpassungsleistung nicht erfüllen kann. Dieser Moment tritt bei Säuglingen immer dann auf, wenn die beruhigenden Maßnahmen durch dei Bezugsperson, auf die er noch vollständig angewiesen ist, ausbleiben. Erschwerend kommt hinzu, dass dem schon von Geburt an voll funktionstüchtigen Stresssystem noch keine natürliche Gegenregulation durch das Anti-Stresssystem unterlegt ist Molekulargenetische Untersuchungen aus jüngster Zeit haben diese angeborene Imbalance zwischen schon vorhandener Stressaktivität und noch fehlender Antistressfunktion am menschlichen Erbgut herausgefunden. Der „Genschalter" für die Antistressfunktion ist noch nicht eingeschaltet. Erst durch epigenetische Faktoren, d.h. durch (positive) Einflüsse aus der Lebensumwelt des Säuglings in Form von zuwendungsintensiven und bindungsfördernden Maßnahmen, kurz durch „liebevolle elterliche Pflege", kommt es zur „Freischaltung" dieser wichtigen Stressregulation (D. Braus 2004, J. Bauer 2007). An diesem Freischaltvorgang sind Neurotransmitter wie Dopamin und Serotonin, aber auch Endorphine maßgeblich beteiligt. In Experimenten an neugeborenen Ratten konnte diese Entdeckung bewiesen werden.

Bestimmte Zentren im Hirnstamm (vor allem der Locus coeruleus oder „blauer Kern"), die mit dem vegetativen Nervensystem und mit dem Limbischen System in direkter Verbindung stehen, initiieren den Stress als zunächst physiologische Warnreaktion auf außergewöhnliche Reize oder eine Gefahr vermittelnde Situation. Über die kurz geschalteten Verbindungen zum vegetativen Nervensystem (im Hypothalamus) kommen all jene körperlichen Erscheinungen zustande, wie sie weiter oben beschrieben worden sind und wie sie jeder Mensch an sich selbst kennt und sofort zuordnen kann.

Eher indirekt hingegen sind die Reaktionen im Gehirn selbst, bei denen vor allem in der Amygdala, das heißt in den Mandelkernen (Teil des frühen Gedächtnissystems und emotionaler Zugang zum Limbischen System, s. Vorbemerkungen), eine eiweißähnliche Substanz mit hormonartigem Charakter gebildet wird. Sie wird als Corticotropin-Releasing-Hormon, kurz CRH, bezeichnet. An dieser Aufgabe ist zentralnervöses Noradrenalin als Neurotransmitter maßgeblich beteiligt.

Über CRH und ACTH, dem dazu gehörigen Steuerungshormon aus der Hypophyse, wird im Körper die Nebennierenrinde aktiviert, die nun in hohem Maße Cortisol produziert. Gleichzeitig wird im Sympathicusanteil des vegetativen Nervensystems Adrenalin produziert. Damit ist die Stressreaktion im Körper vollständig. Cortisol- und Adrenalinspiegel sind in der Blutbahn des über längere Zeit schreienden Säuglings im Gegensatz zum entspannten Säugling exorbitant hoch. Diese erhöhten Spiegel lassen sich auch noch Stunden nach dem Stressereignis nachweisen. Im Gehirn selber wird durch das CRH der Neurotransmitter Noradrenalin in erhöhtem Maße ausgeschüttet. Noradrenalin fördert die Wachsamkeit und Aufmerksamkeit, aber auch die Gefühlsqualität Angst (bestimmte Sub-Rezeptorengruppen), woran die Amygdala sich in zentraler Funktion beteiligt (Roth 2003). Längeres Schreien ist also, diese Schlussfolgerung ist jetzt zulässig, in jeder Hinsicht belastender, **negativer Stress** (distress) für den Säugling, unabhängig davon, ob man per definitionem schon von pathologischem Schreien spricht oder noch von normalem Schreiverhalten ausgeht.

Untersuchungen zum induzierten Stressverhalten werden, wie ich bereits sagte, aus ethischen Gründen größtenteils an Tieren, vor allem an Primatenjungen, aber auch an Nagetieren ausgeführt. Die Ergebnisse sind unter der Prämisse der Evolutionstheorie, das heißt basierend auf der Erkenntnis, dass Mensch und Tier artverwandte Lebewesen sind, auf den Menschen übertragbar. Auf solche Untersuchungen im Einzelnen werde ich noch zurückkommen.

Was die Wissenschaft in solchen Studien untersucht, sind, wie gezeigt, nur die psychovegetativen Begleiterscheinungen des Schreiens mit ihren organischen Auswirkungen und messbaren Reaktionen. Die auslösenden Ursachen jedoch und die Folgen des Geschehens im Gefühlsleben der Säuglinge sind nur selten Gegenstand einer solchen Untersuchung. In der Direktbeobachtung schreiender Säuglinge muss es meiner Meinung nach aber gerade um diese beiden letzten Aspekte gehen. Dass das Schreien und der damit verbundene negative Stress das vegetative Nervensystem beeinflussen, ist ein jedem einfühlsamen Beobachter schon optisch erkennbares Phänomen, dem nichts wesentlich Neues hinzuzufügen ist. Der schwitzende, hochrote Kopf des lauthals schreienden Säuglings ist für jeden unübersehbar und unmissverständlich. Wichtig und einer genaueren Untersuchung wert sind allein Ursachen und Auswirkungen des Schreiens.

Bei der direkten Beobachtung des Säuglingsverhaltens, die sich gezielt um die ursächlichen Gesichtspunkte bemühen muss, sollte meiner Auffassung nach immer die empathische Betrachtungsweise des Beobachters hinzukommen, die ihre Bezüge aus der **Intuition** und der persönlichen **Einfühlsamkeit** gewinnt. Intuition heißt hier für den Beobachter, dass der von ihm festgestellte Gefühlsausdruck des Säuglings zugleich auch etwas mit dem eigenen Gefühlsleben zu tun hat. Denn jeder Beobachter hat selbst einmal ein Säuglingsstadium durchlaufen und besitzt grundlegende Einsichten zu den beobachteten Gefühlen. Ich räume ein, dass dieser Anspruch an wissenschaftliches Vorgehen ungewöhnlich ist und einen hohen moralisch-ethischen Anspruch voraussetzt. Gleichzeitig, und das mag vielleicht noch herausfordernder klingen, wird aufgrund dessen die landläufig geforderte, wissenschaftliche Präzision bis zu einem gewissen Grad eingeschränkt. Mit dieser Form der Annäherung an das Fühlen und Empfinden der Säuglinge kommt man aber zu weit aussagekräftigeren Ergebnissen hinsichtlich des zu untersuchenden Phänomens. Ergebnisse dieser Art schaffen es, die Grenzen der rein naturwissenschaftlichen Betrachtung zu überschreiten und den Horizont der nüchtern exakten Vermessung von Gefühlen in die persönliche Nachvollziehbarkeit hinein auszudehnen. In Bezug auf unsere eigene Nachkommenschaft müssen solche ungewöhnlichen Wege gewählt werden, um tatsächlich hinter die Kulissen schauen zu können. Mit objektiver Wissenschaft allein sind emotionale Zustände bei Säuglingen nur unvollständig zu erfassen.

Das intuitive Beobachten eines Säuglings darf dennoch nicht rein subjektiv und damit gleichzeitig auch spekulativ geschehen. In erster Linie müssen evolutionsbiologische und anthropologische Grundansichten als konsensfähige Erklärungsbasis für das „Untersuchungsobjekt" herangezogen werden. Ich spreche von der prähistorischen Existenzlage der Menschen als genereller Erklärung für die emotional-affektiven Zustände in frühester Kindheit. Der entwicklungsgeschichtliche Rückblick ergibt damit zugleich eine Nahtstelle zur Verhaltensbiologie.

Das Schreien eines Säuglings ist demnach als eine frühe, evolutorisch vorgeprägte Form kindlicher Signalgebung an die Eltern zu verstehen. Dabei dient der Schrei in der Natur als früheste Verständigungsform zwischen den Nachkommen und ihren Eltern, um eine nicht-sprachliche oder im Fall des Menschen vor-sprachliche Kommunikation zu ermöglichen. In diesem Sinn transportiert er Äußerungen wie Betteln (bei Tieren) oder Bedürfnisäußerung (beim Menschen), sowie auch Warnung, Angst oder allgemeine Erregung. Zugleich ist der Schrei aber auch affektiver Ausdruck von Bedrohung, Schmerz und Leid mit ganz gezielter Lautgebung, die im Falle des Menschen jedem Beteiligten auch ohne theoretische Vorkenntnisse verständlich sein muss. Denn jeder Erwachsene ist einmal Kind gewesen und hat dieselben Gefühle und Empfindungen durchlebt. Aber auch im Tierreich, nicht nur bei Primaten, gibt es diese Form des Schreiens bei Jungtieren im Zustand der Not und Entbehrung.

In der Retrospektive auf die Ur- und Vorgeschichte der Menschheit setzt die Intuition auf die allgemeine Übereinstimmung der Gefühlsregungen in allen Menschen. Neben der Urgeschichte des Menschen ist aber auch die individuelle Entwicklungsgeschichte allen Menschen gleich, und diese Gleichheit gilt sowohl für den seelischen als auch für den körperlichen Entstehungsprozess. Gemeinsame Vorerfahrung, Selbsterleben und Nachempfinden sind demzufolge die Methoden, mithilfe derer die Intuition die Gleichheit der Reaktionsweisen bei allen Menschen erfahrbar macht. Darin unterscheiden sich Kinder und Erwachsene neben dem Alter nur hinsichtlich ihres bereits gesammelten Erfahrungsschatzes und ihrer Möglichkeiten zur Einfühlsamkeit. Darauf wird in der Besprechung der Empathie gezielt eingegangen. Aber das individuelle Empfinden einer Ahnung von solcher Übereinstimmung als einziger Ausdruck von Intuition reicht für die geforderte Objektivität nicht aus.

Die grundsätzlich erzielte Übereinkunft aller auf dem Gebiet der Entwicklungspsychologie arbeitenden Fachleute und Wissenschaftler muss über die gemeinsame Intuition hinaus in eine allgemein gültige, psychologische Theoriebildung über die frühkindlichen Emotionen und Affekte übergehen. Die auf diese Weise postulierte Theorie muss dabei dem Erkenntnisprozess über die allgemeinen, emotionalen Vorgänge im Menschen folgen (Emotionspsychologie) und die speziellen Beobachtungen und Entdeckungen aus der Soziologie und Verhaltensbiologie zur Entwicklung des Einzelmenschen mit einbeziehen. Außerdem sollten die ins Pathologische abgleitenden Vorgänge gewissermaßen als Negativbelege für die Richtigkeit der Theorie in ihrer Ausformulierung Berücksichtigung finden.

Als ein weiterer Faktor in der Erklärung und dem Verständnis von Gefühlen und Empfindungen im menschlichen Gehirn wird in Zukunft die Hirnforschung mit ihrer **apparativen Untersuchungstechniken** und ihren biochemischen Analysen eine immer größere Bedeutung erlangen. Insofern ist von einer zunehmenden Objektivierung der Beobachtungen auszugehen. Im Vordergrund der Forschung stehen dabei die computergesteuerten Messungen von Hirnfunktionen durch die funktionelle, magnetische Resonanztomographie, fMRT und die Positronen-Emissions-Tomographie, PET. Besonders diese beiden bildgebenden Untersuchungstechniken haben in jüngster Zeit wesentliche Details der speziellen Hirnfunktionen ans Licht gebracht. In Bezug auf das Gefühlsleben von Säuglingen und Kleinkindern sind solche Untersuchungsergebnisse aber aus methodischen wie aus humanethischen Gründen äußerst schwer zu erbringen.

Viele Ergebnisse über die Funktionen des sich entwickelnden Gehirns in der Phase nach der Geburt entstammen daher Untersuchungen an Jungtieren, die zu einer Spezies gehören, welche ähnliche soziale Strukturen in ihrer Lebensgemeinschaft entwickeln wie Menschen, z.B. bestimmte Nagetiere oder Affenarten. Solche Jungtiere werden in ihrer Prägungsphase gezieltem Stress ausgesetzt, um in späteren

Entwicklungsphasen mit gezielten Testverfahren untersucht und ausgewertet zu werden. Im Zuge dessen werden die Gehirne der Tiere in verschiedenen Entwicklungsphasen auch feingeweblich exakt untersucht. Als eine entscheidende Entdeckung aus solchen wissenschaftlichen Studien ist zu erwähnen, dass sich bald nach der Geburt im Gehirn von Jungtieren beinahe explosionsartig zahllose synaptische Verbindungen von neuronalen Zellkörpern zwischen ihren verschiedenen Zellfortsätzen bilden. Diese unzähligen Verbindungen haben offenbar den Zweck, eine potenziell unbegrenzte Abbildungsmöglichkeit der Dinge und Geschehnisse in der Wirklichkeit als Repräsentation in der grauen Substanz des Gehirns, Hirnrinde wie Basalganglien, zu ermöglichen. Bei diesem Vorgang entstehen, vermutlich auch aus Sicherheitsgründen, stark überzählige synaptische Verknüpfungen, aus deren Vielzahl im Laufe der weiteren Monate und Jahre die günstigsten und effektivsten Verbindungen durch **Synapsen-Reduktion** ausgelesen werden. Während diese dann stabilisiert werden, verfallen die anderen im Normalfall und werden wieder abgebaut, da sie überflüssig oder unbrauchbar geworden sind. Bei diesen Prozessen im Zentralnervensystem spielen die Botenstoffe/Neurotransmitter vermutlich eine entscheidend mitgestaltende Rolle (Braun und Bock 2003). Solche Ergebnisse lassen sich, wenn auch noch mit einigem Vorbehalt, auf die menschliche Nachkommenschaft übertragen.

Die Neurotransmitter gehören größtenteils dem emotionalen System des Menschen an und sind maßgeblich daran beteiligt, die Art und die Ausprägung der Gefühle im Gehirn zu steuern. Das weiß die Wissenschaft nicht nur aus theoretischen Untersuchungen, sondern ganz praktisch auch aus der Verwendung der Psychopharmaka, die ihre Wirkung aus der Beeinflussung der Neurotransmittertätigkeit beziehen, z.B. Selektive Serotonin Wiederaufnahmehemmer/SSRI mit Wirkung auf Serotoninrezeptoren oder auch Methylphenidat und Amphetamin mit Wirkung auf dopaminerge Rezeptoren, um nur zwei pharmakologische Gruppen herauszugreifen. SSRIs verwendet man bei der Behandlung von Depressionen und Zwangserkrankungen, Methylphenidat vor allem in der Kinder- und Jugendpsychiatrie zur Behandlung des ADHS bzw. Aufmerksamkeits-Defizit-Hyperkinetischen-Syndroms.

Aus all diesen Kenntnissen kann mit einiger Sicherheit geschlossen werden, dass es die Gefühle sind, und ich möchte behaupten vor allem die Gefühle, die in den Gehirnen der Säuglinge und Kleinkinder (wie in denen der Jungtiere) entscheidend mit daran beteiligt sind, die eben erwähnte Reduktion der Synapsen zu regeln und auf diese Weise großen Einfluss zu nehmen auf die Verknüpfungen in der Empfindungs- und wahrscheinlich auch der Gedankenwelt des heranwachsenden Menschen.

Der gerade rein neurobiologisch skizzierte Entwicklungsvorgang von Psyche und Geist wird ohne Frage stark durch die soziale Interaktion und das kommunikative „Miteinander" zwischen Säugling und Bezugspersonen in seiner Gestaltung beeinflusst. Diese Gestaltung ist das zentrale Thema des hier vorliegenden Buches. Dazu möchte ich nun folgende konkrete Anfangs-Vorstellung entwickeln: Alle regelmäßig und zuverlässig durchgeführten Maßnahmen mit emotionaler Zuwendung zum Säugling durch die Eltern, ihre liebevolle Fürsorge und Pflege und ihre Geduld und Nachsicht beeinflussen die Vielzahl der potenziellen, synaptischen Verbindungen im sich entwickelnden Gehirn günstig und stufen sie Schritt für Schritt zurück auf ein zuträgliches oder – sagen wir – gesundes Maß. Konstante Interaktionen, individuelle Rhythmen und sich erhaltende Gewohnheiten sowie immer wiederkehrende Ereignisse (Rituale) graben sich auf diese Weise eine bleibende „Spur" in die graue Substanz und beginnen, in Hirnrinde und Basalganglien eine psychische Struktur auszubilden, welche einmal persönlichkeitsgestaltend wird. Auf diesem sich „reduzierenden" und damit ordnenden Boden bauen sich alle wesentlichen, geistig-seelischen Entwicklungsmerkmale zum bleibenden Charakter des Kindes auf, wohlgemerkt in der Beschränkung durch die genetischen Vorgaben für die individuellen Anlagen und das Temperament.

Im Umkehrschluss heißt das aber, dass im Falle fehlender Zuwendung, liebloser Pflege und vor allem echter Vernachlässigung eine massive Störung dieser „Synapsenbildung und -reduktion" verursacht wird. Die mit der Vernachlässigung zwangsläufig verbundenen emotionalen Mängel lösen durch Angst, Panik und exzessives Schreien immer wieder einen hohen Stresspegel aus. Dass negativer Stress ein relevanter Störfaktor in der Organisation der Hirnstruktur ist, hatte ich gerade ausführlich dargestellt. Es dürfte heutzutage durch zahlreiche Tierversuche so gut wie bewiesen sein. Dass solche Tierversuche mit großer Sicherheit auch auf den Menschen übertragbar sind, darin sind sich wie gesagt die meisten Wissenschaftler einig (Roth, s.o.). Dass sogar, um nur ein kleines Beispiel zu nennen, schon der Klang einer zornigen menschlichen Stimme das Angstzentrum im menschlichen Gehirn erregt und damit negativen Stress auslöst, ist eine alltägliche Erfahrung aller Menschen, die im Besonderen auch für Säuglinge gilt. Beweisen haben es in jüngster Zeit Schweizer Psychologen an der Universität Genf (Grandjean u.a. 2005).

Infolge einer mangelhaften Synapsen-Reduktion blieben, aber das müssten zukünftige Untersuchungen erst noch beweisen, die überzählig gebildeten, synaptischen Verknüpfungen größtenteils bestehen. Diese begleiteten den Menschen als ständiger „Störfaktor" durch überzählige Zusatzverbindungen die ganze Kindheit hindurch bis hinein ins Erwachsenenalter. Alle diese „am System" teilhabenden, synaptischen Nebenverbindungen beanspruchten dabei folgerichtig auch weiterhin Neurotransmitter für ihre Funktion, so dass einerseits die Erschöpfung der Systeme früher einsetzen würde als im Normalfall; andererseits aber jede zusätzliche pharmakologische Gabe von Neurotransmitteraktivität fördernden Substanzen sich in gewisser Weise nützlich auswirken könnte (Beispiel Methylphenidat bei ADHS). Neben dieser „Erschöpfungstheorie" der Rezeptoren sind beim ADHS aber auch funktionelle Rezeptorstörungen in der Diskussion. Vor allen Dingen am Dopamin3-Transporter-System im Frontalhirn sind in den letzten Jahren solche Störungen nachgewiesen worden.

Die neurophysiologische und neuropharmakologische Erklärungsweise von Aufmerksamkeits- und Hyperkinetischen Störungen (ADHS) in der Kindheit ist einstweilen aber nur eine von verschiedenen Erklärungsmodellen der hinlänglich bekannten Verhaltensauffälligkeiten, aber eine, die den Vorteil hat, ein Schlüssel werden zu können für eine künftige Beweisführung. Die rein psychologischen Beschreibungen möglicher seelischer Entwicklungsstörungen werden im jeweiligen Sachzusammenhang in den folgenden Kapiteln noch zur Sprache kommen.

1.4 Schreien als ursprüngliche affektive Äußerung und die Urangst

Nach diesen grundsätzlichen Ausführungen existiert eine Art Rüstzeug für den Einstieg in die Empfindungswelt des Säuglings, und ich möchte demonstrieren, was damit an Aussagen über sein Fühlen und Empfinden im Einzelnen zu machen ist. Ich wende mich dazu jetzt wieder tatsächlich stattfindenden Ereignissen zu, so wie sie von vielen Eltern in der Arztpraxis, der kinderpsychologischen Praxis, den sogenannten Schreiambulanzen oder neuerdings z.B. auch in Internetforen vorgetragen werden. Eine solche Vorgehensweise ist gut vereinbar mit dem weiter oben formulierten Grundsatz der Direktbeobachtung.

Die zu Anfang geschilderte Fallvignette ist meines Erachtens ein eindrückliches Beispiel für die große Not und Bedrängnis von Eltern vor allem der Mütter, wenn sie durch die Fähigkeit des Säuglings zu **exzessivem Schreien** emotional überfordert sind. Ihr Erschrecken darüber, dass sie als Eltern diesem Phänomen häufig beinahe hilflos gegenüberstehen, lässt allzu leicht Zweifel an der eigenen Elternkompetenz aufkommen und zerstört so manchen Traum vom frühen Glück der um ein Kind reicheren Familie. Die Hoffnung auf einen harmonischen Lebensanfang des Neugeborenen geht im Schreien schnell zu Bruch und weicht einer herben

Enttäuschung. Natürlich schreit nicht jeder kleine Säugling so viel. Die hierzu veröffentlichten Zahlen (z.B. Papousek 2004) schwanken zwischen zwanzig und dreißig Prozent, je nachdem, ab welcher Zeitdauer man überhaupt von exzessivem Schreien spricht. Die klassischen Kriterien für eine solche Definition wurden von dem englischen Kinderarzt M.A. Wessel im Jahr 1954 in einem medizinischen Artikel über die Säuglingskoliken in der sogenannten Dreierregel aufgestellt. An diese Regel halten sich auch heute noch viele derer, die sich professionell mit Säuglingspsychologie befassen. Sie lautet: drei Stunden Schreien am Tag, drei Tage hintereinander und das in drei aufeinander folgenden Wochen. Seinerzeit hielt man in der Medizin die Säuglingskoliken für nahezu die alleinige Ursache des Schreiens.

Das so definierte Schreipensum erreicht immer noch eine nicht unbeträchtliche Zahl von Säuglingen, das belegen alle neueren Studien. Die kinderärztliche Praxis kann diese Zahlen bestätigen. Ginge man in der Definition des übermäßigen Schreiens zeitlich nur ein wenig darunter, erhöhte sich die Anzahl der exzessiv schreienden Säuglinge gleich noch einmal um ein beträchtliches Maß. Eine derart hohe Schreidauer kommt insbesondere immer dann zustande, wenn Eltern nichts Wesentliches unternehmen, um das Schreien zu beenden. Ließe man also das Schreien ganz ohne gezielte Beruhigungsmaßnahmen zu, erreichte etwa ein Drittel aller Säuglinge das geforderte Schreipensum. Eine solche Zahl ist ohne Frage erschreckend, und der kritische Beobachter muss sich ernsthaft fragen, ob nicht längst Kriterien des Pathologischen erreicht seien.

Andererseits ist bis zu einer gewissen, aber deutlich darunter liegenden Grenze das Schreien eines Säuglings ein normales Geschehen. Aufgabe dieses Kapitels ist es unter diesem Aspekt zu klären:

a) was noch als normales Schreien angesehen werden kann, und

b) inwieweit Schreien eine natürliche Äußerungsform des Säuglings ist und wie darauf seitens der Eltern am besten zu reagieren ist.

c) Schreien bei Schmerzempfindung.

Im Vergleich mit den dem Menschen artverwandten Tieren hatte ich weiter oben schon auf die vorsprachliche Verständigungsform des Schreis hingewiesen. Das Schreien ist demzufolge Ausdruck einer noch wenig differenzierten Signalgebung des Säuglings (oder Jungtieres) an seine Mutter (Elterntier) und/oder mögliche weitere Bezugspersonen, auf seine Bedürfnisse zu achten und gezielt einzugehen. Auf die Bedürfnisse im Einzelnen komme ich später genauer zurück. Vorläufig möchte ich mich nur mit dem Phänomen des Schreiens selbst befassen.

Wenn sich ein unvoreingenommener Mensch, dazu zähle ich auch die Eltern, mit dem Schreiphänomen im Spektrum der Säuglingsaffekte kritisch auseinandersetzt, gelangt er zu der Auffassung, dass jegliches Schreien eines Säuglings über das Maß lebensnotwendiger Signalgebung bei Hunger, Durst und momentanem, körperlichen Ungemach (z.B. auch oft schwer definierbare Schmerzen) hinaus nicht mehr einfach als normales Geschehen gewertet werden kann. Er fragt sich sofort, was die Ursachen für das „unerklärliche" Schreien sein können. Das wirft ein Schlaglicht darauf, dass es ein Schreien der Säuglinge auch außerhalb der normalen Signalisierung von konkreten, körperlichen Bedürfnissen gibt. Von diesen Schreiursachen, die ich in der weiteren Besprechung als Ur- oder Stimmungsangst beschreibe, wird noch ausgiebig die Rede sein.

Die als lebensnotwendig zu bezeichnenden Signalschreie werden aber am Tag zusammengenommen eine halbe Stunde nicht wesentlich übersteigen. Im folgenden Text werde ich über die damit verbundenen Anforderungen an die Elternreaktion reden. Streng genommen lässt sich das Schreien der Säuglinge also aufteilen in das:

a)   Schreien, um ein Bedürfnis befriedigt zu bekommen,

b)   Schreien aus einer schwer definierbaren Ur-Angst heraus.

Um zu klären, wie im Einzelfall auf das Schreien zu reagieren ist, muss zunächst einmal bekannt sein, wie die verschiedenen Schreiformen zu unterscheiden sind. Jeder Erwachsene, der Säuglinge intensiv erlebt und beobachtet, merkt bald, dass es drei oder sogar vier gut zu unterscheidende Arten des Säuglingsschreiens gibt. Diese treten infolge von fünf ziemlich klar definierten Ursachen auf. Die insgesamt drei Schreiformen können das menschliche Ohr und damit die Eltern selbst in Verbindung mit der jeweiligen Situation sowie den das Schreien begleitenden, mimischen Affekten und motorischen Äußerungen beim Säugling in kurzer Zeit gut unterscheiden (s. Tabelle 1).

Die erste dieser drei Formen des Schreiens ist das Signal für Unzufriedenheit und Unlustgefühle. Die Eltern sehen ihren zugleich unruhig strampelnden, motorisch erregten Säugling, der im Gesicht von Ernst gezeichnet um die Aufmerksamkeit seiner Bezugsperson „ringt". Intuitiv interpretieren alle Erwachsenen das Schreien als Ausdruck von Ungeduld und Ärger oder, wenn die Toleranzgrenze des Säuglings schon zu sehr strapaziert wurde, auch als regelrechte Wut. Am Anfang klingt das Schreien noch wie ein Meckern, bei dem kürzere, klagende und oft sehr kehlig klingende Laute vorgetragen werden. Der Vortrag klingt genau genommen mehr wie ein Jammern als wie ein Schreien, manchmal auch wie eine Art Quietschen, und er ist häufig unterbrochen von stimmlichen Pausen. Dieses Schreien dient der Mitteilung unangenehmer emotionaler Zustände und gefühlter Bedürfnisse.

Wird darauf seitens der Eltern nicht eingegangen, steigert sich in kurzem Abstand der Säugling je nach veranlagtem Temperament und angeborener Impulsivität in ein „wutentbranntes" Geschrei. Es ist also die genetische Veranlagung zu Impulsivität, die das Maß bestimmt, in welchem Zeitabstand zu seiner ersten Signalgebung der Säugling in Wut gerät. Das Geschrei ist dann gekennzeichnet von mit großem Nachdruck hervorgebrachten, etwas gepresst klingenden, oft „markerschütternden" Lauten (Kreischen), die nahezu regelmäßig in eine verlängerte Ausatmungsphase ausmünden und von kurzen, oft „juchzenden" Atemzügen zum Luftholen unterbrochen sind. Von Geburt an genügsame Säuglinge erreichen dieses Erregungsstadium nur in deutlich geringerer Ausprägung und brauchen sehr viel länger, um überhaupt dahin zu gelangen.

Kommt immer noch keine Hilfe oder wird nur nicht schnell genug reagiert, geht das wütende Anfangsschreien über kurz oder lang in die zweite Phase über. Diese klingt wie ein ausdauerndes, zunächst immer noch nachdrücklich wirkendes, dann aber immer kläglicher werdendes Dauerschreien, das ganz offensichtlich innere Not zum Ausdruck bringt. Diese Schreiform, das „Notschreien", ist speziell gekennzeichnet von kürzeren oder längeren an- und abschwellenden Phasen und erreicht irgendwann ähnlich schrille Tonhöhen wie das panische Schreien. Das wäre der dritte klar abgrenzbare Schrei-Typ. Das Schreien in Not kann stundenlang anhalten und den Säugling bis in die tiefste Erschöpfung treiben. Es ist das typische Schreien der **Urangstgefühle**, auf die ich noch genauer zu sprechen kommen werde.

Beim Zufügen stärkerer Schmerzen, bei heftigen Dreimonatskoliken sowie bei starkem Erschrecken und insbesondere auch als Klimax im Rahmen eines Dauerschreiens, entstehen abrupte Affektsteigerungen bis zum Panikschreien. Diese Schreiform klingt allein schon wegen ihrer Lautstärke extrem und wirkt in jeder Hinsicht höchst dramatisch. Es ist Ausdruck einer aller größten Not. Schreit ein älteres Kind oder gar ein Erwachsener in vergleichbarer Weise, nimmt jeder andere Mensch intuitiv den höchsten Grad von körperlicher Verletzung oder seelischer Notlage an und reagiert sofort mit allen ihm zur Verfügung stehenden Mitteln. Der Schrei eines Menschen ist sein stärkstes Signal, um Hilfe zu ersuchen! Dieser Grundsatz gilt insbesondere auch für den Säugling!

Ärger-/Wutschrei	Immer motiviert, un-befriedigtes Bedürf-nis, Alleinsein	Eher nörgelnder, meckernder Schrei mit intervallartiger Steigerung oder kurze, quietschende Laute	Erst beobachten, ob selbstständige Beruhi-gung, dann erst trösten
Signalschrei (Not-Schrei)	Immer motiviert, z.B. Hunger, Durst, nasse Windel, auch bei Ge-burt	Eher nörgelnder, meckernder Schrei, aber mit schneller Steigerung (Geburtsschrei),	Ggf. abwarten, das Bedürfnis stillen oder die Not abwenden
Urangstschrei (Not-Schrei)	Scheinbar unmoti-viert, aus der Ruhe wie bei Wachheit, nachmittags und abends gehäuft	Praktisch alle Schreiformen mög-lich	Immer zu beachten, trösten, herumtragen, Teefläschchen geben, schaukeln, u.a.
Dreimonats- oder Trimenonkoliken (Schmerzschrei, s. auch unten)	Scheinbar unmoti-viert, mehr aus der Ruhe als bei Wach-heit, oft 1-2 Std. nach Mahlzeiten,	Plötzlich einsetzen-der heller Schrei meist mit Anziehen der Beine, Pressen und Abgang v. Win-den, „roter Kopf"	Immer zu beachten, schuckeln, herumtra-gen, Mahlzeiten-abstand beachten, Medikamente u.a.
Schmerzschrei oder Panikschrei	Immer motiviert durch Schmerz und Angst (auch n.d. Geburt?)	Plötzlich einsetzen-des und/oder lang anhaltendes, schril-les Schreien	Immer zu beachten, Notfall!, medizinische Behandlung

Tabelle 1: Die Schreiformen und ihre Ursachen

Was bedeutet nun das *Urangstschreien*, dessen Existenz schon mehrmals Erwähnung gefunden hat, und wie ist es zu erklären, wenn Eltern wahrscheinlich einhellig der Meinung sind, dass in den ersten Lebenswochen kein ersichtlicher Grund für große Not oder Daseinsbedrohung erkennbar ist? In der Ursachenforschung des Säug-lingsschreiens müssen sich Entwicklungspsychologie und Kindermedizin immer Folgendes vor Augen halten: Das erste, was der Säugling nach der Geburt auf die-ser Welt erlebt, ist eine totale Befremdung. Nichts von dem, was er von diesem Augenblick an wahrnimmt und erlebt, ist ihm in irgendeiner Weise bekannt und vertraut. Diese **Fremde** oder Befremdung kann der Säugling geistig oder mit Ver-stand, also begründet auf vorhandenem oder als fehlend erkennbarem Wissen, nicht erfassen. Daher ist für ihn dieses Empfinden völlig unerklärbar und emotio-nal absolut unbeherrschbar. Denn für eine solche Leistung fehlen ihm sämtliche Voraussetzungen im empirischen Wissen über sich selbst und in der Erkenntnisfähigkeit über seine existenzielle Wirklichkeit. Es fehlen ihm noch alle geistigen Instrumente für die hierzu nötige Gedankenführung. Damit meine ich vor allem die Fähigkeit zur Begriffsbildung in höheren Kategorien und zur Bildung von Logikfolgen im intelligenten Denken mit Prämisse und Schlussfolgerung. Kurz gesagt: Ein Säugling besitzt noch kein kritisches Urteilsvermögen über seine Existenz und die ihn umgebende Welt.

Die wissenschaftlichen Erkenntnisse über die kognitive Entwicklung des Menschen lassen Annahmen hinsichtlich einer geistigen Reifung für die erforderlichen Leistungen des Gehirns, wie gerade aufgezählt, frühestens zum Ende des ersten Lebensjahres zu. Dabei ist davon auszugehen, dass das einjährige Kind solche geistigen Fähigkeiten zunächst auch nur in sehr einfachen Kategorien erwirbt. Das Neugeborene und der junge Säugling können demzufolge ihren Daseinszustand vorerst nur auf rein emotionaler Ebene erfassen und erleben. Dadurch sind sie diesen Empfindungen ohne jede Verarbeitungsmöglichkeit ausgeliefert.

Dass das Neugeborene und der kleine Säugling tatsächlich schon Emotionen erleben und im Gehirn verarbeiten und auch über das implizite bzw. prozedurale Gedächtnis abspeichern können, dafür sprechen Untersuchungen, die vor allem der Amerikaner Joseph LeDoux aus einem komplizierten Puzzle testpsychologischer Untersuchungen an erwachsenen Menschen in Rückprojektion auf das Säuglingsalter herausgelesen hat. Dabei ist er zu dem Ergebnis gekommen: „Gefühle sind immer schneller (im Gehirn verbreitet) als Erkenntnisse" (LeDoux 1998). Schneller heißt in diesem Zusammenhang, dass sie nicht nur früher als die Gedanken ihre Wirkung im Gehirn entfalten, sondern lebenszeitlich auch viel früher schon vorhanden sind, was bezogen auf die eben gemachten Ausführungen von entscheidender Bedeutung ist. In den Vorbemerkungen und der Darstellung der Grundkonzeption hatte ich bei den Erklärungen über die Gedächtnisleistung des Säuglings bereits auf diese wichtige Tatsache hingewiesen. Die Fähigkeit, Gefühle von Geburt an empfinden und abspeichern zu können, noch bevor das eigentliche Denken einsetzt, ist genetisch codiert und somit angeboren.

Wissenschaftliche Erkenntnisse 1

Erlauben Sie mir an dieser Stelle einen kurzen Überblick über den augenblicklichen Entwicklungsstand in der neurowissenschaftlichen Erforschung des Gefühlslebens am Anfang des menschlichen Lebens.

Ein Ergebnis von LeDoux's Untersuchungen Anfang der neunziger Jahre des vergangenen Jahrhunderts besagt, dass eine bestimmte Kernformation im Gehirn der Säugetiere und Menschen Gefühle bereits von Geburt an zu steuern vermag, die **Mandelkerne** oder **Amygdala**. Sie sind Teil des sogenannten Limbischen Systems, das als das „zentrale Gefühlssystem" im Gehirn gilt, und üben gleichzeitig eine Gedächtnisfunktion für Emotionen aus. Diese in beiden Schläfenlappen des Gehirns lokalisierten, unterhalb der Hirnrinde, das heißt subcortikal, gelegenen Hirnkerne bedienen sich dabei eines Erregungssystems, welches ganz stark mit Botenstoffen, den Neurotransmittern (s.o.), operiert. Die bekanntesten Neurotransmitter im menschlichen Gehirn heißen Dopamin, Serotonin, Noradrenalin, Acetylcholin, sowie Endorphin (hormonartig) und Substanz P (peptidartig). In zwei – sagen wir – schleifenförmig verlaufenden, komplexen Hirnstrukturen, die beide zum Limbischen System gezählt werden, gelangen die Ergebnisse jeglichen Fühlens „von etwas" (äußerlich/extrinsisch und innerlich/intrinsisch) zunächst in die allgemeine Gefühlszentrale des Gehirns, den Thalamus, „zurück" und werden in dieser Rückkopplung als zum Selbst zugehörig empfunden. Den Weg über den Thalamus beschreitet auch die Körperfühlsphäre des Rumpfes und der Arme und Beine (propriozeptives Sensorium). Die zuführenden Nervenfasern stammen aus der „Körperperipherie" und verlaufen über das Rückenmark zum Gehirn.

Im nächsten Schritt erreichen die emotionalen Gefühle das Frontalhirn und zwar größtenteils über die sehr zentral und verborgen gelegenen Hirnwindungen des Gyrus parahippocampalis und cinguli. Dabei übernimmt der vordere Gyrus cinguli die Funktion einer Kontrolle für das davor gelagerte Frontalhirn. Im Frontal- oder Stirnhirn werden die Gefühle in den basalen und medialen Hirnwindungen für immer abgespeichert (orbitofrontaler, OFC und ventromedialer Cortex, VMC). Diesen Weg nehmen alle ein Erlebnis begleitenden inneren Empfindungen und Gefühle. Zu diesem Ergebnis kommt neben LeDoux auch der amerikanische Neurologe und Neurobiologe Damasio in seinem bereits genannten Buch „Descartes' Irrtum" (1997).

In diesem System der Gefühlswahrnehmung sind noch einmal zwei wichtige Schlussfolgerungen herauszustellen, die das Gefühlsleben der Säuglinge entscheidend mit beeinflussen: 1. Gefühle sind von der Geburt an erinnerbar. Obwohl zu diesem Zeitpunkt noch kein reifes, das heißt hier faktisches und biographisches Erinnerungsvermögen besteht, können die Gefühle dennoch schon abgespeichert werden. 2. Gefühle entstehen von Geburt an aus mit auf die Welt gebrachten Vorprägungen im Gehirn. Diese nehmen ihren Ursprung neueren Forschungen zufolge im „**zentralen Höhlengrau**" im Mittelhirn. In bereits bestehenden Rezeptoren in der Hirnrinde sowie in schon vorhandenen Neurotransmittern treffen sie immer auf einen „vorbereiteten Boden".

Um das Gesagte besser zu verstehen, möchte ich Erkenntnisse aus der Verhaltensbiologie hinzunehmen, so wie sie z.B. Irenäus Eibl-Eibesfeld (Die Biologie des menschlichen Verhaltens, Piper Verlag, München, 1984, 1995) in den siebziger Jahren des vergangenen Jahrhunderts an Säuglingen und Kleinkindern bei verschiedenen Völkern in der Welt gewonnen wurden. Vorprägung heißt, dass überall auf der Welt Säuglinge und Kleinkinder ungefähr dieselben emotionalen und affektiven Reaktionen auf bestimmte Ereignisse zeigen (von geringen kulturellen Unterschieden abgesehen). Das ist erklärbar durch zwei Tatsachen: Erstens haben alle heutigen Menschen einen gemeinsamen, prähistorischen Stamm, den Homo sapiens. Zweitens wurden in der Menschheitsgeschichte über die Jahrtausende hinweg die grundlegenden Empfindungen und Verhaltensweisen von den Menschen zur frühen Sozialisierung durch Selektion genetisch herausgebildet und als Vorprägungen dem Individuum von Geburt an mit auf den Weg gegeben. Das Allgemeine dieser Vorprägungen kollidiert dabei nicht mit den zusätzlich individuellen genetischen Voraussetzungen.

In welcher Form können nun solche Vorprägungen im Gehirn bereits bei Geburt oder im Säuglingsalter wirksam werden? Die Forschungen hierzu sind sicher noch lange nicht abgeschlossen. Es ist aber schon heute erkennbar, dass in der genetisch vorgegebenen Ausgestaltung der zahllosen Andockstellen für die oben genannten Neurotransmitter, also in den unzähligen Rezeptoren, ein Teil der Antwort auf die Frage zu finden ist. Denkbar ist eine spezielle Ausgestaltung der synaptischen Verschaltungen mittels dieser Rezeptoren zur Errichtung definierter Netzwerkverbindungen im sich entwickelnden Neugeborenen- und Säuglingsgehirn. Das genetisch vorgegebene Rezeptorenmuster, das mit dem Temperament und den Charakteranlagen individuelle Ausprägungen zu erzeugen vermag, prädestiniert in der frühkindlichen Hirnentwicklung für die Entstehung bestimmter Gefühlsqualitäten. Ein jedes Kind käme also mit Voraussetzungen für eine ganz eigene Rezeptorgrundkonstellation in seinem Gehirn zur Welt, vergleichbar einer geographischen Karte auf dem Globus, angelegt in der Hirnrinde und den subcortikalen Kernen. Diese Ursprungskarte machte dann durch Selektion der synaptischen Verbindungen in der frühkindlichen Entwicklung (s.o.) einer weiteren, individuellen Ausgestaltung Platz. Auf diese Weise wären sowohl die unterschiedlichen angeborenen Temperamente gut zu erklären, als auch die unterschiedlichen Entwicklungen bei ähnlichen Voraussetzungen in der realen Lebensumwelt. Durch diese Darstellungsweise bekommt auch der Adaptationsprozess bzw. die Anpassungsleistung eine neue, wesentlich konkretere Gestalt.

Im Bereich eines solchen Rezeptoren- und Neurotransmittergefüges gibt es eine sehr interessante Beobachtung, die für die Betrachtung der frühkindlichen Verhaltensreaktionen bedeutsam ist. Ich möchte sie hier kurz erwähnen. Die Rezeptoren, welche die Aufmerksamkeit und den Wachheitsgrad in der Hirnrinde hervorrufen und damit auch den Grad der Wahrnehmungsfähigkeit und Bewusstheit erzeugen, stellen eine gewisse Ähnlichkeit zu denen dar, die auch das Angstgefühl beeinflussen. Gemeint sind die in sich etwas unterschiedlich formierten Rezeptoren für den Neurotransmitter Noradrenalin. Vieles spricht dafür, dass dieser Befund kein Zufall ist, und dass der Grad der Wachheit und Aufmerksamkeit mit der Größe des Angstgefühls verbunden sein soll. Im Hinblick auf die menschliche Evolution macht das Sinn. Das würde z.B. erklären, wieso Säuglinge, die viel Schreien, und denen man nach allem, was gesagt wurde, berechtigterweise Angstgefühle unterstellt, auch solche sind, welche durch einen hohen Grad von Wachsamkeit und Aufmerksamkeit auffallen. Es würde auch erklären, weshalb gerade die Nachmittagsstunden, in denen der Säugling in der Regel maximal wach und an seinem Dasein interessiert ist, besonders anfällig ist für lang anhaltendes Schreien. Des Weiteren würde es erklären, wieso erst mit etwa vier Wochen Lebenszeit die große Unruhe beim Säugling beginnt. Denn erst jetzt erwacht er so richtig aus seiner anfänglichen Lethargie.

Und noch eine Tatsache aus jüngeren Forschungsergebnissen ist in diesem Zusammenhang besonders interessant. Wahrscheinlich durch eine hohe Ausschüttung des Stresshormons Corticotropin Releasing Hormon (CRH) bedingt (s.o.), waren bei den in der

Prägung gestört aufwachsenden Jungtieren später die Mandelkerne, resp. Amygdala, aber auch die Strukturen des Hippocampus (Gedächtniszentrum) nachweislich geschädigt und verkleinert. Das hatte in der Beobachtung der älter werdenden Tiere eindeutig negative Auswirkungen auf die steuernden Funktionen dieser beiden Kerngebiete, also Gefühlsregulation und Erinnerungsvermögen. Beobachtet wurden demzufolge ein größeres Angstverhalten, Anpassungsschwierigkeiten an eine neue Umgebung und in der sozialen Gruppe sowie Störungen der Gedächtnisfunktion.

Ein vorsichtiger Rückschluss auf menschliche Bindungsstrukturen erscheint mir an dieser Stelle erlaubt. Exzessives Schreien bei Säuglingen bedeutet ohne Zweifel Stress für das Gehirn. Auch beim Menschen ist mit vergleichbaren Auswirkungen auf Strukturen des Limbischen Systems zu rechnen, wie bei den Versuchstieren beobachtet. Eine Schädigung des emotionalen Zentrums (Amygdala) wie auch des faktischen Gedächtnisses (Hippocampus) wird unweigerlich ungünstige Auswirkungen auf die psychosoziale sowie psychointellektuelle Entwicklung des Kindes zur Folge haben.

Die bisher getroffenen Aussagen zur Empfindungs- und Gefühlswelt des Säuglings lassen meiner Meinung nach nur den einen Schluss zu: **Das Schreien eines kleinen Säuglings dient als entscheidendes Rufsignal an die Bezugspersonen, sprich die Eltern, die von ihm empfundenen Bedürfnisse schnellst möglich zu befriedigen. Denn anders kann sich der Säugling hierzu noch nicht äußern. Außerdem dient es dazu, den in Existenznot geratenen Säugling aus seiner Hilflosigkeit zu befreien.** Untersagt man dem Säugling die erwünschte Hilfe, fühlt er sich immer stärker bedroht. Dabei erlebt er Gefühle extremer Angst und aufkommender Panik.

Ein Grund dafür, warum sich der Säugling häufig ganz aus einem eigenen, inneren Gefühl heraus in Existenznot befindet, eine Not, die nachweislich nicht durch Unterlassungen der Eltern verursacht ist und ebenso wenig durch Schmerzen, liegt hauptsächlich in der Evolutionsgeschichte des Menschen. Diese existenziell entscheidende Voraussetzung im Leben eines Säuglings soll noch einmal genauer beschrieben werden: Der Grund für diese Not ist das **Erschrecken des neugeborenen Menschen vor der Fremde** in der neuen Lebensumwelt außerhalb des Mutterleibs sowie den damit verbundenen (potenziellen) Gefahren, in die er sich hinein begeben muss. Das Empfinden dieser Gefahren hat sich phylogenetisch, das heißt in der Vorgeschichte der Spezies Mensch, herausgebildet und sich über die Jahrtausende hinweg in sein Erbgut eingeschrieben.

Das Erschrecken vor der Fremde lässt sich meines Erachtens am leichtesten als ein Gefühl von **Unheimlichkeit** beschreiben und vom erwachsenen Menschen auch so am besten nachempfinden. Unheimlichkeit setzt kein Wissen voraus, sondern ist

Fühlen schlechthin. Daher bewegt sich Unheimlichkeit am Übergang von Gefühl und Stimmung, und man könnte die daraus resultierende **Urangst** ebenso gut auch als **Stimmungsangst** bezeichnen. Dieser Begriff erleichtert denn auch den neurophysiologischen Zugang zum Verständnis der intrapsychischen Vorgänge, denn Angst und Stimmung sind im Gehirn physiologisch genau definiert.

Unheimlichkeit überkommt auch Erwachsene später immer wieder völlig unerwartet und scheinbar unerklärlich z.B. beim Gang durch einen dunklen (aber sonst harmlosen) Wald oder beim Heimweh in der Fremde. Ist der Betroffene nicht allein, entwickelt er automatisch die Erwartungshaltung, dass ihm die anderen Menschen zu Hilfe kommen und von den Angstgefühlen befreien. Ich erwähne das deswegen, weil man mit dieser Erklärung nahe an das herankommt, was auch der Säugling in einem solchen Moment benötigt und auch intuitiv erwartet, um wieder zu innerer Ruhe zurückzufinden. Der „andere Mensch" ist für ihn in erster Linie die primäre Bezugsperson, in der Regel die Mutter. Der Säugling „erhofft" sich mit seinem Schrei aus Not das Hinzueilen seiner Mutter, damit sie ihn durch ihre Anwesenheit aus seinen Angstzuständen erlöst. Dieses „Erlösen", das (rein physiologisch betrachtet) ähnlich wie eine Bedürfnisbefriedigung wirkt, stellt sich faktisch dar als **Trösten**. Dramatisch wird das Empfinden und Fühlen für den Säugling dann, wenn keine Bezugsperson vorhanden ist oder diese sich ihm entzieht.

Ein Gefühl von Traurigkeit schon zu Beginn des Lebens beim Säugling anzunehmen, **so** wie manche Autoren, halte ich für zweifelhaft. Traurigkeit setzt vom Fühlenden ein eindeutig wahrgenommenes (differenzielles) Selbst voraus, was Säuglingen noch nicht zu bescheinigen ist. In der Mutter-Kind-Dyade kann die Traurigkeit des Säuglings nur ein Spiegel von mütterlicher Traurigkeit sein. Wenn so etwas wie ein Traurigsein beim Säugling aufkommt, dann geht diese Gefühl meiner Auffassung nach entweder zur Gänze in der Stimmungsangst unter oder – wenigstens zum Teil – auch in der Wut auf die nicht wie erwartet reagierende Bezugsperson. Erst im zweiten Lebensjahr erkennt man in der Beobachtung des Kindes erste Anzeichen einer klar unterscheidbaren Traurigkeit, die im dritten Lebensjahr dann in echte Trauer übergeht.

Die Gefühlszustände der Deprivation am Ende des ersten Lebensjahres, also der Mutter-Entbehrung, sind die einer fehlgeschlagenen Bindung und äußern sich viel mehr in dumpfer Gefühl- und Teilnahmslosigkeit. Rene Spitz (1976) hat vergleichbare Zustände bei elternlos gewordenen Heimkindern beobachtet und als anaklitische Depression bezeichnet. Der aktuelle Begriff hierfür lautet **Hospitalismus**.

Um die Not des Säuglings aus der Evolutionsgeschichte des Menschen zu verstehen, muss man sich noch einmal klar machen, dass der Mensch ursprünglich mehr oder weniger schutzlos den Unbilden und den Gefahren der Natur ausgesetzt gewesen ist. Bedrohungen durch Wetter, Naturgewalten, wilde Tiere, aber auch durch den unzuverlässigen Mitmenschen, der mit seinen eigenen existenziellen Problemen zu kämpfen hatte, waren ständig präsent. Ohne die Sicherheit in der Gruppe sahen sich die Menschen generell solchen Gefahren ausgesetzt. Bedrohung zu spüren jedoch noch ohne klares Verständnis dessen, wovon man tatsächlich bedroht ist, stellt hierbei die besondere Situation für den Säugling dar. Gerade für sein Überleben ist das Empfinden von möglichen Gefahren unvermeidlich, das hat sich bis heute nicht geändert, denn ohne die Besorgtheit und Zuverlässigkeit seiner Bezugsperson ist der Säugling seinen Lebensumständen immer (noch) vollkommen ausgeliefert. Dieses Empfinden erzeugt in ihm ein tiefes Unbehagen.

Das Unbehagen (s.a. „Aversion" im Kapitel 4.2), welches sein existenzielles Bedrohtsein wiedergibt, entspricht genau dem Gefühl der Unheimlichkeit, das den Säugling ohne den nötigen Schutz bei seiner Bezugsperson immer wieder befällt. Folglich lässt sich die Ur- oder Stimmungsangst auch als Angst vor dem Verlassenwerden und Ausgeliefertsein definieren. Der Säugling schreit in solchen Momenten, weil er sich von der Mutter als primärer Bezugsperson im Stich gelassen fühlt, auch wenn es de facto nicht so ist. In seiner noch beschränkten Weltsicht kann er nicht anders empfinden.

In gewisser Weise ist die aufkommende Angst zugleich aber auch eine sinnvolle, emotionale Antwort auf die anfangs empfundene Unheimlichkeit, denn auf diese Weise wird der Mensch schon vom Säuglingsalter an auf ein Gefühl eingestimmt, das er für sein ganzes späteres Leben zu seinem persönlichen Schutz benötigt. Ein Leben ohne die Fähigkeit, Angst zu empfinden, ist grundsätzlich gefährlich. Wissenschaftliche Studien können belegen, dass Menschen mit zu geringen Angstgefühlen leichter zu Tode kommen. Kurz gesagt: Einem Menschen ist unheimlich, weil er sich unsicher und ungeschützt fühlt, und er entwickelt (jetzt konkrete) Angst, um sich selbst fortan vor solchen Situationen zu schützen und um sich rechtzeitig in Sicherheit zu begeben. Der Drang (und zugleich Zwang) zu fliehen oder zu entkommen wird bereits im zweiten Lebenshalbjahr dann auch zu einer die Angst lösenden, intrapsychischen Methode. Gelingt die Flucht nicht, steigen die Gefühle der Angst kontinuierlich an. Urangst oder Stimmungsangst münden also in sinnvoller Weise in konkrete Handlungsimpulse, die jedem Menschen lebenslang hilfreich sind. Bei dem Gefühlsspektrum, von dem hier die Rede ist, handelt sich auch um diejenigen Empfindungen, von denen in der Psychopathologie der Angst und des Zwangs gesprochen wird, wenn sie das Normalmaß übersteigen.

Nun kann sich der Säugling grundsätzlich keine rational vollzogenen, die Gefühle ausforschenden und bewertenden Erklärungen geben. Gerade deswegen muss er diese Gefühle besonders intensiv empfinden, und die Sorge um sein Wohlergehen und die Angst vor dem vollkommenen Ausgeliefertsein bestimmen in hohem Maße seinen ganzen Gefühlshaushalt. Bekanntermaßen schreien Säuglinge nicht so viel in den ersten Lebenstagen, in denen sie noch weitgehend vor sich hin dösen. Erst nach drei bis vier Wochen, wenn ihre Wachsamkeit und Aufmerksamkeit viel stärker auf die Umwelt gerichtet ist, beginnt auch die ängstliche Unruhe. Die Empfindung von Bedrohung bekommt jetzt zunehmend Einfluss auf die innere Erlebniswelt. Zahlreiche Statistiken weisen aus, dass es einen Gipfel der Schreidauer um die sechste Lebenswoche gibt. Auf die häufig besonders kritischen Nachmittags- und Abendstunden hatte ich bereits hingewiesen. Neugeborene, die nach der Geburt aus was für Gründen auch immer von der Mutter streng getrennt werden (müssen), entwickeln sehr viel früher diese mit der Wachsamkeit gepaarte Angst und schreien schon in den Krankenhäusern.

Gegen die hier vorgebrachten Tatsachen spricht nicht, dass es auch Säuglinge gibt, die weniger mit Angst vorbelastet sind und demzufolge sehr viel seltener schreien. Auf die besondere genetische Veranlagung für Angst mit einer entsprechenden Rezeptorkonstellation im Gehirn hatte ich weiter oben bereits hingewiesen. Nicht zuletzt aufgrund der genetischen Veranlagung zur Angstempfindung ist es ein großer Irrtum zu meinen, ein Säugling müsse aus all den aufgezählten Gründen eigentlich ständig schreien. Eher die gegenteilige Annahme erscheint richtig. Denn ist die Veranlagung zur Angst nur gering ausgeprägt, ist die Angstschwelle entsprechend hoch. Und solange die Hauptbezugsperson, in der Regel die Mutter, sich in der unmittelbaren Nähe ihres Säuglings aufhält, seine Bedürfnisse erkennt und rechtzeitig befriedigt und ihm alle Wärme, allen Schutz und die nötige Sicherheit vermittelt, die er für seine Existenz braucht, ist er zufrieden, beinahe frei von Angst und zeitweise sogar glücklich. Seine sich dadurch entwickelnden, positiven Kommunikationsangebote wie Lächeln, Anstrahlen, Lallen (als Beginn der Sprache) und Umarmen hatte ich schon besprochen.

Nur wenn die dringenden Bedürfnisse nicht befriedigt werden oder ein zu großes Zeitintervall für deren Befriedigung von den Bezugspersonen eingefordert wird, setzt nach anfänglicher Wut schließlich das Angstschreien ein. Neben dieser gut erklärbaren Version der Urangst gibt es dann aber auch noch jene gefürchteten Schreiattacken, die ganz plötzlich und aus scheinbarem Wohlbefinden heraus einsetzen, und die sogar durch alle Bemühungen der Bedürfnisbefriedigung nicht mehr schnell zu beseitigen sind. Auch sie gehören letztlich zum Phänomen der Ur- oder Stimmungsangst. Innere Schreckempfindungen, plötzliche Einsamkeits- oder Verlassenheitsgefühle dürften den Ausführungen nach als Ursache anzuschuldigen sein, denn nur selten ist der Säugling rund um die Uhr bei seiner Mutter. Manche abrupten Wechsel im Gefühlserleben des Säuglings bleiben jedoch völlig unergründbar. Solche Momente sind eine große Prüfung für alle Eltern, denn es gibt zur Beendigung des Schreiens einzig den Weg eines geduldigen Tröstens und Herumtragens. Viele leidgeprüfte Eltern können über solche emotionalen Zustände ihrer Säuglinge berichten, deren Beseitigung beinahe unmöglich erschien.

Ist es nun nach all dem, was über die Ur- oder Stimmungsangst klar geworden ist, erlaubt, um wieder auf die gängige Praxis zu sprechen zu kommen, sich mit viel einfacheren, rein organischen Erklärungsmodellen, wie z.B. den Dreimonatskoliken oder einschießenden Zähnen zu begnügen? Ist es in anderer Hinsicht gestattet, dem Säugling, wie derzeit in der Körpermedizin beliebt geworden, angeborene Störungen seiner Fähigkeit zur Selbstregulation der Affekte zu unterstellen? Angeborene Störungen in der Fähigkeit zur Selbstregulation wären, nebenbei gesagt, weitaus schwerer nachzuvollziehen, als die alt bekannten und viel zitierten, aber immer noch als ominös geltenden, Koliken im Magen-Darm-Trakt. Auch die vielbeschworene Reizüberflutung am späteren Nachmittag erscheint mehr eine Hilfskonstruktion für etwas scheinbar Unerklärliches zu sein als eine überzeugende Erklärung von Ursachen. Ich werde im Teil über den praktischen Umgang mit dem Säuglingsschreien auf diese Fragen noch einmal ausführlicher zurückkommen. An dieser Stelle sei nur gesagt: Weder sind immer die Dreimonatskoliken Ursache exzessiven Schreiens, noch ist es eine angeborene Störung der Selbstregulation. Eine Fähigkeit zur Selbstregulation, um das hier schon zu sagen, besitzt der Säugling meiner Auffassung nach nicht. Eine derartige Verhaltensautonomie bereits im frühen Säuglingsalter kann die Evolution gar nicht vorgesehen haben, schon allein aus dem bereits genannten Grund des unbedingten Eingehens einer intensiven sozialen Bindung von Anfang an. Und diese Bindung ist für ihn essenziell. In der Regulation seiner Gefühle ist der Säugling folglich immer auf die gemeinsame Bewältigung in der Mutter-Kind-Bindung angewiesen (u.a. Krause 2003).

In der von mir vertretenen Auffassung über die Schreiursachen beim Säugling ist Ur- oder Stimmungsangst die schlüssige Interpretation all derjenigen Schreiepisoden, die trotz intensiver Ursachenforschung und z.T. auch trotz aller Beruhigungsbemühungen nur schwer beeinflussbar bleiben. Eine genaue Abklärung der Schreiursachen bleibt oft genug allein dadurch erschwert, dass sich die unterschiedlichen Gründe miteinander vermischen, und bei der Urangst Schmerzen als ursprünglicher Auslöser ebenso infrage kommen können, wie die fehlende Präsenz oder Bereitschaft der Hauptbezugsperson(en).

Folgende Konstellationen sind über die mangelhafte Bedürfnisbefriedigung hinaus möglich: Kolikschmerz ist für sich allein schon eine Ursache für Schreien, wobei jedoch längst nicht alle Säuglinge mit ihren inneren Organen so empfindsam reagieren. Ist dann die primäre Bezugsperson nicht rechtzeitig zur Stelle, oder nicht kompetent genug, um den Säugling zu beruhigen und/oder Schmerzfreiheit herbeizuführen, gerät der Säugling schnell in Angst und Panik. Das Schreien steigert sich erfahrungsgemäß in dramatische Zustände und irgendwann geht die eigentliche Ursache in der übersteigerten Affektlage unter. In solchen Situation brauchen auch Ärzte lange, um in der Ursachenbeseitigung erfolgreich zu sein. In anderen Fällen versagen sie, wie zuvor die Bezugsperson(en), und der Säugling kommt erst durch allgemeine Erschöpfung zur Ruhe.

Des Weiteren gibt es Momente, da können viele Minuten zufriedenen Vor-sich-hin-blickens und Mit-den-Händen-Spielens störungsfrei dahin gehen, und plötzlich packt den Säugling das intensive Bedürfnis, seine Bezugsperson in seiner Nähe zu haben und in ihrem Arm zu liegen. Gerade auch diese Konstellation ist der Urangst ursächlich zuzuordnen. Impulsiv veranlagte Säuglinge fangen abrupt an zu schreien, genügsame meckern erst einmal ein paar Minuten oder schreien nach einer geraumen Anlaufzeit. Die emotional instabilen und zugleich impulsiv veranlagten Säuglinge leiden unter größeren Stimmungsschwankungen und regelrechten Stimmungseinbrüchen, so dass sie bald als die schwierigen Säuglinge auffallen.

Ich möchte das übermäßige Schreien der Säuglinge demzufolge unterteilen in drei Kategorien, deren gewisse Künstlichkeit wegen ursächlicher Überschneidungen ich dabei in Kauf nehme. Die drei Kategorien lauten **genuin**, **sozial** und **somatisch**. Mit genuin meine ich jene Schreiursache, die uns beobachtenden Erwachsenen am wenigsten zugänglich ist und die dem Urangstschreien am meisten entspricht. In gewisser Weise könnte man sie auch als kryptogen, also unzugänglich oder verborgen bezeichnen. Eine genetische Veranlagung für starke Angstgefühle spielt bei dieser Schreiform sicher eine große Rolle. Die soziale Schreiursache liegt vorwiegend in der Ungeschicklichkeit, gezielten Abwendung oder körperlichen Abwesenheit der Bezugsperson(en) begründet (fehlende Ko-Regulation). Hierunter wäre auch die Wochenbettdepression der Mutter einzuordnen. Die somatischen Ursachen schließlich basieren auf erzwungenem Trieb- und Bedürfnisaufschub sowie auf Schmerzereignissen wie z.B. den Dreimonatskoliken oder schmerzauslösenden Krankheiten. Eine solche Unterteilung erscheint mir in zweierlei Hinsicht von praktischem Nutzen: Erstens rein statistisch in der Klärung der Frage, wie hoch der Anteil der angeführten Schreiursachen denn nun tatsächlich für jede einzelne von ihnen ausfällt. Die prozentuale Veranlagung des Kindes für Angst lässt sich daraus ablesen. Des Weiteren ergeben sich allgemeine Empfehlungen für das Zuwendungsverhalten von Eltern und sonstigen in der Säuglingspflege tätigen Personen.

Zweitens in der Definition dessen, wie man mit dem Schreien praktisch in der jeweiligen Situation am besten umgeht.

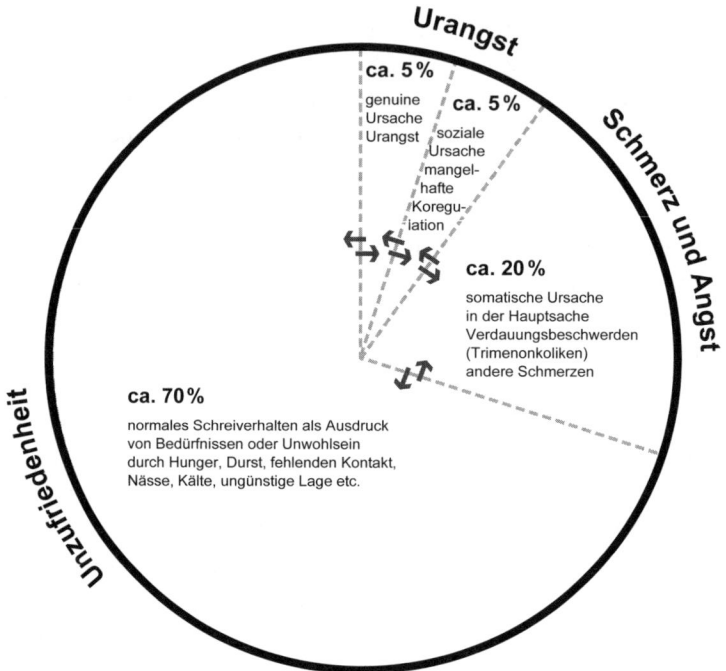

Abbildung 1: Die Schreiursachen des Säuglings

Hinsichtlich der anteilsmäßigen Aufteilung in die Schreiursachen ergibt die alltägliche Erfahrung meines Erachtens eine recht klare Aussage. Von den etwa fünfundzwanzig bis dreißig Prozent der auffallend viel schreienden Säuglinge insgesamt entfallen der Beobachtung im kinderärztlichen Praxisbetrieb nach etwa zwanzig Prozent auf die somatischen Ursachen, wobei die Dreimonatskoliken die Hauptrolle spielen, die restlichen zehn Prozent verteilen sich auf die versagende Ko-Regulation durch die Bezugsperson(en) und die spontan einsetzende und im Moment schwer beeinflussbare Ur- oder Stimmungsangst. In dieser Gruppe eine weitere zahlenmäßige Unterteilung vorzunehmen, bleibt genau genommen spekulativ. Die Gruppen sind wegen der Überschneidungen in den Ursachen auch nicht ganz einheitlich. Denn auch die nur im normalen Rahmen schreienden Säuglinge befällt hin und wieder die Urangst, oder sie schreien exzessiv, weil Schmerz und/oder fehlende Ko-Regulation nicht immer zu verhindern sind.

Eine Besprechung der konkreten Behandlung viel schreiender Säuglinge soll an dieser Stelle nur kurz und übersichtsmäßig angeschnitten werden. Eine ausführliche Darstellung des Problems erfolgt in einem gesonderten Unterkapitel. Ist also das Gefühl allgemeiner Angst, in einer Vermengung der Ursachen auch durch Schmerzen oder fehlende Zuwendung der Bezugsperson bedingt, letztendlich die Haupterklärung des übermäßigen Schreiens im frühen Säuglingsalter, müssen die Empfehlungen zum elterlichen Verhalten in entsprechender Weise ausfallen. Zuvor dazu zwei rhetorische Fragen: Wie wäre es zu verantworten, seinen aus Angst und Unsicherheit schreienden bzw. *weinenden*, möglicherweise schmerzgeplagten Säugling auch nur vorübergehend sich selbst zu überlassen? Wie könnte ein in Panik geratener Säugling in einer solchen Situation von alleine wieder zur Ruhe gelangen, wo er doch weder emotionale noch kognitive Strategien besitzt, sich in dieser gefühlsmäßigen Talfahrt effizient zu stoppen? Von selbständiger Schmerzbewältigung ist im Säuglingsalter nicht zu reden.

Statt einer Antwort eine einfache Beobachtung: die Erfahrung lehrt, dass je länger ein Säugling bereits geschrien hat, es umso schwerer ist, ihn wieder zu beruhigen. Fazit: Die von erzieherischen Absichten gekennzeichnete Taktik, den Säugling durch Schreienlassen zu mehr Toleranz seiner Gemütszustände zu bewegen, bewirkt eher das Gegenteil und verschlechtert bei häufigeren Versuchen die Ausgangsbasis. Neuere Forschungsergebnisse gehen, wie bereits erwähnt, davon aus, dass die Stressempfindungen, die der Säugling beim Schreien erlebt, im Gehirn schon zu so früher Zeit Schäden verursachen können. In welcher Form sich das auswirken könnte, davon wurde weiter oben im Zusammenhang mit dem Vorgang der „Synapsen-Reduktion" im Gehirn gesprochen.

Über die direkten Schäden hinaus können, und das belastet nun die Psyche, die das Schreien begleitenden Gefühle bereits im Gehirn abgespeichert werden. Von einem Unterbewusstsein im Säuglingsalter wird noch zu sprechen sein. Aus dem entsprechenden Speicher heraus können diese Gefühle später weitere Störungen im inneren Erleben und äußerem Verhalten verursachen.

Jedem kritischen Beobachter von schreienden Säuglingen ist es darüber hinaus leicht vorstellbar, welche Gefühle der Säugling hinsichtlich seines Vertrauens in die ihn aufziehende(n) Person(en) entwickeln wird, und wie unsicher er beim nächsten Überkommen von Unheimlichkeit und Angst reagieren wird. Das hat Auswirkungen auf die primäre Bindung, von der noch ausführlich zu sprechen ist.

Ich hatte meine Erklärungen in Anbetracht der wichtigen Frage zum Umgang mit dem schreienden Säugling auf die Formulierung zugespitzt, dass ein Säugling nie grundlos, sondern immer nur aus (legitimen) Bedürfnissen und Hilflosigkeit schreit, und dass jeder betreuende Erwachsene gehalten ist, alles zu tun, die im Schreien zum Ausdruck kommende Not des Säuglings zu beseitigen. Nicht jede Unzufriedenheit des kleinen wie auch größeren Säuglings ist allerdings auch gleich Not. Meckern oder sich ähnlich lautstark äußernde Beschwerden über ein einfaches, missliebiges Erlebnis oder Empfinden muss nicht zu denselben Hilfeleistungen durch die Eltern führen, wie das echte „Notschreien". Jeder Säugling muss das Recht haben, sich hin und wieder emotional im Schimpfen, Quengeln oder Meckern innere Spannungsabfuhr und Erleichterung zu verschaffen (s. Unterkapitel 1.6). Auf dieser noch „harmlosen Gefühlsstufe" gelingt die Selbstberuhigung beinahe immer und ohne jede negative Folge, weil die Unmutsäußerung gleichzeitig auch die natürliche Methode zur Gefühlsabwehr ist. Das wird vom Säugling in einem genetisch vorgeprägten Affektgeschehen automatisch vollzogen. Jeder gut beobachtende, erwachsene Mensch wird diese Affekte bei Säuglingen und Kleinkindern schnell erkennen und von den Äußerungen großer Not zu unterscheiden wissen.

Ein schwerwiegendes Problem ergibt sich aus Fehlinterpretation und Falschbewertung des kindlichen Signals durch den schlecht unterrichteten Erwachsenen. Dieser meint, in der lautstarken Beschwerde des Säuglings und in dessen Äußerungen von Unmut eine egoistische Anspruchshaltung erkennen zu können, zu deren Befriedigung er durch das wütend erscheinende Schreien gleichsam erpresst wird. In dieser Weise ist das Schreien des Säuglings nicht zu verstehen. Viele „Ammenmärchen" vom durch den Säugling zunehmend gesteuerten Erwachsenen kursieren auch heutzutage immer noch in der Gesellschaft. Eine sicherlich ebenso wenig zutreffende wie in ihrer Auswirkung schädliche Auffassung ist die, dass auch schon ein Säugling durch sein Weinen und Schreien innere Spannungen abbauen und unliebsame Gefühle verarbeiten könnte. Man kann das Schreien des Säuglings aber nicht mit dem Weinen des großen Kindes oder erwachsenen Menschen auf die gleiche Stufe stellen. Die vielen emotionalen, sozialen und auch kognitiven Voraussetzungen für das Entstehen eines echten Gefühls von Trauer, verbunden mit dem Effekt einer inneren Verarbeitung der belastenden Gefühle, können erst dem älteren Kleinkind attestiert werden.

Die eigentliche Ursache für diese Missverständnisse ist im Grunde folgende: Die allgemein menschliche Affektstruktur lässt in ihrer genetischen Verankerung und Vorprägung zu Beginn des Lebens nicht allzu viel Spielraum in den Ausdrucksmöglichkeiten zu, so dass Affekterscheinungen beim Säugling trotz einer noch etwas anders gelagerten, innerpsychischen Bedeutung und Wertigkeit jenen beim älteren Kind und Erwachsenen sehr ähnlich sind. Das ist von der Evolution sogar beabsichtigt, damit eine emotionale Verständigung auf frühester Stufe schon möglich ist. Mit dem Irrtum in der Interpretation durch Verlust an Intuition beim Erwachsenen hat die Evolution nicht gerechnet! Die Emotionen beim Säugling sind noch begrenzt und die Affekte viel „grober". Ihre notwendige Verfeinerung und Auslese durch mimisch-gestischen und später auch sprachlich-klanglichen Ausdruck (Semantik/Prosodie) ist beim jungen Säugling entwicklungsmäßig noch nicht möglich. Damit der Affekt aber eindringlich genug ist, um den Erwachsenen auch tatsächlich zu erreichen, und zugleich für den Säugling wenigstens in seiner Einleitungsphase auch ausreichend spannungsabführend, wirkt sein Erscheinungsbild schon im Beginn oft hoch dramatisch und erinnert sogar noch im Endzustand des panischen Angstschreiens an Zustände von extremer Wut. Diese Naturgegebenheiten oder natürlichen Beschränkungen darf man aus falschem pädagogischem Anspruch nicht zum Nachteil der Säuglinge auslegen!

Auch aus diesen Ausführungen ist neben der zumeist schnell erforderlichen Hilfeleistung für den Säugling noch einmal abzuleiten, dass nicht immer gleich das ganze Programm der Beruhigungsmaßnahmen abzuspulen ist, wenn er sich lauter bemerkbar macht. Ich hatte bereits darauf hingewiesen. Eltern werden also des Öfteren auch einmal abwarten dürfen, um zu sehen, wie der Säugling von alleine mit seinen Gefühlen umgeht und fortan umzugehen bereit ist. Das hat jedoch mit Selbstregulation noch nichts zu tun. Stellt sich heraus, dass eine Beruhigung von alleine nicht stattfindet und das Alleinlassen ganz offensichtlich nur zur Angst vor der Einsamkeit führt (bzw. zur Unheimlichkeit), muss der Einsatz der Bezugsperson umgehend beginnen. Passives daneben Sitzen und die Hand halten, wie manchmal empfohlen, wird bei einem erregten Säugling nur höchst selten genügen. Hochnehmen, An-sich-schmiegen, Herumtragen und falls nötig auch Stillen oder Füttern sind die vordringlichen Maßnahmen (s.u.). Diese Empfehlung gilt besonders für die impulsiv veranlagten Säuglinge, weil gerade sie auf die prompte Beruhigung angewiesen sind, damit ihre ungünstige Veranlagung nicht noch verstärkt wird.

1.4.1 Seelische Widerstandsfähigkeit und die Temperamente

Viele Eltern bewegt die Frage, was denn im Säugling passierte, ließe man ihn eine gewisse Zeitlang schreien, um schließlich festzustellen, dass er sich letztlich doch von selbst beruhigt. Selbstverständlich hat die Natur jedem Menschen und überhaupt jedem Lebewesen einen Toleranzspielraum für das Ertragen unangenehmer Empfindungen und Gefühle mit auf die Welt gegeben. Andernfalls sähe es für den

Fortbestand der Spezies Mensch in der Natur nicht gerade gut aus. Und der mit Psyche begabte Mensch ist besonders stark auf eine solche Toleranzfähigkeit angewiesen. In der Wissenschaft spricht man von der angeborenen **Resilienz** (psychische Widerstandskraft).

Trotz dieser Resilienz oder gerade deswegen darf man jedoch diesen Ertragensspielraum nicht über Gebühr strapazieren! Denn diejenigen Säuglinge, die mit einer solchen Toleranzfähigkeit eher schlecht ausgestattet sind und denen man in Bezug auf ihre charakterlichen Anlagen medizinisch-psychologisch gerne ein **schwieriges Temperament** bescheinigt, darf man nicht all zu sehr irritieren. Darauf aufmerksam zu machen ist notwendig, weil es gerade diese Säuglinge sind, die ihrerseits die Toleranz der Bezugsperson(en) aufs Äußerste herausfordern. Sie aus ihren starken Erregungszuständen mit Geduld zu befreien ist die besondere Schwierigkeit im Umgang mit ihnen.

Ein Vergleich mit den körperlichen Immunvoraussetzungen des Menschen ist hierzu erlaubt. Es gibt Säuglinge, die mit verschiedenen Formen einer schwachen Immunität zur Welt kommen. Sie sind demzufolge häufiger krank und brauchen mehr Medikamente als die anderen, um wieder gesund zu werden, oder um überleben zu können. Wie viel Sinn machte es nun, diese Säuglinge gewollt schwereren Infektionen auszusetzen oder ihnen Medikamente vorzuenthalten in der fatalen Vorstellung, sie damit resistenter gegen Infektionen zu machen! Was aber für die einen Säuglinge Medikamente sind, ist für die anderen die beständige, elterliche Zuwendung.

Welche besonderen Eigenschaften des Säuglings sind es nun, die das Erscheinungsbild des neuerdings viel zitierten, schwierigen Temperaments ausmachen? Aufzuführen sind in diesem Zusammenhang zunächst jene Säuglinge, die auf jede Veränderung ihrer Umgebung und ihres gewohnten Lebensrhythmus sowie auf Verunsicherungen jeder Art sehr ungeduldig und äußerst sensibel reagieren. Ihr augenfälliges Merkmal ist ein schon früh einsetzender, besonders hoher Grad an Aufmerksamkeit, der jedoch mit großer **Irritabilität** verbunden ist. Solche Säuglinge wirken angespannt beim Trinken, schreien bei kleinstem Ungemach und schlafen in der Regel schlecht. Weiter sind darunter jene Säuglinge einzuordnen, die ganz offensichtlich mit einem hohen Grad an **Impulsivität**, das heißt mit einer sprunghaften Steigerung in ihrem Affektgeschehen ausgestattet sind. Das Schreien setzt nicht nur auffallend schnell ein, sondern eskaliert auch rasch, und die Säuglinge sind grundsätzlich schwer zu beruhigen. Von selbst zur Ruhe zu gelangen, fällt ihnen besonders schwer. Man spricht in der frühkindlichen Entwicklungspsychologie von Affektlabilität oder **emotionaler Instabilität**.

Aber auch die sehr ängstlichen und besonders stillen Säuglinge sind unter „schwierig" einzuordnen, und besonders auch diejenigen, die äußerst schreckhaft erscheinen und zu extremem Fremdeln neigen. Allen schwierigen Säuglingen gemeinsam ist ein deutlich höherer Grad von psychischer Verletzbarkeit, sogenannter **Vulnerabilität**, vergleicht man sie mit jenen, die mit einem unproblematischen Wesen zur Welt kommen. Im Umkehrschluss heißt das, dass ihre Resilienz eher niedrig einzustufen ist.

Keiner besonderen Charakterisierung bedürfen die gegenteilig veranlagten Säuglinge, diejenigen mit einem **günstigen Temperament**. Sie sind ganz einfach weitgehend frei von den gerade aufgezählten Umgangsschwierigkeiten. Ihr besonderer Vorzug besteht darin, auch im Zustand des vorübergehenden Alleinseins einen ausgeglichenen und zufriedenen Eindruck zu machen. Sie schaffen es auch, aus Erregungszuständen häufiger von alleine wieder zur Ruhe zu kommen.

Mit Einbeziehung der tiefenpsychologischen Sicht zu diesem Fragenkomplex muss jetzt auch der Begriff der **Verdrängung** Erwähnung finden. Verdrängung findet immer dann statt, wenn hoch aufgeladene Emotionalität in der Seele nicht auf natürliche Weise und folgenlos wieder abgebaut werden kann. Ich wähle diese besondere Formulierung, weil ich anders als in der Lehre von Sigmund Freud nicht von einer angeborenen, basalen Triebstruktur im Menschen, dem Es ausgehe, dessen Übermaß an Impulsen abgewehrt bzw. *verdrängt* werden muss. In der Vorstellung von einem Motor seiner Bedürfnisse und Reaktionen gehe ich vielmehr von einer genetisch vorgegebenen, neurophysiologisch vorgeprägten „Seelenlandschaft" durch bestimmte Rezeptorkonstellationen und damit verbundene Neurotransmitteraktivität aus, deren individuelle Ausgestaltung durch die jeweils angetroffenen, psychosozialen Lebenszusammenhänge erfolgt (s.o.). In der Freud'schen Lehre ist Verdrängung der beständige Kampf des Ichs, die Triebansprüche des Es in Schranken zu weisen. In der von mir formulierten Konzeption einer neurophysiologischen Seelenlandschaft ist Verdrängung dagegen die Unterdrückung nicht zu bewältigender, von außen erzeugter Gefühle. Dieser Vorgang ist gekoppelt an die implizite Gedächtnisfunktion und findet schon im Säuglingsalter statt. Mit der Ausbildung des episodisch-deklarativen (expliziten) Gedächtnisses bekommt die Verdrängung dann allerdings ein etwas anders geartetes Gesicht.

Folgerichtig wird in meiner Konzeption Verdrängung immer dann einsetzen, wenn die Anflutungen unliebsamer Gefühle in der Auseinandersetzung mit der Umwelt nicht in spannungsabführende, sich entladende Affekte und Reaktionen umsetzen und dadurch abbauen lassen. Die Interaktionen mit der/den Bezugsperson(en) spielen dabei zunächst die Hauptrolle.

1.4.2 Die Unmöglichkeit, einen Säugling zu verwöhnen

Davon ausgehend möchte ich noch auf die landläufig vorgetragene Sorge vor **Verwöhnung** des Säuglings bei prompter Bedürfnisbefriedigung eingehen. Diese Sorge lässt sich leicht zerstreuen, denn ein Säugling besitzt, wie bereits erklärt, noch nicht genügend Erkenntnis über die Geschehnisse und Vorgänge um ihn herum sowie über die Ursache-Wirkungsbeziehungen in Verbindung mit seiner Person. Er besitzt, kurz gesagt, noch nicht genug „Sachverstand", um in der unmittelbar erfolgenden Beruhigung eine besondere Gunst für sich zu entdecken, die es fortan gezielt herauszufordern gälte. Hingegen besitzt er immense Bedürfnisse, die er möglichst schnell befriedigt haben möchte und muss, und er ist normalerweise auch sehr schnell zufrieden, wenn ihm diese erfüllt werden. Ist er es dennoch nicht, dann ist davon auszugehen, dass sein Bedürfnis nicht richtig erkannt worden ist oder die Befriedigung nicht ausgereicht hat. Es ist auch möglich, dass das eigentliche Bedürfnis des Säuglings einzig in der Beseitigung von Schmerz bestand. Dabei dürfen neben den Koliken auch konkrete, körperliche Erkrankungen nicht übersehen werden. Auch sie können Quellen großer Unruhe und lang anhaltenden Schreiens sein. Diese Erkrankungen sind in der Regel nur in Zusammenarbeit mit der Kinderärztin oder dem Kinderarzt zu erkennen.

Prompte Bedürfnisbefriedigung des unter einem wie auch immer gearteten Mangel leidenden Säuglings schafft in seiner Erlebniswelt automatisch das Gefühl von Effektivität und Wirkung seiner Bemühungen und begründet damit die Erfahrung von **Kontingenz.** Kontingenz soll hier verstanden werden als der emotional-affektive Zusammenhalt zwischen dem Säugling und seiner (primären) Bezugsperson. Anders zu werten ist dagegen der in der kognitiven Psychologie herausgearbeitete Begriff der Kontingenz als Ursprung früher Selbstempfindung. Dieser hebt ab auf eine besondere Wahrnehmungsleistung schon des Säuglings, durch die er eine begriffliche Vorstellung seiner eigenen, körperlichen Existenz bekommen soll. Als beweisend für diese Annahme werden Studien herangezogen, bei denen der (untersuchte) Säugling fehlende oder bestehende Übereinstimmung zwischen seinen eigenen sensorischen und motorischen Empfindungen unterscheiden kann und solchen, die er in dargebotenen Videosequenzen bei Parallel-Bewegungen anderer Säuglinge zu Gesicht bekommt. (Gergely 2002). Auf den hier gemachten Unterschied in der Definition von Kontingenz werde ich später noch einmal zurückkommen.

Ein zu langes Ertragenmüssen von zeitlichen Intervallen bis zum Einsetzen effektiver Beruhigungsmaßnahmen gefährdet nun diese von mir definierte, emotionale Kontingenz und lässt sie schließlich ganz zerbrechen. Im Gegensatz dazu ginge die kognitive Kontingenz Gergelys weitgehend unbeschadet daraus hervor, denn die Selbstwahrnehmung wäre durch einen Befriedigungsaufschub im Wesentlichen ungefährdet. Der emotionale und psychosoziale **Kontingenzverlust**, wie ich ihn hier formuliere, führt beim Säugling nach allen zuvor gemachten Ausführungen zu einem Empfinden von Isoliertheit und Ausgeliefertsein. Die gegenteilige Erfahrung des schnellen Befriedigens von Bedürfnissen durch die Bezugsperson(en) (sog. Ko-Regulation, s. später) hingegen erhöht das Sicherheitsgefühl beim Säugling und verbessert damit nachhaltig die Bindungsqualität. Denken Eltern nun von sich aus oder sind dahingehend beraten worden, sie könnten oder müssten ihren Säugling dazu erziehen oder wenigstens trainieren, einen höheren Grad von Frustration auszuhalten, beabsichtigen sie also, den Toleranzspielraum für das Ertragen von Leid durch Vermehrung von Unlust auszuweiten, erliegen sie nach meiner Definition von Kontingenz einem großen, oft fatalen Irrtum. Die gebräuchliche Methode in der Gesellschaft ist unverständlicherweise auch heute immer noch die, seinen Säugling erst einmal eine gewisse Zeit schreien zu lassen, bis sich die Mutter oder eine andere Bezugsperson seiner erbarmt. Auf diese Weise entsteht das Risiko, dass sich unkalkulierbar auftürmende Stressempfindungen in der inneren Erlebniswelt des Säuglings weiter verfestigen und diese Erfahrungen als Hort früher, negativer Gefühle in der Tiefe der Seele abgespeichert werden (Verdrängung, s.o.).

Als den theoretischen Ort eines solchen Speichers für verdrängte, negative Gefühle bezeichnet man in der Tiefenpsychologie das **Unterbewusstsein**. Für S. Freud war dieses Unterbewusstsein noch der Ursprungsort des Es. Er bezeichnete diesen Ort als das Unbewusste, aus dem die Triebe des Es sich des Ichs bemächtigen wollen. Das von mir formulierte Unterbewusstsein ist genau genommen nur ein Teil, oder vielleicht besser ausgedrückt ein Sonderfall des Unbewussten (vgl. Roth 2001). Den Begriff Unterbewusstsein möchte ich aber beibehalten, weil diese Sektion des Bewusstseins permanent „unterhalb" des tatsächlichen, wachen Bewusstseins arbeitet (implizit) und durch normale Denkvorgänge grundsätzlich nicht erreicht werden kann. Auf natürliche Weise wird das Unterbewusstsein jedoch im Traum oder bei nicht steuerbaren Handlungen in die bewusste Hirnaktivität mit einbezogen.

Je stärker das Unterbewusstsein eines Menschen mit missliebigen Gefühlen belastet ist, desto bedrohter von diesen Gefühlen ist sein ganzes weiteres Leben. Das jedenfalls ist kurz gesagt, die tiefenpsychologische Vorstellung von der psychischen Grundstruktur des Menschen.

Wissenschaftliche Erkenntnisse 2

Psychoanalyse und Neuropsychologie

Ob dieses von Sigmund Freud entwickelte, sogenannte Instanzenmodell des menschlichen Bewusstseins (Bewusstsein, Vorbewusstes, Unbewusstes) heutzutage ohne weiteres noch haltbar ist, ist einstweilen Forschungsgegenstand (Deneke 1999). Es gibt inzwischen aber gute Hinweise im menschlichen Gehirn für die tatsächliche Existenz des **Unterbewusstseins**. Sein Ort könnte sich befinden in den innersten und gleichzeitig am tiefsten gelegenen (zugleich ältesten) Großhirnstrukturen (Archipallium), die man als Limbisches System zusammenfasst und die über die Gyri parahippocampalis und cinguli (s. Wissenschaftliche Erkenntnisse 1) in engster Verbindung mit den basalen (orbitofrontalen) und medialen Windungen des Frontalhirns, resp. Stirnhirns stehen (OFC und VMC). Schäden in diesen Hirnanteilen, das lässt sich an Hirnverletzten oder an durch Krankheit (z.B. Schlaganfall oder Tumor) Hirngeschädigten feststellen (Damasio, s.o.), verlieren große Teile ihres steuerbaren Gefühlslebens und ihrer Lebensfähigkeit im gesamten psychosozialen Bereich mit prosozialem Handeln und Agieren (hierauf werde ich am Schluss des Buches noch einmal genauer eingehen).

Es ist, um ein Resümee der bisherigen Ausführungen zu ziehen, mindestens ein sehr hohes Risiko, seinen kleinen, auf die Eltern und Bezugspersonen extrem angewiesenen Säugling schreien, was soviel heißt wie leiden zu lassen. Neben der akuten Vernachlässigung der realen Bedürfnisse, die per se nicht gesund sein kann, ist es ein Risiko auch deswegen, weil die im Säugling kulminierenden Angstgefühle durch seine Unfähigkeit, innere Spannungen zu bewältigen, verdrängt werden müssen und dadurch das Unterbewusstsein zunehmend belasten. Dort könnten sie dann leicht zu einer Hypothek für das spätere Leben werden. Eine Gefahr ist das Schreienlassen auch deswegen, weil die inneren Ordnungsstrukturen im Säuglingsgehirn durch Synapsenentstehung, -gestaltung und Synapsenreduktion behindert werden (s.o.) und möglicherweise sogar dauerhaft geschädigt werden können.

Trösten die Eltern ihren Säugling aber zügig und klären und beseitigen sie schnell die Ursache für sein Schreien, dann vermehren sie die Gefühlskategorien von Vertrauen und Geborgenheit, die sich im Säugling selbst als Gefühle von Freude und Glück ausnehmen. Bei der Besprechung der emotionalen Integrationstheorie werde ich diese intrapsychischen Vorgänge des Umwandelns von Gefühlen noch besonders herausarbeiten. Diese Vorgänge sind, das sei schon vorweggenommen, zugleich auch der Weg zur Icherfahrung und zum wachsenden Selbsterleben. Auf solche positiven Empfindungen ist aber der Säugling dringend angewiesen, denn er muss aus der primären (Mutter-)Bindung heraus zu seiner eigenen Person und Persönlichkeit erst noch finden. Das so definierte Glück können die Eltern wie auch jeder neutrale Beobachter nach kurzer Zeit im stimmlichen Ausdruck und in dem leuchten Blick des Säuglings ablesen!

1.5 Formulierung der Vorstellung von der emotionalen Integration

Die **emotionale Integrationstheorie** (oder auch Emotionenintegrationstheorie, EIT) ist ein von mir empirisch erarbeitetes und durch Direktbeobachtung gestütztes, entwicklungspsychologisches Modell, nach dem ein Säugling seine negativ spannungsgeladenen Ursprungsgefühle von Unheimlichkeit, Angst und Dranghaftigkeit im Handeln mithilfe der primären Bezugsperson, oder einer Ersatzbezugsperson, durch günstige Interaktionen in entspannte Gefühle von Vertrauen, Geborgenheit und schließlich Ruhe und Gelassenheit umwandelt (positive emotionale Integration).

Außer diesen spannungsgeladenen Ursprungsgefühlen bestimmten den Säugling in seinen frühen Reaktionsweisen intrauterine, aus dem Mutterleib stammende, vorgeprägte Lebensrhythmen, genetisch vorgegebene Charakteranlagen (das Temperament), sowie die Grundbedürfnisse des Lebens und Überlebens.

Für die vom Säugling von Geburt an angestrebten, positiven „Wandlungsgefühle" gibt es in der Sprache keine Begriffe, die sich allein auf Emotionalität festlegen lassen. Insofern muss ich auf die erkenntnistheoretisch erweiterten Gefühlsbeschreibungen zurückgreifen, wie ich sie gerade formuliert habe, es sei denn, es gelänge eine Einigung darauf, alle diese ein wenig verschiedenen Gefühlsqualitäten mit dem Wort **Glück** zusammenzufassen. Damit soll nicht das lebenserfüllende, übersinnliche Glück gemeint sein, das gewöhnlich mit diesem Begriff assoziiert wird, sondern einzig der Zustand tiefster Zufriedenheit, den auch der Säugling empfinden kann und nachdem er naturbedingt intensiv strebt.

In einfachen Worten ausgedrückt möchte ich den Vorgang der positiven emotionalen Integration also folgendermaßen beschreiben: Alle Säuglinge sind darauf bedacht, ihr ursprünglich bei Geburt vorhandenes, negatives Gefühlsspektrum in eine Empfindung von Glück umzuwandeln. Ohne die permanent umsorgende Zuwendung der primären Bezugsperson und bei völligem Misslingen der Interaktionsmuster würde dieser notwendige Schritt einem Säugling nicht gelingen. Vielmehr würde er seinen Stressreaktionen zum Opfer fallen (negative emotionale Integration) und im Extremfall seelisch (und schließlich auch körperlich) zugrunde gehen. Ganz anders ist es jedoch in der Mutter-Kind-Einheit (Dyade, s.u.), wenn die Mutter zugewandt, verständnisvoll und einfühlsam (feinfühlig) genug ist, den von der Evolution geforderten, interaktionären Prozess optimal zu unterstützen. Allein in dem Gefühl von existenzieller Absicherung durch die Mutter und ihrer beständigen und zuverlässigen Sorge um sein Wohlergehen empfindet der Säugling seine Garantie für eine ungestörte emotionale Entwicklung. Ich bezeichne dieses zwischenmenschliche Geschehen als die **harmonisch kontingente, interaktionäre Dynamik**. Sie führt zur positiven emotionalen Integration.

Die Ur- oder Stimmungsangst in der inneren Erlebniswelt des Säuglings ist in der von mir vorgestellten Konzeption am Anfang des Lebens von Grund auf da; sie ist (onto-)genetisch vorgeben und für den Säugling unabweisbar. Das Glück ist es nicht. Das muss immer in der günstig aufeinander abgestimmten Interaktion zur Mutter, bzw. der primären Bezugsperson erst erworben werden. Dazu sind dem Säugling interaktive Kompetenzen zur Auslösung eines beständigen Sozialkontaktes mit in die Wiege gelegt. Die gelungene Interaktion zwischen Bezugsperson und Säugling spiegelt sich emotional-affektiv wider in den gemeinsamen Signalen der **Freude**. Beim Säugling zeigt sie sich vor allem im Lächeln, Lachen und Juchzen sowie dem frühen Lallen und bei der Mutter in der auf den Säugling affektiv zugeschnittenen mimischen und stimmlichen Antwort (affektive Übereinstimmung, bzw. affect attunement: Stern 1992).

Misslingen diese Aktionen zwischen Mutter und Kind oder werden überwiegend negative Gefühle gespiegelt wegen großer, mütterlicher Anspannung und innerem Stress oder wegen Depression, entsteht eine **disharmonisch-divergente, interaktionäre Dynamik**. Sie führt zur negativen emotionalen Integration.

Die gelingende Mutter-Kind-Einheit oder **Dyade** (Mahler 1980, S. 66ff.) bildet das psychosoziale Grundgerüst des ersten Entwicklungsabschnitts im menschlichen Leben. Sie ist unabdingbar für die Entwicklung eines gesunden Seelenlebens in der Kindheit, und jeder wesentliche Abstrich von ihr riskiert eine nachhaltige, emotionale Entwicklungsstörung. Der englische Kinderarzt und Kinderpsychoanalytiker Donald W. Winnicott (Winnicott 1976) und die österreichische Psychoanalytikerin Margaret Mahler haben in ihren psychoanalytischen Studien an Säuglingen und Kleinkindern diese existenzielle Grundposition in der frühkindlichen, seelischen Entwicklung in wegweisender Form heraus gearbeitet und formuliert.

Winnicott ging von einer beim Neugeborenen primär unstrukturierten, leicht störanfälligen Seele aus, die er als primär unintegriert bezeichnete. Alles das, was die primäre Bezugsperson mit dem Neugeborenen vollzieht und wie sie den kleinen Säugling pflegt und behandelt, führt im positiven Fall zur Integration, im negativen zur Desintegration. Extrem negative Erscheinungen, wie schwere Vernachlässigung und Misshandlung führen Winnicotts Auffassung nach zur Dissoziation, eine seelische Entwicklung, die er für mit einem gesunden Seelenleben nicht mehr vereinbar hielt. In der Bindungstheorie nach John Bowlby und Mary Ainsworth (s.u.) wurde für diesen extrem negativen Seelenzustand den Begriff der Deprivation eingeführt. **Die Bindungstheorie ist es auch, die die Grundlagen der emotionalen Integrationstheorie abbildet. Während der Begriff Bindung zum Ausdruck bringt, was in der Beziehung zwischen Mutter (Vater) und Kind entsteht, erklärt die emotionale Integration, wie es entsteht. Letztere beschreibt also den Kitt der Eltern-Kind-Bindung.**

Margaret Mahler entwickelte in ihren Untersuchungen über die frühkindliche Seelenstruktur die Vorstellung von einer Entwicklung in verschiedenen Stadien oder Phasen, die bei einer in sich selbst scheinbar abgeschlossenen Daseinsform des Neugeborenen beginnen. Mahler nennt diese erste Phase autistisch, was allerdings etwas verwirrend klingt wegen der sprachlichen und inhaltlichen Nähe zur Krankheit Autismus. Diese erste Phase geht ihrer Darstellung zufolge nach etwa zwei Monaten über in das Stadium der Symbiose (nicht rein biologisch gemeint) mit der Mutter als der primären Bezugsperson, um dann mit etwa fünf bis sechs Monaten in den Entwicklungsabschnitt der Loslösung von der Mutter einzutreten. Die überwiegend motorisch verstandene Abkoppelung des Säuglings vom mütterlichen „Teil" in der symbiotischen Beziehung ist für Mahler eng verknüpft mit der beginnenden Individuation des Menschen. Mahler sieht diesen zentralen Zeitabschnitt im menschlichen Leben unterteilt in drei Subphasen, die sie als die Phase der Differenzierung von der primären Bezugsperson, des Einübens der statomotorischen Eigenständigkeit sowie der Wiederannäherung an die Mutter in jetzt großer, innerer Ambivalenz bezeichnet. Nach der Phase der Wiederannäherung, in die ein krisenhafter Abschnitt von elementaren Trennungserlebnissen und ersten eindeutigen Selbsterfahrungen (ca. 18.–24. Monat) integriert ist, erreicht das Kind in Mahlers Konzeption seine Reife zu emotionaler Objektkonstanz und persönlicher Identität. Unter emotionaler Objektkonstanz versteht Mahler (in Anlehnung an Hartmann) die vom Kind erreichte Fähigkeit, die Person der Mutter zur Stabilität seiner Gefühle ausreichend sicher und zuverlässig in sich abgebildet zu haben, so dass es jetzt zunehmend unabhängig von ihrer tatsächlichen Anwesenheit agieren kann.

Unter anderem von Margaret Mahler stammt der Begriff **Dyade**, gedacht als Beschreibung jener im ersten Lebensjahr vorübergehend eingegangenen, rein sozial zu verstehenden Symbiose zwischen Mutter und Säugling. Diese Symbiose lässt sich zwanglos auch als die früheste Ausdrucksform einer eingegangenen Bindung des

Säuglings ansehen. Mit dem Begriff der primären Bindung lässt sich an dieser Stelle die Verknüpfung zur Bindungstheorie nach John Bowlby (s.u.) herstellen.

Es darf nicht unterschlagen werden, dass die Anschauungen und Interpretationen der Säuglingsentwicklung von Margaret Mahler großer Kritik unterzogen worden sind. In der schon zitierten Abhandlung von György Gergely (s.o.) wird dieser Aspekt hinlänglich diskutiert, und es wird vom Autor zugleich eine Neubewertung des Symbiosebegriffs unter einem aktuellen, stärker kognitiv orientierten Ansatz vorgenommen. Aber auch Gergely unterstreicht die große Bedeutung, die die mütterliche Umwelt des Säuglings für seine Affektregulierung besitzt. Er stellt noch einmal heraus, dass der Säugling ohne seine primäre Bezugsperson „keine Möglichkeit besitzt, affekte Impulse selbst zu regulieren oder zu bewältigen; er muss sich bei Erregung auf die zustandsmodulierende Intervention der Mutter verlassen, um sein homöostatisches Gleichgewicht wiederzugewinnen. In dieser frühen Phase „symbiotischer" Abhängigkeit übernimmt die Mutter in ihrer Funktion als Hilfs-Ich des Kindes die Zustandsregulierung und Kontrolle, die nach und nach vom Säugling durch diese Interaktionen internalisiert werden" (ebd. S. 818). Im Weiteren führt Gergely aus, wie diese Internalisierungen, also die Verinnerlichung und mentale Verankerung der von der Mutter zurückgegebenen Affekte, die **Affektspiegelung,** auf frühem, kognitiven Weg zustande kommen könnten.

Ich kann auf diese sehr differenzierten Überlegungen hier nicht im Einzelnen weiter eingehen, will aber darauf hinweisen, dass sie prinzipiell großen Einfluss auch auf meine Vorstellung von der emotionalen Integration genommen haben. Meine grundsätzliche Skepsis hinsichtlich kognitiver Wahrnehmungsleistung von emotionalen Zuständen im Säuglingsalter als ausschließlich dem eigenen Selbst zugehörig will ich jedoch bei dieser Gelegenheit noch einmal wiederholen. Ich spreche daher auch bewusst von emotionaler *Integration* und nicht von Internalisation oder Mentalisation (geistige Verinnerlichung). In der Einleitung des Buches hatte ich auf diese wichtige Unterscheidung bereits hingewiesen.

Im Vergleich zwischen Mahlers Konzeption und meiner eigenen musste ich einige, nicht unerhebliche Abweichungen in der zeitlichen Zuordnung der altersgebundenen, frühkindlichen Entwicklungsschritte feststellen. Dies habe ich durch meine Beobachtungen korrigiert, damit die Entwicklungsphasen mit den emotional integrativen und zugleich auch bindungstheoretischen Gesichtspunkten – wie ich sie hier vertrete – schlüssig verbunden werden konnten. Kennern der Mahler'schen Anschauungen wird das nicht verborgen bleiben. Aber die Vorstellung von einer primären Bezugsperson, die nur regelhaft die leibliche Mutter ist, und der **Mutter-Kind-Dyade** im ersten Lebensjahr hat auch in der Konzeption der emotionalen

Integration den Charakter eines unumstürzlichen Paradigmas in der psychosozialen Entwicklung der frühesten Kindheit behalten. Prinzipiell kann, wie angedeutet, jede andere genügend einfühlsame und zugewandte menschliche Person neben der Mutter die Rolle der primären Bezugsperson für den Säugling übernehmen, im Prinzip auch eine männliche (z.B. der Vater). Ebenso können auch Ersatzbezugspersonen im Leben des Säuglings schon eine große Rolle spielen und ein wichtiges Bindungsobjekt darstellen (s.u.). Eine Ersatzbezugsperson wäre eine solche, von der der Säugling oder auch das Kleinkind bereitwillig bindungsintensive Aktivitäten akzeptiert, Aktivitäten, die ein Kind sonst einzig der Mutter zubilligt (z.B. Trösten, Beruhigen, Füttern, in den Schlaf begleiten, etc.).

Ausschlaggebend für das Attribut „primär" bei der Bezugsperson ist ihre hohe Einfühlsamkeit (oder „Feinfühligkeit"), ihr intensiver und beinahe ständiger Körperkontakt, ihre permanente Präsenz in der Bedürfnisbefriedigung sowie ihre Beständigkeit und Zuverlässigkeit (Vertrauenswürdigkeit) in der emotionalen Übereinstimmung. In der Konzeption der emotionalen Integration erwirbt der Säugling von der primären Bezugsperson vorübergehend Anteile seines Selbstempfindens. Das heißt im Einzelnen, dass sich der Säugling anfangs noch nicht als eine von allen anderen Menschen völlig getrennte, auf sich selbst gestellte Person im Dasein erlebt, sondern vielmehr als Teil einer anderen, erwachsenen Person, die dadurch zu seiner primären Bezugsperson wird und mit der er in einer Personalunion bzw. einem Existenzverbund erlebt. Dieser Existenzverbund ist repräsentiert durch die Mutter-Kind-Dyade. Diese sichert dem Säugling den weitgehend angstfreien Erlebniszugang zu seiner Lebensumwelt. Dadurch ist der Säugling aber stark abhängig von seiner primären Bezugsperson und diese Abhängigkeit erklärt, weshalb er bei starken emotionalen oder körperlichen Beeinträchtigungen jämmerlich nach ihr weint oder schreit.

Ich möchte diesen existenziellen Zustand des Säuglings aus dem Blickwinkel seiner persönlichen Gewahrwerdung mit dem Begriff des **Leih-Selbst** bezeichnen und ihn als besonderes Entwicklungsmerkmal in der Entstehung des späteren, reifen Selbst herausstellen. Mit dieser Definition weiche ich von der allgemein vertretenen Anschauung eines sogenannten Kern-Selbst beim Säugling (Stern, s.o.) in einigen wichtigen Aspekten ab.

Die Vorstellung von einem Leih-Selbst erlangt meiner Auffassung nach in der weiteren psychosozialen Entwicklung des Säuglings entscheidende Bedeutung als Ursache entwicklungsfördernder, innerer Spannungen. Das geschieht zuerst in dem Moment, in dem der Wissenszuwachs des Säuglings über sich selbst und die Dinge, die ihn umgeben und die um ihn herum passieren, so groß wird, dass er plötzlich zu verstehen lernt, in Wahrheit eine ganz eigenständige Person zu sein. Konkret gemeint ist damit die Erfahrung einer Authentizität seiner Handlungen, die sich zunächst aber noch hauptsächlich auf die Wahrnehmung von Selbst-Verursachung erstreckt, z.b. fallen lassen oder werfen eines Gegenstandes aus dem Hochstühlchen oder Auslösen von Geräuschen an angebotenen Spielgeräten. Der Säugling bewegt sich in dem Moment schon weit im zweiten Lebenshalbjahr.

Die Spannungen, die sich aus dem Leih-Selbst-Empfinden ergeben, werden darüber hinaus bedeutsam im Zusammenhang mit dem Zuwachs seiner motorischen Fähigkeiten. Denn diese ermöglichen es ihm, seine Mutter aus eigenem Antrieb zu „verlassen" und zunächst einmal in der Wohnung auf Erkundungsreise zu gehen (Exploration). Bei diesem zum Ende des erstens Lebensjahres einsetzenden Entwicklungsschritt wird der Säugling auch anfangen, sich durch starkes Wehren und zuweilen wütendes Auflehnen gegen die üblichen, meist pflegerischen Handlungen seiner primären Bezugsperson zu widersetzen. Später in den Kapiteln über die „Anhänglichkeit" und „Loslösung" ist der Faden dieser unter Anspannung und Abwehr stattfinden Selbstentwicklung wieder aufzunehmen.

Emotionale Integration heißt unter den beschriebenen, existenziellen Vorbedingungen, dass der Säugling insbesondere durch seine Leih-Selbst-Empfindung stark darauf angewiesen ist, seine negativen Urgefühle wie Unheimlichkeit und Angst durch die primäre Bezugsperson in positive Gefühle, wie ich sie zu Anfang differenziert aufgezählt habe, umwandeln zu lassen. Je gründlicher diese Umwandlung von negativen Gefühlen in positive geschieht, desto mehr Glücksgefühle werden in ihm freigesetzt. Durch diese Prozesse wird klar, wie entscheidend wichtig die Mutter-Kind-Bindung im ersten Lebensjahr für den Säugling ist. So darf die Mutter, wenn er Angst empfindet, Ur- oder Stimmungsangst, selbst keine Anzeichen von Angst zeigen. Erstrecht darf sie keine ärgerlichen oder wütenden Reaktionen zeigen. Vielmehr muss sie zuversichtlich, entspannt und selber angstfrei erscheinen, um beruhigend auf ihn einzuwirken. Die Angst des Säuglings muss sich in der Ruhe und Geborgenheit bei der Mutter auflösen können.

Die Resultate des dadurch erworbenen, positiv emotionalen Zustands in seiner Innenwelt (positive sekundäre Repräsentanzen) gibt er im Laufe seines ersten Lebensjahres mit Zunahme seiner sozialen wie auch geistigen Ausdruckmöglichkeiten an seine primäre Bezugsperson zurück. Dadurch ist ihr Erfolgsstatus direkt messbar. Das erkennbare Ergebnis ist Ursprung und Ausdruck sicheren Gebundenseins (Bindungskonzept, s.u.). Die emotionale Integrationstheorie beschränkt sich aber nicht nur auf die Psychodynamik im Säuglingsalter. Das Grundprinzip, negatives Daseinsempfinden in positives Selbstbewusstsein umzuwandeln, erstreckt sich auf die gesamte Kindheit des Menschen und weist mit komplizierten Strukturen der innerpsychischen Konstitution bis weit ins gesamte spätere Leben hinein.

In der sogenannten **Regulationsstörungstheorie** (Papousek, Schieche, Wurmser in: Oerter u.a. 2004) sind an die Stelle von Ursprungsrhythmen wie Stimmungsangst und innere Ruhe oder angespannte Aufmerksamkeit und Dösigkeit basal adaptive Mechanismen zur Verhaltensregulation und Fähigkeiten zur Selbstregulation des Säuglings getreten. In diesem Modell wird dem Säugling eine gewisse anfängliche Fähigkeit zu autonomer Regulation seiner Empfindungen und zu Selbst-Beruhigung attestiert, wodurch er in der Lage ist, das noch unbegriffene und störanfällige, eigene Gefühlsleben, auf ureigene Weise „in den Griff" zu bekommen. Dabei soll ihm sein angeborenes Bedürfnis nach zirkadianen Rhythmen, wie Schlaf-Wachheit, Hunger-Sattsein oder Aufmerksamkeit-Dösigkeit auch ohne Koregulation durch die Bezugsperson(en) zu Hilfe kommen, vorausgesetzt, diese Selbstkompetenz wird nicht durch übermäßiges und unsachgemäßes Eindringen seitens der Beziehungsumwelt in sein ausgewogenes, emotionales Gefüge gestört. „Reizüberflutung" sowie Uneinfühlsamkeit und Missverstehen der momentanen Bedürfnisse sind die häufigsten Ursachen für eine solche Störung. Aber auch eigener, übermäßiger „Reizhunger" kann die Ursache sein.

Die Auffassung einer angeborenen Fähigkeit zur Selbstregulation lässt sich in der von mir vertretenen Vorstellung der emotionalen Integration nicht teilen. Zwar ist die von Mechthild Papousek entwickelte Konzeption einer basal-adaptiven Verhaltensregulation des Säuglings in der Sache nachvollziehbar, jedoch erscheint mir deren Interpretation in der Auswirkung auf die Mutter-Kind-Bindung zweifelhaft. Basal-adaptive Verhaltensregulation bedeutet in ihrer Konzeption, dass der Säugling und später auch das Kleinkind durch vier zentralnervöse Funktionen: Arousal, Aktivität, Affekt und Aufmerksamkeit in der Lage ist, seine integrativen Systeme auf neuroendokrinologischer (nerval hormoneller), auf perzeptiver (die Wahrnehmung betreffender) sowie auf emotional-kognitiver Ebene für eine optimale Anpassung an die Umweltreize durch Aktivierung und Hemmung zu steuern. Im Umgang schwierige, viel schreiende Säuglinge sind diesem Modell zufolge solche, die nicht ausreichend in der Lage sind, ihre angeborenen Steuerungsmechanismen adäquat einzusetzen.

Eine solche in der Regulationsstörungstheorie implizit ausgesprochene, dem Säugling innewohnende Fähigkeit zu einer von der primären Bezugsperson unabhängigen Regulation seiner Emotionen und Affekte zieht die emotionale Integrationstheorie in Zweifel. Dieser Zweifel erstreckt sich bis zum Alter von drei bis vier Jahren. Zur Untermauerung der vorgebrachten Skepsis zitiere ich noch einmal

Gergely, der in der „Neubewertung der Mahler'schen Symbiose" schreibt: „Ich sehe deshalb die angemessene Domäne der „symbiotischen" Mutter-Kind-Beziehung in der homöostatischen, affektregulierenden Funktion der frühen mütterlichen Umwelt, die die sich dynamisch verändernden Affektzustände in einem offenen Interaktionssystem effektiv kontrolliert" (Gergely, s.o., S. 818).

Die grundsätzliche Gefahr in der Einschätzung von schwierigem Säuglingsverhalten als Folge mangelhafter, selbstregulatorischer Fähigkeiten liegt meiner Auffassung nach vor allem darin, dass rein interaktionäre Entwicklungsdynamiken in der Eltern-Kind-Beziehung, weil beim Kind intrapsychisch ungünstig dynamisiert, auch schon im Normalbereich pathologisiert werden. Schwierige Kinder werden auf diese Weise vorschnell zu kleinen Patienten gemacht, deren Eltern folgerichtig aufgefordert werden, therapeutisch wirksam zu werden. Als schwieriges Säuglingsverhalten werden übermäßiges Schreien, dauerhafte Schlafstörungen und extrem ängstliches Fremdeln gewertet; als schwieriges Kleinkindverhalten starkes Trotzen, persistierendes Anklammern, Schüchternheit und Unselbstständigkeit.

Stillschweigend werden die Kinder beim Regulationsstörungskonzept auch zu den Hauptverursachern der von ihnen gezeigten Störungsmuster gemacht. In Wirklichkeit aber liegen – der Auffassung der emotionalen Integrationstheorie zufolge – die Ursachen für ihr schwieriges Verhalten hauptsächlich in dem Auseinanderklaffen von normierten Erwartungshaltungen der Eltern an das kindliche Funktionieren und den ganz natürlichen, vielleicht nur etwas komplizierteren Wesenszügen. Bei den gesellschaftlich begründeten Erwartungshaltungen spielen die pädagogischen Ansprüche der modernen Industriegesellschaften unterschwellig eine nicht unwesentliche, mitgestaltende Rolle. Der soziokulturelle Hintergrund der ganzen Problematik wird leicht übersehen. Zudem gelten viele, über Hunderte von Jahren intuitiv entwickelte positive Zuwendungsangebote seitens der Eltern an ihre Säuglinge und Kleinkinder in der heutigen Gesellschaft als nicht mehr akzeptabel.

Aber wenn Säuglinge eigentlich nicht gleich Patienten sind und Eltern nicht gleich Therapeuten ihrer Kinder sein sollten, so müssen letztere doch wichtige Koregulatoren (s.o.) der problematischen Affektzustände und Verhaltensstrukturen ihrer Kinder sein. Diese Ansicht ist auch Teil der emotionalen Integration, denn das gebietet allein schon das Bindungsparadigma, welches in beiden Theorien das zentrale interaktionäre Geschehen im ersten Lebensjahr bleibt. Das bedeutet zugleich aber auch, dass niemand, der kindliche Entwicklungsstörungen und gestörte Eltern-Kind-Beziehungen behandeln möchte, um eine intensive elterliche Mitarbeit herum kommt.

Die Inhalte der Regulationsstörungstheorie, die in der Körpermedizin inzwischen große Verbreitung genießt, wird unterstützt von den nachweislich großen Selbstkompetenzen des Säuglings und Kleinkinds (siehe u.a. Dornes 1992). Ob jedoch die festgestellten, frühen kognitiven Fähigkeiten des Säuglings ihm im Prinzip nicht einzig der Kontaktherstellung und dem Beziehungserhalt zu seiner primären Bezugsperson dienen und deshalb von der Evolution in dieser Leistungskompetenz ihm mit auf den Weg gegeben sind, möchte ich als Gegenposition in den Raum stellen. Was die große Wahrnehmungskompetenz von Säuglingen angeht, lässt sich die kritische Auffassung dazu auf die neuere Entdeckung der **Spiegelneurone** stützen, auf die ich im weiteren Verlauf des Textes noch genauer zu sprechen kommen werde.

Jede dem Säugling und Kleinkind zugesprochene Selbstkompetenz läuft meiner Meinung nach Gefahr, der gewöhnlich praktizierten und letztlich schädlichen Haltung in unserer Gesellschaft, den Säugling und das Kind in seinen negativen Erregungszuständen allein zu lassen, Vorschub zu leisten. Dieser Punkt wird von der Wissenschaft meines Erachtens zu wenig beachtet.

Das klassisch legitimierende Argument aus der Säuglingspsychologie zu dieser Praktik des Sich-selbst-überlassens lautet denn auch, der behaupteten Selbstregulation müsse ein ausreichend großer Entfaltungsraum gegeben werden. Die alltägliche Erfahrung mit schreienden Säuglingen und wütend tobenden Kleinkindern spricht meines Erachtens jedoch deutlich gegen einen produktiven Nutzen dieses großzügig zugedachten Entfaltungsraumes. Die Ur- oder Stimmungsangst, wie später auch der im Trotz sich verwirklichende Selbstbehauptungsdrang (s.u.) verhindern jede Möglichkeit zur Selbstregulation, bedingt allein schon durch den hohen Grad an negativen Stresselementen.

Ein in Angst und Schrecken erzeugtes (Stress-)Lernen ist immer begrenzt auf einen einzigen Aspekt, dem, der auslösenden Situation zu entkommen und in Zukunft auszuweichen. Gelernt, soweit der Säugling überhaupt in dieser Weise schon lernen kann (s.o.), wird also nur die Vermeidungsreaktion, die die begleitende Gefühlslast dem Überstehen oder Überleben opfert. Allein auf diesen Nutzen bleibt die Wirkung reduziert. Was dabei im Zentralnervensystem tatsächlich entsteht, ist eine Entwicklungsblockade an dieser Stelle (mit Verdrängung der zugehörigen Gefühle). Ich würde diese Form des Lernens als demotivationales Lernen bezeichnen. Dagegen steht das positiv konnotierte, motivationale Lernen, welches in der glücklichen Mutter-Kind-Dyade entsteht und dabei Entwicklungsschübe erzeugt.

Ein zielgerichtetes, pädagogisch begründetes Alleinlassen des kleinen Säuglings in seinen heftigen Stimmungsschwankungen kommt dem kritischen Betrachter schnell wie eine Rechtfertigung dafür vor, als Erwachsener nicht sofort aktiv werden zu müssen. Die einmal vom Schreien ergriffenen Säuglinge schreien erfahrungsgemäß oft stundenlang weiter, ohne sich tatsächlich selbst beruhigen zu können. Sie schreien, vielleicht mit kurzen Erholungsintervallen, bis zu einem Grad tiefster Erschöpfung. Kaum je, das ist die von zahllosen Eltern gemachte Erfahrung, gelingt es einem Säugling, auf die geforderte Weise „in Ruhe gelassen", selbstständig und ohne den hohen Erschöpfungsgrad wirklich zur Ruhe zu gelangen.

Gegen die postulierte Fähigkeit zu einer Selbstregulation spricht nicht zuletzt auch das plötzliche Schreien des Säuglings aus völliger Entspannung heraus, manchmal sogar aus dem Schlaf heraus und widererwartend sogar aus freudig erregter Stimmung. Hingegen erscheint sehr plausibel, dass plötzliche Stimmungsumschwünge und -einbrüche mit ängstlicher Anspannung durch die in der emotionalen Integrationstheorie zugrunde gelegte Ur- oder Stimmungsangst das innere Empfinden und Erleben des Säuglings immer wieder stark irritieren und vom Positiven ins Negative verkehren können. Auch plötzlich auftretende Schmerzen können ursächlich daran beteiligt sein.

Als Erklärung für die spontan auftretenden Stimmungseinbrüche als Schreiursache wird in der Regulationsstörungstheorie die völlige Überreizung des Säuglings durch seine Umwelt angegeben oder der eigene übermäßige „Reizhunger". Gerade das trifft jedoch auf die eben aufgezählten Momente offenkundig nicht zu. In einigen anderen Situationen mag diese Ursachenanschuldigung gerechtfertig sein, das ist nicht abzustreiten. Dennoch legen es solche und andere Beobachtungen meiner Ansicht nach nahe, nach schlüssigeren Konzepten zu suchen.

Mit Zunahme seiner motorischen Fähigkeiten und sprachlichen Ausdrucksfähigkeit, womit ich jetzt wieder auf die Fortsetzung der emotionalen Integration zurückkomme, entwickelt jeder Säugling eigene Affekte von Liebesbekundungen für seine Bezugsperson(en). Er streckt seine Arme nach ihnen aus, umarmt sie, schmiegt sich an sie, küsst sie auf liebevolle Weise und lallt bei Zuwendung in frohgelauntem, säuglingstypischem Tonfall. Entsprechend antwortet die Mutter oder der Vater im Sinne der Affektübereinstimmung oder **responsiven Affektspiegelung** (s.o.). Die Stimmführung, der Klang der Stimme (Prosodie) klingt automatisch dem säuglingshaften Singsang ähnlich und wird auch „Ammensprache" genannt. Bezeichnend in diesem Zusammenhang ist die leicht von Eltern selbst reproduzierbare Beobachtung der „still-face-Prozedur" (Wissenschaftliche Erkenntnisse 6). Diese besagt Folgendes: Versucht der Säugling, seine Bezugsperson mit einem „offenen" und freudig strahlenden Gesicht zur mimischen und stimmlichen Kommunikation anzuregen, und bleibt die mimische Antwort der Bezugsperson dann starr oder zeigt im Gegensatz dazu eine böse Miene, kommt es schnell zu einem Beziehungsabbruch seitens des Säuglings durch Wegschauen und Abwendung des Kopfes.

Der für die Eltern angenehme Effekt der glückenden Kommunikation hat auch für den Säugling und das junge Kleinkind eine entscheidende und überaus günstige Komponente. In einem solchen, von zärtlichem Affektaustausch gekennzeichneten Klima stärken die nun positiv gewandelten, ursprünglich negativen Emotionen im Kind den in seinem Inneren aufkommenden Willen. Und eben diesen **Willen** brauchen der Säugling und später das Kleinkind, um ihre Motivation zum Handeln und zum Erforschen ihrer Umgebung zu entwickeln. In den ersten Lebensmonaten empfindet der Säugling seinen motivationalen Handlungsimpuls, die unmittelbare Lebensumwelt mit seinen Sinnen auszukundschaften, noch wie einen unabweisbaren **Drang** ohne vorheriges Nachdenken und Überlegen. Mit dem spürbaren Willen baut er dann schrittweise seine ersten geistigen Erkenntnisprozesse auf. Den anfänglichen, dranghaften Willen setzt der ältere Säuling vorzugsweise noch im emotionalen Bereich ein, nämlich bei der Initiierung der im zweiten Lebensjahr notwendig werdenden Loslösung von seiner primären Bezugsperson (s.u.). Den zunehmend steuerbaren und damit kontrollierbaren Willen hingegen benutzt er im kognitiven Bereich zur Erforschung seiner Lebensumwelt. Eine vorsichtige Schlussfolgerung dazu könnte lauten, dass je mehr Drang im Willen verbleibt, desto größer die Gefahr von späteren Zwangsgefühlen und Suchtentwicklung ist.

Im Zuge weiterer Verinnerlichung von positiven Emotionen formt sich der anfangs einem Drang gleichende Wille mehr und mehr aus zu einem ichbezogenen, entscheidungsfreudigen Willen. Ungefähr zeitgleich befreit sich das Selbst aus der Leih-Selbst-Position. Es gibt keinen anderen Weg für den Menschen im Leben Autonomie zu erwerben, als jenen, mittels seines Willens die Verselbstständigung zu erreichen.

Auf einen kurzen Nenner gebracht definiert emotionale Integration den natürlichen Vorgang der Umwandlung ursprünglich negativ gefärbter Daseinsgefühle in positives Fühlen und Empfinden im entstehenden Ich. Das geschieht zunächst allein durch das Eingehen einer stabilen und zuverlässigen Bindung in der Mutter-Kind-Dyade, später durch glückende Willensresultate des frei werdenden Selbst. Eine solche positive Umwandlung wird natürlich nie vollständig gelingen, was auch gar nicht das Ziel der Evolution sein kann, wie ich später vor allem im Rahmen der ersten Selbstständigkeit und bei der Betrachtung der Scham noch zeigen werde. Aber je mehr positive Umwandlung gelingt, desto besser arrangieren sich die Startvoraussetzungen beim Säugling für die Phase der Loslösung und den Aufbruch in die

Selbstständigkeit samt der damit einsetzenden Autonomie. Entscheidend ist immer das, was ich als **Nettobilanz** zwischen positiven und negativen emotionalen Erlebnisinhalten bezeichnen möchte.

Erklärbar wird die erreichte Startverbesserung durch eine günstigere Gestaltung der eigenen Willensstruktur (s.o.) und damit zugleich auch der sich im Inneren des Kindes aufbauenden Ichposition. Wille und Ich-Empfinden, das sei an dieser Stelle hervorgehoben, sind in der Vorstellung der emotionalen Integration eng aufeinander bezogene, innere Wahrnehmungen.

Die Entstehung einer günstigeren Willensstruktur hebt ab auf die Polarität von Wille und Drang. Während der Drang noch wenig ich-gesteuert weitgehend im natürlichen Bedürfnisbereich angesiedelt ist, tritt im Willen das eigene Denken mit Idee und bewusstem Handlungsvollzug in Erscheinung (Authentizität). Je weiter der geistige Entwurf des auf Erfüllung zielenden Wunsches in Richtung eines ichbezogenen, reifen Willens geht, desto leichter ist der soziale Umgang mit diesem Willen. Dieser Fortschritt in der Persönlichkeit ist ganz konkret am kindlichen Verhalten bemerkbar. Wie ist das konkret zu verstehen? Je stärker der auf unbedingte Bedürfnisbefriedigung angelegte Drang im kindlichen Denken und Handeln zurückbleibt, desto schwieriger ist jeder diesen Drang korrigierende Einfluss durch die soziale Umwelt, z.B. durch die Einführung einer Regel oder das Aussprechen eines Verbots (s.u.). Je weiter sich aber der Wille vom Drang entfernt, desto leichter lässt er sich vom Kind steuern und notfalls sogar zurücknehmen, und desto umgänglicher wird das Kind in seinem Sozialverhalten.

Das Erreichen des reifen, im weiteren Verlauf werde ich sagen, „freien Willens", wobei hier der Begriff Freiheit allein auf die mögliche Zurücknahme des Willens abhebt und nicht auf seine kreative Initiierung, gelingt im Wesentlichen nur über die positive emotionale Integration. Eine letztlich zu geringe positive Integration hinterlässt starke Einflüsse des Drangs im Willen. Die Auswirkungen des Willens bleiben dadurch rigide und durchsetzungsintensiv. Viele Eltern halten ihr so geartetes Kind für willensstark, was auf der Verwechslung von Wille und Drang basiert. Eigentlich ist es willensschwach und noch zu dranghaft. Eine gleichzeitig angeborene, hohe Impulsivität geht an diesem Punkt mit dem Drang eine höchst ungünstige Verbindung ein.

Ein völlig vernachlässigtes, depriviertes Kind (s.u. Bindungstheorie) lebt demzufolge in einem Zustand großer Ichschwäche mit starken, dranghaften Impulsen, die auf unbedingte Bedürfnisbefriedigung abzielen, und es zeigt wenig oder gar keine Verhaltensstrukturen, die auf einem beherrschbaren und damit freien Willen basieren. Diese Erklärung deckt sich mit den Erfahrungen in der Verhaltensbeobachtung solcher Kinder.

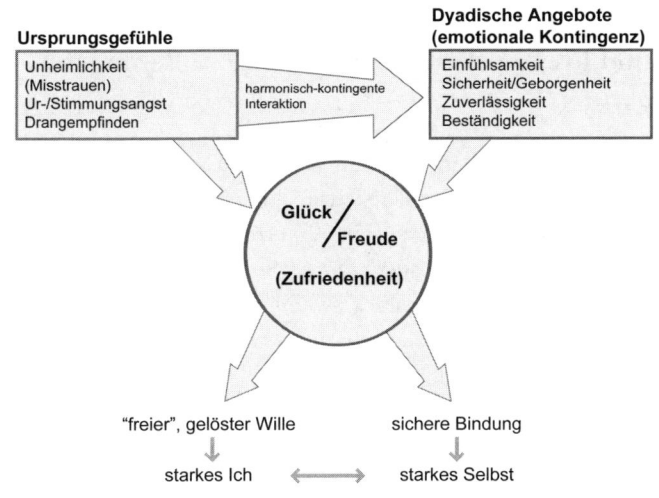

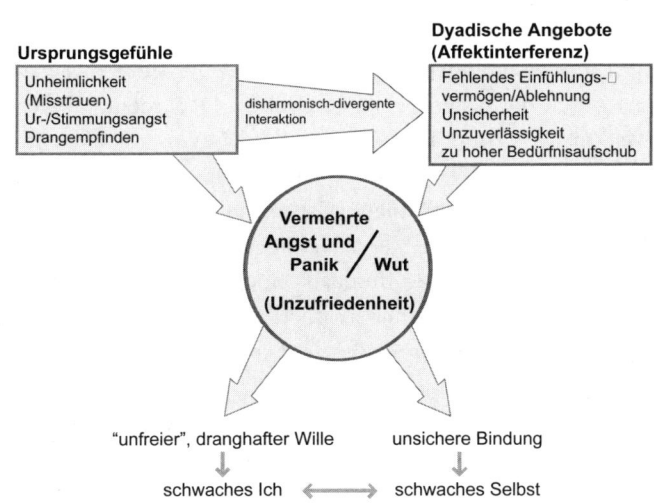

Abbildung 2: Schema der emotionalen Integrationstheorie (EIT)

Abschließend ist noch folgende Anmerkung erlaubt. Was die Kinderpsychologie in der Formulierung der emotionalen Integration vorfindet, ist meiner Auffassung nach die von der Evolution gewollte Grundkonzeption menschlicher Sozialisation. Sie hat sich in dieser Form in der Evolution entwickelt aufgrund der vielgestaltigen, individuellen Grundeigenschaften der menschlichen Psyche und der unbedingten Notwendigkeit des menschlichen Lebens in sozialer Gemeinschaft.

1.6 Wut/Ärger und Freude als weitere affektive Äußerungen des Säuglings

Säuglinge sind meist recht ausgeglichene und mit sich selbst zufriedene Wesen. Ich sprach weiter oben vom Glück, um das sie sich im positiven Verbund mit ihren Bezugspersonen bemühen. Diesen Glückszustand zu erreichen setzt jedoch voraus, dass ihre Elementarbedürfnisse wie Hunger, Durst, Sozialkontakt, Körperpflege, Schmerzfreiheit und spezifische emotionale Zuwendung durch die primäre Bezugsperson, aber auch durch andere Bezugspersonen aus der Familie und Umgebung (Vater, Großeltern, Tante, ältere Geschwister) ziemlich unmittelbar befriedigt werden, allen voran der Vater. Alle Kinder können nicht warten, das ist bekannt, aber der Säugling kann es am allerwenigsten. Das liegt an seinen entwicklungsgemäß noch unzureichenden, geistigen Voraussetzungen, kommendes Geschehen zu antizipieren. Der Säugling kann einen von ihm geforderten Bedürfnisaufschub in keiner Weise vorab kalkulieren. Weder mittels Logik hinsichtlich des Sachverhalts, noch mittels zeitlicher Einschätzung der möglichen Wartedauer kann er die augenblickliche Untersagung durch die Bezugsperson verstehen. Daher kann er sie auch nicht aushalten. Er weiß nicht, was mit ihm während des Wartens passiert und dass dieses Warten ein Ende haben wird. Er kann sich nicht klar machen, dass Warten nur eine Verzögerung der Bedürfnisbefriedigung ist und nicht eine Ablehnung erhoffter Erfüllung. Mit anderen Worten, der Säugling kennt nur das **„hier und jetzt"**. Ihn davon zu überzeugen, dass er durchaus noch abwarten könnte, ohne dass ihm ein Härchen gekrümmt wäre, scheitert noch auf längere Sicht an seinem fehlenden Verständnis für die Verwirklichung des zeitlich verzögerten Angebots.

Ein solches abschätzendes Denken fasst man in der Psychologie als Antizipation zusammen. Solche Antizipationen sind vorweggenommene, geistige Operation eines in der Zukunft stattfindenden Ereignisses. Ein Kind kann sie erst dann vornehmen, wenn es über folgende Fähigkeiten verfügt:

a) uneingeschränkte Authentizität (Ichbezogenheit) seines Denkens und Empfindens,

b) Erkenntnis über die Urheberschaft von Handlungen,

c) Verständnis von Handlungsplanung, Absicht und Ausführung,

d) wenigstens eine ahnungsvolle Grundvorstellung von Zeit und Dauer.

Unter diesen Voraussetzungen kann man erstes antizipierendes Denken wahrscheinlich frühestens am Ende des ersten Lebensjahres oder überhaupt erst im zweiten erwarten.

Somit erscheinen sämtliche, auf fortgeschrittenen, geistigen Fähigkeiten aufbauende Erziehungsprinzipien beim Säugling zum Scheitern verurteilt. Die konkrete Erfahrung im Umgang mit Säuglingen lehrt, dass diese Ansicht richtig ist. Zwar kann man einen Säugling – grob gesagt – wie ein Haustier auf gewisse Verhaltensweisen konditionieren, aber das Ergebnis eines solchen Konditionierungsvorgangs ist kein Lernprozess im eigentlichen Sinn. **Lernen ist einsichtiges Verstehen von lebenswirklichen Zusammenhängen und deren zweckmäßige Anwendung.** Lernen ist unter diesen Bedingungen unumstößlich eine Bewusstseinsleistung des menschlichen Gehirns, die neuropsychologisch als eine vom expliziten bzw. deklarativen Gedächtnis erzeugte, netzförmig geschlossene Repräsentation in der Hirnrinde definiert ist. Die Motivation zu lernen entsteht auf dem Boden von positiven, aber auch negativen Emotionen. Starker negativer Stress ist jedoch immer ein Feind des Lernens. Jeder Lernprozess kann nur in einem komplizierten Umdenkprozess als ein erneuter Lernprozess, der jetzt als wichtiger oder auch richtiger verstanden wird, revidiert werden. Der alte Inhalt wird vom Lernenden dadurch bewusst „überschrieben". Wenn das Urheberbewusstsein im Kind erwacht und die Individualität des eigenen Daseins auch im Denken und Handeln Raum eingreift, beginnen die ersten wahren Lernvorgänge und fängt der Säugling an, komplexe Vorgänge im Leben zu begreifen. Erst dann besteht ein gewisser Schutz vor negativem Stress.

Konditionierung ist dagegen ein Verhaltens-Automatismus, der zwar auch im Cortex repräsentiert ist, der aber in seinen kognitiv sich niederschlagenden Inhalten vom konditionierten Individuum letztlich unverstanden bleibt. Konditionierungen laufen immer unbewusst ab benutzen dabei das implizite Gedächtnis (Roth 2003). Ein solcher Konditionierungsprozess kann methodisch ebenso leicht wieder umprogrammiert werden, wie er zunächst im sogenannten Reiz-Reaktions-Schema eingerichtet worden ist. Der alte Reiz wird durch einen neuen ausgelöscht. Das konditionierte Wesen weiß nichts davon und reagiert dennoch anders.

Bis zu einem gewissen Grad sind solche Konditionierungen, wenn sie positiven Ursprungs sind, als sogenannte Gewohnheiten im Leben des Säuglings von der Natur vorgesehen (s.u.). Sie ersetzen praktisch die noch bestehende Unfähigkeit zum eigentlichen Lernprozess und ermöglichen es, neue, angepasste Lebensrhythmen von klein auf in sich aufzunehmen und mental zu verankern. Konditionierung funktioniert aber auch mit negativen Vorzeichen wie großem Stress. Das bringt eine hohe Verantwortung für die Bezugspersonen mit sich, denn an ihnen liegt es jetzt, ob Gewohnheiten über positive, motivierende Reize erzeugt werden oder über stressbedingte negative. Letztere, so hatte ich weiter oben ausgeführt, bergen Gefahren für die unbeeinträchtige, seelische Entwicklung des Kindes.

Gewohnheiten können als Habituationen andererseits auch vom Säugling selbst entwickelt werden. Die dabei entstehenden gleichförmigen Handlungen dienen ihm als Selbstberuhigung und werden oft geradezu zwanghaft an sich selbst oder aber auch an der Bezugsperson ausgeführt. Am bekanntesten ist das Drehen und Zwirbeln der Haare oder das Kneifen von weichen Hautpartien (auch noch im Kleinkindalter). Beim alleine Einschlafen erlebt man oft ein rhythmisches Schaukeln mit dem Kopf. Später kommen Nägelkauen und „Lippenlecken" als häufig auftretende, an sich selbst vollzogene Handlungen dazu. Auch das Daumenlutschen ist in diesen Kontext einzuordnen.

Wofür muss das besprochen werden? Das Thema Erziehung im ersten Lebensjahr ist eng verknüpft mit den affektiven Äußerungen des Säuglings von Unzufriedenheit und Ärger. Äußerungen der Unzufriedenheit sind ein Dorn im Auge aller Eltern. Alle Erwachsenen wissen nur zu gut, was ihnen beim Verhalten eines Säuglings Verdruss bereitet und was sie erfreut. Allzu gerne würden Eltern die häufige Unduldsamkeit des Säuglings mit einem Machtwort beenden und das umso lieber, je schwieriger der Säugling mit seinem Temperament veranlagt ist.

Aber wie ich zu zeigen versucht habe, ist jeder erzieherische Impetus im Säuglingsalter noch absolut vergeblich, da er an noch unzureichender Erkenntnis und fehlender Einsichtsfähigkeit beim „Objekt" scheitert. Das wäre nicht weiter schlimm, wenn sich die nutzlosen Erziehungsversuche einfach nur in Luft auflösten. Das Problem für den Säugling fängt bei solchen frustranen Erziehungsversuchen aber damit an, dass der angestrebte Erziehungsdruck regelmäßig durch eine Einschränkung der ihm gewährten Zuwendungsintensität unterstützt wird. Das berühmte Schreienlassen ist vielleicht nur die Spitze des Eisbergs. Das bedeutet jedoch, dass das alt bekannte Erziehungsmittel „Liebesentzug" auf dieser frühen Stufe, wenn auch nicht immer bewusst, so doch schon reichlich eingesetzt wird. Abgesehen davon, dass Liebesentzug in der Erziehung immer ein ungeeignetes und letztlich immer schädliches Mittel ist, gilt für Säuglinge, dass er Gift ist. Denn der Säugling wird auf diese Weise gleichsam mit Entzug eines für ihn existenziell wichtigen „Nährstoffs" bestraft, der einfühlsamen und zuverlässigen Zuwendung. Nebenbei gesagt: Er wird bestraft für eine Handlung oder Tat, die er noch gar nicht zu verantworten hat!

Trotz seiner Schädlichkeit stirbt ein Säugling nicht am Liebesentzug, aber die Zuverlässigkeit der Bindungsstrukturen zwischen Säugling und primärer Bezugsperson nimmt auf Dauer unweigerlich Schaden (unsichere Bindung, s.u.). Das hat im leichteren Fall ungünstige Auswirkungen auf die Autonomiebestrebungen im zweiten Lebensjahr (vgl. emotionale Integrationstheorie), im schlimmsten Fall jedoch ruft es eine frühkindliche Deprivation oder Säuglingsdepression hervor (anaklitische Depression: Spitz 1976).

Damit es möglichst nicht soweit kommt, hat die Evolution den Menschen eine zunächst nur in der Interaktion auftretende, nahezu ausschließlich und beständig zwischen den Menschen ausgetragene Emotion mit auf den Weg gegeben, die **Wut** oder den **Ärger**. Ärger empfindet der Mensch ansonsten nur noch, wenn ihm eine Handlung misslingt oder er sich berechtigt oder unberechtigt zurückgesetzt fühlt. Diese im späteren Leben also dann auch auf sich selbst zu beziehende, reaktive Negativempfindung findet im Anfangsstadium ausschließlich zwischen dem Gefühlsempfänger Säugling und dem Gefühlsspender Bezugsperson statt. Das Selbst eines Säuglings ist in seiner Wahrnehmung, wie bereits ausgeführt, einstweilen im Leih-Selbst noch ganz mit der primären Bezugsperson, in der Regel der Mutter, verwoben. So wenden sich die Wutgefühle oder der Ärger (letzteres Wort verwende ich hauptsächlich wegen seiner allgemeinen Gebräuchlichkeit) auch grundsätzlich an die Mutter, was den affektiven Ausdruck wegen der „unglücklichen" Verkettung eher noch stärker erscheinen lässt. Die Erscheinungen des Ärgers beim Säugling sind eigentlich allen Eltern geläufig, und doch scheint nicht immer klar zu sein, was sich an Gefühlsentladung in den Kleinsten dabei abspielt. Das vordringliche Ziel der Natur ist es, den mit Spannung aufgeladenen Unlustgefühlen beim Säugling eine momentane Abfuhr zu ermöglichen.

Vor allen Dingen ist es die intensive Verbindung der „Ichwahrnehmung des Säuglings" mit der Mutter in Form des Leih-Selbst, welche die in der Wut streckende, große Ohnmachtsempfindung beim schwächeren der beiden Partner auslöst, und zwar dann am stärksten, wenn die Bedürfnisbefriedigung nicht zügig genug vonstatten geht. In dieser Wut steckt aber mehr als nur der Ärger über die frustrierenden Gefühle. Es steckt darin auch immer ein größeres Maß von Enttäuschung über seine Bezugsperson und zugleich auch von aufkommender Angst vor ihrem Verlust. Das Verhalten des wütenden Säuglings hat hingegen nichts damit zu tun, dass er seine Mutter oder auch eine der weiteren Bezugspersonen mit seinen Wünschen übermächtigen oder gar tyrannisieren wollte. Im Gegenteil ist es vielmehr der Säugling, der sich wie tyrannisiert fühlt und zwar von der Übermacht seiner primären Bezugsperson, die mit ihm verfahren kann wie sie will. Allein der Schutz durch die noch fehlende kritische Wahrnehmung der tatsächlichen Zusammenhänge bewahrt den Säugling vor dem großen inneren Zusammenbruch.

Aber was er geistig nicht versteht, kann er dennoch empfinden, empfinden als eine große Bedrohung seiner persönlichen Sicherheit und Integrität. Und die Bedrohung kommt nicht als ein Sachobjekt aus dem diffusen Raum, den er außerhalb von sich langsam wahrzunehmen lernt. Vielmehr kommt sie aus jenem inneren „Raum", den er quasi noch zu seinem eigenen existenziellen Territorium, seinem (vorläufigen) Subjekt zählt, nämlich seine primäre Bezugsperson in Form des Leih-Selbst. Das ist es, was seine Wut so ungemein empor schnellen lässt und dieses manchmal geradezu rasende Geschrei bis an die Ohnmacht heran (sog. Wegschreien) verursacht.

Was die Kinderanalytikerin Melanie Klein in „Das Seelenleben des Kleinkindes" (1962) mit dem Biss in die mütterliche Brust als aggressiven Akt des Säuglings gegen die Mutter infolge einer Triebversagung durch sie interpretierte, ist in Wahrheit nur die unbändige Angst des kleinen Geschöpfes vor der Ausstoßung seiner Person aus dem zu seinem Selbst zugehörig wahrgenommenen, personellen Raum. Kurz gesagt, der Säugling empfindet eine Unterlassung der primären Bezugsperson in der Befriedigung seiner Bedürfnisse wie eine nicht beeinflussbare und nicht abzuwendende Bedrohung durch sich selbst.

Gerade diese letzte umgeänderte Interpretation von Melanie Kleins Beispiel des Säuglingsbisses in die Mutterbrust erklärt noch einmal die große Dramatik, die sich in dem kleinen Säugling abspielt, wenn ihm lebensnotwendige Bedürfnisse unerfüllt bleiben. Das oft „mörderische" Geschrei, das aus seiner Kehle dringt, ist eigentlich auch immer die große Wut über seine „eigene" Unzulänglichkeit, die Geschicke beeinflussen zu können. Insofern müsste man eigentlich das Wutgeschrei des Säuglings begrüßen, stößt es die Eltern in gewisser Weise doch mit der Nase auf den Fehler ihres Handelns.

1.7 Das sogenannte Schreibaby und die Schlafprobleme

Die Phase erhöhter Anfälligkeit für exzessives Schreien ist im Leben eines Menschen verhältnismäßig kurz, um nicht zu sagen unbedeutend. Normalerweise beträgt die hier herausgestellte und beschriebene Anfälligkeit für das Säuglingsschreien unter Einschluss des Urangstschreiens etwa drei bis vier Monate zu Anfang des Lebens. Das sind genau die drei oder vier Monate, in denen der kleine

Mensch, sprich der Säugling, noch keine gefühlsmäßige Unterscheidung von bekannt und unbekannt, von vertraut und unvertraut vollziehen kann. Erst mit dem Einsetzen der Fähigkeit zu fremdeln (s.u.) kann der Säugling seine Gefühle von Unheimlichkeit in Angst vor Bedrohung und Ausgeliefertsein kanalisieren und sich dadurch gezielter ausdrücken. In ähnlicher Weise drückt sich auch René Spitz in seinem bemerkenswerten Buch aus den sechziger Jahren des vergangenen Jahrhunderts „Vom Säugling zum Kleinkind" (1976) aus. Die Grenze von vier Monaten ist zugleich der Zeitpunkt, ab welchem die Bindung an die primäre Bezugsperson endgültig zustande kommt.

Mit drei bis vier Monaten ist das übermäßige Schreien in vielen Fällen aber nicht schlagartig vorbei. Es tritt aber in dieser Form neben der natürlichen Wut normalerweise nur noch in Momenten großer emotionaler Instabilität auf, wie bei Krankheit, Verlassenheit, körperlichem Schmerz oder in typischer Weise an der kritischen Grenze von Wachsein und Schlaf. Dann überfällt den Säugling noch einmal die Ur- oder Stimmungsangst und kann zu einem lang anhaltenden Schreien aus Not führen. Je einfühlsamer die Eltern nun mit dem Schreien umgehen, je zuverlässiger und beständiger sie den Kontakt zu ihrem Säugling halten, desto mehr Vertrauen entwickelt der Säugling in seine Bezugsperson(en), ein Vertrauen, das er braucht, um in den folgenden Monaten mit Gefühlen von Sicherheit und Geborgenheit die Welt sinnlich zu erfahren. Ich möchte dieses Vertrauen mit Erik H. Eriksons Worten in: „Kindheit und Gesellschaft" (1982) als das **Urvertrauen** bezeichnen.

Es sollte an dieser Stelle noch einmal zum Ausdruck gebracht werde, dass der neu auf die Welt gekommene Mensch mit Recht erwartet, dass seine Eltern sich ihm in jener entscheidenden Lebensphase der emotionalen Bezugsaufnahme und der Bemühung um eine Bindung zu ihnen mit all ihren Kräften und ganzer Hingabe widmen. Das Denken frisch berufener Eltern darf nicht in die Richtung gehen, wie man auf eine möglichst bequeme Weise durch die ersten Monate hindurch kommt, sondern wie man dafür sorgen kann, dass das eigene, höchst hilflose Kind weitestgehend schadlos durch die Zeit extremer Anpassungsleistung kommt.

Dazu sind zwei rein physiologische Voraussetzungen zu wissen wichtig, die häufig außer Acht gelassen werden: Erstens müssen das Neugeborene und der kleine Säugling eine Anpassung auf den Lebensrhythmus von Tag und Nacht, das heißt von aufmerksamer Anspannung zu schlichtem Dahindösen, entwickeln. Das dauert bis zu drei Monaten. Zweitens muss der bei Geburt noch weitgehend sterile Organismus sich an die Welt der Mikroorganismen aus dem unmittelbaren Lebensumfeld einstellen. Das hat etwas mit der Immunität des Säuglings zu tun. Auch das dauert einige Wochen. Betroffen hiervon sind vor allem der Magen-Darm-Trakt und die Atemwege. Beide Faktoren haben erhebliche Auswirkungen auf das Wohlbefinden des in der Welt noch unerfahrenen Körpers. Und beide Faktoren dienen als Quelle zahlreicher körperlicher und seelischer Störungsmomente.

Bislang noch unbewiesene Behauptungen wie Funktionsstörungen der oberen Halswirbelsäule und des Kopfgelenks (Atlanto-occipitalgelenk), sogenanntes KISS (Kopfgelenk induziertes Schräglage-Syndrom), möchte ich hier außer Acht lassen. Viele Orthopäden bezweifeln, dass die anatomische Funktion des Kopfgelenks und die ursächlich herangezogenen, sensoneuronalen Verbindungen zum Gehirn eine solche Diagnosestellung rechtfertigen. Auf der anderen Seite ist hinlänglich erwiesen, dass es in diesem frühen Entwicklungsstadium Seitenunterschiede im Reifungsvorgang des Zentralnervensystems gibt. Die beiden Hirnhälften bedienen über Kreuz die beiden Körperhälften und versorgen diese mit Bewegungsimpulsen und Muskelspannung. Hierbei treten vorübergehend leichte Unterschiede auf, die mit der Zeit vom Gehirn selbst durch Weiterentwicklung der Kommissurenbahnen in der großen Verbundstelle der Hirnhälften, dem Balken, resp. Corpus callosum ausgeglichen werden. Daran arbeiten die sogenannten symmetrischen Halsstellreflexe aus dem Mittelhirn mit. Nur in extremen Fällen mit starker Abflachung einer Hinterkopfhälfte durch ständige, einseitige Kopfwendung ist Abhilfe mit neurophysiologischer Krankengymnastik geboten. Auch besonders häufiges Herumtragen ist geeignet, Abhilfe zu schaffen.

Zu den weitgehend akzeptierten Störungsursachen für lang anhaltendes Schreien gehören neben den reinen Mangelzuständen wie Hunger und Durst sowie angeborenen Organstörungen der Schmerz, und dabei insbesondere die Dreimonats- oder Trimenonkoliken. Sie heißen deswegen Dreimonatskoliken, weil sie nach einer Dauer von etwa drei Monaten häufig ganz von selbst verschwinden. Das hängt vielen Untersuchungen über die Darmphysiologie des Säuglings zufolge sehr wahrscheinlich auch damit zusammen, dass sich nach einer Dauer von etwa drei Monaten ein optimales, physiologisches Gleichgewicht zwischen Verdauungsleistung einerseits und bakterieller Besiedelung des Magen-Darm-Trakts andererseits eingestellt hat. Dadurch lassen die Blähungserscheinungen und die damit verbundenen Schmerzen deutlich nach oder verschwinden ganz.

In diesem Geschehen unterscheiden sich muttermilchgestillte und kuhmilchgefütterte Säugling widererwartend nicht wesentlich, obwohl Muttermilch aus anderen Gründen die für den Säugling eindeutig bessere Nahrung ist. Das Kolik-Phänomen hat offensichtlich mit drei Dingen zu tun: erstens mit dem Keimspektrum der unmittelbaren Lebensumwelt, das den Säuglingsdarm besiedelt; zweitens mit einer enzymatisch bedingten, anfänglichen Verdauungsproblematik von Milchzucker und daraus resultierenden Gärungsprozessen im Dünn- und Dickdarm durch die sich ansiedelnde Bakterienflora, und drittens mit einer angeborenen Überempfindlichkeit der Magen-Darm-Motorik. Der Prozess der unzureichenden Milchzuckerverdauung muss von der Natur zwecks Ansiedlung eines bestimmten bakteriellen Keimspektrums beabsichtigt sein. Milchzucker besitzt Muttermilch gleichermaßen wie Kuhmilch, was erklärt, warum auch gestillte Säuglinge unter Koliken leiden.

Typische „**Kolikbabys**" schreien heftig aus scheinbarem Wohlbefinden heraus, ziehen dabei ihre Beine an, versuchen zwischendurch zu pressen, bekommen dabei einen hochrotem Kopf und Stöhnen immer wieder vor sich hin. Zumeist trinken sie nur kleinere Mengen und in kürzeren Intervallen. Das führt viele Mütter zu der Annahme, ihr Säugling würde nicht satt und schrie aus Gründen erneuter Hungergefühle. Das dadurch sich einschleichende, ständige Füttern überfordert jedoch den Verdauungstrakt und verschlimmert das Problem.

Für die tatsächliche Existenz solcher Kolikschmerzen spricht neben dem offenkundigen Erscheinungsbild, dass die Beschwerden oft während oder kurz nach der Nahrungsaufnahme auftreten, in einem Moment also, in dem normalerweise durch Sättigung große emotionale Entspannung einsetzen müsste. Diese kann aber nicht zum Zuge kommen, weil die Magen-Darm-Motorik jetzt verstärkt arbeitet und im geblähten Darm Krämpfe, resp. Spasmen auslöst. Bei der individuellen, von der unmittelbaren Lebensumgebung abhängigen Eroberung des Darmes durch Bakterien entstehen häufig Fehlbesiedlungen, was die Hersteller von Babymilch dazu veranlasst hat, ihr Milchpulver neuerdings zur verbesserten Kolonisation mit probiotischen Keimen anzureichern. Im Einzelfall ist auch der Pilz Candida (albicans) an einer solchen Fehlbesiedlung beteiligt. Diese mit Pilz besiedelten Säuglinge leiden zumeist gleichzeitig unter einem Mund- und Windelsoor.

Entblähende und verdauungsfördernde Medikamente auf pflanzlicher wie pharmakochemischer Basis kommen im einen wie im anderen Fall sinnvoll zum Einsatz. Daneben wirken aber auch einfache Maßnahmen wie Bauchdeckenmassage, Kümmelzäpfchen, „Kirschkernkissen", „Fliegergriff" etc. Nützlich sind außerdem Präparate, welche die Überempfindlichkeit der Magen-Darm-Motorik direkt herabsetzen oder die Darmausscheidung gezielt fördern. Schließlich helfen auffallend gut „Bakterienlysate", die in der Lage sind, die Gestaltung der Darmflora (Kolonisation, s.o.) günstig zu beeinflussen. Nur im äußersten Fall ist zu einer milchzuckerarmen Nahrung zu raten. In der Behandlung von blähungsgeplagten Säuglingen sollte man sich bei einem medikamentösen Einsatz immer vor Augen halten, dass die Schmerzbeseitigung eine Pflicht für Arzt und Eltern ist. Gleichzeitig ist Schmerzbeseitigung auch ein Baustein im Aufbau einer gesunden Mutter-Kind-

Bindung. Dem Säugling hier medizinische und psychologische Hilfe zu versagen, ist eine schwerwiegende Unterlassung, die nachweislich die Bindungsstrukturen der Mutter-Kind-Dyade gefährdet. Dabei sollte nicht unerwähnt bleiben, dass unbehandelte Schmerzen gerade auch schon beim Säugling das Schmerzgedächtnis fördern und die häufigen Angstempfindungen generell steigern können. Gerade die Kolikschmerzen geben der säuglingsspezifischen Angst, der Ur- oder Stimmungsangst, ständig neue Nahrung.

Ein ständiges Wiederanlegen des Säuglings an die Brust, bzw. das Dauertrinken an der Flasche hilft gegen das Schreien nicht oder höchstens vordergründig. Da der Saugtrieb auch der inneren Beruhigung und Entspannung dient, wird diese Form der Beruhigung zur Falle für den Säugling, denn sein Verdauungssystem wird durch die aufgenommene Milch permanent belastet (s.o.). Manche Säuglinge unterbrechen daher das Saugen immer wieder (z.T. schreiend), um aber triebgemäß an die Brustwarze zurückzukehren. Das „Stotter-Trinken" entsteht. In solchen Fällen muss die Mutter auf einen einigermaßen abgesteckten Trinkrhythmus zurückkehren. Mit Hinweis auf alle hier beschriebenen seelischen und körperlichen Schwierigkeiten in der Anfangsphase des menschlichen Lebens gibt es also Erklärungen genug dafür, warum der Säugling immer wieder plötzlich in Weinen und Schreien ausbricht. Dabei bezeichnet man die Säuglinge, die die oben angeführten Wessel-Kriterien der „Dreierregel" erfüllen, in jüngster Zeit als **Schreibabys**. Solche Schreibabys sind „in ihrem Unglück gefangen". Anlagemäßig oft schon mit großer Unruhe und Nervosität ausgestattet, attestiert man ihnen das sogenannte schwierige Temperament (s.o.). Gerade sie bedürfen einer besonders intensiven und zuverlässigen Zuwendung und Besänftigung und strapazieren damit die Geduld ihrer Eltern erheblich. Droht diese sich irgendwann zu erschöpfen, produziert das gereizte und unsachgemäß werdende Verhalten der Eltern oft neue Gründe für das lästig erscheinende Symptom. Der Säugling schreit letztendlich immer stärker und ausdauernder. Darauf reagieren die Eltern noch gereizter und empfinden manchmal derart starke Aggressionen auf ihr Kind, dass in ihnen der Misshandlungswunsch nur schwer zu unterdrücken ist. Damit beginnt der „Teufelskreis", wie er von M. Papousek in ihrem Buch „Regulationsstörungen der frühen Kindheit" (s.o.) beschrieben wird. Solche jungen Familien drohen leicht, in einem emotionalen Chaos unterzugehen und bedürfen unbedingt professioneller Hilfen (z.B. bei an vielen Kinderkliniken eigens dafür eingerichteten, ambulanten Schreisprechstunden). Die Schwelle zu einem aggressiven Akt gegen den Säugling aus eigener Verzweiflung liegt umso niedriger, je bedrückender die eigenen Kindheitserfahrungen der Eltern gewesen sind. Darin gehen alle wissenschaftlichen Untersuchungen zu diesem Geschen konform. Besonders junge und unerfahrene Eltern besitzen oft noch zu wenig innere Ressourcen, um mit dem Schreiproblem fertig zu werden. Ihnen fehlt der nötige Reifegrad, im Eltern-Kind-Geschehen von der Nehmerseite auf die Geberseite überwechseln zu können. Am bekanntesten und wohl auch am häufigsten aller Misshandlungsformen ist das **Schütteltrauma**, bei dem der Säugling in aufrechter Position mit beiden Händen heftig hin und her gerüttelt wird. Da seine Kopfhaltemuskulatur noch nicht ausreicht, die entstehenden Schleuderbewegungen im Gehirn abzufedern, kommt es leicht zu Zerreißungsblutungen im Bereich der Hirnhäute mit lebensgefährlichen Folgen. Viele andere Formen meist schwerer Misshandlung von Säuglingen werden immer wieder publik gemacht und verbreiten Entsetzen in der Bevölkerung.

Neben dem Schreien, ist das **Schlafen** wahrscheinlich das unter Eltern am meisten diskutierte Thema im Umgang mit problematischen Säuglingen. Das gilt auch noch für das Kleinkindalter. Was die viel beklagte Schlafproblematik des kleinen Säuglings angeht, muss zunächst einmal dagegen gehalten werden, dass der Säugling bis etwa zu seinem dritten Lebensmonat noch kein reifes, einem größeren Kind oder Erwachsenen vergleichbares Schlafverhalten zeigt, sondern elektrophysiologisch gesehen größtenteils in ein tiefes Dösen verfällt. Erst im dritten bis vierten Lebensmonat erkennt man im Elektroencephalogramm jene elektrophysiologischen Zeichen, die eindeutig mit einem typischen Schlafmuster überein zu bringen sind. Trotzdem beginnen Schlafprobleme gerade im vierten Monat, was unabhängig von der Schlafphysiologie damit zusammenhängt, dass in dieser Phase die Aufmerksamkeitsleistung des Säuglings erheblich ansteigt und erste Fremdelgefühle in Erscheinung treten (Fremdeln, s. 2. Kapitel).

Schon aus natürlichen Gründen ist also vom jungen Säugling nicht zu erwarten, dass er lange und tiefe Schlafphasen hat, sondern dass er, wie jeder erwachsene Schläfer in den Morgenstunden auch, eher unruhige kurze Schlafphasen aufweist. Dagegen spricht nicht, dass es vereinzelt kleine Säuglinge gibt, die schon einmal sechs bis acht Stunden an einem Stück durchschlafen. Das sind jedoch eindeutig Einzelfälle auf einer Skala, die an ihrem entgegengesetzten Ende das genaue Gegenteil aufweist, nämlich Säuglinge, die praktisch nie länger als eineinhalb bis vielleicht zwei Stunden an einem Stück schlafen. So liegt die durchschnittliche Schlaf-/Dösedauer eines Säuglings in den ersten drei Monaten zwischen zehn und zwanzig Stunden pro Tag! Diese enorme Variabilität erscheint wie ein Beweis für die zuvor gemachten Aussagen.

Insbesondere in Bezug auf das Schlafverhalten wird generationen-übergreifend immer wieder auf die Gefahr eines Verwöhnens hingewiesen, welche dadurch einträte, dass Eltern den Säugling zuviel herumtragen oder bei sich im Ehebett schlafen ließen. Gerne bedient sich die Gegnerschaft eines solchen zuwendungsintensiven Vorgehens von Eltern auch warnender Stimmen aus der Körpermedizin, die behaupten, dass der Säugling im Elternbett leichter einen plötzlichen Kindstod (SIDS) erlitte als im eigenen Bett. Gleichwohl gibt es Statistiken, die das genaue Gegenteil beweisen können. Jener Tatsache, dass ein Säugling einmal von einem Elternteil im Bett tatsächlich erdrückt worden ist, was ja streng genommen gar nicht den Kriterien des SIDS entspräche, stehen Fälle gegenüber, dass Eltern einen lebensbedrohlichen Zustand ihres Säuglings z.b. an seiner Atmung noch rechtzeitig erkennen konnten, weil er neben ihnen lag und sie seinen Atem hörten. Auch das Argument der möglichen Kindes-Überwärmung im Elternbett erscheint nicht sehr plausibel, denn ein Teil der Säuglinge, die den plötzlichen Kindstod erlitten haben, starb ohne jede Überwärmung, und das im eigenen Bettchen. Unlängst ist eine Studie in den USA erschienen, die feststellt, dass Kinder, die mit einem Schnuller einschlafen, die also innerlich vollkommen entspannt sind, signifikant seltener den Kindstod erleiden.

Neuerdings hat man sich in Deutschland offiziell auf folgende Empfehlung geeinigt: Am sichersten vor SIDS schläft der Säugling in einem eigenen Bettchen im Elternschlafzimmer. Als Schlafposition wird die Rückenlage empfohlen, wobei der Säugling nur in einen Schlafsack gehüllt ist. Kissen und Überbett gehören nicht in ein Säuglingsbett. Eltern sollten in der Wohnung möglichst nicht rauchen. Eine schwangere und stillende Mutter sollte in dieser Phase grundsätzlich nicht rauchen. Gestillte Säuglinge sind generell besser vor SIDS geschützt als ungestillte.

Im Ursprung der Menschheit kann es aus Sicherheitsgründen nur so gewesen sein, dass Säuglinge grundsätzlich in unmittelbarer Nähe ihrer Eltern geschlafen haben, um jederzeit beruhigt und beschützt werden zu können. Dieses Vorgehen blieb Jahrtausende so. Die Existenz eines eigenen Kinderzimmers ist erwiesenermaßen auf die Anfänge des Industriezeitalters zu datieren! In zahlreichen Ländern auf der Welt, europäischen wie außereuropäischen, schlafen die Säuglinge und z.T. auch die jungen Kleinkinder generell mit im Elternschlafzimmer, ohne dass sie je Zeichen der Verwöhnung entwickelten.

Auch das Tragen und Schaukeln des Säuglings zum Einschlafen gehört zum ursprünglichen, menschlichen Verhaltensrepertoire. Die Erfindung der Wiege ist beredter Ausdruck dieser einfachen Erfahrungstatsache. An dem Bedürfnis nach einer solchen Einschlafsituation und dem Getragenwerden hat sich auf Seiten der Säuglinge bis heute nichts geändert. Beides, getragen und gewiegt zu werden, um in Ruhe einzuschlafen, ist genetisch vorgeprägt. Dabei genügt es meistens, wenn der

Säugling in einer Wiege oder einem Bettchen auf Rollen neben seinen Eltern steht und sanft hin und her bewegt wird. Das Spüren der elterlichen Nähe muss dabei zu einer Gewohnheit werden, was mit Verwöhnen nichts zu tun hat, denn der Säugling kann und würde auch nicht darin eine persönliche Gunst empfinden, die er in egoistischer Weise ausnutzte. Das Vertrauen sowie die Sicherheit und Zufriedenheit aber, die aus dieser Gewohnheit resultieren, können gar nicht hoch genug eingeschätzt werden. Für diese Haltung spricht außerdem, dass das Stillen in der Nacht, in der Regel noch bis zu einem halben Jahr prompt und ohne große Umstände ausgeführt werden kann.

Jeglicher Konditionierungsversuch zur Erzwingung einer Toleranz für das Einzuschlafen oder Durchschlafen ohne Anwesenheit der Bezugsperson, auch mit vorgegebenem Blickwinkel auf die Zukunft des Schlafverhaltens, ist wie jedes Schreienlassen überhaupt schädlich und verbietet sich allein schon aus menschlichethischen Gründen.

Auch im zweiten Lebenshalbjahr, wenn abends in der Einschlafphase echter Trennungsschmerz das jetzt fest gebundene Kleinkind befällt, sind solche Konditionierungstechniken abzulehnen. Die oft verhohlene, aber eindeutig „lebensbequeme" Einstellung vieler Eltern als Rechtfertigung für ein solches Vorgehen ist zu kritisieren, da sie rein persönlichen Zwecken dient, das kindliche Interesse aber mit pseudopädagogischen Konzepten korrumpiert. Denn ein Säugling oder Kleinkind empfindet die Einschlafsituation wie eine Trennung von seiner Bezugsperson und entwickelt Angst, verlassen zu werden, wenn Mutter oder Vater in abendlicher Dunkelheit aus dem Zimmer geht. Auf das Thema Trennungsangst werde ich später noch einmal zurückkommen.

Der gesunde Schlaf im Säuglingsalter beginnt mit einer ruhigen, entspannten Einschlafsituation gerahmt von einem festen **Einschlafritual**. Anfangs liegt der Säugling noch an der Mutterbrust, im zweiten Lebenshalbjahr wird dann mehr und mehr auf dem elterlichen Arm getragen oder in der Wiege, resp. in einem Bett auf Rädern in den Schlaf gewiegt. Das Bett sollte im Elternschlafzimmer stehen. Es ist dafür zu sorgen, dass das „Schlafzimmer" ruhig und abgedunkelt ist und dass bestimmte optische Blickfänge für Vertrautheit sorgen. Mutter oder Vater sollten beim Zubettbringen ihres Kindes Gelassenheit und Entspannung ausstrahlen. Den Anfang des Einschlafrituals macht zumeist das wohlige Bad, das dem Säugling zu verstehen gibt, der Tag geht zu Ende und er selbst wird bald ins Bett gelegt. Es kommt darauf an, dass der Säugling durch eine bestimmte Änderung der äußeren Reize erfährt, dass jetzt eine Phase der Ruhe einsetzt. Das Einschlafritual wird zum Ende des ersten Lebensjahres immer wichtiger und sollte flankiert werden mit dem vom Kind gewählten Übergangsobjekt, z.B. Schnuller (s.u.) oder Kuscheltuch und mit den ihm vertrauten Schlafbegleitern (Stofftiere, etc.). Als selbstverständlich muss gelten, dass das Kind erst dann zu Bett gebracht wird, wenn es auch ausreichend müde ist. Das Bett selbst muss eine anziehende, „kuschelige" Umgebung herstellen.

Die Lebensrhythmen wie Hunger und Sättigung sowie Wachsein und Schlaf müssen im Tagesablauf ausreichende Beachtung finden und mit für den Säugling fühlbarer Regelmäßigkeit eingehalten werden. Ein Säugling, der abends nicht richtig satt ist, wird ebenso wenig die Nacht durchschlafen, wie einer den man viel zu früh zum Schlafen hinlegt.

Zieht man alle diese Erkenntnisse zusammen, ist folgender Schluss zulässig: Ein Säugling schläft dann umso schneller und zuverlässiger durch, wenn er a) satt genug ist für die Stunden ohne Nahrung, wenn er b) durch ein angenehmes Einschlafritual entspannt und angstfrei einschläft, und wenn er c) nachts, falls der Schlaf z.B. durch Schmerzen oder äußere Faktoren unterbrochen wird, prompt und liebevoll wieder in den Schlaf zurück begleitet wird.

Abschließend soll noch ein Wort zum fortgesetzten Stillen im zweiten Lebenshalbjahr und über diesen Zeitpunkt hinaus gesagt werden. Die Einschlafsituation an der Mutterbrust, allerdings auch bei einer liebevoll gegebenen Milchflasche, ist die ursprüngliche Form des Säuglings in den Schlaf zu finden. Sie ist grundsätzlich entspannend, wirkt beruhigend und erreicht fast immer ihren Zweck. Jedoch hält die Muttermilch (vor allem bei noch ausschließlichem Gestilltwerden) im Gegensatz zur Kuhmilch, was die Sättigung anbelangt, nicht so lange vor, so dass sich nach den üblichen drei bis vier Stunden neuer Hunger bemerkbar macht. Stillt die Mutter über die Halbjahresgrenze hinaus, muss sie sich zwangsläufig auch fortgesetzt die gesamte Nacht über zur Verfügung halten, denn eine alternative Form der Beruhigung in der Nacht (verbunden mit der geforderten, erneuten Stillmahlzeit) akzeptieren nur die wenigsten Säuglinge. Hier wird also ein besonders hoher Toleranzgrad von der Mutter gefordert, worauf sie vorbereitet sein muss.

Eine nachhaltige Änderung der Beruhigungs- und Ernährungssituation geht in diesem Stadium in der Regel nur über Entkopplung der beiden Stilleffekte Beruhigung und Sättigung. Die Mutter oder manchmal besser der Vater muss versuchen, den Säugling auf andere Weise als durch das Stillen zur Ruhe zu bringen, z.B. durch geduldiges Streicheln, leises Einreden oder Lieder singen, notfalls auch durch Herumtragen oder ein Tee- oder Wasserfläschchen geben. Solche Maßnahmen dauern gewöhnlich nicht länger als zwei oder drei Nächte. Die Säuglinge merken schnell, dass sich im Zeremoniell der Beruhigung etwas Grundlegendes geändert hat.

Ich möchte an dieser Stelle ein paar Sätze über die oft heftigen, **affektiven Ausbrüche** der Säuglinge anbringen, wenn der elterliche Anspruch an die frühkindliche Toleranz und Geduld zu groß geworden ist und die Fähigkeit des Säuglings zum Bedürfnisaufschub überschritten. Das prompt einsetzende Schreien besitzt klanglich unzweideutig den Charakter einer Forderung. Der erwachsene Mensch weiß jedoch nur zu gut, wie wichtig solche wütenden Entladungen sind, um einen inneren Spannungszustand abzumildern. Es kommt ihm zuweilen vor wie ein reinigendes Gewitter. Bei den Säuglingen dürfte das Empfinden nicht viel anders sein. Ein wütender Schrei, der die Mutter oder den Vater dazu veranlasst, seine momentane Tätigkeit zu unterbrechen und sich seinem Kind zuzuwenden, muss als ein gesunder Akt frühester Kommunikation allerdings noch auf einfachstem Niveau gewertet werden (s.o.). Auch wenn es dem Erwachsenen manchmal sehr zuwider läuft, die eigenen Bedürfnisse hinter die des Kindes zurückzustellen, muss er immer bedenken, dass das Kind aus der Position des Schwächeren und Abhängigen seine Ansprüche stellt oder aufbegehrt. Er sollte dabei auch nicht übersehen, dass die Bedürfnisbefriedigung für den Säugling nicht eine Frage der Selbstbefriedigung ist, sondern, etwas zugespitzt ausgedrückt, ein Frage von Leben und Tod. Hoch ist demzufolge zunächst der Erregungszustand in der Wut, wenn die Bezugsperson nicht wie gewünscht reagiert. Hoch dann aber auch der Lohn, den der Säugling für die einfühlsame Behandlung und Zuwendung seinen Bezugspersonen wieder zurückgibt. Es ist die Rede von bedingungsloser Zuneigung und Liebe, die der Säugling seinen Bezugspersonen zurückgibt. Diese Liebe ist zwar nicht immer auch gleich erkenntlich und wird auch nicht konstant gezeigt, aber mit den Jahren durch die Kindheit hindurch, das sollten Eltern nicht vergessen, erweist sie sich als das allergrößte Gut in der familiären Gemeinschaft.

Zur Beruhigung aller Eltern kann gesagt werden, dass nicht jeder Bedürfnisaufschub gleich zur emotionalen Katastrophe beim Säugling führt oder die Entwicklung einer sicheren Bindung unmöglich werden lässt. Das gilt gerade auch für Säuglinge mit der Veranlagung zu hoher Impulsivität. Dennoch sollten Eltern sich stets bemühen, die eigenen Ansprüche an die Toleranz des Säuglings nicht zu groß werden zu lassen, und das hierzu mögliche Maß von Erwachsenen nicht kritiklos auf Säuglinge zu übertragen.

Bevor dieses Kapitel zu Ende geht, möchte ich noch einmal so etwas wie eine Essenz aus allem zuvor Gesagten herausfiltern. Die Grundlagen jeglicher Beruhigungsmaßnahmen für den Säugling basieren auf drei Angeboten durch die Bezugsperson(en), nämlich **Stillen/Füttern** (mit der Flasche), **Tragen** (auf dem Arm oder mit Tragehilfen) und **Schmusen** (inklusive sorgfältiger Körperpflege).

Aus der Reihenfolge der Begriffe ergibt sich, dass die Sorge um das körperliche Wohlergehen zunächst noch einen gewissen Vorrang vor allen anderen Überlegungen hat. Denn hierbei geht es, wie bereits betont, zugleich auch um die Sicherung der existenziellen Grundbedingungen des Säuglings. Ein hungernder Säugling wird niemals Ruhe geben und wird sein Gefühl von existenzieller Bedrohung, solange seine Kräfte es zulassen, herausschreien.

An zweiter Stelle kommt dann aber sofort das Bedürfnis des Säuglings nach körperlicher Nähe, Kontakt, Schutz und Geborgenheit. Hierzu lautet das natürliche Grundprinzip menschlichen Verhaltens „Tragen". Bei vielen Völkern auf der Erde ist das Prinzip des Tragens aus dem Umgang von Eltern mit ihren Säuglingen nicht wegzudenken. Interessanterweise ist bei diesen Völkern das Problem schreiender Säuglinge so gut wie unbekannt (u.a. Eibl-Eibesfeld 1997) Für ein weitgehend unbeschwertes Tragen des Säuglings, das zugleich auch eine gewisse Bewegungs- und Handlungsfreiheit der Mutter/des Vaters zulässt, gibt es viele Tragehilfen. Allen Eltern ist zu raten, sich im Fachhandel unterweisen zu lassen und die Hilfsmittel auswählen, mit denen sie am besten zurechtkommen.

Durch das Tragen ergibt sich beinahe zwanglos auch das dritte Beruhigungsmittel, nämlich das Schmusen mit dem Säugling. Generell braucht der Säugling die direkte Nähe seiner Bezugspersonen, allen voran der primären, um seine negativen Gefühle in positives Fühlen umzuwandeln und um sich des Vertrauens und der Sicherheit bei seiner primären Bezugsperson zu vergewissern. Zum diesem Akt gehören neben Anschmiegen und Küssen auch, liebkosend gesprochene und tröstende Worte. Der vertraute Geruch der Bezugsperson (auch Pheromone?), die Melodie seiner Stimme (Prosodie), die Sanftheit seiner Hände (taktile Reize) sind es, die dem Säugling die nötige innere Ruhe und die Zufriedenheit mit seinem Dasein vermitteln. Alle diese Bedürfnisse haben wie das des Getragenwerdens nichts mit einer persönlichen Vorteilsnahme zu tun. Insofern gibt es hierbei kein Verwöhnen, sondern einzig und allein ein Bedienen sozialer Basisansprüche. Das zuverlässige Bedienen dieser Basisansprüche stärkt und sichert die Bindung.

An den drei Grundbedürfnissen nun anzusetzen, um aus früh einzusetzenden, pädagogischen Absichten den Säugling zu „Selbstregulation" und Frustrationstoleranz zu erziehen, was nicht anders geht als durch Konditionierung. Dieses Vorgehen läuft Gefahr, sich einer psychosozial schädlichen Anspruchshaltung der modernistischen Gesellschaft zu unterwerfen, die die private Entfaltung des Erwachsenen grundsätzlich über die an die Lebensgemeinschaft gestellten Ansprüche des Säuglings und Kleinkindes stellt. Weder das allgemeingesellschaftliche Kulturverständnis noch die Wissenschaft darf sich meiner Auffassung nach in den Dienst eines solchen, schnell auch kinderfeindlichen Denken stellen. Jüngste wissenschaftlichen Untersuchungen belegen immer klarer, dass die in dieser Weise behandelten Säuglinge im weiteren Verlauf ihrer Entwicklung sehr viel leichter eine unsichere Bindung an ihre primäre Bezugsperson eingehen (Dornes 2000) und in ihrem späteren Sozialverhalten störanfällig werden.

Die konkreten Maßnahmen zur Beruhigung eines schreienden Säuglings sollen jetzt noch einmal in einer Übersicht zusammengefasst werden:

1. Klärung des körperlichen Zustandes
Hunger? Durst? Schmerzen? Anderes körperliches Ungemach? Krankheit?

Reaktion: Einfühlsam auf die Signale des Säuglings achten. Beseitigung durch Stillen oder liebevoll die Flasche geben, Teefläschchen geben bei gesichertem Durst, wickeln, in einen ruhigen Raum gehen, Schlaf anbahnen durch Wiegen, u.U. Fieber messen, Arzt um Rat fragen, Bauchdeckenmassage anwenden, „im Fliegergriff tragen", Nasenwurzel sanft massieren, Kirschkernkissen auflegen und ähnliche natürliche Methoden; mit ärztlicher Absprache Medikamente geben.

2. Klärung des seelischen Zustandes
Alleingelassensein? Erschrecken? Unerklärlicher, abrupter Stimmungswechsel? Eigenes uneinfühlsames und gestresstes Verhalten?

Reaktion: Abhilfe schaffen durch Auf-den-Arm-nehmen, umhertragen, schmusen und innigen Körperkontakt herstellen, beruhigendes Einreden, sanftes Wiegen, Stillversuche oder Flasche geben, Teefläschchen geben, am Finger nuckeln lassen oder Sauger reichen, spazieren fahren, schaukeln, ablenken (soweit schon möglich), u.a. Bei persönlicher Erschöpfung Einbeziehung des Partners, aufsuchen von professionellen Hilfsangeboten (z.B. Schreiambulanz).

Tabelle 2: Maßnahmen zur Beruhigung eines schreienden Säuglings

Zum viel diskutierten Tragen des Säuglings möchte ich noch einige wichtige Anmerkungen machen: **Das Tragen und das sichere Halten der Säuglinge ist ein Grundprinzip menschlichen Umgangs mit seinen Nachkommen.** Auf andere Völker auf der Erde, bei denen das Tragen üblich ist und das Schreien der Säuglinge weitgehend unbekannt, hatte ich bereits verwiesen. Als eine physiologische Erklärung für die beruhigende Wirkung des Tragens kann angeführt werden, dass durch die sanfte Anregung des Gleichgewichtssinns (Vestibularsystem) emotional positiv sich auswirkende Botenstoffe im Gehirn ausgeschüttet werden. Ob daran auch Endorphine beteiligt sind, müssten zukünftige Studien noch beweisen. Indirekt würden durch das Tragen zugleich auch optimale Voraussetzungen zur Hirnreifung geschaffen.

Ein Verwöhnen des Säuglings durch Umhertragen ist schon allein deshalb unmöglich, weil wie im Fall von Sättigung oder Wickeln einzig ein Grundbedürfnis befriedigt wird. Die Befriedigung von basalen Bedürfnissen des Säuglings ist aber immer ein wichtiges Prinzip zur Herstellung einer soliden und damit sicheren Bindung zwischen Eltern und Kind. Darauf kann in der öffentlichen Auseinandersetzung über die „Säuglingspädagogik" nicht oft genug hingewiesen werden und darauf darf im Umgang mit dem Säugling nicht verzichtet werden, nicht aus Gründen einer vorgeschobenen Umständlichkeit für die Eltern und schon gar nicht aus einer künstlich herbei zitierten, pseudopädagogischen Grundhaltung. Die sichere Bindung ist der unverzichtbare Grundstein für eine unproblematische psychosoziale Entwicklung des heranwachsenden Kindes.

Saugen, gestillt, getragen, aber auch zum Schlafen oder nur zum Dösen hingelegt werden sind gleichzeitig Grundvoraussetzungen für den Erwerb basaler Lebensrhythmen. Man kann es durch nichts in Abrede stellen, dass ein Säugling darauf angewiesen ist, mit Hilfe seiner Bezugspersonen (Ko-Regulation) einen solchen, letztlich immer individuellen Lebensrhythmus aufzubauen. Dieser Rhythmus muss mit seinen das Temperament hervorrufenden, angeborenen Charakteranlagen weitgehend übereinstimmen! Es macht also keinen Sinn, einen Säugling, der von Natur aus viel wach und an seiner Umgebung schon hochgradig interessiert ist, zu einem ruhigen, schläfrigen Wesen „erziehen" zu wollen (weil es einem als Eltern vielleicht so lieber wäre), und umgekehrt einen ruhigen, viel dösenden oder lang schlafenden Säugling ständig wach zu halten. In dem einem wie dem anderen Fall wäre das Misslingen vorprogrammiert und ein schreiender Säugling die postwendende Quittung. Daher ist es sehr wichtig, dass Eltern von Anfang an mit großer Aufmerksamkeit und Einfühlsamkeit die Charaktereigenschaften ihres Kindes herausfinden, um darauf mit dem eigenen Verhalten günstig zu reagieren. Der eine Säugling braucht folglich mehr seine Ruhe und darf auch einmal in einer stillen Ecke zum Schlafen abgelegt werden, ja muss es sogar, der andere braucht hingegen viel Abwechslung und „Unterhaltung", und es wäre ein großer Fehler, diesen aus eigenen Bedürfnissen und Ansprüchen nach Bequemlichkeit im falschen Moment zum Schlafen abzulegen.

Aus Gründen der Begrenzung kann ich auf die oft zu geringen Ressourcen der Eltern, in erforderlichem Maße auf die Bedürfnisse ihrer Säuglinge zu reagieren, nur knapp eingehen. Hierbei stehen im Mittelpunkt zu junge Elternschaft, Wochenbettdepression der Mutter („baby blues"), soziale Probleme in der Familie, Probleme in der Partnerschaft, Ehescheidung, Alleinerziehung, hohe Parallelbelastung durch Mutterschaft und Beruf sowie körperliche und psychische Krankheit der Eltern, insbesondere der Mutter. Alle diese sozialen Schwierigkeiten einer Familie setzen der Betreuungsintensität häufig enge Grenzen. Vielfach untersucht und beschrieben ist die Tatsache, dass depressiv gestimmte Mütter große Schwierigkeiten haben, den wichtigen mimischen, stimmlichen und körperlichen Kontakt zu ihrem Säugling in ausreichender Form herzustellen, was im Einzelfall zu Bindungsstörungen führen kann. In solchen Fällen ist eine psychologische, sowie ärztliche Behandlung aus verschiedenen Fachrichtungen unbedingt erforderlich.

Von großer Bedeutung in diesem Zusammenhang sind für die Eltern ihre eigenen Kindheitserfahrungen, die, wenn sie von emotionaler Vernachlässigung gekennzeichnet waren, jetzt in der umgekehrten Erziehungskonstellation zu geringe Ressourcen freisetzen. Solchen Eltern mangelt es an den nötigen, inneren Kraftquellen, die hohen Ansprüche ihres Säuglings zu befriedigen. Vom Säugling selbst ist aber keine Entlastung für die Eltern zu erwarten. Schon seine normalen Ansprüche wachsen sich in den Augen solcher Eltern schnell zu unangemessenen Forderungen aus. Gerade die sehr jungen Mütter und Väter sind von diesem Problem betroffen. Derart unglückliche, familiäre Umstände müssen grundsätzlich außerhalb der Eltern-Kind-Beziehung gelöst werden, entweder familienpsychologisch oder durch ein begleitendes, soziales Programm mit effektiver Betreuung und Unterstützung der Familie. Dafür sollten spezielle Beratungsstellen geschaffen werden. Die Probleme bedürfen regelmäßig umfangreicher und institutionell gestützter Hilfsmaßnahmen. Es existieren inzwischen gezielte, sozialpädagogische Konzepte, gefährdete Familien schon in der Geburtsklinik zu erkennen und ihnen die nötigen Hilfsangebote für die Anfangszeit der Kindesaufzucht anzubieten.

2. Fremdeln und Anhänglichkeit

2.1 Das Fremdeln

Fallvignette 2

Frau W. berichtet mir etwas angestrengt von den neuen „Anwandlungen" ihrer jetzt 7 Monate alten Tochter Maja. Das Problem ist Folgendes: Wenn die Mutter in der Wohnung aufräumen muss, kochen oder Einkäufe erledigen, oder auch nur sich waschen und die Toilette aufsuchen möchte, lässt sich ihre Tochter seit einigen Tagen nicht mehr zur Beaufsichtigung einer anderen Person übergeben. Jedes Mal, wenn die Mutter Anstalten macht, ihre Tochter einer fremden Person auf den Arm zu geben, fängt sie fürchterlich zu weinen an. Das Weinen klingt herzergreifend und ist von Anzeichen großer Angst begleitet, so dass sich die Mutter gezwungen sieht, ihr Vorhaben abzubrechen. Selbst dem Vater kann sie Maja in der letzten Zeit nicht mehr überlassen, ohne dass sie selbst daneben steht. Die Ablehnung des Vaters ist aufgetreten, obwohl dieser sich mit der Betreuung seiner Tochter große Mühe gibt. Allerdings fehlt ihm die Zeit für intensive Maßnahmen der Pflege.

Vor kurzem kamen die Großeltern zu Besuch, die etwa einmal in der Woche den jungen Eltern aushelfen. Obwohl Maja ihre Großeltern einigermaßen kennt, war sie diesmal nicht gewillt, auf den großmütterlichen Arm zu gehen und klammerte sich bei dem Versuch einer Übergabe voller Angst an den Hals ihrer Mutter. Dabei schmiegte sie das Gesicht in die Kuhle zwischen Hals und Schulter und schaute nur ab und an mit heruntergezogenen Mundwinkeln und vorgestülpter Unterlippe die Großmutter an, die sich etwas verärgert auf Abstand hielt. Der Großvater hatte dieses Mal gar keine Chance, seine Enkelin zu nehmen. Immer, wenn er sich ihr mit brummiger Stimme näherte, fing diese panisch an zu schreien und beruhigte sich erst wieder, als er sich zurückzog. Nach einer längeren Phase der Gewöhnung gelang es endlich, Maja kurze Zeit auf dem Arm der Großmutter zu geben. Die Mutter durfte dabei jedoch das Zimmer nicht verlassen.

2.1.1 Der Säugling als erkennendes Wesen (der „kompetente Säugling")

Nachdem von mir die grundsätzlichen Lebensbedingungen des Menschen bei seiner Geburt so dargestellt worden sind, wie sie hier verstanden werden sollen, und nachdem durch diese Analyse die ersten emotional-affektiven Äußerungen des Säuglings interpretierbar gemacht und ihrer Bedeutung zugeordnet worden sind, nämlich Schreien aus Unbehagen, Angst oder Wut und Lächeln, bzw. Lachen aus Freude über den dyadischen Verbund mit der primären Bezugsperson, möchte ich mich kurz den ersten Erkenntnisleistungen des Säuglings zuwenden, die mit solchen Gefühlsäußerungen grundsätzlich in einem engem Zusammenhang stehen. Erkenntnisse bei einem Säugling zu verstehen ist prinzipiell nicht minder kompliziert als seine Gefühle zu interpretieren, jedoch ist die kognitive Entwicklung um Einiges besser erforscht. Das mag daran liegen, dass die Erkenntnisleistungen des Säuglings von einem Untersucher und Beobachter leichter nachvollziehbar sind als die Emotionen, da diese mit den eigenen Denkstrukturen von Anfang an gut zusammenpassen. Die anfänglichen Emotionen müssen dagegen erst in die Kategorien der Erwachsenengefühle umgedeutet werden.

Darüber hinaus gehören die frühen Erkenntnisleistungen zweifellos zum beeindruckendsten, das der Säugling in seinem Verhaltensrepertoire hervorzubringen vermag. Das ist wahrscheinlich auch der Grund, warum sich die Säuglingsforschung mit den kognitiven Fähigkeiten bisher viel ausgiebiger befasst hat als mit den emotional-affektiven Äußerungen. Über die Entstehungsweise und die Auswirkungen dieser erkenntnishaften Prozesse im Gehirn selbst wird in der Wissenschaft derzeit jedoch noch heftig gestritten, und ich möchte einmal die ganze Zunft der Neurowissenschaftler aufteilen in die Optimisten und die Zweifler oder Skeptiker.

In ihrem Buch mit dem programmatischen Titel „Forschergeist in Windeln" (s.o.) beschreibt die amerikanische Wissenschaftlergruppe um Alison Gopnik, Patricia Kuhl und Andrew Meltzoff die enormen Leistungen, die schon kleinste Säuglinge in puncto Weltsicht und Selbstverständnis hervorzubringen vermögen. Um die an sich unsichtbaren Erkenntnisleistungen des noch unreifen Gehirns zu erforschen, werden komplizierte Untersuchungsanordnungen entwickelt, deren Ergebnisse darauf basieren, ob der Säugling weiter normale oder veränderte Verhaltensweisen bietet als Ausdruck von Verstehen oder Nicht-verstehen. Zum Beispiel wird längeres und stärkeres Saugen am „Nuckel" (Saugpräferenzparadigma) oder vermehrtes Strampeln mit den Beinen als Zeichen für eine positive Erkenntnisleistung des Säuglings gewertet. Dazu werden angebotene Reize gezielt immer wieder variiert. Oder es wird ein längeres Anblicken beim Austausch eines bereits bekannten Objekts gegen ein noch unbekanntes gemessen (Blickpräferenzmethode).

Eine neue und sehr wertvolle Erklärung für die Erkenntnisleistungen von Säuglingen bietet die Entdeckung der sogenannten **Spiegelneurone**. Diese speziellen Nervenzellgruppen befinden sich schon bei Geburt in den assoziativen Zentren des menschlichen Gehirns (Bauer 2005). Mit Hilfe dieser Neurone in seinem Gehirn ist der Säugling von Anfang an in der Lage, z.B. Gesichter sehr schnell wieder zu erkennen und bestimmte, ihm vorgemachte mimische oder gestische Äußerungen spontan zu imitieren. Am bekanntesten ist das Kopieren der vom Untersucher herausgestreckten Zunge bereits in den ersten Lebenswochen. Ein solches Rüstzeug braucht der Säugling, um bald nach seinem Eintritt ins Leben außerhalb des Mutterleibes seine wichtigsten Bezugspersonen zu identifizieren und eine beständige Bindung zu ihnen aufzubauen. Die Möglichkeit zur Imitationsreaktion, wie das nachgemachte Herausstrecken der Zunge, garantiert einfache Lernvorgänge und ist gleichzeitig der Grundbaustein für den in der Dyade sich gegenseitig beeinflussenden Austausch emotionaler Signale und Zustände. Das heißt neben der bisher immer wieder herausgestellten, letztlich rein intuitiven Affektübereinstimmung zwischen Säugling und Mutter als primärer Bezugsperson gibt es eine nonverbale Kommunikation zwischen beiden via **Affektspiegelung**.

Eine andere vermutete, frühe Erkenntnisleistung des Säuglings bleibt umstritten. Ich will die von mir bereits mehrfach erwähnte Beobachtung von Säuglingsverhalten an dieser Stelle noch einmal aufgreifen. In seinem Beitrag zu dem Sonderheft der Zeitschrift „Psyche" beschreibt Peter Fornagy in Anlehnung an György Gergely die Untersuchung an 5 Monate alten Säuglingen, die ihre eigenen Strampelbewegungen mit denen eines anderen Säuglings auf einer von ihnen beobachteten Videoinstallation als übereinstimmend oder nicht-übereinstimmend unterscheiden konnten. Die Gegenkontrolle mit 3 Monate alten Säuglingen erbrachte diesen Nachweis erwartungsgemäß nicht (Fornagy und Target 2002).

Fornagy bezeichnet dieses Phänomen als **differenzielle Kontingenzerkenntnis**. Aus diesen und ähnlichen Beobachtungen ziehen er und Gergely in Übereinstimmung ihre Schlussfolgerungen über die frühen Empfindungen des Selbst. Als gesichert darf ihrer Auffassung nach heutzutage gelten, dass der Säugling ab etwa vier Monaten seine eigenen Körpergrenzen spürt und beginnt, sich als ein in sich geschlossenes, das heißt kohärentes Wesen wahrnehmen. Die Auffassung der emotionalen Integration legt dagegen nahe, dass sich die frühen Selbstempfindungen noch ganz im Leih-Selbst von der Mutter spiegeln und sich die personellen Grenzen überwiegend am Körper-Ich (s.u.) festmachen.

Gewisse Zweifel an solchen Aussagen über die Selbst-Erkenntnis der Säuglinge sind meiner Auffassung nach berechtigt. Das Resultat einer jeden auch noch so objektiven Beobachtung ist immer auch eine Frage ihrer Interpretation. Entgegen dem Heer der Optimisten gehöre ich mehr zu den Skeptikern, die sich fragen, ob nicht wissenschaftliche Versuchsergebnisse von Erwartungshaltungen der Anwender mit bestimmt und methodisch unbewusst in die gewünschte Richtung gelenkt werden. Eine andere Fehlerquelle wäre folgende: um beeindruckend frühe Entwicklungszeiten bestimmter Fähigkeiten darstellen zu können, werden beispielsweise rein intuitiv nur solche Säuglinge ausgewählt, die mit einem besonders hohen

Aufmerksamkeitsgrad für Vorgänge in ihrer Umgebung auffallen. Das Zufallskriterium der Probantenauswahl wäre auf diese Weise aber aufgehoben. Ein Fehler kann auch dadurch entstehen, dass ein Verhaltensergebnis des Säuglings im Einzelfall positiver bewertet wird als es tatsächlich hervorgebracht ist. Dennoch möchte niemand die entdeckten Fähigkeiten bei Säuglingen abstreiten, sie können tatsächlich Verblüffung beim Beobachter hervorrufen. Im alltäglichen, praktischen Umgang mit Säuglingen sind sie jedoch kaum feststellbar und bleiben damit im Wesentlichen ein Forschungsergebnis.

Für einige Zeitangaben von kognitiven Fähigkeiten und Leistungen der Säuglinge gibt es inzwischen umfangreiche Gegenstudien, so dass eine Beweisführung damit erbracht zu sein scheint, z.b. jüngst aus der Universität Heidelberg, ausgeführt von Sabina Pauen. Diese Untersuchungen sind in der Zeitschrift „Gehirn und Geist" unter dem Titel: „Denken vor dem Sprechen" (1/2003) veröffentlicht worden. Diese Studien belegen mit großer Sicherheit, dass es bei älteren Säuglingen ab dem 2. Lebenshalbjahr bereits die Fähigkeit gibt, von betrachteten Dingen, resp. Gegenständen einfache Kategorien zu bilden. Die Kategoriebildung gehört noch in den Bereich des impliziten Gedächtnisses.

Die Beobachtungen belegen hinsichtlich der sogenannten dinglichen Objektwahrnehmung eindeutig, dass der Säugling Bauklötze auch wirklich für Bauklötze hält, und Hunde (aus Holz) wirklich für Tiere. Als kategoriebildende Merkmale wählt er, so wird angenommen, Reglosigkeit für Bauklötze und Bewegtheit für Tiere aus. Letzteres gilt natürlich nur für den Fall, dass der Säugling schon einmal Erfahrungen an einem lebenden Tier gesammelt hat.

Das klingt zunächst einmal trivial, ist aber beim zweiten Hinsehen hoch kompliziert. Denn hier bildet der Säugling bereits zwei entscheidende Kategorien in seinem Denken, Kategorien, die sich durch das Merkmal belebt und unbelebt unterscheiden. Diese Leistung setzt in ihm eine wie auch immer gestaltete, innere Vorstellung von lebender und toter Materie voraus. Er erkennt, dass es einen Unterschied gibt zwischen Leben oder Lebewesen auf der einen Seite und Ding, Sache und Gegenstand auf der anderen. Wie kann aber ein Säugling ohne ausreichende Empirie und ohne Logik eine solche Unterscheidung tatsächlich vornehmen?

Dies zu erklären, dazu dient vor allem das „Tier-Ball-Paradigma", welches besagt, dass ein Säugling (im konkreten Versuch 7 Monate alt) nach Betrachten eines mit einem Ball sich umherschlängelnden Stoffwurmes (bewusst gewählt wurde hierfür ein nicht gerade typisches Tier) nach Abbruch dieser Szene länger den Wurm anblickt, als den Ball. Die Begründung hierzu lautet: der Wurm könnte sich im

Gegensatz zum Ball vielleicht wieder bewegen. Der Ball, der prinzipiell ja auch leicht beweglich ist, aber eben doch nur ein Ding, löst dieses Interesse offensichtlich nicht in dem gleichen Maße aus. Der Säugling unterscheidet also, seiner Erwartungshaltung nach zu urteilen, Belebtes und Unbelebtes. Er erkennt diesen Unterschied ganz offensichtlich anhand von Kriterien, die ihm in der Gestalt des betrachteten Objekts Leben verraten, nämlich ein Gesicht mit Augen und Mund, ein Fell oder vielleicht Beine mit Füßen. Wie lässt sich das beweisen? Nimmt man dem „Versuchswurm" diese entscheidenden Attribute weg, nämlich Auge, Mund und Fell, verliert der Säugling schnell sein Interesse an ihm und stuft ihn gleichsam auf das Niveau eines leblosen Dings zurück.

Wie gesagt, Skepsis ist angebracht. Denn, was versteht der Säugling nun wirklich von den Objekten in der realen Umwelt? Empfindet er nicht in Wirklichkeit nur den Ausdruck von Leben und Lebendigkeit auf der einen Seite, und zwar durch die Attribute Gesicht, Bewegung, Wärme? Als Vorbild hierfür dient ihm natürlich der Mensch in Gestalt der Mutter oder einer anderen Bezugsperson. Und sieht er auf der anderen Seite die sachlich-gegenständliche Welt nicht einzig als Resultat des Fehlens solcher Attribute? In Wahrheit zieht er jedoch keinerlei kausale Verknüpfung zwischen diesen beiden Kategorien und lässt sie nebeneinander stehen ohne gegenseitige Wirkungsbeeinflussung.

Bedeutet für den Säugling Leben und Lebendigkeit nicht hauptsächlich „bei der Mutter sein" und „Geborgenheit bei der Mutter spüren", gegenständliches Sein hingegen Wahrnehmung lebloser Objekte ohne jede emotionale Beteiligung? Dazwischen steht für ihn das Tier, welches eine Art Zwitter ist zwischen Gegenstand und Leben und sich dadurch auszeichnet, dass es seine besondere Wachsamkeit herausfordert. Genau genommen sind das diejenigen Kategorien, die über die Jahrtausende der Menschheitsgeschichte hinweg sich in die Gehirne der Menschen genetisch eingraviert haben: Lebenswärme bei der Mutter, kalte Dinge oder Gegenstände als objektive Welt, sowie gefährliche, weil potenziell feindlich gesonnene Tiere.

Die Gefahr der Überschätzung von kognitiven Fähigkeiten des Säuglings liegt nicht so sehr in der möglicherweise viel zu optimistischen Interpretation seiner frühen Erkenntnisleistungen und der damit verbundenen „Achtungserfolge", die er erzielt. Es wäre schön, wenn eine solche Hochachtung vor dem Säugling endlich in der menschlichen Zivilisationsgeschichte zustande käme. Nein, die Gefahr liegt vielmehr in der mit einer solchen Anerkennung automatisch verbundenen Zuschreibung von Verantwortung für das eigene Handeln. Das „Handeln" des Säuglings muss aber vordergründig immer egoistisch wirken, da es ihm nur um das Ausweichen vor seiner Hilflosigkeit und um das Signalisieren seiner tatsächlichen Bedürfnisse geht; jede Inverantwortungnahme wäre ein großes Unrecht an ihm. Nur mit dieser kritischen Selbstreflexion im Hinterkopf darf sich die Welt meiner Meinung nach auf noch weitere Entdeckungen von Leistungen des Säuglingsgehirns freuen.

2.1.2 Das Phänomen des Fremdelns und die Neugier

Wie das wissbegierige Betrachten der Dinge und Vorgänge seiner unmittelbaren Lebensumwelt ist auch das Fremdeln in gewisser Weise eine geistige Leistung des Säuglings, und zwar seine erste in Bezug auf die Unterscheidung von fremd und vertraut. Die Empfindungen fremd, bzw. unvertraut und vertraut werden in Zukunft ständige, emotionale Begleiter aller neuen Wahrnehmungen und Erfahrungen des Kindes und verbinden sich mit dem festen Gefühlseindruck von unangenehm und angenehm. Die Beständigkeit und Zuordnungsfähigkeit solcher Empfindungsqualitäten setzen eine frühe Gedächtnisfunktion voraus, deren besonderes Merkmal sein muss, dass sie schon in den ersten Lebensmonaten funktionstechnisch möglich ist. Diese Besonderheit trifft auf das Vertrautheitsempfinden zu, weil es einer Form des expliziten Gedächtnis unterzogen ist, die, ohne auf die vollständige Ausreifung des Hippocampus angewiesen zu sein, schon bald nach der Geburt Aktivität ausbildet (Roth s.o.).

Gleichzeitig ist das Fremdeln des Säuglings affektiver Ausdruck seiner ganz persönlichen Mutter-Beziehung. Damit ist es die emotionale Erklärung der einzugehenden oder bereits eingegangenen Bindung. Diese Bindung bezeichnet man in der Entwicklungspsychologie als die **primäre Bindung**. Sie hat mit ihrem innigen Beziehungscharakter lebenslange Auswirkungen auf jedes menschliche Individuum. Das Fremdeln ist gleichzeitig aber auch Ausdruck von Sorge und Angst, die frisch eingegangene Bindung sogleich wieder zu verlieren. Der Inhalt dieser Angst ist die Befürchtung des Säuglings, von der Mutter körperlich getrennt zu werden, in Anbetracht der Mutter-Kind-Dyade eine existenzbedrohende Gefahr. Aus diesem Grunde muss die primäre Bindung am Anfang exklusiv sein, damit diese Angst möglichst klein gehalten wird.

Gewissermaßen das Gegenteil zum Fremdeln ist das Neugier- oder Explorationsverhalten, das recht schnell nach jeder Fremdelreaktion die Oberhand zurück gewinnt, und den Säugling aus der Sicherheit heraus veranlasst, sich dem Fremden mit Interesse erneut zuzuwenden. Die Neugier ist auch ganz allgemein die Triebfeder zum explorativen Verhalten des Säuglings. Es gibt ausgesprochen neugierige Säuglinge, die folglich nur wenig fremdeln und umgekehrt. In der Neugier steckt das Grundbedürfnis des Menschen nach Erfahrungsgewinn und Wissenszuwachs, wodurch sich ständig neue Impulse zum Handeln einstellen. Dieses Prinzip findet, wenn es sich ohne große Störungen etablieren kann, im Willen und in der Motivation (s.o.) seine lebenslange Fortsetzung.

Ich möchte nun folgende Überlegung in den Raum stellen, die die inneren Vorgänge des Säuglings erhellen soll: Was bemerkt eigentlich ein kleiner Säugling tatsächlich von der Welt, in die er hineingeboren ist, über seine rein sensorischen Wahrnehmungen wie Sehen, Hören, Geruch und Geschmack sowie Körpergefühl hinaus? Er bemerkt zu allererst und noch ohne logisches Verständnis von dem, worauf er in dieser Welt trifft, dass es zwei unterschiedliche „Objekte" in seiner Umgebung gibt, nämlich lebendige Wesen, wie seine Mutter (oder primäre Bezugsperson) und Dinge, bzw. Gegenstände, die irgendwie unpersönlich sind, unbeweglich und tot. Einige Zeit später wird ihm klar, dass es auch noch andere Lebewesen gibt als Menschen, nämlich Tiere, und dass es auch noch andere, leblose Dinge gibt, solche, die nicht greifbar sind und die noch nicht einmal einen wirklichen Gegenstand darstellen. Sie gleichen eher einem Geschehen, wie das Licht, der Wind oder die Gerüche. In diesem Zusammenhang fühlt er in seinem Körper, dass es so etwas gibt wie eine zentrale Wahrnehmungsstelle, welche alle diese Dinge bemerkt und erlebt (oder genauer ausgedrückt, passiv erleben muss). Weiter oben hatte ich die Blickrichtung schon auf diesen Einstieg in die frühe Weltvorstellung des Säuglings geschärft, jetzt will ich aber auf etwas anderes hinaus.

Durch solche Erfahrungen entwickelt der Säugling ein frühes, noch rudimentäres **Subjektgefühl**, das einstweilen hauptsächlich auf seinen Wahrnehmungen und Gefühlen sowie auf seinen Erlebnissen begründet ist. Zwangsläufig verbindet er diese Gefühle und Erlebnisse mit seinem Körper(empfinden). Ich möchte das so beschriebene **Existenz- oder Daseinsgefühl** als **Körper-Ich** bezeichnen.

Der Begriff Körper-Ich ist von Freud in seinem Strukturmodell geprägt worden. Er erscheint mir in diesem Zusammenhang nützlich, weil er zwei wesentliche Dinge zu repräsentieren vermag, nämlich erstens die Zentrierung der menschlichen Wahrnehmung auf die eigene Person, ohne dass diese gleich eine Persönlichkeit sein muss, und zweitens die bedingungslose Anbindung dieser Wahrnehmung an den eigenen Körper. Körper, Geist und Seele bilden auf diese Weise eine Einheit. Wahrnehmung ist am Anfang demzufolge immer ein Bemerken der Dinge durch das gleichzeitige Bemerken von Reaktionen des eigenen Körpers. Auf den Säugling bezogen heißt das Folgendes: der Säugling denkt, wohlgemerkt fälschlicherweise, alle Dinge spielten sich in ihm selbst ab und durch das Leih-Selbst zugleich auch in seiner Mutter als der primären Bezugsperson. Es ist wichtig, die Gefühls- und

Empfindungsformen des Säuglings in dieser Form zu verstehen, um nachzuempfinden, was Fremdeln tatsächlich bedeutet.

Das von mir in Anlehnung an Freud formulierte Körper-Ich, das als vollkommen offen für den kommunikativen Austausch mit der Lebensumwelt verstanden sein soll, führt die Linie der Selbstentwicklung des Menschen in eine etwas andere Richtung als die frühen Selbstvorstellungen von Gergely und Fornagy (s.o.). Nicht kognitive Kontingenzerfahrungen sind der Entwicklungsmotor für die Selbstentdeckung, sondern die Vermehrung, bzw. Augmentation positiver, emotionaler Zustände und Erlebnisse mit persönlicher Zuschreibung. Der vorläufige Endpunkt dieses in jeder Hinsicht integrativen Vorgangs ist die Auslösung des eigenständigen Willens mit der Konsolidierung des Köper-Ichs zum reifen Ichempfinden (s.u.). Das reife Ichempfinden schafft sich schließlich das eigenständige Selbst. Das bedeutet zugleich, dass sich der Säugling erst im frühen Kleinkindalter zum reifen Subjekt entwickelt.

Wissenschaftliche Erkenntnisse 3

Rückblick auf die Psychoanalyse

An dieser Stelle wäre eigentlich eine längere Abhandlung angebracht, die Bezug nimmt auf das unterschiedliche Verständnis des Objektbegriffs in der Psychoanalyse und der Philosophie. In der Psychoanalyse wird der Begriff Objekt auf den Menschen angewandt, und zwar den anderen Menschen, der eine wesentliche Beziehung zum eigenen Selbst eingeht. Oder der als Analysant, bzw. als Patient eine solche Beziehung zum Therapeuten eingegangen ist. In der Philosophie wird mit Objekt grundsätzlich das außerhalb des betrachtenden Subjekts Mensch sich befindende Ding bezeichnet, welches erkenntnishaft wahrgenommen und in der Gedankenwelt verinnerlicht wird. Der Diskurs kann hier nicht weiter vertieft werden. Als Ergebnis dieser Differenzierung will ich den psychoanalytischen Objektbegriff für die primäre Bezugsperson übernehmen, den ich im Zusammenhang mit der Person der Mutter bereits verwendet habe. Die Mutter ist den Ausführungen zufolge das erste Selbstobjekt. Allerdings ist sie in ihrer Leih-Selbstposition noch kein vollständiges, personelles Objekt.

So betrachtet ist Fremdeln also die **erste komplexe Erkenntnisleistung des Säuglings** bezogen auf einen anderen Menschen als vollständiges Objekt. Der andere Mensch ist demzufolge vor allen anderen (dinglichen) Objekten in der Welt das allererste Objekt überhaupt. Diese Einschätzung ist so bedeutend, dass man in ihr den Ursprung einer jeden menschlichen Sozialisation erkennen muss. Das erste und wichtigste Selbstobjekt Mutter, in der Mutter-Kind-Dyade wie gesagt noch unvollständig, gibt dabei die Schablone ab für alle weiteren auf die eigene Persönlichkeit starken Einfluss nehmenden Personen. In der Loslösung als dem nächsten Entwicklungsschritt (s.u.) übernimmt der Vater eine ähnlich entscheidende Rolle. Aber die Selbstobjekte bekommen jetzt ihre eigenständige Gestalt.

Ich möchte nach diesem kurzen Abschweifen auf die frühe Selbstentwicklung des Säuglings noch einmal auf seine Wahrnehmungsvorgänge eingehen. Der Säugling merkt nach einiger Zeit auch, dass Wesen und Dinge untereinander Beziehungen eingehen, die unabhängig von ihm und seinem Körper miteinander etwas bewirken. Diese Wirkungen sind für ihn Geschehnisse. Er kann sie mental jedoch noch in kein ursächliches Beziehungsgefüge einsetzen. Auch die Subjekt-Objekt-Trennung kann er noch nicht vollziehen. Folgerichtig bezieht der Säugling alles auf sich und meint, die Geschehnisse fänden in seinem Inneren (bzw. im dyadischen Verbund/Leih-Selbst) statt. Er empfindet somit absolut egozentrisch. Eine Welt hinter diesem Erlebnishorizont gibt es für ihn noch nicht.

Wie stellt sich das für ihn konkret dar? Wenn er z.B. wach wird, wird er von einem Wesen, seiner Mutter (tiefenpsychologisch, wie gezeigt, das Selbstobjekt), aus dem Bettchen hochgehoben und auf ein Ding mit deutlich härteren Untergrund hingelegt. Das ist der Wickeltisch. Dann wird er von Dingen entkleidet (er spürt nur, dass ihm etwas über die Haut gezogen wird, das vielleicht klemmt oder kratzt), und danach wird er zwischen den Beinen mit einem kühlen oder warmen, fließenden Ding (nämlich Wasser o.ä.) berührt und abgerieben. So geht es stetig fort. Das Wesen, die Mutter, flüstert, raunt, lächelt, liebkost, streichelt, spricht und wendet sich dabei ihm zu, die Dinge fühlen sich irgendwie an, fließen wie Wasser, blenden wie die Lampe, oder tun von sich aus überhaupt nichts wie der Schrank oder das Bild an der Wand. Mutter, Flüssigkeit, Licht und Dinge wie Kleidung und Bild kommen zu bestimmten Zeiten immer wieder gemeinsam vor und verursachen an ihm, dem wahrnehmenden Wesen ein Geschehen.

Das Entscheidende für den Säugling ist: es gibt angenehme Geschehnisse und unangenehme. Einem bestimmten Geschehen folgt ein anderes und diesem wiederum ein anderes usw. Sind alle diese Geschehnisse angenehm, verspürt der im Körper-Ich sich schon als eigenes Wesen fühlende Säugling ein freudiges Gefühl, dem er, sobald ihm seine Gesichtsmuskeln einigermaßen gehorchen, durch ein Lächeln, bald unter gezieltem Einsatz seiner Stimme auch durch Juchzen und Lachen Ausdruck verleiht.

Ein völlig anderes Gefühl verspürt er jedoch, wenn diese Geschehnisse für ihn unangenehm oder vielleicht sogar schmerzend sind. Dann befällt ihn, ganz konkret aus seiner eigenen Sicht gesprochen, ein schwer erträglicher, innerer Krampf, der sich in lauten Geräuschen „aus ihm selbst" heraus äußert, jener Affekt, den der Beobachter als Schreien vernimmt. Dieses Gefühl strengt an und tut weh, und je länger es dauert, desto anstrengender und schmerzlicher wird es. Fortan verbinden sich bei missliebigen Vorgängen und Geschehnissen im Säugling drei in seinem

Körper empfundene Gefühlskomponenten, nämlich das auslösende, unangenehme Gefühl an sich (die Emotion), das Zusammenkrampfen seines Körpers mit schreienden Lautäußerungen (der Affekt), sowie ein Bemerken von körperlicher Anstrengung und zunehmendem Schmerz (das vegetative Empfinden). In analoger Weise, nur mit völlig umgekehrten Vorzeichen der inneren Gefühlshaftigkeit, baut sich dagegen auch das zuvor besprochene Glücksgefühl auf.

Der Säugling nimmt in ziemlich kurzer Zeit aber auch noch folgende Geschehensabläufe wahr: Es gibt ein Wesen, eine Person, welche ständig mit dem Körper, als der er sich spürt, etwas tut und unternimmt, und es gibt unter ihrer Hand eben diesen Körper, der ihn immer begleitet, der er offenbar selbst ist (hier muss das Wort „selbst" aus methodischen Gründen schon einmal benutzt werden). Somit ergänzt sich zu der inneren Wahrnehmung all dieser Erlebnisse mit ihm die ständige Präsenz einer zweiten Person, der ihn hegenden und pflegenden Mutter. Sie ist der Schlüssel zu seinem Körper-Ich. Was ich hier definiere, ist das eigentliche Empfinden der Leih-Selbst-Situation.

Die so beschriebenen, frühen „Zustände des Ichs" sind noch völlig unreflektiert bzw. unhinterfragt, denn der Säugling kennt noch keine Logik, die ihm das Beweisen von sich selbst oder irgend etwas Dinglichem z.B. durch dessen möglicher Negation einsichtig macht, am allerwenigsten bezüglich seines eigenen Körpers. Der Säugling kann nicht denken: „mich gibt es, weil es mich auch nicht geben könnte".

Wissenschaftliche Erkenntnisse 4

Philosophische Zwischenbetrachtung

Ein kleiner Abstecher in die Philosophie sei hier erlaubt: Die Denkmöglichkeit des Nichtexistierens einer Sache ist Inhalt der Falsifizierungstheorie. Ihr zufolge ist es so, dass Menschen sich die Wahrheit ihres Daseins und der Welt, in der sie leben, letztlich nur dadurch klarmachen und als Wirklichkeit ins Bewusstsein heben, dass sie sich auch ihr Gegenteil, nämlich die Nichtexistenz wenigstens theoretisch vor Augen führen können. Selbst-Reflexion bedeutet demzufolge, die vorhandene Wirklichkeit und das Nichtvorhandensein von sich selbst oder von etwas in der Gedankenwelt sauber auseinander halten zu können. Dazu aber ist der Säugling noch lange nicht imstande. Er kennt nur das Wirkliche, und das auch nur als dasjenige, das er im Verbund mit seiner primären Bezugsperson, der Mutter, erlebt. Davon kennt er wiederum nur das, was er bis zu einem bestimmten, zurückliegenden Zeitpunkt erinnern kann. Insofern empfindet er sich real allein mit der primären Bezugsperson im Verbund und im Hier und Jetzt. Daher befallen ihn Unheimlichkeit und Angst, wenn diese existenzielle Rückversicherung in Form der Mutter in kritischen Momenten versagt bleibt. Von diesen Empfindungen wird beim Fremdeln immer wieder die Rede sein.

Die eben beschriebene, existenzielle Grundsituation des Säuglings ist Dreh- und Angelpunkt des **Leih-Selbst** in der **Mutter-Kind-Dyade**, beides Begriffe, die ich im Zusammenhang mit der Theorie der emotionalen Integration bereits ausführlich besprochen habe. Gerade der existenzielle Zustand im Leih-Selbst macht deutlich, wie dramatisch der Säugling den Verlust seiner primären Bezugsperson erleben muss, nachdem er sich einmal an sie gebunden hat. Vor dem Eingehen der Bindung mag sogar noch ein Wechsel, ein Austausch der primären Bezugsperson von ihm zu verkraften sein, danach wird es hoch problematisch. Aber selbst die Möglichkeit einer Austauschbarkeit der Hauptbezugsperson vor der fest gefügten Bindung kann nur mit Einschränkung gesagt werden, denn schon andere Sinne des Säuglings, wie Gehör und Geruchs- oder Geschmackssinn (Mutterbrust), haben ein Erkennen hervorgerufen. Ist die primäre Bezugsperson jedoch eindeutig identifiziert, das heißt hat der Säugling ihre Gesichtszüge, den Klang ihrer Stimme und ihre typische Mimik und Gestik tief verinnerlicht, ist jeder Austausch vom Prinzip her unmöglich. Dass er in Ausnahmefällen dennoch gelingt (z.B. in der Adoption), verdankt der Säugling seiner großen Anpassungsfähigkeit.

Im emotionalen Bereich ist das Fremdeln Ausdruck von großer Sorge und Angst des Säuglings, die immer dann aufkommt, wenn die Mutter oder primäre Bezugsperson in einer bedrohlich erlebten Situation nicht verfügbar ist, oder wenn sie den Anschein erweckt, ihr Kind nicht ausreichend schützen zu können. Die Betonung liegt dabei auf einer „bedrohlich erscheinenden Situation". Das heißt also, dass diese Situation nicht wirklich bedrohlich sein muss. Allein das Gefühl einer Bedrohung reicht dem Säugling zu seiner Reaktion aus. Sehr empfindsamen Säuglingen genügt es schon, wenn sich eine fremde Person ihm plötzlich und unerwartet nähert. Allein die potenzielle Gefahr, die von diesem Fremden ausgeht, und dabei ist es einerlei, ob diese Person eigentlich noch zur Familie gehört oder wirklich fremd ist, veranlasst den Säugling dazu, anfangs durch Schreien, später auch durch Fluchtbewegungen zur Mutter hin (das Anklammern), diese von der Angst um sein Wohlergehen in Kenntnis zu setzen. Seine Erwartungshaltung ist dabei die, dass die Mutter ihn vorbehaltlos schützt und mit Ihrer konstanten Körpernähe vor jeder Gefahr bewahrt. Um das noch einmal in aller Deutlichkeit zu sagen: Es spielt keine Rolle, ob dem Säugling tatsächlich eine Gefahr droht, das Empfinden allein genügt. Somit handelt es sich beim Fremdeln nicht um eine Furcht vor etwas oder jemandem, sondern einzig um reine Angst als ursprüngliches Gefühl, das ganz allein im Säugling entsteht und unmittelbar aversiven Empfindungen gegen das Fremde schlechthin entspringt. Man kann es vergleichen mit der Angst Erwachsener bei einem Spaziergang in der tiefer Dunkelheit oder bei einem unfreiwillig entstandenen Eingeschlossensein, Empfindungen, die selbst dann aufkommen, wenn der Betroffene genau weiß, dass ihm in diesem Moment und in dieser Situation in Wahrheit nichts passieren kann.

Verlauf und Stärke des Fremdelns sowie der Zeitpunkt des ersten Auftretens ist je nach Charakterveranlagung und Temperament sehr unterschiedlich. Das reicht von wenigen eindringlichen oder skeptisch misstrauischen Blicken zum Fremden hin (das „Erstaunen"), meist verbunden mit dem optischen Rückversichern bei der Mutter, über das „Schüppchenziehen mit der Unterlippe" und der motorischen Unruhe bis hin zu einem explosiv auftretenden, panischen Schreien. Bei einem starken Fremdelereignis können alle Stadien auch blitzschnell ineinander übergehend auftreten als rasante Steigerung. Das geschieht insbesondere dann, wenn die angefremdelte Person sich nicht wieder zurückzieht und die Gefühle des Säuglings mit seinem Wunsch nach Einhaltung von Distanz missachtet.

Drei Stadien oder Stufen des Fremdelns sind im Prinzip also gut zu unterscheiden:

1. plötzliches Innehalten mit langem, in der Mimik ernst erscheinenden und ausforschenden Betrachten des Fremden („Erstaunen"),

2. das Herabziehen der Mundwinkel und Vorstülpen der Unterlippe („Schüppchen") mit Stirnrunzeln, zunehmender motorischer Unruhe und erstem Weinen,

3. das „herzzerreißende" Weinen und sich schnelle Steigern in panisches Schreien, u.U. schon mit gezielten Fluchtimpulsen zur Mutter hin (letzteres bei Säuglingen über 6 Monate).

Tabelle 3: Die Fremdelstufen

Man kann feststellen, dass jeder emotional gesunde Säugling fremdelt, manchmal jedoch so schwach und versteckt (im Stadium 1), so dass die in der gezielten Beobachtung ungeübten Eltern das momentane Verhalten ihres Kindes nicht als Fremdeln identifizieren. Die Zeit des Fremdelns beginnt in Einzelfällen noch vor dem vierten Lebensmonat, geht dann mit etwa einem halben Jahr ihrem zahlenmäßigen Höhepunkt entgegen und nimmt danach wieder langsam ab, um wiederum in Einzelfällen beinahe nahtlos in ein der Trennungsangst ähnliches Verhalten im Rahmen der Anhänglichkeit (s.u.) überzugehen. Das hat frühere Interpretatoren dazu veranlasst, von einer Achtmonatsangst zu sprechen, um ängstliches Verhaltens bei Säuglingen in einem einzigen Begriff zu erfassen. Das Fremdeln kann auch in einem schubförmigen Verlauf in Erscheinung treten. Häufig sind daran zeitweilige Störungen im Mutter-Kind-Verhältnis ursächlich beteiligt.

Die Fremdeldauer ebenso wie die Fremdelstärke sagen, wie bereits erwähnt, in erster Linie etwas über die Charakteranlagen eines Kindes aus. Erst danach geben sie auch Auskunft über die Gestaltung der Mutter-Beziehung, das heißt über den Zustand der primären Bindung. Es sind immer beide Aspekte in der Beurteilung des Fremdelphänomens zu beachten. Neugierige und auf Fremde allgemein tolerant reagierende Säuglinge fremdeln eher sporadisch und ohne viel Schreien, manchmal nur mit skeptischen Blicken und vorsichtigem Innehalten (Erstaunen im Stadium 1). Dasselbe gilt für solche, die sich ihrer Mutterbindung absolut sicher fühlen. Hingegen fremdeln ängstlich veranlagte Säuglinge, wie auch die, die sich in ihrer Bindung verunsichert fühlen, häufig und steigern sich schnell in panisches Schreien hinein. Solche Säuglinge können zeitweilig auch weitgehend vertraute Personen plötzlich wieder ablehnen, bzw. „anfremdeln", wie den Vater oder mitbetreuende Großeltern. Dies geschieht insbesondere in Stressmomenten, z.B. bei der Übergabe der Betreuungsaufgabe, oder wenn sie durch Schreck oder Schmerz ohnehin schon verunsichert sind.

Ein plötzlich abwehrendes Fremdeln führt bei den Mitbetreuern oft zu falsch verstandenen Gefühlen von persönlicher Ablehnung. Der Säugling verbindet aber mit seinem Fremdeln keine negative Beurteilung von jemandem, sondern er erlebt nur seine ureigenen Gefühle von (grundsätzlichem) Bedrohtsein. Allenfalls kennt er noch so etwas wie Antipathie gegen das Aussehen oder Auftreten bestimmter Menschen, was von dem Betroffenen ohne besondere Anstrengungen nicht zu beeinflussen ist. Niemand sollte sich also verletzt oder abgelehnt fühlen, wenn er von einem Säugling mit Fremdeln bedacht wird.

Selbstverständlich kann sich Fremdeln spezifizieren, wenn man den Säugling wiederholt unliebsamen Gefühlen aussetzt oder ihm Schmerz zufügt. Dann gibt man dem Gefühl des generellen Bedrohtseins zusätzlich Nahrung aus der Realität und konzentriert die damit verbundene Angst auf ein bestimmtes Geschehen. Kommt ein solches, bestimmtes Geschehen in der Folgezeit häufiger vor, wird der Säugling auf diese spezielle Angst konditioniert, was jetzt schon eine spätere objektbezogene Furcht (s.u.) vorwegnehmen kann. In einem solchen Fall kann der ältere Säugling eine bestimmte Person oder eine besondere Situation langsam erinnern.

Neben dem Fremdeln bei Personen gibt es auch das Fremdeln an unvertrauten Orten und in unbekannten Situationen. Vor allem wieder der ältere Säugling, ich spreche von einem Monatsalter jenseits der Halbjahresgrenze, erlebt seine Umgebung schon relativ detailliert und spürt genau, ob er sich an einem vertrauten oder unvertrauten Ort befindet. Bekannte Gerüche, Geräusche, Lichtverhältnisse und die räumliche Gestaltung zu Hause besitzen inzwischen „Abbildungen", bzw. Repräsentationen in seinem Gehirn und können so mit anderen Räumen und Orten verglichen werden. Da der Säugling zur Orientierung und Absicherung seiner Position gewohnte Umgebungsmerkmale immer wieder mit den Sinnen „aufsucht", wird deren gänzliche Umgestaltung erneut jene Unheimlichkeit in ihm hervorrufen, die er gerade in seiner vertrauten Umgebung überwunden hat.

Ganz ähnlich ergeht es dem Säugling, wenn die Erlebnisse seines gewohnten Lebensrhythmus plötzlich verändert sind oder sogar ganz „auf den Kopf gestellt" erscheinen, oder wenn seine Bezugsperson(en) unerwartet völlig anders reagieren, als er erwartet. Dann geraten alle in ihm schon ruhenden Muster seines Existenzgefüges in Unordnung und Angst macht sich breit. Der hiervon betroffene Säugling reagiert plötzlich auffallend nervös, unruhig, neigt wieder zum Schreien und trinkt oder isst schlechter. Auch einsetzende Schlafstörungen sind ein guter Indikator für belastende Veränderungen.

2.1.3 Der fremdelnde Säugling im Alltagsgeschehen

Nun sollten Eltern nicht denken, ein Säugling sei wie ein rohes Ei zu behandeln. Die Fähigkeit des Menschen zur Anpassung an veränderte Umgebungsbedingungen und Lebensverhältnisse ist enorm groß. Ursprünglich waren die Menschen evolutionsbiologischen Untersuchungen zufolge Nomaden und wechselten häufig, wenn nicht ständig, ihren momentanen Standort und die Umgebung. Allerdings blieben dabei bestimmte Umweltbezüge, insbesondere der unmittelbare Lebensraum, immer gleich, und genau das ist es, worauf auch heute noch der Säugling angewiesen ist. Wenn Eltern also etwas verändern wollen im direkten Lebensumfeld des Säuglings, ist ihnen zu empfehlen, gleichzeitig immer einige Eckkonditionen beibehalten. Soll z.B. eine weitere Betreuungsperson eingeführt werden, sollte dies im eigenen häuslichen Umfeld geschehen und mit enger Begleitung durch die Mutter oder eine andere wichtige Bezugsperson. Anzustreben ist immer ein langsamer Umgewöhnungsprozess beim Säugling.

Möchten Eltern mit ihrem Säugling verreisen und müssen sie dabei auch übernachten, nehmen sie am besten das Reisebett mit oder wenigstens die bekannte Bettumrandung und die Decke, damit etwas Vertrautes dem Säugling zur Orientierung dienen kann. Soll ein Säugling an ein anderes Zimmer gewöhnt werden, müssen wichtige Einrichtungsgegenstände übernommen werden, usw.

Grundsätzlich muss die Äußerung des Fremdelns von den angefremdelten Personen respektiert werden und sollte deren unmittelbaren Rückzug hervorrufen. Keinesfalls darf aus Gründen persönlicher Eitelkeit das Fremdeln bagatellisiert oder ganz ignoriert werden. Werden solche Grundsätze missachtet, riskiert man die Verstärkung der mit dem Fremdeln verbundenen Angstgefühle. Möglicherweise legt man so den Grundstein für die Fremdenangst bzw. Fremdenfurcht im zweiten und dritten Lebensjahr. Respektiert der Erwachsene aber die natürliche Abwehrhaltung des Säuglings, weicht das Fremdeln meist sehr schnell wieder dem gegenteiligen Verhalten der Neugier.

Aus diesen Erkenntnissen lässt sich ableiten, dass jede größere Veränderung in der Betreuung des Säugling lange genug vorbereitet sein muss, denn sie könnte jederzeit eine schwere Fremdelreaktion hervorrufen. Das heißt ein Babysitter oder auch die abends betreuende Großmutter sollten sich schon mehrmals im Beisein der Mutter mit dem Säugling beschäftigt haben und ihm vertraut geworden sein. Gute Voraussetzung für das Vorhaben bietet der Umstand, dass dem Säugling der Babysitter spontan sympathisch ist. An dem avisierten Abend sollte derjenige nun rechtzeitig, das heißt mit zeitlicher Pufferzone bereits im Hause sein. Ganz und gar verbietet es sich, den Säugling im Rahmen einer hektischen Übergabe einem fremden Babysitter zu überlassen. Das panische Schreien ist dann vorprogrammiert. Die Katastrophen, die solche Übergaben oft nach sich ziehen, werden von den Babysittern im Nachhinein gern klein geredet oder ganz verschwiegen, da das Misslingen der Betreuungsaufgabe letztlich auch auf ihre Babysitter-Fähigkeiten zurückfallen könnte. Bei den einen Säugling hütenden Familienmitgliedern ist die Unterschlagung solcher unliebsamer Information eher noch verbreiteter.

Der Verhaltensbiologe Irenäus Eibl-Eibesfeld führt ganz allgemein zum Thema Fremdeln und Mutter-Kind-Dyade in seinem bereits genannten Buch „Die Biologie des menschlichen Verhaltens" Folgendes aus: „In der Essenz besagt sie (gemeint ist die Bindungstheorie von Bowlby und Ainsworth), dass Mutter und Kind von vornherein durch stammesgeschichtliche Anpassung aufeinander abgestimmt seien und für die weitere Entwicklung einer Beziehung individualisiert vorbereitet handeln. Beide sind dabei aktive Partner. Das Kind ist keineswegs nur passiver Empfänger sozialisierender Reize. Unter anderem zeigt das Kind eine deutliche Monotropie (John Bowlby 1958), den Drang, mit einer bestimmten Bezugsperson – normalerweise handelt es sich um die Mutter – eine persönliche Beziehung einzugehen. Entscheidend für die Auswahl der Bezugspersonen sind dabei nicht das Ausmaß an physischer Betreuung, sondern Verhaltensmuster liebevoller Zuwendung, wie Herzen, Küssen, Ansprechen, zum Dialog Ermuntern und schließlich das gemeinsame Spielen. Jedes Kind braucht eine in dieser Weise interagierende und immer wieder verlässlich auftretende Bezugsperson" (1997, S. 259). In diesen wenigen Sätzen sind die wesentlichen Grundsätze, die zur Entstehung einer soliden

Bindung zwischen Mutter und Säugling vorausgesetzt sind, exakt zusammengefasst. Das Fremdeln gibt den Erfolg der eingegangenen Bindung klar und deutlich zu erkennen.

Der Grad des Fremdelns hat, anders als zu erwarten, eher wenig Voraussagewert für die spätere Persönlichkeit des Kindes. Das setzt jedoch voraus, dass Eltern mit dem Fremdeln ihres Kindes verständnisvoll und mit Respekt umgegangen sind. Man muss das Fremdeln als ein für die Mutter-Kind-Bindung im Sinne der Dyade unverzichtbares Geschehen werten, dessen spezielle Ausdrucksweise hauptsächlich mit den Temperamenten und Charakteranlagen der beiden Partner zusammenhängt (s.o.). In der Voraussage auf die spätere Persönlichkeit verhält es sich mit dem Fremdeln ganz ähnlich wie mit dem anderen wichtigen Signal einer eingehenden bzw. bereits eingegangenen Bindung, nämlich dem Lächeln oder Lachen. Konkret: Ein Säugling der allgemein wenig lächelt, juchzt oder lacht, ist nicht gleich unglücklich oder ohne Gefühle. Ebenso wenig ist ein Säugling, der stark fremdelt, nicht unbedingt gleich ein ängstlicher oder scheuer Mensch und ein Säugling, der so gut wie gar nicht fremdelt, ist keineswegs ein Autist. Es gibt Kinder, die schon im Säuglingsalter zu erkennen geben, dass sie risikofreudig sind und von einer großen Neugier getrieben. Sie fremdeln kaum. Und es gibt solche, die generell vorsichtig sind und alles Unbekannte erst einmal mit großer Skepsis betrachten. Sie fremdeln stark.

Auf jeden Fall baut sich auf das Phänomen des Fremdelns die weitere Ausgestaltung der eingegangenen Bindung auf, so dass es vor allem von der Reaktion der Mutter oder einer anderen primären Bindungsperson auf diesen Affekt abhängt, wie sicher die Bindung letztlich sein wird. So kann durch uneinfühlsames Verhalten der Mutter der seinen Anlagen nach schwach fremdelnde Säugling durchaus in negativer Hinsicht sensibilisiert werden und dann plötzlich deutlich stärker und mit größerer Angst fremdeln, als zu erwarten gewesen, und umgekehrt der stark fremdelnde Säugling durch einen einfühlsamen, vorsichtigen Umgang mit diesem Phänomen an Sicherheit gewinnen und letztlich weniger fremdeln. Gerade durch ein solches Elternverhalten schwächt sich oder verstärkt sich das **Urvertrauen**.

2.2 Die Anhänglichkeit

Fallvignette 3

Der knapp einjährige Robert strapaziert derzeit die Nerven seiner Mutter. Frau S. ist eine ziemlich resolute Mutter, die auf eine größtmögliche Unabhängigkeit ihrer Person dem kleinen Sohn gegenüber wert legt. Robert ist ihr erstes Kind. Er hat ihr von Anfang an Probleme bereitet mit seiner großen Unruhe und seiner Neigung, lang anhaltend zu schreien. Schon damals fiel es ihr schwer, auf die mit hohem Nachdruck geäußerten Bedürfnisse ihres kleinen Sohnes prompt einzugehen. Im zweiten Lebenshalbjahr musste sie das nächtliche Stillen aufgrund persönlicher Erschöpfung beenden. Dabei war ihr Roberts Vater behilflich, der sie beim nächtlichen Herumtragen abgelöst hat. Auch die Fremdelphase von Robert war lang und intensiv. Jetzt folgt Robert seiner Mutter auf Schritt und Tritt. Sobald sie sich aus dem Zimmer entfernt, um etwas zu holen oder um in einem anderen Raum ihrer Arbeit nachzugehen, fängt er an zu weinen und versucht ständig hinter ihr her zu krabbeln. Dadurch kann sie praktisch nicht mehr allein duschen oder auf die Toilette gehen.

Die Mutter gibt zu, Robert auch schon einmal weinen gelassen zu haben, ohne sich gleich um ihn zu kümmern. Der Erfolg war eine Eskalation seiner Erregung mit geradezu panischem Schreien. Hinterher hat die Beruhigung des aufgeregten Kindes mehr als eine halbe Stunde gedauert. Im Moment lässt sie immer die Tür weit offen stehen, wenn sie aus dem Zimmer geht, und wartet, bis Robert sie im anderen Raum sieht und hinterher kommt. Seitdem ist es besser geworden und manchmal spielt Robert sogar einige Minuten allein, bis ihm dann auffällt, dass die Mutter nicht mehr im Raum ist. Neuerdings gibt er dann nur noch Laute der Unzufriedenheit von sich, an denen die Mutter ablesen kann, wie sein emotionaler Zustand gerade ist. Danach richtet sie sich dann mit dem Wiederkommen. Am zufriedensten ist Robert offensichtlich immer dann, wenn er mit seinem „Spielzeug" um die Füße seiner Mutter herum spielen kann.

Mit dem Hinweis auf die entstandene Bindung will ich das Thema Fremdeln zunächst beenden und mich im folgenden Abschnitt der Anhänglichkeit zuwenden. Der Hinweis auf das verhaltensbiologisch ausgerichtete Buch eines Psychologen soll dazu gleichsam als Einleitung dienen. Es handelt sich um den Schweizer Psychoanalytiker und Verhaltensforscher Franz Renggli mit seinem Buch „Angst und Geborgenheit, Soziokulturelle Folgen der Mutter-Kind-Beziehung im ersten Lebensjahr" (1976). Darin benennt er die Beziehung, die die Mutter zum dem sich von ihr durch Krabbeln oder Davonlaufen entfernenden Kind besitzt, die einer „secure base", bzw. sicheren Basis (S. 74). Der Begriff trifft ziemlich genau das, um was es in dieser Entwicklungsphase geht.

Der Säugling vollzieht in dem Stadium, in dem er motorisch (8.–9. Lebensmonat) in der Lage ist, sich aktiv und selbstständig von der Mutter fortzubewegen, einen entscheidenden psychosozialen Fortschritt. Zugleich macht er auch einen gewaltigen, kognitiven Entwicklungsschritt. Dieser kognitive Sprung besteht darin, erste räumliche und auch zeitliche Weltzusammenhänge zu erkennen und auf diese Weise langsam zu verstehen, dass es neben dem unmittelbaren räumlichen Geschehen um ihn und seine Mutter herum weitere, momentan unsichtbare Räume gibt. Dabei lernt er begreifen, dass in diesen Räumen ein Geschehen auch ohne seine körperliche Anwesenheit seinen Fortgang nimmt oder genommen hat, und dass aus einem solchen Raum die für einen Augenblick verschwundene Person unversehrt wieder auftauchen wird. Die auf diese Weise beschriebene, vom Säugling erworbene, geistige Fähigkeit bezeichnet der Schweizer Entwicklungs- und Kinderpsychologe Jean Piaget als **Objektpermanenz**. Wegen der Wichtigkeit dieses fundamentalen Schrittes im logischen Weltverständnis und der Begriffsbildung des Kindes, es werden nun erste, räumlich bezogene Kategorien gebildet, war an dieser Stelle auf die kognitive Entwicklung zurückzugreifen, um die emotionalen Vorgänge im Kind zu verständlich zu machen.

Die neu errungene Denkfähigkeit lässt sich experimentell auf sehr einfache Weise darstellen und beweisen. Lässt man z.B. ein kleines Stofftier hinter einer schwarzen Leinwand auf der einen Seite verschwinden, blickt ein Säugling von etwa zehn bis zwölf Monaten automatisch zu der anderen Seite, weil er erwartet, dass das Tier dort wieder auftaucht. Ein sehr viel jüngerer Säugling kann diesen logisch-geistigen Schritt noch nicht vollziehen. Er vergisst das Tier und wendet seinen Blick anderen Dingen zu. Folgenden einfachen Versuch können alle Eltern mit ihrem etwa einjährigen Säugling ausführen. Sie verstecken einen interessanten Gegenstand unter einem Tuch im Beisein des Säuglings und ziehen sich zurück. Nach kurzem Überlegen wird der Säugling spontan das Tuch beiseite ziehen, um an den Gegenstand heranzukommen.

Der Säugling übt inzwischen auch selbstständig schon kleine Experimente aus, in dem er z.B. Spielsachen vom Wickeltisch oder aus dem Hochstühlchen herunterfallen lässt und diesen im Fallen hinterher schaut. Er lernt dabei (ab 9. Monat), dass diese immer nach unten fallen (Schwerkraft), im Fallen unverändert bleiben und eine gewisse Dauer brauchen, bis sie auf dem Boden laut aufschlagen. Die einen gehen kaputt, die anderen bleiben erhalten. Schließlich wirft er die Gegenstände regelrecht um sich, um zugleich auch Wirkung und Ergebnis seiner Kraftentfaltung und seines Handelns zu erfahren. Außerdem beginnt er nun an allen Schnüren zu ziehen, um zu sehen, dass er mit dem Werkzeug Schnur und mit Einsatz seiner Körperkraft Gegenstände bewegen und räumlich verändern kann. Bei all diesem Treiben wird ihm nun zum erstenmal die Urheberschaft seines Tuns bewusst. Urheberschaft ist hier noch zu werten als reine Verursachung und noch nicht als verantwortliches Handeln. All diese Handlungen und Tätigkeiten sind für den Säugling einstweilen experimentelles Spiel mit positiver emotionaler Auswirkung sowohl im Sinne der Integration als auch in dem neuer Motivation.

Allen Eltern bekannt ist auch das beliebte Versteckspiel, wobei sie selbst kurz hinter einem Vorhang oder Mauervorsprung, etc. verschwinden, um dann mit den Worten „guck-guck" wieder aufzutauchen. Beobachten sie den Säugling, bzw. das Kleinkind bei diesem Spiel genau, stellen sie fest, dass es in dem Moment des eigenen Verschwindens sehr unsicher und beängstigt zur entsprechenden Stelle hin schaut, um dann mit ängstlichem Blick im ganzen Raum umherzublicken. Tauchen sie wieder auf, überzieht ein Strahlen das kleine Gesicht und die angestaute Spannung entlädt sich in freudigem Lachen. Solche Spiele kann man nun beinahe endlos wiederholen. Der mit dem Spiel verbunden Lernprozess kommt nur durch die ständige Wiederholung zustande.

Was haben diese Spiele nun mit Anhänglichkeit und der „sicheren Basis Mutter" zu tun? Die Neugier und das Interesse am Erforschen seiner Umwelt drängen den Säugling fort von seiner (normalerweise) sich ständig um ihn herum bewegenden Mutter, bzw. primären Bezugsperson. Er spürt in sich den Auftrag, jetzt seinen Aktions- und Erkundungsradius zu erweitern. Er möchte das Gefühl von Eigenständigkeit erleben und genießt es, die Erfahrung von Räumlichkeit zu machen, Raum der ihn überall umgibt und den er ganz allein durchmessen kann. Aber die dabei vollzogene Entfernung von der Mutter ist für ihn gleichzeitig auch mit ängstlichen Gefühlen verbunden. Diese lassen in ihm das alte Empfinden der prinzipiellen Bedrohtheit wach werden. Es liegt nahe, diese Angstgefühle als die Ursprünge einer potenziellen Trennungsangst anzusehen. Bei den verstärkten Einschlafproblemen werde ich über diesen Aspekt noch einmal sprechen. So mischt sich in den großen Unternehmungsgeist also immer auch eine gehörige Portion Unsicherheit und Vorsicht, was den Säugling und das Kleinkind schnell wieder zur Mutter zurückkehren lässt, ja im Fall von ängstlicher Veranlagung erst einmal regelrecht „rockzipfelig" macht.

Der geschilderte Drang, etwas zu unternehmen, wird in dieser Entwicklungsphase zu einem im Inneren empfundenen „Wollen". Dieses Phänomen ist ein entscheidender Schritt in der emotionalen Entwicklung des Menschen, denn es zielt auf die sich verstärkende Ichempfindung ab. Das erste Wollen ist jedoch vorläufig noch angebunden an ein anderes, nahezu gleich starkes „Wollen", nämlich das, dauerhaft in Sicherheit bei der Mutter zu bleiben. Somit ist der erste echte Wille eines Menschen von vorn herein mit widerstrebenden Gefühlen gepaart. Der Wille ist aus rein psychologischem Blickwinkel betrachtet keineswegs von Anfang an zielstrebig und entscheidungsstark, sondern ganz im Gegenteil stark ambivalent. Erst mit der zunehmenden Selbstsicherheit im zweiten Lebensjahr gewinnt der Wille seine erforderliche Klarheit in der Absicht und erreicht die uneingeschränkte Authentizität des Wollenden, Eigenschaften, die ihm fortan zugrunde liegen. Der frühe Wille wird demzufolge nur langsam zu jenem selbstaktivierenden Empfinden, das man als erwachsener Mensch von ihm kennt. Die bezeichnende **Ambivalenz** des Willens kann jederzeit im weiteren Leben wieder auftauchen und Entscheidungsschwierigkeiten hervorrufen.

Dem Säugling kann in diesen entdeckerischen Anfangsmomenten nichts besseres geschehen, als dass seine Mutter immer und unmittelbar greifbar für ihn ist, damit er sich jederzeit zu ihr zurück flüchten und sich von ihr trösten lassen kann. Dieses Bedürfnis entwickelt er immer dann, wenn es ihm in seinem Forscherdrang zu brenzlig wird oder wenn ihm ein Missgeschick passiert. Damit wird die Mutter zu seiner – besagten – sicheren Basis. Passiert es aber, dass die Mutter nicht mehr da aufzufinden ist, wo er sie verlassen hat, oder schließt sich eine trennende Tür zwischen ihr und ihm, befällt ihn schnell wieder die große, alte Angst, seine Bezugsperson zu verlieren. Sein gerade gewonnenes Räumlichkeitsdenken ist vorläufig noch zu unvollkommen, als dass es ihm die Situation erklären könnte, und die Objektpermanenz muss erst in ihm einen Status von Zuverlässigkeit und Vertrautheit erlangt haben. Ein theoretisches Verständnis von Räumlichkeit überall auf der Welt, vor allem auch außerhalb seines ihm bekannten Lebensraumes hinter den vielen Türen und Wänden, muss er erst noch begreifen lernen. Aus dieser Angst vor Verlassensein oder (Mutter-) Verlust entwickelt sich sein beinahe panisches Schreien, das sich schnell steigert, wenn die Mutter auf seine Hilferufe nicht gleich reagiert.

Die Panik kann sich je nach Temperament und Charakteranlagen, aber auch durch im ersten Lebensjahr die Urangst fördernde Erfahrungen wie Schreien lassen oder Missachtung des Fremdelns, zu einem extremen „Klammern" an die Mutter steigern, so dass schon das Zuschlagen einer Tür oder das Verschwinden der Mutter hinter dem Duschvorhang lautstarkes Schreien auslöst. Solche Kinder zeigen häufig fortgesetzte Fremdenangst im Sinne eines anhaltenden, über die natürliche Zeit hinaus gehenden Fremdelns und können vorübergehend sogar wieder Personen ablehnen, die sie vorher schon freudig akzeptiert hatten. Diese Fremdenangst erfüllt jetzt mehr als die Urangst der ersten Lebensmonate die Vorausgaben für die Angstform **Furcht**, die im Gegensatz zur undefinierten Angst einen klaren, objektgerichteten Charakter besitzt. Vermutlich spielt hierbei aber doch noch die ganz ursprüngliche Angst mit, dass die fremde Person das Kind seiner Mutter „wegnehmen" könnte und damit eine unerträgliche, weil endgültige Trennung hervorrufen. Genau in dieser Verbindung könnte man den Beginn der Trennungsangst sehen. Ich werde darauf zurückkommen.

An dieser Stelle lässt sich gut auch folgendes Phänomen besprechen, das eigentlich erst später im zweiten Lebensjahr auftritt. Das Kind erlebt es als unerträglich, wenn Mutter und Vater sich „zu nahe kommen" und Zärtlichkeiten austauschen. Unter Umständen wirft es sich wütend dazwischen und attackiert (bei aggressivem Temperament) auch zuweilen seine Eltern durch erbostes Schlagen. Auch hierbei wird eine enorme Ambivalenz der Gefühle im Kind deutlich. Einerseits fühlt es sich immer noch stark zur Mutter hingezogen als der primären Bezugsperson und „sicheren Basis", andererseits nimmt es sich jetzt den Vater zum Loslösungsvorbild als Halt und Identifikationsperson für die Unabhängigkeit von der Mutter. Beide Haltungen fühlt das Kind in seinem Inneren gleich stark und muss sich zwischen diesen gefühlsmäßig entgegengesetzten Positionen nun entscheiden. Das fällt ihm schwer, denn beide Positionen sind von geliebten Elternteilen besetzt und nur in ihren fest gefügten, alternativen Rollen kann das Kind seine Eltern als Person widerspruchsfrei identifizieren. Gehen die Eltern nun aber augenscheinlich eine zu starke Allianz ein, zerbricht die klare Ablösungsstruktur, und das Kind erlebt sich innerlich in einem gefühlsmäßigen Hinundhergerissensein, das heißt in einem neue Spannungen auslösenden Widerstreit. Ärgerlich oder sogar wütend will es den „alten" und eindeutig klaren Zustand wiederherstellen. Auf dieser zwiespältigen Grundposition könnten sich später, so mag man spekulieren, Teile des Eifersuchtsgeschehens aufbauen.

2.2.1 Die Grundlagen der Bindungstheorie (Fremde-Situations-Test)

Der an der Verhaltensbiologie des Menschen interessierte, britische Psychoanalytiker John Bowlby und seine Schülerin Mary Ainsworth begründeten zwischen 1950 und 1970 aufgrund von Beobachtungen an psychisch auffälligen, überwiegend in Heimen aufwachsenden Kindern eine neue, tiefenpsychologische Sichtweise des frühkindlichen Verhaltens in Bezug auf das Verhältnis zur Mutter, die schon genannte Bindungstheorie (Bowlby 2001). Erkenntnisse zu diesen Verhaltensweisen gewann Bowlby aber auch aus der Interpretation der Verhaltensweisen von jungen Tieren, insbesondere der Menschenaffen bzw. Primaten (z.B. auch H.F. Harlows Versuche an jungen Rhesusaffen mit echten Müttern und Mutterattrappen, 1958). Die Übertragung solcher Verhaltensmerkmale von Jungtieren auf menschliche Nachkommen setzte grundsätzlich die Anerkennung darwinistischer Grundprinzipien der menschlichen Evolution voraus, die Bowlby akzeptierte.

Die fast magnetische Bindung junger Tiere an ihre Mutter bezeichnet man in der Verhaltensbiologie als Prägung. Der Verhaltensforscher Konrad Lorenz hat der Welt in einem klassisch gewordenen „Selbstversuch" überzeugend vorgeführt, wie weit der Prägungsdruck bei Tieren gehen kann, in dem er sich selbst zur Mutter Gans „herabstufte" und daraufhin die frisch geschlüpften Gänseküken ständig hinter ihm her liefen.

Mary Ainsworth (in: Bindungsmuster. Eine psychologische Studie der Fremde-Situation, Engl., 1978) entwickelte in den 1970er Jahren einen Verhaltenstest an etwa einjährigen Kindern, der als „Strange-Situation-Test" oder auf Deutsch „**Fremde-Situation**" in die Geschichte der frühkindlichen Entwicklungspsychologie eingegangen ist (vgl. u.a. Grossmann und Grossmann 2003, s.u.). Auf Mary Ainsworth geht auch das Konzept der Feinfühligkeit zurück, welches schon in den siebziger Jahren des vergangenen Jahrhunderts die prompte Befriedigung der Säuglingsbedürfnisse als unerlässliche Voraussetzung für eine sichere Mutter-Kind-Bindung darstellte. Vier mütterliche Eigenschaften (sie sprach immer von Müttern, obwohl auch Väter prinzipiell dazu in der Lage sind) rückte sie dabei in den Vordergrund der Säuglingspflege: erstens den aufmerksamen Blick auf ihren Säugling, zweitens die richtige Interpretation seiner Signale, drittens die zuverlässige und prompte Befriedigung seiner Bedürfnisse (Kontingenz) und viertens ihre angemessenen Reaktionsweisen auf das frühkindliche Kontaktbedürfnis. Ihrer Meinung nach sorgten rechtzeitiges Trösten und Beruhigen, sowie zuverlässiges Abwenden von Schmerz und Leid für die Grundlagen einer sicheren Bindung. Andererseits sollte Freude beim Säugling bei der Mutter zu gleichermaßen erfreuten Reaktion in angemessener Form führen, ohne dass diese auf solche positiven Affekte ihrerseits übermäßig Einfluss nimmt. Das Konzept der Feinfühligkeit deckt sich nahezu vollständig mit den Grundprinzipien der emotionalen Integration; hier lautet die Terminologie für den positiven Austausch der Affekte aber Einfühlsamkeit, weil der steuernde Teil mehr bei der Mutter gesehen wird.

Die Fremde Situation ist ein überwiegend empirisches Instrument zur Überprüfung der Bindungsqualität am Ende des ersten Lebensjahres. Das wesentliche Zeichen zur Einstufung der Bindungssicherheit beim Kind ist seine Reaktion auf zwei in schneller Folge provozierte Trennungen von der Mutter bzw. der primären Bezugsperson. In kurzen, aufeinander folgenden, standardisierten Beobachtungssequenzen wird das kindliche Verhalten in der Konfrontation mit einer fremden Person (möglichst per Videoaufzeichnung) und anhand seiner auftretenden Reaktionsweisen bei der Rückkehr der Mutter definiert. Die Sequenzen verlaufen wie folgt:

121

Das Kind betritt zusammen mit seiner Mutter einen ihm fremden Raum und soll dort in ihrem Beisein spielen. Dabei wird zunächst sein Explorationsverhalten bewertet. Eine fremde Betreuerin kommt nun hinzu, versucht im Beisein der Mutter Kontakt zum Kind aufzunehmen und mit ihm zu spielen. Bindungsbedürfnis (Anklammerung) und Exploration (Neugier) werden in einer Skala erfasst. Nach einer Weile verlässt die Mutter den Raum und das Kind bleibt mit der Betreuerin zurück. Die Betreuerin versucht nun, den spielerischen Kontakt zum Kind aufrecht zu erhalten. Dabei ist sein durch die Trennung verändertes Verhalten entscheidend in der Beurteilung. Bei der Rückkehr der Mutter und in der Wiedervereinigung zielen die Beobachtungen in Richtung auf die durch das Trennungsgeschehen ausgelösten kindlichen Reaktionsweisen. Sie sind der ausschlaggebende Faktor und bilden die Grundlagen für die Gesamtbewertung. Trennung und Rückkehr der Mutter wiederholen sich in identischer Weise ein zweites Mal, einerseits um mögliche Anpassungsprozesse an den Vorgang zu erkennen, andererseits um die Belastbarkeit des Kindes, was Trennungen anbelangt, weiter auszuloten. Schließlich verlässt die fremde Betreuerin den Raum. (Es gibt hierzu noch verfeinerte Abläufe zu wissenschaftlichen Zwecken).

Standardmäßig werden drei Hauptreaktionsformen des Kindes unterschieden, die sichere Bindung (B), die unsicher-vermeidende Bindung (A) und die unsicher-ambivalente Bindung (C).

Eine vierte Kategorie wurde später durch zahlreiche, beobachtende Studien abgegrenzt und als desorganisierte Bindung (D) bezeichnet. Letztere soll die Verhaltenselemente der drei vorausgegangenen Bindungstypen enthalten, mit dem entscheidenden Unterschied, dass insgesamt keinerlei durchgängiges und klares Bindungsmuster im Verhalten mehr zu erkennen ist. Im Vergleich mit den unsicheren Bindungstypen lässt sich diese später hinzugefügte Klassifikation gut nachvollziehen und charakterisiert eine deutliche Verstärkung im Schweregrad.

Eine sichere Bindung bleibt gegenüber desorganisierten Verhaltensweisen in der Bindung resistent. Nur in einer extremen Belastungssituation kann sie vorübergehend einmal destabilisiert werden. Diese Widerstandsfähigkeit in der Bindungsstruktur ist bei den unsicheren Bindungstypen nicht zu erkennen.

Zur Beschreibung der typischen kindlichen Reaktionen im Fremde-Situations-Test dient die folgende zusammenfassende Darstellung. Gemessen werden die Beobachtungsparameter Nähe suchen, Nähe aufrechterhalten, Widerstand gegen Nähe und Kontakt sowie Vermeidung von Nähe und Kontakt (in Anlehnung an Grossmann und Grossmann 2003 und B. Strauß in: Sexueller Missbrauch, Misshandlung, Vernachlässigung 2004).

Typische Reaktionen im Fremde-Situations-Test

1. Das Kleinkind spielt im Beisein der Mutter mit neugierig erforschendem Interesse. Es registriert den Eintritt der fremden Person und nimmt freundlich distanzierten Kontakt zu ihr auf. Den Fortgang der Mutter registriert es mit Sorge durch Unterbrechen seines Spiels und lässt sich nur unwillig von der fremden Person beruhigen. Erleichterung wird evident, wenn die Mutter zurückkehrt. Die Mutter wird vom Kind sofort freudig begrüßt und liebevoll umarmt. Es hält die mütterliche Nähe und spielt dann weiter. Die fremde Person wird grundsätzlich nur im Notfall als Hilfe akzeptiert. Solche Kinder bezeichnet man als **sicher gebunden**, bzw. „gut integriert". Historischer Typ B.

2. Das Kleinkind spielt expansiv mit den neuen Angeboten und scheint keine weitere Notiz von der Anwesenheit der Mutter zu nehmen. Auf das Hinzukommen der fremden Person reagiert es eher gelassen oder ungewöhnlich freundlich und nimmt schnell Kontakt zu ihr auf. Es scheint auch keine Probleme damit zu haben, dass die Mutter den Raum verlässt. Es lässt sich ohne ersichtliche Skepsis oder Reserviertheit von der Betreuerin ablenken und konzentriert sich auf sein Spiel. Kehrt dann die Mutter zurück, nimmt das Kind von ihrer Rückkehr scheinbar keine Notiz, vermeidet weiterhin offenkundige Gefühle und widmet sich weiter seinem Spiel. Dieser „Typ" gilt als **unsicher-vermeidend gebunden**, bzw. als „desintegrativ". Historischer Typ A. Neurophysiologische Untersuchungen an diesen Kindern konnten feststellen, dass ihr Verhalten wie beim ambivalenten Typ A von einem enorm hohen Stresspegel begleitet ist.

3. Das Kleinkind spielt ungern in der neuen Umgebung und hängt mehr an der Mutter, als dass es sich von ihr entfernte. Es reagiert sehr ängstlich, gestresst und weint oder schreit sogar, wenn die fremde Person eintritt. Es klammert sich an die Mutter. Das Verlassen des Raumes durch die Mutter registriert das Kind mit großer Angst und versucht u.U. ihr zu folgen. Es weint oder schreit verzweifelt, wenn die Mutter fort ist, und akzeptiert so gut wie keine Beruhigungsmaßnahme von der fremden Person. Wenn die Mutter zurückkehrt, reagiert das Kind aber weiter mit Unsicherheit und Angst und kann sich auch auf ihrem Arm zunächst nicht beruhigen. Anklammerung und Ablehnung kommen gleichzeitig zum Vorschein. Verhaltensweisen aus dem Spektrum von Wut und Widerstand treten auf. Solcher Kinder werden als **unsicher-ambivalent gebunden** bezeichnet, bzw. als „hochgradig affektiv". Historischer Typ C.

4. Das Kleinkind ist zeigt in Anwesenheit der Mutter ein diffuses Bindungsverhalten mit einer Mischung aus explorativen und anhänglichen Eigenschaften. Das Kind scheint orientierungslos, was die eingegangene Bindung anbelangt. Das Bedürfnis nach Nähe wechselt auffallend rasch und andauernd mit den Anzeichen, Distanz einnehmen zu wollen. In der Konfrontation mit der fremden Person kommen keine eindeutigen Signale von Angst und Unsicherheit auf. Nicht immer gibt es eine klare Beziehungsaufnahme zur fremden Person und wenn, dann ist sie von diffusem Interesse gekennzeichnet. Bei der Rückkehr der Mutter bleibt die Bindungsstruktur unklar, Elemente von Wut und Widerstand kommen vor, aber auch Gleichgültigkeit und Desinteresse Solche Kinder gelten als **desorientiert** oder „dissoziativ". Historischer Typ D.

Was hier zunächst nur in einer „Laborsituation" beobachtet worden ist, stellte sich recht bald auch in der realen Kinderstube als eine recht aussagekräftige Untersuchungsmethodik heraus. Denn was von Ainsworth unter dem Titel „Bindungsfestigkeit: Darstellung und Wirkung als biologisch geprägte Verhaltensstatistik" in Fachkreisen veröffentlicht und diskutiert wurde (vor allem unter den verschiedenen Vertretern der Psychoanalyse), entpuppte sich als erste klare Analyse der im ersten Lebensjahr entstehenden Mutter-Kind-Bindung. Der einzige Unterschied im wirklichen Geschehen besteht in der schwierigen Reproduzierbarkeit. Denn im wirklichen Leben sind die Bedingungen immer vollkommen unterschiedlich. Das Phänomen der Anhänglichkeit, das diesem Test letztendlich zugrunde liegt, ist mehr noch als das Fremdeln der sicherste und zugleich auch am leichtesten prüfbare Ausdruck der vom Säugling eingegangenen Bindung zu seiner Mutter.

Insbesondere der Psychoanalytikerin Margaret Mahler ist es zu verdanken, dass dieses verhaltensbiologisch anmutende (Bindungs-)Konzept eine tiefenpsychologische Untermauerung und Erklärung erhielt.

2.2.2 Tiefenpsychologische Erklärung der Bindungstheorie

M. Mahler ging davon aus, dass die körperliche und psychische Geburt des Menschen zeitlich nicht zusammenfallen. Das heißt, die Seele eines Menschen entwickelt sich in mehreren Stufen und Phasen erst im Laufe der Säuglings- und Kleinkindzeit zu ihrer späteren Gestalt (s.o.). Diese Auffassung legt zugrunde, dass die menschliche Seele einem Reifungsprozess unterliegt, wie die körperlichen Organe auch. Das bedeutet zugleich, dass auch sie einem speziellen Organ zuzuordnen ist. Heutzutage dürfte kein Zweifel mehr daran bestehen, dass dieses Organ das Gehirn ist. Diese Auffassung möchte die Neurowissenschaften in Zukunft mit eindeutigen Untersuchungsergebnissen zum emotionalen Zustand des Menschen beweisen.

Aber diese Anschauung wirft immer noch grundsätzliche Meinungsunterschiede auf. Der entscheidende Unterschied ist der, den man in der Philosophie als das Leib-Seele-Problem bezeichnet. Danach gilt es bis heute immer noch als eine ungelöste Frage, wie die Seele des Menschen im Gehirn verankert ist und wie sie als organischer Prozess geistige Zustände steuern kann. Die Gegenposition lautet, dass die Seele als vom Organ Gehirn gelöst zu betrachten ist und sich von Anfang an vollständig frei im Menschen entfaltet. Problematisch bleibt aber auch bei dieser Anschauung der Verknüpfungspunkt zwischen der materielosen Form der Seele und dem materiellen Organ oder Körper. Die Frage muss also weiterhin als ungelöst gelten.

In der rein naturwissenschaftlichen Vorstellung ist die Seele als eine Repräsentanzerscheinung aller erlebten Gefühle fest im Gehirn verankert und in einem speziellen Modulsystem von miteinander verbundenen Anteilen des Zentralnervensystems und neuronalen Netzwerken zu suchen. Den Ansichten von Mahler müsste eine solche Erklärung nachträglich zugrunde gelegt werden. Sie besagt, dass der neugeborene Mensch psychisch neutral zur Welt kommt außer in der genetischen Festlegung seiner Temperaments- und Charaktermerkmale und erst im Laufe der ersten Lebensmonate und Jahre sich die individuelle Ausgestaltung seiner Seele langsam erwirbt. Diese Grundeinstellung hat sich in der Entwicklungspsychologie weitgehend durchgesetzt und war letztendlich auch die Anschauung von Sigmund Freud bei seiner Formulierung der psychischen Struktur.

Wie auch immer man das Leib-Seele-Problem für sich auflöst, aus entwicklungspsychologischen Beobachtungen an Kindern ergibt sich die grundlegende Ansicht, dass die menschliche Seele ein Entwicklungsvorgang in vielen Einzelschritten ist, der sich unter dem individuellen Einfluss der Daseinssituation und der realen Lebensbedingungen so oder auch ganz anders gestalten kann. Aus anthropologischer Sicht darf man meines Erachtens heutzutage also mit einiger Sicherheit drei Faktoren benennen, welche die seelische Entwicklung eines Menschen in dieser Entwicklung determinieren:

a) die (ererbten) Charakteranlagen, die ihren Ausdruck im Temperament finden,

b) die frühkindlichen Lebensbedingungen in Verbindung mit den Bindungsverhältnissen,

c) die jeweilige aktuelle (individuelle) Lebenssituation.

Die beiden letzteren Faktoren sind genau genommen Ergebnisse der speziellen Anpassung des Individuums an die von ihm vorgefundenen Lebensumstände.

Die Grundzüge der Bindungstheorie sehen zwei miteinander gepaarte Elementargeschehen des menschlichen Lebens als Motor für die seelisch-geistige Entwicklung an, das Eingehen einer festen Bindung an eine bestimmte Person (primäre Bezugsperson) und die Schritte zur Loslösung aus dieser Bindung. Die Spannung, die hierdurch in jedem Menschen entsteht, löst sich auf, wieder mit Blick auf Mahler, in einem Entwicklungsdruck, der hin zur individuellen Gestaltung des eigenen Lebens, das heißt zur Individuation und Autonomie führt. Mahler beschrieb in ihrer Formulierung der Symbiose (s.o.) die enorme Abhängigkeit des Säuglings von der Mutter als das zentrale Geschehen am Anfang des Lebens eines jeden Menschen. Sie meinte dabei nicht nur die physische, also die auf Ernährung und Pflege bezogene Abhängigkeit, sondern vor allem auch die psychische Verflochtenheit durch die gemeinsamen Gefühle und die über die Mutter bezogene Selbstwahrnehmung.

Vor allem auf Mahler zurückzuführen ist der Begriff der Mutter-Kind-Dyade, welcher zum gebräuchlichen Vokabular in der Entwicklungspsychologie geworden ist und der auch in der vorliegenden Betrachtung als ein zentraler Begriff bestehen bleiben soll. Aus der Mutter-Kind-Dyade leitet sich in der von mir formulierten, emotionalen Integration (s. Kapitel 1.5) beinahe unmittelbar die Leih-Selbst-Konstellation für den Säugling ab. Ich denke, erst wenn diese Zusammenhänge richtig verstanden sind, lässt sich begreifen, was im Säugling vorgeht, wenn ihn das beängstigende Gefühle der Unheimlichkeit im Schreien, im Fremdeln und in der Trennung von der Mutter oder einer anderen wesentlichen Bezugsperson befällt.

Ein wenig anders, um in der Besprechung vollständig zu sein, stellt sich die Sicht zum Selbstempfinden des Säuglings z.B. bei dem amerikanischen Psychiater Daniel Stern dar, was jedoch im Endergebnis, nämlich im Verhältnis zwischen Mutter und Säugling, keinen wesentlichen Unterschied macht. Stern stellt ein in sich zusammenhängendes (kohärentes), aber noch rudimentäres Selbstempfinden (Kern-Selbst) beim Säugling fest und betont daher ganz besonders die Notwendigkeit einer primären Übereinstimmung der Gefühle zwischen Mutter und Kind, das „affect attunement" (Stern, s.o.). Aus dieser gefühlshaften, interaktionären Übereinstimmung soll sich im Endeffekt das Phänomen der primären Bindung entwickeln und gleichzeitig die Fortentwicklung zum subjektiven Selbst ergeben. Gegen die Ansicht ist nichts einzuwenden. Im Gegenteil, vor allem von dem Begriff „affect attunement" sollte man grundsätzlich in der Vorstellung von der Mutter-Kind-Dyade viel Gebrauch machen, denn gerade die Dyade als Repräsentanz der Leih-Selbst-Situation ist auf das optimale, gefühlshafte Aufeinanderabgestimmtsein von Mutter und Säugling angewiesen. Margaret Mahler, insbesondere in der zusätzlichen Interpretation von György Gergely (s.o.), und Daniel Stern sind sich also bei gewissen theoretischen Unterschieden in der Forderung nach einer soliden und zuverlässigen Mutterbindung des Säuglings absolut einig.

Wissenschaftliche Erkenntnisse 5

Bindungstheorie und Neurowissenschaften

Nach der Entwicklungspsychologie haben jetzt auch die Neurowissenschaften und Verhaltensbiologen das enge und zuverlässige Aufeinanderabgestimmtsein der Gefühle von Mutter und Säugling erkannt und in ihre Forschungsprogramme aufgenommen. Da man aber an kleinen Säuglingen aus ethischen Gründen nicht forschen kann, bleibt der Wissenschaft nichts anderes übrig, als mit dem Menschen einigermaßen vergleichbare Tierarten für ihre Experimente zu nehmen. Dazu werden z.B. Jungtiere von Primaten gewählt, also kleine Affen, oder aus bestimmten Gründen niedere Säugetieren wie z.B. Mäuse und Ratten. Ziel dieser Forschungen ist es, die ganz frühe Bindung der jungen Tiere an ihre Eltern, die sogenannte Filialprägung, zu beobachten und dann die Auswirkungen von gezielten Störungen dieser Bindung zu untersuchen. Die Ergebnisse solcher Untersuchungen, wenn die Filialprägung behindert oder ganz unterbunden wird, sollen hier kurz besprochen werden.

Sowohl die Untersuchungen an Affenjungen als auch an kleinen Ratten, oder z.B. auch an Haushuhnküken ergaben bei gezielter Fehlprägung regelmäßig massive Störungen im späteren Sozialverhalten der heranwachsenden Tiere, und zwar bis hin zu einem Ausstoß aus ihrer sozialen Gruppe. An jungen Ratten (Degusratten) ging man an der Universität Magdeburg noch einen Schritt weiter (Braun und Bock 2003, s.o.) und untersuchte die Auswirkungen einer gezielten Störung der Prägungsvorgänge mittels eines genau definierten Angstreizes, den man den Jungtieren durch mehrfache und längere Trennung von ihren Elterntieren setzte. Die Folgen waren gravierend. Die heranwachsenden Jungratten zeigten in fremder Umgebung starke motorische Unruhe und völlige Desorientiertheit. Anders als ihre gesunden Geschwister fanden sie sich in neuen Umgebungen nicht zurecht und reagierten auf die Herausforderung der Exploration mit großer Angst. Bei der Untersuchung ihrer Gehirne zeigten sich Störungen in der Verteilung der Synapsen, jener Verschaltungsorgane, mit denen Nervenzellen untereinander in Netzwerk-Kontakt treten und Informationen austauschen. Betroffen im Gehirn waren besonders Strukturen, die mit der Steuerung der Emotionen in Verbindung zu bringen sind (Teile des Limbischen System, vor allem Mandelkerne/Amygdala, Teile des cingulären und frontalen Cortex). Die Zusammensetzung der Neurotransmitter, welche an den Rezeptoren in den synaptischen Verschaltungen operieren, erschienen ebenfalls gestört, vor allem die Neurotransmitter Serotonin und Dopamin. Beide Neurotransmitter beeinflussen auch beim Menschen sehr stark die psychischen Empfindungen und motivationalen Prozesse.

Allan N. Schore (2000) spricht hinsichtlich solcher Gehirnaktivität beim Menschen vom orbitofrontalen System als dem „rostralen", das heißt vorverlagerten, „limbischen System" (Gefühlszentrum), das vor allem mit dem rechten Frontalhirn und sekundär auch der gesamten rechten Hemisphäre in direkter Verbindung steht. Damit wertet er besonders die orbitofrontale Hirnrinde als das Zentrum für die Entwicklung und Speicherung früher Gefühle und des Sozialverhaltens. Als Beleg hierfür zitiert er verschiedene Forschungsarbeiten, die durch bildgebende Verfahren wie die Positronenemissionstomographie diesen Ort im Gehirn als Emotionszentrum ausmachen konnten.

Ich möchte von dem kurzen Ausflug in die Neurowissenschaften zum Leben der Säuglinge zurückkehren. Natürlich kann man die viel komplexeren menschlichen Verhaltensformen nicht unmittelbar aus dem Instinktverhalten der Tiere ableiten. In Grundzügen gibt es aber doch verblüffende Analogien, die es zu betrachten gilt. Auch die Säuglinge reagieren ganz eindeutig mit Angst auf die Trennung von ihrer primären Bezugsperson, in der Regel die Mutter. Auch das Fremdel-Verhalten muss man früheste Angst-Reaktion wie bei Trennung werten. Zwar werden beim Fremdeln Mutter und Säugling nicht wirklich getrennt, aber der Säugling empfindet im Erkennen des Fremden offenbar eine Art Trennungsmacht, durch die er der Mutter weggenommen werden könnte. Der Säugling macht diese Sorge im Gegensatz zum Tier schon allein an dessen Augen, bzw. Blicken fest. Es ist faszinierend festzustellen, dass man durch Fortschauen einen fremdelnden Säugling ziemlich unmittelbar wieder beruhigen kann. Umgekehrt fängt der Säugling sofort an zu weinen, wenn man seine Augen erneut auf ihn richtet.

2.2.3 Die Anhänglichkeit im alltäglichen Umgang

Wie beim Fremdeln kommen auch bei der Anhänglichkeit basale Bedürfnisse des Säuglings nach Sicherheit und Geborgenheit zum Ausdruck. Diese Schutzbedürfnisse sind ihm aus der evolutorischen Vorgeschichte der Menschheit genetisch vorgegeben und dienen gleichzeitig der Herstellung, Verfestigung und fortgesetzten Aufrechterhaltung der primären Bindung. Es ist ganz und gar nicht so, als käme in dem Bedürfnis des Säuglings nach permanentem Mutterkontakt ein übertriebener Wille zum Ausdruck, der Mutter ständig zu folgen und immer in ihrer unmittelbaren Nähe zu sein. Ebenso wenig ist es so, dass der Säugling versucht, seine Eltern hinsichtlich einer andauernden Präsenz zu gängeln oder gar zu erpressen. Solche gezielten, steuernden Eingriffe in die Interaktionsformen zwischen Mutter bzw. auch Vater und Kind kann ein Säugling noch nicht leisten. Dazu fehlen ihm auch weiterhin noch wesentliche Anteile des begrifflich-logischen Denkens. Denn um solche Gedanken zu entwickeln, bedarf es einer komplizierten, kalkulierenden Gedankenführung mit zielgerichteter Schlussfolgerung. Der Säugling besitzt aber einstweilen dazu weder die nötige Lebenserfahrung (Empirie), was typisch menschliche Reaktionsweisen angeht, noch die Fähigkeit zur Antizipation, das angestrebte Verhalten des Anderen (hier die Eltern) im Geist vorwegzunehmen. Darüber hinaus mangelt es ihm noch an einem erkenntnishaften Verständnis von Zeitabläufen, insbesondere hinsichtlich eines erwarteten Geschehens. Und alle diese in Wahrheit ja nicht vorhandenen Fähigkeiten müssten dazu dienen können, dass der Säugling selbst versteht, was er da tut und warum er es tut. Das Verstehen des eigenen Tuns ist Voraussetzung für jede willentliche Planlegung. Solche Möglichkeiten der Selbstvorstellung besitzt der Säugling aber auch am Ende seines ersten Lebensjahres noch nicht. Noch steckt er in der illusionären Vorstellung einer personellen Einheit mit seiner primären Bezugsperson. Weiter oben habe ich die Leih-Selbst-Situation besprochen.

Spezielle Fähigkeiten außer der Animation zu beständigem Kontakt, mithilfe derer der Säugling seine Eltern im Verhalten steuern könnte, sind nicht Teil seines genetischen Programms. Solche Fähigkeiten wären auch gar nicht gut für ihn, denn viel zu festgelegt wäre er sonst schon in seinen Verhaltensstrukturen und zugleich zu wenig flexibel für die notwendige Anpassung an die jeweils individuell vorgefundene Lebensumwelt. Auch kämen seine Steuerungsambitionen aus dem gedanklichen Leerraum, das heißt ohne jeden geistigen Hintergrund und führten ihn schnell ins Verderben. So gesehen ist der Säugling also unschuldig an dem, was er verlangt und auch unschuldig daran, wie er dieses Verlangen äußert.

In weiteren Arbeiten von Gergely und Fornagy (s.o.) wird interessanterweise genau diese Position wieder infrage gestellt. Auf den Grundlagen von Selbsterfahrungen durch differenzielle Kontingenzerkenntnisse bereits im Säuglingsalter sollen zumindest Einjährige schon in der Lage sein, den emotional-affektiven Zustand ihrer Bezugspersonen ausdeuten zu können. Fähig hierzu würden sie auf eine sehr komplizierte Weise von Wahrnehmungsverarbeitung im Gehirn. Durch gezielte Untersuchungen glauben die Autoren feststellen zu können, dass die Säuglinge durch Unterschiede zwischen ihren eigenen Gefühlswahrnehmungen und den gerade gespiegelten Reaktionen ihrer Bezugspersonen das wahre Getrenntsein von beiden erkennen zu können. Der eigentliche Auslöser dieser nicht-stimmigen, auseinander brechenden Interaktion zwischen Mutter oder Vater und Säugling ist die von der Bezugsperson unbewusst produzierte (emotionale) **Markierung** seiner Spiegelung. Markierung oder Markiertheit soll bedeuten, dass die von ihr spontan vollzogene Rückspiegelung jener vom Säugling dargebotenen Affekte nicht kongruent erfolgt, sondern tatsächlich in deutlich übertriebener Weise stattfindet. Auf diese Weise muss der Säugling den Eindruck gewinnen, dass diese Emotionen nicht die seinen sind und einer anderen Person angehören. In zwei weiteren frühen, kognitiven Schritten soll diese Erfahrung des Säuglings zu einem geistigen Rückschluss auf seine von der primären Bezugsperson getrennte Existenz führen (referenzielle Entkopplung und referenzielle Verankerung). Ich meine, dass durch solche Erfahrungen des Säuglings hinsichtlich seiner Selbstwahrnehmung höchstens eine Vorahnung des wahren Getrenntseins hervorgerufen wird.

In der mit einem Jahr zwar ausklingenden, aber einstweilen noch bestehenden Leih-Selbst-Situation ist meiner Ansicht nach noch kein auf das eigene Ich bezogenes, von der primären Bezugsperson vollkommen losgelöstes Selbstverständnis vorhanden. Dieses existenzielle Grundmuster gilt auch noch größtenteils für die Phase der Anhänglichkeit. Somit kann die Nichtübereinstimmung der Gefühlsempfindung mit der Bezugsperson vom Säugling zwar irritierend empfunden werden, aber (noch) nicht zur Erkenntnis von zwei getrennten Menschenwesen führen. Somit müssen auch die Schlussfolgerungen von Peter Fornagy über eine frühe Affektregulation oder Beherrschung der Gefühle (s.u.) des älteren Säuglings und Kleinkindes wenigstens hiernach infrage gestellt werden.

Selbstverständlich wäre dann auch ein strategisches, vom Willen geprägtes und auf den eigenen Vorteil bedachtes Denken des gerade ein Kleinkind gewordenen Säuglings, womit ich wieder Anschluss an das anhängliche Verhalten gewinne, nicht nur nicht möglich, sondern beinahe sogar selbstschädigend. Denn die große Anhänglichkeit strapaziert unweigerlich die Bindungsstrukturen und bringt die Mutter gegen sich auf. Ebenso wenig ist aber vorläufig auch noch ein auf die Bezugsperson gerichtetes, empathisches Denken möglich und damit wiederum kein sich selbst und seine Ansprüche zügelndes Handeln. Gerade aber das erwarten Eltern von ihrem Kind.

Von der wieder aufflammenden Angst vor dem Alleingelassensein, die das Kleinkind bei seinen ersten Schritten in die Selbstständigkeit befällt, hatte ich bereits weiter oben gesprochen. Die Zunahme des Bewusstseinsgrades vom eigenen Selbst geht nicht, wie man annehmend könnte, auch mit einer Zunahme von Mut und Zuversicht einher, sondern erst einmal nur mit neuer Angst, Angst vor dem gerade dadurch drohenden Verlust von der Mutter und Bezugsperson. Die Angst in diesem Stadium ist zum erstenmal gepaart mit einem Gefühl von Trennungsschmerz. Dieses Gefühl kommt besonders stark abends in der Einschlafphase zu zum Ausbruch. Daher sollte jetzt das bereits besprochene Einschlafritual mit besonderer Geduld und Sorgsamkeit ausgeführt werden.

Durch die neuen Entwicklungen mit Ausschweifen einerseits und Anhänglichkeit andererseits ist das Missverständnis seitens der Eltern in Bezug auf das frühkindliche Verhalten geradezu vorprogrammiert. Die Mutter fühlt sich von dem ihr ständig nachfolgenden oder sie durch Weinen herbei zitierenden Säugling und Kleinkind regelrecht belagert und in ihrem Aktionsspielraum erheblich eingeschränkt. Das Kind kann jedoch von diesem Verhalten nicht ablassen, da letzteres ihm existenziell weiterhin notwendig erscheint. Insofern muss die Mutter als primäre Bezugsperson noch ein weiteres Mal über ihren Schatten springen und dasjenige freimütig zulassen, was sie an ihre Grenzen führt.

Das klettenhafte Nachfolgen des Säuglings lässt sich allerdings wenigstens zeitweise unterbrechen dadurch, dass eine andere ihm vertraute Person die Mutter ablöst oder Mütter in ähnlichen Situationen sich zusammenschließen und gegenseitig unterstützen. In diesem Moment kommt auch besonders der Vater zum Zuge, schon allein deswegen, weil er im weiteren Entwicklungsgeschehen als „Zielperson" für die gelingende Loslösung fungieren soll. Auch kindgerecht ausgeführte Ablenkungsmanöver sind gefragt und eignen sich dafür, den kindlichen Zwang zum Bindungserhalt wenigstens vorübergehend zu lockern. In diesem Alter können schon Krabbelgruppen durchaus die Lage einer zu Hause isolierten Mutter entschärfen und den Übergang aus der engen häuslichen Bindung hin zur gelösteren Bindung in der größeren, sozialen Gemeinschaft vollziehen. Allerdings müssen sich Eltern hierbei zwei Dinge klar machen. Erstens: Kleinkinder in dieser Altersklasse können noch nicht wirklich sozial miteinander spielen. Insofern bedeutet die Krabbelgruppe zuweilen Stress für alle Beteiligten. Zweitens: Manche Säugling und Kleinkinder reagieren in größeren sozialen Gemeinschaften derart sensibel auf altersgleiche Kinder, dass man entweder sich vorläufig aus der Gruppe wieder zurückziehen muss oder erst einmal ganz behutsam Gewöhnungsprozesse einleiten. Selbstverständlich muss sein, dass der Säugling in einer solchen frühen Gruppensituation noch nicht alleine gelassen wird.

2.2.4 Entwicklungsbeziehung zwischen Fremdeln und Anhänglichkeit

Im nächsten Schritt möchte ich auf die Entwicklungsbeziehung von Fremdeln und Anhänglichkeit im Hinblick auf die Bindungssicherheit eingehen. Das Beleuchten des Verhältnisses von Fremdeln und Anhänglichkeit ist immer zugleich auch eine erste Aussage über die im Säuglingsalter entstandene Bindungsqualität. Fremdeln tritt verständlicherweise immer vor der Anhänglichkeit auf. In gewisser Weise ist Fremdeln die Voraussetzung für sie. Denn erst muss die Bindung in der Vorstellungswelt des Säuglings fest zusammen gefügt sein, dann kann der Säugling so etwas wie ein Sich-hingezogen-fühlen zum Bindungspartner und eine Abhängigkeit von ihm erleben. Damit aber diese Bindung bzw. diese innige Beziehung zu der Mutter als primäre Bezugsperson entstehen kann, muss diese sich dem Säugling gegenüber als absolut zuverlässig und vertrauenswürdig erwiesen haben und auch in Zukunft weiter erweisen. Solche mütterlichen Attribute entstehen auf der Basis von hoher Einfühlsamkeit (Feinfühligkeit), prompter Bedürfnisbefriedigung, inniger Nähe und zärtlicher Körperpflege. Auf diese Weise entsteht das Urvertrauen. Auf einen kurzen Nenner gebracht, heißt das, dass Fremdeln und Anhänglichkeit die sichersten Zeichen einer eingegangenen Bindung im ersten Lebensjahr darstellen, wobei die Anhänglichkeit das Fremdeln gleichsam in einer erweiterten Dimension fortsetzt (s.o.).

In dem beständigen und zuverlässigen, sozialen Angebot der Mutter liegt der entscheidende Faktor, der den Säugling dazu veranlasst, sich uneingeschränkt für die

Mutter zu entscheiden. Da der Säugling in Wahrheit jedoch gar keine Wahl besitzt, und eine echte Entscheidung ihm von seinen kognitiven Voraussetzungen her noch gar nicht möglich ist, geht die Natur grundsätzlich davon aus, dass die Mutter immer auch die geeignetste Bindungsperson ist. Die natürliche Unfähigkeit des Säuglings, für seine primäre Bezugsperson auch ein negatives Votum abzugeben, ist sein Schutz vor selbstverderblichen Urteilen. Die Natur lässt es in diesem Bindungsverhältnis jedoch ausnahmsweise zu, dass eine andere Person mit derselben mütterlichen Qualität an ihrer statt bald nach der Geburt die Rolle der primären Bezugsperson übernimmt. Genau genommen hat nicht nur der Säugling keine Wahl, was den Bindungspartner angeht, sondern auch die leibliche Mutter.

Da auch die unmittelbaren, nachgeburtlichen Ereignisse eine wichtige, mit gestaltende Rolle bei der primären Bindung spielen, müsste eine Ersatzmutter sehr schnell nach der Geburt, das heißt in den ersten vier bis sechs Wochen in das Leben des Kindes eintreten. Das ist schon allein deswegen notwendig, weil das Neugeborene unmittelbar nach der Geburt bereits Geruchs- und Geschmacksreize von seiner Mutter empfängt. Sie erreichen das Gehirn auf direktem Weg und benutzen Hirnzentren, die an jene angrenzen, wo auch die Emotionen verarbeitet werden. Solche Fragen spielen bei der Adoption des Säuglings eine entscheidende Rolle. Man könnte nun zu dem Schluss gelangen, eine Adoption ist nach den ersten sechs Lebenswochen nur noch mit Abstrichen in der Bindungsqualität möglich. Die Erfahrung mit Adoptionsfälle lehrt jedoch, dass die Anpassungsfähigkeit des Säuglings (vielleicht auch noch die des jungen Kleinkindes) solche Bindungsdefizite ausgleichen kann.

Neben der leiblichen oder Adoptiv-Mutter kann eine weitere Person Aufgaben der Mutter übernehmen, wenn sie gleichermaßen zuverlässig und einfühlsam ist. Als eine solche Ersatzbezugsperson fungiert, von Ausnahmen abgesehen, im ersten Lebensjahr immer der Vater. Neben ihm sind häufig Großeltern in der Lage, in eine solche Rolle zu schlüpfen. Darin spiegelt sich das uralte Prinzip der Großfamilie wider. Jede Mutter ist auf solche Hilfen angewiesen.

Die Bindungssicherheit ist an das Vertrauen gekoppelt, das der Säugling zu seiner primären Bezugsperson entwickelt. Es handelt sich dabei um das Urvertrauen, das der Säugling aufbauen muss, um sein angeborenes Misstrauen gegen das – letztlich ja – aufgebürdete Dasein in tatsächlich positiv erscheinende Lebensgefühle einzutauschen (Erikson 1982, 1995). Bei diesem schwierigen Prozess geht es nicht nur um das erste Lebensjahr des Säuglings. Bindungssicherheit entsteht im Gesamtgeschehen der frühkindlichen Bindungsverhältnisse, das heißt auch in der Phase der Loslösung nach dem ersten Geburtstag, und im darauf folgenden Trotzalter. Gerade die beginnende Loslösung wirkt sogar zusätzlich vertrauensfördernd, wenn die Mutter die im Zuge dessen reaktivierten Bindungstendenzen ihres Kindes, erkennbar in der anfänglich starken Anhänglichkeit, vorbehaltlos akzeptiert und sich ihrem Kind gegenüber als zuverlässige, immer wieder auffindbare und damit sichere Partnerin erweist.

An dieser Stelle ist ein vorsichtiger Versuch angebracht, das Fremdeln und die Anhänglichkeit mit Blick auf die Bindungssicherheit in eine kausale Beziehung zu bringen. Dazu müssen verschiedene Konstellationen von kindlichem Charaktertyp und elterlicher Reaktion beleuchtet werden: Zuerst soll von dem Säugling gesprochen werden, bei dem Temperament und Charakterzüge so ungünstig veranlagt sind, dass alle Zuverlässigkeit, Einfühlsamkeit und Vertrauenswürdigkeit einer Mutter kaum ausreichen können, um in ihm das nötige Vertrauen in die primäre Bindung aufzubauen. Dieser Fall eines Säuglings mit ungünstigem Temperament ist unter Eltern und Fachleuten der am häufigsten diskutierte. Ein solcher Säugling weint oder schreit extrem viel, und er schreit vor allem häufig auch dann weiter, wenn die Mutter alles unternimmt, was in ihrer Macht steht, um ihn zu beruhigen. Sie trägt ihn geduldig herum, stillt ihn rechtzeitig und tröstet ihn immer wieder, und das vor allem auch in der Nacht. Dabei soll vorausgesetzt sein, dass dieser Säugling keinerlei körperliche Beschwerden hat. Vorausgesetzt sei außerdem, dass er auch noch mit etwa einem halben Jahr trotz aller elterlichen Zuwendung auffallend „nervös" und unleidig ist und allen Fremden gegenüber ablehnend. Es handelt sich also um ein klassisches Schreibaby. Was lässt sich nun hinsichtlich seiner Bindungssicherheit und späteren Anhänglichkeit vermuten?

Vermutlich wäre dieser Säugling trotz aller Bemühungen seiner Eltern ein ängstlich anhängliches Kleinkind, welches im „Fremde-Test" als ambivalent-unsicher gebunden oder „hoch affektiv" mit deutlichen Risiken für die weitere emotionale Entwicklung auffallen würde. Dennoch hätte dieses Kind das zuwendungsintensive Bemühen seiner primären Bezugsperson gespürt, hätte es integrativ in sich verankert und würde einen protektiven Nutzen daraus beziehen für seine weitere Entwicklung.

Aller Erfahrung nach liege ich mit dieser Einschätzung richtig. Solche Säuglinge sind am Ende ihres ersten Lebensjahres tatsächlich überwiegend ambivalent gebunden. Die Mutter, bzw. die Eltern wären an diesem Verlauf jedoch unschuldig, denn sie haben alles versucht, was in ihrer Macht stand, diese Entwicklung zu verhindern. Das ist wichtig zu erwähnen, denn allzu leicht wäre ein außenstehender Beobachter geneigt, die Eltern grundsätzlich als Verursacher eines solchen Zustandes anzusehen. Solche Verläufe sind also denkbar und bestärken die Ansicht, dass die Fähigkeit der primären Bezugsperson, ihren Säugling immer zur Ruhe zu bringen, auch objektive Grenzen kennt. Sie bestärken aber auch die nicht immer geteilte Ansicht, dass Eltern alle ihr verfügbaren Kräfte aufbringen sollten, gerade ihrem schwierigen Säugling ein Maximum an Zuwendung und Beruhigung zu gewähren.

Viel häufiger sind aber diejenigen Fälle übermäßig schreiender Säuglinge und hochgradig anhänglicher Kleinkinder, bei denen die Eltern – aus was für Gründen auch immer – tatsächlich als Verursacher oder wenigstens Mitverursacher der unsicheren Bindung auszumachen sind. Auch bei diesen Kindern spielt zwar das schwierige Temperament eine grundlegende Rolle, aber die Eltern hätten eine Chance zur positiven Integration im Gefühlleben ihres Kindes gehabt, wären ihre persönlichen Kräfte und Ressourcen nicht allzu schnell erschöpft gewesen. Die schreienden und stark fremdelnden Säuglinge sind in ihrer unglücklichen Lage nicht oder nur zu selten adäquat beruhigt und seelisch aufgefangen worden. Auch diese Säuglinge erscheinen also am Ende des ersten Lebensjahres unsicher gebunden, und zwar wiederum überwiegend vom ambivalenten Typ.

Noch mehr aber, als bei der ersten Gruppe, ist bei ihnen zu befürchten, dass ihr „schwieriges Temperament" und die damit verbundene Anlage zu Reizbarkeit, Impulsivität und auch Angst durch die anfänglichen „Erziehungsfehler" in der weiteren Entwicklung erhalten bleiben. Denn ihnen fehlen die elterlichen Bemühungen zur positiven Integration. So werden sie aller Voraussicht nach ihre angeborene, allgemeine Unruhe und ihre leicht einsetzende, seelische Überreizung beibehalten und die damit verbundenen, affektiven Verhaltensweisen bei den nächsten Entwicklungsschritten reaktivieren. Die Gefühle von Vertrauen und Geborgenheit im Schutz der Mutter-Kind-Dyade sind bei ihnen größtenteils ausgeblieben.

Für den einen wie den anderen Fall wird neueren Forschungsergebnissen zufolge eine erbliche Veranlagung diskutiert. Diese soll weitgehend unabhängig von allen elterlichen Bemühungen dazu führen, dass aus den Säuglingen im späteren Leben überdurchschnittlich häufig hypermotorische, das heißt allgemein unruhige, impulsive und schlecht konzentrierte Kinder werden. Das dementsprechende Störungsbild im Kindesalter heißt ADHS (Aufmerksamkeitsdefizit-Hyperkinetisches-Syndrom). Ich werde an späterer Stelle darauf genauer zu sprechen kommen. Es liegt meiner Auffassung nach aber auf der Hand, dass die Auswirkungen ihrer Disposition umso mehr zum Tragen kommen, je stärker dem Säugling adäquate Zuwendung und Beruhigung versagt geblieben ist.

Ganz anders ist die Situation der kleinen Säuglinge, die zwar auch viel geschrien haben (z.B. wegen Verdauungsproblemen oder Schwierigkeiten im Lebensrhythmus), bei denen aber das geduldige Trösten, Beruhigen und Herumtragen durch die

Bezugspersonen gut gewirkt hat. Ihre Ur- oder Stimmungs-Angst und ihr angeborenes Misstrauen wurden im Großen und Ganzen günstig aufgefangen und in Gefühle von Vertrauen und Geborgenheit positiv umgewandelt. Es liegt nahe anzunehmen, dass unter der Voraussetzung bestehen bleibender, vertrauensvoller Mutter-Kind-Bindung der etwas ältere Säugling weniger stark fremdelt oder auf dem Arm seiner Mutter schnell zu innerer Ruhe findet. Durch die integrativ gewachsene, innere Sicherheit meldet sich sein natürliches Interesse am Fremden schnell zurück, so dass dieser Säugling insgesamt freundlich und zugewandt erscheint. Im Alter der beginnenden Loslösung erlebt der Beobachter bei derart günstigem Verlauf einen weitgehend sicher gebundenen Säugling, welcher beim Übergang ins Kleinkindalter zur Freude seiner Eltern auch einen Fremdbetreuer zu akzeptieren bereit ist, wenn er unter optimalen Voraussetzungen mit ihm bekannt geworden ist.

So oder ganz ähnlich verläuft natürlich auch die Entwicklung des von Anfang an eher bequemen, charakterlich weitgehend ausgewogenen Säuglings, der insgesamt wenige Ansprüche an seine Bezugsperson(en) stellt. Ein solcher Säugling zeichnet sich dadurch aus, dass er z.b. immer problemlos trinkt, vielleicht schon früh durchschläft und insgesamt wenig Dauerpräsenz seinen Eltern abverlangt. Ein solcher charakterlich günstig veranlagter Charakter reizt natürlich die Toleranzgrenzen seiner Eltern sehr viel weniger aus. Mit einem derart günstigen Temperament sind erfahrungsgemäß höchstens fünf bis zehn Prozent aller Säuglinge ausgestattet.

Daneben gibt es aber noch einen weiteren „prototypischen" Fall in der Entwicklung. Ich spreche von dem Säugling, der erst im Fremdelalter richtig schwierig wird. Obwohl Fremdeln unabdingbar zum Bindungsprozess dazu gehört und (bei richtigem Umgang) sogar einen Teil der Ursprungsangst abmildert, gibt es Fremdelerscheinungen an der Grenze der Normalität. Bei diesem Typ ist eine genetische Anlage zur übermäßigen Angst vor allem Geschehen und allen Dingen, sowie auch vor allen fremden Menschen zu vermuten. Eine schwächere Form dieser Veranlagung könnte mit einer späteren, großen Schüchternheit korrelieren. Starkes Fremdeln im Säuglingsalter und große Sozialscheu bei Kleinkindern kommen nachweislich zusammen vor. Ein solcher Säugling zeigt auch dann noch manifeste Angsterscheinungen vor Unbekanntem und fremden Menschen, wenn er schon viel Vertrauen in seine primäre Bezugsperson entwickelt hat. Wird ein Säugling mit dieser Veranlagung nicht richtig behandelt, missachten Eltern also seine starken Bedürfnisse nach Distanz zu jedem Fremden und vertrauen ihn bedenkenlos unbekannten Personen an, wird er im Stadium der Loslösung von wenig Vertrauen in seine Bezugsperson gekennzeichnet sein und dem vermeidend unsicher gebundenen Typ angehören.

Als vermeidend unsicher gebunden erscheinen im Fremde-Test jene Kinder, die bei der Trennung von der primären Bezugsperson und bei der Wiedervereinigung mit ihr beinahe unbeeinträchtigt wirken, in Wirklichkeit aber unter großer, innerer Anspannung leiden. Trotz dieser Anspannung versuchen diese Kinder, sich der Situation adäquat anzupassen, denn sie befürchten weiterhin, dass ihren wahren Bedürfnissen keine rechte Beachtung geschenkt wird.

Unter den Kleinkindern des vermeidenden Typs finden sich zweifellos auch einige jener Säuglinge wieder, die sich in ihrer Urangst immer wieder selbst überlassen waren und „stundenlang" schreien mussten, ob nun aus Gründen einer persönlichen, elterlichen Notlage oder falsch angewandter Erziehungsprinzipien. Es liegt nahe anzunehmen, dass diese Säuglinge auch schon eine verstärkte Fremdelphase durchgemacht haben, in der sie wiederum keine ausreichende Beachtung ihrer wahren Bedürfnisse gefunden haben. Zwischen exzessivem Schreien und starkem Fremdeln gibt es ganz offensichtlich Verbindungen. Die innere emotionale Erschöpfung beim Schreien wie beim ängstlichen Fremdeln hat diese Säuglinge früh aufgeben und verstummen lassen, und sie sind im weiteren Geschehen zu den „stillen Erduldern" geworden, die sich fortan in der Vermeidung unliebsamer Gefühle üben.

Es ist manchmal nicht leicht, diese „stillen Erdulder" und „Vermeider" von den normalen, sicher gebundenen Kindern zu unterscheiden. Beide wirken angemessen in ihren Reaktionen und „verträglich". Der genau hinschauende Beobachter erkennt jedoch in der Mimik der ihre Gefühle vermeidenden Kinder den ernsten und sorgenvoll angespannten Ausdruck als Spiegel ihres wahren, inneren Gefühlszustandes. Außer dieser Schwierigkeit erwarten den Beobachter weitere durch die Tatsache, dass zu den definierten Verlaufsformen verschiedene Übergangszustände gibt, was die Sache so kompliziert und unüberschaubar werden lässt.

Bei den besprochenen Varianten der unsicheren Bindung handelt es sich noch um normale Entwicklungen, das heißt Entwicklungen, welche keine stringente Fortsetzung in eine spätere Verhaltensstörung verursachen (außer vielleicht zu späterer Trennungs- und Verlustangst, s.u.). Es handelt sich also nicht um die Gruppe der Säuglinge, welche elternlos geworden in Kinderheimen anzutreffen sind. Diesen drohen, fehlt es ihnen an ausreichender, persönlicher Betreuung und an der nötigen Liebe und Zuwendung, schwere Hospitalisierungserscheinungen im Sinne der Deprivation. Ein vergleichbares Schicksal ereilt auch jene Säuglinge, welche durch häufiges Alleingelassensein, ständig wechselnde Bezugspersonen oder Misshandlung schwer traumatisiert sind. Von Deprivation betroffene Säuglinge finden sich beinahe ausschließlich in der Gruppe der desorientiert oder dissoziiert gebundenen Kinder wieder, in ihren Affekten häufig stärker vermeidend als ambivalent. Eine solche Entwicklung ist immer als pathologisch zu werten (Chugani u.a. 2001).

Unsicher gebundene Kleinkinder stellen auch außerhalb einer klaren Pathologie nach heutigen Erkenntnissen über die emotionale Entwicklung des Kindes eindeutig eine Risikogruppe dar, die in der weiteren psychosozialen Reifung für verschiedene Verhaltensauffälligkeiten prädestiniert ist. Zu den einzelnen Bindungstypen hat sich Martin Dornes in seinem Buch „Die emotionale Welt des Kindes" (2003) ursächlich und mit Blick auf die weitere Entwicklung ausführlich geäußert. In diesem Buch sind verschiedene Längsschnittstudien erwähnt, welche die Schlussfolgerungen über das weitere Sozialverhalten der Kinder entweder statistisch schon nachweisen konnten oder sich – mit gleichem Ergebnis – einer vorläufigen Zwischenauswertung unterzogen haben (z.b. Mannheimer-Risiko-Längsschnittstudie, jüngste Veröffentlichung: Laucht und Schmidt 2005 und Wolke 2006).

Die wahrscheinlich häufigste psychische, bzw. psychosoziale Störung im Kindesalter als Folge einer unsicheren Bindung dürfte die Verlust- oder Trennungsangst sein. Diese im Kindesalter neben den objektbezogenen Ängsten, den Phobien wie z.b. die Furcht vor Hunden oder lauten Geräuschen häufigste Angstform im Kindesalter erhält, dies sei im Vorgriff auf das nächste Kapitel schon gesagt, weitere Nahrung durch eine erschwerte oder misslingende Loslösung, sowie durch eine negativ verlaufende Selbstattributierung.

Das Thema der Trennungsproblematik mit ihren verschiedenen Angstäußerungen kann in diesem Buch nicht erschöpfend behandelt werden, zumal es sich dabei um eine als grenzwertig pathologisch einzustufende Verhaltensform handelt. Einige Anmerkungen hierzu sollten aber dennoch gemacht werde, weil diese Störung auch ein erhellendes Licht auf das normale Unbehagen bei Trennungsereignissen wirft. Trennung bedeutet im Augenblick des realen Ereignisses Verlassenwerden und bei einem dyadisch gebundenen Wesen wie dem Säugling die Angst vor von ewigem Verlassensein. Rein intuitiv überkommt den Säuglings und das Kleinkindes die Sorge, die weggegangene Mutter käme nie mehr zurück. Denn ein Kind dieses Alters kann sich noch nicht vorstellen, dass die Mutter völlig wohlbehalten nur an einem anderen Ort verweilt, von dem sie in Kürze unversehrt zurückkehren wird. Die Vorstellungswelt des Kleinkindes bewegt sich noch ganz im „Hier-und-jetzt". Das Verlassenheitsgefühl erreicht den Grad erlebter Wirklichkeit.

In der Trennungssituation befällt den Säugling wie auch noch das junge Kleinkind eine Empfindung von „existenziellem Verlorengehen". Der Existenz verloren zu gehen bedeutet, dass die Sicherheit, Teil dieser Wirklichkeit zu sein, schwindet durch die Tatsache, dass der Garant für diese Sicherheit, die primäre Bezugsperson, fortfällt. Dieses Erlebnis ist mit höchsten Angstgefühlen verbunden. Neben dem Gefühl realer Bedrohung kommt jetzt exemplarisch auch wieder das Urgefühl der Unheimlichkeit zum Vorschein. Gerade die Unheimlichkeit ist es, die diese Form der Angst auf besonders schmerzliche Weise unerträglich macht. Einmal diesen Schreckensmoment real erlebt, fürchten der Säugling und das Kleinkind jede Wiederholung in hohem Maße. Diese Sorge ist die Ursituation des Trennungsschmerzes und der nachfolgenden Trennungsangst.

Das mit der Trennung verbundene Gefühl ist der Schmerz über den Verlust der Bezugsperson. Verlust der Bezugsperson bedeutet für den Säugling und das Kleinkind, ganz auf sich allein gestellt zu sein und jeder fremden Person, aber auch der Willkür der Natur hilflos ausgeliefert zu sein. Diese im Leben des Säuglings intuitiv wahrgenommene Bedrohung lässt später leicht eine Angst vor jedem Fremden entstehen. Trennungsschmerz und Verlustangst erfahren auf diese Weise eine anonyme Personifikation. Besonders im Falle gleichzeitiger unsicherer Bindung und erschwerter Loslösung entwickelt sich diese Angst leicht zu einer objektgerichteten Fremdenfurcht. Eine generelle Missachtung der Fremdelerscheinungen im Säuglingsalter kann die Entstehung von Trennungsangst und Fremdenfurcht noch begünstigen.

Die im ersten Lebensjahr als Ur- oder Stimmungsangst charakterisierte Empfindung von existenzieller Verunsicherung und Bedrohung, die besonders im Falle einer Abwesenheit der primären Bezugsperson oder bei starkem, körperlichem Schmerz auftritt, vollzieht im zweiten Lebensjahr unter zunehmend kognitivem Einfluss einen generellen Bedeutungswandel. Aus der Urangst werden im Sinne von Projektionen auf reale Erscheinungen Objektängste oder konkrete Empfindungen von Furcht. Auf die zahllosen, ursächlichen Möglichkeiten solcher Furchtempfindungen hatte ich bereits hingewiesen. Prinzipiell können alle unerklärlichen Phänomene in der Natur, in die der eigene Körper mit seinen Sinnen irgendwie eingebunden wird, eine solche Objektangst auslösen.

Eine Unterscheidung zwischen Angst und Furcht ist durch die Möglichkeiten therapeutischer Schritte zu treffen: Während Trennungsangst nicht durch eine beschützte Annäherung an die Gefahr und/oder durch Gewöhnung behoben werden kann (Desensibilisierung), ist dies die beste Behandlungsmethode bei den Real- bzw. Objektängsten. Wenn also der dröhnende Staubsauger oder der hüpfende Ball dem Kleinkind Angst verursachen, ist es die Methode der Wahl, dass Mutter oder Vater zusammen mit ihrem Kind sich vorsichtig der Angst auslösenden Quelle nähern, um dieser ihren bedrohlichen Nimbus zu nehmen. Das muss behutsam geschehen und muss unbedingt vom Kind steuerbar bleiben. Das Kind legt fest, wie weit bei jedem Einzelschritt zu gehen ist. Nach mehreren Anläufen gelingt es fast immer, das Objekt von seiner Furcht erregenden Wirkung zu befreien.

Die Trennungsangst, die meist noch im Vorschul- und Schulalter des Kindes besteht (Schulphobie), ist oft mit regressiven und/oder depressiven Symptomen vergesellschaftet und wird in der Kinder- und Jugendpsychiatrie als internalisierende Verhaltensstörung bezeichnet. Trennungsangst bedarf in der Regel einer gezielten psychotherapeutischen Intervention.

2.3 Die sichere Bindung in der Praxis und die Bindungsverwirrung

Wie bereits erwähnt sind die aufgestellten „Prototypen" der Bindungsstruktur weitgehend Kunstprodukte, die der Veranschaulichung des Sachverhalts bindungstechnisch wichtiger Zusammenhänge dienen. Die meisten Säuglinge sind mehr oder weniger starke „Mischtypen", jedoch mit einer klaren Tendenz in die eine oder die andere Richtung, und sie weisen in verschiedenen Phasen zuweilen sogar etwas widersprüchlich erscheinende Verhaltensformen auf. Das liegt hauptsächlich daran, dass das elterliche Zuwendungsverhalten häufig ebenfalls von Widersprüchen und Wechseln gekennzeichnet ist und sich Mutter und Vater als Bindungspersonen auch keineswegs immer einig sind in ihrem Auftreten dem Säugling gegenüber. So erscheinen zwar die grundsätzlichen Entwicklungsphasen in konsequenter Logik und regelkonform, zwischenzeitlich können aber scheinbar unverständliche Verhaltensweisen auftreten.

Entscheidend ist immer das Nettoergebnis bzw. das Gesamtresultat der emotional-affektiven Interaktion, also das, was „unter dem Strich dabei heraus kommt". Trotz aller partiellen Ungereimtheiten lehrt die Erfahrung, dass bei Einhalten der für eine sichere Bindung zwischen Säugling und primärer Bezugsperson notwendigen Verhaltensregeln wie Einfühlsamkeit bzw. Feinfühligkeit, Zuverlässigkeit und Beständigkeit sich die Wahrscheinlichkeit auf ein sicher gebundenes Kleinkind deutlich erhöht und dass die überstarke, manchmal sehr strapaziöse Anhänglichkeit am Übergang zur Loslösung auf ein Normalmaß reduziert wird. Wenn Eltern also den schreienden Säugling geduldig beruhigen und den fremdelnden Säugling vor beängstigenden, fremden Menschen und Orten schützen und ihm immer absolute Sicherheit auf dem elterlichen Arm und in seiner vertrauten Umgebung gewähren, wird dieser sich mit großer Wahrscheinlichkeit zu einem weniger ängstlich gebärdenden, zuversichtlicher aufs Neue blickenden, explorationsfreudigen, älteren Säugling und Kleinkind entwickeln.

In diesem Zusammenhang sei schon einmal darauf hingewiesen, dass häufig wechselnde Bezugspersonen in der frühen Fremdbetreuung eher ungünstige Voraussetzungen für die emotionale Entwicklung schaffen. Es fällt jedem Säugling schwer, sich immer wieder neu an verschiedene Bezugspersonen zu binden. Die Bindungssicherheit zur Mutter kann dadurch Schaden nehmen. In diesem Zusammenhang kann es leicht zu **konkurrierenden Bindungen** kommen. Das geschieht immer dann, wenn sich die alternative Bezugsperson zu stark in das angestammte Bindungsverhältnis zur leiblichen Mutter hinein drängt oder durch ihr sympathisches Wesen der Mutter geradewegs den Rang streitig macht. Auf diese Weise entsteht leicht das, was als **Bindungsverwirrung** zu bezeichnen ist. Bindungsverwirrung droht die sichere Bindung zur Mutter zu schwächen.

Eine Bindungsverwirrung kann auch dann entstehen, wenn die Eltern im Laufe der ersten zwei Kindesjahre die Rollen wechseln. Wenn also zunächst einmal die Mutter für den Säugling sorgt, dann vorübergehend der Vater und zuletzt wieder die Mutter.

Die Säuglinge haben zwei Möglichkeiten der Bindungsverwirrung zu entgehen: Erstens diejenige, ganz spontan eine Hierarchie unter den Bezugspersonen aufbauen, die sogenannte **Bindungshierarchie.** Der primären Bezugsperson gilt dabei die **Bindungspräferenz.** Die leibliche Mutter, wenn sie primäre Bezugsperson ist, muss also immer an der Spitze einer solchen Hierarchie stehen (Grossmann u. Grossmann 2003). Und zweitens diejenige, jeder Bezugsperson eine unterschiedliche Rolle zuzuweisen, die diese Person über eine lange Zeit dann auch beizubehalten hat. Das zuvor Gesagte heißt konkret im Einzelfall, dass Eltern nicht ganz ohne ein gewisses Risiko für die eingegangene Mutter-Bindung ihren Säugling häufiger einer fremden Person oder auch den Großeltern, wenn sie nicht völlig vertraut sind, zur ersatzweisen Betreuung überlassen können.

Das Phänomen des Fremdelns bedeutet für den Umgang mit dem Säugling, dass Eltern es fremden Personen, gleichgültig ob sie aus der eigenen Familie stammen oder nicht, nicht gestatten sollten, den Säugling „schnell einmal auf den Arm zu nehmen", um mit ihm zu schäkern oder zu schmusen. Das gilt vor allem, wenn dieser bereits die geäußerte Absicht mit Ablehnung oder gar Schreien quittiert. Auch ein Säugling hat ein Recht auf Distanz, ja wie sich zeigen ließ, *gerade* ein Säugling. Er kann sich Distanz nicht selber schaffen. Nähe wird ihm leicht aufgezwungen. Aber im regulierenden Eingreifen durch die Mutter oder den Vater, steckt in diesem Moment soviel Vermittlung von Schutz und Sicherheit für den Säugling wie im direkten Trösten. Ebenso verbietet es sich, den fremdelnden Säugling mal bei den Großeltern zu Besuch zu lassen, wenn klar ersichtlich ist, dass dieser es nicht gutheißt. Sollte das „Großfamilienprinzip" aber zur Anwendung kommen, müssen Großeltern, wie fremde Ersatzbezugspersonen auch, langsam dem Säugling vertraut gemacht werden.

Das Urvertrauen in seine Bezugspersonen wächst im zuverlässigen Getröstet- und Beschützwerden als sogenannte **Bindungskonstanz** und der Säugling schafft sich auf diese Weise eine tragfähige, emotionale Basis für die Zukunft. Dabei wendet er das Prinzip der Umwandlung von negativen Ursprungs-Empfindungen in positive Daseinsgefühle an, wie ich es in der emotionalen Integrationstheorie beschrieben habe. Missachten Eltern diese Grundsätze, dann strapazieren sie sehr häufig die emotionale Toleranzschwelle ihres Säuglings, die je nach dessen Temperament schneller oder weniger schnell überschritten ist. Das hat auf Dauer schädliche Auswirkungen auf die Mutter-Kind-Bindung und führt zu unsicheren Bindungsstrukturen. Hinsichtlich der Anhänglichkeit ergeben sich die Empfehlungen für ein günstiges Elternverhalten aus denselben Grundprinzipien. Die „sichere Basis" durch die primäre Bezugsperson, sprich die Mutter, muss zuverlässig zur Verfügung stehen, und es bedarf manchmal nur einfallsreicher Tricks, die Trennungsmomente z.B. bei ganz persönlichen Verrichtungen, bei denen der Säugling stören könnte, auf ein zahlenmäßiges und zeitliches Minimum zu reduzieren. Im äußersten Fall des ängstlichen Weines „springt die Mutter besser über ihren Schatten" und stellt die Wiedervereinigung bald möglich wieder her, z.B. durch Öffnen der Tür, hinter der sie verschwunden ist.

In der Tiefenpsychologie geht man davon aus, dass schon in diesem Alter das Unterbewusstsein mit negativen Gefühlen belastet werden kann. Im Zusammenhang mit dem Schreien sprach ich bereits darüber. Ursache hierfür sind die Verdrängungen unverträglicher Gefühle, aus denen sich bei weiterem Anwachsen ein ganzer Hort solcher unliebsamen Empfindungen entwickelt.

Dieser „Hort der unliebsamen Gefühle" kann in zunehmendem Maße die weitere Entwicklung des Kindes ungünstig beeinflussen und seinen Toleranzgrad für frustrierende Gefühle und Erlebnisse immer tiefer herab setzen. Solche Kinder werden über kurz oder lang frustrationsintolerant. Die Folgen kann man sich leicht ausmalen. Umgekehrt, und das sollte man in der Kinderpsychologie nie aus dem Auge verlieren, ist ein wenig belastetes Unterbewusstsein (ganz zu vermeiden sind belastende Gefühle nie) eine gute Voraussetzung für eine stetig anwachsende Toleranzfähigkeit späterer psychischer Belastungen. Das zahlt sich schon bald, nämlich im Trotzalter, erstmals günstig aus.

3. Loslösung, Trotz und Selbstbewusstsein

Fallvignette 4

Fr. L. sucht mich seit einiger Zeit wegen ihres Sohnes Sven auf, mit dem sie immer mehr Schwierigkeiten in der Erziehung hat. Sven ist der jüngere von zwei Brüdern und zwei Jahre alt. Auch der ältere, jetzt siebenjährige Sohn hatte im Kleinkindalter diverse Entwicklungsprobleme im psychosozialen Bereich gezeigt. Inzwischen geht er aber erfolgreich in die zweite Klasse der Grundschule. Der Vater der beiden Jungen war über ein halbes Jahr von zu Hause ausgezogen. Jetzt ist die Ehe der Eltern wieder stabil.

Sven kenne ich von Geburt an. Er fiel schon als Säugling durch sein temperamentvolles Wesen und einen auffallend hohen Grad an Impulsivität auf. Alle Bedürfnisse mussten sofort in Erfüllung gehen. Sein Protest bei Verzögerung kam prompt und mit Nachdruck. Die Mutter tat sich schwer damit, auf die mit solcher Vehemenz vorgetragenen Wünsche, sofort zu reagieren, und allein schon wegen der gleichzeitig bestehenden Anforderungen durch den älteren Bruder unterließ sie es oft, das Begehren ihres Jüngsten ohne zu große Verzögerung zu bedienen. Sie befolgte gerne die Ratschläge aus dem familiären Umkreis, die hauptsächlich auf eine Warnung vor Verwöhnung der Kinder abzielten.

Über das Fremdeln und die Anhänglichkeit ist aus der Vorgeschichte zu erwähnen, dass Sven nur phasenweise stärkere Fremdelreaktion gezeigt hatte, aber sehr anhänglich gewesen ist. Auch bei dieser starken Beanspruchung verfuhr die Mutter unzuverlässig mit einem Wechsel aus großer Bereitschaft und barscher Zurückweisung. Zurückweisend war sie, wenn ihr die Erziehungsarbeit über den Kopf zu wachsen drohte.

Anlass der aktuellen Vorstellung ist die große Unzufriedenheit von Sven mit allem, was die Mutter ihm anbietet. In sehr quengeligem Ton bitte er um ein Brot oder einen Apfel, um dann, wenn er beides erhält, nicht davon zu essen, sondern sich zu beklagen, dass er eigentlich viel lieber einen Keks haben möchte. Beim Anziehen morgens gibt es jedes Mal eine großes Theater, weil Sven die hingelegte Hose nicht anziehen möchte, sondern lieber eine andere, die ihm plötzlich dann aber auch nicht gefällt. Der Pullover muss aus unverständlichem Grund falsch herum angezogen werden und gleichzeitig müssen es Sandalen statt der Halbschuhe sein, obwohl es draußen regnet.

Das Buch, das die Mutter ihm vorlesen möchte, ist nicht das gewünschte und mit dem Spielzeug möchte er schon gar nicht spielen, sondern lieber am Klavier stundenlang auf die Tasten hauen. Reagiert die Mutter mit einem Verbot, wirft er sich schreiend auf den Boden und braucht bis zu einer halben Stunde, bis er sich wieder beruhigt hat. Dann ist aber alles vergessen, und Sven kuschelt sich auf den Schoß seiner Mutter und möchte mit ihr schmusen.

Der Vater ist beruflich sehr angespannt und selten zu Hause. Er hat schon dem älteren Bruder gefehlt und hat auch für seinen zweiten Sohn viel zu wenig Zeit. So bleibt die meiste Erziehungs-

arbeit an der Mutter hängen, die entsprechend gereizt ist. Das geht so weit, dass sie sich immer häufiger dabei erwischt, ihrem Sohn am liebsten eine Ohrfeige zu geben oder ihm den Hintern zu versohlen. Den einen oder anderen Klaps hat es schon gegeben.

3.1 Ausformulierung der primären Bindung in Bezug auf das Selbst

Bisher habe ich mich in der seelischen Entwicklung des Kindes vornehmlich mit der Mutter-Kind-Beziehung und den frühen Emotionen auseinandergesetzt. Dabei stand jenes Phänomen im Mittelpunkt, das sich in der Entwicklungspsychologie mit dem Begriff Mutter-Kind-Dyade verbindet. In diesem Kapitel soll es nun hauptsächlich um die Fragen der Loslösung und des Trotzes gehen.

Mutter-Kind-Dyade bedeutet, so hatte ich es abweichend von Margaret Mahler definiert, dass sich der Säugling „bewusst" und als ein menschliches Wesen nur in dem engen Gefühlsverbund, das heißt in einer „Personalunion", mit seiner primären Bezugsperson erlebt. Diese ist im Idealfall die leibliche Mutter. Insofern ist eine weitgehende Übereinstimmung mütterlicher und kindlicher Gefühle und Affekte ein wichtiges und prägendes Geschehen am Beginn des menschlichen Lebens („affect attunement", s.o.). Offenbar übernimmt im menschlichen Beziehungsraum die durch eine emotionale Spiegelung erzeugte **Affektübereinstimmung** jene bindungsstiftende Funktion, die bei Säugetieren oder auch Vögeln durch die instinkthaften Vorgänge bei der „Filialprägung" erzeugt wird.

Die primäre Bindung der Säuglinge an die Mutter bedeutet aber nicht, dass der Säugling kein Empfinden davon hätte, gleichzeitig auch ein eigenes, körperliches Wesen zu sein. Seine grundsätzlichen Empfindungen zu existieren erwachsen ihm in stetigem Zufluss aus der Wahrnehmung all jener Reize, die von seinen Wahrnehmungs- und Empfindungsrezeptoren über die verschiedenen Körper- und Kopfsinne seinem Gehirn zugeleitet werden. Diese bewirken jedoch nur das sogenannte Körper-Ich, von dem bereits die Rede war. Neuere neuropsychologische Studien (Damasio 1997) sprechen sogar von einen bestimmten Ort für diese existenzielle Grund- oder auch Hintergrundempfindung im menschlichen Gehirn. Er befindet sich in der Körperfühlsphäre der somatosensorischen Hirnrinde und steht in einem engen Verbund zu ihren Nachbarstrukturen im Scheitelhirn, sowie mit der sogenannten Inselregion. Hierbei dominiert offensichtlich die rechte Großhirnhälfte über die linke aufgrund der Aufgabenteilung der beiden Hirnhälften. Eine spätere Schädigung dieser Hirnabschnitte (z.B. durch eine Blutung oder einen Tumor) führt in der Folge zu merkwürdigen Ausfällen des Selbstempfindens und des damit verbundenen Sozialverhaltens. Außerdem entwickelt sich eine Unfähigkeit, Krankheiten oder Schädigung des eigenen Körpers real wahrzunehmen. Diese pathologischen Symptome seien zur Evidenz der Annahmen von Damasio hier kurz erwähnt.

Der Säugling empfindet demzufolge die Mutter-Kind-Einheit aus seiner Sicht immer als etwas Zwiespältiges, als eine widersprüchliche Botschaft von Empfindungen, nämlich einerseits in der Mutter gleichsam aufzugehen und andererseits ganz eigene Gefühle zu haben und aushalten zu müssen. Dieser Zwiespalt entsteht vor allem in jenen Momenten, in denen die Mutter per Physiognomie und Gestik etwas ganz anderes auszudrücken scheint, als er, der Säugling, selbst gerade empfindet (z.B. still-face-Reaktion, s.o.). Ich nenne diese Nichtübereinstimmung der Gefühle **Affektinterferenz**, da hier nicht passgenaue Verhaltensmuster aufeinander abgebildet werden. Sie entsteht auch dann, wenn sich die Mutter plötzlich ganz anders verhält, als es der Erwartung des Säuglings entspricht. Die Affektinterferenz führt zu einer Selbstwahrnehmung in ersten Ansätzen, die das endgültige Getrenntsein von der Bezugsperson voraus nimmt. Der Effekt des elterlichen Verhaltens im Sinne der Markiertheit, also ihre meist unbewusst übertriebene Antwortreaktion (György Gergely, s.o.), trägt zu solchen Empfindungen zweifellos bei.

Eindeutige Affektinterferenzen entstehen immer auch dann, wenn die Mutter die Befriedigung eines Bedürfnisses unterlässt oder zu lange hinaus zögert, ganz gleich ob beabsichtigt oder nicht. In solchen Momenten überfällt den Säugling dann regelmäßig das Gefühl von Sorge und Angst, das er schnell als Bedrohtsein seiner beziehungsmäßigen und personellen Einheit (emotionale Kontingenz, s.o.) empfindet. Die frühe Ahnung vom wahren Getrenntsein hat also leicht auch etwas Angst auslösendes an sich. Säuglinge von psychisch kranken Müttern, besonders denen, die an einer Depression erkrankt sind, leiden häufig und sehr stark unter der Nichtübereinstimmung zwischen ihren Kontaktbemühungen und dem fehlenden, passgenauen Affekt bei der Mutter. Sie sind dadurch automatisch stärker einer solchen Angst ausgesetzt. Heinz Kohut, ein Psychoanalytiker in der Nachfolge Sigmund Freuds, der in der zweiten Hälfte des vergangenen Jahrhunderts die Grundzüge der Selbstpsychologie formuliert hat, beschrieb genau dieses Empfinden als die Angst vor dem Zerfall des frühen Selbst. Heutige Entwicklungspsychologen sprechen in Anlehnung an Winnicott (1976) in solchen, aber auch anderen Zusammenhängen von der Gefahr einer Entstehung des „falschen Selbst".

Immer dann hingegen, wenn der Säugling spürt, dass gerade das, was sich in ihm als Bedürfnis regt, z.B. Hungergefühl im Bauch, Nässeempfinden im Windelbereich oder Unheimlichkeit in der Seele, auch zugleich von der Mutter wahrgenommen und durch ihr adäquates Handeln ihm umgehend befriedigt oder beseitigt wird, immer dann schwindet für einen Moment der Empfindungszwiespalt zwischen der Einheit mit der Mutter und dem tatsächlichem Getrenntsein, und es stellt sich so etwas wie Glückseligkeit ein (positive Affektspiegelung). In solchen Augenblicken wird vermutlich ein Schwall von Endorphinen (auch „Glückshormone") durch sein Gehirn strömen und werden Neurotransmitter (Botenstoffe) wie Serotonin und Dopamin dafür sorgen, dass eine Unzahl synaptischer Verknüpfungen zwischen den Hirnnervenzellen den Gefühlstransport in angenehmster Weise zu den entsprechenden Zentren herstellt. Das Ergebnis wird im Sinne der emotionalen Integrationstheorie eine Vermehrung positiver Erfahrungen in seinem Erinnerungsspeicher für Gefühle sein, der in bestimmten Rindenabschnitten des Frontalhirns (orbitofrontaler Cortex bzw. OFC s.o.) repräsentative Einprägungen erzeugt und von dort auf das ganze Fühlen und Empfinden einwirkt. Die Mutter-Kind-Einheit (Dyade) erscheint perfekt und das Bindungsgefüge festigt sich zu einer *sicheren Bindung*. Glückliche Empfindungen, die in diesem Zusammenhang von der Mutter bzw. einer anderen Bezugsperson durch Anlachen oder Liebkosen dem Säugling zurückgegeben werden, verursachen in seiner inneren Welt eine Art Überdopplung der guten Gefühle und verstärken diese Repräsentationen.

Eine derart glückliche Übereinstimmung gelingt, darauf hatte ich bereits hingewiesen, auch in der sicheren Bindung nicht immer. In Momenten des Alleingelassenseins und des erzwungenen Bedürfnisaufschubs werden Gefühle mit ganz anderen, zum Teil hochgradig negativen Vorzeichen, in der inneren Welt des Säuglings wach und sorgen dafür, dass der auf sich und sein Dasein bezogene Zwiespalt am Lebensanfang weiter anwächst. Das wahre Getrenntsein von der Mutter und die Isolation im eigenen Körper werfen in solchen Momenten ihre Schatten voraus. Eine solche letztlich alltagsbedingt unvermeidliche Konstellation in der Beziehungsstruktur darf aus erzieherischen Gründen aber nicht missbraucht werden.

Für diese elementar zwiespältigen Gefühle sind mehreren Untersuchungen zufolge andere Schaltstellen und andere Botenstoffe im menschlichen Gehirn zuständig. Die Hauptrolle hierbei spielen „Stresshormone" wie Noradrenalin oder Adrenalin. Beide Substanzen sprechen sehr stark auf die hirneigene Eiweißsubstanz Corticotropin-Releasing-Hormon (CRH) an, die als Stressinitiator gilt (s.o.). Die genannten Botenstoffe erfüllen in Abhängigkeit der von ihnen angesprochenen Rezeptoren zwei Aufgaben: erstens aktivieren sie die Aufmerksamkeit des Menschen unabhängig davon, worauf diese gerichtet wird. Zweitens bedienen sie die Gefühlszentrale für Negativempfindungen mit Informationen, jene bereits mehrfach erwähnten Mandelkerne (Amygdala). Über diese werden zur Abspeicherung der Gefühle in einem weiteren Schritt die Erinnerungszentren im (überwiegend rechten?) Frontalhirn angesteuert. Der negative Stress wirkt sich, gesicherten Studien zufolge, zugleich schädlich auf die Ausdifferenzierung, bzw. Spezialisierung der Hirnnervenzellen aus (Braun und Bock 2003). In welcher Form sich extremer Stress auch noch sehr viel später in der differenzierten, psychosozialen und kognitiven Entwicklung auf die Gehirnfunktionen schädigend auswirken kann, ist aktueller Forschungsgegenstand. Auch bei den negativen Gefühlserlebnissen gibt es eine Art Überdoppelung durch zusätzliche negative Affektspiegelung der Bezugsperson. Dadurch steigern sich die Stressauswirkungen noch weiter.

Ein wohl dosiertes Maß solcher negativen Erfahrungen ist aus ganz anderen Gründen für die Entwicklung jedoch sogar wichtig. Allerdings genügt es absolut, wenn seine Größenordnung auf das Unvermeidbare und damit natürliche Maß beschränkt bleibt! Wichtig sind solche negativen Erfahrungen im eingegrenzten Rahmen deshalb, weil das Ziel der frühkindlichen Entwicklung grundsätzlich die Auflösung der Dyade und der Aufbruch in die Selbstständigkeit ist und nicht deren fortgesetzter Erhalt. Immer nur positive Erlebnisse im Verbund mit der Mutter als primärer Bezugsperson würden jedoch die Loslösung erschweren, ja sogar behindern. Eine solche ungünstige Konstellation entsteht immer dann besonders leicht, wenn ein Elternteil als allein erziehend fungieren muss und das Kind in seinen Loslösungsbestrebungen nicht unterstützt. Denn ein Elternteil allein kann nicht widerspruchslos gleichzeitig Bindungsperson und Vorbild zur Loslösung in Richtung auf eine autonome Persönlichkeit sein. Hierfür fehlt der Vater, und die Triade (im Gegensatz zu ursprünglichen Dyade) ist unvollständig. Ich werde auf diesen wichtigen Punkt weiter unten noch einmal zurückkommen.

Es handelt sich bei diesem tiefenpsychologischen Balanceakt zwischen positiven und negativen Impulsen nicht etwa um einen Widerspruch der natürlichen Grundvoraussetzungen, sondern um das genaue Gegenteil. Zum Ausdruck gelangt hier nämlich die ungeheure Geschicklichkeit, mit der die Evolution fördernde und hemmende, besser „bremsende" Impulse auf die Entwicklung des Menschen zu seiner Individuation vereint. Die Bindung wird trotzdem sicher werden und wird es auch immer bleiben.

Daran anknüpfend möchte ich noch einmal festhalten, dass es keinen logischen Grund dafür gibt, die Mutter-Kind-Dyade vorzeitig aufzulösen oder bewusst aufs Spiel zu setzen, um vielleicht der Loslösung entgegen zu arbeiten, sondern dass es ganz im Gegenteil zahlreiche Gründe dafür gibt, die Mutter-Kind-Dyade nach Leibeskräften zu unterstützen. Denn es macht sehr viel Sinn, das sich an früheste Gefühle erinnernde, menschliche Gehirn mit positiven Grundemotionen zu füttern und auszustaffieren, und es nicht von vornherein und schon gar nicht aus erzieherischem Kalkül durch übermäßigen Stress zu schwächen. Ein sicher gebundener Säugling kann sich grundsätzlich besser von seiner primären Bezugsperson lösen, als ein unsicher gebundener! Auf einen kurzen Nenner gebracht kann man also mit einigermaßen großer Sicherheit sagen, dass es das positiv ausgestattete, emotionale Grundpolster im Leben eines Menschen ist, welches die solide Basis dafür abgibt, den (immer unvermeidlichen) konflikthaften Konstellationen bei den sozialen Reifeschritten gewachsen zu sein. Diese auf die individuelle Entwicklung voraus blickende These unterstreicht noch einmal die Bedeutung der emotionalen Integrationstheorie als zweiter Pfeiler neben der Bindungstheorie in der seelischen Reifung des Menschen zu einem ausgewogenen Sozialwesen.

Bei der emotionalen Integration geht es, um das noch einmal in Erinnerung zu rufen, um ein psychodynamisches Ineinandergreifen der allerersten Gefühle des Menschen (Primärgefühle) in der Weise, dass die ursprünglich negativen, „schädlichen" Gefühlsausschläge wie Unheimlichkeit, Bedrohung und Angst durch ein emotionales und soziales Aufeinanderabgestimmtsein von Säugling und primärer Bezugsperson weitgehend getilgt werden. Dabei entsteht in einer Art Gefühlskaskade von schlecht nach gut oder unangenehm nach angenehm die sichere Bindung, beginnend bei der Unheimlichkeit des extrauterinen Lebens, sich fortsetzend in der Angst im plötzlichen Alleinsein und endend in der glücklichen Empfindung der, wenn auch nur illusionären, Einheit mit der primären Bezugsperson. Das dadurch erlebte, positive Ergebnis im seelischen Empfinden des Säuglings ist die Entstehung von Zufriedenheit, Sicherheit, Geborgenheit und Vertrauen im Anblick und in der Verfügbarkeit der Mutter. Das vorläufig endgültige Ziel dieser wertsetzenden Emotionskaskade ist die Konstitution des persönlichen Willens als der eigentlichen Triebfeder und Überlebenskraft in der von der primären Bezugsperson letztendlich losgelösten, selbstständigen Persönlichkeit eines jeden Individuums. Die Mutter-Kind-Dyade ist also von vornherein konzipiert als ein einjähriges, passageres Sozialprogramm zur existenziellen Absicherung des Säuglings mit dem Ziel der Erlangung einer lebenstüchtigen, individuellen Persönlichkeit im zweiten und dritten Lebensjahr.

Die Loslösung, von der im folgenden Text nun zu reden sein wird, gelingt demzufolge umso leichter und konfliktfreier, je mehr ursprüngliche negative Gefühle in positive Empfindungen umgewandelt werden konnten. Dass das nicht mit allen negativen Gefühlen gelingt, weil ein solcher Idealzustand an den natürlichen Grenzen eines jeden sozialen Verbundes scheitert, steht hierzu nicht im Widerspruch. Es gilt: das glücklichere Kind ist das freiere und gelöstere im wahrsten Sinne des Wortes. Beide adjektivischen Attribute gelten übrigens auch für die Willensäußerungen dieser Kinder (s.u.). Das Kleinkind, das man als sicher gebunden bereits in der Fremde-Situation, spätestens aber bei der Anhänglichkeit (s.o.) erkennt, wird beim Älterwerden mehr von seinen Charakteranlagen ausprägen können, wird authentischer sein und wird stabilere Selbstanteile entwickeln, als das unsicher gebundene.

Wissenschaftliche Erkenntnisse 6

Wie kann man diese konzeptuellen Vorstellungen tatsächlich nachweisbar machen? Hierzu ist ein Abgleich mit der Emotionspsychologie notwendig. Zunächst ist auf die Tatsache zu verweisen, dass zwischen Säugling und Mutter in einer durchschnittlichen (Tages)Episode mit interaktionärem Gefühlsaustausch pro Minute etwa 8,5 emotional relevante, mimische-gestische Ausdrucksformen und Affektsignale ausgetauscht werden (referiert nach Erich Lemche, „Emotion und frühe Interaktion", 2002, S. 20). Diese Zahl lässt erkennen, wie intensiv sich die Mutter-Kind-Interaktion in dieser Lebensphase normalerweise gestaltet. Ferner gilt es zu beobachten, was der Emotionswissenschaftler Lemche den regulierenden Affektaustausch zwischen Mutter und Kind unter dem Aspekt des Spannungsauf- und abbaus bezeichnet, nämlich den intradyadischen „Appropriations-Interaktionsmodus", übersetzbar am besten mit Verständigung durch gegenseitige Annäherung von Säugling und primärer Bezugsperson. In der „still-face" Interaktion, wenn die vom Säugling bei seiner Bezugsperson erwartete mimische Antwort auf sein Angebot hin ausbleibt oder indifferent ausfällt, und er sich um ihre Wiederherstellung bemüht, wird offensichtlich, wie sehr der Säugling auf solche kongruente Interaktion (affect attunement) angewiesen ist (vgl. auch Fornagy und Target, s.o).

Auf dieses weitgehend unbewusste (implizite) Geschehen im ersten Lebensjahr folgt das klar geäußerte (explizite), mimisch, gestische Rückversichern des Säuglings und fortkrabbelnden Einjährigen bei der Mutter als „sicherer Basis" (s.o.). Erich Lemche bezeichnet diesen Vorgang als Referenzierungs-Interaktionsmodus (Verständigung durch Rückversicherung). Beide recht komplizierten, programmatischen Begriffe sollen zum Ausdruck bringen, dass es einen vorverstandlichen, eng aufeinander abgestimmten Affektaustausch zwischen Säugling und primärer Bezugsperson gibt, der sowohl die frühen Emotionen in der oben aufgezeigten Kaskade, als auch die explorativen, das heißt auskundschaftenden Entwicklungsschritte des älteren Säuglings- und Kleinkindes durch Neugier und Interesse stark beeinflusst. Diese Vorgänge, die kaum je ganz exakt messbar sind, sind die entscheidenden Faktoren des Emotionsaustausches in der Mutter-Kind-Dyade und darüber hinaus in der frühen Phase der Loslösung. Den Nachweis der emotionalen Integrationstheorie wird man einstweilen also nur in der sich günstig fortsetzenden, psychosozialen Entwicklung eines Kindes erkennen können, wenn nämlich die Auswirkungen der appropriativen und referenziellen (s.o.) Interaktion in der frühen Gestaltung des Selbst langsam offensichtlich werden.

Eines Tages wird man dann vermutlich in bestimmten Hirnabschnitten (als dort gespeicherte Repräsentationen des Erlebten) durch bildgebende Verfahren der Hirnstruktur genauere Aussagen über die neurobiologischen Auswirkungen von all diesen im frühen Kindesalter stattfindenden, zwischenmenschlichen Vorgänge machen können.

Wenn ich bisher von zwei Grundpfeilern der seelischen Entwicklung eines jeden Menschen gesprochen habe, nämlich zum einen von der Bindungstheorie mit der Mutter-Kind-Dyade und der nachfolgenden Loslösung, und zum anderen von der emotionalen Integrationstheorie mit der verwandelnden Gefühlskaskade ursprünglicher Negativempfindungen in Positivempfindungen, dann unterschlage ich dabei die dritte Grundlage. Ich meine die der Selbstentwicklung als ein in sich geschlossenes System. Aus methodischen Gründen muss dieses Thema aber einem der nächsten Unterkapitel vorbehalten bleiben. Dabei wird dann auch der Psychoanalytiker Heinz Kohut ausführlich zur Sprache kommen. Der Vollständigkeit halber möchte ich aber an dieser Stelle schon die Grundzüge skizzieren.

Das Selbst des Menschen entfaltet sich wie die ganze psychosoziale Entwicklung auf dem Boden eines genetisch vorgegebenen Programms, das in den sozialen Bezugsrahmen exakt eingepasst ist. Es basiert ganz zu Anfang auf einer von der Wahrnehmung des eigenen Körpers gesteuerten Grundempfindung zu existieren, dem Körper-Ich (s.o). Dabei ist es noch eingebettet in die Leih-Selbst-Empfindung innerhalb der Mutter-Kind-Dyade. Das Körper-Ich entwickelt sich schrittweise fort zu jener komplizierten Ichempfindung, die sich als individuelle, persönliche Wahrnehmung des Daseins in der Kindheit und Adoleszenz herausbildet. Dadurch löst sich das Selbst aus der Leih-Selbst-Position und bekommt ein eigenständiges Profil. Das reife Ich-Empfinden erhält mit dem nun eigenständigen Selbst zu dem persönlichen auch einen sozialen Anteil. Selbstentwicklung in dieser Form interpretiert kommt der natürlichen Zielvorgabe entgegen, den Menschen schrittweise zu reflexivem Bewusstsein zu führen.

In diese Darstellung der Selbstentwicklung geht unbedingt auch jener sehr persönliche Wesenszug des Menschen ein, den man als die angeborenen, charakterlichen Anlagen bezeichnet. Wie deren Ausgestaltung im Einzelnen später ausfällt, das hängt von den individuellen Bindungserfahrungen, der persönlichen emotionalen Integration und den Erfahrungen mit der sozialen Umwelt ab.

3.2 Loslösung, Widerstand und erster Trotz (das Gefühl des Willens)

Nachdem ich die Bindungsstrukturen noch einmal einer genaueren Analyse unterzogen habe, komme ich jetzt detailliert zu dem zweiten großen Schritt in der Persönlichkeitsentwicklung des Menschen, dem der **Loslösung**. Ich will diesen zweiten psychosozialen Schritt nach der Bindung besonders herausstellen, denn im

Gegensatz zur Bindungstheorie hat die Loslösung bis heute noch keinen vergleichbaren Einzug in den Diskurs über die frühkindlichen Entwicklungsprinzipien gefunden. Das gilt sowohl für die wissenschaftlichen Betrachtungen als auch für den alltäglichen Umgang. Die Loslösung, und darin liegt ihre entscheidende Bedeutung, ist das Herausgehen des Kleinkindes aus der primären Bindung an die Mutter oder eine „Ersatzmutter" und der Eintritt in die Lebensform der persönlichen Autonomie. Während die primäre Bindung durch das Leih-Selbst und die Mutter-Kind-Dyade ein Dasein in absoluter Abhängigkeit hervorgerufen hat, ist die Loslösung von zunehmender Unabhängigkeit des Selbst charakterisiert. Damit dient die Loslösung zur Befreiung des individuellen Selbst aus der Verklammerung mit der primären Bezugsperson. Unter diesem Aspekt muss der Begriff der Loslösung etwas anders verstanden werden, als er von Margaret Mahler seinerzeit verwendet worden ist. Insbesondere muss auch der Zeitpunkt für den Beginn weiter nach hinten verschoben werden auf die Wochen um den ersten Geburtstag.

Die Loslösung erzwingt die Aufnahme einer zweiten Bindung, der an das „autonome Vorbild", welches im Idealfall der Vater ist. Der Vater muss dazu für das Kind verfügbar sein und zu einer positiv besetzten Leitfigur werden. Auch hier ist wieder eine Ersatzbezugsperson möglich. Die so entstehende Dreierkonstellation der Bindungsbezüge zwischen Mutter und Kind und jetzt zwischen Vater und Kind sowie dem Elternpaar untereinander wird als **triadische Loslösung** oder **Triangulierung** bezeichnet. Die triadische Loslösung findet in einem zunehmend gleichberechtigten Selbst-Status der Bindungspartner statt, denn das selbstständig werdende Kleinkind entwickelt hierfür sein endgültiges, persönliches Selbst. Loslösung bedeutet, um das noch einmal zu betonen, nicht das generelle Aufgeben von Bindung, sondern nur deren Erweiterung auf eine neue Ebene und zu einer dritten Person. Die neue Ebene ist der Status größerer Selbstständigkeit. Anders ausgedrückt: Der Grundsatz der frühkindlichen Bindung ist erst mit der Loslösung vollständig erfüllt. Eine tatsächliche Aufgabe der Bindung oder deren Verlust wäre in diesem Alter niemals ein sinnvoller Entwicklungsschritt, sondern immer ein folgenschwerer, meist pathologisch endender Störungsprozess.

Erich Lemche (2002, s. Wissenschaftliche Erkenntnisse 6) fasst die psychosozialen Vorgänge des Loslösungsgeschehens auf die kommunikative Funktion bezogen in einer neuen, zwischenmenschlichen Verständigungsform zusammen, die er „Proxemik-Interaktion" nennt. Damit nimmt er Bezug auf die widersprüchlich erscheinenden, höchst ambivalenten Gefühle des Kleinkindes mit ständigem Fortstreben von den Bezugspersonen und beständiger Wiederannäherung. Er bezeichnet diesen Vorgang als **Ambitendenz**. Andere Interpretatoren des Geschehens fokussieren allein auf das kindliche Verhalten und meinen, in der Polarität zwischen dem Wunsch nach Bindungserhalt und dem Drang zur Exploration den Motor zur psychosozialen Weiterentwicklung erkennen zu können (Grossmann und Grossmann 2003, s.o.).

Die Aufgaben der Loslösung lassen sich auf drei entscheidende, emotionale und psychosoziale Entwicklungsschritte des Kindes zurückführen: Entdeckung des persönlichen Selbst, Verteidigung des gefundenen Selbst und Aufbau des Selbstbewusstseins. Im weiteren Verlauf des Textes werden alle drei Schritte detailliert dargestellt und besprochen.

Die Dauer der Loslösung lässt sich einigermaßen klar abgrenzen von der vorausgegangenen, primären Bindung. Sie beginnt im zweiten Lebensjahr und reicht zusammen mit der sich anschließenden Selbst-Sozialisation bis zum Ende des vierten Lebensjahres. Drei Abschnitte sind in ihr enthalten, und zwar

a) die Phase des Widerstands vom ersten Geburtstag bis eineinhalb Jahren (sich überlappend),

b) die eigentliche Trotzphase von eineinhalb bis etwa zum dritten Geburtstag und

c) die Phase der Stabilisierung des Selbst bis über das vierte Lebensjahr hinaus.

Solche zeitlichen Grenzen besitzen immer einen etwas künstlichen Charakter. In der Realität gehen diese Stadien nahtlos ineinander über, werden schließlich vom autonomen Selbst absorbiert und setzen sich im Verborgenen weiter fort, so dass sowohl Bindungselemente als auch Elemente der Loslösung in der Persönlichkeit unterschwellig das Leben lang ausgetragen werden. Im Übrigen variieren solche Zeitangeben individuell.

Um nun ein grundsätzliches Verständnis von dem Phänomen der Loslösung und des sich im ihrem Verlauf entwickelnden Trotzes zu ermöglichen, möchte ich das Augenmerk zunächst noch einmal auf die besonderen emotional-affektiven Erscheinungen der älteren Säuglinge und jungen Kleinkinder richten. Angesichts der sehr starken Bindungsstrukturen im ersten Lebensjahr, bedingt durch die Leih-Selbst-Situation und die damit verbundene, große emotionale Abhängigkeit des Kindes von den Reaktionen der Mutter (oder Ersatzmutter), ist es leicht zu verstehen, dass die Loslösung für das Kleinkind zu einem echten Kraftakt wird. In der Unausgeglichenheit des frühkindlichen Wunschdenkens zwischen Bindungserhalt und Loslösungsbestreben, der „**Urambivalenz**" oder des „**Urkonflikts**" (Ambitendenz, s.o.), kommt es zu einer dramatischen Zerreißprobe in der kindlichen Seele, die zuweilen zu heftigen, affektiven Entladungen führt. Das Ausmaß und die

Ausdruckskraft dieser Entladungen haben zweifellos auch mit den Charakteranlagen und dem Temperament des Kindes zu tun und geben ein frühes Zeugnis ab über den angeborenen Grad der impulsiven Steigerungsfähigkeit emotional-affektiver Zustände. Eine der heftigsten Reaktionen ist neben lautem Schreien das abrupte Zurückwerfen des ganzen Körpers und Sich-Steifmachen. Das geschieht bei zorniger Erregung vorzugsweise auf dem elterlichen Arm, später auch auf dem Fußboden mit Hinwerfen des ganzen Körpers oder dem Aufschlagen des Kopfes. In solchen Fällen muss manchmal dafür gesorgt werden, dass sich das Kind dabei nicht verletzt.

Woraus bezieht nun aber das Kind die enorme Kraft, den Schritt zur Loslösung zu unternehmen? Nach den Vorstellungen aus der emotionalen Integrationstheorie bezieht das Kind sie erstens aus dem jetzt erstarkenden **Willen** (s.o.). Zweitens bezieht es sie aus seiner automatisch in die Selbstständigkeit führenden **Mobilität** (Aufstehen, Laufen, Klettern, usw.) als dem optimalen Ergebnis der statomotorischen Entwicklung. Durch den damit verbundenen Zugewinn an räumlicher Vorstellungskraft wird die Erfahrung des objektiv umgebenden Lebensraumes sprunghaft erweitert (Objektpermanenz, Piaget, s.o.) Drittens steht ihm für diesen Schritt die Zunahme seiner der geistigen Fähigkeiten zur Verfügung. Diese verbinden seine zunehmend subjektiven Erkenntnisleistungen um den ersten Geburtstag mit einer ganz neuen auf sich selbst bezogenen Empfindung, derjenigen, Urheber seiner Aktionen und Taten zu sein. Gemeint ist das Empfinden der **Authentizität**. Und viertens kommt diese Kraft auch aus dem inneren Bedürfnis des Kindes nach **Aufbegehren** und Widerstand. Gerade letzteres ist nun jenes Verhalten, das den Umgang mit dem Säugling am Ende des ersten Lebensjahres sehr anstrengend machen kann.

Aus der kognitiven Entwicklungspsychologie (Gergely, Fornagy, s.o.) kommt, wie oben gezeigt, ein weiterer Aspekt dazu, der die Loslösungsmechanismen beschleunigt. Das kindliche Selbst-Verständnis wächst zum Ende des erstens Lebensjahres dadurch an, dass die gefühlten Emotionen und Affekte jetzt tatsächlich an zwei Quellen vermutet werden, insbesondere dann, wenn sie nicht passgenau durch die elterliche Reaktion gespiegelt werden („Markiertheit"). Die eine Quelle ist der eigene Körper und die andere der der Mutter oder des Vaters als einer von ihm selbst getrennten Person („differenzielle Kontingenzerkenntnis"). Dieses Verständnis führt letztendlich zur Wahrnehmung von zwei völlig eigenständigen Wesen und sprengt so die Mutter-Kind-Dyade. Das Aufsprengen der Dyade führt zur Erkenntnis des Kleinkindes, ein eigenständiges Selbst zu besitzen, das fortan den anderen

Menschen gegenüber steht. Dieser Schritt steht am Anfang der Kleinkindphase und findet seinen Abschluss mit eineinhalb Jahren (s.u.).

Wie begegnet einem der knapp einjährige Säugling im alltäglichen Geschehen tatsächlich? Was erlebt die Familie mit ihm konkret in der zwischenmenschlichen Beziehung? Neben seiner **statomotorischen Entwicklung**, die die Reifung zum aufrechten Gang vollzogen hat, prägen im alltäglichen Erscheinungsbild drei typische Eigenschaften Auftreten und Benehmen des Säuglings an diesem Wendepunkt in der frühkindlichen Entwicklung: Erstens seine auskundschaftenden und entdeckerischen Fähigkeiten im Umgang mit den Dingen und im frühen Spiel als **Exploration**; zweitens seine langsam verständlich werdende **Sprache** und drittens seine ersten klaren, **willentlichen Äußerungen**. Diese Eigenschaften stehen mit der Loslösung in engster Verbindung und sind sozusagen ihr geistiger Motor. Fünf zentrale Aspekte sind dabei abzugrenzen, auf die ich nun in den einzelnen Unterkapiteln eingehen will.

3.2.1 Die frühen Bedürfnisse, der Wille und die Entscheidungsunfähigkeit

Ein entscheidender Aspekt am Anfang der Loslösung ist die Willensbildung. Über die ersten Erfahrungen des Säuglings im Spiel, das auch Willensaspekte enthält, hatte ich weiter oben im Kapitel über die Anhänglichkeit gesprochen. Auf die unabhängig vom Willen stattfindenden Fortschritte in der Sprachentwicklung kann nur jeweils kurz an geeigneter Stelle eingegangen werden.

Die ersten eindeutig willentlichen Äußerungen und Reaktionen nehmen alle Eltern bei Ihrem Säugling meistens zuerst auf dem Wickeltisch oder im Hochstühlchen wahr, wenn der kleine „Sonnenschein" plötzlich zum „Rebellen" wird und sich nicht mehr wickeln lassen möchte oder den Mund beim Füttern zusammenkneift. Die meisten Menschen glauben allerdings schon viel früher so etwas wie einen Willen bei ihrem Säugling erkennen zu können, nämlich in seinen ersten emotionalen Bedürfnisäußerungen. Nach den von mir ausgeführten Erklärungen ist diese Ansicht aber falsch.

Daher seien noch einmal die wichtigsten Aspekte zu diesem Problem hervorgehoben: die Bedürfnisäußerungen des kleineren Säuglings darf man nicht als dessen Willensbekundungen im eigentlichen Sinne interpretieren, sondern muss sie hinsichtlich ihres affektiven Ausdrucks als ein dringendes Streben oder Drängen nach Bedürfnisbefriedigung werten. Insofern sind die kleinen Säuglinge auch nicht verantwortlich zu machen für ihre Bekundungen, die je nach Charakteranlage und Temperament bei einigen heftig und „aufschubintolerant" ausfallen, bei anderen geduldig und genügsam. Selbst die ersten gezielten Handlungen des etwas älter und mobil gewordenen Säuglings sind einstweilen nur Ausdruck seines Wunsches, die Dinge zu erkunden und ihren Zustand zu erfassen und zu erfahren (explorativ motivationales Handeln, s.o.). Diese Handlungen sind noch nicht getragen von einer willentlich vorgefassten Absicht!

Der eigentliche Wille beinhaltet hingegen ein individuell ausgerichtetes, letztlich immer ich-bezogenes, planerisches, und somit im „Kopf" vorgefasstes Handlungskonzept, dessen Ziel und Erfolgschance in Form der Absicht geistig vorweggenommen ist. Die frühe Motivation ist dieser Definition folgend als (intentionaler) „Vorwille" zu verstehen. Alle diese, den Willen grundsätzlich charakterisierenden Eigenschaften, treffen bei genauem Hinsehen auf den Säugling noch nicht zu, sondern erst auf das Kleinkind deutlich jenseits der Einjahresgrenze. „Planerisch" heißt in ganzer Klarheit über die Wirkung des Beabsichtigten zur Handlung voranschreitend, was ein in sich folgerichtiges und vor allem auch kurzfristig zukunftsorientiertes Denken voraussetzt. „Individuell ausgerichtet" bedeutet ein auf sich selbst und sein Ich bezogenes Denken und Handeln, was erst im Rahmen der vollzogenen Loslösung und der Entdeckung des eigenen Selbst möglich wird. „Erfolgreich vorgehen" heißt begrifflich-logisch vorkonzipieren und im kritischen Bewusstsein vorweg vorstellen (antizipieren), was kognitiv frühestens im zweiten Lebensjahr möglich wird.

Gerade dieser letzte Faktor wird in absehbarer Zukunft vermutlich beweisbar sein durch die bildgebenden Untersuchungsverfahren der menschlichen Hirnfunktion (fMRT und PET, s.o.), denn in der Hirnforschung kennt man inzwischen den Ort des Handlungsplanungszentrums im lateralen Frontalhirn. Es ist davon auszugehen, dass ein solches reifes, mit den wahrnehmungsverarbeitenden Zentren vielfältig vernetztes Planungszentrum bei einem Säugling noch nicht in ausreichendem Maße existiert. Was man dem kleinen Säugling meiner Auffassung nach als einzige Ursache für sein zielorientiertes Agieren bescheinigen kann, ist sein durch Neugier und Interesse erzeugtes, vom Drang gesteuertes, motivationales Handeln.

Neben die Ausdrucksformen des Willens stellt sich mit der Zeit ein weiteres entscheidendes, voluntaristisches, also dem Willen zugehöriges Prinzip des denkenden Gehirns, das ebenfalls vom Säugling noch gar nicht und vom Kleinkind erst schrittweise beherrscht wird. Dieses noch fehlende Element in der Willensfunktion muss besonders herausgestellt werden, denn es erfordert eine noch höhere geistige Leistung, als die bisher genannten Prozesse. Ich spreche von dem Prinzip der **Entscheidung**. Entscheidung steht nicht am Anfang, sondern am Ende eines jeden Willensprozesses; zur Handlung vollendet wird sie im **Entschluss**. Jede willentliche

Vorstellung oder Idee schließt ab mit einem Entscheidungsvotum, ob das Erdachte auch ausgeführt oder aber abgebrochen werden soll und nur Vorstellung bzw. Phantasie bleiben.

Um diesen geistigen Vorgang in reifer Form vollziehen zu können, bedarf es meines Erachtens zweier Voraussetzungen. Als erstes denke ich dabei an ein Verständnis von zwei vollständig getrennten, inneren Welten im Gehirn. Diese teilen sich auf zum einen in den Spiegel der realen, äußeren Welt in Form von „inneren Bildern" bzw. Repräsentationen und zum anderen in das Kaleidoskop der allein in den Geistesstrukturen erzeugten, rein inneren Welt als der Phantasiewelt. Ihr besonderes Charakteristikum ist, dass sie letztlich immer unwirklich bleiben wird und frei ist für jede ideelle Vorstellung. Das Entwickeln und Begreifen solcher geteilter „Geistigkeit" und Verstandesleistung im eigenen Gehirn ist Aufgabe der gesamten Kindheit und wird erst in der Adoleszenz vom Individuum vollständig gelöst. In der sogenannten magischen Phase (s.u.) des Kleinkindes gehen diese beide „Welten" noch lebhaft ineinander über.

Daraus ergibt sich zwanglos die zweite Voraussetzung für eine reife Entscheidungsfähigkeit. Sie besteht in einer zusätzlichen geistigen Kraft, die den einmal entstandenen Willen ohne tatsächliche Handlung, das heißt ohne Entschluss, wieder abbrechen kann. Um diese Kraft zu formulieren, muss ich an das Prinzip aus der emotionalen Integration anknüpfen, welches besagt, dass sich der Wille aus dem Drang heraus entwickelt. Im Stadium des Drangs ist dieser Darstellung nach in den Hirnfunktionen noch kein neurophysiologisch-neuropsychologischer Mechanismus zum Abbruch der beabsichtigten Handlung vorgesehen. Der Drang erzwingt immer die Ausführung der initiierten Handlung. Damit ist er prinzipiell entscheidungsunfreudig, um nicht zu sagen entscheidungsunfähig. Auf die hierdurch entstehenden Besonderheiten in der Eltern-Kind-Interaktion komme ich weiter unten noch einmal gesondert zu sprechen.

An dieser Stelle ist es wichtig, erst einmal festzuhalten, dass es im menschlichen Gehirn einen Kontrollmechanismus geben muss, welcher die einmal in Gang gesetzte willentliche Absicht unterbrechen und damit auch vorzeitig beenden kann. Diese Unterbrechung oder der Abbruch entspräche im gerade ausgeführten Sinn dem Vorgang der Entscheidung und des Entschlusses, der damit immer eine reine Ja-Nein-Entscheidung ist. Es geht also nicht um ein „Wenn-und-aber", sondern nur um „Pro-oder-Kontra". Die Vorstellung von einer solchen „Unterbrecherfunktion" im menschlichen Gehirn wird gestützt durch zwei jüngere Studien von Andreas Fallgatter und seinem Team an der Universität Würzburg, in denen an jugendlichen und erwachsenen Aufmerksamkeits-Defizit-Patienten im Vergleich zu normalen Kontrollpersonen gezeigt werden konnte, dass es einen solchen Kontrollmechanismus im Ablauf der Willensfunktion definitiv gibt, und dass dieser bei aufmerksamkeitsgestörten Patienten ein deutlich geringeres Potenzial besitzt, als bei gesunden Personen (Fallgatter u.a. 2005).

Dieses, ich nenne es einmal vorläufig das **Entscheidungszentrum**, ist in besonderen Verfahren der Elektromagnetotomographie nachweislich lokalisiert im vorderen Gyrus cinguli, bezeichnenderweise also an der entscheidenden Nahtstelle zwischen Limbischem System und Frontalhirn. Das bedeutet, dass die Evolution genau an der Stelle im menschlichen Gehirn, an der die emotionalen Empfindungen auf übergeordnete, verstandesmäßige Funktionen treffen, ein Zentrum zur Beherrschbarkeit des Willens ausgebildet hat. Je stärker dieses Zentrum nun ausgebildet ist, desto zuverlässiger lässt sich der einmal gefasste Wille hinsichtlich seiner Ausführung kontrollieren. Im Moment der Unterbrechung, der nur Bruchteile von Sekunden betragen kann, sich aber auch auf Minuten ausdehnen kann, findet jene Entscheidung statt, die für den reifen und damit **entscheidungsmächtigen Willen** ausschlaggebend ist. Mit einer zusätzlichen, geistigen „Kraftanstrengung" ist daran unmittelbar der Entschluss zur Handlung gekoppelt.

Ich möchte von dem Ausflug in die Theorie wieder zu den realen Verhaltensweisen beim Säugling und Kleinkind zurückkehren. Hält man einem sechs Monate alten Säugling zwei Gegenstände hin, und ergreift dieser zunächst den einen und „verschmäht" den anderen, dann ist das kein Ergebnis einer willentlichen Entscheidung, sondern einzig das Ergebnis eines höheren Interesses an gerade diesem Gegenstand. Dieses höhere Interesse erzeugt allein das motivationale Handeln. Ich gehe also davon aus, dass das gerade besprochene Entscheidungszentrum beim Säugling in seiner Funktion noch nicht reif genug ist (was de facto allerdings noch zu beweisen wäre). Für den Säugling zählen zu diesem Zeitpunkt hinsichtlich seiner getroffenen Wahl noch andere Dinge: Vielleicht ist ihm der eine Gegenstand bisher nur weniger bekannt als der andere und damit die Neugier auf ihn größer, vielleicht erscheint er ihm aus optischen Gründen im Moment interessanter (rot ist z.B. interessanter als gelb).

Erst beim Übergang ins zweite Lebensjahr wird dem Säugling überhaupt klar, dass er selbst es ist, der diesen Gegenstand greifen möchte, der ihn gerade loslässt, ihn heranzieht, versteckt und wieder findet (Authentizität, s.o.). Solche Vorgänge übt der Säugling nun in einem beinahe endlosen Spiel, zu dem ihm die Eltern oder andere bereitwillige Personen assistieren sollen.

Die kindliche Fähigkeit, zwei unterschiedliche Vorstellungswelten wie Realität und Phantasie aufbauen zu können, hat Jean Piaget (s.o.) in der Mitte des vergangenen

Jahrhunderts detailliert untersucht und damit den Grundstock zur geistigen Entwicklung des Menschen gelegt. Von der Entdeckung der Objektpermanenz am Übergang zum zweiten Lebensjahr hatte ich bereits bei den ersten Schritten zur Verselbstständigung gesprochen. Im Stadium am Ende des zweiten und Anfang des dritten Lebensjahrs spielt der Begriff „magische Phase" eine entscheidende Rolle. Magische Phase heißt, dass die Phantasieprodukte im kindlichen Gehirn nahezu den gleichen Stellenwert besitzen wie die gespiegelte Realität. Viele Eltern sind irritiert und beängstigt, wenn ihre Kinder zeitweilig mit unwirklichen Begleitern umgehen und Dinge sehen, die in Wahrheit nicht existieren. Die Kinder reden sogar mit ihren Phantasiegestalten und vertrauen sich ihnen an. Sie sind deswegen mitnichten schizophren. Das Phänomen ist nur so zu interpretieren, dass in der kindlichen Vorstellungswelt die Grenzen zwischen Phantasie bzw. Irrealität und Wirklichkeit bzw. Realität noch ziemlich durchlässig, ja geradezu verschwommen sind. In die gleiche Kategorie fällt auch die Neigung der Kinder, Dinge und Gegenstände zu animieren, das heißt sie mit einer Seele zu versehen und ihnen Eigenschaften zu verleihen, die sie in die Nähe von menschlichen Wesen rücken. In diese Phase fällt außerdem, das sei nur kurz angerissen, auch der Beginn des Rollenspiels, in dem die Kinder die Vorgänge der realen Welt in phantasievoller Gestaltung verstehen lernen und zum Zwecke der Anpassung im eigenen Verhalten einüben.

Am Ende des ersten Lebensjahres sind durch kognitiven Zuwachs und emotionale Integration alle nötigen Voraussetzungen zur Willensbekundung vorhanden. Verständlich, dass nun der Wille vom Kleinkind bei jeder Gelegenheit erprobt wird. Da aber auch das werdende Kleinkind immer noch nicht große Gedankengebäude entwerfen und Pläne schmieden kann, was es denn mit seinem Willen tatsächlich umsetzen möchte, kann es diesen inneren Impuls erst einmal nur als Widerstand äußern gegen das, was Eltern oder andere Bezugspersonen mit ihm vorhaben. Dabei kommen ihm die alltäglichen Verrichtungen der Pflege und des Versorgtwerdens gerade recht, um die Affekte des Willens zu inszenieren und um den eigenen Kopf unter Beweis zu stellen. Die angeborene Impulsivität verleiht diesem frühen, noch immer noch leicht dranghaften Willen äußersten Nachdruck. In der Stärke ihrer Impulsivität unterscheiden sich die Säuglinge deutlich.

Hohe Impulsivität und noch anhaltende Dranghaftigkeit stören jetzt beinahe automatisch die zwischenmenschliche Verständigung, was die vielen emotionalen Turbulenzen zwischen Eltern und Kind gerade in dieser Entwicklungsphase zum Ausdruck bringen. Es hat den Anschein, als habe das Idyll der Mutter-Kind-Dyade seinen Frieden für immer eingebüßt. In gewisser Weise ist es auch so, denn der Aufbruch in die Selbstständigkeit ist generell von Unfrieden gekennzeichnet. Ich werde auf diesen Punkt immer wieder zurückkommen müssen und dabei die Widersinnigkeit beleuchten, die dadurch auftritt, dass das Kleinkind einerseits nun ständig Widerstand übt und andererseits seine noch bestehende, große Anhänglichkeit unter Beweis stellt.

3.2.2 Die Konditionierung, das Gewöhnen und die Rituale

Die reine Bedürfnishaftigkeit des Säuglings im Gegensatz zum persönlichen Willen des Kleinkindes müssen Eltern immer dann im Auge haben, wenn sie auf das lautstarke Begehren ihres Säuglings aus „erzieherischen" Gründen nicht eingehen wollen. Denn es hat den gerade gemachten Ausführungen zufolge keinen Sinn, bei einem kleinen Säugling dadurch die Fähigkeit zum Bedürfnisaufschub erreichen zu wollen, dass man ihn gezielt warten und nach der Stoppuhr länger schreien lässt. Dieses auf **negativer Konditionierung** basierende und nur scheinbar funktionierende Erziehungsprinzip ist einer der großen Fehler, die Menschen an ihren jüngsten Nachkommen begehen können. Selbst wenn durch die Konditionierung ein Erfolg hinsichtlich des erwünschten Verhaltens beim Säugling erkennbar wird, ist dieser immer auf Kosten seiner günstigen, emotionalen Entwicklung zustande gekommen! Die begleitende Frustration und der negative Stress, die das Vermeidungsverhalten hinsichtlich eines fortgesetzten Schreiens und damit den beabsichtigten Konditionierungseffekt hervorrufen, wirken sich, wie ich im ersten Kapitel schon zu zeigen versucht habe, regelmäßig ungünstig auf die seelische Gesundheit und die organische Hirnentwicklung aus.

Jeder Mensch ist prinzipiell konditionierbar. Konditionieren ist entwicklungsbiologisch betrachtet eine Vorform des Lernens. Im Tierreich gehört es zur artspezifischen Entwicklung dazu. Beim Menschen überbrückt es im Erwerb von Fertigkeiten die frühe Entwicklungszeit bis zum verständigen Handeln. Klassisches Konditionieren ist die Verbindung aus unbedingtem Triebreiz und bedingtem Reflex. Das Ergebnis ist ein verbessertes Anpassungsverhalten. Auf diese Weise kommen Schutzreflexe zustande, die das Überleben der Art sichern helfen, aber auch reflexartige Steuerungen sinnvoller Verhaltensformen. Meldet sich der Säugling, weil er Hunger hat, und wird er von der Mutter in die typische Körperhaltung zum Stillen gebracht, wendet er sofort seinen Kopf zur Brust und fängt an zu Saugen. Den Kopf wenden und nach der Brust „schnappen" macht er aber auch dann, wenn er ohne sich zu melden in die entsprechende Körperposition gebracht wird. Bekommt er dann die Brust gereicht, fängt er an zu saugen und trinkt, obwohl er eigentlich keinen Hunger hat. Erst kurze Zeit später verweigert er dann das Saugen und kneift den Mund zusammen oder meckert.

Beim operanten Konditionieren ist kein „unbedingter Triebreiz" mehr notwendig. Das erlernte Verhalten entsteht hier durch eine zufällige oder bei Versuch und Irrtum entdeckte Handlung, die einen positiv empfundenen Effekt ergibt. Den Anreiz zur Wiederholung dieser Handlung ergeben die positiven Begleitumstände und der erzielte „Lohn". Zieht der etwas ältere Säugling am Bändchen der Spieluhr und erzeugt damit den angenehmen Klang eines Liedes, wird er diese Handlung immer wiederholen, um den angenehmen Effekt zu erneuern.

Konditionierungen sind kein Lernprozess im höheren, geistigen Sinne, sondern das Ergebnis eines gezielt hervorgerufenen, bedingten Reflexes. Lernen heißt im Gegensatz zu jeder Reflexwirkung Verstehen im Zusammenhang, logisch nachvollziehen und dem bisherigen Wissen hinzufügen. Kein Säugling besitzt aber die hierfür nötigen Fähigkeiten. Darüber hinaus fehlt ihm vollständig die Möglichkeit zur moralischen Bewertung eines Vorgangs oder Geschehens. Er ist außerstande zu beurteilen, ob das, was mit ihm geschieht, gut ist oder schlecht. Einzig das Gefühl von Befriedigung signalisiert ihm, dass etwas Rechtes mit ihm geschehen ist. Demzufolge kann er keine besondere Motivation in sich entwickeln, einem speziellen Anspruch seiner Bezugspersonen nachzukommen und diesen zu befriedigen. Ebenso wenig kann er solche Erwartungen von Anderen gezielt ignorieren. Ein Säugling kann nicht entscheiden, ob es wichtig ist, sich nach den Wünschen seiner Bezugspersonen zu richten, oder bedeutungslos. Noch anders ausgedrückt: Kein Säugling ist in der Lage, aus Rücksicht auf seine Eltern seine Bedürfnisse zu zügeln.

Es versteht sich beinahe von selbst, dass Konditionierungsprozesse bei Säuglingen nur dann moralisch Bestand haben können, wenn sie ausschließlich seinem Wohl dienen. Den Grundsätzen der emotionalen Integrationstheorie zufolge heißt das, dass nur solche verhaltenssteuernde Eingriffe in der Eltern-Kind-Beziehung erlaubt sind, welche die positive emotionale Integration fördern. Alles, was negative Integration erzeugt, verbietet sich aus ethischen Gründen.

Es ist mit dem Lernen bei einem Säugling und auch noch beim Kleinkind viel komplizierter, als es auf den ersten Blick erscheint. Wenn den obigen Ausführungen zufolge gezielt eingesetzte Konditionierungsprozesse von der Sache her äußerst fragwürdig erscheinen und am besten zu unterlassen sind, so sind doch Gewohnheiten oder **Habituationen** alltäglicher Vorgang im Leben von Säuglingen und Kleinkindern. **Gewöhnung** ist sogar ein die Gefühle und Affekte regulierender Faktor, der für das ganze weitere Leben gilt. Damit fördert sie auf besondere Weise das Bindungsgeschehen. Gewöhnung entsteht durch wiederholte Handlungen in der Gemeinsamkeit des dyadischen Verbundes zwischen Mutter (oder Vater) und Kind. Im ersten Lebensjahr ist die Gewöhnung ein sehr wichtiges Instrument für den Umgang der Bezugsperson mit dem Säugling und ersetzt in gewisser Weise dessen fehlende Lernfähigkeit. Somit kann sie als Vorläufer des sozialen Lernens gelten. Daher ist auch die Gewöhnung immer nur dann erlaubt, wenn sich ein positives Ergebnis für das Kind im Leben daraus ergibt und wenn sie sanft und einfühlsam zustande kommt. Das ist der moralische Anspruch an die Mutter-Kind-Dyade. Beispielsweise basiert jedes **Ritual** zur Förderung des abendlichen Einschlafens oder des „manierlichen" Essens auf den Grundlagen der Gewöhnung.

Das Ritual ist in der Lage, Ruhe und Ordnung in die Empfindungswelt des Säuglings und Kleinkindes zu bringen und in ihr aufrecht zu erhalten. Aus ihm erwächst einmal das anzustrebende Regelverständnis. Denn Regeln sind theoretisch überbaute Gemeinschaftsrituale zur Organisation der Gesellschaft. Rituale ersetzen außerdem die in diesem Alter noch fehlende Zeitempfindung, denn die Gewohnheit erspart das Nachdenken über den Fortgang. Darin liegt ihr besonderer Wert gerade in der Entwicklungsphase, in der das Zeitempfinden noch nicht ausgeprägt ist.

Was ich in diesem Zusammenhang aus der emotionalen Integrationstheorie ableiten möchte, ist die Erkenntnis, dass hart durchgesetzte Konditionierungsprozesse und auch jeder schlechte Gewöhnungsprozess (z.B. eine „regelmäßige" Vernachlässigung) einen Verlust an positiven Gefühlen bewirken und die Vermehrung von negativen Gefühlen nach sich ziehen. Der dyadische Verbund wird auf diese Weise gefährdet und die Bindung destabilisiert. Gegen die Vernachlässigung würde sich ein Säugling intuitiv durch dauernde Misslaunigkeit und anhaltendes Schreien zur Wehr setzen. Gezielt eingesetzte Konditionierung hingegen unterläuft diese Fähigkeit zur Wehrhaftigkeit. Ob nun schlechte Gewöhnung oder Vernachlässigung fortbestehen oder beendet werden, dafür tragen allein die Bezugspersonen die Verantwortung! Kurzfristig auftretende Auswirkungen rigider Konditionierungen oder einer Vernachlässigung sehen Ärzte und Psychologen eher selten und nur bei extremen Verläufen. Die üblichen und sehr versteckten Formen der Säuglings- und Kindesvernachlässigung oder der Missachtung aber treten erst sehr viel später in Erscheinung, z.B. wenn sich das Selbst im Kleinkind unausgewogen entfaltet (s.u.). Gerade nach diesen Verläufen ist daher gezielt zu fahnden.

Ein allen Eltern bekanntes Argument, das häufig gegen ein zu frühes Reagieren auf die Bedürfnisäußerungen des Säuglings vorgebracht wird, ist das des übermäßigen **Verwöhnens**. Aber wie bei den Lernvorgängen ist auch die Behauptung einer Verwöhnung des jungen Säuglings schnell mit denselben Gegenargumenten zu entkräften. Die Behauptung eines absichtsvollen Willens schon im Säuglingsalter, wie auch einer gezielten Ausnutzung elterlicher Güte zur Befriedigung eigener Bedürfnisse verliert seine Grundlagen durch die noch unreife, geistige Welt des kleinen Säuglings. Das Anstreben eines persönlichen Vorteils durch den Säugling gegen die legitimen Rechte und Bedürfnisse der Eltern ist per se ausgeschlossen. Bedürfnisbefriedigung ist ein von der Natur vorgesehenes vorteilhaftes Konzept für die Gestaltung der Mutter-Kind-Dyade. Prompte Bedürfnisbefriedigung des Säuglings ist also kein Akt des Verwöhnens, sondern Elternpflicht.

Wenn es aber nach allen Ausführungen hierzu noch kein Willensakt des Säuglings ist und schon gar keine Ausnutzung seiner Bezugspersonen, was leitet den Säugling tatsächlich in seinen Wunsch nach Bedürfnisbefriedigung, und was lässt ihn so beharrlich schreien und später auch sich wehren? Mit der Antwort hierauf nehme ich wieder den Faden auf im Entwicklungsprozess zu Wille und Trotz. Aber dieser Anschluss in der Besprechung lässt sich nur schrittweise aufbauen, um die komplizierten Zusammenhänge in der Entwicklung nicht grob zu übergehen oder ganz aus den Augen zu verlieren. Noch einmal muss ich dazu auf die frühe Säuglingszeit zurückgreifen und auf die Mutter-Kind-Interaktion in der primären Bindung. Neben der Ur- und Stimmungsangst mit ihren Ursachen ist es hauptsächlich das Gefühl der Wut des Säuglings auf die Verweigerung der Bezugspersonen, seine natürlichen und notwendigen Bedürfnisse zu befriedigen, was ihn schreien lässt. Das dramatische Geschrei ist also häufig untermischt mit Wut. Diese Wut tritt bereits beim kleinen Säugling auf, und zwar entsprechend seinem Temperament und seinen Veranlagungen mit mehr oder weniger großer Impulsivität und entsprechend starkem Affekt. Wut hatte ich bereits im ersten Kapitel als das erste rein sozialinteraktiv geprägte Gefühl herausgestellt.

Unheimlichkeit und Angst fühlt ein Säugling ganz aus sich heraus, Glücksmomente bis zu einem gewissen Grade und in flüchtigen Augenblicken ebenso, Wut jedoch empfindet er ausschließlich in der Interaktion, wenn seine primäre Bezugsperson ihm die für sein Überleben notwendige Bedürfnisbefriedigung verweigert. Diese Wut ist aber anfangs einzig Abwehr unliebsamer innerer Gefühle und kein emotionaler Angriff auf die Bezugsperson. Es handelt sich bei ihr im kognitiven Sinn um die Empfindung von Frustration oder Enttäuschung. Ein geduldiges Abwarten auf Befriedigung des Bedürfnisses ist jedoch einem Säugling aus Gründen seiner altersgemäßen, geistigen Unreife noch nicht möglich.

Wut bzw. Ärger, ist an der besonderen Art der Lautäußerung und des Schreiens erkennbar (s.o.) und kann und sollte, kurzfristig ausgehalten, auf natürliche Weise auch zur emotionalen Entlastung und Beruhigung beitragen. Je nach gemachter Vorerfahrung und charakterlicher Veranlagung führt sie jedoch bei fortgesetzter

Nichtbeachtung oder negativer Gegenreaktion durch die Bezugsperson zu den Gefühlen von Not, Angst und Panik. Die Angst entsteht vor allem durch das Empfinden, der „Missachtung" ausgesetzt zu sein. Auf diese Weise entsteht leicht ein Teufelskreis in der Eltern-Kind-Interaktion, denn die immer dramatischer erscheinenden, affektiven Reaktionen des in Panik geratenen Säuglings, ausgedrückt in immer lauterem und letztlich „schrillen" Schreien, werden vom Erwachsenen für anschwellende und völlig unberechtigte Wut gehalten. Die Eltern meinen, und darin werden sie auch heutzutage noch oft genug bestärkt, mit eigenem Ärger und demonstrativer Strenge diesem Verhalten gegensteuern zu müssen. In der Regel misslingt jedoch die Bereinigung der Situation kraft ihrer vermeintlichen Autorität, weil sie an der Unfähigkeit des Säuglings zu verständiger Einsicht scheitert. Eine solche Situation kann schnell in einen Misshandlungswunsch ausarten.

Die mit der emotionalen Eskalation verbundenen Anspannungen im eigenen Inneren werden allerdings auch von den Eltern oder anderen, zufällig beteiligten Erwachsenen als extrem belastend empfunden. Die meisten Eltern beschreiben ihr Gefühl als erschreckend große, persönliche Hilflosigkeit. In der von Wut und Verzweiflung gezeichneten Gefühlslage auf beiden Seiten sind alle Facetten der Gewaltanwendung vom Schütteltrauma bis zur Kindstötung möglich. Diese Zusammenhänge wurden im ersten Kapitel bereits ausführlich dargestellt.

3.2.3 Der Drang und das Beharren

Als wichtiges Ergebnis aus dem Entwicklungsstadium am Ende des ersten Lebensjahres ist festzuhalten, dass der anfängliche Wille aus Gründen der bis dahin noch nicht vollzogenen Loslösung und dem damit verbundenen unfertigen Ich vorläufig nicht der Kontrolle der eigenen Person unterliegt. Vielmehr entfaltet er sich in einer Art gefühlshaftem Freiraum als natürlicher Prozess und gleicht in seinen Auswirkungen anfangs mehr einem zwanghaften Beharren, als einem entscheidungsmächtigen Willen (s.o.). Das Resultat ist, dass das Kind in dieser Phase von seinem einmal gefassten Willensinhalt nicht ablassen und diesen auch nicht rational korrigieren kann. Diese Darstellung des frühen Willens ist enorm wichtig im Verständnis der frühkindlichen Verhaltensweisen.

Beispiele für die zwanghafte Komponente im Willen gibt es zahlreich. Das Kleinkind besteht z.B. auf einer bestimmten Abfolge beim Essen und isst sonst nicht auf. Es gerät in Rage, wenn die Schuhe im Flur nicht nebeneinander oder an der richtigen Stelle stehen. Beim Ankleiden am Morgen müssen bestimmte Abfolgen eingehalten werden, sonst bricht das Kind in Tränen aus oder bekommt einen Wutanfall. Ein schönes Beispiel ist auch, wenn das abendliche Heimkehren des Vaters nicht dem gewünschten Begrüßungszeremoniell entspricht und das Kind den Vater ignoriert oder, bei entsprechendem Temperament, wütend attackiert. Häufig erwähnt wird auch folgender typischer Konflikt: Das Kind hat es gelernt, mit der Klinke die Tür zu öffnen, was von ihm nun permanent vollzogen werden muss. Machen die Eltern aber den „Fehler" und öffnen in Eile die Tür vor dem Kind, besteht es darauf, den gesamten Vorgang des Öffnens zurückzudrehen, um es *selbst* noch einmal durchzuführen. Verweigern Eltern eine solche Wiederholung dem Kind, vielleicht aus Unkenntnis der emotionalen Zusammenhänge, vielleicht aus Zeitnot und Ungeduld, dann verfällt das Kind in wütendes Geschrei und braucht manchmal Stunden, um sich wieder ganz zu beruhigen. Die Liste solcher Beispiele ist lang. Es erscheint so, als könne man es in diesem Stadium seinem Kind in keiner Form recht machen. Eltern verstehen häufig nicht, was da in ihrem Kind vor sich geht, und sie halten die damit verbundenen Reaktionen für unangemessene Übellaunigkeit oder bockige bzw. zickige Anwandlungen („Dickköpfigkeit"). Auch wird bei solchen Vorfällen schon der Begriff Trotz angewandt, was streng genommen noch nicht richtig ist.

Aufgrund dieser Erscheinungen des frühen, kindlichen Willens, ziehe ich es vor, den noch „unfertigen", von keinem eindeutigen Ichgefühl beherrschten Willen mit dem Begriff **Drang** zu kennzeichnen. Der Begriff Drang soll dabei auf das schon eigenmächtige Tunwollen abheben, aber zum Ausdruck bringen, dass das Ich als Kern des Selbst noch nicht klar definiert ist. Die Loslösung ist zu diesem Zeitpunkt auch noch nicht vollzogen. Die primäre Bezugsperson ist demzufolge auch noch das zentrale Objekt aller wütenden Entladungen. Die Vorstellung einer Entwicklung des Willens aus den Drang heraus wird unterstrichen, ja geradezu in den Mund gelegt, durch die oben ausführlich genannten, kognitiven Beschränkungen, denen der Säugling und das Kleinkind einstweilen noch unterliegen (unzureichende Logik, mangelhafte Planung, fehlendes dauerhaftes Zeitkonzept, und wie schon gesagt, Unfähigkeit zur Entscheidung).

Die Unabwendbarkeit der vom Kleinkind einmal initiierten und begonnenen Handlung (häufig auch einer Spielhandlung!) beschwört so manchen Konflikt im alltäglichen Umgang mit ihm herauf. Eine autoritäre Unterbrechung des dranghaften Handelns durch die Eltern führt immer wieder zu einem schmerzlichen, von Tränen begleiteten Wutausbruch beim Kind. Das kommt neben der beschriebenen Zwanghaftigkeit aber auch daher, dass es dem Kind nicht um den sinnvollen Vollzug seiner Handlung geht, sondern oft allein um das Handeln selbst als eigenständigem Unternehmen und Erfahrungsvermehrung für die angestrebte Authentizität (sogenannte Funktionslust). Insofern ist das unterbrechende Eingreifen durch die Eltern mehr als nur ein Verbot einer ungelittenen, manchmal vielleicht auch gefährlichen oder schädlichen Unternehmung. Vielmehr ist es im Auge des Kindes zugleich eine Behinderung seiner persönlichen Aktivität und Handlungsfreiheit und eine Schwächung der Selbstentfaltung.

Schwächung der Selbstentfaltung ist ein bleibender Konfliktherd in der Verständigung zwischen Eltern und Kind und entwickelt sich im nachfolgenden, verbalen Kommunikationsaustausch zu dem, was als persönliche Kritik bezeichnet wird. Solche Kritik wird bei einem schwachen, noch wenig entwickelten Selbstbewusstsein vom Kritisierten schnell als Kränkung aufgefasst. Daher rührt auch schon in diesem Stadium der oft tränenreiche Wutausbruch.

Insofern ist es in dieser frühen Entwicklungsphase wichtig, abgesehen von tatsächlich selbstgefährdenden Manövern, die notfalls auch „autoritär" abgebrochen werden müssen, das Kind in seinem Schaffensdrang nicht zu begrenzen, sondern es zu bestätigen und allenfalls liebevoll zu korrigieren. Völlig verfehlt erscheint aus dieser Sicht, in diesem Stadium der Selbstentfaltung schon davon zu sprechen, dem Expansionstrieb des Kindes Grenzen setzen zu müssen, damit es früh an Einschränkungen gewöhnt wird und diese später leichter toleriert. Eher das Gegenteil wird der Fall sein. Diese widersprüchlich erscheinende Aussage ist bei der Besprechung der Selbstbehauptung weiter unten sehr viel besser zu verstehen.

Ein weiteres wichtiges, inhaltliches Element der vorübergehenden Zwanghaftigkeit darf nicht unerwähnt bleiben. Es betrifft mehr die kognitive als die emotionale Entwicklung. Das Kind ist in dieser Entwicklungsphase noch vollständig überwältigt von der Menge der Dinge und Geschehnisse in seiner Umwelt. Unfähig dieses „Chaos" zu sichten und zu ordnen, versteift es sich auf einige wenige Vorgänge und Prinzipien, welche quasi prototypisch für alle anderen eine Ordnung in seinem Kopf herstellen sollen. Verständlicherweise möchte das Kind, dass diese frisch hergestellte Organisation und Ordnung der Umgebung auch so erhalten bleibt. Plötzliche Veränderungen wirken dabei leicht irritierend und werden vom Kind mit Protest quittiert, der je nach Impulsivität auch schnell in einen Wutanfall ausmündet. Angeboren zwanghafte Charaktere behalten dieses einengende Element des Drangs ihr Leben lang bei, was zu pathologischen, das Leben einschränkenden Auswüchsen führen kann.

Etwas schwieriger zu verstehen ist das häufig anzutreffende Phänomen, dass das Kind sich nicht entscheiden kann, welche Form seines entwickelten Wunsches Wirklichkeit werden soll und welche nicht. Verständnis hierfür schafft die Gesamtdarstellung des Willens hinsichtlich seiner Entwicklungsstufen. Diese gipfeln in der

Ausbildung eines im Gehirn gelegenen Zentrums für die Fähigkeit zur Entscheidung und dem ihr nachfolgenden Entschluss zur Handlung oder Realisation (vgl. Unterkapitel 3.2.1). Gerade der Übergang des Willens in die Entscheidungsphase misslingt beim jungen Kleinkind häufig durch die vorläufig noch unsicheren Kontrollinstanzen. Soll z.b. die Teeflasche gereicht werden oder lieber nicht, soll das Brot mit Butter bestrichen werden oder wieder nicht, sollen die Schuhe angezogen werden oder doch nicht usw. Auch hierzu ist die Liste der Beispiele ellenlang und immer individuell geprägt.

Schnell sind Eltern geneigt, die widersinnigen Wunschäußerungen ihrer Kinder als Anmaßung oder Tyrannei anzusehen. In Wirklichkeit kommt in ihnen nur zum Ausdruck, was weiter oben über die mangelhafte Kraft zur Entscheidung und Entschlussfassung im frühen Willen gesagt worden ist. Bis zu einem gewissen Grade sind Eltern gezwungen, diesen Entscheidungskonflikt zunächst einmal nachsichtig hinzunehmen.

3.2.4 Von der Wut zum Widerstand

Unvermeidbar sind die vielen kleinen, alltäglichen Pannen im zwischenmenschlichen Verständnis von Eltern und Säugling oder Kleinkind. Sie führen notwendigerweise zu einem Warnruf des schwächeren Partners von beiden an den Stärkeren. Dieser Warnruf des Kindes endet schnell in einem Ausdruck von Wut, wenn er nicht gleich Beachtung findet. Das macht den Vorgang für Eltern und Erzieher(innen) zeitweilig sehr anstrengend. Wut erspart dem Kind zunächst einmal aber die Verdrängung des unliebsamen Gefühls der Enttäuschung und dient damit der eigenen „Affektabwehr". Aber sie dient gleichzeitig auch der Regelung sozialer Bezüge und gehörte schon zum Muster der Appropriations-Interaktion (s.o.) in der Mutter-Kind-Dyade. Wut muss demzufolge generell richtig verstanden und „bedient" werden, und zwar in dem von den Eltern das natürliche Verlangen des Kindes nach sozialer Regulation beachtet wird, damit kein „Teufelskreis" entsteht (also: Wut des Säuglings, Negierung und Nichtbeachtung durch die Eltern, Angst/Panik beim Kind, Überforderung der Eltern und „Gegenwut" mit Schimpfen, Anschreien, Schlagen, noch mehr Angst/Panik beim Kind, Misshandlungswunsch bei den Eltern usw.).

Aus dem Gefühl der Wut heraus, das in natürlicher Form bereits jeder Säugling empfindet, entwickelt sich im Verbund mit dem aufkommenden Willen im zunehmend eigenen Selbst ein elementares Bedürfnis nach Widerstand gegen mütterliche Aktionen wie Wickeln oder Füttern, vor allen Dingen, wenn diese im scheinbar falschen Moment ausgeführt werden. Dieser Widerstand wirkt sich aus Sicht der Eltern automatisch wie Wut auf ihre Eingriffe aus. Da sich im fortgeschrittenen Säuglingsalter auch schon erste Loslösungstendenzen aus der Mutter-Kind-Dyade, bzw. der primären Bindung bemerkbar machen, und der Wille beim Kind dranghaft vorzuherrschen beginnt, wirkt dieser Widerstand generell wie ein absichtsvolles Handeln des Säuglings.

Der Eindruck des Absichtsvollen rührt auch daher, dass sich in dieser Phase viel stärker noch als bisher Neugier und Interesse beim Säugling als Zeichen seiner fortgeschrittenen kognitiven Fähigkeiten bemerkbar machen (exploratives Verhalten) und sich die damit verbundenen, motivationalen Impulse zwangsläufig mit den ersten Willensäußerungen verbinden. Solche eigentlich als soziale Reifung zu wertenden Entwicklungsschritte treten dann ebenfalls in Form des Widerstands gegen mütterliche oder elterliche Handlungen zutage. Was der Beobachter hier im späten Säuglingsverhalten und frühen Kleinkindalter feststellt, ist der Beginn eindeutig absichtsvoller Aktionen. Und diese Absichten oder Intentionen werden gemäß dem dranghaften Charakter des ersten Willens mit großer Durchsetzungskraft umgesetzt. Die Loslösungsbestrebungen des Säuglings werden infolgedessen immer stärker. Das äußert sich sowohl motorisch in seinem ständigen Fortkrabbeln oder Fortlaufen, als auch geistig in Form von Gegenstände an sich reißen, fortwerfen, oder Dinge beharrlich auf ihre Funktionen hin überprüfen (z.B. Lichtschalter an- und ausmachen oder den Wasserhahn auf- und zudrehen, sogenannte **Funktionslust**, s.o.).

Diese unausweichlichen, aber natürlich vorgegebenen, fundamentalen Entwicklungsschritte auf geistigem Gebiet wirken für den, der die Zusammenhänge nicht kennt, wie ein bewusst ausgeübtes Provozieren, oder eine ständige Wehrhaftigkeit gegen elterliche Anweisungen. Dieses Immer-wieder-tun-wollen und das Wehren entsprechen aber keineswegs einer bewussten und grundsätzlichen Verneinung der durch die erzieherischen Bemühungen hervorgerufenen Einschränkungen der Eltern, sondern überwiegend der motorischen Ausformung der ersten eigenen, im Willen ausgedrückten Bestrebungen und Handlungen. Verschärft formuliert heißt das, dass Wille, Widerstand sowie „Verneinung" (s.u.) hauptsächlich der Identitätsfindung des Kleinkindes dienen.

In den eigenen Augen erlebt sich das Kind dabei im (lernenden) Spiel, denn das Spiel ist seine elementare Methode, etwas zu verstehen und zu begreifen. Nur aus diesem Grund wiederholt es also ständig dieselben Handlungen und „Taten", weil es diese für ein – manchmal sogar lustiges – Spiel hält. Verstehen die Eltern dieses Elementargeschehen nicht und fühlen sich durch ihr Kind ständig herausgefordert, erliegen sie einem großen Missverständnis in der noch unfertigen, weil nicht zu versprachlichen, zwischenmenschlichen Verständigung. Wollte man an diese Stelle die Neurobiologie und Hirnforschung bemühen, müsste man darauf hinweisen, dass verstehendes Lernen nur dann zustande kommt, wenn ständig wiederholte Beobachtungen und Handlungen zur Verknüpfung neuronaler Netzwerkstrukturen führen.

Das gerade beschriebene Missverständnis in der Eltern-Kind-Beziehung kann zweifellos ungünstige Folgen für die fortgesetzte emotionale Entwicklung haben, vor allem dann, wenn Eltern Ratschläge befolgen, spätestens jetzt mit erzieherischen Maßnahmen einzusetzen, um „Grenzen zu setzen". Im Machtkampf, der sich daraus zwangsläufig ergibt, unterliegt über kurz oder lang erwartungsgemäß das Kind, was in seiner inneren Welt eine Enttäuschung hinsichtlich seiner gerade entdeckten Willenskraft hervorruft. Die Enttäuschung richtet sich auch auf die Mutter oder den Vater, schmälert das Vertrauen in sie, und verursacht gleichzeitig eine Schwächung des aufkeimenden Selbst.

3.2.5 Das „Nein" und der Beginn der Erziehung

An diese Stelle passt die Besprechung jenes wichtigen Geschehens am Anfang des zweiten Lebensjahres, das mit dem entscheidenden Wörtchen „nein" verbunden ist. Der begriffliche Inhalt der verbalen Botschaft „nein", also das darin ausgesprochene Verbot, wird vom Kind nicht sofort erfasst. Seine kognitiven Voraussetzungen reichen noch nicht aus, in dem abstrakten Wort „nein" das symbolhaft enthaltene Verbot zu erkennen. Außerdem reicht auch die Reifung des Willens noch nicht aus, den erwarteten Handlungsabbruch auszuüben (s.o., entscheidungsmächtiger Wille). Ebenso wenig versteht das Kind die im „Nein" manchmal versteckte Schutzfunktion seiner eigenen Person.

Vielmehr empfindet das Kind die verbale, elterliche Verbotsreaktion auf das selbstinitiierte Handeln als Anreiz zum Widerspruch (ganz im Sinne des Widerstandsgeschehens) und löst das Problem nun mit der ihm altersgemäßen, sozialen Technik des Spiels, wie zuvor z.B. das Geben und Nehmen, das Herunterwerfen und Aufheben lassen, oder das Sichverstecken und Wiederauftauchen hinter einem Vorhang usw. Anders ist nur, dass das Spiel mit neu definierten Karten gespielt wird. Die neuen Regeln des Spiels lauten jetzt: Handeln im Selbst und daran gehindert werden durch den Anderen. Das hat seinen entwicklungspsychologischen Sinn, denn Handeln als Ausdruck fortgeschrittener kognitiver Reife und Verhindern als erste Regelsetzung durch die „Gesellschaft", hier im Kleinsten durch die Eltern, ist der Ausgangspunkt der einsetzenden Selbstentfaltung im Gesamtrahmen der Gemeinschaft.

Also wird ein Kleinkind mit gut eineinhalb Jahren, z.T. auch schon früher, das „Nein" seiner Eltern irrtümlicherweise als Spiel auffassen, ja auffassen müssen, und damit letztendlich als Bestärkung, sein begonnenes Tun fort und zu Ende zu führen. Ganz und gar nicht wird es aber dieses „Nein" als Begrenzung oder Abbruchsaufforderung seiner Handlung auffassen. Da die Natur im Kind den anfänglichen Willen noch nicht mit der Selbstkontrolle verbinden kann (s.o.), und der frühe Wille mehr ein Drang und ein Beharren ist als ein selbstbeherrschtes Handeln, wird in dieser und in ähnlichen Situationen das Kleinkind immer wieder genau das tun, was die Eltern gerade verboten haben, und es wird auf diese geradezu paradoxe Weise immer mehr Selbstempfindung genießen. Daher strahlt oder lächelt es sogar, während es wieder und wieder das Verbot scheinbar übertritt. Im Grunde verwendet das Kind einmal mehr das Element des Spiels, um wichtige Erfahrungen für sein authentisches Handeln zu erzielen.

Ohne Verständnis dieser Zusammenhänge empfinden sich die Eltern als gestresst und werden versuchen, durch zusätzliche Aktionen zum Wort „nein" dessen inhaltlichen, das heißt symbolischen Charakter zu unterstreichen. Automatisch setzen die Eltern zunächst die Mimik ein, die verbunden mit dem „Nein!" böse erscheint oder sogar bedrohlich. Und wenn auch das nicht mehr hilft, wird der Körpereinsatz benutzt, welcher das Kind endgültig vom Objekt trennt. Ein solcher Körpereinsatz wird in vielen Fällen sicher gerechtfertigt sein, wenn das Kind selbst oder das Gegenstandsobjekt geschützt werden muss. Ein solcher Körpereinsatz muss aber sanft und verständnisvoll geschehen und mit beruhigenden Erklärungen verbunden sein. Trotzdem wird das Kind im Einzelfall heftig gegen diese „gewaltsame" Unterbrechung seines Vorhabens protestieren und laut zeternd oder „um sich schlagend" seine Verteidigung inszenieren.

Auf die vorher genannte, einfache und sogar überzeugende Weise, das heißt durch Mimik und Gestik, werden in der psychosozialen Entwicklung zwei wichtige Dinge erreicht: Erstens lernt das Kind Schritt für Schritt den symbolhaften Inhalt des Wortes „nein" und damit die erste Regelsetzung im gemeinschaftlichen Umgang wirklich kennen. Das ist unabdingbar wichtig für seine erfolgreiche, spätere Kommunikation sowohl in der Familie als auch in den ersten gemeinschaftlichen Einrichtungen. Zweitens wird der Selbstentfaltung ein soziales Regulativ vorgesetzt, welches im Gewährenlassen ihre Expansion zulässt und im Unterbrechen ihre notwendige Einschränkung beginnt. Dadurch wird die elterlich erzieherische Reaktion nun zu einem für die Gesamtpersönlichkeit entscheidenden Steuerungsinstrument, welches in der Folgezeit mehr und mehr in vollem Verantwortungs-bewusstsein eingesetzt werden sollte. Das heißt, ab jetzt beginnt die eigentliche Erziehung. Überstarke, autoritäre oder gewaltsame Einschränkungen, z.b. auch das „Auf-die-Finger-schlagen" oder auf den Po, sind schädlich für die Selbstentwicklung des Kindes und schwächen sein späteres, eigenes Persönlichkeitsbild in der Konfrontation mit dem Erwachsenen z.b. bei der Aufnahme in den Kindergarten oder in die Schule. Denn das noch absolut emotional gesteuerte Kleinkind fasst eine solche gewaltsame Grenzsetzung ganz überwiegend als Abstrafung seiner Person und als persönliche Kränkung auf. Dadurch wird sein Selbst von Anfang an negativ belastet. Ebenso ist allerdings auch ein permanentes Gewährenlassen schädlich für die Selbstentwicklung, da das Selbst zu diesem Zeitpunkt noch in völlig egozentrischer Manier die Eigenschaft besitzt, gleichsam uferlos zu expandieren. Das aber verursacht in der kindlichen Seele auf Dauer eine zunehmende Orientierungslosigkeit in seiner Handlungsstruktur. Sich in dieser Form entwickelnde Persönlichkeiten neigen im weiteren Lebenslauf zu einer stark narzisstischen Ausprägung ihres Selbst mit übermäßiger Selbstbezogenheit. Kinder mit großer Reizbarkeit, hoher Impulsivität und aggressiven Tendenzen haben dadurch später Probleme in der Kontrolle ihrer affektiven Ausbrüche.

Diese Feststellungen bedeuten, dass eine frühe Regeleinführung durch die Eltern unbedingt erforderlich ist. Gleichwohl muss die große Empfindsamkeit des jungen Kleinkinds unbedingt Berücksichtigung finden. Das Regelkonzept darf nur in verantwortungsbewusster Abwägung fördernder und hemmender erzieherischer Wirkung eingesetzt werden. Regelsetzung ist ein unverzichtbarer Faktor für das Kleinkind, damit der im Umgang mit der Wirklichkeit noch unerfahrene kindliche Verstand nicht in völlige Desorientierung gerät. Auf diese Punkte wird in der weiteren Besprechung immer wieder einzugehen sein. Dass bei den elterlichen Interventionen die ein oder andere „Panne" auftritt, ist eine menschliche Angelegenheit, die die menschliche Natur verzeiht.

3.3 Die Triade und das dynamische Verhältnis von Bindung und Loslösung

Unter Triade (oder auch Triangulierung) versteht man in der Psychologie die familiäre Grundkonstellation von Vater, Mutter und Kind. War der Vater im ersten Lebensjahr weitgehend nur Ersatzbezugsperson für den Fall, dass die Mutter als primäre Bezugsperson ausfällt, bekommt er zum Ende des ersten Lebensjahres und vor allen Dingen im zweiten Lebensjahr eine wichtige, eigenständige Funktion im Rahmen der Loslösung. Damit das Kleinkind sich aus der eng gefügten Mutter-Bindung, der Dyade, herauslösen kann, braucht es ein positiv besetztes Vorbild für sein selbstständiges Agieren in der Gesellschaft. Über diesen Weg entsteht die Autonomie. Neben der konkreten Identifikation mit dem Vater kommt hierbei in gewisser Weise auch die große Neigung des Kleinkindes zur Imitation (s.u.) zum Tragen. So könnte man den innerpsychischen Vorgang der Loslösung folgendermaßen beschreiben: Das Kind kopiert das unabhängige Auftreten und Handeln des Vaters und erlebt sich dadurch von der Mutter „befreit" bzw. gelöst. Loslösung ist aber, um einem möglichen Missverständnis gleich von vornherein vorzubeugen, kein Streben nach einem Zustand ohne Bindung. Das Loslösungsvorbild Vater ist, wie ich bereits betont habe, nur eine neue Bindungsperson im Sinne einer sekundären Bindung, hinter der die primäre Bindung aber weiter bestehen bleibt.

Auch bei allein erziehenden Müttern, ein Zustand, der aus der zuvor genannten Sicht als recht schwierig anzusehen ist, muss die Loslösung gelingen können. Hier fehlt aus unterschiedlichen Gründen das den Loslösungsprozess tragende, väterliche Vorbild. Es muss eine andere Person aus der Familie oder dem näheren Lebensumfeld gefunden werden, die diese Rolle übernehmen kann, also ein „Ersatzvorbild" abgibt. Das Kind wählt sich oft von selbst eine solche Person ganz der Sympathie nach aus, wobei die erwählte Person von der Mutter manchmal in dieser Rolle nicht wahrgenommen wird. Gerade deutlich ältere Geschwister, besonders Schwestern mit mütterlichem Auftreten, können eine solche Funktion beinahe unbemerkt übernehmen, aber ebenso gut auch einer der Großeltern. Allerdings sind solche Loslösungsmodelle häufig unvollkommen, da entweder die Kontinuität fehlt oder die nötige Einfühlsamkeit bei dem Ersatzvorbild.

Steht überhaupt keine zuverlässige Ersatzbezugsperson zur Verfügung, kann dem Kind die Loslösung letztlich nur in einem aggressiv trotzigen Verhalten der Mutter gegenüber (einigermaßen) glücken. Diese Entwicklung entspricht der erschwerten Loslösung mit aggressiv verstärktem Trotz, ein Verlauf, über den ich weiter unten ausführlich sprechen werde.

Gerade solche Entwicklungen erleben die Mütter in der Regel als große persönliche Belastung, ja sogar als zum eigentlichen Partnerverlust hinzukommende, zusätzliche Kränkung ihrer Person, und sie reagieren darauf oft mit großer Härte dem Kind gegenüber. Das ist aus mütterlicher Sicht verständlich, aus kindlicher Sicht ist es aber eine weitere Entwicklungseinschränkung mit emotionalen Auswirkungen. Ähnliches passiert, wenn sich die Mutter aus eigener Verunsicherung zu lange an die primäre Bindung klammert und ihr Kind an der Loslösung hindert. Pathologische Mutter-Kind-Verhältnisse können sich aus dem einen wie dem anderen Fall ergeben. Auch auf solche Fragen komme ich später genauer zurück.

Eine verstärkt aggressive Loslösung kommt auch dann leicht zustande, wenn sich eine zu große Geschwisterrivalität einstellt, und das betroffene Kind eine deutlich subdominante Rolle spielt. Der Geschwisterrivalität wird ein gesondertes Kapitel gewidmet.

3.3.1 Die gelungene (auch gelingende) Loslösung

Ich möchte zunächst von der normalen Verlaufsform der Bindungsverhältnisse im zweiten und dritten Lebensjahr sprechen, die der **gelungenen Loslösung**. Bereits zum Ende des ersten Lebensjahres erleben viele Mütter die Loslösungsbestrebungen ihres Kindes in Richtung auf den Vater zu wie einen ersten schmerzlichen Abschied von der Dyade. Manche Mütter fühlen sich regelrecht verletzt und haben den Eindruck, sie seien im ersten Jahr „ausgenutzt" worden. Diese Vorstellung ist unsinnig, denn bei aller Loslösungstendenz ihres Kindes bleibt die Mutter-Bindung auch auf Dauer immer noch die Grundfeste aller kindlichen Unternehmungen. Die Gesetzmäßigkeit in der individuellen Entwicklung wurde von mir bereits im Kapitel über das Fremdeln und die Anhänglichkeit, letztere mit ihrem ambivalenten Erscheinungsbild und dem Phänomen der „sicheren Basis", schon angedeutet. Einfühlsame und aufmerksame Mütter erleben die sich unterschwellig erhaltende primäre Bindung ganz deutlich in jenen kritischen Momenten, in denen doch wieder nur sie allein die kindlichen Gefühle regeln können, z.B. im Trösten bei Enttäuschung oder bei Schmerzen.

Den Vätern sollte diese erste, ganz eigene Rolle in der frühkindlichen Empfindungswelt unbedingt klar und bewusst sein. Denn sie werden zu einem entscheidenden Förderer in der Selbstständigkeit ihres Kindes. Dabei kommt es darauf an, dass sie ebenso zuverlässig und mit demselben Einfühlungsvermögen, wie es die Mutter gezeigt hat, ihre neue Funktion ausüben. Väter müssen diese Position sehr ernst nehmen, sich ihrer Verantwortung bewusst sein und ihrem Kind all die Wärme geben, die es von ihnen in dieser Phase braucht. Schließlich geht das Kind zu ihnen seine zweite Bindung ein, wenn auch die eines neuen Typs, das heißt eine Bindung auf stärker gleichberechtigter Basis der Partner. Zur Wahrnehmung ihrer väterlichen Rolle gehört es vor allem auch, dass sie das kindliche Bedürfnis nach Körpernähe und Schmusen angemessen beantworten und in den „brenzligen" Situationen wie bei der Körperpflege, beim Füttern oder beim Übergang in den Schlaf weitreichende Aufgaben im Ritual an sich ziehen. Ich wähle bewusst den Begriff „angemessen zu reagieren", um damit zum Ausdruck zu bringen, dass all die übertriebenen und aktiv-aggressiven Elemente im Umgang mit ihren Kindern, die Väter so gerne demonstrieren, wie z.b. das spielerische Raufen, oder das stetige Verlangen nach Schmusen und „Küsschen geben" auf ein verträgliches Maß beschränkt bleiben sollten. Die natürliche Andersartigkeit der väterlichen Person als mitgestaltender Faktor der sekundären Bindung stellt sich ohnehin ganz von selbst ein und bedarf keiner demonstrativen Verstärkung. Letzteres schreckt die Kinder eher ab und kann zum Scheitern der neuen Bindung führen.

Der Vater ist meistens neben den Großmüttern die erste andere Person, die außer der Mutter bereits im ersten Lebensjahr entscheidende Betreuungsaufgaben übernehmen konnte. Im zweiten Jahr sollte die Übernahme von Betreuungsaufgaben aber zur Routine werden. Auf diese Weise ist zugleich auch die immer kritische Situation eines jetzt hinzukommenden Geschwisterkindes gut abgesichert. Denn vor allem dem Vater muss es jetzt gelingen, die emotionalen Turbulenzen beim älteren Kind aufzufangen, die durch die Konkurrenz des Geschwisterkindes im Werben um die Gunst der Mutter verursacht werden. Der Vater wird jetzt zum Verbündeten des bei der Mutter zwangsläufig etwas in den Hintergrund tretenden Erstgeborenen. Das in der Psychoanalyse viel beschworene **Entthronungstrauma** des oder der Erstgeborenen wird auf diese Weise ohne eine gezielte, pädagogische Maßnahme entschärft.

Neben dem Vater kann versuchsweise auch eine weitere Person aus dem engeren sozialen Umfeld in die Rolle des Loslösungsvorbilds schlüpfen, wenn sich eine sympathische Beziehung zwischen dem Kind und ihr herstellt. Großeltern und andere Verwandte sind dafür prädestiniert. Auf diese Weise wird zugleich auch ein Zugang zu weiteren, fremden Personen aufgebaut, ein Zugang, der im zweiten und dritten Lebensjahr dafür sorgt, dass vom Kind aktiv soziale Kontakte hergestellt werden. Auf diese Weise entstehen wie nebenbei z.b. auch die Grundbedingungen für eine glückende Fremdbetreuung. Ob mehrere Personen gleichzeitig und im selben Rang als Loslösungsvorbild fungieren können, darf bezweifelt werden. Wie auch bei der primären Bindung sind solche konkurrierenden Bezugspersonen eher bindungsverwirrend für das Kleinkind. Kommen solche Konstellationen dennoch zustande, erkennt man schnell, dass das Kleinkind wie zuvor der Säugling eine Hierarchie (s.o.) unter den konkurrierenden Bezugspersonen aufbaut.

Die Gefahr einer Bindungsverwirrung hinsichtlich der beiden Eltern entsteht dann, wenn der Säugling und vor allem das Kleinkind keine klaren Konturen in der zweigeteilten Rollenfunktion von Mutter und Vater erkennen können, aber ebenso auch in deren beziehungsmäßigen Abgrenzung zu anderen Ersatzbezugspersonen. Eine eindeutige Rollentrennung zwischen den Eltern wird in der Phase der Loslösung besonders wichtig, weil das Kind jetzt sein „autonomes Vorbild" sucht. Das aber muss klar abgrenzbar sein von der primären Bezugsperson als Repräsentanz der Ursprungsbindung. Spätestens in diesem Entwicklungsstadium muss also klar sein, wer von den beiden Eltern welche Rolle im Bindungs- und Loslösungsprozess spielt. Wenn die erwünschte Klarheit in der Interaktion nicht erkenntlich ist, dann bemüht sich das Kind durch trotzigen Druck, eine solche Rollendefinition bei seinen Eltern herzustellen. Das geschieht z.B. dadurch, dass es die Mutter nicht dabei haben möchte, wenn es eine Unternehmung mit seinem Vater macht, oder es ablehnt, dass der Vater die Aufgabe des Tröstens übernimmt.

Was die meisten Eltern kennen, ist ihre Rollenzuschreibung bei bestimmten Ritualen, beispielsweise abends beim Zubettbringen. Das Kind wünscht den Vater zum Vorlesen herbei und „verweist" die Mutter des Zimmers oder umgekehrt. Beeindruckend ist auch der Zorn des Kindes, wenn die Eltern in dieser Phase Zärtlichkeiten im seinem Beisein miteinander austauschen. Dann wirft es sich schon einmal wütend dazwischen und zerrt die Eltern auseinander. Diese Beobachtung hat meiner Meinung nach nichts mit einer Eifersucht auf den Vater oder die Mutter zu tun, sondern beweist einzig den inneren Konflikt, den das Kind damit hat, wenn die definierten Rollen der beiden Eltern augenscheinlich zu verschmelzen drohen.

Von der gelungenen Loslösung, hängt, wie am Anfang von der sicheren Bindung, die ungestörte Selbstentwicklung des Kindes ab. Ist die Loslösung erfolgreich, baut das Kind im nächsten Schritt eine hohe Selbstkompetenz auf, verbunden mit einer hohen Selbstregulationskraft seiner Gefühle. Beide Entwicklungen führen dazu, dass sein späterer Umgang mit den anderen Kindern der altersgleichen Gruppe sowie mit unbekannten Erwachsenen, von Selbstbewusstsein und Durchsetzungskraft gekennzeichnet ist. Im nächsten Kapitel, das den sozialen Kerngefühlen Stolz und Scham gewidmet ist, bescheinige ich diesen Kindern ein Überwiegen von innerem Stolz. Es handelt sich zugleich um diejenigen Kinder, die mit Ihrem Willen gut zurechtkommen, und sich leichter in Verständigung mit den anderen Menschen üben. Ein drangvolles Beharren auf dem Willen wird selten sein. In Einzelfällen wird ein solches Kind sogar einmal Gelassenheit und Verzicht an den Tag legen (= „freier", gelöster Wille).

Die gelungene Loslösung ist über die generell günstigen Auswirkungen auf die charakterliche Entwicklung hinaus besonders für unsicher gebundene Kinder eine Chance, ihrer grundsätzlichen Risikobehaftung zum einem großen Teil zu entkommen. Davon wird im Detail am Schluss der Darstellung über die schwierigen Loslösungsformen zu sprechen sein.

3.3.2 Die Formen der erschwerten und misslungenen Loslösung

Anders ergeht es den Kindern, deren Loslösung nur unvollständig gelingt oder sogar völlig misslingt. Diese Entwicklung möchte ich als **erschwerte** oder **misslungene Loslösung** bezeichnen. Hauptproblem dieser Kinder ist, vor allem bei der erschwerten Loslösung, ihre automatische **Rückbindung** an die Mutter als der weiter bestehenden, primären Bezugsperson. Sie erhält dadurch eine zusätzliche Bedeutung (s.u.). Diese Rückbindung erleben die Kinder als einen krassen Widerspruch zu ihrem Aufbruch in die Selbstständigkeit. Dieser Widerspruch führt zu **regressiven** Verhaltensauffälligkeiten oder zu einem latent **aggressiven** Erscheinungsbild. Wie zuvor in der Bindungsgestaltung, ergeben sich also auch bei der Loslösung – empirischen Beobachtungen zufolge – zwei Verlaufstypen mit unterschiedlichem Schweregrad. Beide stellen ein hohes Risiko für die weitere Selbstentwicklung dar. Die erschwerte Loslösung kann dauerhaft unvollständig bleiben oder unter günstigen Voraussetzungen, z.B. auch durch ein späteres Loslösungsvorbild, schließlich doch noch vollständig werden.

Sehr häufig handelt es sich bei der erschwerten Loslösung um solche Kinder, bei denen sich auch die primäre Bindung schon unsicher gestaltet hatte. Gleich im nächsten Entwicklungsschritt in Richtung Sozialisation also lässt sich die Risikobehaftung der unsicheren Bindung konkret wieder finden. Das angeborene, oft schwierige Temperament dieser Kinder, vor allem aber die ungünstige, soziale Resonanz seitens der Eltern im ersten und dann auch zweiten Lebensjahr, prädestiniert für solche Entwicklungsverläufe. Der andere Hauptgrund für eine schlecht gelingende Loslösung ist die mangelhafte Verfügbarkeit oder der komplette Ausfall des Vaters (s.u.). Die Triadik der Loslösung findet hierbei in Wahrheit nicht statt. Daneben gibt es noch rein soziale Gründe für erschwerte Loslösungsformen, deren häufigster die allein erziehende Mutter ist oder die wegen psychischer Erkrankung erziehungsunfähige Mutter.

In der Verhaltensanalyse der von unvollständiger Loslösung betroffenen Kinder steht die Ausdrucksform des Willens an vorderster Stelle, denn besonders in der Ausreifung des Willens kommen die betroffenen Kinder schlecht voran. Der Rückstand in der Willensbeherrschung mit Erhalt des hohen Drangpotenzials kann als Kernsymptom gelten. Diese Kinder verbleiben über Gebühr lange auf der Stufe des Beharrens und zeigen kaum oder keine Nachgiebigkeit und Einsichtsfähigkeit.

Die vielen Auseinandersetzungen mit den Eltern im gemeinsamen Alltag schmälern einmal mehr das vom Kind dringend benötigte Erfolgsgefühl im Sozialverhalten und mehren seine Versagenserlebnisse. Eltern oder Einzelmütter solcher Kinder neigen dazu, ihre Kinder besonders streng zu erziehen. Dabei sind sie gleichzeitig oft inkonsequent in ihrem Erziehungsstil und undurchschaubar in ihren Botschaften an das Kind (**Inkonsistenz**). Im Endeffekt überwiegt in diesen Kindern das innere Gefühl von Minderwertigkeit und Scham (s.u.), und eine Spirale aufeinander gerichteter Aggression von Kind und Eltern nimmt ihren Anfang.

Je nach impulsiver oder aggressiver Veranlagung des Kindes und je nach dem Ausmaß elterlicher Dominanz, gekennzeichnet durch rigide und strafende Erziehungsmaßnahmen, endet diese Spirale entweder in seinem immer weiter gesteigertem, oppositionellen und provokativen Widerstandsverhalten oder in seiner depressiv wirkenden Unterwürfigkeit, verbunden mit sozialer Scheu und hochgradiger Schüchternheit. Diese Verläufe gehen schleichend über in aggressiv-oppositionelle Verhaltensstörungen oder extreme Anhänglichkeit verbunden mit Trennungsangst.

Die weiter oben gemachte Aussage über die blockierte Entwicklung des Willens in der erschwerten Loslösung führt dem kritischen Beobachter noch einmal vor Augen, wie zwiespältig im sozialen Ausdruck der menschliche Wille sein kann. Zum einen kann er lange auf seiner Vorstufe verbleiben und sich Ausdruck in Drang, Beharren und „Eigensinn" verschaffen. In diesem Zustand wirkt er **starr**, entscheidungsunfähig und das Kind erscheint „dickköpfig" oder stur. Zum anderen kann er seine Ausformung weiter fortsetzen und auf einer immer höheren Stufe die persönliche Fähigkeit zur Zurücknahme, Zurückhaltung, sowie zur Selbstbeschränkung und Nachgiebigkeit erreichen. In diesem Zustand gilt der Wille als **gelöst**, und das Kind erscheint in zunehmendem Maße verständig und zu einem frühen Zeitpunkt auch schon einsichtig. Selbstgesteuerte Entscheidungsmacht, verbunden mit Entschlusskraft zum Handeln charakterisiert den Willen auf diesem hohen, psychosozialen Niveau. Von einer solchen Plattform des Willens ausgehend, entwickelt sich mit zunehmendem Lebensalter das komplizierte, geistige Geflecht der Vernunft.

Von unvollständiger Loslösung betroffene Kinder wirken demgegenüber uneinsichtig, unzufrieden, unausgeglichen und launisch. Viele werden auffällig durch ihr aufbrausendes und wütendes Gebaren, das umso stärker ist, je höher ihre Veranlagung zur Impulsivität und Aggressivität ist. Sie widersetzen sich in höheren Kategorien trotzigen Ausdrucks (s.u.) und bedienen sich gerne erster aggressiver (manchmal auch autoaggressiver) Elemente zur Unterstützung ihrer Bestrebungen nach Selbstständigkeit und Entscheidungsmacht.

Aber auch das vollständige Gegenteil ist möglich, wie ich bereits gezeigt habe. Bei diesen Kindern herrscht eine oft bis ins Extreme gesteigerte Ängstlichkeit und Anhänglichkeit vor. Sie weichen ihrer primären Bezugsperson auch noch im dritten Lebensjahr nicht von der Seite. Ein solches Verhalten ist den Eltern höchst lästig. Vor allem aber die autoaggressiven Verhaltensweisen wie das Schlagen des Kopfes auf den Fußboden oder gegen die Wand, das Beißen in die eigene Hand oder das Sich-büschelweise-Haare-ausreißen verärgern und erschrecken die Eltern in großem Maße, befürchten sie doch, dass das Kind daran dauerhaft Schaden nehmen könnte. In der Regel geschieht den Kindern jedoch körperlich nichts, was nicht heißt, dass sie nicht seelisch bereits Schaden genommen haben. Alle diese Kinder wirken oft innerlich wie zerrissen. Ihre Ambivalenz zwischen Loslösungsbestreben und Bindungserhalt erreicht eine maximale Dynamik. Der potenzielle Übergang in pathologische Verhaltensstrukturen ist von hier aus geradezu vorgezeichnet.

Die erschwerte Loslösung lässt sich im Falle eines unkorrigierten Fortgangs bei differenzierter Betrachtung nun unterscheiden in den aggressiven Typ und den regressiven Typ. Auf diese Weise ergibt sich ganz offensichtlich eine Parallele zur Bindungstheorie, gemeint ist die zur unsicheren Bindung mit ihren beiden Verlaufsformen ambivalent und vermeidend. Die beiden Typen der erschwerten Loslösung sollen nun in ihren Auswirkungen auf das kindliche Verhalten dargestellt und analysiert werden:

a) Der aggressive Typ tritt auf mit massiv verstärktem Trotzen. Das betroffene Kind ist hoch ambivalent, was die Empfindungen hinsichtlich der Loslösung anbelangt, und seine Stimmung ergeht sich in ein Wechselbad der Gefühle. Momente extremer Anhänglichkeit werden abgelöst von großer Wut und maximalem Widerstand. Die eigentlichen Ursachen liegen zumeist in der mangelhaften emotionalen oder körperlichen Verfügbarkeit des Vaters und im Fehlen einer Ersatzvorbildperson. Dadurch ist die kindliche Entwicklung zur notwendigen Expansion und sozialen Integration stark eingeschränkt. Das Selbst kommt in seiner Entfaltung nicht richtig voran.

In der Not und Verunsicherung hinsichtlich seiner Selbstständigkeitsentwicklung entsteht bei dem Kind die Tendenz zur Rückbindung an die Mutter, die diese Reaktion nun ihrerseits regelmäßig ambivalent beantwortet. Dadurch verschlechtert sich die Situation für das Kind weiter, und es entsteht ein Kreislauf von Loslösungsversuchen und deren Scheitern, oft verbunden mit gewaltsamen Befreiungsakten aus der sich weiter erhaltenden primären Bindung. Die stark aggressiven Reaktionen solcher Kinder auf die erzieherischen Eingriffe ihrer Mütter sind beredter Ausdruck der entstandenen Problematik.

Die unsicher ambivalent gebundenen Kinder erfüllen dabei die Eigenschaften des Verlaufstyps noch klarer als die unsicher vermeidenden. Letztere wechseln auch in gegenteilig regressive Verhaltensmuster. Immer häufiger rühren diese Probleme heutzutage auch von der Mutter her, die aus persönlichen Gründen, z.b. berufliches Fortkommen, aber auch soziale Notwendigkeit als Alleinerziehende, ihr Kind vorzeitig in die Fremdbetreuung „freigeben" möchte. (Wie das günstig abgefedert werden kann, davon in einem späteren Kapitel).

b) Der regressive Typ (nicht zu verwechseln mit der Regression des Kindes als Versuch eines selbsttherapeutischen Prozesses, s.u.) ist gekennzeichnet durch kein oder nur ein äußerst schwaches Trotzen. Diese Kinder erscheinen auffallend zurückhaltend und überangepasst. Ihr bisher erworbenes Selbstbewusstsein ist besonders schwach. Manche Kinder verhalten sich Fremden gegenüber auf merkwürdige Weise vertrauensselig, ja geradezu „anbiederisch", als seien sie auf ständiger Suche nach einem Loslösungsvorbild. Die aufkommenden Wutgefühle, die normalerweise zur Einleitung und Aufrechterhaltung der Loslösung notwendig sind, werden vermieden oder vollständig weggedrängt. Dagegen wird die Anhänglichkeit auf unabsehbare Zeit verlängert. Nur in Momenten eines starken Impulsdurchbruches oder bei hohen Anforderungen aus der Umwelt baut sich plötzlich ein enormer Widerstand auf, und die innere Wut eskaliert in Form einer frühen Projektion auf die Mutter.

Die Ursachen für einen solchen Verlauf liegen weniger in der schlechten väterlichen Verfügbarkeit als vielmehr in der mütterlichen Strategie, die bindungslösenden Bestrebungen ihres Kindes zu negieren. Gründe hierfür können sein Angst vor Verlassenwerden vom Kind, Ausnutzung des Kindes, um den Vater an sich zu binden, Selbstaufwertung durch übersteigerte Mutterschaftsgefühle, familiäre Aufwertung durch das Muttersein, depressive Abhängigkeit vom Kind, Partnerschaftsprobleme usw. Mütter, die ihren Kindern weit über das erste Lebensjahr hinaus Bedürfnisbefriedigung durch das Stillen gewähren, riskieren ebenfalls eine solche Entwicklung. Die Problematik der Mutter besteht auch häufig in der heimlichen Rückübertragung der kindlichen Loslösungsversuche auf sich selbst durch Autonomiedefizite in der eigenen Biographie. Die vom Kind angestrebte Autonomie kann dann von ihr nicht geduldet werden.

Das Hauptproblem solcher Verläufe besteht darin, dass die in diesem Alter anstehende Integration des Kindes in die soziale Gemeinschaft am fortgesetzt anhänglichen Verhalten scheitert. Schüchternheit und soziale Scheu kennzeichnen diese Kinder in der weiteren Persönlichkeitsentwicklung. Hier erscheinen die vermeidend unsicher gebundenen Kinder typischer für das beschriebene Verhaltensmuster als die ambivalenten.

Bei der misslungenen Loslösung, von der man eigentlich erst im vierten Lebensjahr sprechen darf, denn bis dahin dauert gewöhnlich der Kernprozess der Loslösung, entsteht eine Mischung beider eben genannten Verlaufstypen der erschwerten Loslösung mit einem ständigen Wechsel zwischen deren Einzelkomponenten. Das bedeutet, dass im alltäglichen Verhalten je nach Konflikt und momentaner Stimmung mal mit einem aufbrausend wütenden Verhalten gerechnet werden muss und mal mit einem völlig unverständlichen totalen Rückzug. Grob formuliert könnte man sagen, entweder wird das eigene Zimmer, in das man das wütend aufgeladene Kind geschickt hat, verwüstet oder das Kind schmollt stundenlang, beinahe tagelang vor sich hin und ist jeglicher Wiederversöhnung vollkommen unzugänglich. Aber auch völliges Desinteresse an emotional-affektiven Interaktionen kommt vor, wobei man dann berechtigte Sorge vor einer psychischen Erkrankung (z.B. frühkindliche Depression) haben muss.

Als weiteres Charakteristikum solcher Kinder zeichnet sich sehr bald die vollständige Unfähigkeit zur sozialen Integration ab. Die Kinder treten in Gruppen beinahe ausschließlich einzelgängerisch auf und stehen beim gemeinsamen Spiel am Rande. Lediglich im von einem Erwachsenen geführten Spiel und bei Garantie des eigenen Erfolgs lässt sich ein solches Kind einmal zum Mitspielen überreden.

Die emotional hoch aufgeladenen und von Aggressivität gekennzeichneten Trotzreaktionen in der erschwerten Loslösung dienen dem Kind letztendlich dazu, sich seinen autonomen Selbststatus mit äußerster Kraftanstrengung doch noch zu erkämpfen. Im Gegensatz zu den Kindern mit misslingender bzw. misslungener Loslösung, bei denen die Aggression schließlich zusammenbricht und der Regression und Depression, manchmal auch der verschärften Autoaggression weicht, sind diejenigen in der erschwerten Loslösung aufgrund von günstigeren Voraussetzungen schließlich oft doch noch in der Lage, ihr Selbst einigermaßen erfolgreich durchzusetzen und in der weiteren Entwicklung zu behaupten. Die erwähnten, günstigeren Voraussetzungen beziehen sich sowohl auf Elemente ihres Charakters und Temperaments, als auch auf solche ihrer unmittelbaren Lebensumwelt, das heißt der konkreten Lebenssituation in der Familie und der gewählten Erziehungsform (sogenannte **Schutzfaktoren**). Je strenger und härter aber die Erziehung vollzogen wird, desto schlechter ist die Prognose für solche Kinder. Allgemein günstig wirkt sich für diese Kinder aus, wenn es ihnen gelingt, eine zuverlässige Ersatzperson als Loslösungsvorbild zu finden. Grundsätzlich lässt sich sagen, dass je mehr funktionstüchtige Ersatzbezugspersonen ein Kind in dieser Lage findet, desto besser für seine Entwicklung zur Selbstständigkeit. Diese Aufgabe ist offensichtlich teilbar. Im Rahmen des Themas der allein erziehenden Mutter war von dieser Chance bereits die Rede.

Neben der fehlenden Einsatzbereitschaft des Vaters und der auf fortgesetztem Bindungserhalt bestehenden Mutter spielen auch zeitnahe familiäre Belastungen, wie z.b. Geburt eines Geschwisterkindes, die Trennung der Eltern oder auch ein größerer Umzug bei der erschwerten Loslösung eine immer ganz akute, aber dadurch nicht geringere Rolle. Besonders eine Trennung der Eltern in dieser für die Persönlichkeit des Kindes Weichen stellenden Phase hat regelmäßig äußerst ungünstigste Auswirkungen. Schwierig kann in dieser Phase auch die vollständige Wiederaufnahme des Berufes durch die Mutter werden, wenn der Vater ohnehin ganztags arbeitet.

An diese Stelle gehört ein Sonderfall in der Selbstentwicklung des Kindes, die **Parentifizierung**, die ich hier kurz erwähnen möchte. Gemeint ist damit der meist schleichende Vorgang in der Familie, dass dem Kind eine Elternrolle zugeschrieben wird. Das Kind übernimmt implizit die Rolle des schwachen oder ausfallenden Elternteils, wobei geschlechtsgebunden die Jungen überwiegend den väterlichen und Mädchen den mütterlichen Part übernehmen sollen. Aber auch die Pflege von kranken Eltern oder das Miterziehen von jüngeren Geschwistern (beides bei älteren Kindern) fällt unter diesen Begriff. Die Kinder sind abgesehen einmal von der Geschwisterbetreuung mit dieser Aufgabe vollkommen überfordert, obwohl es oft den Anschein hat, als gefielen sie sich in ihrer Rolle (Vorstellung von Grandiosität, s.o.) und trügen ihr Los freiwillig. Regressive Verhaltensformen und aggressive Ausbrüche sind jedoch auch hier an der Tagesordnung. Sie stellen den untauglichen Versuch einer Befreiung dar. Die Liebe zu ihren Eltern und eine letztlich falsch verstandene Loyalität hindert die Kinder an einem tatsächlichen Ausbruch.

Die moderne Gesellschaft mit ihrem hohen Leistungsanspruch an die Eltern im Berufsleben baut dem Mangel an väterlicher Verfügbarkeit und deren häufig fehlender Bereitschaft zur Verantwortungsübernahme für die Kinder geradezu vor. Gesellschaftliche Vorurteile über die angebliche Entbehrlichkeit des Vaters im Kinderzimmer unterstützen diesen Trend noch. Solche Formen der Loslösung sind triadisch immer schlecht ausgerichtet. Letztlich profitieren diese Kinder in vielen Fällen nur von einer im Säuglingsalter einigermaßen gelungenen primären Bindung und intrafamiliären Ersatzvorbildern. Handelt es sich jedoch um unsicher gebundene Kinder, die sich im zweiten Lebensjahr mit derartigen Problemen konfrontiert sehen, dann besteht allein dadurch die größere Gefahr für eine Form der unvollständigen Loslösung.

Ein ganz anders gelagerter Grund für die erschwerte Loslösung sollte in diesem Rahmen nicht unterschlagen werden. Immer wieder passiert es, dass sich die Mutter, die häufig für das Kind ihren Beruf aufgegeben hat, zu sehr über ihre Mutterrolle zu definieren beginnt und unbewusst die Loslösungs- und Selbstständigkeitsbetrebungen ihres Kindes abwehrt. Selten wird sie sich eingestehen, dass sie selbst das Problem der problematischen Weiterentwicklung ihres Kindes ist. Aber auch das genaue Gegenteil hierzu erzeugt große Spannungen in der Mutter-Kind-Interaktion. Ich rede jetzt von den Müttern, die sich nicht gut mit ihrer Mutterrolle identifizieren können, und die möglichst schnell nach der Erziehungszeit wieder in den Beruf zurück streben. Grundsätzlich steht bei diesen Konstellationen die Bedeutung der Institution Familie auf dem Prüfstand. Die Wertediskussion in der Gesellschaft der westlichen Industrienationen und der aktuelle politische Diskurs zum Thema Arbeit und Familie müssen sich dringend mit solchen Fragen beschäftigen.

Zwei kleine Fallbeispiele aus dem Praxisalltag sollen an dieser Stelle die beiden unterschiedlichen Verläufe im Zusammenhang mit der erschwerten Loslösung illustrieren helfen.

1. Fallgeschichte (aggressive Loslösung)

Raffael fiel schon als Säugling durch einen recht hohen Grad von Unruhe und Irritierbarkeit auf. Er schrie viel, allerdings ohne eindeutig unter die Kriterien eines „Schreibabys" zu fallen. Raffaels Mutter gab sich viel Mühe, ihren hinsichtlich konstanter Zuwendung anspruchsvollen und von Natur aus temperamentvollen Sohn zufrieden zu stellen. Am Ende des ersten Lebensjahres war eine ambivalent-unsichere Bindung zustande gekommen. Raffael zeigte neben ausgesprochener Neugier und Unternehmungslust, die seinem Temperament entsprachen, einen überdurchschnittlich hohen Grad an Anhänglichkeit, der seiner Mutter zu schaffen machte. War er mit der Mutter allein, ging er auf Unternehmungstour in der Wohnung und stellte jedweden Unfug an, der möglich erschien. Er riss die Bücher aus dem Schrank und verteilte sie auf dem Boden, zerfetzte die Zeitung, aß Blumenerde, beschmierte die Wände mit seinen klebrigen Händen oder streute Waschpulver auf dem Boden aus. Auf mütterliches Nein-sagen reagierte er auch nachdem er die Anfangsphase des inhaltlichen Unverständnisses hinter sich gelassen haben musste mit permanenter Unfolgsamkeit. Der Widerstand, der seine ersten Loslösungsbestrebungen in Gang brachte, ergriff heftig Besitz von ihm. Die Mutter wechselte immer häufiger zwischen resignativer Nachgiebigkeit, oft aus Erschöpfung, und aufgeregter, ja geradezu aufbrausender Strenge, wobei sie sich immer öfter zu Schlägen auf Raffaels Finger hinreißen ließ. Ständiges Schimpfen begleitete die Mutter-Kind-Interaktionen und die Inkonsistenz der mütterlichen Erziehungshaltung wurde von Tag zu Tag stärker. Der Vater verbrachte den ganzen Tag im Büro und auch am Feierabend und an den Wochenenden stand er seinem Sohn und der Familie nur im Ausnahmefall zur Verfügung.

Raffael wurde im Verlauf des zweiten Lebensjahrs zusehends schwieriger, und seine widerständigen Verhaltensweisen nahmen immer stärkere, von Aggression gezeichnete Züge an. Manchmal lief er mit wütendem Gesichtsausdruck auf seine Mutter zu, schlug sie gezielt, oder versuchte, ihr in die Hand zu beißen. Zuweilen rastete er so stark aus, dass er in seiner Impulsivität anfing, den Kopf auf den Boden zu schlagen. Seine Trotzattacken ergingen sich immer häufiger in blinder Zerstörungswut. Fremde Kinder, mit denen seine Mutter ihn zusammenbrachte, in der Hoffnung, diese würden ihn besänftigen können, wurden ebenfalls Opfer seiner aggressiven Ausbrüche. Ein soziales Spiel ohne klare Lenkung durch einen Erwachsenen erschien mit ihm völlig unmöglich.

2. Fallgeschichte (regressive Loslösung)

Lisa ist das unerwartete, zweite Kind einer knapp vierzigjährigen Mutter. Die ältere Schwester ist bereits zwölf Jahre alt. Die Mutter hatte sich längst wieder in ihrem alten Beruf eingerichtet und gab ihren (vermutlich unerwünschten) Nachzügler noch im Säuglingsalter in Fremdbetreuung. Lisa war ein ängstlicher Säugling, der große Unruhe zeigte, viel weinte und die volle Zuwendung seiner Mutter brauchte. Mit etwa vier Monaten begann eine starke und lang anhaltende Fremdelphase, die durch die Fremdbetreuung noch verstärkt wurde. Es dauerte sehr lange, bis Lisa die Tagesmutter als Ersatzbezugsperson akzeptierte. Am Ende des ersten Lebensjahres schälte sich eine vermeidend-unsichere Bindung heraus. Lisa wirkte still, in sich zurückgezogen und beklagte sich auffallend wenig, außer wenn ihr plötzlich eine unbekannte Person zu Nahe trat. Dann fing sie heftig an zu schreien und klammerte sich ängstlich an ihre Mutter. Diese hatte große Schwierigkeiten damit, das Anklammerungsverhalten ihrer Tochter zu verstehen und zu akzeptieren. Der Vater wirkte von Anfang an sehr ruhig und liebenswürdig, hatte jedoch aus beruflichen Gründen wenig Zeit, sich um die Belange seiner kleinen Tochter zu kümmern. So blieb die meiste Arbeit an der Tagesmutter hängen, die sich alle Mühe gab, das emotionale Auf und Ab ihres Zöglings unter Kontrolle zu behalten.

Im zweiten Lebensjahr gab die Mutter ihre Berufstätigkeit wieder auf, um sich ganz ihrer Tochter zu widmen. Aus diesem Schritt bezog sie von nun an ihr Selbstwertgefühl. Lisa erwies sich sofort als äußerst anhänglich und zeigte nur mangelhafte Loslösungstendenzen. Einige wenige Widerstandsäußerungen blieben die einzigen Anzeichen für einen Entwicklungsfortgang in die richtige Richtung. Regelrechte Trotzattacken bildeten sich daraus zunächst aber nicht. Ihr Unternehmungsgeist wirkte schwach, und sie hing lieber auf dem Arm der Mutter, als dass sie auf Erkundungstour ging. Erst mit zweieinhalb Jahren kam ein schwaches Trotzen zustande, das sich auf ein mürrisches Gesicht, sich vom Schauplatz Abwenden und auf ein herzerweichendes Weinen beschränkte. In der sozialen Konfrontation wirkte Lisa weiterhin scheu, in sich zurückgezogen und reagierte äußerst defensiv. Die Lebhaftigkeit des Miteinanderumgehens in Kleinkindgruppen erlebte sie offensichtlich als Belastung und stand distanziert von den anderen Kindern meistens an der Seite. Die Furcht vor fremden Personen blieb ihr erhalten und führte im Falle eines Überschreitens ihrer auffallend großen Distanzschwelle zu hochgradig affektiv erscheinenden Schreianfällen und panischen Anklammern an die Mutter. Soziale Scheu und Schüchternheit bestimmten ihr Auftreten in der Kinderspielgruppe, ein Ausdruck, den sie nur zögernd und von Mal zu Mal etwas überwinden konnte.

3.4 Die Psychodynamik zwischen Bindung und Loslösung und die „beschleunigte" Loslösung

Es macht meines Erachtens über rein methodische Gesichtspunkte hinaus wenig Sinn, das Bindungs- und das Loslösungsgeschehen jeweils für sich isoliert zu betrachten. Denn die beiden grundlegenden Entwicklungsschritte im menschlichen Leben auf dem Weg zur selbstständigen Persönlichkeit gehören in einen Block zusammen und lassen sich hinsichtlich ihrer strukturbildenden Dynamik auf die Ausgestaltung des Selbst nur als Ganzes richtig verstehen. Das bedeutet, dass jeder, der sich in der konkreten Beobachtung von Kleinkindern einerseits wie auch in der wissenschaftlichen Fragestellung als Entwicklungspsychologe andererseits mit dieser Thematik befasst, in der Interpretation des Einzelfalls das Augenmerk immer auf beide Entwicklungsabschnitte zu richten hat.

In der sachorientierten Einzelfallbetrachtung, wie sie mir in meiner praktischen Arbeit nur möglich ist, wie sie aber bei dem Angebot einer konkreten Hilfestellung für Eltern zugleich auch unverzichtbar ist, müssen demzufolge regelmäßig die psychodynamischen Zusammenhänge zwischen Bindung und Loslösung auf ihre, das Selbst strukturierenden, Auswirkungen untersucht werden. Dabei sind als erstes, vorsichtiges Ergebnis folgende Zusammenhänge herzustellen:

a) Geht ein sicher gebundenes Kind in seiner Weiterentwicklung in eine gelungene Loslösung, ist für sein Selbst, schwere seelische Traumata auch in Zukunft ausgeschlossen, nur das Beste zu erwarten. Seine Charakteranlagen können sich in der geschickten Auseinandersetzung mit der von ihm angetroffenen, sozialen Umgebung optimal herausbilden. Sein Selbst wird ausgewogen erscheinen (s.u.) und große Sozialkompetenz in der Gruppenpräsentation entwickeln. Das Resultat ist ein seelisch gesundes Kind, das gute emotionale Grundlagen dafür besitzt, die unvermeidlichen sozialen und lebenswirklichen Herausforderungen zu meistern.

b) Gerät ein sicher gebundenes Kind in die Situation einer schlecht gelingenden Loslösung, bietet ihm die sichere Bindung zunächst noch ein stabiles seelisches Grundgerüst; das fehlende gute Vorbild für die Autonomie erzeugt jedoch eine Lücke in der Triade und führt schließlich zur erschwerten Loslösung. Die damit beinahe automatisch verbundenen Rückbindungsbedürfnisse des Kindes an die Mutter als der verbleibenden „sicheren Basis" führen es in die bereits erwähnte, starke Ambivalenz zwischen großer Anhänglichkeit einerseits und forciertem Widerstand mit klaren Selbstständigkeitsbestrebungen andererseits. Die Mütter reagieren je nach persönlichen Voraussetzungen darauf mit zwei einander entgegen gesetzten Verhaltensmustern, wie gleich zu zeigen ist. Neben ihren ganz persönlichen Ressourcen spielen auch der Zustand der partnerschaftlichen Beziehung und die sozialen Lebensverhältnisse eine große Rolle. Die im Folgenden angestellten Analysen setzen immer einen Fortbestand des Familiengefüges voraus.

Die einen Mütter versuchen nun die primäre Bindung weiter aufrecht zu erhalten, weil sie meinen, ihr Kind damit zu schützen. Dabei spüren sie intuitiv, dass die Loslösung weiter vorankommen muss. Aus diesem Grund zeigen sie dem Kind gegenüber stark ambivalente Gefühle. Bemutterung und Kompetenzzuweisung wechseln sich in einem als inkonsistent zu bezeichnenden Erziehungsstil permanent ab. Das Kind wird darauf mit aggressiv verstärktem Trotz reagieren (vergleichsweise aggressiver Loslösungstyp, s.o.).

Die anderen Mütter begrüßen geradezu die Rückbindungstendenz ihres Kindes aus Gründen falsch verstandener Selbstbestätigung und fördern unbewusst die sich wieder einstellenden oder erhaltenden Bindungsstrukturen. Das Kind ist dadurch in seinen Loslösungstendenzen blockiert und reagiert überwiegend in sich gekehrt und zurückgezogen. Im Konfliktfall nimmt es geradezu säuglingshafte Attitüden wieder an (vergleichsweise regressiver Loslösungstyp, s.o.).

c) Geht ein unsicher gebundenes Kind in eine nicht glückende Loslösung hinein, drohen ihm neben der Bindungsproblematik zusätzliche Probleme dahingehend, dass seine ganze Selbstentwicklung in große Unausgewogenheit gerät. Hierbei ist es ein weiteres Mal nicht unwichtig zu unterscheiden, ob es sich um ein ambivalent oder vermeidend unsicher gebundenes Kind handelt. Denn durch diese Vorprägung entsteht eine Unterteilung der Kinder in solche mit aggressiven und solche mit regressiven Verhaltensmustern. Erstere werden heftige aggressive Impulse im Widerstands- und Trotzverhalten an den Tag legen und im schnellen Wechsel mit Anklammerung die Geduld ihrer Eltern aufs Äußerste strapazieren. Das sind diejenigen Kinder, die abends stundenlang quengeln, nicht ins Bett gehen zu wollen, um den Moment der Trennung zu vermeiden, und am Tage bei jeder kleinsten Frustration in ein Wutgeheul ausbrechen und zu toben anfangen. Das Erstellen von gemeinschaftlichen Regeln gerät regelmäßig zur Tortur sowohl für die Eltern als auch für das Kind.

Die vermeidend unsicher gebundenen Kinder zeigen im Vergleich zu den vorigen viel geringeren Widerstand und kaum oder gar keine aggressiven Ausbrüche, sind aber innerlich sehr unglücklich und erweisen sich auch jetzt als die stillen Erdulder. Erkenntlich sind sie als diejenigen Kinder, die sich am Abend mit bekümmerter Miene in ihr Bett zurückziehen, nicht aufzumucken wagen und es obendrein vermeiden, Tränen fließen zu lassen. Emotionale Ausbrüche gibt es nur dann, wenn die Mutter sich ihrer erbarmt und sie durch plötzliche Zärtlichkeit aus ihrer gefühlshaften Starre befreit werden. Andererseits sind diese Kinder oft sehr neugierig auf für sie eigentlich fremde Personen, denen gegenüber sie sich zuweilen merkwürdig vertrauensselig verhalten. Es scheint so, als unterdrückten sie um eines guten Kontaktes willen ihre Besorgnis und Angst vor dem Fremden. Zu diesen beiden gerade besprochenen Varianten hatte ich oben bereits zwei Beispiele genannt.

d) Bleibt jener Typus von Kind übrig, welcher aus einer unsicheren Bindung herauskommt und in eine stabile Loslösungsphase mit einem starken, zugewandten und sicher verfügbaren Vater eintritt. Ich meine den wortwörtlich vorbildlichen Vater. Hier scheint die Triade die Dyade bis zu einem gewissen Grade kompensieren zu können. Über solche Kinder gibt es bislang nur ganz vereinzelte Beobachtungen, wenn diese überhaupt in einen solchen Bezugsrahmen gestellt werden. So bleiben dem Beobachter weitgehend nur Rückschlüsse aus den bisherigen Definitionen in der dynamischen Beziehung zwischen Bindung und Loslösung, die auf eine solche Entwicklung anzuwenden wären. Ich möchte vermuten, dass nicht nur solche Kinder sondern grundsätzlich alle sehr von der starken Vaterfigur profitieren, selbst wenn der Vater nicht immer durchgängig zugewandt und einfühlsam auftritt. Woraus die Kinder im Allgemeinen einen großen Vorteil beziehen, ist die Chance, Bindungselemente noch einmal wiedererstehen zu lassen und quasi im Nachhinein positiv emotional zu verinnerlichen, was in gewisser Weise einem selbsttherapeutischen Prozess gleichkommt. Außerdem kann sich der Wille durch eine solche nachträgliche, positive emotionale Integration aus dem Stadium des Drangs heraus in den entscheidungsmächtigen Willen weiter entwickeln. Somit verbessern sich die Voraussetzungen für das Selbst in der anstehenden Sozialisation. Nicht zuletzt wirkt der Vater auch einfach nur durch sein starkes Vorbild.

Väter spüren häufig gar nicht, welche wichtige Rolle sie da für ihre Kinder übernehmen. Ihr unbedingtes Bedürfnis jedoch, tatsächlich ein gutes Vorbild für ihr Kind zu sein, lässt sie ungeahnt zu einer guten Vaterfigur avancieren. Ich möchte diesen speziellen Verlauf um einer Definition willen als **„beschleunigte" Loslösung** bezeichnen. In diese Kategorie wären auch jene Kinder einzuordnen, bei denen eine solche väterliche Rolle von einer dritten, außerfamiliären Person im Sinne einer glücklichen Fügung übernommen wird (Ersatzvorbild, aber auch der „wissende Zeuge", Alice Miller 1980).

Vermeidend unsicher gebundene Kinder sind bei diesem für beide Beteiligten meist völlig unbewusstem Vorgang oft besser dran als die ambivalenten, weil sie es schon „gelernt" haben, ihre Gefühle wenigstens nach außen hin einigermaßen unter Kontrolle zu halten. Ein solches Auftreten kommt den Vätern in der Regel sehr entgegen. Die ambivalent unsicher gebundenen Kinder werden ihr deklamatives und hochgradig ambitendentes Verhalten hingegen fortsetzen. Sie ernten damit bei ihren Vätern oder den Ersatzvorbildern leicht große Ablehnung. Bei ihnen ist die beschleunigte Loslösung seltener erfolgreich.

e) Der Verlauf der desorganisierten Bindung findet häufig seine unmittelbare Fortsetzung in der misslungenen Loslösung, denn die eine solche Entwicklung hervorrufenden familiären Verhältnisse lassen sich in der Zwischenzeit selten bereinigen. Solche Kinder steuern automatisch auf eine pathologische Selbststruktur zu. In ihrem Auftreten wirken sie teils anbiederisch, geradezu distanzlos, teils aber auch überängstlich, scheu und kontaktarm. Auch depressive Verlaufsformen sind möglich. Dem Beobachter kommt es vor, als bestünde eine unsichtbare Wand zwischen ihm und dem Kind. Anders zu beurteilen sind diejenigen Kinder mit desorganisierter Bindung und misslungener Loslösung, die sich aufgrund eines genetischen Defektes nicht normal entwickeln können. Sie bilden eine eigene Gruppe.

f) Eine Sonderklasse für sich bilden auch die Kinder mit umschriebenen Entwicklungsstörungen wie verzögerter Sprachentwicklung, auditiver Wahrnehmungsstörung oder größeren, statomotorischen Problemen. Auch sie zeigen meistens Verhaltensstrukturen der erschwerten Loslösung, begründet durch sich erhaltende Einschränkungen ihres Selbstbewusstseins.

Es wird künftigen Einzeluntersuchungen und Studien vorbehalten bleiben, die hier aufgestellten Entwicklungstypen in der sozialen Feldwirkung von Bindung und Loslösung auf ihre Evidenz hin zu überprüfen. Eine solche wissenschaftliche Überprüfung erscheint mir wichtig, um sicher zu stellen, welche protektiven und gegenteilig risikofördernden Faktoren die weitere Persönlichkeitsentwicklung im Kindesalter begleiten. Dabei wird eine der Hauptfragen sein, ob das inzwischen als erwiesen geltende höhere Risiko unsicher gebundener Kinder (s.o.) für sich allein ein hohes Störungspotenzial im späteren Sozialverhalten hervorruft, oder ob nicht vielmehr erst die Kombination mit einer erschwerten oder misslingenden Loslösung dazu führt. Ich vermute, man darf schon heute mit einiger Sicherheit davon ausgehen, dass die erschwerte Loslösung die negativen Auswirkungen einer vorangegangen, unsicheren Bindung mindestens stark erhöht.

In der folgenden Grafik sollen die verschiedenen Loslösungsformen zusammengefasst werden.

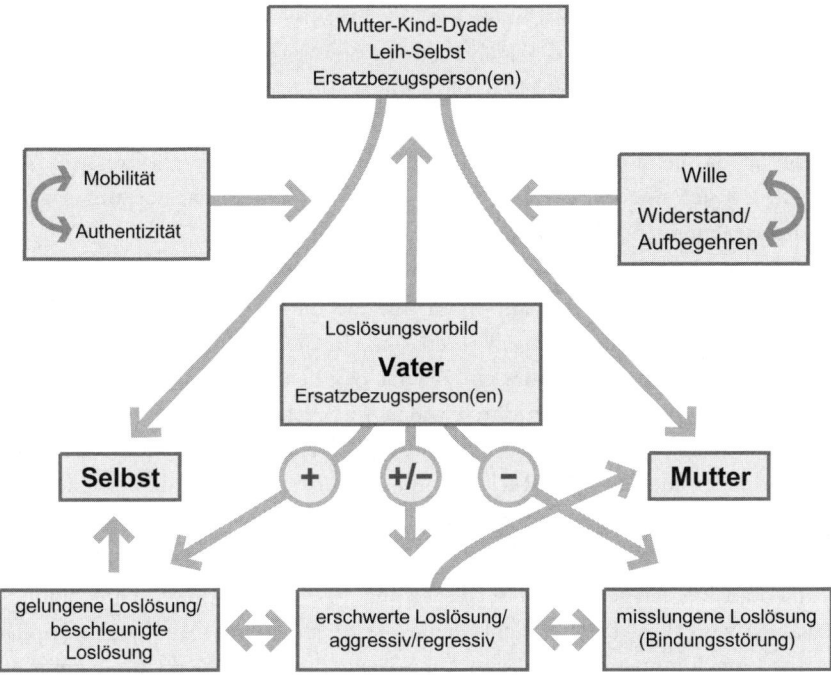

Abbildung 3: Loslösungsprozess

Ein Faktor aus ganz anderer Richtung muss in den Loslösungsbetrachtungen einzelner Kinder noch berücksichtigt werden, das Geschlecht des betroffenen Kindes, bzw. die geschlechtliche Konstellation zwischen Elternteil und Kind. Vermutlich wird die erschwerte Loslösung eines Jungen andere Auswirkungen auf seine Selbstkonzeption und Persönlichkeitsentwicklung haben als die eines Mädchens. Mit großer Wahrscheinlichkeit wird die spätere Einstellung des Jungen zu weiblicher Dominanz sehr konfliktgeladen sein und sein Ertragen mütterlicher Elemente noch in der späteren Partnerbeziehung beeinträchtigen. Anders erginge es ihm im Fall einer beschleunigten Loslösung, bei dem das väterlich männliche Element plötzlich stark prägenden Einfluss auf ihn gewinnt. Eine solche Konstellation stellt ihm ein gleichgeschlechtliches, starkes Vorbild zur Verfügung, das sein Männerbild nicht unbeeinflusst lassen wird.

Für die Mädchen erweist sich der Loslösungskonflikt mit der Mutter als Ursprung ganz anders gearteter Beziehungsstörungen. So kann die erschwerte Loslösung einen massiven Konflikt mit dem mütterlichen Vorbild und mit der Frau an sich hervorrufen sowie die eigene, weil gleichgeschlechtliche Identität von Grund auf stören. Die beschleunigte Loslösung hingegen schafft ein dominantes, gegenge-schlechtliches Bild, das wahrscheinlich sehr positiv das Mädchen in der weiteren Persönlichkeitsentwicklung begleiten wird. Junge wie Mädchen unterscheiden sich in diesen Entwicklungsszenarien aber auch noch durch ihre jeweilige persönliche Veranlagung, das heißt ob sie eher defensiv-regressiv oder offensiv-aggressiv ausgerichtet ist. Ob sich über diesen Weg Einflüsse auf die spätere Partnerwahl erklären lassen, muss weiteren Studien überlassen bleiben.

In der aktuellen, klinischen Beurteilung bindungsgestörter Kinder unterscheidet man zwei unterschiedliche Verlaufstypen, für die die Begriffe reaktive und ent-hemmte Bindungsstörung geprägt worden sind. In die Bezeichnung mit reaktiver Bindungsstörung gehen die Kinder ein, die aus den beiden Formen der unsicheren Bindung hervorgehen. Sie fallen durch widersprüchliche, oft geradezu kontrovers erscheinende Reaktionen bei sozialer Belastung auf. Annäherung, Vermeidung und Widerstand, aber auch sozialer Rückzug und Traurigkeit sind kennzeichnend. Ihre Selbstregulation der Gefühle funktioniert schlecht. Das deckt sich weitgehend mit den von mir beschriebenen Verhaltensweisen in der erschwerten Loslösung.

Als enthemmt werden solche Kinder bezeichnet, die eine desorganisierte Bindung eingegangen sind, weil sie Vernachlässigung, Verwahrlosung, Misshandlung oder sogar Missbrauch hinnehmen mussten. Ihr Sozialverhalten ist merkwürdig anbiede-risch, Aufmerksamkeit erheischend, oft geradezu distanzlos und wahllos zutraulich. In einem schnellen Wechsel damit tritt unter Anspannung deklamativ anklam-merndes Verhalten auf. In ihrem Gefühlschaos sind diese Kinder unempathisch für die Empfindungen und Gefühle Anderer. Erfahren sie Abweisung, werden sie sehr schnell wütend und aggressiv. Auch Autoaggression kommt vor. Später fühlen sie sich ständig benachteiligt und gieren nach Belohnung (vgl. Pfeiffer und Lehmkuhl 2003). Zahlreiche Grenzfälle erschweren die jeweilige Zuordnung.

3.5 Entwicklung von Ich und Selbst im emotionalen Bewusstsein

Auf die Gefahr hin, mich zu wiederholen, aber wegen der großen Bedeutung der Fakten für das Verständnis der nachfolgenden Ausführungen möchte ich einige Zusammenhänge noch einmal in gebotener Kürze rekapitulieren, um von dort in der Besprechung der Selbstentwicklung fortzufahren.

Die Verringerung der angeborenen negativen Daseinsgefühle wie Unheimlichkeit und Angst und die Vermehrung der positiven Gefühle wie Glück oder Freude in der „kontingenten, interaktionären Dynamik", sowie eine über die Bindung hinaus-gehende, willentliche Selbstkontrolle sind das Ziel emotional integrativer Vorgänge. Es ist die Umwandlung eines Großteils des Säuglings-Gefühlsspektrums von nega-tiv nach positiv im Kontext eines einfühlsamen, geduldigen und verständnisvollen Handelns der dyadisch verbundenen, primären Bezugsperson, die den **entschei-dungsmächtigen, kindlichen Wille** formt. Über die Stufe des Drangs hinweg ebnet er den Weg zum selbst erkennenden Ich, dem geistigen Ich im Gegensatz zum Körper-Ich. Das ist kurz zusammengefasst der Verlauf der emotionalen Integ-ration in der Säuglingszeit.

Parallel dazu wächst die kognitive Entwicklung über die den Erkenntnis- und Wis-senszuwachs speichernden, neuronalen Bahnen und Netzwerke. Durch das Begrei-fen und Verstehen der Dinge und der Vorgänge um sich herum schält sich das Kleinkind aus der totalen geistigen und körperlichen Abhängigkeit in der Leih-Selbst-Position heraus und entwickelt sich fort zur „Individuation" und Selbst-Autonomie (Mahler, Gergely, Fornagy s.o.). Dabei muss sich zwangsläufig die pri-märe Bindung lösen und schließlich auf neue Strukturen einlassen (Triade), damit der Säugling sein wahres personales Getrenntsein von der Mutter im reflexiven Bewusstsein erleben kann. Das ist der inhaltliche Kern der Bindungstheorie, so wie ich sie hier verstehe.

Ich und Selbst vereinigen sich etwa in der Mitte des zweiten Lebensjahres zu einer „geistig-emotionalen Zelle", welche fortan zum Grundstein für die Persönlichkeits-entwicklung eines jeden Menschen wird (= Theorie der Selbstentstehung, s.u.).

Aus dieser Darstellung wird deutlich, wie wichtig die positive emotionale Integrati-on für den Säugling und das Kleinkind ist, denn von ihr hängt ab, wie stark sich der gelöste, entscheidungsmächtige Wille entfalten kann und wie stark und prägend das Ich im (zunehmend reflexiven, dem uns Erwachsenen bekannten) Bewusstsein aus-fällt. Aber nur ein solch starkes Ich kann sich auch ein nach außen, das heißt zur Gesellschaft hin ausgerichtetes, starkes Selbst erlauben. Anders ausgedrückt: Die Mutter-Kind-Dyade kann nur dann erfolgreich aufgelöst werden und neuen, indivi-duellen Sozialstrukturen Platz machen, wenn das Ich des Kleinkindes stark genug ist, sich ein stabiles Selbst zu „leisten".

Kinder, die dem entgegengesetzt stark geschwächt in ihrer emotionalen Integration aus der Säuglingszeit hervorgehen, verharren in einem überwiegend starren, drang-haften Willen und bauen ein entsprechend schwaches Ich und demzufolge auch ein geschwächtes Selbst auf. Dies macht es wiederum schwerer für die Kinder, sich er-folgreich aus der primären Bindung zu lösen und in die Loslösung überzugehen. In dieser Abfolge besteht also eine negative Rückkopplung. Da aber jedes Kind von

Natur aus darauf angelegt ist, sich aus der primären Bindung zu lösen und zu einem autonomen Selbst zu finden, wird es diesen Loslösungsprozess nun gleichsam im Nachhinein mit aller Kraft und ihm zur Verfügung stehenden Macht durchzusetzen versuchen, es sei denn, es ist inzwischen psychisch dermaßen geschwächt, dass es diese Kräfte gar nicht mehr aufbringen kann (als psychische Krankheit definiert mit frühkindlicher Deprivation und/oder Depression, s.o.).

Jedes andere Kind aber, das noch ausreichend Kräfte in sich spürt, und das ist der gewöhnliche Fall, wird die „verschärfte Loslösung" mit ansteigender Wut und fortgesetztem Widerstand, und demzufolge auch mit äußerst starkem Trotz zu bewältigen versuchen. Wenn es nötig erscheint, wird es unter Hinzunahme des jetzt aufkommenden Aggressionstriebs trotzen. Die Spannung zwischen Eltern und Kind wächst verständlicherweise dabei um etliche Grade an. Eine Charakteranlage zu stark impulsiver Wut kommt auf diese Weise erst richtig zur Ausprägung und kann das ganze Geschehen noch weiter aufheizen. Kinder mit geringer Impulsivität und schwach veranlagter Aggression gehen dagegen in den sozialen Rückzug, werden anhänglich bis zur Anklammerung und wirken oft traurig-depressiv.

Ein großes Maß an schlechten Gefühlen wird – ob stärker aggressiv oder depressiv reagierend – bereits der Verdrängung unterworfen worden sein, weil auch schon die Wut des Säuglings häufig ins Leere laufen musste oder mit hohem Einsatz elterlicher Macht unterdrückt wurde. Nach tiefenpsychologischen Vorstellungen ist das Unterbewusstsein in seiner weiter oben definierten Form bereits stark belastet.

Wenn man einen ungefähren Zeitpunkt für den insgesamt phasenhaften Verlauf der Selbstentstehung festlegen wollte, dann müsste man jenen Zeitpunkt finden, an welchem dem Kleinkind plötzlich klar wird, dass es ganz allein und auf sich gestellt in der Welt existieren muss. Es gibt einen sicheren Hinweis darauf, wann das Kind diesen Bewusstseinsprozess vollzieht. Dieser Hinweis ergibt sich aus dem veränderten Verhalten des Kindes vor dem Spiegel, das **Spiegelparadigma**. Bis ungefähr eineinhalb Jahre reagiert ein Kind regelmäßig freundlich und lachend bei der Betrachtung seines Spiegelbildes, wobei die Freude sowohl dem potenziellen Spielkameraden auch dem Erkennen der Mutter gilt, die diesen auf dem Arm trägt oder die neben ihm steht. Das heißt, auch die Feststellung der doppelten Anwesenheit der Mutter (real und Spiegelbild) irritiert das Kind noch nicht besonders. Manche Kinder fühlen sich allerdings bemüßigt, hinter den Spiegel zu schauen, als sei dieser eine Art Fenster.

Mit eineinhalb Jahren ändert sich das Verhalten signifikant. Plötzlich reagiert das Kind irritiert und verschämt auf die Begegnung mit seinem Spiegelbild und auf die Konfrontation mit seinem eigenen Antlitz. Es drückt sich in den Arm seiner Mutter und guckt auch diese erstaunt an, weil sie auf einmal doppelt erscheint. Tupft man dem Kind unbemerkt einen roten Puderfleck auf die Nase, ist es bestrebt, diesen Fleck auf seiner eigenen, tatsächlichen Nase anzufassen und abzureiben (Rouge-Test). Ist die Anfangsphase der Unsicherheit überwunden, gefallen sich viele Kinder darin, vor dem Spiel Grimassen zu ziehen. Martin Dornes beschreibt in seinem bereits erwähnten Buch „Die emotionale Welt des Kindes" diesen entscheidenden Vorgang in der frühkindlichen Entwicklung sehr ausführlich und bezieht sich dazu auf die Forschungsergebnisse zur frühen geistigen Entwicklung des Kindes von Doris Bischof-Köhler (1989).

Das Kind vollzieht in diesem Moment den letzten Schritt zur Erkennung seines persönlichen Aussehens und zur selbst gefühlten Körperlichkeit als seiner wahren, individuellen Existenz. Dafür muss es nun die Vorstellung von einer gemeinsamen Existenz mit der Mutter in der Mutter-Kind-Dyade endgültig aufgeben, was bei ängstlichen sowie unsicher gebundenen Kindern häufig mit einer vorübergehend wieder stärker werdenden Anhänglichkeit verbunden ist. Ich sehe in diesem bedeutsamen Vorgang, den manche Mutter als Rückfall in die Anhänglichkeit empfindet, eine gewisse Deckungsgleichheit mit der „Wiederannäherungskrise", wie sie von Margaret Mahler schon beschrieben worden ist.

Die Gedanken einer Zweisamkeit von Mutter und Ich-Selbst sind natürlich nicht sofort fertig, sondern müssen im weiteren Verlauf spielerisch immer wieder neu eingeschliffen werden. Dieses Spiel heißt: „wo ist meine Nase, Augen, Mund etc., wo ist Mamas/Papas bzw. deine Nase usw.?" Auch auf sprachlicher Ebene wird dieser geistige Schritt zuweilen evident, und zwar in der Form, dass die Ansprache der Mutter mit „Mama" vorläufig gemieden wird, und auf die Frage: „Wo ist deine Mama" nur ein verlegenes Lächeln erscheint. Solche Kinder haben offensichtlich noch ein letztes Loslösungsproblem. Mütter reagieren oft stark irritiert, wenn sie ihr Kind scheinbar nicht mehr erkennen will. Den Eindruck einer Störung in der Identifizierung der Mutter, aber auch des eigenen Selbst verstärkt der bereits erwähnte, vorübergehende „Rückzieher" in der Selbstständigkeitsentwicklung mit wieder erwachender Anhänglichkeit.

Um die Darstellung der Selbstentwicklung auf den Grundlagen der klassischen Psychoanalyse und nicht auf der Basis der damals als „abweichlerisch" angesehenen Bindungstheorie haben sich neben vielen anderen Autoren zwei Psychoanalytiker verdient gemacht. Ich beziehe mich dabei auf Heinz Kohut und Otto F. Kernberg (s.u.). Beide Analytiker begegnen sich in der Vorstellung, das Selbst eines Menschen müsse zwei Empfindungsstränge in Bezug auf die eigene Persönlichkeit in sich vereinigen, einen positiven, das Selbst stärkenden und einen negativen, das Selbst in

Frage stellenden. Letzterer wird im eigenen Inneren nur ungern erlebt, muss jedoch zugelassen und integriert werden. In der tiefenpsychologischen Deutung der beiden Autoren entwickelt sich das Selbst demzufolge aus zwei geteilten Ursprungssträngen, um schließlich der einheitlichen Eigen-Wahrnehmung entgegen zu gehen. Aus der Psychoanalyse stammt der Begriff **Kohärenz** für dieses einheitliche Selbst. Auf derselben Grundkonzeption basiert auch die hier dargestellte Selbstentwicklung.

An dieser Stelle soll noch einmal in Erinnerung gerufen werden, dass die kognitiv ausgerichtete Entwicklungspsychologie, wie sie von Gergely und Fornagy vertreten wird, und wie sie letztlich auch Stern vertritt, schon sehr viel früher ein kohärentes Selbst dem Säugling und Kleinkind bescheinigt. Diese Ansicht wird abgeleitet aus Untersuchungsergebnissen, die darauf schließen lassen, dass Brüche und Inkongruenzen in der affektiven Übereinstimmung zwischen Säugling und Mutter oder Vater auf dem Boden der differenziellen Kontingenzerkenntnis (s.o.) bereits im ersten Lebensjahr dazu führen, eigene, „differente Abbildungen affektiver Wahrnehmungen" im Gehirn zu erzeugen. Diese, so ihre Auffassung, lassen die geistigmentale Vorstellung im Gehirn des Säuglings zu, ein von der Bezugsperson losgelöstes, selbstständiges Wesen zu sein. Diese Auffassung ändert nichts Entscheidendes an den Grundsätzen der Loslösungstheorie. Der Faktor Nichtübereinstimmung der Affekte oder Affektinterferenz als Motor für die Selbstentwicklung spielt in der einen wie der anderen Konzeption eine wesentliche Rolle.

Ein in sich kohärentes Selbst schon im ersten Lebensjahr schriebe allerdings dem Säugling meines Erachtens einen zu hohen Grad von geistigen Fähigkeiten zu und damit zugleich auch eine zu große Verantwortung für sein Reagieren und Handeln (s.o.). Außerdem gerieten dadurch dyadische Elemente und die Leih-Selbst-Struktur in der Primärbeziehung ins Wanken. Im Rahmen der Besprechung der Affektregulation und der Selbstregulation an späterer Stelle wird diese Frage noch einmal besonderes Gewicht erhalten.

Lässt man alle kognitionswissenschaftliche und psychoanalytische Theorie beiseite und bedient sich nur der Erkenntnistheorie, gelangt man zu dem Ergebnis, dass das Selbst eines Menschen nichts als seine auf sein Dasein bezogene Objektvorstellung ist. Das heißt im Speziellen, dass das Selbst die objektive Empfindung eines Gefühls und einer Wahrnehmung ist, die uns Menschen erkennen lässt, als eigenständige und persönliche Wesen in dieser Welt zu existieren. Damit wird das Selbst aber zugleich auch Subjekt, da es der sich vorstellende und vorgestellte Teil in einer Person zugleich ist. **Selbst ist demnach die Subjekt-Objekt-Vereinigung der eigenen Person im Dasein.** Mit der Empfindung des autonomen Selbst wird der

Mensch zu einem subjektiv erlebenden und handelnden Wesen. Mit diesem Bewusstseinsschritt enden die Vorzeichen der Mutter-Kind-Dyade endgültig.

Bei diesem Schritt handelt es sich aber nicht nur um einen erkenntnistheoretischen Fortschritt, sondern zugleich auch um ein entwicklungspsychologisches Phänomen. Das Kind beginnt verantwortlich für sein Handeln zu werden, wenn auch zunächst nur auf dem niedrigen Niveau der verursachenden Urheberschaft. Und jetzt beginnt auch die Lebenszeit, in der man entwicklungspsychologisch – zunächst noch in Ansätzen – von einer Persönlichkeit des Kindes sprechen kann.

Dazu muss um der korrekten natur- und geisteswissenschaftlichen Einordnung willen angefügt werden, dass in der von mir hier vorgetragenen Vorstellung über die menschliche Persönlichkeit das Ich-Selbst ebenso wie alle seelisch wahrgenommenen Gefühle untrennbarer Bestandteil des Organs Gehirn sind und nicht eine Art Aura, die den Menschen umgibt oder ihm aus nicht mehr menschlicher Sphäre vergeben wird (Leib-Seele-Phänomen/Monismus, s.o.).

3.6 Die Entstehung des Selbst und frühe positive und negative Attribute

Ich möchte mich mit der Philosophie des Selbst jetzt noch ein wenig genauer befassen, dabei aber wieder konkret auf die Psychologie der Säuglinge und Kleinkinder zu sprechen kommen. Im ersten Lebensjahr zeigen Säuglinge zwar auch schon ganz persönliche Wesenszüge, aber von einer Persönlichkeit im eigentlichen Sinne zu sprechen, wäre verfrüht. Solche persönlichen Wesenszüge basieren in der Hauptsache auf den genetisch vorgegebenen und damit angeborenen Charakteranlagen und dem dabei feststellbaren Temperament. Es gibt Säuglinge, die sind eher träge, ruhig, vielleicht etwas verschlafen, und machen nur spärliche Kontaktangebote an die Mutter oder andere, mit ihm in Beziehung tretende Personen. Das wird von manchen Müttern beklagt. Man hat das Gefühl, dieser Säugling sei mit sich allein und der Welt zufrieden. Der gegenteilige Typ ist der lebhafte, zugleich etwas unruhige Säugling, der ständig mit Armen und Beinen rudert und früh versucht, sich zu drehen oder sogar gleich auf dem Rücken vorwärts zu kommen. Seine indirekten und direkten Kontaktangebote an die die Mutter, die Bezugspersonen und die Umwelt sind in der Regel zahlreich und sehr viel differenzierter. Solche Lebhaftigkeit wird von den Eltern manchmal ebenso beklagt.

Es gibt Säuglinge von ausgesprochen charmantem Wesen mit ausdrucksreicher Mimik und vielen Gebärden und solche, welche in sich versunken wirken und scheinbar desinteressiert an der Welt. Als Beobachter sollte man solche Typisierungen aber nicht zu schematisch betreiben, wie einst in der klassischen Typen- und Charakterlehre, und man sollte sie vor allen Dingen nicht mit einer Bewertung verbinden. Die Beobachtung dient nur dazu, das anfangs eher grobe Raster von Charaktermerkmalen eines Kindes von der zunehmend ausdifferenzierten Persönlichkeitsstruktur im Laufe der Kindheit zu unterscheiden und eventuelle Grundmuster frühzeitig zu erkennen, um darauf adäquat reagieren zu können. Mit den Mechanismen der Ausdifferenzierung der Charakteranlagen möchte ich mich jetzt befassen.

Das Wesen eines Menschen und seine Persönlichkeit sollen in meiner Vorstellung in seinem Selbst begründet liegen. Also muss ich mich mit der Entstehung und Entwicklung des menschlichen Selbst befassen. Die Schwierigkeit liegt darin, dass kein Mensch ganz genau weiß, was er sich unter dem Selbst im Allgemeinen oder seinem eigenen Selbst im Speziellen vorzustellen hat. Die verschiedenen Grundgefühle, die ich hier als kennzeichnend für den Lebensanfang beschrieben habe, wie Unheimlichkeit und Angst oder Zufriedenheit und Glück waren ja noch, wenn auch aus der Erwachsenensicht, verständlich und nachvollziehbar; und was Bindung im menschlichen Leben bedeutet, kann sich auch jeder Erwachsene noch gut vorstellen. Aber das Selbst ist in gewisser Weise jedem Menschen ein Rätsel. Es kommt automatisch und ist einfach da, wie das Daseinsgefühl auch. Es bleibt lebenslang nahezu unverändert bestehen und zeichnet sich durch keine besondere Gefühlsqualität aus, außer durch das ebenso schwer hinterfragbare Empfinden des Ichs. Am ehesten wird einem jeden das Selbst noch bewusst, wenn es zu versagen scheint, wie z.B. in Prüfungssituationen oder bei einer Rede vor größerem Publikum.

Bisher habe ich in den vorigen Kapiteln über das Selbst eines Menschen Folgendes formuliert: Sein Ursprung liegt in der Leih-Selbst-Situation und der Mutter-Kind-Dyade. Dieser Zustand der Unselbstständigkeit kann nicht bestehen bleiben, wenn sich eine eigene Persönlichkeit entwickeln soll. Durch die emotionale Integration, das heißt durch den Wandel von schlechten, negativen Grundgefühlen in gute, positive Gemeinschaftsgefühle im Verbund mit der Mutter oder einer sie ersetzenden, Bezugsperson entsteht Schritt für Schritt im als „eigen" empfundenen Willen des Kleinkindes das Ichgefühl, welches nun das autonome, das heißt das persönliche Selbst, aus der Leih-Selbst-Situation herauslöst. Der Vorgang der Ichfindung und die Herauslösung des Selbst aus der Leih-Selbst-Position sind mit einer hohen interaktionären Dynamik verbunden. Erscheinungen von Widerstand und Verweigerung kennzeichnen jetzt das Mutter-Kind-Verhältnis. Im Kind regieren hochgradig ambivalente Gefühle von Aufbruch und Anhänglichkeit (Ambitendenz, s.o.).

Im Alter von etwa eineinhalb Jahren erreichen Ichgefühl und autonom werdendes Selbst in der inneren Wahrnehmung des Kindes eine Übereinstimmung der personellen Konturen (s.o.), so dass ab jetzt von einer **Identität** im Kind gesprochen werden kann. Über die gleichzeitig auftretende, veränderte Selbstwahrnehmung des Kindes vor dem Spiegel hatte ich anhand der Untersuchungen von Doris Bischof-Köhler gesprochen.

Fortan muss man in der Definition der „ersten Person", ich hatte es bereits angedeutet, Ich und Selbst als die zwei Seiten ein und derselben Medaille bezeichnen, welche gemeinsam die Basis der Persönlichkeit bilden. Verglichen mit einer Zelle entspräche das Ich dem Zellkern und das Selbst dem zugehörigen Zellkörper bzw. Zellplasma, beide eingehüllt von ihren Membranen. Die Membran des Selbst richtete sich anders als die des Ichs nach außen zur sozialen Abgrenzung gegen die anderen Menschen und die Gemeinschaft. Sie sicherte dadurch die Individualität des Einzelnen ab in permanenter Verbundenheit mit den Anderen. Dadurch wäre das Selbst im Gegensatz zum Ich diejenige Seite der Persönlichkeit, die in der Gesellschaft zum Ausdruck kommt. Die Membran des Ichs hingegen bildete eine nur tief in der Persönlichkeit zu findende, ausschließlich bewusstseinsmäßige Trennung von Wahrnehmung der eigenen Identität und (Re-)Präsentation der Individualität. Auf dieser Separation des Selbst basierte die Empfindung des reifen **Subjekts**.

Entspricht die Entstehung des Selbst in Verbindung mit dem Ich tatsächlich den hier gemachten Ausführungen, muss ich fragen, welche innere und äußere Wahrnehmung im Säugling und Kleinkind im Einzelnen dazu beiträgt, einen solchen Weg aus der absoluten Abhängigkeit der Selbstempfindung im Leih-Selbst in die personelle Unabhängigkeit und Selbstständigkeit des Daseins einschlagen zu lassen. Getreu der bisherigen Unterteilung des anfänglichen Gefühlslebens von Menschen in negative und positive innere Erlebnisse, müsste ich auch im Zuge der Entwicklung des Selbst solche polarisierenden, emotionalen Gefühlselemente vorfinden.

Kohut schlägt in seiner Theorie über das Selbst vor, die positiven Elemente in der Selbstentstehung aus dem **positiven Elternbild** herzuleiten, was er das idealisierte **Eltern-Imago** nennt (Kohut 1999). Diese Vorstellung findet ihre Entsprechung in den entwicklungspsychologischen Begriffen der sicheren Bindung und gelingenden Loslösung. In der notwendigen Trennung des Kindes von seiner Mutter zur Verwirklichung des eigenen Selbst, dem entscheidenden Element der Loslösung, erkennt Kohut jedoch die Ansätze zu einer negativen Gegenansicht im entstehenden Selbst, welche durch die trennungsbedingt zunächst unvermeidlichen, realen Beschränkungen beim Kindes aufkommen. Das heißt konkret, dass im Moment der Zerstörung des mütterlich-kindlichen Bandes das nun auf sich selbst gestellt Kind bei aller Aufbruchstimmung automatisch einer Flut von selbstbegrenzenden Erfahrungen ausgesetzt ist, die es in seinem Inneren gleichsam mit einem „Minuszeichen" versieht. Erstens erlebt sich das Kind in vieler Hinsicht als unzulänglich und den Anforderungen der Welt nicht richtig gewachsen. Zweitens muss es sich von der geliebten Mutter wegbewegen, was unvermeidbar Angst und Trennungsschmerz hervorruft. Das deckt sich mit den Erfahrungen über das Verhalten der Kleinkinder in dieser Entwicklungsphase. Ich denke dabei auch an die vielen Misserfolge im Umgang mit den häuslichen Gebrauchsgegenständen oder an die fehlerhaften Handlungen bei der Erforschung der Vorgänge in der Wirklichkeit. Gemeint ist alles das, was man gewöhnlich mit der „Tücke des Objekts" zusammenfasst. Aber auch im kommunikativen Umgang mit den Mitmenschen gibt es in dieser Altersphase reichlich Grund, mit seinem Verhalten „daneben zu liegen" und Unmut auszulösen. Die Kritik folgt auf dem Fuße. Auf die grundsätzliche Problematik des Trennungsprozesses bin ich weiter oben bei der Besprechung der Anhänglichkeit schon ausführlich eingegangen.

Fortan muss das Kind sich vermittels seiner idealisierten Elternrepräsentation im Inneren gegen diese Beschränkungen und Begrenzungen durch seine reale Lebensumwelt behaupten. Auf diese Weise konkurrieren also in der inneren Welt des Kindes folgerichtig zwei Entwicklungsstränge, einer von guten Empfindungen im eigenen Festhalten an der verinnerlichten Mutter-(Vater-)Kind-Bindung und dem Aufbruch an sich und einer von schlechten im weitgehend unbeeinflussbaren Erleben des in all seiner Unvollkommenheit jetzt auf sich selbst gestellten (getrennten) Selbst. Wie weiter oben bereits ausgeführt, stehen hier die Begriffe „gut" und „schlecht" rein symbolisch für positives und negatives Selbsterleben.

Die negative Sichtweise des Selbst setzt sich demzufolge zusammen erstens aus den eigenen schmerzlichen Empfindungen bei der Loslösung und Trennung aus der Mutter-Kind-Dyade und zweitens aus jenen von fremd zugefügten, begrenzenden Erfahrungen aus der realen Umwelt. Gemeint sind damit, wie schon angedeutet, die üblichen Missgeschicke und Pannen des Kleinkindes in der Aneignung seiner Umwelt. Aber auch Kritik und Ablehnung seitens der wichtigen Bezugspersonen gehen darin zur Genüge ein. Ich werde bei der „Attribuierung des Selbst" auf diesen heiklen Faktor zurückkommen. Für psychoanalytische Zwecke hat sich die Grundstruktur des (zweigeteilten) Selbst offenbar bereits als sehr fruchtbar erwiesen. Jetzt steht zur Debatte, ob sie auch für die Entwicklungspsychologie des Kleinkindes taugt. Ich meine ja.

In analoger Weise, um auch diesen Standpunkt noch besonders herauszustellen, sieht der Psychoanalytiker Otto F. Kernberg (1996) die Selbstentstehung des individuellen Menschen als eine Komposition aus zwei großen, grundlegend gegensätzlich gewerteten Kompartimenten, nämlich gut und schlecht oder gut und böse. In seiner Vorstellung ersetzen allerdings unmittelbar fördernde und hemmende Einflüsse aus der Lebensumwelt die Begriffe von positivem Eltern-Imago und negativ erlebter Trennung und Loslösung aus der Mutter-Kind-Dyade. Diese realen Umwelteinflüsse kommen denn automatisch bei der Entfaltung der eigenen Persönlichkeit zustande und rühren her sowohl aus der bisher entstandenen fiktiven Erinnerungswelt als auch aus den tatsächlichen Erlebnissen in der momentanen Lebensumwelt. Es handelt sich dabei sowohl um Selbst- als auch um Objektrepräsentanzen, das heißt um Selbstvorstellungen im Daseinserleben und verinnerlichte Beziehungserlebnisse, wie er es nennt, welche er in ideale und reale aufspaltet. Die idealen Beziehungserlebnisse stärken die Selbstbewertung und werden vorzugsweise aktiv vermehrt, sofern es die Lebensumwelt gestattet; die realen werden, soweit unvermeidbar, in diesem Prozess als schicksalhaft hingenommen. In der Ausbalancierung dieser zwei „Kammern" aus irrealer und realer Selbstbewertung entwickelt sich laut Kernberg nun das gesunde Selbst. Auch die potenziell abwertenden, schlechten/bösen Repräsentanzen im Selbst finden ihre Berücksichtigung und werden im Falle einer gesunden Entwicklung nicht verdrängt.

Beide Modelle entspringen der Psychoanalyse und Psychotherapie und leisten dort wertvolle Dienste in der Erkenntnis und Interpretation pathologischer Persönlichkeitsstrukturen. Aber auch für den Normalfall der Selbstentwicklung geben sie ein wertvolles Grundgerüst ab. Daher möchte ich ganz pragmatisch festhalten, welche Eigenschaften, ich nenne sie jetzt **Attribute** (manche Entwicklungspsychologen sagen auch **Attributionen**), das kindliche Selbst (und das bleibt nicht auf das Kindesalter beschränkt) auf der positiven Seite verzeichnet, und welche auf der negativen. Der Begriff Eigenschaften oder Attribute ersetzt im laufenden Text in etwa die Formulierung der verinnerlichten Subjekt- und Objektrepräsentanzen bei Otto F. Kernberg (s.o.). Diese Gegenüberstellung ergibt gleichzeitig einen guten Überblick über all die erwünschten und unerwünschten Verhaltensweisen ihrer Eltern seitens der kleinen Kinder:

Positiv gewertet werden:

z.B. innere Ausgeglichenheit, Harmonie, eigene Wertschätzung, Lust, Motivation, Kraft und Macht in der **Innenwelt**.

Höherer Rang, gute Wirkung auf die Anderen, Anerkennung, Besitz (ohne Wertvorstellung), Erfolg, Können und gutes Aussehen in der **Außenwelt** und im sozialen Umfeld. Immer wichtiger wird gleichzeitig die sichere geschlechtliche Identifikation.

Negativ gewertet werden:

z.B. große Unausgeglichenheit, Disharmonie, Entwertung, Unlust, Demotivation, Schwäche, Ohnmacht und Fehler in der **Innenwelt**.

Ständige Kritik, Herabwürdigung, Demütigung und Spott, Unterlegenheit, Wirkungs- und Erfolglosigkeit, Unvermögen und Versagen, häufige (oder harte) Strafen sowie Besitzlosigkeit in der **Außenwelt**, resp. dem sozialen Umfeld. Unsichere geschlechtliche Identifikation.

Tabelle 4: Wertungen des Selbst

Unmittelbar verständlich wird aus dieser Aufzählung heraus das Bestreben eines jeden Kindes, ja sein Ringen darum, die Positivskala ständig nach oben zu bewegen und solche Attribute zu vermehren, um zugleich den Eigenschaften der Negativskala zu entkommen. Das Kind beginnt eine Jagd auf günstige Selbstbewertung. Hierzu sind laut Kohut und anderen Psychoanalytikern auch all jene Erfahrungen von wesentlicher Bedeutung, die das Kind im ersten Lebensjahr im Rahmen der Mutter-Kind-Dyade gemacht hat (positives Elternimago, s.o.).

a) Sind diese überwiegend gut gewesen und innerlich positiv zu gewichten (einfühlsames Elternverhalten, prompte Bedürfnisbefriedigung usw.), ist die Ausgangsbasis für eine fortgesetzt positive Attributierung günstig. Schon allein dafür war die einfühlsame Behandlung des in mancher Hinsicht vielleicht schwierigen Säuglings durch die Mutter oder eine andere Bezugsperson wichtig. Und dafür steht letztendlich auch die sichere Bindung. Gleichermaßen bedeutsam wird dann im zweiten Lebensjahr die gelingende Loslösung unter gutem, väterlichem Vorbild, sowie in der verständnisvollen Begleitung durch die Eltern und die sonstigen Bezugspersonen. Eine typische Verhaltensweise des Kindes in dieser Phase ist sein Anspruch, immer alles „selber machen" zu wollen und damit seine beginnende Selbstständigkeit unter Beweis zu stellen. Das Kind ist auch hier auf der Suche nach positiven Attributen. An diesem Bestreben sollte ein Kind möglichst nicht gehindert werden.

b) Sind die Grunderfahrungen in der Mutter-Kind-Dyade jedoch überwiegend ungünstig und für den Säugling belastend gewesen, somit also von ihm in seinem Inneren negativ gewichtet (z.b. grundsätzliches Erzwingen eines Bedürfnisaufschubs, häufige Nichtbeachtung und Schreienlassen usw.), dann sind die Voraussetzungen für die weitere Attributierung eher ungünstig. Denn die negative Bewertung ist zu diesem Zeitpunkt bereits in der Selbstsicht des Kleinkindes verankert („Eltern-Imago") und seine oft mit schwierigem Temperament ausgestattete Seele wird sich vor allem bei unveränderter Elternposition auch weiterhin schlecht ausfallende Urteile einhandeln. Eine solche Entwicklung ist weitgehend deckungsgleich mit den Formen der unsicheren Bindung. Wie bereits erklärt, schließt sich an eine Entwicklung dieser Art fast immer auch eine erschwerte Loslösung an, die dann überwiegend stark, das heißt mit hohem aggressivem Einsatz ertrotzt wird. Es ist jetzt gut zu erkennen, wie sich alle besprochenen Details im entstehenden Selbst zusammenfügen.

c) In diesem Zusammenhang ist noch einmal der Faden zu jener Gefühlsempfindung aufzunehmen, die vom Kind als Traurigkeit wahrgenommen wird. Erst im Zuge der inneren Verwertung attributiver Selbstzuschreibung kann Traurigkeit als eine deutlich von anderen emotionalen Zuständen abzugrenzende Empfindung wahrgenommen werden. Ihr Gefühlscharakter steht dabei zunächst in Verbindung mit negativer Wertung. Interessanterweise kann Traurigkeit aber später eine positive Wendung in der Gefühlsempfindung bewirken und den Charakter von Bewältigung annehmen. Diese Entwicklung geht immer konkordant mit einer Aufwertung des Selbst.

In der Weiterentwicklung des Selbst stellen sich nun Interaktions- und Verhaltensmuster beim Kind ein (über das ständige „selber machen" hinaus), die eine positive Attributierung erreichen lassen sollen und eine negative vermindern. Gegenüber der Anfangsphase der Loslösung werden deren Inhalte aber zunehmend sachbezogen und das in einem ganz einfachen und konkreten Sinn. Jedes Ding, jeder Gegenstand wird jetzt mit „meins" etikettiert, meins als Ausdruck für den erklärten Besitz. Besitz an sich ergibt ein wichtiges, positives Attribut. Auf die Gefühlsebene gehoben, bedeutet dieses „meins" zugleich auch ersten erfahrenen Stolz. Dieser Stolz ergibt sich aus der wachsenden Fähigkeit des Kindes, im korrekten Umgang mit den Dingen seinen Erkenntnis- und Wissenszuwachs demonstrieren zu können. Bei der Behandlung von Stolz und Scham im nächsten Kapitel werde ich hierzu den Anschluss finden.

Das Selbst also unterwirft sich schließlich die gesamte frühkindliche Empfindungs-welt, um sie dann nach außen, den Mitmenschen im kindlichen Verhalten zu prä-sentieren. Aber das Selbst kann nur auf diese Weise operieren, wenn es sich mit dem im Willen entwickelten Ich zusammenschließt. In der Analyse der Selbstkon-struktion darf also das Ich nicht aus den Augen geraten. Es ist das Ich, das die ge-rade aufgeführten Selbstbestrebungen und die Integration der frühen Gefühle in der geschilderten Form vereinigt, während das Selbst das „einverleibte", positive Elternbild als Eindruck der primären Bindung dazu beiträgt. Letzteres ist jedoch nicht so zu verstehen, dass das Kleinkind das Verhalten seiner Eltern einfach in sich aufnimmt und kopiert, obwohl im Rahmen der frühkindlichen, spielerischen Imitationstendenz solche Nachahmungen durch die Funktion von Spiegelneuronen (s.o.) vorkommen. Vielmehr baut es all die frühen positiven, aber auch negativen Gefühlserlebnisse der primären Bindung auf eine höchst komplizierte Weise in das Neuronennetzwerk seines Selbsterlebens ein.

3.7 Trotzerscheinungen und Selbstbewusstsein

Nachdem ich zunächst überwiegend die Mechanismen der positiven Attributierung besprochen habe, möchte ich mich jetzt mit den Auswirkungen der potenziell ne-gativen Attribute beschäftigen. Damit befinde ich mich mitten im Geschehen des frühkindlichen Trotzes. Dabei möchte ich gleich am Anfang folgende grundsätzli-che Aussagen festhalten:

1. Negative Attribute sind in einer gewissen Anzahl unvermeidlich im frühkind-lichen Leben.

2. Der Trotz dient auf natürliche Weise der Entwicklung, Inszenierung und Verteidigung des werdenden Selbst. Er ist demonstrativer Ausdruck des Be-dürfnisses nach Selbstbestimmung und Selbstbehauptung. Zugleich mindert er die Angst vor dem Verlust an ersten Selbstanteilen.

Diese beiden Grundsätze werden in der weiteren Besprechung genauer erklärt. Trotz ist das wesentliche Element der Loslösung und kann, das ergibt sich aus den Grundlagen, streng genommen lebenslang in ähnlicher Form immer wieder auftre-ten, z.B. im Rahmen von Regressionen, aber auch in allen größeren Lebenskrisen. Eben diese entwicklungspsychologische Interpretation des Trotzes allen Eltern na-he zu bringen und verständlich zu machen, muss das besondere Anliegen der Kin-derpsychologie sein. Denn der Trotz oder das Trotzen („the trouble two" z.B. im Englischen) ist zusammen mit dem Schreien der Säuglinge und den Fütterungs-

und Schlafproblemen der Ein- bis Zweijährigen die größte Klippe im Aufziehen von Kindern bis zum Kindergarten- und Schulalter. Zugleich ist er auch der häufigste Grund für Kinderarztbesuche mit psychologischem Hintergrund in diesem Alter.

Wenn man in der Kinderpsychologie von Trotzverhalten spricht, sollte man sich zunächst einmal Folgendes vor Augen halten: Das Kind, das widerständlerisch trotzt, aber auch dasjenige, das gefühlsbetont zärtlich auftritt, präsentiert – mutig – sein Selbst und demonstriert seine bisher erworbenen Selbstanteile. Daraus leitet sich in ihm aber die grundsätzliche Angst ab, bei diesen ersten Schritten der Selbstdarstellung in der Gemeinschaft zu scheitern. Das macht das Kind so verletzlich der Eltern- und Erziehermacht gegenüber.

Dem großen Risiko, dass dabei auch das gerade entsprungene Ich beschädigt werden könnte, hat die Natur allerdings vorgebaut durch die Tatsache, dass das Ich geschützt vom Selbst im Persönlichkeitskern liegt und im Normalfall unangetastet und damit ungefährdet bleibt. Diese Unterscheidung von Ich und Selbst ist jetzt möglich und auch nötig, nachdem das Selbstentstehungskonzept besprochen worden ist. Dieser Faktor ist keineswegs ohne Bedeutung, denn wenn man als Erwachsener auf die sich selbst inszenierenden Verhaltensweisen des Kindes bestärkend oder einschränkend reagiert, greift man auf das kindliche Selbst zu als jenem Teil der Persönlichkeit, der dazu der Gesellschaft zugewandt ist und im Prinzip wandelbar. Somit betreffen die Wirkungen des pädagogischen Eingreifens „nur" das Selbst des Kindes und nicht sein Ich, wodurch gesichert bleibt, dass die Integrität der Persönlichkeit – im Normalfall – unverletzt aus allem hervorgeht. Das berechtigt aber nicht zu unüberlegten Erziehungsmaßnahmen. Eine Verletzung des Ichs, wie es im Rahmen von harten Strafen oder schwerer Misshandlung geschieht, könnte hingegen zu schweren psychischen Störungen führen!

Beim Trotzen, das man kinderpsychologisch als klarste kindliche Äußerung zur Loslösung aus der Mutter-Kind-Dyade versteht, kommt beim Menschen jetzt (wenigstens in Ansätzen) ein angeborener Trieb zur Geltung, der **Aggressionstrieb**. Es hat meines Erachtens keinen Sinn, zu einem früheren Zeitpunkt vom Auftreten der Aggression zu sprechen, weil die in der Säuglings- und frühen Kleinkindphase verwendeten, emotional-affektiven Beschreibungen Wut und Widerstand viel besser und genauer das wiedergeben, worum es im Sozialverhalten auf dieser Entwicklungsstufe geht.

Aggression ist dagegen ein Trieb im eigentlichen Sinn (s.u.) und dient dem strategischen Schutz der eigenen Person, z.B. der Unantastbarkeit der gerade erworbenen Identität und Individualität, was eine ganz andere Aufgabenstellung in der sozialen

Auseinandersetzung beinhaltet, als jene, die man in der Gesellschaft der Aggression gewöhnlich zuschreibt. Der Trotz ist nicht immer mit aggressivem Gebaren des Kleinkindes verbunden. Die Aggression zum jetzigen Zeitpunkt wird nur dann zur Verstärkung der Auflehnung gegen selbst-eingrenzende Maßnahmen durch die Eltern eingesetzt, wenn frühe selbstregulative Fähigkeiten an der elterlichen und erzieherischen Macht zerbrechen. Je nach Charakteranlagen und Temperament geschieht das in stark unterschiedlicher Ausprägung.

Welche ursächlichen Formen des Trotzes sind Eltern und Erzieher(inne)n nun geläufig? Zwei Formen sind augenfällig, nämlich der Trotz gegen die Elternmacht und der Trotz gegen die Allmacht der Natur, in diesem Zusammenhang gemeint als die Natur im Menschen. Einschließen hierbei möchte ich aber noch die Rivalitätsproblematik, die nicht unbedingt dem Trotz zuzuordnen ist, die aber ein ständiges Konfliktthema mit trotzig aggressiven Entladungen in den Kinderzimmern darstellt.

3.7.1 Die Elternmacht

Ich wende mich nun der ersten Konstellation zu, die den Eltern am geläufigsten ist und die ihnen zugleich auch am meisten „gegen den Strich geht". Darstellen möchte ich das Problem zunächst an einem konkreten Beispiel:

3. Fallgeschichte

Man hat als Eltern alles so schön geplant, der Ausflug ist vorbereitet, das Auto gepackt und nun sollen alle einsteigen, damit die Familie losfahren kann. Aber plötzlich überlegt es sich der zweieinhalbjährige Peter anders und weigert sich mitzukommen. Die Eltern reden zunächst freundlich auf ihn ein, locken ihn mit Versprechungen, die Mutter schiebt ihn ein wenig in Richtung Auto und will ihn zum Einsteigen bewegen. Er aber zieht beharrlich in die andere Richtung. Schließlich hilft alles nicht, der Junge bleibt „stur wie ein Esel". Die Eltern verstehen es nicht. Wieso macht er das, wo doch alles so schön in die Wege geleitet ist? Er müsste doch Lust haben mitzukommen. Er müsste! Offenbar hat er sie aber nicht. Die Eltern können nicht herausfinden, warum das so ist. Sie beißen bei ihm, wie schon viele andere Male zuvor, auf Granit. Peter ist eben manchmal ein „sturer Bock", sagen sie. Nun tut man ihm „Gewalt" an, sanfte Gewalt und versucht ihn ins Auto zu heben. Es kann doch nicht alles (?) nach seinem Kopf gehen! Er wehrt sich, fängt an zu strampeln, zu schreien, er schlägt seine Eltern, versucht zu beißen. Entsetzt lässt ihn seine Mutter wieder los. Er stürzt hin, tut sich weh, fängt noch lauter an zu schreien, rennt ins Haus zurück. Jetzt soll der Vater ein Machtwort sprechen. Er läuft hinterher und im Haus knallen Türen. Aus dem Kinderzimmer ertönt martialisches Kindergeschrei. Man hört auch die lauter und lauter werdende Stimme des Vaters.

Möglicher Fortgang der Geschichte: Im besten Fall verlässt der Vater wutschnaubend das Zimmer und lässt seinen kleinen Sohn weiter toben. Dabei fliegen ein paar Spielsachen an die Wand und ein neues Plastikauto geht zu Bruch. Die Gebäude aus Holzklötzen der letzten Tage, auf die Peter so stolz war, stürzen unter seinen harschen Fußtritten in sich zusammen. Dann wird es ruhig, eine geraume Zeit herrscht Schweigen. Plötzlich steht Peter wieder auf der Haustürschwelle. Seine Gesichtszüge sind entspannt. Er kuschelt sich bei seiner Mutter in den Arm, erklärt, wieder lieb sein zu wollen. Die Fahrt kann beginnen.

Zunächst möchte ich noch nicht besprechen, wie man mit Trotzanfällen am besten umgeht. Ich meine, erst einmal sollte der Versuch unternommen werden, sie überhaupt zu verstehen. Bei dieser Analyse ist es im ersten Schritt wichtig, den jeweiligen Anlass für den Trotz zu erkennen. Dieser Anlass darf aber nicht überbewertet werden, denn er ist im Prinzip austauschbar. Es geht beim Trotz nicht so sehr um die Sache, als vielmehr um das Prinzip. Allerdings wiederholen sich dieselben oder ganz ähnlich gelagerte Anlässe, und das ist der Schlüssel zu Gesamtverständnis. Eine Erklärung des Trotzes geht jedoch noch tiefer.

Im Endeffekt, und das ist die Erklärung, geht es beim Trotzen immer um **Bestimmungsmacht** sowie um die kindliche Demonstration des erwachenden Selbst. Der Inhalt des Geschehens ist nicht mehr als das Mittel zum Zweck. Weil sich aber Machtkonflikte immer in denselben Ereigniskonstellationen abspielen, kann man relativ präzise voraussagen, wann ein Trotzanfall auftreten wird. Darüber hinaus spielt auch noch die Laune des Kindes eine wesentliche Rolle. Ein übermüdetes, an sich schon gereiztes Kind unterliegt viel leichter einer Trotzreaktion, als ein gut gelauntes und ausgeschlafenes. Labile Stimmungen sind äußerst Trotz-fördernd.

Bestimmungsmacht ist eine positiv zu wertende Errungenschaft des Selbstgefühls, welches die vom Kind angestrebte Autonomie bezeugt und fortan unterstützt. Das Kind will in dieser Phase auf Biegen und Brechen alles „selber machen" und selber festlegen. Ich erwähnte diese alterstypische Erscheinung bereits weiter oben im Rahmen des frühen Widerstandes. Das Bedürfnis zu bestimmen wird dem Alter entsprechend jetzt auch verbalisiert und taktisch ausgetragen. Dabei entscheidet das Kind einmal mehr ganz nach eigenem Gutdünken, bzw. nach Lust und Laune, wie es die tatsächliche Ausführung realisieren möchte. Gerade diese Willkür erschwert den Eltern die Akzeptanz solcher frühen Entscheidungsprozesse.

Wird die frisch erworbene Macht nun durch eine größere Macht, im gewöhnlichen Fall die autoritäre Macht der Eltern, gebrochen, droht dem Kind ein Selbstwertverlust, welcher ein nicht unwesentliches Quantum der weiter oben erwähnten positiven Selbstattribute ins Negative verkehrt. Das Kind trotzt, wenn oder weil es seinen Willen nicht bekommt. Eine solche Einschränkung kann ein Kind in dieser Phase, in der es sich noch längst nicht durch Vernunft – aus Gründen des noch unzureichenden geistigen Fortschritts – selbst kontrollieren kann, nicht akzeptieren und muss sich wehren. **Trotz ist streng genommen Verteidigung des entstehenden Selbst.**

Zur Beruhigung aller Eltern ist zu sagen, dass die **Entscheidungsmacht**, nämlich die Bestimmung, was letztlich wirklich getan oder unterlassen wird, weiterhin in ihrer Hand bleibt und auch bleiben muss. Denn vernünftige Entscheidungen müssen nun einmal von ihnen gefällt werden. Dazu ist das Kind noch nicht in der Lage. Dieses Privileg verpflichtet sie jedoch dazu, mit dieser Aufgabe umsichtig und in großem Maße verantwortungsbewusst umzugehen. Juristisch ist das seit einiger Zeit als „elterliche Pflicht" im Gesetzestext festgeschrieben.

Die „dritte Macht" im frühen Zirkel der Mächte ist die **Regulationsmacht.** Sie bezieht sich auf den eigenständigen und beherrschten Umgang mit den Gefühlen. In der kognitiven Entwicklungspsychologie spricht man von Affektregulation oder auch nur **Selbstregulation.** Ziel ist hier wie dort der selbstständig vollzogene, innere Ausgleich von drohenden Gefühlsausbrüchen im Positiven wie im Negativen. Die Regulationsmacht soll dabei den Machtbereich des Selbst erweitern durch diesen selbstständig herbeigeführten Ausgleich der Affektlage. Das Gelingen dieser Aufgabe, das wiederum positive Attribute erzeugt, wird allerdings noch etwas auf sich warten lassen. Ich werde später darauf zurückkommen.

In dieser Darstellung des Trotzes soll klar zum Ausdruck gebracht werden, dass er kein Spleen, kein Abersinn des Kindes und schon gar keine willkürlich oppositionelle Herausforderung der Eltern ist, eine Geisteshaltung, der jetzt unbedingt durch pauschales Grenzensetzen begegnet werden müsste. Der Trotz ist vielmehr ein Durchsetzungsinstrument des noch brüchigen und hochgradig verletzlichen Selbstgefühls; er ist eine strategische Form der Selbstbehauptung (s.o.). Ist nun das elterliche, erzieherische Eingreifen aus falsch verstandener Verteidigung ihrer „elterlichen Hoheit" grob oder brutal, z.B. durch Schläge oder stark herablassende und demütigende Worte, kommt es zur Kränkung des sich gerade mühsam herausschälenden Selbst. Dadurch wird eine Schwächung des Selbst bereits in der Entstehungsphase der Persönlichkeit erzeugt, was sich dauerhaft ausdrückt in einer permanenten, inneren Selbstkritik oder einem im Inneren verankerten Selbstzweifel. Dieser Zustand ergibt eine überaus ungünstige Ausgangsposition für die gesamte weitere Lebensführung. Schüchternheit und soziale Scheu können die Folge sein. Das soll aber nicht heißen, dass man uneingeschränkt dem Trotz nachzugeben hat, wie ich im nächsten Unterkapitel noch zeigen werde.

Was ich hier an dem oben geschilderten Beispiel, und es gibt derer zahllose, dargestellt habe, ist der klassische **Zweimächtekonflikt**. Ganz typisch hierfür sind z.b. die berühmt berüchtigten, schweren Trotzanfälle im Supermarkt oder im Spielwarengeschäft bei der Weigerung der Eltern, dem kindlichen Begehren nach Kauf von Süßigkeiten oder Kleinspielzeug nachzugeben. Dann prallt die eine Macht, der frühe Bestimmungswille des Kindes, Süßigkeiten oder Spielzeug in den eigenen Besitz zu bringen und sich mit dem Kauf des Begehrten gleichsam selbst zu belohnen (als eine Art der Selbstbestärkung) auf die andere Macht, die autoritäre Macht der Eltern, die aus praktischen Erwäggründen die Bedürfnisbefriedigung untersagt. Was dabei außer Acht bleibt ist, dass das trotzige Kind beseelt ist von der Ansicht, mit dem Erwerb von selbstregulierenden Fähigkeiten und erster Autonomie auch Bestimmungshoheit über seine Bedürfnisbefriedigung verliehen bekommen zu haben. In Wirklichkeit ist es nicht so, und das erfährt jedes Kind in einem schmerzlichen Erkenntnisprozess, den es zunächst einmal nicht ohne weiteres akzeptieren kann. So wird es sich jeder fremden Macht entgegenstellen, die es in dieser Form einschränken will, notfalls mit dem ganzen Aufgebot seiner emphatischen Affekte und impulsiven Kräfte.

3.7.2 Die natürliche Macht

Eine fremde Macht kann aber ebenso gut die natürliche Macht im Menschen sein, wie z.b. der eigene Ausscheidungsdruck für Urin und Stuhl, oder die Müdigkeit, der das Kind nicht ohne weiteres nachgeben möchte. Sogar der Hunger und das Essbedürfnis können im Einzelfall als eine solche fremde Macht angesehen werden.

4. Fallgeschichte

Die zweieinhalbjährige Frieda spielt in Ruhe und Gelassenheit mit ihren Puppen und Teddybären. Sie hat gerade eine kleine Puppenrunde aufgebaut und lässt die kleinen Bären hinzukommen. Alle sollen auf kleinen Stühlchen sitzen und an einem Tisch Platz nehmen, auf dem ihr Essen steht. Aber in dem Moment spürt sie in sich beinahe unabweislich, dass ihre Blase voll ist und sie auf die Toilette gehen muss, was sie seit einigen Wochen schon kann. Das passt ihr gerade gar nicht, und sie „beschließt", noch ein Weilchen zu warten und weiter zu spielen. In Wirklichkeit ignoriert sie einfach ihren Ausscheidungsdruck. Der Druck in der Blase lässt naturgemäß noch einmal kurz nach, um dann erneut anzuschwellen. Sie befindet sich im Spiel gerade in einer sehr interessanten Phase, in der die Teddys mit dem Essen, das die Puppen gekocht haben, nicht zufrieden sind. Die Teddys fangen an zu maulen und da kann sie nicht einfach auf die Toilette gehen. So ignoriert sie weiter ihren Druck in der Blase, der sich bald darauf in einem drangvollen Einnässen entlädt (manchmal knapp vor der Toilette).

Das Entscheidende an dieser Geschichte ist Folgendes: Die natürlichen Bedürfnisse, wie Harn- oder Stuhlentleerung, aber auch Schlafen- und Essenmüssen wertet das Kind in seiner Unvernunft wie eine Macht, die ihm nicht selbst gehört und die wie von fremd eingesetzt wird. Es begreift noch nicht, dass solche inneren Vorgänge nicht vom eigenen Willen steuerbar sind, sondern Notwendigkeiten, denen man sich grundsätzlich unterwerfen muss, um das Wohlergehen seines Körpers nicht zu gefährden. In ähnlicher Weise kommen dem Kind auch eigene Entwicklungsbeschränkungen wie eine unbezwingbare Macht von außen vor, was die oft tränenreichen Wutanfälle erklärt, die beim Misslingen von voller Eifer begonnenen Aktionen und beim Scheitern im Spiel auftreten. Diese beiden Gesichtspunkte, also die natürliche Macht und der Fehlschlag werden nachher noch entscheidend wichtig für den Dreimächtekonflikt. Ich bleibe vorerst aber, weil es so wichtig ist, noch bei der Konstellation von zwei Mächten als häufiger Auslösung von Trotz, wobei die natürlichen Kräfte machtvolle Institutionen darstellen.

Urinausscheidung, Stuhlgang, Müdigkeit, Hunger und Durst, allesamt Grundtriebe des Menschen, werden vom Kind plötzlich wie eine Aufoktroyierung, ein Zwang durch fremde Mächte empfunden, welchen, wenn sie im ungelegenen Moment auftreten, stark getrotzt werden muss. Insbesondere wenn die Loslösung aus der primären Bindung erschwert ist (s.o.) oder verspätet einsetzt und aufgrund dessen durch starken Trotz unterstrichen werden muss, wenn also unsicher gebundene Kinder sich ihre Selbstständigkeit regelrecht erkämpfen müssen, wird dieser unsinnige Widerstand gegen die eigenen Bedürfnisse vermehrt eingesetzt.

In vergleichbarer Weise handeln auch Kinder mit geschwächtem Selbst, also diejenigen, die sich bislang vermehrt selbstschwächenden Attributen ausgesetzt sahen. Dann kann diese Form des Trotzes, der „Kampf mit der eigenen Natur", dramatische Ausmaße annehmen. Das Kind entwickelt die irrige Vorstellung, den inneren

Mächten das abringen zu können, was ihnen bei den äußeren Mächten verwehrt bleibt. So wird z.b. mehr oder weniger bewusst Urin eingehalten, bis ihn die Blase nicht mehr halten kann und sich in einem explosiven Einnässen entleert (klinisch: Miktionsaufschub mit Dranginkontinenz). Oder Stuhl wird eingehalten bis er im Enddarm eintrocknet und festsitzt (Skybala), so dass tagelang die Toilette nicht aufgesucht werden kann und die Darmentleerung schließlich nur noch unter heftigen Schmerzen möglich ist (klinisch: habituelle Obstipation). Müdigkeit wird solange ignoriert und aufgeschoben, bis heftige Übermüdung einsetzt und jegliche Toleranz von unliebsamen Begebenheiten zusammenbricht. Das Einschlafen ist in einer solchen Verfassung praktisch unmöglich, der Kampf beim Zubettgehen unvermeidbar. Sogar Essen und Trinken können lange aufgeschoben und sogar ganz verweigert werden, bis es zu einem Gewichtsverlust (Nahrungsverweigerung, frühkindliche Anorexie) oder Austrocknung (Exsikkose) kommt.

Die Schwierigkeit bei diesen Verweigerungshaltungen besteht darin, den „Knoten" in der kindlichen Vorstellungswelt wieder zu lösen und das vorläufig noch ganz ohne den mithelfenden Einsatz von Vernunft, derer das Kind in diesem Alter noch nicht mächtig ist. Die geschilderten Symptome können sich leicht zu pathologischen Erscheinungen auswachsen, die dann ohne fachkundige Hilfe nicht mehr in den Griff zu bekommen sind.

3.7.3 Die Union der Elternmacht mit der natürlichen Macht

Als **Dreimächtekonflikt** bezeichne ich folgende Konfliktkonstellation: die natürliche und die elterliche Macht gehen eine, wenn auch nur scheinbare, Allianz ein, in welcher sie sich dem kindlichen Willen gemeinsam „entgegenstellen". Das heißt, um in der Besprechung noch bei den Ausscheidungsbedürfnissen zu bleiben, dass die Eltern ihr obstipiertes oder den Harn zurückhaltendes Kind zwingen, gegen seinen Willen dem inneren Entleerungsdruck nachzugeben. Ein solches Elternverhalten ruft regelmäßig eine schwere Trotzreaktion hervor, die das Kind letztendlich immer tiefer in die Verweigerungshaltung hineintreibt. Dadurch jedoch verschlimmert sich das körperschädliche Geschehen. Zwingen die Eltern, um einmal den Schauplatz zu wechseln, ihr völlig übermüdetes Kind zu Bett zu gehen und zu schlafen, wird es sich aller Notwendigkeit zum Trotz massiv dagegen auflehnen, und ein lang anhaltendes Schreien im Bett ist die Folge. Bei der Essverweigerung, welche die Eltern unter Einsatz von Zwang, oft aus verständlicher Sorge vor Unterernährung, durchbrechen wollen, steigern sich solche Trotzreaktionen bis hin zum Hochwürgen der Nahrung und willkürlichem Erbrechen (Rumination). Aufgrund der entstehenden körperlichen Probleme aus dem Zweimächtekonflikt mit der natürlichen Macht kommt es über kurz oder lang immer zum Dreimächtekonflikt.

Auch ganz einfache, völlig unbeeinflussbare und wahrhaft natürliche Phänomene, wie z.B. das augenblickliche Wetter, können am Anfang solcher Eskalationsschrauben stehen, wenn die Eltern einem erforderlichen, kindlichen Anpassungsverhalten durch Entscheidungsnachhilfe Nachdruck verleihen wollen. Regnet es draußen und soll das Kind Regenmantel, Gummistiefel und Regenmütze anziehen, möchte selbst aber lieber seine Sandalen anbehalten, nasse Haare bekommen und nichts als sein Lieblingshemd tragen, kann es zu schweren Trotzerscheinungen kommen. Schneit es und das Kind mag weder Schal noch Handschuhe anziehen, passiert dasselbe. Ist der Schnee dann aber zu kalt an den Händen, bekommt es wiederum einen Wutanfall, da es mit solchen Auswirkungen nicht gerechnet hat. Lachen die Eltern jetzt schadenfroh, fühlt sich das Kind bloßgestellt und trotzt erneut mit gesteigerter Wut. Die Anlässe in diesem Zusammenhang sind so zahlreich wie die Witterungsbedingungen im Jahr.

Trotzen ist, obwohl es manchmal so wirkt, keine selbstgefällige Widerspenstigkeit des Kindes. Im Normalfall ist es auch keine bewusste Herausforderung oder Provokation der Elternmacht. **Trotzen ist Selbstbehauptung, Selbstschutz und Selbstverteidigung, jedoch meistens zum falschen Zeitpunkt und am falschen Ort. Einsicht und Vernunft als reife Mittel zur Selbstregulation der zu Grunde liegenden, widerständigen Gefühle reichen noch nicht aus.** Die erhoffte Vernunft wird noch eine Zeitlang auf sich warten lassen.

Das Selbst ist in der Phase der Unvernunft noch sehr zerbrechlich und verletzbar, so dass es solcher Verteidigungsmaßnahmen, wie des Trotzes, unbedingt bedarf. Der eigene Wunsch und Wille wird koste was es wolle umgesetzt, sogar unter Inkaufnahme des Risikos, momentan die Zuneigung der Bezugspersonen zu verlieren. Ein derart hohes Risiko geht ein Kind im Normalfall allerdings nur wenige Augenblicke lang ein, um sich über kurz oder lang, das wissen alle Eltern zu berichten, zurück zu melden und Versöhnung anzustreben. Das Kind muss sich immer wieder neu der elterlichen Zuneigung und Liebe versichern. Solche Momente sind ganz wichtig in der Entwicklung, denn hier wird eine neue Form von Zärtlichkeit in der Beziehung und Kommunikation aufgebaut. Gemeint ist die unterschwellig sich fortsetzende Liebe, die in den zwischenmenschlichen Vorgängen von Vergebung und Verzeihung zum Ausdruck kommt.

3.7.4 Die Macht der (gleichaltrigen) anderen Kinder und Geschwister

Ich möchte nun auf den dritten und letzten Punkt des Trotzens zu sprechen kommen, der, wie bereits angekündigt, aus methodischen Gründen hier angefügt werden soll. Es dreht sich dabei um die soziale Problematik der **Rivalität**. Das unmittelbare Gegenteil der Rivalität wäre die Bildung von **Bündnissen**, die aber bei Kleinkindern in dieser expliziten Form nur selten vorkommt. Altersentsprechenden Bündnischarakter besitzt hingegen die **Geschwisterliebe**, auf die ich später noch einmal ausführlicher zurückkommen werde. Rivalität entsteht:

1. im Rang- und Leistungsvergleich der Kleinkinder untereinander, der sich auch auf die älteren Kinder und Jugendliche ausdehnt. Dies geschieht immer dann, wenn es sich um etwa altersgleiche Spielgefährten handelt. Die altersgleiche Gruppe prädestiniert geradezu zu Rivalisierung.

2. aus Gefühlen der Eifersucht vornehmlich unter Geschwistern, wenn diese um die Gunst ihrer Eltern buhlen. Dieses Buhlen um die Gunst eines geliebten Elternteils kann sich auch schnell auf Ersatzbezugspersonen ausdehnen oder andere attraktive Vorbildfiguren besonders in der Phase der Loslösung. In diese Kategorie gehört auch das typische Entthronungstrauma (s.o.) beim Erstgeborenen angesichts der Geburt eines Geschwisterkindes (vor allem beim Altersabstand von etwa zwei bis drei Jahren).

In beiden Konstellationen steht das „neugeborene Selbst" im Zentrum des Geschehens. Das Selbst wird hinsichtlich seiner Bewertung durch andere kritisch beurteilt und im Wert bemessen, und zwar einerseits in Bezug auf die elterliche oder natürliche Macht (s.o.) und andererseits in Bezug auf die potenzielle Machtausübung hierarchisch etwa gleichgestellter oder nur wenig „übergeordneter" Kinder. Gerade in der letzteren Konstellation zählen die positiven und negativen Werte für bzw. gegen das eigene Selbst noch einmal auf ganz besondere Weise. Dabei spielen die weiter oben aufgezählten, bereits erworbenen Attribute eine entscheidende Rolle.

Aus dieser Perspektive betrachtet hat die Rivalität durchaus auch ihre guten Aspekte. Das Selbstkonzept wird gleich zu Anfang des Soziallebens im Vergleich mit den Anderen abgesteckt und relativiert. Die bestehenden Machtverhältnisse im sozialen Gefüge kommen zur Darstellung und Rang, Stellung und Position des Selbst in der Familie oder Gruppe werden dabei „spielerisch" ausgehandelt. Stärken und Schwächen des eigenen Selbst wie das des Anderen werden in solchen Auseinandersetzungen – zuweilen erbarmungslos – beleuchtet, und es werden Pakte zwischen Geschwistern oder sich fremden Kindern geschlossen und wieder gebrochen im

Gefolge von spontaner Sympathie und Antipathie. Das Ziel der kleinen Kinder bei diesen Reibereien besteht regelmäßig darin, eigene Selbstanteile ausreichend repräsentiert und zugleich in günstiger Weise beurteilt zu sehen. Ihre Hauptsorge besteht darin, positive Selbstanteile abgeben zu müssen bzw. an Andere zu verlieren.

Ganz prägnant sind die rivalisierenden Verhaltensformen etwa Zwei- bis Dreijähriger in kleinen Gruppen, wenn sie im Kinderzimmer unbeaufsichtigt spielen. Ein solches Miteinanderspielen geht in der Regel nicht lange gut. Über kurz oder lang entbrandet Streit über die „Besitzverhältnisse" der Spielsachen. Nahezu alle Kinder versuchen, zunächst sich Selbstwertvorteile durch ihr Spielzeug, sprich ihren „Besitz", zu verschaffen; aber ebenso auch über das Beherrschen des Spielzeugs von anderen Kindern, das im Moment irgendwie attraktiv erscheint. Dazu reicht es, dass das andere Kind sich gerade intensiv damit befasst. Da ein Kleinkind dieses Alters noch keinen Begriff von der Rechtmäßigkeit eines Besitzes hat, wird es, so es die Kraft dazu besitzt, sich dieses Spielzeugs bemächtigen wollen. Verteidigt das wegen seines Spielzeugs angegriffene Kind mutig seinen „Besitz", kommt es zur Auseinandersetzung. Kraft des inzwischen einsetzenden Aggressionstriebs (siehe im Absatz allgemeines Trotzgeschehen weiter oben) fallen die Angriffs- und Verteidigungsmaßnahmen oft schon ziemlich drastisch aus. Da wird geschlagen, getreten, gebissen und an den Haaren gezogen, was die eigene Kraft hergibt. Kleinere Kinder, die noch nicht so sicher auf ihren Beinen stehen, werden in solchen Momenten auch gerne durch Schubsen zu Fall gebracht. Schlimmstenfalls wird das umstrittene Spielzeug selbst, bei älteren Kindern auch einmal ein anderer, geeigneter Gegenstand dazu missbraucht, auf den Kontrahenten einzuschlagen. Zwar kommt es praktisch nie zu schwereren Verletzungen, jedoch ist die Wirkung solcher Rangeleien oder „Prügeleien" von nicht zu unterschätzendem Ausmaß. Eltern können in der Regel die Dinge nicht einfach so laufen lassen.

Rivalität kann sich auch viel versteckter abspielen, was besonders unter Geschwistern zum Tragen kommt, oder ganz besonders auch bei Kindern, die regelmäßig in kleinen Gruppen zusammenkommen. Vor allem bei Mädchen ist diese Form häufig anzutreffen. Gemeint ist folgende Beobachtung: es gibt Kleinkinder, die versuchen es immer wieder, sich durch Geschicklichkeit im sozialen Auftreten oder einfach im Bewusstsein ihres besonders ansprechenden Aussehens Vorteile bei älteren Kindern oder Erwachsenen zu verschaffen. Das ruft schnell den Argwohn der anderen Kinder hervor, vor allem der eigenen Geschwister.

Besonders um die Gunst gemeinsamer Eltern wird in dieser Weise kräftig rivalisiert. Daher sollten Eltern sehr sorgsam mit der Verteilung von Lob und Tadel für ihre Kinder und mit der Herausstellung eines Einzelnen umgehen. Geschwister unterliegen aber in der Konkurrenz um ihre Eltern einem Schutz durch Geschwisterliebe. Diese minimiert unter günstigen familiären Voraussetzungen das Potenzial der Auseinandersetzungen. In der Erziehung muss daher auf Gleichberechtigung unter den Geschwistern geachtet werden (s.u.).

Der Selbstgewinn bei dem in der Konkurrenz erfolgreichen Kind ist sehr groß, der befürchtete Selbstverlust bei einer Unterlegenheit jedoch mindestens ebenso groß. Wahrscheinlich sind solche Gefühle die Anfänge von Neid und Missgunst, die den fortgeschrittenen, komplex-sozialen Gefühlen im späteren Lebensalter zuzuordnen sind.

Die Wut der anderen Kinder auf einen „anbiederischen" Altersgenossen wird erwartungsgemäß stark ausfallen. Es handelt sich bei dieser Form der Wut ebenfalls um ein höhergradig komplex-soziales Gefühl, das in der Emotionspsychologie als **Zorn** bezeichnet wird. Zorn ist im Gegensatz zur Wut ein in der inneren Welt sich selbst erhaltendes, andauerndes Gefühl von Wut oder Ärger mit einem zielgerichteten (Einzel-)Objekt. Zorn kann sich demzufolge im Inneren ansammeln und wird oft erst bei Erreichen einer Toleranzschwelle in einem Ausbruch entladen. Bei sehr impulsiven Kindern liegt diese Schwelle zur Toleranz auffallend niedrig. Die Wut ist dagegen immer rein situationsbezogen und nur im Moment aktiv. Nach der Entladung ist sie weitgehend „verraucht". Sie ist das Ärgergefühl des Säuglings und jungen Kleinkinds.

Hass ist, verglichen mit dem Zorn, eine noch weiter gehende, komplex-soziale Gefühlsform, welche kognitiv durch Erkenntnis und Wissen stark überformt ist, sich über lange Zeiträume konstant erhält und in sich selbst noch weiter anwachsen kann. Beim Kleinkind kommt Hass demzufolge praktisch nicht vor. Auf die Hierarchie der Gefühle kann ich in dieser Abhandlung aber aus Gründen der gebotenen Beschränkung nicht weiter eingehen.

Es gibt nun ganz unterschiedliche Formen von Rivalität, die entweder aus rein individuellen Beweggründen entspringen (das Kind, das sich ständig benachteiligt fühlt) oder durch die soziale Konstellation (Neid des Jüngeren auf den Älteren) hervorgerufen werden. Die weithin bekannteste und zugleich auch geläufigste Form ist die Geschwisterrivalität in der Familie. Eine andere ist die Rivalität um das Starksein oder das gute Aussehen vor allem in den altersgleichen Gruppen. Grad und Ausprägung aller dieser Formen unterscheidet sich, abgesehen vom individuellen Temperament, mit zunehmendem Alter durch das Geschlecht des Kindes. Jungen rivalisieren stärker auf körperlicher Ebene, also z.B. wer der stärkere oder der größere ist. Mädchen rivalisieren mehr auf sozialer Ebene, z.B. wer die hübschere und begehrtere ist und wer mehr Freundinnen hat. Rivalität ist in jeder sozialen

Gesellschaftsform unvermeidlich und wird im späteren Leben daher zunehmend positiv um- oder ausgebaut und in das Sozialleben geschickt mit einbezogen. Auf dieser sozial ausgeformten Stufe bekommt der Begriff Rivalität mit **Konkurrenz** einen zusätzlichen, mehr ins Positive gewendeten Sinn. Im Kleinkindesalter ist die Rivalität jedoch noch „roh", unausgefeilt, ungezügelt und ein ständiger Grund für Auseinandersetzungen. Kaum ein Elternpaar kennt nicht solche Szenen, wie die oben skizzierte im Kinderzimmer, und falsches Reagieren auf diese kindtypischen Verhaltensformen kann das Selbst eines Kindes auf Dauer in ungünstiger Weise beeinflussen.

Bis zu einem gewissen Teil sind die aus solcher Rivalität erwachsenden Rangeleien unter Kindern allerdings auch nur ein reines Austesten individueller Kräfte und dienen der persönlichen Abgrenzung; oft auch nur der persönlichen Zurschaustellung. Insoweit sind sie harmlos, eher sporadisch und sollten von allen Eltern weitgehend toleriert werden. Am anderen Ende dieser Skala befindet sich dann allerdings auch eine Form der Rivalität, die man durchaus als Streitsucht bezeichnen kann und die sich aus den gleichen inneren Motiven speist wie die nicht mehr der reinen Selbstverteidigung dienende Form der Aggression (s.u.). In diesem Moment geht es um ein überaus dringendes Durchsetzungsbedürfnis und um den Machtanspruch eines sich im Inneren eher ohnmächtig fühlenden Kindes. Diesen Widerspruch von Selbsteinschätzung des Kindes und Außendarstellung sollten Eltern und Erzieher(innen) unbedingt berücksichtigen.

Das Gegenteil der Rivalitätsgefühle unter Geschwistern ist die **Geschwisterliebe**. Liebe unter Geschwistern ist nur zum Teil das natürliche Ergebnis eines gemeinsamen Aufwachsens und Teilens von Lebensraum. Der sehr viel größere Anteil im positiven Beziehungsgefüge zwischen den einzelnen Geschwistern ergibt sich aus der spontanen Sympathie füreinander, der Ähnlichkeit oder Übereinstimmung von Neigungen und Vorlieben sowie einem weitgehend spannungsfreien Miteinanderumgehen aller Familienmitglieder. Geschwisterliebe muss demzufolge erarbeitet werden und gedeiht am besten in einer harmonischen Familie. Rivalität ergibt sich dagegen von alleine und wird gefördert durch familiäre Disharmonie und Erzeugung von Konkurrenzempfindungen unter den Kindern. So spielt für die Geschwisterliebe die Gleichbehandlung der Kinder durch die Eltern eine wichtige Rolle, verbunden mit dem Respekt für die Individualität und Besonderheit jedes Einzelnen. In großem Maße schädlich ist die Bevorzugung eines Kindes unter den Anderen und die gezielte Minderbewertung und Diffamierung eines anderen Kindes, das ungeraten zu sein scheint oder die Ansprüche und Erwartungen der Eltern nicht erfüllt. Ein solches Kind wird oft auch von den Geschwistern nicht geliebt.

Es verliert an positiven Attributen und Selbstanteilen und entwickelt Gefühle, die bis hin zur Selbstaufgabe gehen und Depression (ein Einzelfall auch Aggressionen) auslösen, auch noch in späteren Entwicklungsphasen. Aus einem solchen Abstieg im Familienverband entwickelt sich gleichzeitig wie im Teufelskreis wieder das Gefühl von Rivalität mit den Geschwistern, die besser gelitten sind.

3.8 Erste Widerstände in der Loslösung und Fütterungsschwierigkeiten

Bevor ich mich nun detailliert mit den günstigen erzieherischen Elternreaktionen auf das trotzige Verhalten des Kindes beschäftige, müssen zuvor noch ein paar Sätze zum Widerstandsverhalten der Säuglinge am Ende des ersten Lebensjahres und der Kleinkinder zwischen eins und eineinhalb gesagt werden. Hierzu gibt es bislang nahezu keine Literatur und demzufolge auch keine klaren Empfehlungen.

Die ersten Anzeichen der Loslösung hatte ich im Kapitel über das Fremdeln und die Anhänglichkeit bereits erwähnt oder wenigstens grob skizziert. Am Anfang des aktuellen Kapitels hatte ich über den aufkommenden Willen, den Drang und das Beharren, sowie über die paradox erscheinenden Reaktionen auf das elterliche „Nein" gesprochen. An dieser Stelle sollen nun die Fäden wieder aufgenommen werden und zusätzliche, konkrete Reaktionsformen besprochen werden, die als eine Empfehlung für die mit solchem Verhalten konfrontierten Eltern verstanden werden können. Wie verhalten sich Eltern sich am geschicktesten, wenn der Säugling plötzlich nicht mehr gewickelt werden möchte, und scheinbar Spaß daran gewinnt, der Mutter oder dem Vater in den Bauch zu treten? Wie reagieren sie am besten, wenn der Mund beim Füttern mit der Flasche oder bei der ersten Löffelkost auf einmal fest zusammengekniffen wird und das Kind dabei triumphierende Augen bekommt, weil „nichts mehr geht"? Was sollen sie tun, wenn dann auch noch „Armeinsatz" geübt wird und der volle Löffel gegen die Wand fliegt? Spätestens dann spitzt sich die Lage zu. Und wenn das Kind sich dann auch noch steif macht und aus dem Hochstühlchen herauszurutschen droht, liegen die Nerven blank. Glücklicherweise existiert für diesen Fall ein Gurt am Stühlchen, der sich zwischen die Beine des Kindes legt und das gänzliche Herausrutschen verhindert.

Was sagen Eltern, wenn statt des Abbruchs der begonnenen Aktion auf ein klares Nein hin nur die von freundlichem Lächeln begleitete Fortsetzung der Handlung erfolgt? Dürfen sie sich von solchen kindlichen Aktionen tatsächlich provoziert fühlen, dürfen sie ihre Stimme zum Schimpfen erheben, dürfen sie gar handgreiflich werden?

Wie ich bereits ausgeführt habe, ist der Widerstand des Kleinkindes als ein naturgemäß notwendiges Phänomen zur ersten Selbsterfahrung in der Loslösung zu werten. Das Kind will jetzt *selbst* über seine Handlungen bestimmen, denn es hat seinen ihm in Ansätzen bewussten Willen erlangt. Richtig entscheiden über das, was es tun und lassen sollte, kann es dabei aber noch nicht, da es im Umgang mit den Objekten des täglichen Lebens noch völlig ungeübt ist. Im Einzelfall kann es sich sogar erheblich selbst gefährden. Um es gleich vorweg zu sagen, gerade in einem solchen Fall gebietet die elterliche Aufsichtspflicht, die Gefahr von seinem Kind abzuwenden, notfalls auch gegen dessen Protest. Ist das Kind dann in Sicherheit, können beschwichtigende Erklärungen abgeben werden, die das Kind zwar inhaltlich nicht versteht, die es aber doch als beruhigend und verständnisvoll empfindet.

Die Kunst, mit diesen frühen widerständlerischen Erscheinungen des Kleinkindes umzugehen, besteht darin, ohne ein Gefühl von Feindseligkeit aufkommen zu lassen, das Kind in seinen Aktionen zu bremsen. Gerade bei temperamentsbedingt stark impulsiven Kindern ist dieses behutsame Einhaltgebieten unbedingt notwendig. Solche Kinder schaffen es sogar, bei der Ausübung von Zärtlichkeiten Striemen im elterlichen Gesicht zu hinterlassen. Um bei der Verhinderung von Widerstand nun nicht allzu viel eigenen Körpereinsatz aufbieten zu müssen, und ein solcher ist manchmal z.B. in Form eines Wegtragens unumgänglich, sollten Eltern jetzt von den Methoden wie **Ignorieren** und **Ablenkung** reichlich Gebrauch machen. Auch sollten sie schon im Vorfeld, wenn es also auf solche den Widerstand hervorrufenden Handlungen zugeht, Aufmerksamkeit und Interesse des Kindes auf andere unverfängliche Dinge lenken, z.B. auf ein interessantes Spielzeug, ein Bilderbuch, das gemeinsam betrachtet wird oder ein Stofftier, mit dem eine vergleichbare Szene durchgespielt wird. Häufig gelingt es ihnen auf diese Weise, eine Zeitlang lang das Kind spielerisch auf eine andere Fährte zu locken, die ausreicht, um die gesamte Situation zu entspannen.

Ich möchte jetzt auf ein besonders schwieriges Problem in der ersten Widerstandsphase zu sprechen kommen, das der **Fütterungsschwierigkeiten**. Selten bleiben Eltern davon verschont, dass ihr Kind eines Tages aus einer unerklärlichen Laune heraus sich weigert zu Ende zu essen. In solchen Momenten ist natürlich zunächst zu hinterfragen, ob das Kind nicht tatsächlich längst satt ist (die Portion war zu groß) oder zu diesem Zeitpunkt noch gar keinen Hunger hat (schlecht gewählter Termin für die Mahlzeit). Schließlich müssen sich Eltern auch fragen, ob die angebotenen Speisen kindgerecht sind und gut schmecken.

Handelt es sich aber tatsächlich um eine „Laune", die allein dem Widerstandsbedürfnis des Kindes entspringt, sollten Eltern so verfahren, wie im Rahmen des Trotzes allgemein (s.u.). Neben der einfachen Akzeptanz, zu der auch die beiden zunächst gestellten Fragen zur realen Fütterungssituation zählen, ist Deeskalation die Methode der Wahl. Das eben schon hinzu genommene Stofftier oder die kleine Puppe könnte also im Falle solcher Fütterungsprobleme parallel gefüttert werden und mit dem unwilligen Kind eine Art Wettbewerb im Aufessen anfangen. Ein hervorgezogenes Bilderbuch könnte zur Situation passend vom Essen eines Kindes erzählen, das nicht aufessen möchte. Ein herbeigeholtes Spielzeugauto könnte Essensladungen in den geöffneten Kindermund transportieren. Oder die Bissen oder Häppchen werden selbst als Autos deklariert, welche in die Garage, das heißt in den geöffneten Mund, hineinfahren müssen. Jedem bekannten Familienmitglied kann dabei sinnbildlich ein solches Auto zugeordnet werden, das seine Garage sucht.

Findige Hersteller von Kindergeschirr haben zur Unterstützung der Eltern hübsche Bilder auf den Tellergrund aufgebracht, die erst dann sichtbar werden, wenn der Teller leer gegessen ist. Die weit verbreitete Wehrhaftigkeit beim Essen kann also leicht durch begleitende Spiele oder Ablenkungsmanöver durchbrochen werden. Eine andere Möglichkeit haben Eltern, wenn sie ihr sich im Widerstand übendes Kind durch Späße zum Lachen bringen und dessen verbesserte Laune dazu ausnutzen, mit dem Essen zu beginnen. Spiel und Essen gehören in diesem Alter eindeutig noch zusammen. Dieser Grundsatz sollte nicht durch Prinzipien einer bewusst Grenzen setzenden Erziehungskonzeption infrage gestellt werden.

Eigentlich ist für das Kind Essen noch keine Handlung zur lebensnotwendigen Nahrungsaufnahme und zum Erhalt von körperlicher Gesundheit. Ebenso wenig ist es ein von Regeln und Anstand bestimmtes, sozial orientiertes Geschehen. Vielmehr sieht das Kind im Essen noch eine spielerische Angelegenheit, die in erster Linie Spaß macht und momentane Bedürfnisse befriedigt. Spielen ist bekanntermaßen die grundsätzliche, kindliche Methode, sich mit der Wirklichkeit bekannt zu machen, sich ihr anzupassen und die für ihre Bewältigung angemessenen und nützlichen Handlungsweisen anzueignen. Im Spiel werden Handlungskonzepte genauer erfasst, erprobt, umgesetzt und zuletzt regelrecht eingeübt. Dabei werden neben praktisch richtigen, sinnvollen und ergebnisorientierten Handlungen auch abweichende Konzeptionen ausprobiert und ebenso reine „Juxideen" ausgelebt. Für diese haben Kinder ohnehin viel übrig. Kinder lieben diese Art von Humor. Auf solche kindlichen Verhaltensweisen müssen junge Eltern vorbereitet sein. Im Verständnis und in der Toleranz dieser kindstypischen Eigenschaften liegt das Geheimnis für einen spannungsfreien Umgang mit den Eigensinnigkeiten des Kleinkinds.

Gerade was das Essen angeht profitieren Eltern auch von dem kindlichen Drang zur Imitation. Spätestens, wenn es auf den ersten Geburtstag zugeht, sollten Eltern ihrem dabei sitzenden Kind beim Essen Vorbild sein. Der Imitationstrieb motiviert das Kind dazu, sich auch den einen oder anderen Bissen in den Mund stecken zu lassen. Offenbar sind gerade auch für die Form des Ernährungsfortschritts Spiegelneuronen vorgesehen (s.o.). Oralität und Imitation sind schon von Lebensanfang eng aufeinander abgestimmte Verständigungsprozesse. Das Mundöffnen und die Zunge herausstrecken überträgt sich schon in den ersten Lebenswochen von der vormachenden Person auf den Säugling.

Es soll nicht unterschlagen werden, dass durch die Unkenntnis der Eltern, was die Sachzusammenhänge angeht, gerade beim Essen häufig äußerst verfahrene Beziehungsstrukturen zwischen Eltern und Kind entstehen, die schließlich in extremen Fütterungsschwierigkeiten gipfeln. Die Vorgänge der erschwerten Loslösung spielen dabei ursächlich eine zusätzliche, große Rolle. In solchen Fällen ist eine kompetente Erziehungshilfe unumgänglich.

Noch einige Worte zum Thema **paradoxe Intervention**, die als erfolgsversprechende Methode in der Erziehungspraxis gilt. In der paradoxen Intervention wird das auszusprechende Verbot vorab in ein Gebot umgewandelt, so dass durch die Überraschungswirkung das Kind zum Innehalten veranlasst wird. Das Verbieten des Erwünschten wird umgedreht in ein Gebieten des Untersagten. Dieser pädagogische Trick nutzt die Widerspruchshaltung des Kindes, die jetzt in der Verkehrung zur Unterlassung der unerwünschten Handlung führt. Will man als Eltern oder Erzieher(in) also erreichen, dass das Kind seinen Teller leer isst, verbietet man es **ihm** scheinbar und tut so, als verfütterte man den nun übrig bleibenden Rest an die Kuscheltiere oder höbe diesen für ein ganz anderes Kind auf. Unter dem Drang, das plötzlich Verbotene jetzt doch selbst auszuführen, wird dann der Rest lieber selbst gegessen. Solche Verbotsverkehrungen lassen sich auf viele anderen Bereiche leicht übertragen.

Andererseits können Eltern das Kind auch auffordern oder ermuntern, das eigentlich Verbotene zu tun (sozusagen im vorher abgesicherten Modus), und sie werden feststellen, dass es ziemlich schnell die Lust daran verliert und es schließlich ganz aufgibt. Es geht dabei keineswegs darum, den im Widerstand einsetzenden Loslösungsprozess zu unterminieren oder das Kind ständig mit logischen Tricks zu überlisten. Es geht einzig darum, Eskalationen zu vermeiden und überstarke eigene, für die psychische Entwicklung des Kindes ungünstige, elterliche Reaktionen zu verhindern.

3.9 Trotz und die Reaktionen der Umgebung (Akzeptanz, Deeskalation und Intervention)

3.9.1 Allgemeine Vorbemerkungen

Die Entwicklungspsychologie darf nicht müde werden immer wieder darauf hinzuweisen, dass der Trotz des Kleinkindes ein entwicklungsbedingtes und damit unvermeidbares Phänomen in der Persönlichkeitsbildung des Menschen ist. So schwer er den Eltern durch ständigen Widerstand das Leben mit ihrem Kind in dieser Phase macht, so schwer sind auch die widerstrebenden Gefühle vom trotzenden Kind selbst zu ertragen. Ist der Gewinn an Selbstwert im erfolgreichen Trotz ein überaus lustvolles und befriedigendes Gefühl, wobei im Gehirn erwartungsgemäß das sogenannte Belohnungszentrum aktiviert wird, so ist der Verlust an Selbstwert beim fehlschlagenden Trotz durch das Sichüberwerfen mit der Bezugsperson ein überaus schmerzliches und emotional stark belastendes Gefühl. So steht am Anfang eines Trotzanfalls unbewusst regelmäßig die Sorge des Kindes, einen Verlust an Selbstwert und (Selbst-)vertrauen durch Ablehnung seitens der Eltern zu riskieren. Im Gehirn des Kindes tritt in diesem Zusammenhang vermutlich das neurophysiologische „Gegenstück" zum Belohnungszentrum, das ebenfalls schon erwähnte Bestrafungszentrum, in Aktion. Denn das Bestrafungszentrum ist, so muss man in der Hirnfunktion sehen, auch für Versagungen und Ablehnung durch Andere als zentrale Gefühlsschaltstelle zuständig.

Wissenschaftliche Erkenntnisse 7

Die beiden genannten „Zentren", das Belohnungs- und das Bestrafungszentrum (neuerdings gibt es auch andere Begriffe dafür) aktivieren regelmäßig Botenstoffe im Gehirn, die aus bestimmten Hirnnervenkerngebieten im Stammhirn, resp. Mittelhirn stammen und die sich in der Hirnrinde (insb. des Frontalhirns), in Kerngebieten der subcortikalen, grauen Substanz (Basalganglien) und dem Limbischen System sektorförmig verteilen. Während das Belohnungssystem den Forschungsergebnissen nach hauptsächlich mit dem Frontalhirn und den Basalganglien kooperiert (mesolimbisch-mesocortikales System), steht das Bestrafungssystem vorzugsweise mit den Mandelkernen (Amygdala) in Kontakt. Die Amygdala sind (neben anderen Aufgaben) für die Abspeicherung von negativen Gefühlen wie Angst und Panik zuständig (s.o.). Die Aktivierung des Bestrafungssystems entspräche nun in seinen Auswirkungen auf die Wahrnehmungen und die

Gefühlslage des Kindes (das ändert sich im weiteren Leben nicht) jenen Angstgefühlen und -reaktionen, die durch eine echte oder vermeintliche Gefährdung des aufkommenden Selbst bei übermächtigem Eingriff durch Erwachsene, bei einem Angriff durch Stärkere oder durch die Natur selbst entstehen.

Die positiven Gefühle im Belohnungssystem hemmen erwartungsgemäß dieses „Angstzentrum", was sich allein dadurch schon günstig auswirkt, aber sie fördern überdies auch die Aktivierung bestimmter Hirnrindenabschnitte im Frontalhirn, sowie in Anteilen der tiefer gelegenen Kerngebiete. Dabei handelt es sich um Hirnregionen, die für das Denken und Handeln zuständig sind, sowie für die Körperreaktionen bei bestimmten Affektlagen. Das Ergebnis dessen ist neben den als angenehm empfundenen Gefühlen eine hohe Motivation zum Handeln und ein großes Interesse daran, Neues zu entdecken und zu erkunden.

Neben den Neurotransmittern Serotonin und Dopamin sind unterstützend hieran auch die Endorphine beteiligt, welche wegen ihrer hohen, positiv stimmenden Wirkung als Glückshormone gelten. In der Körperperipherie, also außerhalb des Zentralnervensystems, wirken sie gleichzeitig schmerzhemmend. Diese Details erwähne ich deshalb, weil einiges von diesen Zusammenhängen auch schon in der Laienpresse publik gemacht wird und derartige, neurophysiologische Zusammenhänge in absehbarer Zeit wahrscheinlich auch konkret nachweisbar sein werden. Damit werden hier getroffene Aussagen auf die Ebene von Beweisbarkeit gehoben.

Die Vorschläge und Empfehlungen zum Umgang mit dem trotzenden Kind, die hier jetzt folgen sollen, beziehen ihre Grundposition aus den bisher gemachten (tiefen-)psychologischen, wie auch neurobiologischen und neuropsychologischen Zusammenhängen. Sie hängen demzufolge weder einem kulturellen Trend an, noch einer gesellschaftspolitischen Anschauung.

Trotz wird schnell mit oppositionellem Verhalten und Aggression in Zusammenhang gebracht, was eine nicht erwünschte Nähe zu stark übertriebenen, wenn nicht gar pathologischen Verhaltensformen herstellt. Aber bei den drei oben genannten Reaktionsformen des Trotzes, nämlich Zwei- und Dreimächtekonflikt, sowie Rivalitätsverhalten handelt es sich nicht um eine übersteigerte oder gar krankhafte Affektlage. Ihr zuweilen aggressiv wirkender Anteil rührt her aus dem gleichzeitig aufkommenden Trieb und kommt nur als verstärkendes Element dem Gefühlsausdruck des trotzenden Kindes zu Hilfe. Die Aggression unterstützt dabei grundsätzlich nur die notwendige Verteidigungsbereitschaft. Diese Verteidigung gilt dem eigenen, noch unvollkommenen und somit unsicheren Selbstbewusstsein. Verteidigung hat zwar etwas mit Opposition zu tun, ein oppositionelles Verhalten im eigentlichen Sinn ist sie dennoch nicht. Dies vor allem auch deswegen nicht, weil sich das Kind ja keinen Gegner für seine Position sucht, sondern ganz im Gegenteil einen Verbündeten. Das macht die gewisse Tragik aus, die sich hinter dem Trotz verbirgt. Die Personen oder die Natur, gegen die sich der Trotz richtet, sind genau genommen ja schon von sich aus mehr ein Verbündeter als ein Gegner.

In der direkten Beobachtung des Trotzverhaltens lässt sich eine Art Verlaufsskala der widerständlerischen und „trotzigen" Gefühle des Kindes ableiten. Am Anfang steht immer die allgemeinste und unmittelbarste, beinahe rein reflektorische Widerstandsreaktion, die der Wut. Sie bildet gleichsam die emotionale Basis aller sich auf ihr aufbauenden und weiter differenzierten Gefühle, Affekte und Abwehrformen. Wut gehört für sich genommen zu den frühen, komplex-sozialen Basisgefühlen, primären Gefühlen also, die schon in der Mutter-Kind-Dyade im Säuglingsalter auftreten.

Der Wut folgt mit zunehmender Willkürmotorik der eigentliche Widerstand, von dem weiter oben die Rede gewesen ist und der dann im Trotz letztendlich aufgeht. Widerstand und Trotz sind streng genommen keine Gefühle, sondern affektiv aufgeladene Handlungsweisen, denen ein emotionaler und sozialer Konflikt zugrunde liegt. Beide Verhaltensformen dienen grundsätzlich der Loslösung des Kindes von der primären Bezugsperson.

Erst oberhalb der ganz natürlichen und notwendigen Reaktionsformen des Kindes zur Loslösung, bei denen das Trotzverhalten beinahe ausschließlich auf seinen gemäßigten Stufen auftritt (s.u.), das heißt also im Rahmen eines erschwerten und damit problematischen Loslösungsgeschehens, kommen das oppositionelle Verhalten und die provokative Aggression mit ins Spiel. An diesem Übergang befindet sich allerdings ein Berührungspunkt von Normalverhalten und gesteigerten Affekten. Aber selbst die überzogenen Affekte und Verhaltensformen, welche in Form der reinen Aggression letztlich vom Triebgeschehen völlig beherrscht werden, haben im Fortgang der Verselbstständigung des Kindes noch mit der Entstehung und dem Erhalt des Selbst zu tun. Das wird häufig übersehen.

Das Selbst als Ausdruck der Individualisierung und der damit verbundenen Abgrenzung des einzelnen Menschen gegen die Vereinnahmung durch die Menge oder die „Masse" bedarf grundsätzlich einer im Gefühl verankerten Verteidigungsstrategie, welche lebenslang aufrechterhalten werden muss und zu permanenter Verteidigungsbereitschaft herausfordert.

In dem angesprochenen Grenzbereich des Trotzes zwischen Normalität und beginnender aggressiver Fehlsteuerung kann sich das Stadium einer trotzigen Opposition bis weit in die Schulzeit hinein verlängern, ohne in offenkundig provokative Aggression (mit Angriffsstrategie) umzuschlagen. Das ist immer dann der Fall, wenn das Selbst in seiner Entwicklung und positiven Bewertung keine notwendigen Fortschritte machen kann, oder der aggressive Impuls anlagemäßig nicht stark genug ausgeprägt ist, um in Provokation umzuschlagen.

Generell lässt sich folgender Grundsatz formulieren:

a) Je positiver sich das wahrgenommene Selbst bewerten kann und je stabiler es ist, desto geringer muss der aggressive Impuls bemüht werden, um die notwendigen Verhaltensstrategien zur Selbstbehauptung in der sozialen Gemeinschaft zu entwickeln. Ist gleichzeitig auch die natürliche Triebveranlagung nicht besonders stark, was erwiesenermaßen auch etwas mit dem Geschlecht zu tun hat (Mädchen gelten gegenüber Jungen als weniger aggressiv), dann erscheint ein solches Kind sozial gut ausgerichtet und fügt sich leicht und unkompliziert in die Gemeinschaft ein. In der Gesellschaft gilt es als umgänglich und anpassungsfähig. Aber ganz ohne Trotz und leichte Opposition geht es in der kindlichen Entwicklung tatsächlich nie.

b) Je negativer sich das Selbst wahrnimmt und bewerten muss, desto stärker muss der aggressive Impuls bemüht werden, das schwache Selbst vor dem befürchteten Zusammenbruch zu bewahren. Solche Kinder fühlen sich grundsätzlich sehr viel leichter gekränkt und zugleich auch stärker bedroht. Sie fangen an, um den Erhalt ihres Selbst zu kämpfen. Somit reagieren sie je nach Veranlagung schneller und zugleich stärker aggressiv.

Dabei gibt es zwei Verläufe: Im ersten Fall reicht der aggressive Impuls auf Dauer nicht aus; die Kinder fühlen sich innerlich zu schwach oder sind ganz einfach noch zu jung, um sich erfolgreich verteidigen zu können. Sie verfallen leicht in eine defensive Grundhaltung, die allerdings auch dazu dienen soll, Selbstanteile zu sichern. Im „Schmollwinkel" gelingt diese Strategie jedoch nicht. Im zweiten Fall ist der aggressive Impuls gut ausgebildet. Solche Kinder erklimmen mitunter die ganze Skala der von Widerstand geprägten Affekte aufwärts, wobei schließlich neben hartnäckiger Opposition immer mehr provokative Elemente das Bild beherrschen. Manche von diesen Kindern enden mit ihrem Verhalten in einer permanent angriffslustigen Aggression gegen ihre Eltern oder die eigene Natur. Diese Angriffslust richtet sich bald nicht mehr allein gegen Sachen, die mutwillig zerstört werden, sondern auch gegen Menschen, die gebissen oder geschlagen werden. Daneben kommen autoaggressive Akte vor und Widerstandhaltungen gegen die eigenen Ausscheidungen mit der Folge von Einnässen und Einkoten. Diese Kinder drohen, wenn sie noch einige Jahre älter geworden sind und die Pubertät erreicht haben, über die letzten Stufen der Aggressionsskala hinaus in delinquente Verhaltensstrukturen abzugleiten.

Es geht in der Hauptsache nun darum, eine geeignete Umgangsweise mit dem normalen kindlichen Trotzverhalten zu finden und pathologische Eskalationen, wie gerade angedeutet, zu verhindern. Bis zu einem gewissen Grade trotzt jedes Kind, auch dasjenige, welches an sich ein gutes emotionales Polster aus der Säuglingszeit mitbringt und schon ein recht starkes Selbstgefühl in sich verspürt. Beim Trotz ist es wie mit allen frühkindlichen, sozialen Verhaltensformen, sprich Bindung, Fremdeln, Anhänglichkeit und Loslösung. Sie treten auf, ganz gleich, wie das Kind veranlagt ist, und bis zu einem bestimmten Grad unabhängig davon, wie die Eltern darauf reagieren oder reagiert haben. Es handelt sich demzufolge um eine ganz natürliche, psychodynamisch bedingte, affektive Reaktionsweise jedes einzelnen Kindes, die zugleich ein unentbehrliches Instrument in seinem sozialen Werdegang darstellt.

An dieser Stelle möchte ich die **Trotzskala** einführen, auf die ich schon mehrfach hingewiesen habe und die den Zweck erfüllt, normal trotziges Verhalten von übermäßig trotzigem zu unterscheiden. Normal trotzig heißt, dass jedes Kind, je nach Temperament und Charakteranlage etwas unterschiedlich ausgeprägt, dieses Trotzverhalten zeigt. Impulsiv und aggressiv veranlagte Kinder trotzen in der Regel heftiger und zeigen mehr „Übersprünge" in höhere, ihnen nicht mehr gemäße Trotzkategorien als sanftmütige oder affektarme. Auch vegetative Entgleisungen, wie das plötzliche Erbrechen oder die Affektohnmacht, kommen ausschließlich bei impulsiven Kindern vor. Sanfte Kinder trotzen manchmal lautlos, allein mit mürrischem Gesichtsausdruck, oder sie brechen nur in Tränen aus.

Typische Verhaltensweisen

Normale Erscheinungen des Trotzes fallen unter die **Ziffern 1-5**. Ziffer 1 bedeutet einfaches Nicht-hinhören, Ziffer 2 (mauliges) Sich-abwenden, Ziffer 3 wütendes Aufstampfen mit den Füßen und deklamatives Weinen. Das alles zählt zu einem sehr gemäßigten Trotz. Ziffer 4 bedeutet sich laut aufheulend auf den Boden zu setzen oder hinzuwerfen, Ziffer 5 erste impulsive und wehrhafte Attacken im reinen Affekt (z.B. Umherwerfen von Gegenständen). Ein solches Verhalten kommt in der normalen Auseinandersetzung vor und dient dem Durchsetzungsdrang und Selbstbehauptungswillen des Kindes.

Ab **Ziffer 6** kommen motorische Spontanreaktionen und „Zerstörungswut" dazu, zunächst gegen Sachen, dann als Schläge gegen Personen: bei Ziffer 6 und 7 mit noch ungezielten Aktionen gegen eigenes Spielzeug oder die Eltern. Als Ziffer 8 gilt die gezielte Zerstörung von Gegenständen, als Ziffer 9 der gezielte aggressive Angriff auf die autoritär erscheinende Person oder aber auch das hochgradig affektaufgeladene Schreien. Als Ziffer 10 zählen schwere Affektreaktionen gegen Andere (unbeherrschtes Einschlagen), aber auch gegen sich selbst bis hin zum Schreikrampf und zur Ohnmacht (sogenannter Affektkrampf).

Auf wenige Male beschränkte „Übersprünge" in eine andere Kategorie und „Mischformen" sind in beiden „Abteilungen" möglich.

Tabelle 5: Die Trotzskala

Übermäßig trotzig heißt in der Skala, dass die üblichen Variationen von Affekt und Verhalten stark aggressiv aufgeladen sind und die Schwelle zur Zerstörungswut und Angriffslust überschreiten. Diese wirklich schweren Trotzreaktionen treten gewöhnlich nur im Rahmen einer erschwerten und misslingenden Loslösung auf.

Die Liste der Erscheinungsformen des Trotzes ließe sich individuell sicher noch erweitern. Ich habe nur die geläufigsten Verhaltensweisen von Kindern aufgezählt. Das typische Weinen oder deklamative Schreien ab Ziffer 4 dient der affektiven Unterstützung der Wutgefühle und ergibt jenes klassische Bild vom trotzenden Kind, das alle Menschen als Zeugen auf der Straße und in Geschäften erleben können. Das Schreien steigert sich noch, wenn die Eltern versuchen, sich mit Macht dem Trotzanfall entgegenzustellen. Im Weinen drückt sich aber auch der im eigenen Inneren des Kindes empfunden Schmerz über seine Reaktionsweise aus. Im Trotz entlädt sich immer ein konflikthaftes Geschehen beim Kind.

Drei geeignete Elternreaktionen im Rahmen von Trotzattacken sollen hier besprochen werden:

3.9.2 Akzeptanz

Ein stark trotzendes Kind befindet sich in einem psychischen Ausnahmezustand! Es muss mit besonderer Vorsicht und allem Respekt vor seiner inneren Not behandelt werden. Das ist die Grundbedingung für erziehende Eltern hinsichtlich ihrer Einstellung zum trotzigen Kind. Am Anfang steht im Umgang mit dem Trotz immer die Akzeptanz. Dazu gehört grundsätzlich auch der Versuch einer Vermeidung des „Anfalls", welcher aber bei Zweijährigen eher selten durch Aushandeln eines Kompromisses zu erreichen ist. Besser ist das vollständige Umgehen der auslösenden Situation. Gerade in weniger wichtigen Fällen sollte sich Akzeptanz auch in Nachgiebigkeit und Einlenken der Eltern äußern. Damit wird dem Bedürfnis des Kindes nach Bestimmungsmacht Rechnung getragen.

Ist der soziale Druck durch zufällig Beteiligte bei einem einsetzenden „Anfall" zu groß, bei umher stehenden Fremden auf der Straße oder im Supermarkt ist das fast immer der Fall, erscheint es geboten, das außer Kontrolle geratene Kind notfalls auch gegen seinen (starren) Willen besser abseits zu bringen und sich dort auskämpfen zu lassen. Auf diese Weise ersparen die Eltern dem Kind die allgemeine gesellschaftliche Schande und sich selbst die vermeintliche Blamage. Die ungeheure Wut, die im Kind aufgelaufen ist, braucht nämlich einige Minuten, oft auch noch länger, bis sie wieder abebbt und das Kind zur Ruhe gelangen lässt. Erst dann macht sie versöhnlichen Gefühlen wieder Platz. Diese kommen aber regelmäßig, wenn die Mutter-Vater-Kind-Bindung intakt und dauerhaft gefestigt ist. Erst jetzt sind dann auch Erklärungen für die elterlichen, eingreifenden Reaktionen möglich. Ein solches Vorgehen und Verhalten entspräche auf beiden Seiten demjenigen einer fortgesetzt „sicheren Bindung".

Das Gesagte bedeutet aber, dass es sinnlos und eher schädlich ist, in das Trotzgeschehen emotional steuernd eingreifen zu wollen. Vielleicht ganz zu Anfang eines solchen „Anfalls", wenn Eltern diesen aufkommen sehen, gelingt es ihnen manchmal, durch geschicktes Ausrichten von Aufmerksamkeit oder gezielte Ablenkung die Affekte ihres Kindes präventiv in den Griff zu bekommen. Aber sehr schnell ist ein Punkt im Geschehensablauf erreicht, welcher keine Umkehr mehr zulässt. Das liegt daran, dass das kindliche Gehirn in solchen Momenten blitzschnell von „Stresshormonen" gleichsam überschwemmt ist. Erst wenn die hormonelle Flut weitgehend abgebaut ist, können gute, versöhnliche Gefühle wieder die Oberhand gewinnen.

3.9.3 Deeskalation

Ganz konkret heißt Deeskalation: alles, was einigermaßen zu verhindern ist, sollte verhindert werden, ohne dass die Eltern deswegen dem steten Betreiben des Kindes, irgendetwas durchzusetzen, ständig nachgeben müssen. Vielmehr sollten sie grundsätzlich vorab oder aktuell im Beginn der Situation entscheiden, ob es wichtig und lohnenswert ist, dieses oder jenes Ergebnis mit „Autorität" durchzusetzen und dafür einen Trotzanfall in Kauf zu nehmen. Die den Trotz auslösenden Situationen sind ja in den meisten Fällen bekannt und gut vorauszusehen. Neben der schon besprochenen, geschickten Ablenkung zur Vermeidung von Eskalationen ist im Ausnahmefall auch das Versprechen eines verlockenden Alternativangebots erlaubt, wenn sich der Trotz wegen eines nicht zu erfüllenden Wunsches aufbaut.

Es kommt bei solchen Manövern nicht darauf an, das Trotzgeschehen ganz zu blockieren, sondern es nur in seiner unaufhaltsamen Steigerung abzumildern und abzufangen. Erträgliche Trotzerscheinungen wie Schmollen, lautes Zetern, mit dem Fuß aufstampfen, ein grimmiges Gesicht machen und ähnliches sind tolerabel und für das Kind unbedingt nötig, damit der Selbstbehauptungszweck erfüllt werden kann!

Als etwas problematisch zu werten ist das permanente Ignorieren der beginnenden Trotzreaktion. Ein solches Verhalten führt gegen alle Erwartung leicht zu einer verstärkten Provokation. Eltern erreichen auf diese Weise also das Gegenteil von dem, was sie beabsichtigten. Der Grund dafür ist, dass eine solche Strategie vom Kind leicht als Kränkung verstanden wird, verursacht durch das Gefühl von Missachtung. Im Einzelfall kann das Ignorieren jedoch tatsächlich zur Deeskalation beitragen, vor allem dann, wenn es sich beim Trotzanfall um stark übertriebene, emotionale Ausbrüche handelt. Dies trifft dann zu, wenn der Anlass im Vergleich zum Ausbruch viel zu banal ist.

Hat der Trotzanfall dann doch eingesetzt und erscheint die Situation vollkommen verfahren, ist es zuweilen besser, den Fortgang des Geschehens, sofern es möglich ist, einer anderen Vertrauensperson zu überlassen, um nicht selbst durch Impulsivität übergriffig gegen das Kind zu werden. Das Schlagen der Eltern lehrt das Kind durch Imitationsverhalten, selbst zu schlagen, was nur zur fortgesetzten Eskalation führt. Ein solches Lernen am Modell sollte unbedingt verhindert werden. Auf die erzieherische Wirkung des Vorbilds und auf das Imitationslernen wird noch zurückzukommen sein.

An dieser Stelle soll nur ein kurzer Blick auf die Folgen elterlicher Gewalt geworfen werden: Kinder schlagen im Affekt oft sofort zurück. Diese Reaktion ist als eine unbeabsichtigte, rein reflektorische Handlung zu verstehen, die nicht das Ziel hat sich zu rächen. Um sie zu unterbinden, bedienen sich die Eltern gewöhnlich eines weiter gesteigerten, offensiv-aggressiven Verhaltens ihrerseits. Das führt in vielen Fällen zu noch stärkeren Schlägen und schlimmeren Formen der Gewaltanwendung. Damit wird eine Spirale der Gewalt ausgelöst, in die das Kind auf unschuldige Weise aktiv mit einbezogen wird.

Dabei wird der Widerspruch im elterlich erzieherischen Verhalten eklatant, weil das Gegenteil von dem geschieht, was erreicht werden sollte. Es ist davon auszugehen, dass dieser Widerspruch intuitiv vom Kind erkannt wird. Er führt dazu, dass im Sinne des impliziten, also unbewussten Lernens der gewalttätige Angriff blitzschnell ins eigene Verhaltensrepertoire übernommen wird. Schließlich besitzt das Kind im Rahmen des eigenen Aggressionstriebs die genetische Voraussetzung für den Einsatz motorisch aggressiver Verhaltensweisen. Diese sind als präformierte Handlungskomplexe bereits im Erbgut codiert und äußern sich in Form von Schlagen, Beißen, Kneifen, Treten, an den Haaren ziehen, Umstoßen Kleinerer und Schwächerer, und vieles mehr. Solche Verhaltensweisen werden normalerweise nur im Rahmen der Rivalität unter Altersgleichen eingesetzt. Im entgleisenden Erziehungsverhalten der Eltern erfolgt jedoch die – letztlich ungewollte – Legitimation, sie auch zur Verteidigung gegen angreifende Erwachsene anzuwenden. Wenn das Kind aus Angst vor weiterer Gewalt der Eltern nicht gleich zurückschlägt, so merkt es sich diese Methode der aggressiven Durchsetzung aber gut und wendet sie bei nächster Gelegenheit gegen andere an, vor allem gegen Schwächere im Rahmen der Rivalität.

Solche rein kämpferischen Verhaltensformen, wie ich sie eben aufgezählt und als ursprünglich dem Rivalitätsgeschehen zugeordnet habe, sind durch die Urgeschichte der Menschheit in sein genetisches Programm übernommen worden. Da sie in der zivilisierten Welt in dieser Form nicht mehr benötigt werden und anderen Strategien der Auseinandersetzung Platz gemacht haben, kommt es nicht mehr darauf an, den Kindern diese Kampfhandlungen zu erhalten oder sogar noch beizubringen. Im Gegenteil, in der Erziehung wird man versuchen müssen, durch eigenes Vorbild gestützt, ihnen andere und bessere soziale Verhaltensmuster für das Zusammenleben in der Gesellschaft zu vermitteln. Gemeint sind hierbei vor allem das verbale Aushandeln von Kompromissen, der gerechte Tausch, das Sich-abwechseln beim Spielen und bei der Erledigung von Pflichtaufgaben, den Verzicht üben auf einen unberechtigt vorteilhaften Anspruch, das mitleidsvolles Handeln, die Entschädigung eines Geschädigten, usw. In den weiteren Kapiteln wird auf diese hoch komplizierten, sozialen Verhaltensformen im Einzelnen einzugehen sein. Bestimmte alters- und entwicklungsgebundene, emotionale und soziale Voraussetzungen müssen hierfür erst geschaffen sein.

Aggressives Übergriffigwerden von den Eltern verbietet sich also aus pädagogischen wie auch aus humanitären Gründen, denn das Kind als der immer Unterlegene in der Auseinandersetzung endet generell als das Opfer. Dagegen muss dem Kind selbst bis zu einem gewissen Grade körperliche Wehrhaftigkeit zugestanden werden, da sie bei ihm als genetische Anlage gleichsam automatisch in Erscheinung tritt und erst durch Vorbild und Erziehung korrigiert werden muss. „Rauferei" unter Gleichaltrigen gehört unter diesen Bedingungen ohne Frage zum ganz normalen Verhaltensrepertoire des Kindes und ist, solange sie sich im Bereich der Harmlosigkeit abspielt, zu tolerieren. Von diesem Verhalten aus sollte sich aber der Weg zur Gewissensbildung herausbilden, der einmal jegliche Anwendung von Gewalt abschneidet.

3.9.4 Intervention

Nicht zu einer aggressiven Übergriffigkeit durch die Eltern, sondern zum üblichen Verhaltensrepertoire im Rahmen der Erziehung gehören drei Reaktionsformen, die als menschtypisch anzusehen sind und zur sozialen Regulation dazugehören („**interventionelle Trias**"). Genau genommen handelt es sich dabei um Formen einer „Übermächtigung" des Kindes seitens der Eltern (oder anderer Erzieher). Sowohl die Eltern, als auch das Kind müssen diese notwendigen, sozialregulativen Eingriffe akzeptieren und in sich verankern. Gemeint sind das Drohen, das Schimpfen und das „soziale Trennen" bzw. die Auszeit.

a) **Drohen**: Auch im Tierreich gibt es die Drohgebärden zur Markierung eines territorialen Anspruchs oder zur Demonstration zugelassener Nähe oder geforderter Distanz. Das Drohen dient als Verhaltensregulativ für die sozialen Beziehungsstrukturen. Ausgeführt wird es hauptsächlich mit der Mimik, z.T. aber auch mit der Gestik. Schon im Rahmen des Referenzierungs-Interaktionsmodus (Lemche 2002, s.o.) bei der beginnenden Loslösung des Kindes (und sogar noch früher in der Säuglingszeit beim Appropriations-Interaktionsmodus) spielte die Mimik eine entscheidende Rolle im dyadischen Verbund für das Zeigen von Ärger oder Enttäuschung. Das weglaufende Kind versicherte sich durch Zurückblicken zur Mutter von deren Unbesorgtheit, die es ihrem aufmunternden Gesichtsausdruck zu entnehmen suchte (vgl. auch „sichere Basis", Renggli, s.o.). Umgekehrt führte ängstlich besorgte oder ärgerliche Mimik bei der Mutter ganz ohne jegliche Worte zum Abbruch der vom Kind begonnenen Handlung. Dieses Prinzip findet beim Trotzen in der elterlichen Reaktion seine Fortsetzung. Allerdings muss die Mimik den Situationen entsprechend etwas ausdrucksvoller und „abschreckender" sein. Schließlich soll ein inakzeptables Handeln abgewendet werden.

Hierbei spielt gerade auch der Blick eine ganz besondere Rolle. Der **böse Blick**, der schon im Säuglingsalter das Kind beeindruckt hat und zuweilen sogar Weinen auslöste, zumindest aber ein Wegblicken und Sich-abwenden, bekommt jetzt eine klar formulierte Aufgabe, nämlich die Verhinderung einer vom Kind beabsichtigten Tat. Ebenso gehört das Stirnrunzeln zu einer solchen mimischen Bremse wie auch das heftige Kopfschütteln. Nicht gemeint ist in diesem Zusammenhang eine verbale Äußerung mit der Androhung von Strafe.

b) **Schimpfen**: Auch das Schimpfen gibt es schon im Tierreich, und zwar als Warnruf oder Gebrüll, bzw. Gezeter z.B. bei Primaten, anderen Säugern oder auch Vögeln. Beim Menschen drückt sich Schimpfen auf zweierlei Weise aus. Zum einen durch eine klare Änderung der Stimmführung, bzw. Lautstärken-änderung (Prosodie). Zum anderen durch einen spezifischen verbalen Inhalt (Rhetorik). Den verbalen Inhalt der strengen und ärgerlichen „Botschaft" mag das Kind nicht immer gleich verstehen, den Tonfall, mit dem diese vor-getragen wird, aber sofort weil intuitiv. Das Kind wirkt unmittelbar beein-druckt. Je nach bereits erworbener Selbstsicherheit hält das Kind in seinem Tun inne und richtet sich nach der verbal vorgetragenen Aufforderung, die entweder ein Verbot oder ein Gebot beinhaltet. Manchmal erschrickt es so-gar und fängt auf der Stelle an zu weinen. Auf jeden Fall erreicht die Mutter oder eine andere erziehende Person, dass das Kind sich nicht mehr gemäß seinem eigenen Wunsch und Willen verhält, sondern gemäß den Aufforde-rungen der in die aktuelle Situation eingreifenden Person. Schimpfen ver-braucht sich relativ leicht, was zu einer schnellen Abnutzung führt. Eltern dürfen es nicht inflatorisch anwenden. Übrigens kann auch ein kurzer und energischer „Anruf" die ganze Wirkung des Schimpfens entfalten.

c) **Soziales Trennen („Auszeit")**: die Maßnahme des Fortschickens oder auch selbsttätig Forttragens, um das widerspenstige Kind wenigstens eine Zeitlang außerhalb der sozialen Gemeinschaft zu stellen, ist im Wesentlichen eine rein menschliche Eigenschaft. Ihre Wirksamkeit basiert im Grunde auf einer Ein-schränkung des kindlich emotionalen Bedürfnisses, möglichst immer „dabei zu sein" und im Mittelpunkt des Geschehens zu stehen. Das Kind versucht grundsätzlich, die ganze Aufmerksamkeit auf sich zu ziehen, weil Aufmerk-samkeit ihm eigene Bedeutung und Wichtigkeit suggeriert. Beide sozialen Attribute stärken erheblich das sich entfaltende Selbst. Entgehende Auf-merksamkeit wirkt auf das Kind beinahe wie eine seelische Verletzung. Bes-tes Beispiel hierfür ist folgende allgemein bekannte Situation: Während die Mutter längere Zeit mit einer anderen Person telefoniert, wird sie permanent vom Kind bedrängt, das auf diese Weise versucht, sie im Gespräch zu unter-brechen, damit die mütterliche Aufmerksamkeit wieder ihm selbst gilt. Die Irritation des Kindes darüber, dass seine Mutter mit einem Hörer spricht, kommt noch erschwerend hinzu.

Soziales Trennen ist für das Kind eine harte Maßnahme und sollte nur im äußersten Notfall eingesetzt werden. Ein Einsperren des Kindes ist generell verboten und Teil der sogenannten schwarzen Pädagogik. Das Kind muss die Möglichkeit haben, sobald es sich beruhigt hat und sein „Schmollen" beendet, ungehindert zur Mutter oder einer anderen, erziehenden Person zurückzukehren und um Trost und Verzeihung zu ersuchen. Dieses Bedürfnis nach **Versöhnung** tritt über kurz oder lang regelmäßig ein (manchmal nach kaum einer Minute), wenn die sozialen Grundbeziehungen noch intakt sind. Der Rückkehr sollte von Seiten der Eltern gebührend und mit eindeutig positivem Kommentar Beachtung geschenkt werden. Dabei ist zu betonen, dass der Wunsch nach emotionaler „Wiedervereinigung" und „Wiedergutsein" prinzipiell vom Kind ausgehen sollte und nicht von den Eltern und Erziehern. Das Kind darf nicht den Eindruck bekommen, die Eltern hätten den Fehler begangen und müssten um Verzeihung bitten.

Ohne nun auf die Vielzahl der Einzelsituationen im Detail eingehen zu können, sollte festgestellt werden, dass die hier erstellte Trias des erzieherischen Eingreifens in aller Regel genügt, ein nicht erwünschtes Handeln des Kleinkindes (bei Säuglingen genügt ein mimisches Drohen) zu bremsen oder eine drohende Trotzreaktion und oppositionelle Handlung, wenn erforderlich, zu unterbinden. Ist der Trotzanfall aber vollständig zum Ausbruch gekommen, hilft gewöhnlich nur noch die letzte Maßnahme, das soziale Trennen, denn jedes Schimpfen oder jeder Beschwichtigungsversuch lässt das Kind sich allzu häufig weiter in die Wut hineinsteigern.

Als falsch ist zu werten, in einem solchen Moment das Kind durch plötzliche und zusammenhangslose Zuwendung zur Aufgabe seiner Trotzhaltung bewegen zu wollen. Diese gezielte Nachgiebigkeit käme geradezu einer Regelverletzung seitens der Eltern oder Erzieher gleich, denn auch das Kind schafft sich ein Regelverständnis und möchte, dass es von den Anderen geteilt wird. Die Erfahrung im Zusammenleben mit seinen Eltern lehrt das Kind, was es darf oder soll und was es zu unterlassen hat. Verstößt es dagegen, erwartet es von seinen Eltern konsequentes Handeln in Form einer Kritik. Unterbleibt diese und reagieren die Eltern sogar paradox, sieht es seine Regel verletzt und ist irritiert.

Erklärungen für sein erzieherisch eingreifendes, und damit im Effekt übermächtigendes Handeln sollten Eltern und Erzieher(innen) immer erst nach der Beruhigung des Kindes abgeben, und das auch nur in den aller einfachsten Worten. Eine regelrechte Entschuldigung beim Kind für eine eigene Überreaktion sollte nur selten einmal vonnöten sein. Sie dient nur der eigenen Beruhigung, denn von einem Kind auf dieser Entwicklungsstufe wird sie noch nicht richtig verstanden.

Lässt sich das Trennen nicht durchführen, weil sich das Kind dabei in Raserei steigert, können Eltern und Erzieher(innen) nur den Spieß umdrehen und sich selbst vom Kind entfernen, immer verbunden mit dem Signal, die Wiederannäherung und Versöhnung sofort zuzulassen. Die Freigiebigkeit von Seiten der erziehenden Erwachsenen, die Versöhnung sofort zuzulassen, ist die Voraussetzung für das Kind, jene wichtigen Sozialmechanismen der eigenen Reue und des Verzeihungswunsches zu entwickeln. Beides sind entscheidende Funktionen in der bald einsetzenden Regulation aggressiver Konfliktauseinandersetzung. Auf derart komplex soziale Interaktionen komme ich im übernächsten Kapitel zu sprechen. An dieser Stelle möchte ich aber schon die Aufmerksamkeit darauf richten, dass bereits auf so früher Stufe spezielle, soziale Verhaltensweisen ins Leben gerufen und erprobt werden, die dann ein Leben lang von größter Bedeutung sind. Grundsätzlich muss jede erzieherische Maßnahme so gestaltet sein, dass das Kind letztlich einen Vorteil für sich selbst darin erkennen kann (wenn auch vielleicht nicht sofort) und keinesfalls nur einen Nachteil darin erlebt, wie es z.b. durch eine simple Abstrafung der Fall wäre. Die erziehenden Erwachsenen, allen voran die Eltern, haben die – bislang noch nirgendwo deklarierte – Pflicht, die Kinder so zu erziehen, dass sie in deutlichem Vorteil für ihr eigenes Selbst aus der Erziehungsmaßnahme hervorgehen. Aus der Sicht des Kindes betrachtet handelt es sich um ein Menschenrecht.

Nur im Einzelfall, um das schon im Hinblick auf die Fremdbetreuung zu erwähnen, kann einmal die zeitweilige Unterbringung des Kindes in einer Spielgruppe die Häufung von Trotzanfällen zu Hause abmildern oder sogar kompensieren. Dies gilt vor allem für Einzelkinder, die immer häufiger Zeichen der modernen Kleinfamilie sind und die durch das Fehlen des Vaters (sehr selten der Mutter) viel leichter in die Situation der erschwerten Loslösung geraten. Die Voraussetzung für einen solchen einschneidenden Schritt ist aber, dass das Kind ausreichend Selbstbewusstsein besitzt und die Ablösung von der Mutter, bzw. dem Vater sanft vonstatten geht (s.u.).

3.10 Auswirkungen der Rivalität im Kleinkindalter

Ich möchte nun auf den Umgang mit den **Rivalitätskonflikten** in Kinderzimmern oder auf Spielplätzen zu sprechen kommen. Wegen der großen Vielfalt der Möglichkeiten kann keinesfalls jede Konfliktkonstellation im Detail besprochen werden. Insbesondere muss ich aus Gründen der gebotenen Beschränkung die spezielle Rivalitätsproblematik in den sogenannten Patchwork-Familien außen vor lassen. Es sollen auch nur allgemeine, situative Verläufe geschildert werden und dabei sinnvolle, elterliche Eingriffsmöglichkeiten zur Sprache kommen.

Zunächst ist es vielleicht wichtig noch einmal zu erwähnen, dass die Rivalität unter Kleinkindern umso größer wird, je näher sich die Kinder verwandtschaftlich stehen und je geringer ihr Altersabstand ist. Das Geschlecht spielt einstweilen noch keine so große Rolle, was sich mit Hinzukommen der sexuellen Prägung und Geschlechtsidentifikation im Kindergartenalter aber ändern wird. Demzufolge wäre der größte Rivale das Zwillingsgeschwister. Aber gerade das lässt sich nicht immer bestätigen. Offenbar gibt es unter Zwillingen so etwas wie einen angeborenen Rivalitätsschutz. Hingegen sind einfache Geschwister in geringem Altersabstand in der Regel große Rivalen. Die meisten Eltern erleben die Auswirkungen der Rivalität zum ersten Mal sehr deutlich, wenn das Geschwisterkind anfängt, sich seinen Platz im Kinderzimmer oder auf dem elterlichen Schoß zu erobern.

Rivalität entsteht durch Sorge vor Verlust an Selbstanteilen. Die unbeeinträchtigte Entwicklung des Selbst ist im Kleinkindalter das absolut vorrangige, psychosoziale Ziel. Alles, was der Selbstaufwertung dient, ist willkommen und wird zusammen mit den positiven Aufwartungen durch die äußere Umwelt begierig in die innere Welt integriert. Alles, was das Selbst abwertet, ist hingegen bedrohlich und wird zu externalisieren, das heißt auszuschließen versucht. Fortan werden Situationen, die eine Abwertung erwarten lassen, von vorn herein gemieden. Auf das Ausnutzen dieses Vermeidungsbedürfnisses bei Kleinkindern greifen viele Erziehungsprinzipien zurück, die auch schon im Alter früher Selbstentfaltung mit Vorliebe angewandt werden. Denn sie erweisen sich von Anfang an als sehr wirksam. Ich denke an solche Praktiken wie z.B. ein Kind vor der Gruppe negativ Herausstellen oder es sich in die Ecke stellen lassen.

Ein derartiges Ausnutzen kindlicher Ängste vor Verlust an Selbstanteilen zu Erziehungszwecken ist überaus schädlich, weil es sich bei dem angewandten Prinzip nicht nur um eine simple Erziehungsmaßnahme handelt, sondern immer auch um eine schwerwiegende Kränkung seiner Seele. In konkreter Form gemeint sind auch demütigende Kommentare, Verächtlichmachung des Handelns, Erniedrigung durch diffamierende Vergleiche mit anderen, angeblich besseren Kindern, offenkundige Hervorhebung kindlicher Schwächen, simple autoritäre Übermächtigung, körperliche Züchtigung jedweder Art (auch Klapse auf die Finger und den Po), Anschreien, Einsperren und vergleichsweise schlimmere Dinge, die Liste ist bezeichnenderweise ellenlang (s.u. bei der Besprechung von Strafe). Besonders belastend wirkt sich aus, wenn Eltern ihre Kinder herabmindernden Kommentaren unterziehen, oder ihre Schwächen vor den Anderen entweder aus Erziehungszwecken, oder in bestrafender Absicht herausstellen.

Allerdings sind auch die Kinder untereinander nicht gerade zurückhaltend damit, was das Erlangen von Selbstvorteilen angeht oder die Chance zur Selbstaufwertung. Aufwertende Vergleiche mit anderen Kindern aus dem Mund von Erwachsenen werden schnell ins Selbstbewusstsein übernommen, abwertende Äußerungen über andere ebenso. Beide Aussagen werden dann gerne repliziert. Trickreiches Anschmeicheln bei Eltern und Erzieherinnen zur Verbesserung der eigenen Position in der Gruppe ist gängige Praxis. Auch Elemente einer frühen Aggression werden gerne dem bisherigen Verhaltensspektrum hinzugefügt. Vor allem dann, wenn ein Kind aus dem Zwei- oder Dreimächtekonflikt ziemlich regelmäßig als Unterlegener hervorgeht, und sein Selbst bereits in der Entstehung erschüttert sieht, greift es verstärkt zu aggressiven Mitteln in seinem Verhalten, um über diese eine bessere Selbstbewertung zu erzielen. Jede Form von Macht und Stärke ist ihm hierzu willkommen. Die dringend angestrebte Selbstaufwertung erzwingt ein Kind noch ohne innere Skrupel und gerne auch auf Kosten unterlegener Kinder.

Im Einzelfall kommen neben verbalen Schmähungen (das Nachäffen) in diesem Zusammenhang auch provokative Handlungen vor. Beispielsweise weisen sich solche Kinder dadurch aus, dass sie diejenigen sein müssen, die beim Verteilen von Spielzeug immer das Beste bekommen wollen, die beim Essen zuerst ihren Teller erhalten wollen und den dann besonders voll machen, oder die immer die größten Geschenke für sich beanspruchen. Solche Kinder behaupten auch gern von sich, die besten Eltern zu haben, wenn es um einen Vergleich ihrer Familien geht. Es gibt Kinder, die im Rahmen solcher Statusabgleiche in der Gruppe häufig ein penetrantes Imponiergehabe zeigen oder enorm „aufdrehen" und sich wichtig machen. Diese Kinder spielen häufig den Gruppen-Clown.

Alle Sachwerte, insbesondere auch das eigene Spielzeug, werden in der Situation der Rivalität als selbstaufwertende Attribute angesehen und eingesetzt, wie jeder „Besitz" überhaupt oder persönliche „Gaben", z.B. auch gute Kleidung oder ein neues Rädchen. Aber ebenso werden das eigene, nette Aussehen, erfolgreiche Sozialkontakte, eine errungene Anführerschaft, gute verbale Ausdrucksfähigkeit, hohe körperliche Gelenkigkeit und geschickte Motorik, aber auch Musikalität und zeichnerisches Talent als positives Attribut gewertet und als Trumpf verwendet. Das wären dann die ersten ideellen Werte. Eigentlich werden alle Fähigkeiten, auf die die Eltern als Bezugspersonen besonderen Wert legen, und die das Kind zugleich an sich selbst wahrnimmt, zur persönlichen Aufwertung benutzt und beinahe rigoros eingesetzt (siehe auch positive Selbstattribute weiter oben), um sich in der Gruppe einen höheren Rang zu sichern. Auf die Interessen anderer Kinder wird dabei wenig oder gar keine Rücksicht genommen.

Auf Grund der eigenen Willenskraft und sicher auch der körperlichen Überlegenheit werden daher Spielsachen anderen, erkennbar schwächeren Kindern häufig einfach aus der Hand gerissen, um sie für sich selbst zu beanspruchen. Oder unbeholfene, unsichere Kinder werden schlicht übervorteilt, in dem das stärkere Kind sich in den Vordergrund spielt. Das beliebte Vordrängeln rührt aus solchen Selbsterfahrungen. Gerade das Vordrängeln sieht man immer wieder auf Spielplätzen an den Spielgeräten oder bei den ersten Regelspielen im Kindergarten. Über die Methoden der Auseinandersetzungen speziell in den Kinderzimmern, wenn Eltern das Geschehen nicht kontrollieren, hatte ich bereits gesprochen.

Man könnte boshaft meinen, unter den Kindern herrsche ein erbarmungsloser, sozialdarwinistischer Verdrängungskampf. Bis zu einem gewissen Grade ist das tatsächlich so, nur darf man die hierzu angewandten, kindlichen Verhaltensformen in ihrem Erscheinungsbild nicht überbewerten und z.B. nicht mit dem gezielt antisozialen Verhalten wesentlich älterer Kinder und Jugendlicher gleichsetzen. Zwar spielt auch beim Handeln von Kleinkindern mehr und mehr schon ein aggressiver Impuls mit hinein und unterstützt neben der als obligat anzusehenden Verteidigungshaltung auch die – vorläufig noch vorsichtige – Angriffshaltung. Jedoch handelt es sich im Gegensatz zu den heranwachsenden Jugendlichen um vergleichsweise harmlose Methoden, welche gleichzeitig auch gut dazu geeignet sind, Sozialverhalten im Allgemeinen zu verstehen, zu erlernen und einzuüben. Solche Verhaltensweisen müssen also nicht unbedingt und in jedem Fall gleich angeprangert und erzieherisch ausgetrieben werden.

In den nächsten Absätzen möchte ich mich mit konkreten Hinweisen und Empfehlungen zum Umgang mit der Rivalität für Eltern und Erzieher(innen) beschäftigen. Vorweg sollte aber noch eine allgemeine Erklärung zur Frühpädagogik in diesem Zusammenhang gesagt werden: **Jedes Eingreifen in die frühkindlichen Auseinandersetzungen, welche dazu geeignet ist, das gerade entstehende, kindliche Selbst nachhaltig zu schädigen, sollte generell unterbleiben.** Alle erzieherischen Eingriffe müssen dagegen so gestaltet sein, dass das „erzogene" Kind einen persönlichen Vorteil aus der Maßnahme ablesen kann und diese nicht als Nachteil für sich selbst erlebt. Das gilt auch für alle erzieherischen Maßnahmen zu einem früheren Zeitpunkt, wie z.B. bei heftigem Trotz oder beim wütenden Widerstand des älteren Säuglings und kleinen Kleinkinds.

Wie könnten sich Eltern also ideal im turbulenten Kinderzimmer verhalten? Ganz einleuchtend, wenn auch etwas übertrieben, ist vielleicht der Vergleich mit den UNO-Blauhelmsoldaten in Krisengebieten der Welt. Im Vordergrund steht dort wie hier die Deeskalation der Geschehnisse. Eltern sollten sich hüten vor einer allzu klaren Parteinahme. Selten ist Klärung der Situation in schuldig und unschuldig möglich und wahrscheinlich auch (noch) gar nicht nötig. Grundvoraussetzung für ein Schuldbewusstsein ist ein empathisches Sich-hinein-fühlen-können in den anderen, unterlegenen Menschen, als das Opfer. Dieser Bewusstseinsschritt ist somit an erste Moralvorstellungen und Gewissenregungen gekoppelt. In der Entwicklungsphase, mit der wir uns hier beschäftigen, ist der Schuldbegriff aber noch allein ein Ergebnis von Verursachung. Anforderungen an ein Verständnis von gesellschaftlichen Werten und Normen und von einem existenten Verantwortungsgefühl für andere, also Ansprüche an die Tugendhaftigkeit des Kindes, setzen Vernunft und Verstand voraus, Fähigkeiten, die sich erst langsam aufzubauen beginnen. Noch sind sie aber nicht vorhanden. Ein alltägliches Beispiel zur Illustration des Problems sei an dieser Stelle wieder geschildert.

5. Fallgeschichte

Carsten, etwa drei Jahre alt, nimmt im Sandkasten einem anderen Kind das Schüppchen weg. Er tut es vielleicht nur deshalb, weil dieses Schüppchen seit einiger Zeit achtlos herumgelegen hat, und er dieses Instrument zum Graben dringend gebrauchen kann. Da den Kindern altersgemäß Eigentumsverhältnisse unbekannt sind, hat Carsten auch keinen Grund gesehen, den Besitzer der Schaufel erst einmal zu fragen. Er nimmt sich, was er glaubt, nehmen zu dürfen, und zwar aus dem einfachen Grund, dieses Schüppchen zu brauchen. Nun protestiert das andere Kind, dem das kleine Grabgerät (faktisch) gehört, weil es in diesem Moment bemerkt, eines Sach-Attributs (die schöne, vielleicht sogar neue Schaufel) verlustig zu gehen. Doch den drohenden Verlust erkennt es erst, als es den potenziellen Entweder Carsten mit seinem „eigenen" Schüppchen hantieren sieht. Das „bestohlene" Kind wähnt sich nun „im Recht", und beansprucht auch ohne vorheriges Verhandeln, sein Schüppchen zurück, notfalls mit Gewalt. Dabei kommt es zur Rangelei, weil auch Carsten auf seinem vermeintlichen Recht besteht, das nützliche Gerät behalten zu dürfen. Carsten unterliegt jedoch, bekommt auch noch einen Schlag auf den Kopf und fängt an zu weinen. Nun stehen Mutter oder Vater da und sollen den Streit schlichten.

Jeder erwachsene Beobachter dieser Szene wird vermutlich spontan dem Besitzer des Schüppchens Recht geben und ihn in seinem Tun bestärken wollen. Aber ist das gerecht? Tatsache ist, dass der kleine Besitzer im entscheidenden Moment sein Schüppchen nicht gebraucht hat und es sogar achtlos hat herumliegen lassen. Seines Besitzertums ist er erst in dem Moment gewahr geworden, als ein anderes Kind sein Auge auf diesen Gegenstand geworfen hat. Das tat das andere Kind, nämlich

Carsten, prinzipiell mit dem gleichen Recht, das auch der Besitzer für sich in Anspruch nimmt, denn notwendiger Gebrauch ist ebenso ein elementares Recht wie Besitz (jedenfalls in der Vorstellungswelt der Kinder). Insbesondere wird der zweckmäßige Gebrauch dann zum Recht, wenn dem ausgewiesenen Benutzer gar nicht bekannt sein kann, dass a) solche Eigentumsrechte überhaupt existieren, und b) diese dann als vorrangige Rechte von einer tatsächlichen Benutzung unabhängig existieren. Wahrhaftig ein Dilemma! Wie sollen Eltern das jetzt dem auch noch unterlegenen und dabei geschlagenen Kind klarmachen? Dieses wird denken: „wieso darf ich die Schüppe nicht benutzen, wo sie doch achtlos herumliegt, und wieso werde ich für meine Tat gleich zweimal bestraft? Zum einen schlägt mir der Besitzer auf meinen Kopf, zum anderen werde ich auch noch von seiner Mutter ausgeschimpft."

Es gibt auch die ganz anders denkenden Eltern, die meinen, mit ihren Kindern von Anfang an am Aufbau von Toleranz und dem Altruismus arbeiten zu müssen. Diese erwarten von ihren Kindern, dass sie das Utilitarismusprinzip (Recht des Gebrauchs) schon verstehen könnten und in besagtem Fall ihr Schüppchen dem anderen Kind doch für den Gebrauch freiwillig überlassen sollten. Dieses Vorgehen findet das eigene Kind jedoch alles andere als gerecht, denn es handelt sich schließlich um seinen Besitz, und es fühlt sich von seinen eigenen Eltern verraten. Es hat das Gefühl, die eigenen Eltern fielen ihm in den Rücken. Dadurch sieht es sich in seinem Selbst beschnitten und abgewertet, ein Empfinden, das Kinder dieses Alters generell nicht vertragen können und schnell mit Trotz beantworten. Der Gewinn an Selbstwert allein ist Recht auf einen Gegenstand, so jedenfalls empfindet das Kleinkind. Ein Kind hat in diesem Alter und auf dieser Entwicklungsstufe vermeintlich immer Recht. Das Angebot einer mit einem Toleranzverhalten verbundenen, idellen Aufwertung des Selbst kann ein zwei- oder dreijähriges Kind noch nicht begreifen und erscheint ihm demzufolge wertlos.

Wie könnten sich die Eltern nun günstiger verhalten, welche Reaktionen könnte man ihnen aus tiefenpsychologischer Sicht empfehlen? Eingedenk der Tatsache, dass in der geschilderten Situation beiden Kontrahenten juristisches Recht noch unbekannt ist, beide aber schon rein intuitiv so etwas wie ein Gerechtigkeitsempfinden (s.u.) wahrnehmen, gibt es eigentlich keine optimale Lösung. Da bleibt den Eltern nur die Wahl zwischen dem harten Eingreifen, das darin besteht, die Kampfhähne einfach zu trennen, und der (weichen) Kompromisslösung, die darin besteht, das Kind, welches das Nachsehen hat, mit etwas Anderem zu entschädigen. Letztere ist aus pädagogischer Sicht wahrscheinlich die günstigere Lösung. Das Kind, das den Erfolg davonträgt, darf dafür allerdings nicht noch besonders belohnt werden. Grundsätzlich wird man sich damit abfinden müssen, dass es in diesem Stadium keineswegs immer die elegante Lösung gibt, die allen Beteiligten gerecht würde.

Jedes Kind erwartet ohne weiter nachzudenken, dass seine Mutter, bzw. sein Vater ihm zur Seite steht, wodurch es sich allein schon aufgewertet fühlt. Es möchte nicht, dass seine Eltern auf die Interessenlage des anderen Kindes schauen und es selbst auch noch auf diese hinweisen. Wahrscheinlich ist es das eben angesprochene, vorläufig jedoch noch rudimentäre (Selbst-)Gerechtigkeitsempfinden, das ihm diesen eigenen Vorteil vorgibt. Einem solchen kindlichen Anspruch unterwerfen sich Eltern jedoch oft nur ungern, da sie den Anspruch an sich selbst haben, das fehlende Rechtsbewusstsein beim Kind durch Einfordern von (letztlich nicht altersgemäßem und übertriebenen) Altruismus ausgleichen zu müssen. Genau das kränkt das eigene Kind und macht den aufkommenden Konflikt perfekt. Der Streit im Kinderzimmer erscheint oft zwar gelöst, aber zu dem Preis, dass ein Kind von beiden nun stundenlang schmollt.

Zwei Begriffe in diesem Zusammenhang sollten jetzt genauer untersucht werden: Erstens der des **Kompromisses,** den unser rationales Denken als Inbegriff des Gerechten ansieht, und der des **Tauschs,** den man in der Anthropologie gerne als ein überwiegend vorzeitliches Instrument zum Ausgleich von wechselseitigen Ansprüchen oder drohenden Konflikten einstuft. Das Kind erkennt im Kompromiss, der letztlich ein Teilen der Ansprüche bedeutet, vorläufig nur einen Nachteil und noch keinen eigenen Gewinn. Diese Einschätzung gilt hingegen für das Kind nicht im Hinblick auf den anderen Beteiligten, den es in widersinniger Weise sogar bevorteilt wähnt. Das liegt daran, dass beim Kleinkind ein vom Materiellen abgehobenes, rein ideelles Wertegefüge noch nicht existiert. Vielmehr besteht das Kind auf den Tausch, denn aus dem Tausch ergibt sich praktisch ein Gewinn für jeden, eine Lösung, die es beinahe regelmäßig akzeptiert. Dabei ist es dem Kind gleichgültig, ob der Tausch in sachlichem Gegenwert ausgeglichen und damit faktisch gerecht ist. Da das Kind gerade den persönlichen Wert einer Sache ebenso hoch einschätzt wie den tatsächlichen, materiellen, ja vielleicht sogar noch höher, wenigstens solange es noch keinen Geldwert kennt, kann auch ein ungerechter Tausch sinnvoll und gewinnbringend sein. Konkret gesagt: der übrig gebliebene Lutscher vom unlängst vergangenen Kindergeburtstag kann ebenso attraktiv erscheinen wie ein kleines Spielzeugauto und würde daher mit Freude eingetauscht.

Welche Gerechtigkeit, das muss gefragt werden, beschwören Erwachsene wirklich, wenn sie versuchen, solche Tauschgeschäfte zu verhindern? Es handelt sich doch lediglich um ihre eigene, konstruierte Gerechtigkeit, die sich aus einem komplizierten Gefüge von ideellem und materiellem Wert zusammensetzt. Solche Gedankengänge kann ein Kleinkind auch auf lange Sicht noch nicht nachvollziehen. Im Kinderzimmer oder auf Spielplätzen kommt also der Tausch immer besser an, als der elterliche Anspruch an das Teilen, bzw. an den Kompromiss.

Ich möchte an dieser Stelle im Vorgriff auf das letzte Kapitel schon einmal kurz auf die Gewissensentwicklung zu sprechen kommen, denn alles, was im weiteren Verlauf zu diesem Thema gesagt wird, hängt auf vielfältige Weise bereits mit den Anfängen des Gewissens zusammen. Gewissen ist in der Altersklasse des Kleinkindes, ebenso sehr wie die Vernunft, vorläufig noch eine aus wenig ausgefeilten Grundlagen bestehende, angeborene Eigenschaft oder Fähigkeit des Menschen zu einsichtigem Handeln. Die Evolution des Menschen hat dahingehende Spuren in den Erbanlagen höchstens als eine Verhaltensschablone entstehen lassen. Wie diese Spuren in den Erbanlagen im Einzelnen zu beschreiben sind, ist derzeit noch vollkommen unbekannt. Beide eminent wichtigen, sozialregulativen Eigenschaften des Menschen müssen in der Kleinkindphase Schritt für Schritt auf dem Boden dieser Erbanlagen psychosozial und kognitiv aufgebaut werden. Dabei spielt neben dem emotional integrativen Bindungsgeschehen sowie dem elterlichen Vorbild auch die gezielt demonstrierte Konfliktlösungsstrategie in der Interaktion und Gruppendynamik eine wichtige Rolle.

Bei allen sozial regulativen Vorgängen formt das Gewissen die emotionale Seite der Sozialverträglichkeit durch Äußerung von Einfühlsamkeit, Mitleid und Fürsorge für den Anderen. Die Vernunft spielt hierzu den kognitiven Gegenpart und entpuppt sich konkret in der Zurücknahme des Egoismus zugunsten von Vorrechten des Anderen und der Gemeinschaft, sowie auch zugunsten einer höheren Sinnhaftigkeit des Daseins.

Grundlagen für derartige erkenntnishaften Vorgänge im menschlichen Gehirn bildet die Unterwerfung des Kindes in eine durch Gesetze geregelte und in einem allgemeinen, übergeordneten Recht geformte Gesellschaftsstruktur. Hier im Kleinsten in den Auseinandersetzungen zwischen den Kindern selbst einerseits, sowie in dem größeren sozialen Beziehungsgefüge andererseits, das heißt im erzieherischen Eingreifen durch die Eltern oder Pädagog(inn)en, beginnt der Weg in die großen Strategien der Konfliktlösung. Sie sind Teil der Besprechung der Gewissensentwicklung im letzten Kapitel.

An den Schluss der Auseinandersetzung mit der Rivalität im Kindesalter gehört noch einmal die Erwähnung eines klassischen „Sonderfalls" unvermeidlicher Rivalisierung. Gemeint ist die Geburt eines Geschwisterkinds. In diesem Zusammenhang sind die Gründe für die häufig mit diesem Ereignis verbundenen, aggressiv verstärkten Trotzreaktion eines Kindes (Trotzskala ab 6 aufwärts) zu sehen. Von den aggressiven Erscheinungen des älteren Kinds bei der Geburt seines Geschwisters ist es ein kurzer Weg zu der grundsätzlich bestehenden Geschwisterrivalität.

Verstärkter Trotz ist neben dem stark impulsiven Temperament des Kindes, wie gezeigt, ein Zeichen von erschwerter, unvollständiger und misslingender Loslösung, ohne dass man in der Entwicklungspsychologie gleich von pathologischen Entwicklungen der Selbststruktur ausgehen muss. Auch der verstärkte Trotz im Rahmen der Geburt eines Geschwisterkinds gehört in den Bereich des Normalen. Er bringt die – berechtigte – Befürchtung des älteren Kindes zum Ausdruck, dem potenziellen Rivalen in Zukunft die Beziehung zur Mutter abtreten zu müssen und die zum Vater mit ihm teilen zu müssen. Diese unvermeidlich sorgenvollen Gefühle nehmen immer dann ein besonderes Ausmaß an, wenn das ältere Kind gerade tief in der Loslösung steckt, also bis etwa zum vierten Lebensjahr, oder wenn die Loslösung nicht recht in Gang kommen will. Im letzteren Fall ist der Vater ohnehin ein Anlass sorgenvollen Ichbezugs. Teilung oder Verlust erschienen existenzbedrohend.

Die häufigste Ursache für diesen Verlauf ist die, dass der Vater als Vorbildfigur trotz Belastung in der Familie durch ein weiteres Kind für die Loslösung nicht oder nicht ausreichend zur Verfügung steht. In dieser Lage versuchen die Kinder grundsätzlich sich wieder an die Mutter zurück zu binden, was aber gerade jetzt zum besonderen Konflikt führen muss, da diese vom jüngeren Kind im Moment intensiv „besetzt" ist. Diese Konstellation entspricht etwa dem, was man in der klassischen Psychoanalyse als das **Entthronungstrauma** des Erstgeborenen (oder Vorangeborenen) ansieht (s.o.).

Manchmal hilft in einer solchen Konstellation letztendlich nur die Einführung einer „alternativen Vorbildfigur" als Ersatz für den ausfallenden Vater in Gestalt einer liebevoll eingeführten Fremdbetreuung oder einer bereitwilligen anderen Person aus der Familie, die sich für diese Aufgabe eignet und bereit erklärt (z.B. eine mithelfende Großmutter oder Tante). Grundsätzlich aber ergeht bei der Geburt von Geschwistern der Auftrag an den Vater, sich verstärkt um das eine oder auch die älteren Kinder zu bemühen und zu kümmern.

Die Bedeutung des Vaters mit der triadischen Loslösungsfunktion bekommt mit der Geburt eines Geschwisterkindes also seine ganz spezielle, auf natürliche Weise zweifach unterstrichene Bedeutung. In diesem Moment ist der Vater nämlich nicht mehr nur Loslösungsvorbild, sondern zugleich auch vorübergehender Mutterersatz für das ältere Kind. Diese Doppelrolle müssen Väter verstehen lernen und einfühlsam umsetzen können. Auf die dazu notwendigen Eigenschaften hatte ich bei der triadischen Loslösung bereits hingewiesen.

Sofern mit solchen Maßnahmen auch zugleich eine bislang erschwerte Loslösung beschleunigt wird, und sofern die Eltern auf allzu machtvolle erzieherische Eingriffe beim älteren Kind aus Gründen verständnisvoller Einsicht in seine Situation und aufgrund eigener Mäßigung verzichten, gelingt es dem älteren Kind gerade durch eine weitere Geburt, zu einer weitgehend gesunden Selbstentwicklung zu gelangen. Auf diese Weise kann also ein Geschwisterkind dafür sorgen, dass sich das ältere Kind „endlich" aus der primären Bindung loslöst. Möglicherweise hat die Natur mit diesem familiären Geschehen auch gerechnet. Der Weg dahin kann aber dornenvoll sein und zwar sowohl für das Kind selbst als auch für seine Eltern. Bei solchen Abläufen ist immer damit zu rechnen, dass die gesamte Trotzphase länger dauert als normal.

An dieser Stelle macht es Sinn, die Gründe für aggressiv verstärkten Trotz aus Gründen der Entwicklungsdynamik noch einmal zusammenzufassen:

a) unsichere Bindung am Ende des ersten Lebensjahres,

b) erschwerte Loslösung durch zu geringe Verfügbarkeit oder Verlust des Vaters oder einer anderen triadischen Person (mit zwangsläufiger Rückbindung des Kindes an die primäre Bezugsperson),

c) Geburt eines Geschwisterkindes, die nicht im Sinne der gelungenen Loslösung aufgefangen wird und bei der die vorübergehende, gewöhnliche Regression des älteren Kindes nicht berücksichtigt wird,

d) autoritär unterdrückter Trotz oder massive Kränkung des trotzenden Kindes,

e) unglücklich eingeleitete oder schlecht verlaufende Fremdbetreuung (gerade auch bei der Geschwistergeburt).

Die hier aufgezählten Gründe ergeben sich im Wesentlichen aus dem bisherigen Verlauf des Textes und bedürfen keiner zusätzlichen Erklärung. Einzig der Punkt c) bedarf einer zusätzlichen Erläuterung. Auf den tiefenpsychologischen Begriff der **Regression** bin ich bisher noch nicht weiter eingegangen. Das liegt daran, dass regressive Erscheinungsformen im Verhalten eines Kindes überwiegend in den psychopathologischen Bereich gehören, der im vorliegenden Buch nur gestreift werden kann. An dieser Stelle muss jedoch eine Ausnahme gemacht werden. Regression bedeutet konkret, dass ein Kind in seinem Verhalten vorübergehend auf eine Entwicklungsstufe zurück fällt, die es eigentlich schon hinter sich gelassen hat. Diesen Schritt vollzieht das Kind deswegen, weil es sich auf der früheren Entwicklungsstufe wieder sicher fühlt und auf dieser Basis seine seelische Not bewältigen kann. Regression ist also so etwas wie der Versuch einer psychischen Selbstheilung im Konfliktfall.

Regressive Erscheinungsformen gibt es auch in Krisenmomenten normaler Entwicklungen. Eine solche zeitbegrenzte Krise ist nahezu regelmäßig die Geburt eines Geschwisterkinds. Die Grundstrukturen der frühkindlichen Entwicklung des Selbst geben hierfür den Rahmen ab. War die primäre Bindung auch bis in die Phase der Loslösung hinein immer noch eine feste, interaktionäre Bezugsgröße in der Weiterentwicklung zur Autonomie und diente dem Kind in seiner inneren Welt (als Teil des positiven Eltern-Imago, s.o.) fortgesetzt zur emotionalen Stabilisation, so droht die Geburt eines weiteren Kindes diesen Sicherheitsanker mit einem Schlag aus dem Boden zu reißen. Denn von nun an muss die Mutter vom älteren Kind geteilt werden, und zwar für immer, da sie sich auch in fernerer Zukunft dem Neuankömmling zuwenden muss. Diesen Vorgang erlebt das ältere Kind neben aller Freude über den zukünftigen Spielkameraden auch als Bedrohung seines gerade in der Entstehung begriffenen Selbst. Auf den Rückhalt bei der („ehemaligen") primären Bezugsperson kann auch er noch nicht vollkommen verzichten.

Bereits in diesen frühen Momenten der ersten Konfrontation mit dem Bruder oder der Schwester werden die Grundelemente zur Rivalität gelegt. Das Geschwisterkind ist immer Freund und Konkurrent zugleich. Der dadurch entstehende hohe, emotionale Druck lässt die älteren Kinder schon mal zu drastischen Äußerungen hinreißen, z.B. Bruder oder Schwester wieder ins Krankenhaus zurückzugeben oder irgendwo einfach auszusetzen. Solche Äußerungen haben keinen realen Bezug zur Situation, sondern sind Ausdruck unreflektierter, emotionaler Bedrängnis. Eltern sollten sie aber zulassen, um der sonst einsetzenden Verdrängung von vornherein vorzubeugen. Die einsetzende Verdrängung führte leicht zu negativen Projektionen auf das Geschwisterkind und zugleich auch auf andere Kinder, an denen dann die inneren Spannungen aggressiv abgelassen werden. Das schadet aber auch dem Kind selbst, denn es riskiert hierdurch die entstandenen, wichtigen sozialen Bezüge zu verlieren.

In der Entwicklungspsychologie sollte man sich bei der Besprechung des Geschwisterproblems immer vergegenwärtigen, dass im Normalfall erst dann eine Schwester oder ein Bruder zur Welt kommen, wenn die Loslösung schon ein Stück auf den gebracht Weg ist. Das bedeutet für die Regression, und dazu muss ich noch einmal auf das eben Gesagte über die Doppelrolle des Vaters in dieser Phase zurückgreifen, dass der Vater übergangsweise gleichzeitig auch Ersatz für die „verloren gehende" primäre Bezugsperson sein muss. Der Vater muss ein wenig Mutter spielen. Insbesondere dann, wenn diese Aufgabe dem Vater nicht gelingt, und dafür gibt es bekanntermaßen zahlreiche Gründe, immer dann erlebt das Kind einen entwicklungsmäßigen Rückschlag und gerät immer tiefer in die Regression. Schon trockene Kinder fangen z.b. wieder an einzunässen und gut sprechende wieder an wie Kleinkinder zu radebrechen. Die Anhänglichkeit nimmt alte Ausmaße an und der Nuckel oder der eigene Finger (als Übergangsobjekt) ist ständig im Mund. Alle diese Verhaltensweisen drücken das große Bedürfnis des plötzlich mit Konkurrenz im eigenen Zimmer konfrontierten Kleinkindes aus, auf jene Stufe zurückzukehren, die ihm die Erneuerung der primären Bindung suggeriert.

Bei dieser Regression handelt es sich normalerweise nur um eine Phase, die der inneren Auseinandersetzung mit der neuen Lebenssituation dient und die um so schneller überwunden ist, je intensiver und besser der Vater sich seinen Aufgaben widmet. Aber auch die Mutter kann zur Entspannung dieser Situation einiges beitragen. Neben dem allgemeinen Verständnis für sein Verhalten sollte sie dem oder den Erstgeborenen deutlich signalisieren, dass diese(r) ihr ebenso wert und teuer ist/sind wie das Neugeborene. Außerdem reagiert sie dann geschickt, wenn sie den oder die Erstgeborenen an der Pflege des Geschwisters in Form von einfachen Handreichungen teilnehmen lässt. Auch wenn dadurch die ursprüngliche Form der primären Bindung nicht wieder auflebt, was auch gar nicht Ziel der Maßnahmen sein soll, erlebt das in Aufruhr versetzte, ältere Kind viele Elemente tiefgreifender Beruhigung. Missachtet die Mutter aber diese Grundsätze, bleibt die Regression fortgesetzt in Funktion und das wieder in starke Ambivalenz zwischen Bindung und Loslösung zurückversetzte Kind bemüht nun die Formen des aggressiv verstärkten Trotzes, um sich daraus zu befreien. Nicht selten entwickelt es darüber hinaus gehend anhaltend oppositionelle Haltungen und provozierende Attacken.

Anhaltender Trotz, Aggression und provozierende Handlungen entstehen beim älteren Kind auch dann leicht, wenn Eltern zum Zeitpunkt der Geburt des Geschwisterkindes das „schon große Kind" zur eigenen Entlastung einer Fremdbetreuung anvertrauen oder in den Kindergarten geben. Grundsätzlich ist ein solcher Schritt zu überlegen, wenn die häusliche Situation zu sehr angespannt ist. Werden dann aber die hierzu notwendigen Maßnahmen nicht in einfühlsamer Weise ausgeführt und von langer Hand zur Eingewöhnung vorbereitet, fühlt sich das ältere Kind zurückgesetzt und reagiert mit einer tiefen Kränkung. Seine Möglichkeiten, in einem solchen Schritt auch eine soziale Aufwertung und eine Vermehrung von Selbstkompetenz zu erleben, sind ihm aus Gründen der Rivalität und Eifersucht verwehrt.

3.11 Ausblick in die Zukunft aus dem Blickwinkel des Trotzes

Die große Mühe, die Eltern oder Erzieher(innen) im Stadium des Trotzes auf die gemeinsame Bewältigung aller aufkommenden Probleme und Konflikte aufwenden, ist ihre weitgehende Garantie dafür, dass sie in der späteren Kindheit und der sich anschließenden Adoleszenz – vor allem in der Pubertät – nicht anhaltend unter vergleichbaren oder noch größeren Schwierigkeiten mit ihrem Kind zu leiden haben. Denn zu bedenken ist, dass solche Probleme und Konflikte in fortgeschrittenerem Alter immer schwieriger zu lösen sein werden.

Vier große Problem- oder Störungskomplexe stehen häufig dann ins Haus, wenn alle guten Worte, die in den frühen Entwicklungsstadien für ein günstiges Eltern-Kind-Verhältnis von psychologischer Seite vorgetragen worden sind, unbeachtet geblieben, oder voreilig beiseite geschoben worden sind. Diese vier großen Problemkomplexe sind:

a) die aggressiv-oppositionellen Verhaltensauffälligkeiten, die in Form von oppositionellem und provozierendem Verhalten noch einigermaßen zu beheben sind, die in Form von offener, angriffslustiger Aggression, sowie darüber hinaus gehender Delinquenz jedoch enorme Schwierigkeiten im sozialen Umgang hervorrufen

b) die Aufmerksamkeitsstörungen und das hyperkinetische Verhalten, die beide für sich einzeln oder in Kombination vorkommen und von großen Anpassungsschwierigkeiten an die sozialen und vor allem leistungsorientierten Anforderungen der Gesellschaft gekennzeichnet sind. Daraus resultieren beinahe regelmäßig allgemeines Leistungsversagen und ständige Regelverletzungen. Für dieses Störungsbild geht man heutzutage immer mehr von einer zusätzlichen erblichen Disposition aus. Seine Bezeichnung lautet ADHS. Im Diagnosekatalog unterscheidet man eine besondere Verlaufsform, die mit einer massiven Störung des Sozialverhaltens einhergeht.

c) die „regressiven" und depressiven Persönlichkeitsentwicklungen, welche eher schleichend und unauffällig in Erscheinung treten, und die im Falle der Regression einen Rückfall in frühkindliche Verhaltensweisen nach sich ziehen (der wiederum therapeutisch nutzbar wäre). Im Falle der Depression ruft sie eine stille, resignative Abkehr von den gesellschaftlichen Ereignissen und Ansprüchen hervor und ist dann schwer zu beeinflussen. Auch hierfür kann im Einzelfall eine erbliche Disposition bestehen.

d) die narzisstischen Persönlichkeitsstörungen, die sich insgesamt noch viel schleichender bemerkbar machen und meistens erst in der Adoleszenz klar hervortreten durch extreme Unausgeglichenheit in der Selbstrepräsentation, sowie durch unberechenbare Wutausbrüche, aber auch exzessive Liebesbezeugungen. Bei regelmäßig völlig überhöhter Selbstbewertung im schnellen Wechsel mit massiver Selbstabwertung und verbunden mit einem über Gebühr hohen Anspruch an die soziale Umwelt, vor allem was die Bestätigung des eigenen Selbst angeht, ist der Umgang mit solchen Jugendlichen extrem schwierig. Projektionen des Schlechten auf andere Mitmenschen sind typisch.

Schließlich gibt es zu diesen vier Störungskomplexen noch diverse Abweichungen von den jeweils klar definierten Verhaltensmustern infolge von Komorbiditäten (Begleitstörungen) oder Überschneidungen. Es kann und soll aber nicht die Aufgabe dieser Arbeit sein, die zahlreichen kinder- und jugendpsychiatrischen Störungs- und Krankheitsbilder herauszuarbeiten und zu besprechen. Vielmehr soll die Aufgabe lauten, darauf hin zu wirken, eine frühzeitige Verhinderung pathologischer Entwicklungen durch eine günstige Gestaltung des sozialen Rahmens für die Persönlichkeitsentwicklung zu erreichen.

Die Entwicklungspsychologie sollte in diesem Zusammenhang ihr Hauptaugenmerk darauf richten, seelischen Fehlentwicklungen von Anfang an vorzubeugen. Um dieser Forderung nachgehen zu können, soll jetzt noch einmal in wenigen Worten zusammengefasst werden, was an positiven Wirkungen auf die Persönlichkeitsentwicklung schon im Kleinkindalter durch einfühlsames und verständnisvolles Verhalten der Eltern erreicht werden kann:

Absolut im Vordergrund steht die hohe positive, emotionale Integration, welche mit einer sicheren Bindung den Grundstein für die gesunde weitere psychosoziale Entwicklung legt. Der sich aus der positiven Integration entwickelnde Wille sollte ein in sich abgefederter und zunehmend entscheidungsmächtiger sein mit einem möglichst geringen Rest anfänglichen Drangs und Zwangs. Dieser Wille wird dann zur emotionalen Keimzelle des Ichs mit günstigen Auswirkungen auf die Selbstentstehung, welche sich auf parallelem Weg bindungstechnisch durch eine gelungene Loslösung aus der Mutter-Kind-Dyade ergibt. Das Selbst ist auf den ersten Stufen einer lebenslangen Leiter nach oben in die eigene, gefestigte Persönlichkeitsstruktur infolge natürlicher Voraussetzungen anfangs noch stark verletzlich und muss im Trotz „auf Biegen und Brechen" verteidigt werden. Je verständnisvoller und toleranter die Eltern dabei mit ihrem Kind umgehen und je eindeutiger sie ihm gleichzeitig die Regeln in der Gesellschaft verständlich machen, desto befriedigender formieren sich die Persönlichkeitsstrukturen für das Kind selbst. Zugleich wächst aber auch die kindliche Fähigkeit zur Zurückhaltung und Selbst-Korrektur. Auf diese Weise stärkt sich das Selbst im erfolgreichen, sozialen Umgang ganz von alleine und zementiert so das Ich in der Persönlichkeit. Auf diesem Wege müssten auch, ich wähle hier noch bewusst den Konjunktiv, denn das alles ist weitgehend neu in der Entwicklungspsychologie, optimale Ausgangsbedingungen für die gewissens- und vernunftgesteuerten Elemente in der Persönlichkeitsstruktur eines jeden Menschen entstehen.

Einschränkend muss gesagt werden, dass dieser in sich schlüssige Ablauf der psychosozialen Entwicklung vor allen Dingen durch drei angeborene, anlagebedingte Faktoren in seinen optimalen Dimensionen begrenzt ist. Diese Anlagefaktoren geben sich

a) in Temperament und Charakterstruktur z.T. schon im Säuglingsalter zu erkennen. Zwar werden diese in der frühkindlichen Entwicklung in der einen oder anderen Weise beschliffen, aber sie bleiben, eine gesunde psychische Entwicklung vorausgesetzt, trotzdem lebenslang ein ganz persönliches Merkmal,

b) in den kognitiven Vorgaben aus den Erbanlagen zu erkennen, die ab dem zweiten Lebensjahr deutlich werden. Dabei spielen neben dem Beziehungsverhalten zunächst die Sprachentwicklung und der Gegenstandsgebrauch die ausschlaggebende Rolle,

c) in den Trieben Aggression und Libido/sexuelle Lust zu erkennen, welche sich genau in den zeitlichen Grenzen der gerade besprochenen Entwicklungsphase bei einem jeden Kind mehr und mehr „zu Wort" melden. Sie wirken entscheidend mit an der weiteren Ausgestaltung der Persönlichkeitsstrukturen. Aggression und Sexualität stehen dabei in einem ausbalancierten Verhältnis zueinander.

Auf die einzelnen Zusammenhänge werde ich in den folgenden Kapiteln in ausführlicher Weise zu sprechen kommen.

4. Stolz, Scham und Sozialleben

Fallvignette 5

Sara ist ein knapp vier Jahre altes Mädchen, das seit seiner Geburt in meiner Praxis behandelt wird. Sie wurde mit der Flasche großgezogen. Ihre Mutter hat auf mich immer den Eindruck einer etwas gefühlskalten und unnahbaren Person gemacht. Sie wurde vom Vater des Kindes früh verlassen und lebt jetzt mit einem neuen Partner zusammen. Sara hat eine Halbschwester von einem dreiviertel Jahr, die sie laut Aussage der Mutter abgöttisch liebt. Diese Liebe findet aber zunehmend ihre Grenzen, seit die kleine Schwester mobil geworden ist und immer häufiger an ihre Spielsachen geht. Der Stiefvater ist von ihr bislang noch nicht richtig angenommen worden. Die Mutter berichtet, ihm fiele es schwer, das nicht vom ihm stammende Mädchen wie seine eigene Tochter anzunehmen. Auf diese Weise ist von Anfang an eine emotionale Lücke zwischen Sara und ihrem Vater entstanden.

Bei der Einführung in den Kindergarten vor einem halben Jahr gab es große Schwierigkeiten. Sara wollte die Mutter nicht gehen lassen. Nach wenigen Tagen einer zeitweiligen Duldung der Mutter in der Einrichtung, bis Sara erste Anzeichen machte, mit der Trennungssituation fertig zu werden, wurde die Mutter von den Erzieherinnen unmissverstehbar nach Hause geschickt. Das führte bei Sara zu einem tränenreichen Abschied, der sie in der ganzen Entwicklung zurückwarf. Sara hatte sich hinsichtlich ihrer Selbstständigkeit bis dahin ohnehin nur schlecht entwickelt. Dauernd hing sie noch am Rockzipfel ihrer Mutter und brauchte sie zum Trösten auch bei geringsten Anlässen. Sie benutzte ihre Mutter aber auch zur Kontaktaufnahme mit anderen Kindern und zum Spielen überhaupt. Ein längeres eigenes, phantasievolles Spiel bracht sie nicht zustande. Der Daumen ist auch heute noch viel im Mund und das Kuscheltuch hängt ihr wie ein Schal um den Hals.

Wenn fremde Personen die Wohnung betreten, reagiert Sara mit extremer Schüchternheit und verweigert es, ihren Namen zu nennen. Wenn sie etwas sagen möchte, flüstert sie es nur ihrer Mutter ins Ohr, damit diese es laut ausspricht. Ist sie jedoch mit der Mutter und ihrer Schwester allein, führt sie gerne das große Wort und redet ohne Unterlass. Manchmal lallt sie wie ein kleines Baby, wenn der Besuch ihr nicht ganz unbekannt ist, oder wenn andere Kinder mitgekommen sind. Gerade dieses Verhalten nervt die Mutter in besonderer Weise, wie auch die Kaspereien, die Sara in solchen Situationen gerne aufführt. Seit der Aufnahme in den Kindergarten schläft Sara keine Nacht mehr durch und erzwingt es, bei ihren Eltern im Bett zu schlafen. Das Schlafen im Elternschlafzimmer hatten ihr die Mutter nach dem ersten Geburtstag unter Druck abgewöhnt. Damals gab es tränenreiche Nächte. Der übliche Widerstand im zweiten Lebensjahr fiel insgesamt schwach aus und das Trotzen wollte zur rechten Zeit noch nicht einsetzen. Erst in den letz-

ten Wochen verfällt Sara in heftige Trotzerscheinungen, schlägt im Affekt ihre Mutter und zeigt leichte Anzeichen oppositionellen Handelns. Mehrmals hat sie sogar wieder etwas eingenässt, obwohl sie seit über einem Jahr trocken ist.

4.1 Das Verhältnis von Bindung und Loslösung in Auswirkung auf das Selbst

Ich hatte drei Pfeiler der Entwicklung und Bewusstwerdung von Gefühlen und Empfindungen im Menschen dargestellt, nämlich

1. die Bindungstheorie, so wie sie von John Bowlby und Mary Ainsworth seinerzeit formuliert worden ist,

2. die emotionale Integrationstheorie (Emotionenintegrationstheorie, EIT) so, wie ich sie in den vorigen Kapiteln entwickelt und ausgeführt habe und

3. das Selbstentstehungskonzept, wie es sich in wesentlichen Grundzügen aus den Vorstellungen von Heinz Kohut und Otto F. Kernberg ableiten lässt.

Auf das kognitiv ausgerichtete Selbstentstehungskonzept Gergely und Fornagy mit differenzieller Kontingenzerkenntnis eines frühen, autonomen Selbst und die damit verbundene These einer frühzeitigen Affektregulation bin ich wegen der gegenwärtigen Bedeutungszunahme kursorisch eingegangen. Friedrich Pohlmann (2000) referiert in diesem Zusammenhang die von Piaget analysierten Formen der Zirkularreaktion, die für das Selbstkonzept die lustvoll taktile Selbstexploration des Kleinkindes ins Blickfeld rückt. Sie soll hier nicht unterschlagen werden.

Ich möchte die von mir definierten, drei frühkindlichen Entwicklungsstränge emotional basierter Selbstentwicklung an dieser Stelle noch einmal zum besseren Verständnis der Folgeschritte aufeinander abstimmen.

Die emotionale Integrationstheorie fußt auf der Grundvorstellung, dass die im Säugling primär auftauchenden, negativen Gefühle wie Fremde und Unheimlichkeit, Bedrohung und Angst, sowie Drang und große Beharrlichkeit in den frühen Willenserscheinungen mit Hilfe der einfühlsam und verständnisvoll reagierenden, primären Bezugsperson in positive Gefühle Zug um Zug umgewandelt werden. Wie Erik H. Erikson in seinem Buch „Kindheit und Gesellschaft" es formuliert hat, wird dadurch aus angeborenem, primärem Misstrauen mit der Zeit Vertrauen bzw. „Urvertrauen" und ein Empfinden von Lebenszuversicht. In fortlaufender Weise formen sich aus der anfänglich negativen Gefühlsskala in zunehmendem Maße positive Empfindungen, die über den Weg des Drangs (zu handeln) letztendlich in den persönlich empfundenen Willen münden. Auf der einen Seite nehmen die negativen Empfindungen ab, und diese Schale der Waage hebt sich zugunsten der anderen Schale, auf der sich die positiven Empfindungen sammeln und vermehren.

Durch die Erfahrung des eigenen Willens als unmittelbares Resultat guter Erlebnisse in der Mutter-Kind-Dyade bildet sich das identitätsstiftende Ich heran, welches fortan alle Handlungen mit einem auf das Selbst bezogenen Lebensgefühl etikettiert. Das Ich wird persönliches Wasserzeichen aller Sinneserfahrungen und aller selbstinitiierten Handlungen.

Parallel zu diesen rein intrapsychischen Vorgängen im Säugling bewegt sich das Bindungsgeschehen im interpersonellen, sozial ausgerichteten Raum. Im Zentrum dieser psychosozialen Umgebung steht die Mutter oder eine andere primäre Bezugsperson wie ein Zentralgestirn, um das der „Planet Säugling" kreist. Dabei geht meiner Auffassung nach die Verschmelzung von Säugling und primärer Bezugsperson anders als bei Margaret Mahler nur soweit, dass der Säugling noch eine grundlegende Differenzierung zwischen seiner eigenen Daseinshaftigkeit und derjenigen seiner Bezugsperson in Form des Körper-Ich erkennen kann. Demzufolge erlebt er jedoch seine Existenz als ein Wechselbad zwischen Einheit und Dualität im Verbund mit der primären Bezugsperson. Für diese Wahrnehmung seiner Daseinshaftigkeit ergibt sich somit das Konzept des Leih-Selbst. Diesem Leih-Selbst steht dann das eigene Körper-Ich als subjektives Empfindungselement zur Aufnahme und Speicherung der Gefühle, Erlebnisse und Entdeckungen zur Verfügung.

Das Leih-Selbst-Konzept ist Dreh- und Angelpunkt der Vorstellung von der Loslösung des Säuglings aus der engen Mutter-Kind-Bindung am Übergang zum zweiten Lebensjahr. Diese Entwicklungsphase mündet nahtlos ein in das Stadium der Autonomisation bzw. frühen Selbstständigkeit des Kleinkindes.

Aus der Bindungstheorie ergeben sich nun zahlreiche Konsequenzen im Umgang mit dem Säugling. Diese einzuhalten werden zur elterlichen Aufgabe, wenn nicht Pflicht, und sie ergeben einen Bindungsstatus am Übergang zur Loslösung, den man nach Ainsworth als „sicher gebunden" oder „unsicher gebunden" bezeichnet (s.o., Fremde-Situation). Auch ein regelrecht pathologisches Bindungsgeschehen lässt sich schon früh mit der Bezeichnung „desorganisiert oder dissoziativ" definieren. Die Auswirkungen von sicherer oder unsicherer Bindung auf die Persönlichkeitsentwicklung werden derzeit in mehreren Längsschnittstudien erforscht. Mit dem Bindungsprofil als solchem ist in der Beurteilung der frühkindlichen, seelischen Entwicklung bereits heute schon zu rechnen. Denn die unsicheren Bindungstypen, das lässt sich inzwischen absehen, stellen mit großer Sicherheit ein erhöhtes Risiko für die weitere psychosoziale Entwicklung dar.

Weiter ausgeformt und vorangetrieben werden die Bindungserlebnisse nach dem ersten Lebensjahr von dem Prinzip der Loslösung und von der Entstehung des autonomen Selbst, das mit der verbalen Ichformulierung einhergeht. Das große Ziel des emotionalen und sozialen Werdegangs am Anfang des Lebens eines jeden Menschen ist somit die Herausbildung seines aus der primären Bindung herausgelösten Selbst mit der Grundsteinlegung zur individuellen Persönlichkeit. Hierbei spielen immer stärker werdende kognitive Entwicklungsschritte eine mitgestaltende Rolle, gestärkt durch die Tatsache, dass ab etwa dem zweiten Lebensjahr das ereigniskorrelierte sogenannte explizite, oder auch deklarative Gedächtnis schrittweise seine verlässliche Funktion aufnimmt. Im ersten Lebensjahr ergibt sich die Kontinuität und Abspeicherung der Lebensereignisse allein durch das rein erlebnishafte, implizite oder auch prozedurale Gedächtnis (s.o.). Statt episodisch biographischer Daten werden einzig Gefühls- und Empfindungsmomente, sowie kategoriale Entdeckungen abgespeichert. In diesem Zusammenhang spricht nichts dagegen, dass das rein kognitiv ausgerichtete Modell der Kontingenzerkenntnis (Gergely, Fornagy, s.o.) zur Ichwahrnehmung ab Ende des ersten Lebensjahres (meiner Ansicht nach nicht früher) die Selbstentwicklung wesentlich mit vorantreibt.

Bildlich ausgedrückt lässt sich der Gesamtvorgang folgendermaßen beschreiben: das Konstrukt der Individualität wächst auf dem Boden der vom Gefühl erstellten Ich/Selbst-Konstitution, wobei sich die dabei entstehende Persönlichkeit lebenslang wie ein Gewächs mit seinen Wurzeln oder vegetativen Fundamenten auf diesem emotionalen Boden festhält.

Das Selbst schält sich also schrittweise aus dem Leih-Selbst heraus, befreit sich schließlich von diesem und stellt sein aus dem Körper-Ich gewonnenes, nun rein geistiges Ich in das gesellschaftliche Umfeld. Dabei verinnerlicht das junge Kleinkind all jene Gefühlserlebnisse, die es mit seiner primären und sekundären Bezugsperson oder deren Ersatzpersonen erlebt, zu einem geschlossenen Bild, welches Kohut als das positive Eltern-Imago bezeichnet. Das heißt bei genauer Betrachtung, dass der Säugling und das Kleinkind möglichst viele positive Erlebniselemente brauchen, um dieses angestrebte Selbst vertrauensvoll in die Welt stellen zu können. Andernfalls, also bei zuviel negativen Vorzeichen, steht das Selbst schon von Vornherein auf tönernen Füßen.

In der Erfahrung dessen, wie sich das Selbst im gesellschaftlichen Umgang gleich zu Anfang darstellt, liegen Erfolg und Misserfolg nah beieinander. Je nachdem wie sich nun die Erfolgs- und Misserfolgsanteile zueinander verhalten, wird Selbsterfahrung zu einem beglückenden oder zu einem schmerzlichen Erlebnis. Ein starkes oder ein schwaches Selbstbild steht demzufolge gleich am Anfang einer jeden Persönlichkeit und ist nicht etwa ihr Endergebnis.

Um sich in der eigenen Wertigkeit zu orientieren und natürlich auch um das Glück im Dasein zu erreichen, fängt das Kleinkind an, positive Selbstzeugnisse und negative voneinander zu trennen. Fortan wird es sich darum bemühen, auf den Weg der positiven Zeugnisse zu gelangen und jenen der negativen möglichst links liegen zu lassen. Nach den Vorstellungen von Kernberg (s.o.), aber auch allein schon nach menschlichem Ermessen, erreicht ein Kind dieses Ziel nur unvollständig, und es ist die ewig unvermeidbare Aufgabe der sich fortentwickelnden Persönlichkeit, negative Selbstaspekte mit positiven möglichst harmonisch auszugleichen. Im Rahmen der Gefühle von Stolz und Scham werde ich diesen Aspekt aufgreifen und weiter definieren.

Um positive und negative Grundempfindungen geht es eigentlich immer im Leben eines Menschen, gipfelnd in dem Zwiespalt, sein Leben begrüßen und genießen zu können oder es als unabwendbare Last zu empfinden, die es zu ertragen gilt. Freud mühte sich achtungsvoll damit ab, diesen grundsätzlichen Zwiespalt des Menschen im Triebgeschehen zu verankern und mit den Begriffen Lebens- und Todestrieb zu charakterisieren. Besonders die Formulierung eines Todestriebes bereitet der Psychoanalyse aber auch heute noch grundsätzliche Schwierigkeiten. Will man das ganze Lebensproblem auf einen kurzen Nenner bringen, muss man es so formulieren, dass es die Grundaufgabe der menschlichen Psyche zu sein scheint, negative Lebensgefühle in positiven Selbstwert zu verwandeln.

Das fertige Resultat des Prozesses der Selbstentstehung ist also immer eine Nettobilanz positiver und negativer Erfahrungen. Auf diese Weise ergibt sich in logischer Konsequenz entweder ein **ausgewogenes Selbst** oder ein **unausgewogenes Selbst** (s.u.). Daneben kann im Gefolge desorganisierter Bindungsmuster und misslingender Loslösung auch noch ein definitiv pathologisches Selbst entstehen.

Die Aufgaben des frühen Selbst lassen sich wie folgt formulieren:

a) Erstellung des reflexiven Bewusstseins durch die endgültige Subjekt-Objekt-Spaltung,

b) Geistige Orientierung und Positionierung der eigenen Person in Raum und Zeit (schrittweise),

c) Verbindung intelligenter Leistungen mit dem Gefühlsleben,

d) Orientierung und Ordnung in den unmittelbaren Sozialstrukturen (Familie, Gruppe usw.),

e) Affektregulation durch Erlernen des Umgangs mit negativen und positiven Attributen zur Entwicklung einer glückenden, sozialen Anpassung,

f) Organisation erster Sozialkontakte über die triadische Loslösung hinaus.

Damit wird das Selbst zum Kern der individuellen Persönlichkeit.

4.2 Die Daseinsempfindung als Ablehnung und Begehren

Ein entscheidender Teil der menschlichen Persönlichkeit ist neben der Vernunft, die als ihr geistiges Erscheinungsbild gilt und Grundlage aller Handlungen ist, die Herausbildung eines Gewissens. Was die Vernunft auf dem Gebiet des Denkens, der Erkenntnisleistungen und des Handelns des Menschen darstellt, stellt das Gewissen auf dem Gebiet seiner gefühlshaften Empfindungen, seiner psychosozialen Wahrnehmungsfähigkeit und seiner gemeinschaftlichen Anpassungsleistung dar. Da es in diesem Buch hauptsächlich um die Entstehung und Entwicklung der menschlichen Gefühle gehen soll, möchte ich mich in der weiteren Untersuchung mehr auf die Herausbildung des Gewissens konzentrieren als auf die der Vernunft. Das Thema Vernunft wird aber ganz am Ende aller Überlegungen doch noch eine gewisse Rolle spielen.

Um nun die sicher äußerst komplexen, innerpsychischen Strukturen des Gewissens zu verstehen als großes Ziel emotional kontrollierten und sozial ausgewogenen Handelns im Gegensatz zu rein affektiven und impulsiven Reaktionen, muss ich einmal mehr ganz an den Anfang des individuellen Lebens zurückkehren. Diesmal möchte ich mich aber nicht mehr allein mit der Entstehung und Entwicklung der Gefühle beschäftigen, sondern vielmehr mit den damit verbundenen Verhaltensaspekten. Denn die im Gefühl verankerten, sozial ausgerichteten Erwartungshaltungen des Menschen wie z.B. bei der Angst, der Scham oder schließlich auch beim Gewissen stellen immer eine unmittelbare Verbindung von Emotion und Handeln her und münden in ein bestimmtes Verhaltensmuster. Die klassische Trias menschlich-existenziellen Auftretens und Wirkens, bestehend aus **Fühlen**, **Denken** und **Handeln**, soll jetzt also in der Hauptsache auf die Brückenverbindung von Gefühl und Verhalten bzw. Handeln hin untersucht werden. In diesem Zusammenspiel bekommen auch die Triebe Aggression und Sexualität eine entscheidende Bedeutung, so dass deren Auswirkungen in dem folgenden Diskurs im Besonderen mit zu berücksichtigen sind.

Allerdings ist bei der direkten Brücke zwischen Fühlen und Handeln einzuräumen, dass sich in jedes menschliche Verhalten automatisch immer auch das Denken hinein mischt. Im zweiten Lebensjahr expandieren die kognitiven Fähigkeiten gewaltig und nehmen auf die Emotionen einen immer stärkeren Einfluss. Somit ist die Verbindung von Gefühl und Handlung entwicklungsbedingt mehr und mehr von gedanklichen Strukturen durchsetzt und beeinflusst. Eine direkte Verbindung zwischen Gefühl und Handlung ohne Denken gibt es eigentlich nur noch im reinen Affekt, was im Begriff der Affekthandlung zum Ausdruck kommt. Solche Affekthandlungen treten im Kindesalter noch stark in Erscheinung z.B. im Rahmen des Trotzes. Später werden sie im günstigen Entwicklungsverlauf vom Denken weitgehend kontrolliert und sollten nur noch in Ausnahmesituationen zum Vorschein gelangen.

Der Einfluss des Denkens auf die Gefühle besteht zuerst in der Fähigkeit zu ihrer Benennung. Das Kind lernt verstehen, dass einem Gefühl symbolisch-verbal ein Adjektiv zugeordnet wird, mit dem es sich einem anderen Menschen nun mitteilen kann. Über die Sprache lässt sich, das ist der evolutorische Hintergrund, eine innere Empfindung weitgehend ohne Affekt nach außen transportieren. Im nächsten Schritt lernt das Kind das Gefühl zu bewerten, also ob es sich um ein gutes oder ein schlechtes Gefühl handelt. Das heißt nicht, dass das Gefühl in der inneren Wahrnehmung plötzlich einen anderen Akzent bekommt, es heißt nur, dass über das Gefühl einen gemeinsame Kommunikation stattfinden kann. Das Kind kann jetzt zu seinen Eltern sagen: „Es geht mir schlecht, denn ich bin traurig". Es muss dabei nicht mehr demonstrativ in Tränen ausbrechen. Aber erst ganz zuletzt lernt das Kind auf diesem Wege, seine Gefühle auch unter Kontrolle zu bekommen (sog. Regulationsmacht oder Affektregulation, s.o.). Ausgereifte Kontrolle stellt sich erst im Zusammenhang mit der endgültigen Ausbildung von Gewissen und Vernunft ein.

In der Ausbildung von Gewissen steckt all dem zufolge auch immer ein wachsendes Maß an Denken, wobei die Anmerkung angebracht ist, dass der reflektierte, das heißt der „überdachte" Anteil des Gewissens zu Beginn noch der kleinere ist und der gefühlsmäßige, der von Empathie und Mitleid getragene noch der größere. Den hierbei gemachten Unterschied zwischen „ratio" und „emotio" erfahren auch Erwachsene noch immer dann, wenn sie aus reinem Mitleid gegen ihre Prinzipien handeln, wenn sie, wie man so sagt, Gnade vor Recht ergehen lassen.

Die ungemein diffizilen Verknüpfungen der anderen Brückenverbindung, nämlich zwischen Fühlen und Denken, kompliziert insbesondere am Anfang eines jeden menschlichen Lebens, weil sie sich ohne eine Chance zur direkten Beobachtung allein im Kopf des Kindes abspielen, kann ich zu gegebener Zeit nur streifen. In diesen Bereich gehören z.B. die wichtigen Kippbilder der Illusionen, hervorgebracht von den Übergangsphänomenen zwischen innerer und äußerer Welt, zu denen den Vorstellungen des englischen Kinderarztes und Psychoanalytikers Donald W. Winnicott nach auch das Übergangsobjekt (s.u.) gehört.

Ich beginne mit dem Rückblick auf die Anfänge des Gefühlslebens eines Menschen unmittelbar nach, oder schon während der Geburt und möchte mich den Empfindungen der **Aversion** (Abneigung, Unbehagen) und **Appetenz** (Begehren, Behagen) zuwenden. Aversion ist kein Gefühl im rein emotionalen Sinn, sondern vielmehr ein globales Empfinden von Unlust oder Ablehnung der gerade erlebten, existenziellen Situation bzw. des gerade stattfindenden interaktionären oder kommunikativen Austausches mit der Lebensumwelt. Aversion gehört in die Kategorie des existenziellen Hintergrundsempfindens, welches ja am Anfang mit den Grundempfindungen des Säuglings schon besprochen worden ist. Sie legt sich gleich einer Folie auch über alle tatsächlich erlebten, negativen Gefühle wie Unheimlichkeit, Angst, Drang, z.T. auch Wut und Ärger, oder später auch über die Scham. Sie führt zur Ablehnung des Geschehens an sich, weil es mit unangenehmen Gefühlen verbunden ist oder den eigenen Bedürfnissen zuwider läuft.

Grundsätzlich kann man in der Entwicklungspsychologie davon ausgehen, dass sich die Daseinsempfindung des neugeborenen Menschen aufteilt in Aversion bzw. Abneigung und in ihr Gegenteil, Appetenz bzw. Begehren. Im klassischen psychoanalytischen Sprachgebrauch würde man jene letztere, von angenehmem Empfinden getragene Gefühlshaftigkeit als Libido oder Lust bezeichnen. Diesen Begriff möchte ich hier jedoch gerne vermeiden, da er im Gebrauch der Psychoanalyse viel zu sehr festgelegt ist und als aus den Triebwurzeln des Es entspringend stark sexuellen Charakter erhalten hat. Ich will hier lieber ganz einfach von Begehren und Behagen sprechen.

Wenn ich also von Appetenz spreche, meine ich damit jene Grundempfindung im Menschen, die sich mit den angenehmen, positiv gefärbten Gefühlen verbindet (Behagen) und die im besten Fall im Glücksgefühl mündet, das es auch schon in kurzen Momenten bei Säuglingen gibt. Diesem Glück oder nennen wir es Freude, wenn es einen zwischenmenschlich kommunikativen und damit „objektbezogenen" Charakter hat, verleiht der Säugling durch sein Antwortlächeln (in der 4.–6. Lebenswoche) und (ab etwa dem 3.–4. Monat) durch sein stimmhaftes Lachen, Glucksen oder Juchzen Ausdruck. Freude entsteht immer dann, wenn die Mutter-Kind-Beziehung im gegenseitigen Genießen „eskaliert" und das soziale Band dabei fest gefügt wird. Dafür existieren mehrere Begriffe wie hedonistisches Ritual, glückliche Mutter-Kind-Vereinigung oder „affect attunement". Mechthild Papousek beschreibt dieses Erleben zwischen Säugling und Bezugsperson als „Engelskreis" (im

Gegensatz um „Teufelskreis", s.o.). Auf diese Weise entwickelt sich das, was man in der Bindungstheorie als eine sichere Bindung am Ende des ersten Lebensjahres bezeichnet.

Aufmerksame Eltern beobachten ihren auf der Wickelkommode liegenden Säugling von etwa einem halben Jahr bei seinen ersten Sprechversuchen. Sein Gesichtsausdruck ist etwas angespannt, die Lippen seines Mundes spitzen sich, die Brauen werden zusammengezogen, er produziert lallende Laute wie dei-dei-dei oder ba-ba-ba, und die Mutter wendet sich ihm zu und wiederholt in unverkennbarem Singsang ungefähr dieselben Laute (emotional-affektiver Sprachaustausch). Dabei beugt sie sich zu ihrem Kind hinunter und nähert ihr Gesicht dem seinen intuitiv auf etwa dreißig Zentimeter. Der Säugling hält einen Moment lang inne, um das Echo abzuhören, dann setzt er verstärkt mit seinem Lallen fort. Seine Gesichtszüge hellen sich auf zu einem Strahlen und seine Arme und Beine fangen an wie wild zu rudern (Gefühle und Handeln sind im Gehirn noch untrennbare eine Einheit). Erneut hält er inne, und nun versucht er, seine Hände auf das mütterliche Gesicht hinzu zu bewegen, und schließlich gelingt es ihm, ihre Haare zu greifen und ihren Kopf ganz zu sich herunter zu ziehen. Die Mutter küsst seinen Bauch und der Säugling juchzt und fängt an, stimmhaft zu lachen. So oder so ähnlich verlaufen zehn oder zwanzig Situationen pro Tag und alle diese Erlebnisse erhöhen die augenblickliche Freude und das damit verbundene Glücksgefühl des Säuglings.

Wissenschaftliche Erkenntnisse 8

Ich möchte an dieser Stelle wieder kurz auf neurophysiologische Zusammenhänge zu sprechen kommen, wie sie bis heute als bekannt gelten dürfen. In der Neurobiologie geht man davon aus, dass die mit diesem „hedonistischen Zärtlichkeitsritual" verbundenen hormonalen und neurotransmissalen Prozesse im Gehirn die Positionierung der Verknüpfungsstellen von Hirnnervenzellen, den Synapsen, in ausgesprochen günstiger Weise gestalten. Dabei spielen die Neurotransmitter Dopamin und Serotonin eine wichtige Rolle, ebenso wie rein unterstützend aller Wahrscheinlichkeit nach auch das hirneigene Morphin aus der Gruppe der Endorphine. Aber auch jene die Aufmerksamkeit steuernden und direkt verknüpfungsfördernden Neurotransmitter, wie vor allem Noradrenalin (bestimmte Rezeptoren) und Acetylcholin werden zu diesem Zweck zielgerichtet ausgeschüttet.

Wie an früherer Stelle bereits erwähnt, existiert in jedem Gehirn ein spezielles Zentrum dafür, solche positiven Empfindungen zu erzeugen und auch immer wieder neu hervorzubringen. Es ist das sogenannte **Belohnungszentrum** (auch Motivationszentrum), dessen Existenz durch geeignete Tests bei Tieren einwandfrei belegt werden konnte. Es besteht aus Dopamin-produzierenden Zellen im Mittelhirn, der ventralen tegmentalen Area, dem Nucleus accumbens und weiterer subcorticaler und corticaler Neuronenkomplexe, vor allem auch im Frontalhirn (mit Gewichtung nach links). Das immer wieder Abrufen und in Gang bringen dieses Netzwerksystems dürfte ziemlich genau dem chen, was Psychologen unter dem Begriff des Begehrens oder der Appetenz verstehen.

Parallel zum Belohnungszentrum gibt es im Gehirn auch ein **Bestrafungszentrum**, über das im fortlaufenden Text gesprochen wird.

Wie verhält es sich nun aber mit der Ablehnung oder Aversion? Welche Auslöser gibt es dafür und welche Mechanismen im Gehirn werden dabei in Gang gesetzt? Ich stelle hierzu wieder eine alltägliche Beobachtung im Umgang mit dem Säugling an: Der Säugling ist wach geworden und liegt in seinem Bettchen. Einen Moment lang wandern seine Augen suchend über die Zimmerdecke, die Konturen eines Schranks, das Muster der Gardine oder das Relief der Tapete. Er schaut aufmerksam angespannt und ist dabei ganz ruhig. Plötzlich aber ändert sich sein Verhalten vollständig. Seine Gesichtszüge wandeln sich zu einem leidvollen Ausdruck, seine Stimme setzt ein mit einem meckernd klagenden Tonfall, der zunächst nur Ärger bedeutet. Dann aber ziehen sich die Mundwinkel nach unten, die Augenlider kneifen sich zusammen, die Gesichtshaut errötet. Schnell steigert sich das Meckern in lauteres Wehklagen, die ersten Schreie werden herausgepresst, die Atmung fährt mit juchzendem Geräusch in die Brust zurück. Über kurz oder lang schreit der offensichtlich von Stress erfasste Säugling in hohen Tönen unter Aufbietung all seiner Kräfte.

Hunderte Male im Laufe des Säuglingslebens geht es so, und alle Eltern fragen sich oft genug verzweifelt, woran das liegt. Dieses plötzliche, beinahe unerklärliche Schreien ist immer noch das Schreckgespenst aller Eltern. An diesem Punkt ergibt sich nahtlos der Anschluss an das erste Kapitel, in dem es um die Stimmungsangst und das Urangstschreien ging. In ihrer Hilflosigkeit und um für dieses Verhalten ein plausible Interpretation zu finden, verfallen Eltern im Einklang mit Ärzten und Säuglingspflegekräften auf die stereotypen Behauptungen von unbefriedigtem Hunger, von Schmerzen im Bauchraum oder im Kopfbereich, z.B. durch „einschießende" Zähne. Schmerzen im Bauchraum, die sogenannten Dreimonats- oder Trimenonkoliken, und Zahnungsschmerzen werden es im Einzelfall auch sein, darüber wurde bereits ausführlich gesprochen, anhaltender Hunger ist heutzutage allerdings immer seltener. Aber es bleiben auch noch die Fälle, bei denen mit großer Sicherheit weder ein organischer Mangel noch der Schmerz als Ursache des Schreiens angenommen werden kann.

In der Kinderpsychologie wird man anerkennen müssen, dass an diesen unerklärlichen Schreiattacken das Grundempfinden der Aversion Schuld ist. Aber die Aversion kleidet sich durchaus in regelrechte Gefühle, die, betrachtet man das Leben aus einer Art Binnensicht des Säuglings, durchaus Sinn machen. Ich meine die ganz zu Anfang beschriebenen Gefühle von Unheimlichkeit und Bedrohung, von Fremde und Angst. Die Aversion legt ihre Negativfolie über diese Gefühle, welche auf diese Weise das am Anfang des Lebens mangels geistiger Reife noch fehlende Bewertungsschema von Gefühlen ersetzt. Noch ist es die Natur, die in alleiniger Hoheit Gefühle bewertet. Somit ist also auch diese Frage geklärt, wieso ein kleiner Säugling ohne konkrete Kenntnis irgendeiner Bedrohung und ohne zu wissen, wo er überhaupt existiert, dennoch spüren kann, dass Umgebung und Situation, in denen er sich befindet, irgendwie seine Existenz gefährden können. Ich spreche von der Ur- oder Stimmungsangst. Damit ist also das Argument, ein Säugling könne noch gar keine negativ gefärbten Gefühle entwickeln, meines Erachtens hinreichend widerlegt. Den Beweis für diese Vorstellung des Gefühlslebens von Säuglingen beziehe ich aus der menschlichen Vorgeschichte und der Verhaltensbiologie (s.o.).

Dass im Einzelfall selbst die rasch hinzu eilende Mutter nicht oder nur mühsam in der Lage ist, diesen Ansturm negativer Gefühle abzuwenden und in positive Gefühle von Geborgenheit und Zufriedenheit umzuwandeln, liegt einzig an der Intensität solcher Gefühlsstürme. Wenn nämlich das Daseinsgefühl selbst Fremde verursacht und Angst erzeugt, weil sich darüber die Aversion, die Abneigung mit ihrer Folie als -wohlgemerkt nur momentane- Version der Daseinsempfindung legt und Appetenz und Behagen ganz in den Hintergrund drängt, dann ist es auch für die zuverlässigste primäre Bezugsperson, für die beste Mutter generell schwierig, wieder Ruhe und Vertrauen in die kleinen Seele einkehren zu lassen. Da helfen dann manchmal nur das tröstende Dabeisein allein und das sichere Halten des schreienden Säuglings. Ein solcher Augenblick ist in jeder Hinsicht unabwendbar und jede um Trösten bemühte Mutter ist entlastet, wenn ihr der Trost misslingt.

Sind die Säuglinge etwas älter geworden, kann eine Mutter oder ein Vater auch versuchen durch gezielte Aufmerksamkeitslenkung, sprich durch Ablenkung oder durch den Einsatz des Übergangsobjekts die erschütterte Seele auf ein ruhigeres Gleis zu führen. Was allerdings nie gelingt und was demzufolge als Empfehlung für Eltern falsch ist, ist die Behauptung, der Säugling käme nach einer gebührenden Schreiphase von selbst zu innerer Ruhe.

Aus diesen Erklärungen und Interpretationen wird klar, warum die primäre Bezugsperson bzw. die Mutter eine so große Macht im Leben des Säuglings besitzt, eine Macht, die sie in die Lage versetzt, über Wohl und Weh beinahe eigenmächtig zu entscheiden. Liegt der Schwerpunkt hierbei auf dem Wohl, erlebt der Säugling einen großen Stimmungsauftrieb und fühlt sich gleichsam selig. Psychoanalytiker bezeichnen dieses durch die mütterliche Zuneigung und Liebe hervorgerufene Gefühl von Glück und Kraft gerne als Omnipotenz. Liegt der Schwerpunkt hingegen überwiegend auf dem Weh, dann fühlt sich der Säugling absolut ausgeliefert und schwach, und in dramatischen Fällen, wenn die primäre Bindung völlig misslingt (desorientierte Bindung), kann sich schon beim Säugling eine globale Weltabgewandtheit herausbilden, die man auch als anaklitische Depression bezeichnet und die sich auch in den Verhaltensmerkmalen der Deprivation zu erkennen gibt (vgl. Spitz, s.o.).

Aversion und Appetenz bekommen zum erstenmal einen sozial spürbaren Ausdruck im Fremdelalter, dann nämlich, wenn sich frühe kognitive Fähigkeiten herausbilden mit der Fähigkeit zu einer Unterscheidung von vertraut/sicher und fremd/bedrohlich. Das, was die meisten Eltern beim Fremdeln als irritierend erleben, bekommt so seine einsichtige Erklärung. Der Säugling empfindet, abgesehen einmal von seiner immer geliebten primären Bezugsperson, einen bestimmten Menschen entweder als angenehm und anziehend und fremdelt schwach oder gar nicht, oder aber er empfindet ihn als unangenehm und bedrohlich und fremdelt bei diesem auffallend stark. Vertraut entspricht dabei der Empfindung von behaglich und begehrenswert, kurz appetent, unvertraut und fremd hingegen der Empfindung von ablehnend, aversiv. Wenn das Los im letzteren Fall einen wichtigen Familienangehörigen trifft, vielleicht gerade die nette Großmutter (s.o.), kann das zu einem Problem werden. Aber dieses Problem muss hingenommen werden, denn **Sympathie** und **Antipathie**, und darum handelt es sich hier, sind seelische Geschmacksfragen, über die nicht zu streiten ist, am allerwenigsten mit einem Säugling.

Sympathie und Antipathie beziehen sich darüber hinaus, wie auch das Fremdeln selbst, nicht nur auf Personen, sondern ebenso auf bestimmte Gegenstände, Geräusche oder auch auf Situationen und Orte, wobei ich im letzteren Fall lieber von Vorlieben oder Abneigungen spreche. Gerade diese Erscheinungen jedoch verwirren alle Eltern deutlich, denn es ist schwer, sich vorzustellen, dass ein Ort, den man selbst als angenehm empfindet, in einem anderen Menschen, hier dem Säugling, das gegenteilige Gefühl auslöst. Sitzt z.B. die ganze Familie gemütlich nachmittags am Kaffeetisch und der gerade wach gewordene Säugling wird herbeigeholt und stolz allen Familienangehörigen präsentiert, kann das Geschehen schnell zum Desaster werden, wenn dem stolz vorgezeigten und gar noch herumgereichten Säugling Situation und Ort im Moment sehr unangenehm erscheinen. Folgerichtig wird er anfangen zu weinen, u.U. sogar fürchterlich zu schreien und das vielleicht gerade bei jener hoch geschätzten Großmutter. Vielleicht hat diese ihn nur ungeschickt gehalten, oder ihr Parfum riecht zu stark oder ihre Haare sind zu hoch gekämmt. Bei solchen Vorfällen ist häufig die ganze Gesellschaft pikiert. Betroffenheit und Unverständnis steigern sich noch, wenn es ausgerechnet dem wenig kinderlieben, eher ruppigen Großvater gelingt, den Säugling wieder zur Ruhe zu bringen. Welcher Funke Sympathie, fragen sich alle, ist in diesem Moment zu dem alten Herrn übergesprungen? Es wird wohl für immer das Geheimnis des Kindes bleiben. Auch die Mutter als primäre Bezugsperson muss diese unerwartete Sympathiebekundung ihres kleinen Sprösslings akzeptieren.

Die Grundstimmungen der Aversion und Appetenz bleiben das ganze menschliche Leben lang erhalten und aktiv. Sie legen ihre Folie immer wieder über jedes der aufkommenden Gefühle. Dadurch sind die Grundstimmungen in der Lage, eine kognitive Bewertung des Gefühls zu irritieren und vielleicht in eine andere Richtung zu korrigieren. So lange der Mensch psychisch gesund bleibt, stimmen Gefühl und Empfindung in dieser Form jedoch weitgehend überein und garantieren ihm die Erfüllung seiner emotionalen Erwartungshaltung. Das heißt, denkt er sich an einen bestimmten Ort zurück oder erinnert er sich an ein besonderes Geschehen, dann ist auch sofort wieder dieses angenehme oder unangenehme Gefühl von damals da. Vor allen Dingen die angenehmen Gefühle wird er sich nun immer wieder ins Gedächtnis zurückzurufen wollen, die unangenehmen jedoch möglichst für den Rest seines Lebens vermeiden, was nur mit Hilfe der Verdrängung gelingt.

Im Zuge der fortschreitenden, geistigen Entwicklung des Kindes treten Aversion und Appetenz bei nahezu alle Fortschritten im Hinblick auf Erfahrung und Wissen auf. Die unzählig verschiedenen Inhalte des Erkenntniszuwachses machen es zwingend erforderlich, eine Präzisierung und Verfeinerung im zunächst eher groben Raster beider Empfindungsgrundformen vorzunehmen. Auf diese Weise liegt jedem Menschen schon bald eine individuell spezifische Skala an Pro- und Antigefühlen zu beinahe jedem Erfahrungsinhalt vor, eine Skala, die sich am Ende der negativen Seite in Gefühlen äußert wie Widerwille, **Abscheu** oder **Ekel**, am Ende der positiven Seite hingegen wie starke **Motivation**, gesteigerte **Lust** oder regelrechte Begeisterung. Dazwischen gibt es alle denkbaren Übergänge. Motivation als emotional förderndes Instrument der fortschreitenden, kognitiven Entwicklung ist allem Gesagten zufolge das innerpsychische Gesamtergebnis von positiven Gefühlen im Verbund mit einem Handlungsbedürfnis. Man kann den Rückschluss wagen, dass je größer der „Pool" der positiven Gefühle in der emotionalen Integration geworden ist, desto größer werden auch die motivationalen Kräfte im Kind sein, ausgedrückt in der Gestalt von hohem Interesse und Neugier.

Im sozialen Umgang bzw. im konfrontativen Verhalten der Menschen untereinander tritt das aversive Empfinden als **Scheu**, Rückzug oder persönliche Ablehnung zutage, zugleich aber auch als allgemeines Desinteresse. Das bedeutet, dass die kognitive Entwicklung durch Aversion nicht unerheblich gehemmt wird. Als inneres Gefühl entsteht dabei Unlust und, was das Selbst in der sozialen Konfrontation anbelangt, Scham. Wie sich die Scham im Speziellen hieraus entwickelt, davon wird im Rahmen der integrativen Vorgänge des Selbst zu reden sein. Das Gegenteil der Scham ist, um das an dieser Stelle gleich anzufügen, der Stolz. Der Stolz wird mit einem Wohlgefühl für den persönlichen Auftritt in der Gesellschaft wahrgenommen, zugleich aber auch mit positiven Vorzeichen für die persönliche Selbstbewertung.

Ein letztes Wort noch zu den konkreten Reaktionsweisen der Kinder auf die Empfindungen von innerer Ablehnung und innerem Begehren: Aversiv unterlegte Gefühle werden nach Möglichkeit gemieden, da sie im Gehirn vermutlich in dem schon besprochenen „Bestrafungssystem" repräsentiert werden und dort als dauerhafte Abspeicherung Angst- und Vermeidungsgefühle auslösen. Wenn die Vermeidung nicht gelingen kann, weil das mit dem Ausweichen verbundene, notwendige Verhalten von außen behindert wird, dann werden die aversiven Empfindungen äußerlich wie innerlich aggressiv abgewehrt. Im Verhalten kommt diese Abwehr einer persönlichen Verteidigung gleich, denn der von mächtigeren Autoritäten direkt oder indirekt ausgeübte Zwang, aversive Gefühle aushalten zu müssen, wird als Angriff auf das Selbst und die eigene Person erlebt. Die Aggression richtet sich somit sowohl gegen Personen als auch gegen bestimmte Lebensbedingungen.

Appetent unterlegte Gefühle sind solche, die generell als beglückend erlebt werden. Sie werden im Belohnungssystem generiert. Selbstverständlich versucht das Kind, diese zu erhalten und zu vermehren, so gut es geht. Nötigenfalls werden sogar Tricks und Methoden angewandt, positive innere Gefühle weiter zu verstärken, z.B. durch Erbetteln von Geschenken oder – in eine ganz andere Richtung gehend – durch die intensive Verwendung eines Übergangsobjektes (siehe weiter unten). Auf dieser Schiene bewegt sich auch die potenzielle Entwicklung zum späteren Substanzmissbrauch und Suchtverhalten.

Nicht nur zur Abwehr der aversiven, sondern auch zur Mehrung der appetenten Gefühle kann Aggression (in einem erweiterten Sinn) eingesetzt werden, nämlich als „selbstaufwertende Beschaffung". Bestes Beispiel ist das eigenmächtige Annektieren der Kinder von Spielzeug, das bei ihnen Gefallen hervorruft. Da das Kleinkind augenscheinlich noch keine Rechtsvorstellung besitzt, ich sprach bei den Rivalitätskämpfen weiter oben bereits davon, kann die Gesellschaft eine solche eigenmächtige Annektierung von Gegenständen noch nicht als Diebstahl ansehen. Aber alle Eltern kennen das Verhalten ihrer Kinder, Spielzeug, das für sie einen gewissen Wert besitzt (zumindest in den Augen des Kindes), heimlich in die Tasche zu stecken und mit zu sich nach Hause zu nehmen. Auch von anerkannten und geliebten Bezugspersonen „entwenden" Kinder gerne Gegenstände und stecken sie als „Trophäe" ein. Sehen die Eltern dann die Beutestücke im Kinderzimmer offen und achtlos herumliegen, ist ihre Empörung oftmals groß. Aber wie ich bereits ausgeführt habe, wäre es verfrüht, dem Kind größere Vorhaltungen zu machen und ihm über den Eigentumsbegriff einen Vortrag zu halten. Etwas ganz anderes lag dem Kind bei dieser Handlung ursächlich zugrunde, nämlich die Selbstaufwertung. Am einfachsten ist es, man nimmt das schnell in Vergessenheit geratene Fremdeigentum ohne Kommentar in seine Obhut und gibt es bei nächster Gelegenheit dem Besitzer zurück.

An dieser Stelle erscheint es wichtig, auch noch auf ein anderes Phänomen der Kleinkinder zu sprechen zu kommen. Gemeint ist ihr Begehren, grundsätzlich *alles* haben zu wollen. In der heutigen Zeit, in der soviel Spielzeug und soviel verlockende Nahrung wie noch nie zuvor in der Menschheitsgeschichte zu erhalten ist, erliegen Kinder zwangsläufig dem damit verbundenen Konsumdruck oder – aus ihrer Sicht – Konsumzwang. Emotionspsychologisch definiert bedeutet diese Tatsache, dass sich das Kind jederzeit und über alle Maßen positiv aufwerten kann. Das möchte es selbstverständlich auch tun, besonders dann, wenn die positive Attributierung in der Eltern-Kind-Beziehung nicht befriedigend genug ist. Vor allem auch Nahrungsmittel zählen zu solchen positiven Ersatzattributen. Ersatz sind sie deshalb, weil das eigentlich gewünschte Attribut, die ausgesprochene Aufwertung durch die Eltern oder andere wichtige Bezugspersonen z.B. für eine erbrachte, gute Leistung zu oft ausbleibt.

Erfährt das Kind hinsichtlich der materiellen Selbstattributierung eine Untersagung und kommt es zu einem Verbot seitens der Eltern, ausgesprochen meist aus finanziellen und weniger aus prinzipiellen Gründen, dann fühlt sich ein solches Kind um seinen vermeintlich wohlverdienten Lohn betrogen und bricht in heftigen Trotz aus. Solche Szenen sind allen Eltern und Erzieher(inne)n geläufig und sehr gefürchtet, weil sie sich ohne Rücksicht auf die Öffentlichkeit vorzugsweise in Supermärkten und Restaurants abspielen.

4.3 Differenzierung des Selbst in gut und schlecht und das Übergangsobjekt

Die mit der Erfahrung des autonomen Selbst einsetzende, neue Wahrnehmung der eigenen Person wird von jetzt ab bewusst der Wirklichkeit präsentiert und gleichzeitig immer wieder einer erneuten Überprüfung unterzogen. Dass dabei nicht nur erfolgreiche Auftritte stattfinden, sondern auch reichliche Misserfolge einzustecken sind, ist ein natürlicher und unausweichlicher Vorgang in der menschlichen Gesellschaft. Diese Misserfolge nähren nun den unbefriedigenden Aspekt des eigenen Selbst und werden als der schlechte/„böse" (misslungene) Teil von ihm empfunden, da hierzu das Echo von Eltern und anderen Erwachsenen gleichermaßen negativ ausfällt. Tatsächliches Versagen durch eigene Fehler wird dabei genauso als misslungen verstanden wie Verbote durch die Eltern, ausgesprochen, um solche Fehler zu verhindern. Das erscheint auf den ersten Blick nicht schlüssig, ja beinahe paradox; aber diese Fehleinschätzung des Selbst liegt an der noch beschränkten Erkenntnisleistung des kindlichen Bewusstseins und dem begrenzten Umfang des selbstreflexiven und logischen Denkens. Der präventive Charakter des Verbots kann mangels erkennender Vorausschau und ausreichendem Zeitverständnis noch nicht begriffen werden, und besonders dann, wenn das Verbot mit erregten Affekten vorgetragen wird, hat das Kind den Eindruck, es hätte den Fehler bereits gemacht.

Stärke, Größe und Anerkennung des Selbst speisen sich einstweilen noch weitgehend aus den guten Gefühlen im Verbund mit der Mutter und in ersten Ansätzen inzwischen auch aus jenen aus dem Vaterverbund. Daher wird vorzugsweise noch die Mutter aufgesucht, um sich diesbezügliche Sicherheit zu verschaffen (referenzielle Interaktion oder social referencing, Lemche u.a., s.o.). Ich hatte dieses Phänomen mit Franz Renggli als „sichere Basis" bezeichnet.

Da gibt es aber noch ein ganz entscheidendes Phänomen im Kleinkindalter, das diese Selbstwertproblematik, wenigstens zum Teil, überwinden hilft. Gemeint ist das Phänomen des **Übergangsobjekts**. Das bekannteste Übergangsobjekt ist der Schnuller, der den Säuglingen als „Mutterersatz" bei fortgesetztem Saugakt (oral) schon in den ersten Lebensmonaten – ich meine zu Recht – angeboten wird. Aber beinahe ebenso bekannt sind das „Schnuffeltuch" oder der mit sich herum geschleppte Teddybär bzw. ein anderes, vergleichbares Stofftier des Kleinkindes. Auf diese Wiese macht sich das Kind die Mutter in ihrer Eigenschaft als primäre Bezugsperson illusionär (oft auf Jahre hinaus) zur Gänze verfügbar (Winnicott, s.o.). Aus der Psychoanalyse stammt für solche intrapsychischen Vorgänge der Begriff der Introjektion. Das Kleinkind trägt also seine primäre Bezugsperson, sprich seine Mutter symbolisch als Introjekt ständig mit sich herum und kann, das ist ganz wichtig, mit eigener Macht über sie verfügen. Das heißt, die so symbolisierte Mutter kann dem Kind immer tröstend zur Seite stehen, kann aber im Bedarfsfall auch als Aggressionsobjekt dienen und wütend „in die Ecke geschleudert werden". Eigentlicher Sinn und Zweck dieses „Personenersatzes" ist es, die noch turbulenten und schlecht unter Kontrolle zu bekommenden, inneren Gefühle des Kindes einigermaßen selbstständig zu regulieren. Die Einbildung des Kindes, auf diese Weise Bestimmungsmacht über die primäre Bezugsperson auszuüben, lässt es hinsichtlich einer frühen Regulationsmacht über seine Gefühle erstarken. Dadurch besitzen die Kinder selbst wie auch ihre Eltern einen emotionalen Vorteil, auf den niemand ohne Not verzichten sollte. Die frühe Möglichkeit zur Selbstregulation hilft das Selbstbewusstsein zu heben. So greift auf günstige Weise eins ins andere.

Kaum ein Kind schafft es daher, ohne ein solches Übergangsobjekt auszukommen. Alle Eltern kennen die schmutzig abgegriffenen und abgelutschten Stofftiere im Arm ihrer Kinder, besonders wenn im Gefühlsleben Konflikte und schwierige Situationen aufkommen, aber auch nachts als sicher verfügbare Schlafbegleiter. Viele Kinder verlegen sich ganz auf ein „orales Übergangsobjekt", das heißt ein Ding, an dem man lutschen und saugen kann, wie z.B. der Schnuller oder Nuckel, aber natürlich auch der eigene Finger. Durch die Verwendung des Übergangsobjektes können, nebenbei gesagt, frühzeitig aufgetretene, oft hartnäckig ausgeführte gewohnheitsmäßige Handlungen (Habituationen, s.o.) abgelöst werden.

Das Übergangsobjekt unterstützt den Loslösungsprozess auf günstige Weise durch Führung des Kindes in seiner Eigenwahrnehmung auf das Selbst und federt dabei die ambivalenten Gefühle ab, die bei der Umgestaltung der Bindungsverhältnisse automatisch aufkommen. Es sollte demzufolge auch noch für die Dauer der Loslösung und Selbstentfaltung von den Eltern toleriert werden, was bedeutet, dass eigentlich erst mit etwa vier Jahren daran gedacht werden kann, den erwählten Gegenstand im Tausch gegen ein etwas anderes wertvolles Ding dem Kind zu entziehen. Als geeignet für diesen Vorgang hat sich das Märchen von der „Schnuller-Fee" erwiesen, die am vierten Geburtstag kommt und den Austausch vornimmt, wenn das geliebte Übergangsobjekt am Abend vorher auf den Geburtstagstisch gelegt wird. Das geht selbstverständlich beim Fingerlutschen nicht. Hier sind nur langsame verbale Entwöhnungsprogramme möglich.

Ich möchte die Symbolwelt des Kleinkindes nun wieder verlassen und zu den realen Begebenheiten zurückkehren. Es gelingen in dieser Entwicklungsphase natürlich auch immer mehr eigene Aktionen, welche die positive Seite des Selbst weiter

„auffüllen". Sowohl die im Stillen verbuchten, als auch die offiziell erzielten Erfolge stärken das Selbst in großem Umfang, und die Stärkung wird gleich verdoppelt durch das positive Echo und die Anerkennung seitens der Eltern oder anderer relevanter Bezugspersonen. Daher ist es wichtig für alle Eltern, im richtigen Moment ihrem Kind ein großes **Lob** auszusprechen und ihm dabei Aufmerksamkeit und Liebe zu beweisen. So wie sich der Säugling die Nähe und Geborgenheit bei der Mutter ersehnt hat, so wünscht sich das Kleinkind Lob und Anerkennung durch seine Eltern. Da ein rein verbales Lob allein einstweilen kaum ausreicht, muss es von einer entsprechenden Mimik und Gestik begleitet sein. Das Strahlen in den Augen seiner Eltern bei einer gelungenen Aktion nimmt jedes Kleinkind sofort wahr. Geschenke sind hingegen zu diesem Zeitpunkt noch völlig unangebracht. Der eigene Erfolg ist dem Kind Geschenk genug.

Auf der anderen Seite wächst von nun an auch der gegenteilige elterliche Einfluss: Jedem, der das Großwerden von Kindern erlebt hat, ist gut in Erinnerung, wie sehr der **Tadel** auf die ganz vom Selbst erfüllte Gemütslage des Kindes einwirkt. Die Betroffenheit und die Scham, die in diesem Moment in den kindlichen Affekten zum Vorschein kommen, sind unübersehbar. Sie sind von so starkem Einfluss auf die Emotionen des Kindes, dass dieses, wenn es sich nicht gerade im Geist des Widerstands bewegt, in bittere Tränen ausbricht. Daher sollten Eltern vom Einsatz des Tadels, der jetzt als Erziehungsinstrument zunehmend Bedeutung erlangt, einstweilen nur vorsichtig Gebrauch machen. Die Selbstkonstruktion des Kindes ist in dieser Phase noch instabil und zerbrechlich, so dass sie schnell weiter geschwächt oder ganz zerstört werden kann. Das Resultat ist dann ein zunehmend scheues, zurückgezogenes, ängstliches und spiel- und kontaktunfähiges Kind. Das kann aber nicht das Ziel einer Erziehung sein.

Andererseits ist ein ständiges und möglicherweise nicht mehr sachbezogenes Lob alles andere als hilfreich für die Selbstentwicklung. Allzu leicht wird beim Kleinkind die Illusion der Omnipotenz (s.o.) aus der Säuglingszeit (noch im dyadischen Verbund mit der Mutter) wiedergeboren, und die aufkommende Selbstüberschätzung macht die Führung des Kindes auf Dauer immer schwieriger. Die richtige elterliche Haltung in dieser Frage besteht in der Ausgewogenheit und Sachbezogenheit ihres kommentierenden Eingreifens. Das heißt das verdiente Lob ist so förderlich wie der berechtigte Tadel. Beim Tadel sollte wegen der Verletzbarkeit des frühen Selbst immer nur die „Sache", das heißt also die Handlung, kritisiert werden und nicht direkt das Kind selbst, da ein Kind negative Kommentare „in emotionaler Eigenregie" regelmäßig in innere, selbstabwertende Gefühle umwandelt, manchmal unter Nichtbeachtung der eigenen Ertragensfähigkeit.

Ich möchte ausdrücklich in beidem, Lob wie Tadel, die ersten notwendigen, verbal-erzieherischen Einsätze der Eltern sehen. Die Wirksamkeit beider Aussagen über die Person des Kindes liegt vornehmlich in der Angemessenheit ihres Gebrauchs. Lob und Tadel erlebt das Kind selbst dabei erst einmal wie einen persönlichen Erfolg und Misserfolg. Denn es hat noch keine geistige Vorstellungskraft, das innewohnende Urteil von der eigenen Person zu abstrahieren, um darin zugleich ein allgemeingültiges („kategorisches") Verhaltenskorrektiv im gesellschaftlichen Auftreten und Handeln zu erkennen. Dieses entwicklungsbedingte „Manko" sollten Eltern beim Urteil über die kindlichen Reaktionen im Sozialverhalten und hinsichtlich der Auswirkungen auf die kindliche Psyche unbedingt im Auge behalten.

4.4 Stolz und Scham als soziale Kerngefühle (mit Selbstdarstellung und Scheu)

Nun komme ich auf die beiden Kerngefühle dieses Entwicklungsabschnittes in der frühkindlichen, psychosozialen Entwicklung zu sprechen, auf den Stolz und die Scham. Bei oberflächlicher Betrachtung könnte man vermuten, dass Stolz sich unmittelbar aus der Positiv-Umwandlung der negativen Anfangsgefühle in der Mutter-Kind-Dyade entwickelt und Scham aus den bei diesem Vorgang negativ verbliebenen (Rest-)Gefühlen. So direkt ist das aber nicht zu verstehen. Denn die negativen Anfangs- oder Grundgefühle im Säuglingsalter konnten, das darf nicht vergessen werden, nur im dyadischen (Selbst-)Verbund mit der Mutter positiv gewandelt werden, also im sozial abgesicherten Bindungsgeschehen. Der Vorgang der „Gefühlswandlung" war demzufolge stark „mutterlastig". Das heißt soviel wie, dass nahezu ausschließlich die Mutter mit Ihrem Zuwendungsverhalten sowie ihrer Verfügbarkeit entschieden hatte, wie positiv sich das Gefühlsleben beim Kind letztlich entwickelte und wie stark sich im Endeffekt der kindliche Wille aus dem Drang herausbilden konnte. Zunächst war also die Mutter oder Ersatzmutter der Quell aller guten und schlechten Gefühle.

Gleichzeitig war die Mutter aber auch willfährige Projektionsfläche aller Gefühle vom Kind. Das zeigte sich deutlich in der Wut und dem Ärger des Säuglings, wenn die Mutter nicht so handelte, wie es seinen Bedürfnissen entsprach. Es zeigte sich aber auch in der Freude, den Zärtlichkeitsritualen und in der affektiven Übereinstimmung. Im „Leihselbst" konnte jedoch die Wirkung all dieser Gefühle auf sich selbst, vor allen Dingen diejenige der negativen, nur unvollständig bleiben, denn der Säugling empfand die Mutter als Teil der eigenen Personensphäre. Demzufolge konnten weder die Freude noch die Wut als eigene Leistung empfunden werden, sondern immer nur als „dyadisches Gemeinschaftsergebnis". Stolz und Scham als ganz persönliche Gefühle lassen sich folglich nicht unmittelbar aus der Mutter-Kind-Dyade herleiten.

Dennoch ist der Beitrag des Kindes selbst zu diesen Vorgängen nicht zu unterschätzen. Er ergibt sich größtenteils aus seinem Temperament, das in seinen erblichen Anlagen begründet liegt. Zu einem etwas geringeren Teil ergibt er sich aber auch schon aus seinem geschickten, sozial angepassten Agieren, das er in der Interaktion mit den Bezugspersonen entwickelt, um sich der Wirklichkeit und ihren Verhältnissen auf günstige Weise zu nähern und zu präsentieren. Das Anpassungsverhalten zu diesem frühen Zeitpunkt ist allerdings noch rein intuitiv zu verstehen. Erst in der Loslösungsphase erlangt das Kind die Fähigkeit, ein solches Verhalten durch zielgerichtete Aktionen aufzubauen. Damit wird die Loslösungsphase zum entscheidenden Geschehen in der beginnenden Selbstzuordnung der Gefühle. Denn dann geht es in der Entwicklung des Kindes darum, aus der Mutter-Kind-Dyade und der Leih-Selbst-Position heraus zu schlüpfen und das autonome Selbst zu entdecken. In einem weiteren Schritt gilt es nun, das autonom gewordene Selbst fortzuentwickeln und zweckgebunden einzusetzen. In diesem Stadium der Entwicklung kann sich das Kind endlich als alleiniger Besitzer seiner Gefühle wahrnehmen und ihnen den Prägestempel „Ich" aufdrücken. Dieser Zeitpunkt liegt zwischen dem zweiten und dritten Geburtstag.

Im Alter von etwa drei bis vier Jahren geht es um den nächsten, ganz entscheidenden Schritt in der Entwicklung des Gefühlsspektrums, nämlich die im eigenen Inneren entwickelten Gefühle nicht mehr nur als zum Ich zugehörig zu erkennen und zu empfinden, sondern auch ihren wertsetzenden Charakter in der Gemeinschaft zu begreifen. Dazu muss, wie in der Entstehung des Selbst schon ausgeführt, zunächst ein Stück der bisherigen, entscheidenden Bezugspersonen verinnerlicht worden sein, jener gewissermaßen zwischenmenschliche Übertragungsfaktor, dessen innerpsychische Wirkung auf das Kind Kohut als das verinnerlichte **Eltern-Bild (bzw. Eltern-Imago)** bezeichnet hat. Das Kind, welches in dieser Form auf ein erfolgreiches Ergebnis zurückblicken darf, sieht sich im Auge seiner Eltern positiv gespiegelt und fühlt sich ihres Lobs nun ganz ohne deren tatsächliche Anwesenheit sicher. Es fängt an, sich in einer Art inneren Dialogs sein Lob selbst auszusprechen. Manchmal erleben Eltern ein gleichlautendes Selbstgespräch beim Kind, wie: „ich mache das gut, ich bin lieb" usw. Anders ausgedrückt: das zunehmend wirksam werdende Selbst- oder Eigenlob ist unmittelbares Ergebnis der verinnerlichten Anerkennung durch die Eltern.

In gleicher Weise ist natürlich auch der Selbstzweifel oder die „Selbstkritik" ein Ergebnis verinnerlichter Elternstimmen, vor allem dann, wenn diese häufig einen Tadel ausgesprochen haben oder weiter aussprechen und wenn sich Misserfolg im eigenen Handeln einstellt. Auch in diesen Fällen erlebt man bei manchen Kindern ein sich jetzt tadelndes Selbstgespräch: „ich bin böse, ich mache alles kaputt" usw. Durch solche kindlichen Äußerungen wird leicht verständlich, wie stark es auf den ersten Stufen seiner Selbstwahrnehmung noch auf das Bewertungsschema seiner Eltern angewiesen ist. Ja mehr noch, das Kind bewertet sich automatisch so, wie es meint, dass es von seinen Eltern bewertet wird. Es besitzt noch gar kein eigenes, kognitiv geformtes Bewertungsschema, welches ihm seine persönliche Wertigkeit vermittelt, abgesehen von der ursprünglichen Folie der Aversion und Appetenz mit Unlust und Lust, die auch für Starksein und Selbstzweifel Gültigkeit hat.

Erst mit der Zunahme geistiger Reifung und der damit verbundenen, kognitiven Expansion, konkret gesagt mit dem Verständnis von gut und schlecht (bzw. böse) als übergeordnete Eigenschaftswörter in der gesamtgesellschaftlichen Beurteilung entwickelt sich auch im Kind langsam so etwas wie eine Autonomie der Werteskala. Den Boden dafür gibt aber immer noch die verinnerlichte Elternmeinung ab. Die weitere Ausgewichtung in der Qualifizierung ergibt sich nun aus den positiven und negativen Attributen, die das Kind im alltäglichen Geschehen erfährt. Erst dieser Schritt macht es ihm möglich, Stolz oder Scham als eigenständige Gefühle in sich selbst zu empfinden und weiter aufzubauen. Aber für eine echte Autonomie in Fragen der Bewertung von gut oder schlecht oder „brav" und „böse" ist es immer noch zu früh. Dafür sind noch weitere Erfahrungen nötig, vor allem solche in der altersgleichen Gruppe und über diese hinaus in der großen Gemeinschaft. Erst im Kindergarten und dann vor allen Dingen in der Schule beginnt sich die allgemeingesellschaftliche Werteordnung dem Kind vollständig zu vermitteln.

Stolz und Scham sind streng ichbezogene, selbststärkende bzw. selbstschwächende Gefühle auf dem Urgrund der positiven oder negativen emotionalen Integration, der glückenden oder erschwerten Loslösung im frühesten, sozialen Lebenszusammenhang, sowie auf dem altersphasenspezifisch aktuellen Boden positiver und negativer Attribuierung des Selbst. Generelle Voraussetzung für die Empfindung dieser beiden Gefühlsqualitäten ist die Entstehung des eigenständigen (autonomen) Selbst. Das bedeutet zugleich, dass sich Stolz oder Scham wenigstens zu Anfang immer nur auf sich selbst, bzw. auf die eigene Person beziehen, ja dass sie ein integrativer Bestandteil dieser Selbstvorstellung sind. Sehr viel später kann ein jeder auch stolz auf einen anderen sein, oder sich für einen anderen schämen, dies aber nur, weil er dann in der Lage ist, dessen gutes oder schlechtes Verhalten im empathischen Erleben auf sich selbst zurück zu beziehen (= positive oder negative Identifikation).

Den Ausführungen zufolge kommt man im entwicklungspsychologischen Sinn automatisch zu dem Ergebnis, dass Stolz die guten Empfindungen im Selbst hervorhebt und Scham die schlechten oder bösen. Und gleichzeitig kommt man zu dem Ergebnis, dass Stolz eine gute Voraussetzung für eine günstige, soziale Weiterentwicklung ist, und Scham sich auf diesem Weg eher hinderlich auswirkt. So richtig das im Regelfall ist, so fraglich und kompliziert wirkt es sich im Einzelfall dennoch aus. Dazu eine weitere kleine Fallgeschichte.

6. Fallgeschichte

Der kleine Max wird von seiner Mutter immer wieder dafür gelobt, dass er sich in der Spielgruppe gegen die anderen Kinder durchsetzt, und dass er, wenn ihm ein anderes Kind sein Spielzeugauto wegnimmt, er es diesem mutig wieder entreißt. Dabei stößt er den kleinen Angreifer gerne zu Boden. Die Mutter nimmt diese gleichzeitige Attacke gegen das andere Kind billigend in Kauf und unterlässt es, Max dafür zurechtzuweisen oder zu tadeln. Sie geht davon aus, dass es wichtig für ein Kind ist, sich durchzusetzen. Blessuren bleiben im Alltagsgeschehen eben nicht aus. Max empfindet diese mütterliche Reaktion als Ansporn, in dieser Form weiterzumachen. Nach einigen Wochen in der Spielgruppe gilt er als ein robuster Kerl, der auch angriffslustig ist. Bald eilt ihm der Ruf voraus, ein richtiger Schläger zu sein. Auf dieses Attribut ihres Sohnes ist die Mutter auf versteckte Weise weiterhin stolz.

Kommen wir zur Interpretation des Geschehens. Drei Komponenten der sich entwickelnden, frühen psychischen Struktur wirken bei der Reaktion des Jungen in gegenseitiger Verstärkung zusammen: Erstens der drohende Verlust von Selbstanteilen, weil Max ein wichtiges Attribut zur Selbststärkung abgenommen wird. Hier handelt es sich um ein schönes Auto. Zweitens das erfolgreiche Sich-wehren, das ihn in die Lage versetzt, sich sein verloren gegangenes Attribut zurückzuerobern und das ihm ein Gefühl von Stärke verleiht. Und drittens sein in der Ausführung tatsächlich erfolgreiches Handeln.

Soweit wäre noch alles eine unter gleichen Gegnern ausgetragene Rivalität, die bei dem unterlegenen Kind Misserfolg und Enttäuschung verursacht und bei dem, das überlegen ist, Erfolg und ein Gefühl von Macht und Stärke. Nun kommt aber eine problematische Wendung dadurch, dass sich die Mutter anerkennend einschaltet, und zwar in unnötiger Weise, denn Max hat bereits erfolgreich agiert. Und das genügt ihm zur positiven Attribution. Nun spricht sie spricht ihm ein zusätzliches Lob aus mit dem Ergebnis, dass das für das Kind ohnehin schon positive Ergebnis einmal mehr verstärkt wird. Diese Verstärkung wirkt dadurch besonders nachhaltig, dass die „innere Stimme" im Kind (die verinnerlichten Elternaussagen aus früheren Zeiten) sich bereits selbst ein Lob ausgesprochen hat und sich dadurch mit der realen Stimme der Mutter noch einmal deckt. Eine höhere Aufwertung kann einem Kind in diesem Alter gar nicht widerfahren.

So weit, so gut. Doch gibt es ein Problem. Die Erziehungsfunktion, die die Mutter oder der Vater hier in guter Absicht für sich in Anspruch nehmen, hat manipulativen Charakter und ist mehr der Anfang einer Deformierung der Persönlichkeit als der Anfang ihrer günstigen Formung. Das soll nicht heißen, dass Eltern ihren Kindern nicht immer wieder ein Lob aussprechen dürfen. Ganz im Gegenteil. Aber Eltern müssen sich aber der Wirkung ihres Lobs bewusst sein und verstehen, dass das Instrument des Lobs auch verhängnisvolle Auswirkungen haben kann.

Stolz ist grundsätzlich zu befürworten. Was aber dennoch zu hinterfragen ist, ist der Grund für den Stolz oder die Handlung, auf die das Kind stolz ist. Nicht jede Aktion, die zu Stolz führt, ist eine gute Aktion. Ich möchte das Beispiel des abgenommenen Autos einmal fortführen, um klar zu machen, dass ein und dieselbe Handlung unter ganz verschiedenen Vorzeichen stehen kann und dann auch verschiedene Wertigkeit besitzt.

Der erfolgreiche kleine Max von eben spielt am folgenden Tag wieder voller Begeisterung mit dem kleinen Prunkstück auf vier Rädern, da ruft ihn die Großmutter zum Essen. Was passiert, ist absehbar. Max hört nicht hin und spielt weiter. Die Großmutter ruft voller Geduld immer wieder, aber Max kommt nicht. Das Auto lässt ihn nicht los. Da wird es der alten Dame zu bunt, und sie nimmt Max das Auto fort. Auch in dieser Situation geht Max eines wichtigen Attributs verlustig. Wütend springt er also auf und reißt seiner Oma am Ärmel, um das Auto zurück zu erlangen. Daraufhin schimpft diese ihn wegen seiner Ungehörigkeit aus und schließt das Auto im Schrank ein. Max ist außer sich vor Empörung und Wut, und da er die Großmutter nicht zu Boden werfen kann, traktiert er sie mit seinen Händen und Fäusten. Dazu spricht er immer wieder die Worte: „Du böse Oma, du böse Oma"!

Keine Eltern kämen jetzt auf den Gedanken, auch für diese Tat ihren Sohn zu loben. Die Erwachsenen, die sich längst mit sozial schicklichem Umgang in der Gesellschaft auskennen, wissen sofort, dass die erste Handlung nicht mit der zweiten vergleichbar ist. Aber der zweieinhalbjährige Max weiß das noch nicht. Ist das sein Fehler? Oder war es doch der Fehler der Mutter, Max über die Maßen dafür zu loben, dass er sich in der Spielgruppe so mutig gegen seinen Verlust gewehrt hat? Oder war es gar der Fehler der Großmutter, die nicht erkennen wollte, was Max mit diesem Spielzeug in seinem Inneren verbindet?

Wie zu ersehen ist, können Eltern inneren Stolz bei ihrem Kind nicht immer als eines zusätzlichen Lobs ihrerseits werten. Schubst der kleine Max den Spielkameraden um und nimmt ihm das eigene Auto wieder ab, dann muss es genügen, damit ein Gefühl von Stolz in ihm selbst hervorgerufen zu haben. Dieser Stolz ist zur Genüge mit seinen eigenen, positiven Selbst-Gefühlen deckungsgleich. Er suggeriert ihm Macht, hier aber Verteidigungsmacht, und beschert ihm Übereinstimmung mit dem übernommenen positiven Elternbild von sich. Dieser Stolz ist somit aus ihm selbst geboren und wird einen Gutteil seiner Selbstverwirklichung ausmachen. Geben Eltern einem solchen Fühlen nun ständig Nahrung von außen, dann riskieren sie leicht eine Selbstüberschätzung und im Endeffekt einen zu machtvollen Einsatz des Kindes, oft auch da, wo sie als Eltern und die Anderen ihn nicht mehr haben wollen. Ich verweise hierzu auf das Beispiel in der zweiten Situation mit dem wütenden Einschlagen auf die Großmutter, oder manchmal sogar auf die Eltern selbst. Das sind dann die berühmten Geister, die man gerufen hat und nun nicht mehr loswird. Erschwerend kommt hinzu, dass ein Kind in diesem Alter nicht verstehen kann, wieso dasselbe Handeln einmal gut und einmal schlecht sein kann.

Was die Gesamtproblematik an diesem Punkt weiter verschärft, ist die Tatsache, dass sich der Aggressionstrieb zeitgleich immer deutlicher im Kind meldet und als erstes Mittel zur Unterstützung der Verteidigung eingesetzt wird; Verteidigung von speziellen Selbstattributen oder, wenn erforderlich, Verteidigung des Selbst generell. Aggression führt aber jene Handlungen mit sich, die als Schlagen, Hauen, Treten, Beißen, Umstoßen von schwächeren Kindern oder an den Haaren ziehen in Kinderzimmern nicht gerne gesehen werden. Verbinden sich in dieser Entwicklungsphase die aggressiven Elemente immer häufiger mit der machtvollen Verteidigung von gefährdeten Selbstattributen, und werden die damit verbundenen Handlungen Garant für Erfolg und zunehmenden Stolz, dann liegt es nahe, dass das Kind hierin einen Lernprozess vollziehen wird und die unheilvolle Mischung aus Gewalt und Erfolg immer häufiger zur Anwendung bringt. An dieser eher antisozialen Entwicklung wird klar, wie problematisch es ist, wenn solche Verhaltensstrukturen auch noch durch zusätzliches Lob hochgeschätzter Personen, vor allem der Eltern, zu günstigen (Selbst-)Erfahrungen erhöht werden. Was letztendlich entsteht, ist ein geistiger Kitt zwischen Macht, Erfolg, **Selbstüberschätzung** und Aggression, welcher auf der einen Seite zwar starke Menschen erzeugt, auf der anderen Seite aber insbesondere bei sozialen Spannungen sich schnell als „Sprengstoff" erweisen kann.

Ich möchte der weiteren frühkindlichen Entwicklung aus methodischen Gründen kurz vorweg greifen und an dieser Stelle schon darauf hinweisen, dass eine solche Entwicklung nie völlig vermeidbar ist und dass die Natur dafür ein entscheidendes Verhaltenskorrektiv bereithält, das aus dem Über-Ich sich herausschälende Gewissen. Bevor ich in dieser Richtung mit meiner Betrachtung jedoch fortfahre, möchte ich mich erst noch mit der gegenteiligen Entwicklung zur Selbstüberschätzung, der zur **Selbstunterschätzung** und Scham befassen.

So wie also der Stolz die Verinnerlichung positiver Werte des Selbst bewirkt, so geschieht es in der Scham mit den negativen. Auch hier ist vorweg pauschal zu sagen, dass es von der Natur nicht erwünscht sein kann, ganz ohne Scham über das Selbst – ganz tief in seinem Inneren verborgen – auskommen zu können. Die Scham machte sich, und hierin liegt ihre Unvermeidbarkeit, bereits im ersten Augenblick der Selbsterfahrung bemerkbar. Wie ich in Anlehnung an die Forschungsergebnisse von Doris Bischof-Köhler weiter oben bemerkt habe, tritt das etwa eineinhalbjährige Kleinkind seinem Spiegelbild nach langer, naiv freudiger Phase (über den vermeintlichen Spielgefährten) auf einmal einigermaßen irritiert, ja geradezu reserviert, gegenüber (Bischof-Köhler 1989). Diese Scham, ich nenne sie die „Ur-Scham", zu erklären, sprengte hier den Rahmen, denn sie ist letztendlich nur philosophisch zu interpretieren. Psychologisch ist sie allenfalls beschreibbar, aber nicht unmittelbar verständlich.

So wie die negativen Gefühle von Unheimlichkeit und Angst noch vor dem Vertrauen und dem Glück in der Mutter-Kind-Dyade am Anfang des Lebens standen, so steht offenbar die Scham und nicht der Stolz am Anfang des autonomen Selbst. Diese Scham weicht aber zunehmend dem Stolz, wenn die Beziehungsstränge zwischen Mutter, Vater und Kind in der Loslösungsphase günstig verlaufen. Gerade die Dreiecksbeziehung oder Triade im Verbund mit dem Vater (auch Triangulierung) als wesentlicher Bestandteil der Loslösung und Autonomisation ist wichtiger Grundbestandteil für den Stolz. Und nur ein gut gelöstes Kind kann sich auch frei und stark fühlen und sein Selbstvertrauen gewichtig in die Waagschale für den Entscheidungsprozess in Bezug auf seine Handlungen werfen. Die schlechte Loslösung schmälert das Selbstempfinden und mehrt die Scham und die ihr auf dem Fuße folgende Schüchternheit. Dazu wieder eine kurze Fallgeschichte.

7. Fallgeschichte

Ich wähle für die Darstellung dieser Position ein geradezu klassisches Beispiel: Mutter und Kind kommen zum erstenmal in die Kinderspielgruppe. Alle Kinder sind zwischen zwei und drei Jahre alt. Alle sind natürlich gespannt auf das neue Kind und die Mutter. Alle begrüßen sich freundlich. Nur der kleine Tom steht unentwegt hinter seiner Mutter im Schutz ihres Rockes und klammert sich mit feuchten Händchen fest an den Stoff. Die Leiterin der Spielgruppe macht in guter Absicht den Anfang, Kontakt zu Tom aufzunehmen. Die Mutter würde ihn der Leiterin gerne „stolz" präsentieren, aber das schlägt nun völlig fehl. Als die Leiterin den hinter der Mutter versteckten Knaben direkt anspricht, und die Mutter sich anschickt, das nervöse Bündel hinter sich hervorzuziehen, bricht der kleine Junge in herzerweichendes Schluchzen aus. Hilfesuchend reckt er seine Arme an der Mutter empor und zwingt sie geradezu, ihn auf den Arm zu nehmen. Dort kuschelt er sich an ihren Hals und vergräbt sein von Tränen nasses Gesicht. Die Leiterin hat nur noch seinen Rücken vor sich. So weit so gut, man lässt von Tom ab, und die Leiterin bleibt souverän. Tom hängt nun die gesamte Probestunde am Hals seiner Mutter und nässt ihren Hals fortdauernd mit seinen Tränen und seinem Speichel, der über seine abgelutschten Hände läuft.

Diesen Misserfolg der ersten Kinderspielstunde würde man ja noch unter Anpassungsschwierigkeiten ablegen können. Wenn es aber in der zweiten, dritten und vierten Probestunde so weiter geht, und Tom schon am Morgen zu Hause in Tränen ausbricht, ist das allgemeine Verständnis für die kindliche Reaktion schnell zu Ende. Die auf diese Weise evidente Problematik besteht nicht nur für das Kind selbst, sondern auch für die Mutter, bzw. die Eltern, die sich von der Kinderspielgruppe Entlastung erwartet haben. Dazu kommt, dass das scheinbare Versagen ihres Kindes auch ein Licht auf die Eltern selbst zurückwerfen könnte. Denn die Erzieherinnen sehen sich berechtigt, bei solchen Reaktionen der Kinder Rückschlüsse auf eine etwaige elterliche Erziehungsunfähigkeit zu ziehen und richten ihren Ärger schnell auch auf die Mutter und nicht nur das Kind.

Die Reaktion von Tom in der Kinderspielgruppe wird sich natürlich auch in anderen, für ihn schwierigen Situationen wiederholen. Will er z.B. auf dem Spielplatz eine Rutsche besteigen, um den Spaß des Herunterrutschens zu genießen, und kommt ein offensives Kind dazu und schubst ihn beiseite, um vor ihm auf der Treppe zu sein, dann wird er sich nicht wehren, sondern hilflos dreinblicken, im schlimmsten Fall sogar wieder in Tränen ausbrechen und nach seiner Mutter rufen. In dieser Form geht es dann überall weiter, so beim Einkauf im Supermarkt, wo ihn die Verkäuferin anspricht oder beim Kinderarzt, wo er untersucht werden muss. Immer da, wo von ihm mutig-beherzter Auftritt, starkes Erscheinen (unter Kindern) oder geschickte Anpassung an die Situation verlangt wird, versagt er, ob nun unter familiären Freunden, oder in fremder Umgebung. Immer endet eine solche Unternehmung in einem Desaster. Mädchen werden dabei schnell als Heulsuse betitelt und Jungen als verweichlicht und „mädchenhaft" abqualifiziert. Begriffe wie bockig und zickig machen die Runde. Sehr bald kommt Verdacht aus der Gesellschaft auf, ein solches Kind sei nur sehr verwöhnt und müsse jetzt endlich erzieherische Härte spüren.

Härte spüren und Grenzen setzen als Antworten auf Launenhaftigkeit und Trotz sind auch heute noch Standardvokabeln einer eher verständnislosen Pädagogik. Denn solche pädagogischen Schnellschüsse führen nur wieder das autoritäre Erziehungsprinzip vergangener Zeiten durch die Hintertür in die Kinderzimmer ein. Der autoritäre Erziehungsstil sollte aber längst überwunden sein. Heute versucht man pädagogische Konzepte zu verbreiten, die auf den Grundlagen von Verständnis für die kindlichen Reaktionen, auf Vorbildfunktion der Eltern und auf Erklärungsmacht und Überzeugungskraft basieren.

Was ist die Scham nun wirklich, und ab wann ist sie ein Hinweis auf eine ungünstige frühkindliche Entwicklung? Ich habe ausführlich die Thematik der Gefühle im ersten Lebensjahr behandelt. Dabei habe ich immer wieder auf die emotionale Konstellation in der Psyche des Säuglings hingewiesen, dass vor einer jeden sozialen Hilfsmaßnahme durch die Eltern oder eine andere Bezugspersonen, wie Beruhigung und Trösten, ein negatives Daseinsempfinden gestanden hat. Diese Negativität der Daseinsempfindung, die ich unter dem Oberbegriff der aversiv gestimmten Gefühlsfolie gestellt habe, zieht sich weiter durchs ganze Leben. Was also beim kleinen Säugling Unheimlichkeit und Angst gewesen ist, ist beim Kleinkind Unsicherheit, Erfolglosigkeit und eben auch Scham. Durch immer komplizierter werdende, soziale Einkleidung aller Gefühle kann im Spektrum der negativen Empfindungen bei einem fortgesetzt ungünstigen Lebenslauf Trauer, Verbitterung und Verzweiflung werden.

Die Möglichkeit einer fortlaufenden, negativen Gefühlsausrichtung braucht nicht zu verwundern angesichts der Tatsache, dass das beispielhaft geschilderte Kleinkind sich dauerhaft in einer Position der Unterlegenheit empfindet, und durch uneinfühlsame und abwertende Reaktionen von Erwachsenen auch noch darauf festgelegt wird. Diese Erfahrung allein genügt also schon, das Gefühl der Scham im Kind auszulösen und fortgesetzt zu erhalten. Wie viel nun an erblichen Charaktervoraussetzungen noch dazu kommt, bleibt ein vorläufig ungelöster Faktor. Dass es eine solche Veranlagung gibt, soll hier allerdings nicht völlig in Abrede gestellt werden.

Andererseits bessert sich die Ausgangssituation der „Ur-Scham" dadurch, dass sich durch viel positive Integration im ersten Lebensjahr, das heißt durch viel Umwandlung von Unheimlichkeit in Vertrauen, Angst in Geborgenheit und Drang in Gelassenheit und „freien" Willen die innere Gefühlswelt immer weiter in Richtung auf das Glück zu bewegt wird. Konnte jedoch diese Positivwandlung aus eigenen, angeborenen oder äußeren sozialen Gründen nicht oder auch nur in nicht ausreichendem Maße erfolgen, dann genügen bereits einige negative Erlebnisse in der Loslösungsphase, und die aufkommende Scham ist nicht mehr zu abzuwenden.

Ab welchem Alter kann man in der Kinderpsychologie davon ausgehen, dass Scham empfunden wird? Wie gezeigt hängt das Gefühl der Scham schon mit dem ersten Selbsterleben zusammen. Erkennt sich das eineinhalb- bis zweijährige Kind auf einmal vor dem Spiegel selbst, sieht es seine ganze Kleinheit und Unbeholfenheit (natürlich rein subjektiv), und erlebt offensichtlich ein Gefühl von Verzagtheit und Scham. Solche Erklärungsansätze möchte ich – wie schon gesagt – lieber der Philosophie anheimstellen.

Folgerichtig wird das „sich erkennende" Kleinkind in diesem Moment zunächst kein anderes Bestreben entwickeln, als sich wieder in die Obhut seiner Mutter zu begeben. Genau dieses Verhalten erleben Eltern, wenn sie sich mit ihrem Kind dieses Alters vor den Spiegel stellen, und dieses sich nach kurzer Betrachtung der beiden gespiegelten Personen mit verlegenem Lächeln an ihren Hals schmiegt. Manche Kinder laufen, wenn sie alleine sind, vor ihrem Spiegelbild sogar davon. Diesem kindlichen Bedürfnis nach Rückzug oder „Flucht vor dem Selbst" steht jetzt allerdings eine ganz gegenteilige Aufgabe bevor, eine Aufgabe, die jedes Kind nahezu gleichzeitig in sich verspürt. Ich meine das Bedürfnis, gleichsam aus sich heraus zu gehen und die Welt mit Neugier und Lerneifer kennen zu lernen. Hierzu braucht es aber ein klares Ich im Inneren und ein stabiles Selbst, um den Kontakt nach außen erfolgreich zu gestalten.

Das Ichempfinden eines Kindes steht wiederum ganz unter dem Zeichen der Appetenz, also der Positivfolie oder einfacher gesagt: Ich ist Lust, Lust als eigenständige Person in der Entdeckung des Lebens vorwärts zu gehen und selbst ein Teil dieser Welt zu werden. Glücklicherweise überwiegt in nahezu jedem Kind diese Lust, und sie bleibt bei gesunder seelischer Entwicklung lebenslang. In der Psychoanalyse spricht man auch vom Lebenstrieb.

Um die Scham dauerhaft in Grenzen zu halten, wünscht sich das Kleinkind Eltern, die ihm bei seinem lustvollen Aufbruch in die Welt den Rücken stärken und „nach hinten" absichern. Ich habe das als die „sichere Basis" im Referenzierungs-Interaktionsmodus beschrieben. Das positive Eltern-Bild ergibt sich hierbei aus dem Ergebnis einer gleichlautenden, elterlichen Grundhaltung. Es wird vom Kind in sich aufgenommen und in seinen neuronalen Netzwerken im Gehirn abgebildet bzw. repräsentiert. Somit wird dieses anfängliche, verinnerlichte Selbstbild ein Stück struktureller Bestandteil des Gehirns, das immer wie eine Grundlinie mit Zug nach oben bestehen bleiben wird.

Verhalten sich die Eltern jedoch gegenteilig, kritisieren und bestrafen sie ihr Kind für jedes kleinste Missgeschick z.b. durch ständiges Ermahnen, Schimpfen, Verbieten oder gar durch auf die Finger schlagen, misslingt dieser Prozess, und die Lust, die Welt zu erkunden, nimmt Stück für Stück wieder ab; die Scham hingegen beginnt kräftig anzuwachsen. Solche Kinder bekommen mit der Zeit eine viel ungünstigere Ausgangsposition als die anderen für ihren Forschungsdrang und ihren expansiven Trieb. Das stellt sich so dar, dass sie entweder ihre Eroberungsimpulse, so sie denn noch in ihnen vorhanden sind, hauptsächlich mit höherem Widerstand und Trotz, und notfalls auch mit Einsetzen von Aggression durchzusetzen versuchen, oder in eine regressive Haltung ihrer realen Umgebung gegenüber verfallen (s.o. erschwerte und unvollständige Loslösung). Die Grundlinie ihres verinnerlichten Selbstbilds, meistens war die Säuglingszeit auch nicht glücklich verlaufen, hat einen Zug nach unten.

Eine angeborene Veranlagung zu hochgradiger Impulsivität dreht bei dem widerständig-trotzigen Fortgang oft noch kräftig mit an dieser Schraube, und die Entwicklung läuft auf das unruhig impulsive, oftmals aggressiv-oppositionelle Kind hinaus. Echtes Selbstbewusstsein wird bei diesem ungünstigen Elementargeschehen der persönlichen Expansion weit weniger zum Motor werden können als vielmehr übermäßiger Behauptungsdrang. Der Weg in ein überwiegend hyperkinetisches Kind (ADHS) mit Störung des Sozialverhaltens wirkt wie vorgezeichnet. Im Gegensatz dazu wird die Veranlagung zu einem fremdenscheuen und ängstlichen Verhalten ein sozial scheues, unselbstständiges Kind erzeugen. Viele aggressive Durchbrüche bleiben auch bei dieser Entwicklung meistens nicht aus.

Unter Beachtung der gerade beschriebenen Zusammenhänge werden alle schlecht ausfallenden Urteile über das Kind von diesem als Versagen und Zurückweisung, man könnte fast sagen als Verrat an seinem neu gewonnenen Selbst empfunden, vor allem dann, wenn diese von den Hauptbezugspersonen stammen. Die Worte Schmach und Beschämung geben den dabei aktuellen auftretenden Gefühlszustand wieder und charakterisieren den genauen Inhalt der Scham. Zu solchen schlecht ausfallenden „Urteilen" (über das Selbst) zählen auch Behinderungen von einer erwünschten Handlung und selbstverständlich alle Formen von Bestrafung und direkter Schmähung. Gerade letztere Erwachsenenreaktionen sind von außerordentlicher Wirkung, und zugleich von großer Folgenlast. Und gerade diese erzieherischen Mittel werden wegen ihres vergleichbar geringen Aufwands in hohem Maße und dabei oft auch noch völlig überzogen eingesetzt. Ganz schnell und nebenbei ist ein abschätziges Wort über das Kind gefallen oder ihm eine ersehnte Gunst entzogen, wenn es einmal nicht in erwünschtem Maße reagiert. Eltern denken sich nicht viel dabei und haben ihrer Verärgerung Luft gemacht. Zurück bleibt ein verunsichertes und beschämtes Kind, das sich seines Geliebtseins mit der Zeit immer weniger sicher ist.

Das Problem der Strafe sollte hier nur angeschnitten werden. An anderer Stelle wird es noch ausführlich besprochen. Zu Anfang sind Wut, Widerstand und Verweigerung die entscheidenden Gefühlsregulatoren beim Kind, welche einen Großteil an Spannung abbauen und an Verletzung von Gefühlen verhindern können. Durch zunehmenden erzieherischen Einfluss, insbesondere wenn Strafen eingesetzt werden, werden die Eigenmittel der Wut und Gegenwehr zur Spannungsabfuhr aus Angst vermieden. Als solche Strafen zählen das gezielte elterliche Sichabwenden, das Anschreien, die Missachtung und der Liebesentzug sowie im körperlichen Bereich die „Klapse auf den Po", die Ohrfeigen und anderen Schläge, das Wegsperren und vieles mehr. Der einsetzende Versuch des Kindes, die schmerzliche Position der Unterlegenheit trotzdem zu bewältigen, wird nun ausschließlich nach innen verlagert. Je schwächer aber das über die Elternreaktionen verinnerlichte Selbstbild ist, desto häufiger versagt diese Methode. Auf diese Weise tritt neben die Scham recht bald ein neues Gefühl aus dem Bereich der „Gefühle im sozialen Kontext", welches fortan lebensbestimmend werden kann und sich immer wieder dem Glück entgegenstellt, gemeint ist die **Trauer.**

Die Trauer ist unmittelbare Folge der Enttäuschung über die eigene Unterlegenheit und über das Gefühl des Abgelehntseins von den Hauptbezugspersonen Mutter und Vater. Da das Kind seinerseits Mutter und Vater aber liebt, ist die Trauer auch Folge der Erfahrung unerwiderter Liebe. Die Trauer ist gleichzeitig auch Resultat übermäßiger Scham. Das Trauergefühl nimmt mit der Zeit einen so großen Raum im seelischen Empfinden ein, dass es neben der Scham immer wieder auftaucht. Eine wichtige Ausnahme macht hierbei die sexuell empfundene Scham, die ihr Ventil in der Lustbefriedigung findet.

Die Trauer ist der einzig richtige, weil natürliche, und häufig im Inneren auch erfolgreiche Versuch, ein schmerzliches Empfinden in der Seele zu verarbeiten. Sie ist meiner Auffassung nach kein primäres Gefühl von Anfang an, sondern eins, dass erst in der sozialen Auseinandersetzung des autonomen Selbst mit seinen Lebenspartnern und den Lebensumständen entsteht. Trauer ist bei genauer Betrachtung immer auch ein Gefühl, welches in der Lage ist, kraft seiner Verarbeitungstechniken das Ich aus der Position der Schwäche wieder herauszuholen. Für sich genommen jedoch, das heißt ohne die Ergebnisse einer erfolgreichen Stressbewältigung (sog. Coping), ist dieses Gefühl jedoch Ich-schwächend. Das Ergebnis trifft besonders die Kinder, weil die Kraft der Trauer zur Verarbeitung negativer Gefühle von ihnen noch nicht richtig erkannt wird und demzufolge auch nicht ausreichend genutzt werden kann. Das Verfügen über die heilende Kraft der Trauer ist eine kognitive Aufgabe.

Die beiden sich sehr ähnlich auswirkenden Gefühle Scham und Trauer werden nach Möglichkeit vom Kind gemieden, und zwar im Falle der Scham die dazu auslösende Situation, im Fall der Trauer der gesamte soziale Umstand. Die gerade angesprochene Doppelrolle der Trauer, nämlich Leidensgefühl und Verarbeitung zugleich zu sein, ist auch bei der Scham in gewissem Maße ein wichtiges Detail. Zunächst einmal ist Scham, wie beschrieben, die soziale Reaktion auf erlittene Schmach und auf Versagensangst in einer Situation sozialer Herausforderung. Scham im Sinne eines Sich-schämens kann aber auch der zaghafte Versuch einer inneren Bewältigung misslungener, sozialer Auftritte sein, wenn auch kein ganz glücklicher und sicher auch kein immer erfolgreicher. Zumindest aber führt sie zur zukünftigen Vermeidung identischer Situationen und bringt auf diese Weise dem Kind auch Hilfe. In dieser Form übt die Scham eine Schutzfunktion auf das Individuum aus. Bei dem Thema Reumütigkeit und Bedauern lässt sich der Faden hierzu wieder aufnehmen.

Die enge Verbindung zwischen Trauer und Scham wird für Eltern und Erwachsene besonders augenfällig, wenn der Versuch des Kindes die auslösende Situation zu bewältigen fehlschlägt oder die Vermeidung der auslösenden Situation nicht gelingt. Derartige gefühlshafte Verwicklungen sind bei Kleinkindern nicht selten, und nur allzu oft erleben Eltern den traurigen Affekt des Weinens, wenn ihre Kinder sich beschämt fühlen. Die Kinder wollen sich in der sozialen Auseinandersetzung gleichsam in sich selbst verkriechen. Etwas abschätzig bezeichnet man Kinder, die besonders häufig in dieser Form reagieren als Heulsusen oder Jammerlappen, und man häuft damit in anmaßender Selbstüberschätzung als Erwachsener nur noch weitere Schande auf das ohnehin gering geachtete, kindliche Selbst.

Inwieweit grundsätzlich mehr Stolz oder mehr Scham in einem Kind vorherrscht, das hängt den bisherigen Ausführungen nach stark von den Elterneinflüssen bereits in den ersten beiden Lebensjahren ab. Sowohl aus der Formulierung der emotionalen Integration und dem positiven Eltern-Imago, als auch aus der Positiv- und Negativattributierung des Selbst im Zuge der Loslösung und Selbstentfaltung ergibt sich, dass ein Kind mit höherem positiven Gefühlsanteil leichter Stolz in seine Selbstbestrebungen aufnehmen kann, als ein Kind mit höherem negativen Anteil. Es scheint so zu sein, dass ein hohes Selbstwertgefühl dazu führt, sich besser mit positiven Attributionen schmücken zu können, als ein niedriges. Ein Kind in letzterer Position verknüpft sehr viel mehr Scham mit seinen Selbstanteilen und jede weitere Abwertung bestärkt nur die innere Erwartungshaltung.

Dass Scham aber unvermeidlich ist, war bereits Gegenstand der Betrachtung. Konkrete Beispiele hierzu neben der besprochenen Spiegel-Reaktion mit eineinhalb Jahren gibt es zahlreiche und in jedem Entwicklungsstadium: Jeder Erwachsene, der Kleinkinder aufwachsen erlebt, kennt bei den zweijährigen Kindern die Verlegenheit und Beschämung in der direkten Ansprache, und zwar nicht nur durch eine fremde Person, sondern durchaus auch durch die eigenen Eltern. Fragt ein Erwachsener ein zweijähriges Kind nach seinem Namen, den es sicher weiß, dann bekommt er höchst selten eine Antwort oder, bekommt er sie doch, dann meistens mit dem Affekt der Verlegenheit und Scham vorgetragen. Hierbei wird deutlich, dass Scham ein im Selbst von Anfang an bestehender Gefühlsbestandteil des Menschen ist. In der menschlichen Natur dient dieser vermutlich dazu, die eigene Persönlichkeit in der sozialen Auseinandersetzung gleich zu Anfang vor Bloßstellung und Verletzung zu schützen. Das Kind entflieht der Situation, um sich selbst in Sicherheit zu bringen. Bei der weiteren Organisation dieser Empfindungen und Gefühle ist das Kind dann, daran müssen sich Eltern und vor allem auch Erzieher(innen) immer wieder erinnern, mehr und mehr auf sich selbst angewiesen, denn es befindet sich jetzt in einer fortgeschrittenen Phase der Loslösung. Der dyadische Nest-Schutz ist fortgefallen.

Die grundlegenden Wirkungen von Stolz und Scham sollen noch einmal in einer kurzen Übersicht zusammengefasst werden:

Stolz führt zu	Scham führt zu
Innerer Ausgeglichenheit	Selbstschutz
Durchsetzungskraft / Selbstbewusstsein	Abwehr von Kritik (s.u.)
Selbstregulation	Innerem Leidensdruck (s.u.)

Tabelle 6: Wirkungen von Stolz und Scham

Zum Abschluss dieses Unterkapitels möchte ich noch eine direkte Verknüpfung zwischen den bisherigen Ausführungen und der Emotionenintegrationstheorie herstellen. Ich hatte gesagt, dass sich die positive emotionale Integration im gelösten und „freien" Willen Ausdruck verschafft. Das bedeutet, dass es immer auch der Wille ist, der den Stolz entstehen lässt und zwar auf folgende Weise: Je gestärkter der Wille aus den Erlebnissen und Erfahrungen des ersten Lebensjahres durch die emotionale Integration hervorgeht, desto erfolgreicher wirkt er sich auf das Gesamtergebnis der Selbstentstehung aus, desto erfolgreicher agiert das Kind in der Gemeinschaft. Der nachfolgende Stolz ist ihm dadurch sicher. Umgekehrt schafft eine mehr negativ gestaltete emotionale Integration im ersten Lebensjahr einen „schwächeren", beharrenden und drangvollen Willen, und führt damit zu einem erfolgloseren Agieren mit dem Selbst in der Gemeinschaft. Das Versagen ist vorprogrammiert und zieht automatisch einen höheren Grad von Scham nach sich.

Diese ursächlichen Verknüpfungen finden ihren Spiegel im Bindungsverhalten am Ende des ersten Lebensjahres bei der Anhänglichkeit. Wie schon besprochen, ist die sichere Bindung der früheste Ausdruck einer entstehenden Psychosozialstruktur mit günstigen Vorzeichen. Gleichzeitig ist sie der beste Garant für eine gelingende Loslösung und die Entwicklung zum ausgewogenen Selbst. Und diese beiden Schritte sind wiederum eine gute Gewähr für ein inneres (Selbst-)Empfinden mit überwiegendem Stolz. Jede Abweichung davon in Richtung einer unsicheren Bindung reduziert die Kräfte zur Loslösung und damit auch die zur Selbstentstehung. Gestärkt wird dadurch die Seite der Scham. Auf einen kurzen Nenner gebracht lässt sich sagen: eine sichere Bindung und gelungene Loslösung führen zu stolzen und selbstbewussten Kindern, eine unsichere Bindung und erschwerte, das heißt stark ertrotzte Loslösung eher zu schamvollen, selbstunsicheren. Die stark ertrotzte Loslösung läuft dabei immer auch Gefahr eine unvollkommene zu bleiben.

Um die in diesem Unterkapitel gemachten Aussagen in einem Satz zusammenzufassen, lässt sich folgende Formulierung finden: **Das aufkommende, autonome Selbst des Kleinkindes bewegt sich in einer Windrose zwischen Bindung und Loslösung, sowie Stolz und Scham.** Günstig ist seine Position immer dann, wenn sich sein Standort dabei ein wenig stärker in Richtung Stolz und Loslösung bewegt (Ausgewogenheit). Ungünstig wird seine Position in dem Moment, in dem sich sein Standort zu stark in Richtung Scham und Bindung bewegt (Unausgewogenheit). Die beiden anderen Paarungen in diesem bildlich zu verstehenden Koordinatensystem ziehen das Selbst ebenfalls in Richtung Unausgewogenheit, bleiben vorerst aber noch in der Balance. Stärker ausgeprägt führt die Kombination Stolz und Bindung (ständig lobende, zugleich rückbindende Mutter) leicht zu grandiosen, sich selbst überschätzenden Selbstkonstruktionen. Die Kombination Loslösung und Scham (starker, aber verletzender Vater) führt dagegen leicht zu schwachen, sich unterschätzenden, oft minderwertig fühlenden Selbstkonstruktionen. Auch die beiden zuletzt genannten Entwicklungsverläufe hatten im vorausgegangenen Text bereits kurze Erwähnung gefunden.

Sich durchsetzende Anlagefaktoren und stark prägende Lebensverläufe bestimmen die weitere Ausgestaltung des individuellen Selbst. Die gerade dargestellten Entwicklungen zum unausgewogenen Selbst stellen dabei eine große Gefahr für risikobehaftete Entwicklungen in der Persönlichkeitsstruktur dar, wie ich sie auch am Ende des Kapitels über den Trotz bereits erwähnt habe.

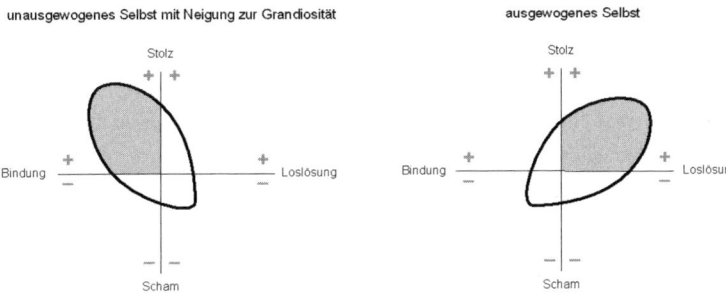

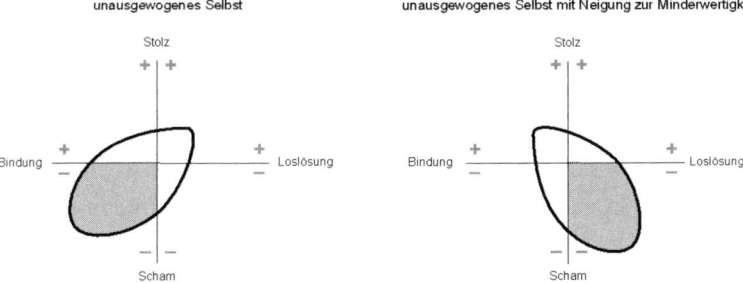

Abbildung 4: Windrose des Selbst

Jetzt, da Stolz und Scham in ihrer Entstehungsweise und in ihren Auswirkungen auf das kindliche Sozialverhalten besprochen sind, bin ich ziemlich nah an dem Verständnis der sozialen Verhaltensweisen Mitgefühl, Empathie und schließlich auch Schuld und Gewissen, jenen großen emotional-kognitiven Regulativen aller zwischenmenschlichen Verständigungsformen auf der Verbindungsschiene zwischen Gefühl und Handlung. Damit schließt sich der Kreis zum Kapitelanfang. Um hier folgerichtig weiter zu kommen, muss ich mich aber erst noch genauer mit dem etwa im selben Alter einsetzenden Triebgeschehen befassen.

4.5 Grundsätzliche Vorstellungen über das Triebgeschehen von Aggression und Sexualität

Nicht zufällig erfolgt erst jetzt die systematische Besprechung der beiden großen menschlichen Triebe Aggression und Sexualität. Dadurch, dass diese beiden – ich bezeichne sie als – Sozialtriebe die individuelle Charakterstruktur des Menschen erheblich mit beeinflussen, unterscheiden sie sich von den basalen Triebformen wie z.b. Nahrungssuche, Reinlichkeit, Selbstschutz oder auch Fürsorge für die Nachkommen. Erst im dritten Lebensjahr also werden die beiden Sozialtriebe meiner Ansicht nach bestimmend für das Gefühlsleben der Kinder und ihr Sozialverhalten. Ob man auch zentrale menschliche Eigenschaften außerhalb rein biologischer Kräfte zu den Trieben zählen kann, wie z.B. der Macht- oder Geltungstrieb, oder auch die auf das Lernen bezogenen, motivationalen Eigenschaften wie der Imitationstrieb und die Wissensbegierde, kann und soll in diesem Kontext nicht diskutiert werden.

Aggressionstrieb und Sexualtrieb sind eindeutig biologisch gesteuerte Funktionen im menschlichen Verhalten. Beide Triebe stehen in engem Zusammenhang mit der Ausbildung, Reifung und dem sich ausgestaltenden Verteilungsmuster von Rezeptoren im menschlichen Gehirn, Rezeptoren, die auf spezifische Hormone und Neurotransmitter ansprechen. Nur hierdurch ist zu verstehen, dass sich Mädchen und Jungen unter zunehmend hormonellem Einfluss in ihrem Verhalten schon rein biologisch unterscheiden. Und nur hierdurch ist verständlich, dass es unterschiedlich stark ausgeprägte Veranlagungen im individuellen Triebverhalten gibt. Neben den weiblichen und männlichen Sexualhormonen (Östrogene, Gestagene und Androgene/Testosteron), sowie den Neurohypophysenhormonen Oxytocin und Prolactin spielt mit hoher Wahrscheinlichkeit auch der Neurotransmitter Serotonin im Triebverhalten eine nicht unwichtige, regulierende Rolle.

Aggression und Sexualität haben in der klassischen Psychoanalyse eine immense Bedeutung erlangt, und zwar vor allen Dingen in der Interpretation psychischer Auffälligkeiten des Menschen, insbesondere derjenigen von Neurosen. Über beide Triebe haben in der Geschichte der Psychoanalyse allerdings sehr unterschiedliche Vorstellungen geherrscht, auf die in diesem Zusammenhang nur rein kursorisch eingegangen werden kann. Sigmund Freuds eigene Sexualtheorie stand vor allen Dingen in Verbindung mit der Formulierung der Libido, die als Grundbestandteil des Es, das heißt des Unbewussten, Lust- und Lebenstrieb des Menschen festlegen sollte. In eine Art Gegensatz dazu stellte er die Aggression als den Zerstörungs- und Todestrieb, dessen konkrete Auswirkung auf das individuelle menschliche Leben in Freuds Konzeption jedoch mehrfach geänderte Gestalt annahm. Hans Hopf beschreibt in seinem Kompendium über die Aggression in der analytischen Therapie mit Kindern und Jugendlichen (1998) den Wandel Freuds in der Ansicht über Ursache und Grund menschlicher Aggression, und analysiert die gedankliche Fortführung des Themas bei seinen Nachfolgern.

4.6 Das aggressive Geschehen im Kindesalter

4.6.1 Die Aggression und ihre generelle Verbindung zu Trotz und Rivalität

Ohne im Einzelnen auf die Ausführungen von Hopf eingehen zu können, möchte ich ein Ergebnis all seiner Überlegungen und Beobachtungen zum Aggressionsverhalten des Menschen als entscheidend auch für meine Vorstellungen hervorheben. Ich spreche von der Unterscheidung zwischen einer rein expansiven, nicht zerstörerischen Aggression und einer nicht mehr nur expansiven, sondern überwiegend destruktiven Ausprägungsform. Die kritische Frage, ist Aggression überhaupt ein Trieb wie z.B. die Sexualität oder nur ein extrem wütend aufgeladenes, reaktives Handeln zur persönlichen Spannungsabfuhr, möchte ich in diesem Zusammenhang folgendermaßen beantworten: Aggressivität diente unter Tieren noch weit vor dem Auftritt des Menschen im wesentlichen zur Regulation der sozialen Lebensformen und füllte damit die Lücke der Unfähigkeit zur Auseinandersetzung im verbalen Dialog. Als die Menschen mit ihrer Sprachfähigkeit und der damit verbundenen Möglichkeit zu einer rein symbolisch-verbalen Konfliktlösung auf den Plan traten, musste die Evolution auf dem Weg vom Tier zum Menschen dem sozialregulativen Trieb Aggression eine andere Aufgabe geben. Dies geschah meiner Auffassung nach in der Form, dass er zum Antrieb und Motor der Selbstbehauptung umgestaltet wurde. Das lag nahe, denn der mit Bewusstsein begabte Mensch verlangte nach einem viel höheren Grad von Individualität und Selbstbehauptung, als es je im Tierreich der Fall gewesen war. Somit ist die eigentliche Wurzel der Aggression zwar als Trieb zu verstehen, es kam aber in der Evolution zu einem inhaltlichen Gestaltwandel dahingehend, dass sie mit dem Drang im Menschen, unbedingt selbstständig zu werden, sinnfällig verbunden wurde.

Aggression in dieser Form mit handlungsweisender Funktion im Sozialverhalten des Menschen möchte ich, obwohl diesem Inhaltswandel unterzogen, also auch als Trieb verstanden wissen, denn auch auf diese Umwandlungsform treffen alle für den Trieb geforderten Eigenschaften zu, wie die Unbedingtheit im Handeln, die momentane Befriedigung bei einem auf Dauer Nie-Gesättigtsein, der Perpetuum-mobile-Charakter mit Energie aus sich selbst heraus und die Verankerung in den eigenen Hirnstrukturen. Diese reine Triebform der Aggression dient nun grundsätzlich dem Selbsterhalt in der Gemeinschaft und nicht mehr der Zerstörung sozialer Strukturen oder materieller Formen.

Damit ist dann auch klar, warum erst jetzt im dritten Lebensjahr, nämlich in der Hauptphase der Entwicklung von Selbstständigkeit und Persönlichkeit, die Aggression endgültig in Erscheinung tritt. Alle früheren, einstweilen nur auf Ärger und Wut begründeten, aggressiv erscheinenden Ausbrüche wie Widerstand und erster Trotz sind also noch gar keinen aggressiven Akte im eigentlichen Sinn, sondern vor allem stark willensgeführte und impulsgesteuerte Ich-Inszenierungen. Auf diese Unterscheidung hatte ich zu Anfang bereits hingewiesen. Jetzt gewinnt sie an Klarheit. Im dritten Lebensjahr mischen sich in das spannungsgeladene Loslösungsgeschehen des Trotzes die wirklich aggressiven Affekte und läuten so eine Art Endphase in diesem Individuationsprozess ein.

Nicht verschwiegen werden sollte jedoch, dass der Aggressionstrieb sich aus genetischen Gründen bei einzelnen Kindern schon im Normalverhalten so stark bemerkbar machen kann, dass diese Kinder nicht anders können, als über die reine Selbstbehauptung hinaus immer wieder kleine, aggressive Attacken an den eigenen Eltern oder anderen Kindern auszuleben. Es handelt sich dabei regelmäßig um völlig harmlose Angriffe. Diese Angriffe ergehen sich zumeist in Kneifen, Stoßen, an den Haaren oder der Kleidung ziehen, oder auch einmal in leichten Klapsen/ Schlägen. Gemeinsames Merkmal all dieser Übergriffe ist aber, um das ausdrücklich zu betonen, deren Harmlosigkeit, und so sollten die Gegenreaktionen der Eltern und Erzieher auch von Milde und Nachsichtigkeit geleitet sein.

Völlig falsch ist es, wie oft unter Eltern weiter empfohlen, mit gleicher Münze heimzuzahlen, denn Erwachsene sollten nicht durch schlechtes Vorbild dazu beitragen, dass sich dieses Verhalten im Kind erhält und noch fortsetzt. Gerade das träte jedoch ein, verursacht durch die zusätzliche, aggressive Aufladung der Situation und durch den natürlichen Imitationsdrang des Kleinkindes, es den Eltern gleich zu tun. Eine eskalierende Gewaltspirale wäre eines Tages die unweigerliche Folge. Auf diese Weise triebe man das Kind beinahe zwangsläufig in eine soziale Sackgasse.

Wissenschaftliche Erkenntnisse 9

Erkenntnisse aus der Verhaltensbiologie

Fressgierige Gründe für Aggression scheiden beim Menschen aus, territoriale Ansprüche spielen nicht mehr die große Rolle wie beim Tier und sind allgemein gesellschaftlich und kulturell umgedeutet oder durch Gesetze geregelt. Allein die Verteidigung der Freiheit wäre auch in der menschlichen Gesellschaft noch ein erklärlicher Grund für Aggression. Der trifft auch zu, was aber nicht heißt, dass alle freien Menschen friedlich miteinander umgingen.

Nimmt die Aggressivität bei einer Spezies aus einer für die Arterhaltung strategisch wichtigen Position zu, kann sie das Leben in Gruppen unmöglich machen und zum Einzelgängertum führen; so zu beobachten bei bestimmten Raubtierarten. Der Mensch zählt normalerweise nicht zu einer derart aggressiven Spezies wie z.B. der Tiger oder der Bär. Im Gegenteil, seine natürliche Ausstattung zwingt ihn von Anfang an zu einem Leben in der Gruppe und damit zu einem maßvollen Umgang mit der Aggression, sowie zur permanenten Herabregulation seiner aggressiven Impulse. Sexualtrieb und Aggressionstrieb stehen dabei in einer gewissen Ausbalancierung und sind in ihrer Impulsstärke zu einem gewissen Teil untereinander austauschbar (psych.: Sublimation). Auch unter bestimmten Primatenarten, wie z.B. den Bonobos (Schimpansenart) gibt es dieses Phänomen der Triebsublimierung.

a) Aggression als Verstärkung von Trotz und der Übergang zu pathologischen Reaktionsformen

Nicht mehr rein triebgesteuert ist nach meiner Auffassung jedoch beim Menschen die negative Seite der Aggression, welche über die Selbstbehauptung und Selbstverteidigung bei ungünstiger, psychosozialer Entwicklung eines Tages deutlich hinaus geht und dabei in eine Angriffshaltung umschwenkt. Diese neue und viel stärkere Form der Aggression ist der Ausgangspunkt der Destruktivität und die Antisozialität und in der Ursache die reaktive Antwort auf das übermäßig beschämte, zurückgesetzte Ich durch übermächtige Sozialpartner. In dieser Destruktivität erscheint bereits auf ganz früher Stufe so etwas Ähnliches wie **Hass** und **Rache** für erlittene Schmach, auch wenn bei kleinen Kindern derart komplizierte Beziehungsverflechtungen und emotionale Inhaltformen noch gar nicht vorhanden weil nicht verstehbar sind. Es handelt sich einstweilen noch um die unterste Ebene derartiger sozialer Konflikte. Dennoch sind Hass und Rache relativ früh einsetzende, menschliche Verhaltensformen.

Diese neue Form der Aggressivität ist eine nahezu ausschließlich ins Pathologische verkehrte Form der Selbstbehauptungs- und Verteidigungsfunktion, ursprünglich ausgelöst durch einen gefährlichen Angriff auf das Selbst, durch eine zu starke Einschränkung der persönlichen Expansivität und durch zu starke Machtausübung

281

Anderer. Von besonderer Schwere ist vor allen Dingen die zu starke Verletzung des gerade in Entstehung begriffenen oder entstandenen, kindlichen Selbst durch Schmähung und Kränkung. Letzteres gilt auch schon für das junge Kleinkind und produziert zusammen mit verschiedenen anderen Ursachen die oppositionellen und provozierenden Verhaltensweisen im Trotzgeschehen.

Im Rahmen der pathologischen Aggressionsformen ist auf eine besondere menschliche Eigenschaft einzugehen, die überall in der Gesellschaft zu beobachten ist, und die für sich genommen schon den Status eines Triebes beanspruchen könnte. Ich meine das mit den fortgeschrittenen, kognitiven Leistungen verbundene Bestreben des Menschen nach **Macht,** sowie die mit ihr einhergehende Funktion des körperlichen Kampfes. Beide Phänomene sind eng miteinander verwoben, denn Macht baut auf Stärke auf, und Stärke ist Ausdruck körperlicher Kraft. Aber Macht beruht nicht nur auf körperlicher Stärke, sondern auch auf Durchsetzungswillen, höherem Sachverständnis und Wissen. Ich möchte auf diese Form der Macht zu sprechen kommen, denn sie spielt sich fast ausschließlich auf geistig-emotionaler Ebene ab. Im einem „Kampfgeschehen" geht es neben der körperlichen Kraft also immer auch um geistige Stärke, Stärke, die im Fall einer Überlegenheit zur Macht führt und den „Sieger" gleichzeitig „zum Herren der Lage" ausruft. Einen solchen Machtanspruch erlebt man bei Kindern auch schon im normalen, triebhaften Aggressionsspektrum.

8. Fallgeschichte

Wo geht es im Kinderzimmer um Macht, was ist heiß umkämpft? Drei kleine Jungen, etwa zweieinhalb bis vier Jahre alt, spielen mit einem Baukasten. Unter der Anleitung der Eltern fangen sie an, Straßen und Häuser zu bauen. Zunächst herrscht Frieden, denn jedes Kind ist mit der Errichtung seines Gebäudes beschäftigt. Dann kommen die Straßen dran, die ihre Häuser miteinander verbinden sollen. Jedes Kind baut eifrig an seinen Straßen und dringt dabei absichtlich in das Territorium des anderen vor, was einstweilen noch gut geht, denn die drei wollen sich gegenseitig erreichen können. Aber schließlich fahren sie mit Autos auf diesen Straßen entlang, und diese Autos werden immer schneller und ecken plötzlich an dem Gebäude des jeweils anderen an. In den Augen des Mutigsten und Kecksten unter den drei wüsten Fahrern blitzt dabei die reine Lust an der Attacke auf. Schon stürzt das erste Gebäude in sich zusammen und der kleine Hausbesitzer blickt erschrocken in die Runde. Das Grinsen im Gesicht des rüpelhaften Fahrers heizt nun die Wut des vor seinem Trümmerhaufen sitzenden Jungen an, und so schnappt er sich gleich einen Bauklotz und schleudert ihn auf das Gebäude seines Angreifers. Auch dieses bricht zusammen, und der eben noch stolze Siegertyp stimmt ein lautes Gezeter an. Voller Empörung tritt er auf die aufgebauten Straßen und zerschlägt auch noch das dritte Haus. Nun fängt auch der kleinste unter den Dreien an zu jammern und sein Geschrei übertönt noch das des Anderen. Schließlich fangen die beiden größeren Jungen an, aufeinander einzuschlagen, und der Jüngste drückt sich erst einmal in die Ecke.

Nun wird es Zeit, dass die Eltern der drei Jungen einschreiten und die Kampfhähne trennen, und auf die Frage, was denn passiert sei, gibt es mindestens zwei plausible Erklärungen. Der Fall bleibt schließlich unlösbar, und während die Eltern noch hin und her diskutieren, wie man so etwas verhindern könnte, spielen die drei schon wieder friedlich im Garten in ihrem Sandkasten. Und was bauen sie? Häuser und Straßen.

Warum verhält sich der Junge, ich bezeichne ihn der Einfachheit halber nur mit A, warum verhält sich also A plötzlich aggressiv? Ist es überhaupt Aggression oder reicht es, ihm hier die Absicht einer bloßen Herausforderung zu attestieren? Anders gesagt: Will A den Machtkampf in der Runde, um den beiden anderen zu zeigen, dass er der Stärkste unter ihnen ist, oder hat er letztlich doch irgendetwas zu verteidigen? Spürt er vielleicht sogar destruktive Aggression in sich, die dann, wollte man sie ihm tatsächlich unterstellen, ihre Ursache in Form einer persönlichen Verletzung oder Kränkung haben müsste. Alle diese Fragen sind wichtig, denn was hier im Kleinsten beginnt, setzt sich möglicherweise eines Tages in größeren, gesellschaftlichen Dimensionen fort.

Ich möchte in diesem Fall zunächst einmal grundsätzlich davon ausgehen, dass das, was sich hier im Kinderzimmer abspielt, noch in den Bereich der normalen, rein triebhaften Aggression fällt, welche dazu dient, den Selbstbehauptungswillen zu unterstützen und verteidigen. Für diese Annahme spricht nicht zuletzt auch der schnelle Friedensschluss im Nachhinein. Wie also der Trotz gegen „höhere Mächte" im Zwei- und Dreimächtekonflikt zur verstärkten Selbstbehauptung zum Einsatz kommt, so bekommt die Aggression eine weitgehend identische Funktion in der Organisation der Gruppe der etwa Gleichaltrigen. Was man psychologisch dabei vor Augen geführt bekommt, sind die sozialen Auswirkungen der Rivalität, Rivalität wie sie von mir weiter oben ausgeführt worden ist. Hier in der Gruppe, und das ist ein entscheidendes Charakteristikum ihrer frühesten Ausdrucksformen, dient Aggression als natürlicher Trieb für das Bedürfnis nach Selbstdarstellung und zur Herstellung von Ordnung- und Sozialstrukturen.

Wenn ich diese Interpretation des Vorgangs, nämlich Rivalität, Selbstdarstellung und das Bedürfnis nach sozialen Ordnungsstrukturen als Triebfeder für das Verhalten des Jungen A ansehe, dann bedeutet das, dass A sich auserkoren fühlte, vor der Gruppe stark zu erscheinen und eine Ordnung unter den Dreien herzustellen, welche einzig eine Ordnung der hierarchischen Formen sein kann, kurz gesagt eine Ordnung von Macht und Rang. Rein zweckgebundene, von Vernunft getragene Ordnungsgründe scheiden einstweilen noch aus. A wollte also nichts als die Macht im Kinderzimmer bei diesem Spiel und B hat sie ihm streitig gemacht, in dem er sich sofort dagegen wehrte. Das, was also bei A wie eine Provokation aussah, war nur sein Bestreben, die soziale Ordnung von Rang und Macht zu seinen Gunsten herzustellen. Damit lag er im Grunde gar nicht falsch, denn streng genommen besaß er mit seinem Bewusstsein, der älteste, größte und vielleicht klügste unter den Dreien zu sein, auch eine einfache Form von Rechtsanspruch auf den ersten Rang und die Bestimmungsmacht. Seine Methoden waren dagegen zweifelhaft.

Womit er nicht gerechnet hatte, war, dass der zweitälteste mit der Bezeichnung B sich darauf nicht einließ und sofort zur Wehr setzte. Dieser fühlte sich in dem Moment in seiner Expansion eingeschränkt und in seinem Selbst unterdrückt. Nur der Kleinste in der Gruppe verhielt sich noch defensiv, denn er wusste, dass er gegen die beiden „Großen" nichts ausrichten konnte. Sobald die Konstellation in einem anderen Kinderzimmer jedoch zu seinen Gunsten ausfallen würde, wäre er der erste, der das Verhalten von A kopiert, denn es hat ihm mit Sicherheit äußerst imponiert.

Die Gegenwehr von B ist vom demokratischen Standpunkt her absolut berechtigt, im Ränkespiel der Gruppe von Kleinkindern jedoch sofortiger Anlass zu Rangeleien und einem Schlagabtausch. Das bleibt im Kinderzimmer unvermeidbar und sollte, solange nichts zu Bruch gegangen ist und niemand ernsthaft verletzt worden ist, nicht geahndet werden. Der elterliche, erzieherische Einsatz mit friedensstiftenden Maßnahmen hat auf dieses Bedürfnis nach Macht in der Gruppe zu haben ohnehin nur einen schwachen Einfluss. Allenfalls gewissensstiftende Maßnahmen seitens der Eltern erscheinen angebracht.

Rein triebhafte Aggression als Bedürfnis nach Macht in der Gruppe und ein damit verbundener Führungsanspruch kann außer bei Herdentieren auch unter intelligenten Lebewesen wie den Menschen letztendlich nur von Vorteil sein. Allerdings sei die kritische Frage erlaubt, ob dieser Führungsanspruch durch körperliche Überlegenheit oder bloße Macht ohne (demokratische) Legitimation erworben werden kann. Im Kinderzimmer mag das in gewisser Weise noch so funktionieren, in den großen Sozialstrukturen menschlicher Gemeinschaften müssen andere Auswahlprinzipen hierfür ausschlaggebend werden. Ich bin weit davon entfernt, und das sei an dieser Stelle ausdrücklich betont, in der Erwachsenengesellschaft aggressiv erworbene Macht als gerechtfertigte Maßnahme für die soziale Ordnung zu rechtfertigen.

4.6.2 Die Rolle der Aggression beim verstärkten Trotz gegenüber der Elternmacht

Ich kehre nun von der Macht zurück zum Verhältnis von Aggression und Trotz. Neben der eben besprochenen, aggressiv aufgeladenen Rivalität, denn darum hat es sich im Beispiel vor allen Dingen gehandelt, muss die Betrachtung des Vorgangs auch jener Aggression gelten, die sich gegen die hierarchisch höher stehende Macht als die der etwa altersgleichen Kinder aufbaut. Die höher stehende Macht im Kindesalter ist fraglos die erzieherische Macht der Eltern. Somit befinde ich mich wieder bei den Trotzreaktionen, bei deren Betrachtung im vorigen Kapitel ich den Zwei- und Dreimächtekonflikt dargestellt habe. Im Dreimächtekonflikt, das sei zur Erinnerung noch einmal erwähnt, trat zu der elterlichen Macht noch die natürliche Macht hinzu, die das Kind beide in einer Union der Mächte wahrnehmen musste.

Der Trotzanfall, so hatte ich es formuliert, muss unter diesen Voraussetzungen interpretiert werden als eine plötzlich eskalierende Emotionalisierung im Kind mit affektiver Entladung zur Durchsetzung der empfundenen Willensinhalte. Ziel solcher affektiven Entladungen ist es, sich die Fähigkeit zur Selbstbehauptung zu beweisen und dabei Verteidigungsbereitschaft des aufstrebenden Selbst nach außen zu signalisieren. Die affektiven und sozialwirksamen Ausdrucksmittel sind dabei vorläufig noch völlig unhinterfragt und letztlich ja eher untauglich, aber die Auswahl seiner Mittel hat das Kind noch längst nicht im Griff. Das Kind ist in diesem Moment noch Täter und Opfer zugleich, was die Dramatik der meisten Anfälle gut zum Ausdruck bringt. Wie wichtig der Natur aber diese Trotzanfälle sind, beweist sie damit, dass sie die ganze Energieverschwendung, die dabei im Kind entsteht, in Kauf nimmt. Somit ist auch geklärt, dass Trotz entstehen *muss*, und dass lediglich die Dramatik des Trotzes Alternativen besitzt und somit variabel ist, da sie dem Temperament und den Charakteranlagen des Kindes unterliegt.

An dieser Stelle möchte ich noch einmal darauf hinweisen, dass auch schon die schwachen, „oppositionellen" Verhaltensweisen, also das Nicht-zuhören oder das Nicht-sofort-gehorchen in die Skala des Trotzes hinein gehören und in emotional aufgeladenen Interaktionen eingesetzt werden. Es sind für sich betrachtet noch die angenehmsten Formen des Trotzes. Es muss also nicht immer das große Drama des Trotzes sein, welches eine selbstaufbauende Wirksamkeit im Kind entfaltet. Auch auf den unteren affektiven Stufen erfüllt sich der Zweck.

Beinahe übergangslos schraubt sich aber die Skala des Trotzes mit weitcrem Hinzutreten von aggressiven Elementen hoch in nahezu exzessive Affektausbrüche, wobei die absolute Grenze erst in der psychovegetativen Ohnmacht (Synkope) und dem epilepsieähnlichen Affektkrampf liegt (s. Trotzskala weiter oben). Spätestens an dieser Stelle wird klar, wie sehr sich das aggressive Gebaren, auch das gegen sich selbst gerichtete, autoaggressive (bei der Synkope z.b. durch langes Luftanhalten), zur Wirkungsverstärkung in den Trotz hinein mischen kann. Wendet sich in den ganz frühen Formen des aggressiv unterstützten Trotzes der Affekt noch gegen sich selbst, wie das aus Wut entstehende Schlagen des eigenen Kopfes auf den Boden oder gegen die Wand bei älteren Säuglingen und jungen Kleinkindern, kann sich im zweiten und dritten Lebensjahr die schlagende Hand oder das tretende Bein gegen den Mächtigeren direkt, in der Regel die Eltern, richten oder kann als bewusste Destruktivität zur Sachbeschädigung führen.

Als Resultat aus den Ausführungen ergibt sich, dass sich die Selbstbehauptung des Kleinkindes in einem Fadenkreuz von vier Machtinstanzen bewegt, gegen die sie zu bestehen hat:

a) die erzieherische Elternmacht,

b) die Rivalitätsmacht aus der etwa altersgleichen Gruppe (inkl. der Geschwister),

c) die physische Macht der Natur und

d) die auch nun im eigenen Inneren entstehende personelle Macht, welche dem Kind bestimmte Verhaltensweisen (z.B. aus Angst vor Strafe) verwehrt.

Gerade sie, die letztere, dürfte die ersten Ansätze zur Ausbildung des Über-Ichs erzeugen (s.u.).

Um in diesem eingrenzenden Zirkel der Mächte sein Selbstentfaltungsbedürfnis erfolgreich durchbringen zu können, nimmt das Kind die Aggression eher bereitwillig an, als dass es diese fürchtete. Insbesondere, wenn der Druck von außen oder durch die Rivalität auch im Inneren zu groß wird, wird der aggressive Trieb zugelassen. Aber normalerweise bleibt diese Aggression in klaren Grenzen und die schwerwiegenden, affektiven Ausbrüche, wie oben beschrieben sind eine Seltenheit. Im Rahmen der erschwerten Loslösung erhalten sie allerdings einen fruchtbaren Nährboden.

Wie stark und wie oft solche Ausbrüche überhaupt auftretenden, hängt in der Hauptsache von zwei Dingen ab: erstens von der inneren Befindlichkeit des Kindes und zweitens von dem äußeren Druck, der auf das Kind ausgeübt wird. Im ersten Fall spielen die zwei (weiter oben besprochenen) Kerngefühle dieses Alters die ausschlaggebende Rolle, nämlich Stolz und Scham. Geradezu logisch erscheint es, dass ein von Stolz erfülltes Kind (reichlich und gut attributiert, s.o.) eher wenig Anlass zu aggressiver Selbstbehauptung hat, wohingegen ein stark schambesetztes, schlecht attributiertes Kind viel häufiger explodieren müsste. Aber dieser Logik wird nur zum Teil gefolgt. Das Verhängnis der Scham bringt es nämlich mit sich, zugleich auch mutlos und verzagt zu machen und es damit zu vereiteln, dass sich das Kind stark trotzend aus seiner empfundenen Minderwertigkeit befreit. Im Gegenteil, die Scham, wenn sie stark genug ist, leitet eine gewisse Regression ein, das heißt einen Rückschritt im altersgemäßen Verhalten. Diese macht das Kind wieder ängstlich, rockzipflig und „unterwürfig", wie in den besten Zeiten der Anhänglichkeit. Ein solches Kind besitzt noch zu wenig Selbstanteile und zu wenig Autonomieempfindung, als dass es sich leisten könnte, gegen die von außen einwirkenden Mächte aufzubegehren. Sogar die innere, personelle Macht, das einsetzende Über-Ich, erlebt das Kind als gegen sich selbst gerichtet und kapituliert vor ihr, was jeden affektiven Ausbruch von vornherein massiv eingrenzt. Entsprechend schüchtern, scheu und zurückhaltend treten solche Kinder in der Gemeinschaft auf, und jeder, der sie erlebt, bemitleidet aufrichtig ihr soziales Erscheinungsbild. Aus dieser inneren Befangenheit können sich, wenn sie unaufgelöst bleibt, in späterem Leben soziale Ängste und neurotische Depressionen entwickeln.

Aber wie die Scham kaum je ein besonderer Trotzerzeuger ist, ist der Stolz auch keineswegs immer ein Verhinderer von Trotz. Manchmal ist auch hier das Gegenteil der Fall. Ungezügelter Stolz macht nämlich schnell anmaßend und verlangt nach weiterer Aufwertung und hoher Beachtung. Beides wird dem Kind aber mitnichten auch immer zuteil. Im Gegenteil, die Eltern oder vor allem die altersmäßigen Rivalen werden bestrebt sein, den kleinen Aufmüpfigen zurechtzustutzen und in seine Schranken zu verweisen. Genau das verträgt aber der Stolz nicht gut. Infolge der anfangs oft auch nur scheinbaren, inneren Stärke liegt es nahe, bei solchen Kindern gerade von recht heftigen Trotzanfällen ausgehen zu können.

Eine sehr wichtige Ergänzung aus dem Erfahrungsspektrum über aggressive Kinder, vor allem der Jungen, ist hier vorzunehmen. Hoher Stolz, der durch keine väterliche Präsenz relativiert wird und dem von mütterlicher oder dritter Seite nicht gegengesteuert wird, führt leicht in narzisstisch gefärbte, ja ins Grandiose ausufernde Selbstvorstellungen (Hopf, s.o., insb. S. 36–37). Der Vater hat neben seiner Leitfigur zur Verselbstständigung und Autonomisation auch die Rolle einer solchen „rangmäßigen" Zurechtrückung des Kindes in der Triangularität (Mutter-Vater-

Kind-Triade). Hoher Stolz in der ungünstigen Konstellation fehlender Vater-Präsenz nährt die ursprünglichen Vorstellungen von Omnipotenz in der Mutter-Kind-Dyade. Diese Konstellation entspricht genau der erschwerten oder unvollständigen Loslösung (s.o.), so dass besonders in diesen Fällen mit aggressiv aufgeladenen Trotzreaktionen zu rechnen ist.

In der Gesamtbetrachtung ergibt sich folgendes Bild: Ein in der Opposition weiter ausgetragener Trotz wird umso ausgewogener erscheinen, je ausgeglichener sich im Kind die Selbstanteile von Stolz und Scham bis zu diesem Alter entwickelt haben. Zu hoher Schamanteil führt in dieser Phase leicht zu einem scheuem, zurückgezogenen Verhalten, zu hoher Stolzanteil schnell zu einem fordernden und großspurig auftretenden Erscheinungsbild. Am unproblematischsten werden die Kinder auftreten, deren Stolz das Selbst überzeugend in die Gesellschaft trägt und deren Scham es gleichzeitig verhindert, dass Anmaßung und Überschwang den positiven Ausdruck in ein ungünstiges Licht versetzen. Solche Kinder brauchen dann auch keine oppositionelle Grundeinstellung beizubehalten.

4.6.3 Aggression an der Grenze zum pathologischen Sozialverhalten

Von hier aus komme ich zum letzten Grund für extrem aggressiv aufgeladene Trotzanfälle. Es geht jetzt nicht mehr um wachsende Scham oder einen ausufernden Stolz, sondern wieder um die Frage der Machteinwirkung von außen und um die Einschränkungen des kindlichen Expansionsdrangs. Ein hoher Druck elterlicher Macht erzeugt auch einen hohen Gegendruck beim Kind in Form von Widerstand und Trotz. Das rührt her von der physikalischen Gesetzmäßigkeit in der Natur, die überall da wirksam wird, wo gegensätzliche Kräfte aufeinander prallen. Dieses Gesetz gilt auch für das menschliche Sozialverhalten. Ich will diese bekannte Tatsache hier nur deshalb noch einmal zur Sprache bringen, um allgemeines Verständnis für die Einstellung zu wecken, dass es sinnlos, ja kontraproduktiv ist, in der Gesellschaft eine Empfehlung dafür auszusprechen, dem Trotz mit größerer Härte und dem „Setzen von Grenzen" zu begegnen. Denn dies würde einen bumerangartigen Effekt auf die im Trotz entspringende Widerstandshaltung ausüben und das trotzig aggressive Element nur immer weiter verschärfen. Dabei kann dann schnell die Grenze der natürlichen Aggression zur Verteidigung des Selbst überschritten und der Boden für pathologische Aggression in Sinne eines Angriffs auf den Anderen bereitet werden. Der Beginn eines solches Überschreitens zeigt sich in den Formen hartnäckiger Opposition, bewusster Provokation und gezielter Destruktivität.

Im Rahmen der Aggression möchte ich ausnahmsweise explizit auf echte Störungs-
formen des kindlichen Verhaltens zu sprechen kommen, da diese noch einmal ein
erhellendes Licht auf die Funktion von Aggression im Kinderalter werfen. Diese
Verhaltensstörungen gehen weit über die zuvor aufgezeichneten, noch normalen
Ausdrucksformen von Aggression hinaus und erreichen eindeutig den Grad des Pathologischen.

F. Petermann, M. Döpfner und M.H. Schmidt analysieren und definieren in ihrem
Buch „Aggressiv-dissoziale Störungen" (2001) das Auftreten von Aggression
hauptsächlich unter dem Aspekt pathologischer Entwicklungen. Als Grund für
übermäßig aggressives Verhalten gelten ihren Beobachtungen nach folgende soziodynamischen Einflüsse:

a) Vorstellung und Mutmaßung von Feindseligkeit in der Reaktion des Anderen. Es kommt zu einer falschen Bewertung des Verhaltensausdrucks vom
Sozialpartner, und zwar mit negativem Vorzeichen. Als Ursache dafür könnte meiner Auffassung nach eine frühkindliche, seelische Verletzung durch
mangelhafte positive Integration und durch unsichere Bindungsverhältnisse
anzusehen sein.

b) Mangelhaftes Selbstwertgefühl mit dem Drang zur Selbstverteidigung. Negative Selbstattributierung, ausbleibende Regulationsmacht über eigenen Gefühle und Angst vor Selbst-Entwertung dürfte hier als die Hauptursachen
anzuschuldigen sein.

c) Fehlendes Mitleid mit der Situation des Unterlegenen. Die Ursache hierfür
müsste man in der ausbleibenden oder mangelhaften Empathiefähigkeit suchen. Auf die Entwicklung der Empathie bis zur Ausbildung des Gewissens
wird noch gesondert einzugehen sein.

d) Reduzierte, situative Sichtweise auf ein Freund-Feind-Schema im sozialen
Konflikt. Meiner Auffassung nach liegt die Ursache für dieses Zeichen in
dem Fehlen eigener positiver Selbstattributierung in Rahmen der sozialen
Anpassung und Einfügung in die gesellschaftlichen Umgangsformen. Die daraus resultierende Antisozialität schränkt die Weltsicht auf solche Polaritäten
ein.

e) Erhöhter Selbstgewinn durch aggressives Auftreten und Verhalten. Charakte-
ristisch für einen solchen Auftritt ist das sogenannte Imponiergehabe. Es erwächst aus der eigenen Vorstellung, mit einem solchen Auftreten
Anerkennung in der Gesellschaft zu finden. Ursachen hierfür sind neben
fehlenden sozialen Regulativen vor allem auch falsche Vorbilder.

289

f) Zu geringe Hemmung eigener aggressiver Impulse. An diesem Zeichen für übermäßige Aggression wird die große Bedeutung des Gewissens klar. Denn nur das Gewissen ist in der Lage, selbstständig Aggressionsunterdrückung einzuleiten und aufrecht zu erhalten; und zudem aus dieser Fähigkeit selbstgewinnenden Nutzen zu erzielen. Jede Einschränkung und Unterdrückung von Aggression durch äußere Macht, Gesetze und Androhung von Strafe erzielt bei weitem nicht den gleichen Nutzen.

g) Deutliche Selbstüberschätzung. Mangelhafte Selbsteinschätzung mit fehlender Selbstkritik und schwachem Selbstzweifel ist wahrscheinlich unmittelbarer Auswuchs von grandiosen Selbstbewertungen.

Zu diesen soziodynamischen Einflüssen auf die Selbstentwicklung gesellen sich in verstärkender Weise eindeutig genetische Einflüsse, die nicht zuletzt auch etwas mit der Geschlechtlichkeit zu tun haben. Statistiken weisen immer wieder auf eindrucksvolle Weise aus, dass sich Jungen viel stärker offenkundig aggressiv verhalten als Mädchen. Das heißt nicht, dass nicht auch Mädchen aggressiv veranlagt sein können. Sie tragen ihre aggressiven Anlagen aber sehr viel mehr in verdeckten Strategien aus, die sich vor allem in der Störung von Beziehungskonstellationen widerspiegeln.

Unbedingt mit einzubeziehen sind natürlich auch die sozialen Eckdaten einer Familie. Sozial schwache Familien mit hohen Belastungsfaktoren wie Arbeitslosigkeit der Eltern, psychische Krankheit eines Elternteils, zerrüttete eheliche Beziehung, Substanzmissbrauch in der Familie, kriminelles Milieu, Vernachlässigung und Misshandlung der Kinder, aber auch mangelhafte elterliche Aufsicht, elterliche Erziehungsinkompetenz und/oder Desinteresse an schulischer Bildung und Berufsausbildung der Kinder erhöhen eindeutig das Risiko für das Kind, irgendwann im Laufe seiner Entwicklung auf eine Linie aggressiv unterstützter Selbstbehauptung und Selbstverteidigung auszuweichen. Diese Entwicklungslinie führt die Kinder und Jugendlichen fort bis hin zu Delinquenz und Kriminalität. Damit wird auch wieder ein Schlaglicht auf die Bedeutung des elterlichen Vorbilds geworfen. Gerade die frühe Erfahrung des Kindes mit **Gewaltbereitschaft** in der Familie unterstützt die eigene aggressive Grundhaltung und senkt die Hemmschwelle durch Empathie und Mitleid, diese Form der Aggressivität auch zur Erreichung persönlicher Ziele einzusetzen.

Gewaltbereitschaft im Grundschulalter und in der Adoleszenz lässt sich genau genommen auf vier Einflussgrößen zurückführen: aggressive Veranlagung, unausgewogenes Selbst mit hohem Schamanteil, elterliches und später auch außerfamiliäres

Vorbild, und schließlich wahre oder nur vermeintliche Bedrohung der persönlichen Würde, Freiheit und Integrität.

Der Vollständigkeit halber sei noch darauf hingewiesen, dass statistisch gesehen eine Risikoschwangerschaft, schwerwiegende Geburtskomplikationen, Drogenmissbrauch der Mutter oder Störungen im kindlichen Hirnstoffwechsel mit einem erhöhten Risiko für die Entwicklung von Aggressivität einhergehen können. Eine Unterfunktion der Serotoninrezeptoren in den neuronalen Netzwerkverbindungen der emotionalen Zentren im Gehirn wird seit langem schon angeschuldigt, an der Entstehung von starker Aggressivität eines Menschen mit beteiligt zu sein. Auf die Aggressionsverstärkende Wirkung von Testosteron vor allem beim männlichen Individuum hatte ich bereits hingewiesen.

4.7 Die Sexualität und ihre Auswirkungen auf das frühkindliche Verhalten

Auch die Sexualität basiert unwidersprochen auf einem biologisch begründeten Triebgeschehen im Menschen. Aus neurobiologischer Sicht erscheint es unwahrscheinlich, dass auch schon Säuglinge und kleine Kleinkinder so etwas wie einen Sexualtrieb zeigen könnten. Beobachtungen und Untersuchungen an Säugetieren, solche die mit dem Sozialverhalten des Menschen vergleichbar sind, zeigen, dass es speziesspezifisch erst einige Zeit nach der Geburt eine Phase sexueller Prägung auf weibliches oder männliches Sexualverlangen gibt. Beim Menschen ist diese Phase spezifischen, durch Hormone beeinflussten Veränderungen im Gehirn zufolge auf nicht viel früher als die Zeit um das dritte, in Einzelfällen auch erst vierte Lebensjahr festgelegt.

Wissenschaftliche Erkenntnisse 10

Um das vierte Lebensjahr herum verändert sich in einer speziellen Region des Gehirns die Größe eines bestimmten Kerngebiets durch zahlenmäßige Reduktion der dort lokalisierten Neurone. Dieser bestimmte Kern trägt den komplizierten Namen sexuell dimorpher nucleus der präoptischen area (SDN-POA). Er ist bei Jungen und Mädchen zunächst ungefähr gleich groß, um sich ab dem vierten Lebensjahr praktisch nur bei den Mädchen zu verkleinern. Bei Jungen bleibt die Größe offenbar unter Testosteron-Einfluss über Jahrzehnte hinweg weitgehend erhalten. Für spezifisch weibliches Verhalten, wenn man den Pflegetrieb von Nachkommen als spezifisch weiblich bezeichnen möchte, sorgt der in unmittelbarer Umgebung dieser Zone des Gehirns gelegene Nucleus suprachiasmaticus (und paraventricularis) mit der Bildung von Vasopressin, resp.

Oxytocin (referiert n. Ewert 1998). Ich kann diese neurobiologischen Grundlagen aus Gründen der notwendigen Beschränkung hier nicht weiter ausführen und vertiefen.

Was sich aus diesem biologischen Wissen für die Kindheit ableiten lässt, ist die Erkenntnis, dass ein sexuell begründetes, rollenspezifisches Verhalten bei Kleinkindern erst im fortgeschrittenen Trotzalter in Erscheinung treten kann, und dass die Anfangsphase der Loslösung für beide Geschlechter in identischer Weise verläuft. Diese Erkenntnis deckt sich auch mit der von mir in dieser Abhandlung vertretenen Auffassung, dass erst im Rahmen eines fortgeschrittenen Selbstbewusstseins eine Identifikation mit dem gleichgeschlechtlichen Elternteil oder anderen gleichgeschlechtlichen Bezugspersonen erfolgen kann. Bis dahin herrscht in der Selbstwahrnehmung des Kindes offenbar so etwas wie Unisexualität vor.

Allerdings muss einschränkend gesagt werden, dass es unabhängig von jeder sexuellen Rollenidentifikation schon mit etwa zwei Jahren an das Geschlecht gebundene Unterschiede in der dinglichen Objektpräferenz gibt. Schon zweijährige Jungen fühlen sich stärker zu mechanischen Spielzug hingezogen, wie Autos und Maschinen aller Art, und zweijährige Mädchen zu sozialem, wie Puppen, Kleidern und Essgeschirr. Diese Beobachtung lässt sich in etwa neunzig Prozent bei den frühen Spielhandlungen der Kleinkinder reproduzieren (eigene Beobachtungen). Offensichtlich gibt es also auch eine genetische Vorprägung, die schon vor dem Einsetzen geschlechtlicher Identifikation und sexueller Empfindungen seine Wirkungen entfaltet. An neurophysiologischen Unterschieden zwischen dem männlichen und weiblichen Gehirn lässt sich unwidersprochen nachweisen, dass die sexuellen Verhaltensweisen des Menschen überwiegend hormonell gesteuert werden und dass sich in der frühen Kindheit die geschlechtsspezifischen, sozialen Verhaltensweisen langsam über diese hormonellen Einflüsse aufbauen.

Hauptsächlich nehmen solche hormonellen Prägungsvorgänge, und das deckt sich mit der Beobachtung an älteren Säuglingen und Kleinkindern, zunächst einmal Einfluss auf ihre eigene, körperliche Wahrnehmung und Befindlichkeit, z.B. im Spiel mit den Genitalien oder ab etwa drei Jahren auch schon bei gezielter Masturbation. Ganz verfänglich wäre es zu meinen, in der Erforschung ihrer körperlichen Geschlechtsidentität oder auch in frühem Kokettieren kleiner Kinder, sowie im Bedürfnis nach Schmusen und Körperkontakt so etwas wie frühkindliche Sexualität entdecken zu können.

Auf die Themen **Masturbation** und **Inzesttabu** soll wegen ihrer Wichtigkeit in der frühen, emotionalen Entwicklung an dieser Stelle gezielt eingegangen werden. Masturbation tritt auf, wenn Kinder in Momenten der Langeweile oder bei dauerhaft frustrierenden Erlebnissen sich ganz in sich selbst zurückziehen und dabei Lust entdecken, sich genital zu stimulieren. Solche sich selbst stimulierenden Handlungen findet man durchaus auch schon bei Drei- bis Vierjährigen. Ich meine, dass es sich hierbei nicht um ein primär sexuelles Verhalten mit Objektbezug handelt, sondern eher um ein lustbetontes, habituelles Geschehen an sich selbst, also um eine Gewohnheitshandlung mit spannungslösendem Charakter (Beruhigung über Befriedigung). Aus Beobachtungen in der Tierwelt weiß man, dass sexuelle Stimulation zugleich auch einen aggressionshemmenden Charakter ausüben kann (s.o.). Diese Form der Aggressionshemmung zielt allerdings auch auf eine Besänftigung des Angreifers ab.

Eine auf den Anderen gerichtete Bedeutung der Sexualität existiert beim Kind definitiv nicht. Ihm geht es einzig um die eigene Beruhigung. Zwar entsteht beim Kind, und das mag durch anwachsende hormonelle Einflüsse zu erklären sein, auch eine sexuell gefärbte Gefühlshaftigkeit, aber keine Ambition, über diese Lust in eine wie auch immer geartete sexuelle Beziehung zu einem anderen Individuum zu treten oder diese Lust mit einem anderen Menschen zu teilen. Die Masturbation besitzt, um das noch einmal zu betonen, keinerlei objektbezogenen Charakter, sondern nur ein spannungslösendes Empfinden. Allerdings tritt in einigen Fällen ein hartnäckiges Bedürfnis nach Wiederholung auf. Das beweist ihren Triebcharakter.

Die Tatsache der Nicht-Objektbezogenheit ist sehr wichtig, denn schon allein hierin kommt so etwas wie ein Inzesttabu zum Ausdruck.

Bevor ich jedoch auf das Inzesttabu selbst zu sprechen komme, möchte ich noch ein paar Worte zum Thema Masturbation und Doktorspiele verlieren. Beides nimmt im Rahmen des Rollenspiels in der Altersgruppe der etwa Vierjährigen einen breiten Raum ein. Das Rollenspiel dient dem Verständnis und der Einübung sozialer Strukturen durch deren Kopieren im eigenen, spielerischen Handeln. Dabei spielt offenbar das Erlebnis von Manipulationen am eignen Körper durch andere Personen eine gewichtige Rolle, vor allem auch in der Verbindung mit der Erfahrung von eigener Nacktheit. Der rein faktische Zugang hierzu stammt häufig aus der Arztpraxis oder den elterlichen, pflegerischen Verrichtungen an sich selbst. Daher rührt wohl der Begriff Doktorspiele.

Neben der reinen (Spiel-)Handlung werden parallel auch mit ihr verbundene, angenehme Gefühle immer wieder neu belebt und „rückerlebt". Dieses Rück-Erleben ist für die Kleinkinder ein wichtiger Vorgang zur Orientierung in ihrem Gefühlsleben. Die lerntheoretische und kognitive Seite des Rollenspiels kann jedoch in diesem Zusammenhang nicht weiter vertieft werden.

Es wäre nun eine einfache Sache, wollte man diese eigentlich dem Spieltrieb entspringenden Erscheinungen im kindlichen Verhalten ursächlich allein auf individuell veranlagten Impulsen verstehen, die auf einer im Kind ruhenden, besonderen sexuellen Triebstärke basieren. Dabei käme man zu falschen Ergebnissen. Viel mehr sieht es so aus, dass die im Spiel entstehenden, lustvollen Gefühle ein Kind erst die Möglichkeit entdecken lassen, sich auch ganz allein durch Erregung von Lust Spannungsabfuhr zu ermöglichen. Ist die zugrunde liegende Spannung aus was für Gründen auch immer in einem Kind groß genug, dann wird das Instrument des Doktorspiels sowie der Selbststimulation und Masturbation willfährig für sich in Anspruch genommen. Auf die bereits erwähnte, besondere Regulationskraft der Masturbation zwischen den beiden Trieben Aggression und Sexualität sei hier nur noch einmal hingewiesen.

Nahe liegend ist demzufolge die Vermutung, dass ein sich stark der Masturbation hingebendes Kind eigentlich unter einem starken Aggressionsdruck leidet, welcher z.b. aus einem Mangel an Zuwendung und positiver Selbst-Bestärkung in der Familie herrührt. Hierbei gilt der aggressive Impuls dann der elterlichen Vernachlässigung, positive Attribute für das eigene Selbst zu vergeben, mit dem zwangsläufigen Ergebnis, dass das Gefühl von Minderwertigkeit und Scham das des Stolzes überwiegt. Die Masturbation dient dem Kind demzufolge hauptsächlich auch zur Selbstaufwertung mittels positiver Eigenstimulation, verbunden auf geradezu ideale Weise mit der inneren Spannungsabfuhr. Als Verhaltensverstärkung kommt nun hinzu, dass die Eltern den Rückzug in die Sexualität mit Sanktionen belegen, was das Maß der Scham darüber weiter auflädt und das Bedürfnis nach Eigensimulation zusätzlich erhöht. Im Endeffekt stellt sich die Sache für das Kind in einer Verkehrung so dar, dass nur noch Scham für die masturbatorischen Handlungen übrig bleibt, diese Scham aber durch Masturbation bekämpft werden muss. Das sollte jedoch verhindert werden.

Zwar ist eine Zurechtweisung des Kindes bezüglich einer Masturbation in der Öffentlichkeit notwendig, damit sich das Kind durch eine – in seinem Alter noch unfreiwillige – Zurschaustellung nicht sozial gefährdet, aber diese Belehrung muss aufgrund solcher Verwicklungen, wie gerade dargestellt, mit besonderer Behutsamkeit und größter Sorge um das Selbstwertempfinden des Kindes erfolgen. Im absolut privaten Bereich, das muss dabei klar zum Ausdruck gebracht werden, ist dem Kind das Masturbieren erlaubt. Sexualität muss ein unbelasteter Bestandteil der Persönlichkeitsentwicklung werden, damit sie auch im zukünftigen Leben mit ihrer Lust immer eine Art Puffer für negative Gefühlslastigkeit bleiben kann.

Ich möchte nun über die Masturbation und die Doktorspiele zu dem gesellschaftlich stark befrachteten Thema des Inzesttabus kommen. Einschließen in diesen Begriff will ich alle rein sexuell gefärbten Kontakte erwachsener Menschen zu Kindern. Dabei möchte ich bewusst auf eine historische Betrachtung dieser Erscheinungsform im allgemein-gesellschaftlichen Handeln verzichten und keine Aufarbeitung des Umgangs mit dieser Frage in anderen zeitgenössischen oder früheren Gesellschaften leisten. Hier soll es um einen kulturell gefilterten, rein auf die Tiefenpsychologie zugeschnittenen Ansatz gehen.

Dazu muss ich noch einmal zurückgreifen auf die Entstehung des Selbst, das in dieser Phase, das heißt also mit etwa drei bis vier Jahren, dem Alter, in dem der Sexualtrieb sich bemerkbar macht und das Masturbieren sehr viel häufiger auftritt, noch nicht abgeschlossen ist. **Selbst entsteht durch Verinnerlichung des positiven Elternbildes (Eltern-Imago nach Kohut, s.o.) in der Loslösung von der primären Bezugsperson in Richtung auf die „sekundäre Bezugsperson" zu (Triade), die als Vorbild für die Autonomie gilt. Dieser Vorgang geschieht unter Aufbietung der ganzen an das Ichbewusstsein gekoppelten Willenskraft.** Diese Formulierung enthält die Tatsache, dass dem Selbst eines jeden Kindes ein Stück verinnerlichtes Elternbild innewohnt. Neuropsychologisch ausgedrückt würde man sagen, im Gehirn eines jeden Kindes sind seine Eltern und ihre Funktionen und Rollen dauerhaft repräsentiert und auf diese Weise mental verankert. Gerade diese innere Abbildung ist es, welche fortan eine klare Grenze setzt in der Äußerung der kindlichen Triebe auf seine „Lebensgestalter", mit Kohut gesprochen: seine Selbst-Selbstobjekte.

Für das Kind, das nur über die primäre Bindung und erfolgreiche Loslösung zum Selbst findet und sich als eigenständiges Wesen positiv identifizieren kann, wobei es die erste Bewertung von sich selbst das Eltern-Imago übernimmt, wäre es fatal, wenn es durch die Ausnutzung seiner einsetzenden sexuellen Triebhaftigkeit in diese „gelösten" Bindungsstrukturen so massiv zurückgebunden würde. Denn dadurch würde es an der weiteren Entfaltung seines Selbst mit einem Schlag massiv behindert. Von sich aus würde das Kind eine solche Rückbindung nie eingehen wollen. Das Kind hätte in einer solchen Konstellation aber keine reale Chance zu einer Befreiung aus der emotionalen Falle, außer vielleicht über die Möglichkeit einer enorm anschwellenden Aggression. Diese kann sich aber das immer noch sehr unselbstständige und von seinen Eltern physisch und psychisch abhängige Kind nicht leisten, so dass nach vielen regressiven Erscheinungen allenfalls eine heftige Opposition oder Provokation zustande kommt. Zu einer Befreiung führt diese jedoch nicht. Erst viele Jahre später, wenn das Kind älter geworden ist und sich neue Identifikationsmöglichkeiten vor allen Dingen in der altersgleichen Gruppe ihm aufgetan haben, könnte dieser hohe, aggressive Impuls gegen die eigenen Eltern tatsächlich ausgelebt werden. Ein solcher angestauter, aggressiver Impuls gegen den einen Inzest ausübenden Elternteil könnte sich dann leicht in physischer Gewalt entladen. Ersatzweise wären autoaggressive Entladungen wie die Zufügung von Selbstverletzungen oder sogar die Selbsttötung denkbar. In dieser Perspektive sind meiner Auffassung nach die naturgegebenen Gründe zu einem jeglichen Ausschluss von Inzest zu verstehen.

Ein anderes Problem verschärft den entstehenden, inneren Konflikt noch weiter. Das Kind in dieser Altersgruppe sieht sich in seinem entwicklungsbedingten Egozentrismus selbst als Verursacher des sexuellen Übergriffs und Missbrauchs durch den Erwachsenen, was im Falle der entstehenden Aggression schon im Beginn eine Art von Autoaggression beinhaltet. Diese Autoaggression ist unheilvoll mit Scham und Minderwertigkeit verbunden, denn das Kind bleibt durch behinderte Loslösung (s.o.), aggressiven Trotz und Schambehaftung auf lange Sicht an seinen Missbraucher gebunden. Das führt in weiterem Verlauf der Entwicklung zu einem extremen Schuldgefühl, welches zwangsläufig dazu führt, dass die natürliche, frühkindliche Liebe zu Vater oder Mutter nur in Hass verkehrt fortbestehen kann. Es erscheint in dieser Hinsicht vollkommen ausgeschlossen, dass ein Kind dieses Alters einen Elternteil tatsächlich lustvoll begehrt, wie es auch eigentlich widernatürlich ist, dass es diesen verderblich attackiert.

Das Bedürfnis, den eigenen Eltern körperlichen Schaden zuzufügen, kann normalerweise nur durch Hass oder tiefe Verzweiflung entstehen. Hass und Verzweiflung sind die typischen Gefühlsqualitäten des älter gewordenen Kindes auf seinen Missbraucher, wie ich schon angedeutet habe, und mit diesem Hass entsteht dann die auf Vernichtung ausgerichtete Aggression. Auf Selbsthass und Verzweiflung beruht die Autoaggression, die das älter gewordene Kind in der Pubertät und Adoleszenz gegen sich selbst richtet und in selbstverletzendes oder selbstzerstörendes Handeln umsetzt.

An diese Stelle gehört die grundsätzliche Besprechung des Verhältnisses von **Nähe** und **Distanz** in der Familie und im allgemeinen Umgang mit Kindern. Kinder haben zunächst einmal ein ausgesprochenes Bedürfnis nach Nähe. Dabei bevorzugen sie ganz offenkundig ihre Bezugspersonen oder die, die sie sich als solche vorstellen können. Umarmen, Anschmiegen, Küssen und Kuscheln sind wichtige Vorgänge, um Bindungsbedürfnis zu beweisen und sich Bindungserhalt zu sichern. Die Aktivitäten hierzu gehen gewöhnlich aber von beiden Bindungspartnern aus. Die so erreichte Nähe beinhaltet beim Kind jedoch immer den geheimen Vorbehalt, jederzeit auch wieder auf Distanz gehen zu können. Das im Inneren verankerte Bestreben nach Loslösung und Selbstbestimmung zeigt sich auf diese Weise.

Diese Zusammenhänge zu kennen ist wichtig für alle Eltern, Erzieher oder Erwachsenen, um

a) nicht davon überrascht zu sein, wenn dieser Distanz plötzlich und aus ganz persönlichen Gründen Ausdruck verliehen wird, und

b) nicht aus eigennützigen, nur vielleicht nicht so gemeinten Motiven, diesen Distanzvorbehalt des Kindes zu missachten.

Plötzlich auftretendes Distanzbedürfnis beim Kind ist nicht gleich als Ablehnung misszuverstehen, sondern Ausdruck seines grundsätzlichen Anspruchs auf Selbstbestimmung. Es wäre auf Erwachsenenseite falsch, hierauf mit Gekränktsein zu reagieren, und das Kind damit moralisch unter Druck zu setzen. Auf diese Weise gerät das Kind automatisch in einen großen Konflikt, weil die Unterstellung der Ablehnung, die dem Gekränktsein unausgesprochen zugrunde liegt, im Denken des Kindes kein Pendant hat und dadurch von ihm nicht verstanden wird. Das heißt das Kind versteht nicht, wieso die Eltern oder Erwachsenen innerlich so betroffen reagieren, obwohl es sie doch weiter liebt und in Wahrheit nicht ablehnt.

Da jedes Kind aber bestrebt ist, es seinen Eltern recht zu machen und von diesen möglichst immer geliebt zu werden, wird es sich leicht, entgegen seinem eigentlichen Bedürfnis nach Distanz, dem moralischen Druck beugen und ungewollte Nähe zulassen. Gebrauchen nun die Eltern dieses Druckmittel häufig oder bauen sie den Druck durch Drohen mit Liebesentzug sogar weiter aus, gerät das Kind immer tiefer in die emotionale Falle. Fortan versagt es sich das natürliche Bedürfnis nach Distanz vollständig und unterwirft sich generell dem Nähebegehren der Eltern oder des Erwachsenen. Auf diese Weise wird ein solches Kind leichte Beute missbrauchender Erwachsener.

Auch die zweite oben genannte Folge von Missachtung des kindlichen Grundbedürfnisses nach Distanz und Selbstbestimmung, die des verborgenen Eigennutzes hat häufig dramatische Konsequenzen. Hierin gehen besonders die Fälle ein, in denen Kinder als Ersatz für verlorene Partner beansprucht werden oder zerrüttete Familien (z.B. durch Drogen- oder Alkoholsucht) vor dem Auseinanderbrechen bewahren sollen. Kinder, welche dabei Aufgaben übernehmen müssen, die eigentlich nur Erwachsenen vorbehalten sind, bezeichnet man als **parentifiziert**, und es ist erstaunlich, wie schon Kinder im Vorschulalter – oft verzweifelt – versuchen, die ihnen aufgebürdete Rolle erfolgreich auszufüllen. In ihrem Bestreben, die Familie zu erhalten, um selbst zu überleben, versuchen sie sich an Dingen, die ihnen weit über den Kopf wachsen.

Das Ergebnis all dieser Überlegungen und Betrachtungen kann nur sein, dem kindlichen Bedürfnis nach Nähe und Distanz in der vom Kind selbst vorgegebenen Art und Weise bereitwillig nachzukommen, sowie in Respekt vor und Toleranz von kindlicher Bedürfnisäußerung seine elterliche Pflicht zu erkennen. Das gilt in besonderem Maße auch für jeden fremden Erwachsenen. Jeglicher gesellschaftliche Rollenmissbrauch des Kindes, vor allem auch der sexuelle, aber ebenso auch die Parentifizierung und jeglicher Übergriff auf die kindliche Privatsphäre, deren Intimität es schon für sich beanspruchen darf, sind grundsätzlich zu unterlassen. Je mehr Eltern das anerkennen und beherzigen, desto reichlicher und vertrauensvoller kommt ihr Kind mit seinem natürlichen Nähebedürfnis auf sie zu. Diese Nähe ist dann echt und darf mit allem Respekt vor der Selbstbestimmung des Kindes jederzeit liebevoll beantwortet werden.

Auf die geschlechtlich orientierte Differenzierung der Selbstentwicklung im weiteren Persönlichkeitsaufbau komme ich noch einmal im letzten Kapitel zu sprechen. Erst in diesem Rahmen wird auch von Rollenvorbild und versteckter Rollenzuweisung gesprochen.

4.8 Der Umgang mit Aggression und den Gefühlen von Stolz und Scham

Die praktischen Handlungsempfehlungen werden dem höheren Alter der Kinder entsprechend diesmal sehr viel umfangreicher ausfallen müssen, denn jetzt setzen viele wichtige Elemente in der Erziehung ein. Eigentlich könnte dieses Unterkapitel auch mit „Der Beginn der Erziehung" überschrieben sein. Auf drei Themen muss ich mich hauptsächlich konzentrieren: Erstens der Umgang mit der Aggression, weil er altersentsprechend auch in der alltäglichen Praxis stark im Vordergrund aller jetzt anfallenden Erziehungsfragen steht. Zweitens die Frage der frühen Fremdbetreuung, das heißt insbesondere die Aufnahme der Kinder in die Kinderkrippen oder den Kindergarten. Und drittens die Frage der elterlichen Grundhaltung zu den frühen Persönlichkeitsmerkmalen wie Stolz und Scham.

a) Der Umgang mit der Aggression

Das Eingehen auf das aggressive Verhaltenselement bei Kindern gleich am Anfang des Kapitels erhält außer den eingangs genannten Gründen seine Berechtigung auch und besonders durch den aktuellen Trend, sich wieder – oftmals etwas vordergründig – in Richtung auf eine strengere Erziehung mit einem starren Festsetzen von Grenzen zu zu bewegen. Größere Strenge ruft jedoch, das hatte ich bereits mehrfach zum Ausdruck gebracht, bei jedem zu Aggression neigenden Kind schnell einen noch höheren Grad von Widerstand hervor. Opposition und schließlich sogar direkte, aggressive Provokation sind unmittelbare Folge. Und jedes Kind, das braucht nicht weiter betont zu werden, neigt eigentlich dann und wann zu Aggression. Das heißt das aggressive Verhalten schaukelt sich in dem konfrontativen miteinander Agieren von Erzieher und Kind schlussendlich nur weiter hoch, und der gewünschte Effekt, jener einer Deeskalation, führt de facto ins genaue Gegenteil.

So widersinnig es sich anhören mag, aber größere Strenge fruchtet wenn überhaupt, nur bei jenen Kindern, welche auf emotional integrativem Wege bereits ein einigermaßen ausgewogenes Selbst entwickelt haben, und aufgrund ihrer Verständigkeit nicht mehr so sehr auf aggressive Unterstützung der Selbstbehauptung angewiesen sind. Gerade diese Kinder bedürfen aber meist keiner großen Strenge. Diejenigen jedoch, denen man mit Strenge erzieherisch beikommen möchte und vielleicht auch müsste, sind die, die weil ohnehin schon aggressiv mit nur noch größerer Aggression antworten werden. Anders gesagt, auf Strenge sinnvoll reagieren letztlich vor allem die, die sie gar nicht mehr nötig haben, außer vielleicht in einem mehr oder weniger zu vernachlässigenden Einzelfall.

Den kleinen aggressiven Attacken, die die meisten Kinder entwicklungsbedingt bei irgendeiner Gelegenheit gegen ihre Eltern, Geschwister oder auch gleichaltrige, andere Kinder gerne ausleben (Scheinangriffe, Raufereien, Rangeleien, etc.), sollte man, wie bereits ausgeführt, mit Milde, aber durchaus auch Missbilligung, begegnen und diese am besten geschickt dazu benutzen, so etwas wie ein Gewissen in dem Kind zu anzuregen. Dazu kann es sinnvoll sein, die Auswirkungen des kindlichen Angriffs in leicht übertriebener Form dem Verursacher spielerisch zu spiegeln, und wenn das Kind nicht von sich aus schon zu Aktionen des Tröstens greift, diese regelrecht herauszufordern. Eine solche erzieherische Maßnahme bezeichnet man als **Induktion**. Ich werde im Kapitel über das Gewissen eingehender darauf zurückkommen. Aber der Klarheit wegen sei jetzt schon gesagt: Das Lob, das dann die Eltern auf das Beenden des aggressiven Handelns und das nachfolgende Trösten hin dem Kind aussprechen, stärkt in ihm die Intensität der Reueempfindung und verursacht Gefühle des Stolzes. Induktion wird erst ab etwa dem dritten Lebensjahr möglich, wenn die geistigen Voraussetzungen dafür vorhanden sind. Bis dahin gelingt nur ein dem Alter angemessenes, intensives Ermahnen, durch das das Kind nicht verängstigt wird.

Wie Eltern in der Erziehung mit Aggression in der Akzeptanz und zugleich auch korrigierend umgehen, wenn diese die normalen Bahnen von Trotz und Opposition im üblichen Rahmen und hier und da auftretender, milder Provokation überschritten hat, ist eigentlich ein gesondertes Thema aus dem Bereich der Kinderpsychotherapie, das hier nur gestreift werden kann. Im Wesentlichen sollen vielmehr rein pädagogische Aspekte beleuchtet werden. Grundsätzlich muss man dabei auf vier besondere Fähigkeiten und Fortschritte in der frühkindlichen kognitiven und emotionalen Entwicklung abheben:

1. Es muss eine ausreichende Kontrolle über die eigene Emotionalität eingesetzt haben. Im Anschluss an das Thema „frühe Selbstkontrolle" und Regulationsmacht im Trotzalter ist jetzt ohne Einschränkungen von dieser selbstregulativen Funktion zu sprechen. Aber nur diejenigen Kinder besitzen ausreichend Kontrolle über die eigenen Gefühle und können die geforderte Regulationsmacht entwickeln, die sich in ihrem Selbst gestärkt erleben dürfen und die eine höhere, positive Selbstattributierung im Stolz auf sich vereinigen können. Das bedeutet im Gegenzug eine persönliche Zuschreibung von weniger negativen Attributen und Scham.

2. Es muss ein wesentlicher Fortschritt in der Sprachentwicklung eingesetzt haben, damit Gefühle auch benannt werden können und ein verbaler Austausch mit Eltern und Erzieher(inne)n über sie stattfinden kann. Solche sprachlichen Formulieren bei Kindern finden ab dem dritten Lebensjahr statt, wenn Kinder mit Äußerungen anfangen wie, ich habe „Angst" oder ich bin „sauer" oder „traurig". Solche Formulierungen wirken jedoch am Anfang oft noch etwas hilflos und entsprechen nicht immer den tatsächlichen, inneren Zuständen.

3. Es muss eine ausreichende Intelligenz beim Kind vorhanden sein. Ohne fortentwickelte Intelligenz mit klarer Begriffsvorstellung und einem einfachen Verständnis von Ursache-Wirkungs-Beziehungen lässt sich keine Problemlösungsstrategie vom Kind entwickeln. Solche geistigen Voraussetzungen spiegeln sich wider in der Theory of Mind, auf die ich noch gesondert zu sprechen kommen werde. Dreieinhalb bis vier Jahre nimmt man als Entwicklungsvoraussetzung für diese kognitiven Leistungen beim Kind an.

4. Es muss die Fähigkeit zur Empathie beim Kind ausgebildet sein und es müssen zugleich erste Schritte hin zur Ausbildung des Gewissens stattfinden. Diesem Thema, das untrennbar verbunden ist mit der fortschreitenden, emotionalen Entwicklung des Kindes, ist das ganze letzte Kapitel im Buch gewidmet.

Zum konkreten Umgang mit übermäßiger Aggression sei auf folgende wichtige Grundformel hingewiesen. Jeder streng eingrenzende Erziehungsakt lässt nur dann auf einen Erfolg hoffen, wenn er parallel dazu mit einer nachhaltigen Stärkung des Selbstwertgefühls, das heißt mit einer Verbesserung des Selbstbewusstseins einhergeht. Andernfalls führt das Einsetzen eines „strengen Regiments" einzig zur trotzigen Eskalation eines vom Kind als „noch-mehr-wehren-müssen" verstandenen, neuerlichen aggressiven Aktes. Die zunehmende Intelligenz des Kindes führt dabei zu immer ausgeklügelteren, aggressiveren Verhaltensweisen mit zunehmend provokativem Charakter.

Aus dem Blickwinkel der Entwicklungspsychologie lässt sich das Geschehen so verstehen, dass sich das Kind im Zuge seiner Persönlichkeitsentwicklung darauf verlegt hat, seine Selbstaufwertung hauptsächlich aus dem Sich-wehren, das heißt aus der Aggression selbst, zu beziehen. Diese unheilvolle Spezialisierung im Verhalten des Kindes ist ein Zeichen mit höchst ungünstiger Prognose.

Wie kann man nun aber sinnvoll und nutzbringend mit den natürlichen aggressiven Elementen in der frühkindlichen Entwicklung umgehen? Obwohl die folgenden Empfehlungen hauptsächlich auf sich normal entwickelnde Kinder zutreffen, soll das nicht heißen, dass die dabei erarbeiteten Grundlagen nicht auch bei ins übermäßig aggressive Verhalten abgleitenden Entwicklungen ihre Erfolge haben können.

Neben dem guten elterlichen Vorbild, das trotz seiner großen Bedeutung vielerorts in der Besprechung etwas ausgeklammert wird, und neben einer angemessenen Toleranz für leichte, aggressive Impulse auf Seiten des Kindes erscheinen in der Erziehung drei Wege zur Bekämpfung der kindlichen Aggression Erfolg versprechend zu sein und sind daher empfehlenswert:

1. Aktivitäten fördern und/oder motorischen Ausgleich ermöglichen,
2. Dienstbarkeiten oder soziales Engagement einfordern,
3. Kreativität entwickeln oder Abbau von Spannung erzeugen.

Auf alle drei Punkte soll im Folgenden genauer eingegangen werden. Die Empfehlung zu größerer Aktivität als motorischem Ausgleich für Aggressivität sieht ihre Inhalte im freien Spiel und im Sport (als eine besondere Form des Regelspiels). Es macht keine Mühe, sich vorzustellen, dass Kinder nach zwei bis drei Stunden Ab-kämpfen auf einem Abenteuerspielplatz oder dem Fußballfeld erschöpft sind und der Ruhe bedürfen. Würde man vorher und nachher das Spannungspotenzial in den Köpfen dieser Kinder messen, welches mit dem Maß ihrer Aggressivität korre-liert, dann sähe man sicher nach dem Spiel ein deutliches Abnehmen dieser Größe. Ob dieser angestrebte Spannungsabfall durch eine Einzelaktion von großer Dauer ist, darf jedoch bezweifelt werden. Nur ein gesamtes Programm mit mehrfach wö-chentlichem oder sogar täglichem Angebot würde genügend Wirkung entfalten.

Die Dienstbarkeit als Abbau von Aggressivität zielt auf eine andere Komponente. Dabei geht es nicht um Spannungsabbau, sondern um Bündelung von inneren Kräften. Die im Inneren des Kindes unstrukturiert und chaotisch angesammelte Energie in der Aggression soll zentriert werden und sich in sozialer Regelhaftigkeit mit nützlichem Effekt ausleben. Der Begriff Arbeit passt hierfür nicht gut, weil er den Aspekt der menschlichen Ausnutzung von Leistung zu sehr betont. Aber in gewisser Weise trifft er dennoch zu, denn regelhafte, nützliche gesellschaftliche Tä-tigkeit ist grundsätzlich immer Arbeit. Vielleicht sollte man hier mit den Begriffen nicht zu kleinkrämerisch umgehen. Auf jeden Fall sind regelmäßige Aufgaben im häuslichen Bereich und Umfeld gut geeignet, die in der Aggression verpuffende Energie in verantwortliche Tätigkeit umwandeln.

Die Kreativität eröffnet einen dritten Weg. Sie setzt darauf, dass die in der Aggres-sion angestaute Energie Ressourcen im Kind auf einem anderen, positiv besetztem Gebiet freisetzen kann. Hierbei ist jedes angeborene Talent des Kindes willkom-men. Ist kein solches auszumachen, kann man mit Vorschlägen auch anregend auf das Kind einwirken. Manchmal wird auf diese Weise ein Talent erst entdeckt oder angestoßen. Heutzutage gibt es mannigfaltige, professionelle Angebote für solche kreativen Leistungen wie Musik mit Orff'schen Instrumenten, Mal- und Töpferkur-se, Bastel- und Modellbaugruppen, naturkundliche Wanderungen oder historische Stadterkundungen mit aktiver Beteiligung der Kinder. Hierzu zählen dann auch Stadtrandinitiativen, Theatergruppen und vieles andere mehr.

Alle diese Vorschläge, die zur Neutralisation von aggressiver Energie nützlich sind, sind auch geeignet bei erfolgreicher Umsetzung den Anteil an Stolz im Selbst zu erhöhen. Sie sollen aber nicht dazu dienen, die elterlichen Aufgaben in puncto An-erkennung und Aufwertung des Selbst ihrer Kinder zu ersetzen. Überhaupt muss man sich in der Gesellschaft davor hüten, die elementaren, elterlichen Pflichten in der Gestaltung des Selbst und der Entwicklung der Persönlichkeit ihrer Kinder an Dienstleistungsangebote zu delegieren. Einzig der Kindergarten als eine Fremdbe-treuung mit einem klaren, erzieherischen Auftrag macht da eine gewisse Ausnahme.

Die von mir angesprochenen, elterlichen Pflichten sind Erziehungsaufgaben, die allen Eltern auf natürliche Weise obliegen und zwar bereits in dem Moment, in dem sie sich für ein Kind entschieden haben. Diese Ansicht ist in der Bundesrepublik Deutschland inzwischen auch im bürgerlichen Gesetzbuch verankert. Grundsätzlich haben Eltern, und ich spreche hier ausdrücklich von Mutter und Vater, mehr Pflichten ihren Kindern gegenüber als Rechte an ihnen. Gemeint sind dabei neben sozialen Standards und Bildungsangeboten vor allem auch die Fürsorgepflichten für eine emotional und sozial störungsfreie Entwicklung. Rechte an den Kindern werden eigentlich erst über diesen Weg erworben. Das heißt von einem Kind etwas einfordern und abverlangen können Eltern erst dann, wenn sie ihrem Kind die Chance gegeben haben, zu einem ausgewogenen und starken Selbst und zu einer identitätsgerechten Persönlichkeit zu gelangen.

Dieser Standpunkt mag in manchen Ohren sich etwas fordernd anhören, er spiegelt aber exakt die Aufgaben wider, die Eltern in der Erziehung übernommen haben. Einzige Ausnahme macht die einfühlsam und kindgerecht lancierte Fremdbetreuung, wenn diese mit dem Begriff der elterlichen Pflicht grundsätzlich vereinbar ist.

b) Die frühe Fremdbetreuung

Als Fremdbetreuer gelten Pflegeeltern, Babysitter, Tagesmütter, betreuende Familienangehörige und vor allem auch die Erzieher(innen) in den Kindergärten. Prinzipiell ist von drei Formen früher Fremdbetreuung auszugehen:

1. familiäre Fremdbetreuung z.B. durch Großeltern,
2. private (professionelle) Fremdbetreuung durch (ausgebildete) Tagesmütter (meistens mit drei bis fünf Kindern),
3. institutionelle Fremdbetreuung wie Kindertagesstätten und Hortgruppen.

Beim Übergang in die Fremdbetreuung, insbesondere in die institutionalisierte wie z.B. Kindergarten, kommt ein Prozess in Gang, der als **Ablösung** (im Gegensatz zur Loslösung) zu bezeichnen ist.

Die familiäre Fremdbetreuung geschieht meistens durch die Großeltern und ist die natürlich Form der Elternunterstützung. Sie ist in aller Regel unproblematisch, da die Kinder bereits im Säuglingsalter sich an ihre Großeltern gewöhnt haben. Über die Rolle der Großeltern als Ersatzbezugspersonen wurde in den Anfangskapiteln ausführlich gesprochen.

In der Regel gewöhnt sich ein Kleinkind mit der Zeit auch an eine Tagesmutter und anerkennt sie als Ersatzbezugsperson. Dadurch wird sie häufig zu einer Art Ersatzmutter und zu einer zentralen Person in seiner psychosozialen Entwicklung.

Dieser Rolle und der damit verbundenen Verantwortung müssen sich Tagesmütter im privaten Bereich und Erzieherinnen in offiziellen Einrichtungen bewusst sein und stellen.

Es gibt die Situation, dass mehrere Fremdbetreuer gleichzeitig um die Beziehung zu einem Kind konkurrieren. In Hortgruppen und Kindertagesstätten ist diese Situation an der Tagesordnung. In solchen Fällen sucht sich das Kind in der Regel eine Person aus dieser Gruppe heraus, die es zu seiner Hauptbezugsperson wählt. Das gilt auch schon für das Säuglingsalter (s.o.). Das Kind erstellt gewissermaßen eine Hierarchie unter den sich anbietenden Ersatzbezugspersonen, um auch hier, wie in der Familie, einer Bindungsverwirrung zu entgehen. **Konkurrierende Bindungen** sind für ein Kind ohne eine Abstufung in seiner Sympathievergabe prinzipiell schlecht zu bewältigen. Die einmal festgelegte Hierarchie der Fremdbetreuer wird daher auch dann eingehalten, wenn die Hauptbezugsperson einmal nicht verfügbar ist. Das zeigt sich darin, dass ein Vormittag im Kindergarten schnell zum Fiasko werden kann, wenn die „auserwählte" Erzieherin widererwartend nicht anwesend ist.

Die große Bedeutung bei jeder Aufnahme von Fremdbetreuung liegt auf ihrer einfühlsamen Einleitung und in der schrittweisen Übergabe des Kindes an die Betreuerin. Dasselbe Prinzip gilt vor allem auch für die Aufnahme in eine Institution für Frühbetreuung. Der Terminus für diese Übergabe lautet **sanfte Ablösung**. Das heißt, je kleiner ein Kind bei der notwendigen Aufnahme von Fremdbetreuung ist, Gründe hierfür können sein Alleinerziehung, Berufstätigkeit der Mutter oder beider Eltern, Krankheit der Eltern, Scheidung oder der Tod eines Elternteils, je kleiner also das Kind ist, desto wichtiger ist die schon voraus geschaltete, zeitweilige Parallelbetreuung durch einen Elternteil und die potenzielle Betreuungsperson. Einzige Ausnahme bildet natürlich der plötzliche Wegfall beider Eltern.

In der Sache kommt es darauf an, dass dem Kind Gelegenheit geboten wird, Vertrauen in seine zukünftige Betreuungsperson zu entwickeln und diese als **Ersatzbezugsperson** anzuerkennen. Diese Vorbedingung gilt bis etwa zum vierten Lebensjahr. Aber auch danach bedarf es häufig noch einer ähnlich gestalteten Übergangsphase, in der die Mutter eine Zeitlang verfügbar bleibt und als schnell erreichbarer, emotionaler Rückhalt („sichere Basis", s.o.) anwesend sein muss.

Die Ersatzbezugsperson hat die Aufgabe, das sich in der neuen Umgebung noch unsicher fühlende Kind in allen Konfliktsituationen zu unterstützen und es in seinen Stimmungsschwankungen aufzufangen. Sie übernimmt für eine gewisse Zeit also jene Funktion der „sicheren Basis", die zu Beginn der Loslösung noch die Mutter selbst innehatte.

In einem Kindergarten ist in der Regel so schnell keine Ersatzbezugsperson zu finden, da es sich gewöhnlich um eine Gruppenbetreuung mit nur wenigen Erzieherinnen handelt. Der Übergang bedarf hier einer längeren Phase. In der Eins-zu-eins-Situation bei der Betreuung zu Hause oder der Eins-zu-drei-(bis fünf)-Betreuung in der Krabbelgruppe kann ein Übergabevorgang auch sehr viel kürzer verlaufen, vor allem dann, wenn das Kind spontane Sympathie für die Betreuungsperson entwickelt. Hilfreich ist immer, wenn diese psychologisch geschult und auf spontane Weise einfühlsam ist. Günstig ist auch, wenn die Fremdbetreuung im Schutz des eigenen Zuhauses stattfindet. Hingegen erschweren all jene Faktoren die Fremdbetreuung, die es verhindern, dass das Kind schnell seine geeignete Ersatzbezugsperson finden und eine vertrauensvolle Beziehung zu ihr aufbauen kann. Erschwerend wirken außerdem eine fremde Umgebung, viele Rivalen z.B. im Kindergarten, und ein wenig gefestigtes Selbst, welches das soziale Bestehen in der altersgleichen Gruppe noch nicht möglich werden lässt. Von entscheidender Bedeutung ist, dass letztendlich das Kind bestimmt, wann die Übergangsphase beendet werden kann und nicht der Erwachsene (Eltern oder Erzieher(innen)).

Lässt sich die frühe Fremdbetreuung nicht zu Hause arrangieren, hat es sich als eindeutig konfliktmindernd für das Kind erwiesen, wenn die Abschiedssituation so gestaltet ist, dass es selbst die Mutter oder den Vater verlassen kann und nicht von ihr oder ihm verlassen wird. Der Augenblick der Trennung ist für das Kind der schwerste in der Situation der Fremdbetreuung. Verlässt das Kind aktiv die Mutter oder den Vater, kann es in sich selbst die Illusion aufbauen, noch Bestimmungsmacht über das Geschehen zu besitzen. Wird es jedoch einem der beiden in der passiven Lage zurückgelassen, begehrt es trotzig dagegen auf. Es leidet an dem Gefühl zurückgestoßen zu sein (Trennungstrauma).

Die Kleinkindphase mit noch wenig gefestigtem Selbst korreliert grundsätzlich mit der Hochphase des Trotzes, was bedeutet, dass ein Kind, das abends beim Fortgehen seiner Eltern mit einem wenig bekannten Babysitter konfrontiert wird, sich sofort an seine Bestimmungsmacht gemahnt fühlt und massiv dagegen protestiert. Kein Kind liebt es, abends von seinen Eltern unerwartet verlassen zu werden und bei einer fremden Person verbleiben müssen. Solche Aktionen müssen also von langer Hand vorbereitet sein, und den engagierten Babysitter sollte das Kind bereits kennen und mögen. Dieser muss auf jeden Fall gute Voraussetzungen für die momentane Rolle als Ersatzbezugsperson mitbringen.

Ist das frühkindliche Selbst einigermaßen gefestigt, was mit etwa drei bis vier Jahren zu erwarten ist, sieht die Situation, was die Konfrontation mit Fremdbetreuung angeht, schon etwas günstiger aus. Ein auf sein Selbst stolzes Kind mit sicherer

Bindung und erfolgreicher Loslösung findet seinen Babysitter interessant und freut sich auf ihn. Es geht schon im Laufe der ersten Tage voller Zuversicht und Freude in den Kindergarten, findet schnell Spielgefährten, ordnet sich in die Gruppenstruktur ein und nimmt Kontakt zu den Erzieherinnen auf. Regelkonzepte akzeptiert es ohne großen Protest, wenn es diese auch nicht immer begeistert aufnimmt.

Das von Scham erfüllte Kind hingegen verhält sich scheu und weint, wenn es auf dem Arm der Babysitterin zurückbleibt. Es steht ängstlich an den Rockzipfel seiner Mutter geklammert im Gemeinschaftsraum des Kindergartens und weicht schließlich ganz hinter ihren Körper, wenn die Erzieherin es anspricht (s. Fallgeschichte 7). Will oder muss die Mutter dann gehen, fängt es an zu weinen und will zurück auf ihren Arm. Auf keinen Fall aber möchte es alleine im Kindergarten zurückbleiben. Und auch alles gute Zureden durch die Erzieherinnen hilft nicht gegen die vollzogene, eigene Entscheidung.

Das immer noch als modern geltende pädagogische Konzept in dieser Situation lautet, dass sich die Mutter möglichst schnell vom Kind trennt und den Kindergarten verlässt. Die Anpassungsfähigkeit des Kindes wird auf diese Weise erzwungen. Als Bestätigung der Richtigkeit dieser Empfehlung wird notorisch die Feststellung vorgebracht, dass das Kind bald nach Verschwinden der Mutter aufgehört hat zu weinen und (bestenfalls) zu spielen angefangen hat. Auf der Basis entwicklungspsychologischer Grundsätze muss dieses Vorgehen aber als kritisch, wenn nicht als falsch angesehen werden.

Das derart in Bedrängnis geratene Kind muss sich zwangsläufig – über kurz oder lang – der Situation anpassen, dabei aber seine wahren Gefühle unterdrücken und schließlich verdrängen. Dieser Vorgang führt also zu einem vermeidenden Verhalten. Erstens ist nun keine Mutter mehr da, die ihm als Rückzug dienen kann, und zweitens sieht es sich einer autoritären Übermacht ausgesetzt, der es sich nicht mehr zu trotzen getraut. Um nun nicht in innere Verzweiflung zu geraten, setzt das Kind automatisch Anpassung über Aufbegehren. Diese Überlebensstrategie von kleinen Kindern erlebt man auch in sehr viel dramatischeren Zusammenhängen, z.B. dem Verlust der Eltern im Krieg oder bei Katastrophen.

Es ist für die psychische Entwicklung des Kindes eindeutig schädlich, wenn ein Erwachsener und Schutzbefohlener diese Selbsttäuschung im Verhalten des Kindes bereitwillig mit vollzieht und ihr aus Gründen der Selbstbestätigung oder Bequemlichkeit Recht gibt. Die daraus resultierende, vermeidende Haltung des Kindes belastet sein Unterbewusstsein unter Umständen lebenslang.

Die geschilderte Situation lässt sich noch besser interpretieren auf den Grundlagen von Stolz und Scham. Damit lässt sich erstens ein Verständnis für die innere Not im Kind hervorrufen, und zweitens ein klares Ergebnis für das bessere Vorgehen formulieren. Das von Stolz geprägte Kind hatte ich hinsichtlich seines sozialen Auftretens schon hinlänglich beschrieben. Sein psychischer Vorteil besteht darin, dass es viele positiv attributierte Selbstanteile in sich aufgenommen hat und damit einen hohen Ablösungsgrad von seinen Bezugspersonen erreichen konnte. Es ruht schon gewissermaßen in sich selbst und ist auf die permanente Rückversicherung bei einer seiner Bezugspersonen nicht mehr so sehr angewiesen (frühe emotionale Regulationsmacht im Rahmen des Trotzes bei guter Selbstattribution). Eine Ausnahme hiervon machen natürlich neue, schwere Konflikte oder körperliche und seelische Verletzungen. Solche Kinder also lassen sich schnell und unkompliziert in die institutionelle Fremdbetreuung integrieren.

Das von Scham geprägte Kind besitzt wenig positive, aber viele negative Selbstanteile. In der Situation des Verlassenwerdens durch die Bezugsperson, Mutter oder Vater, erfährt es eine erneute Kränkung mit starker Negativattribuierung, die sich auf das Gesamtmaß der bis dahin angesammelten Kränkungen aufhäuft. Dieses Kind kann und will nicht, oder will noch nicht verstehen, warum es in der Abhängigkeit von seiner emotional unterstützenden oder regulierenden Bezugsperson plötzlich allein gelassen wird und der Fremdsituation ausgesetzt. In seiner Enttäuschung wird seine momentane Selbstbeurteilung dahin gehen, es nicht wert zu sein, dass seine Eltern oder Bezugspersonen bei ihm bleiben und es unterstützen (noch mangelhafte emotionale Regulationsmacht, s.o.). Solche Kleinkinder werden in diesen Augenblicken regelrechte Trennungsangst aufbauen.

Von seiner dringend benötigten Bezugsperson im Stich gelassen zu werden, ist eine schmerzliche Erfahrung für ein Kind und erzeugt existenzielle Angst, die sich verbindet mit der sozialen Empfindung abgelehnt zu sein. Der persönliche Wert sinkt in der Selbstbeurteilung auch noch dadurch besonders tief, dass ein Kind in diesem Alter die Schuld für dieses Geschehen, bedingt durch den alterstypischen Egozentrismus, regelmäßig bei sich selbst suchen wird. Zum Thema Schuld möchte ich in diesem Zusammenhang schon festhalten, dass gerade emotional besonders kritische Situationen auch bei Kindern schon ein Nachdenken darüber auslösen, warum gerade ihre Gefühle so unglücklich sind und die der Anderen so fröhlich erscheinen. Schuld entspricht auf dieser Stufe offensichtlich einer Suche nach Gründen für die Auslösung von eigenen schlechten Gefühlen. Das Ergebnis heißt dann auf fatale Weise: „Die Schuld liegt bei mir selbst". Die Schamgefühle nehmen dadurch weiter zu.

Gleich wie in der unsicher-vermeidenden Bindung (s.o.) wird das eigentliche Bedürfnis nach Zuwendung und Trost dem „Überlebensdruck" geopfert. Solche Kinder lernen es, ihre wirklichen Gefühle von Wut, Zorn, aber auch Enttäuschung und zunehmender Trauer fortan zu unterdrücken, zu verdrängen, und in neuerlichen Situationen wiederum zu vermeiden. An deren Stelle tragen sie eine freundliche Miene zur Schau, die dem Zweck der geforderten Anpassung dient. Welche Chance hätten diese Kinder auch in dem geschäftigen Treiben eines Kindergartens, mit ihrer Enttäuschung durchzukommen? Somit passiert das, was eigentlich bereits in der Kindheit vermieden werden sollte, nämlich sozial schlecht verträgliche Gefühle zugunsten einer Funktionsfähigkeit in der Gemeinschaft bei sich selbst zu leugnen und verträglichere Gefühle sich einreden zu lassen um den Anderen zu gefallen. Exakt solche Worte hört man dann aber von den Erwachsenen, die damit die Situation schönreden wollen.

Dieses Thema bekommt neue Nahrung aus aktuellen, gesellschaftspolitischen Bestrebungen, den Aufnahmezeitpunkt eines Kindes in die institutionelle Fremdbetreuung deutlich weiter vor zu verlegen. Aus sozialopportunen und ökonomischen Gründen schreibt sich die Politik die frühe Fremdbetreuung von Kindern auf ihre Fahnen und fordert den Kindergarten ab zwei Jahre und die Tagesmutter noch früher, damit beide Eltern möglichst bald nach der Geburt ihrer Kinder wieder vollständig in den Produktionsprozess zurückkehren können und zum Bruttosozialprodukt des Staats beitragen. Was diese Praktik für die emotionale und psychosoziale Entwicklung des Kindes bedeutet würde, lässt sich nach entwicklungspsychologischen Standpunkten leicht ausmalen. Diese Erkenntnisse werden aber von der Politik ignoriert.

Die Auswirkungen einer solchen Umgangsweise mit Kindern werden dadurch noch verschärft, dass für die Umsetzung dieser Politik weder die geeigneten Räumlichkeiten noch das dringend erforderliche, geschulte Personal vorhanden sind. Erzieherinnen solcher Einrichtungen müssten neben einer umfangreichen und qualitativ hoch stehenden, entwicklungspsychologischen Ausbildung auch noch Kenntnisse und Fähigkeiten im pflegerischen Bereich von Kleinkindern erhalten.

Die Kosten, die durch die Entwicklung und Erstellung eines solchen Betreuungskonzeptes von Kleinkindern entstehen würden, damit dieses nicht in einen Zustand reiner Verwahrung abgleitet, wären wahrscheinlich besser in die Unterstützung der zweifellos belasteten Familien selbst zu investieren. Angeblich gute Beispiele für frühe Fremdbetreuung aus anderen Ländern sind kritisch auf ihre Zweckmäßigkeit und Auswirkungen zu überprüfen.

c) Der elterliche Umgang mit Stolz und Scham

Das dritte Thema in den Hinweisen und Empfehlungen für die ersten konkreten Erziehungsschritte ist dem Umgang mit Stolz und Scham gewidmet. Ich möchte dazu noch bei der zuletzt besprochenen Kindergartensituation bleiben und danach in die Familiendynamik zurückkehren. In der Beispielsschilderung bin ich von einem Kind ausgegangen, welches sich beim ersten, regelhaften Verlassen des familiären Schutzraumes von der Mutter noch nicht lösen möchte. Dieses Signal habe ich als ein klassisches Zeichen für bislang schwache Selbstanteile herausgestellt, die dem betroffenen Kind in Form von Scham persönlich fühlbar sind. Wenig selbstständig zu erscheinen und damit den anderen Kindern nachrangig zu sein, erfüllt nicht die Kriterien einer inneren Stärke, sondern derjenigen eines Minderwertigkeitsgefühls, das sich seinerseits in der Scham Ausdruck verleiht. Allerdings empfindet auch die Mutter so etwas wie Scham, denn ihr Kind pariert nicht gut und gibt in der Öffentlichkeit ein schlechtes Bild von sich ab. Dieses Bild fällt regelmäßig auf sie selbst als Mutter und ihren bisherigen Erziehungsstil zurück.

Wenn nun die Empfehlung der Erzieherinnen dahin geht, den Schamanteil der Gefühle der Verdrängung zu unterwerfen, wie im Fall der harten Trennung, dann wird sich diese Scham im Kind nicht mindern, sondern, wie jetzt klar wird, noch erhöhen. Der Mutter hingegen bleibt die Scham fortan erspart. Insofern wird die Mutter die Interpretation der Erzieherinnen gerne aufgreifen und weiter vertreten.

Nun empfindet das Kind diese Scham in der Verdrängung nicht mehr so stark (was diesen inneren, psychischen Vorgang auf gewisse Weise auch nützlich macht), aber das Kind wird in anderen, ähnlich konstellierten Situationen immer wieder mit den Verhaltensmustern der versagenden Ablösung auf sich und seine inneren Nöte aufmerksam machen wollen. So stellt sich die gewöhnliche Reaktionsweise der Psyche auf unbewältigte Verletzungsereignisse dar. Denn die Verdrängung führt nicht zu einer Bewältigung der entstehenden seelischen Last, sondern ganz im Gegenteil zu deren sich im Verborgenen abspielender Vermehrung. Diese Altlast flammt in Zukunft immer wieder aus dem Innersten der Seele, als dem Unterbewusstsein auf. Solche Situationen entstehen in der Folge gehäuft, denn die Eltern werden ihr Verhaltensmuster nicht ändern, sondern sich in ihrer Auffassung durch die Meinung der Erzieherinnen bestärkt fühlen. Sie werden diese sogar als für ihr Kind nützlich ausgeben. Dadurch sackt das Kind immer tiefer ab in seiner Selbstbewertung, was dazu führt, dass der Schamanteil auch noch im Nachhinein weiter zunimmt.

Zwar hat das Kind nun gelernt, sich anzupassen, damit es mit seiner werdenden Persönlichkeit in der Gemeinschaft bestehen kann, aber es kränkelt mit seinem

Selbst fortgesetzt vor sich hin und soziale Scheu und Selbstunsicherheit werden zum bestimmenden Faktor in der kommenden Auseinandersetzung mit der altersgleichen Gruppe und der gesamten Gesellschaft. Spätestens in der Grundschule stößt das mangelhafte Selbstbewusstsein auf klare Grenzen. Diesen Weg geht erfahrungsgemäß jedes Kind, dessen Scham und Scheu nicht ausreichend erkannt und rechtzeitig ausgeglichen worden ist.

Ein kurzer Hinweis auf mögliche, pathologische Verläufe ist hier angebracht. In ausgeprägten Fällen der Scham stellt das Kind seine Kommunikations- und Gesprächsbereitschaft mit fremden Menschen zeitweise komplett ein und spricht dann nur noch mit seinen Eltern und engen Familienangehörigen (so sich diese als vertrauenswürdig erwiesen haben). Dieses Verhalten wird in der Psychopathologie des Kindes als selektiver Mutismus bezeichnet. Regressive und aggressive Trotzelemente vermischen sie dabei auf unheilvolle Weise. In weniger ausgeprägten Fällen erlebt man bei solchen Kindern in der Konfrontation mit fremden Erwachsenen hochgradige Nervosität, Verlegenheit und zappelige Bewegungen. Dieses Verhalten steigert sich noch, wenn das Kind gleichzeitig einer Leistungsanforderung ausgesetzt ist.

Die schwersten Verläufe seelischer Verletzung durch permanente Demütigung, Misshandlung oder sexuellen Missbrauch lassen sich auch mittels der Scham nicht mehr in das Selbst einfügen. Sie führen zu einem innerseelischen Vorgang, den die Psychopathologie als Abspaltung oder Dissoziation bezeichnet. Deformierende Narben in der entstehenden Persönlichkeit sind die zwangläufige Folge. Auch durch eine spätere Psychotherapie sind sie nur schwer heilbar.

Um mit dem Umgang von Scham, aber auch von Stolz in der elterlichen Reaktion richtig zu verfahren, möchte ich an dieser Stelle zwei hauptsächlich verbale Erziehungsmittel erörtern, das **Lob** und den **Tadel**. Keine Erziehung von Kindern, und damit bin ich wieder in der kleinsten sozialen Einheit, der Familie angelangt, wird jemals ohne Lob und Tadel auskommen. Daher muss deutlich gemacht werden, wann Lob sinnvoll ist und Tadel angemessen. Gleich anzumerken ist, dass neben allen wertenden Worten das Lob und der Tadel im Alter unter vier Jahren noch durch mimische und gestische Mittel unterstrichen werden müssen. Sonst versteht sie das Kind nicht richtig.

Am leichtesten zu verstehen sind beide Erziehungsmittel, wenn sie mit gezielten Handlungen verbunden sind, nämlich mit Belohnung oder Bestrafung. Vom verbalen Lob zur dinglichen Belohnung gibt es eine wirkungsbezogene Abfolge in Stufen, und ebenso gibt es sie in der Abstufung vom Tadel zur Bestrafung. In der Vorstellungswelt des Kindes ist die verbale Stufe dabei immer die schwächste oder am wenigsten wirksame und die dingliche die höchste oder wirkungsvollste. Dies steht zum Teil im Gegensatz zu den sozialen Gebräuchen in der Erwachsenenwelt, in der das verbale Lob mit seinem ideellen Wert die rein materielle Belohnung, das Geschenk, grundsätzlich übertreffen sollte. Aber Kinder in diesem Alter kennen noch keine ideellen Werte.

In vergleichbarer Weise übertrifft im Auge des Kindes die Bestrafung als die materielle oder körperliche Ausdrucksform des Tadels den rein verbalen Vortrag. In der Erwachsenenwelt soll auch dieses Denken einmal umgekehrt werden, also Tadel vor Strafe gehen, was aber aufgrund von sozialer Unreife zahlreicher Menschen nicht immer greift. Diese Erklärungen sind zugleich Grundsätze der allgemeinen Rechtsprechung, auf die hier allerdings nicht weiter eingegangen werden kann.

Aber bevor Lob und Tadel überhaupt ihre Geltung hinsichtlich eines erwünschten Verhaltenskorrektivs beim Kind entfalten, müssen zwei Voraussetzungen in der Selbstentwicklung gewährleistet sein. Dabei handelt es sich erstens um die innere Selbstsicherheit, die notwendig ist, um ein erhaltenes Lob überhaupt auf einem „Positivkonto" verbuchen zu können. Das Kind muss eine genügend positive Einstellung zu sich selbst erworben haben, um sich des Lobs überhaupt für wert oder würdig zu halten. Und da gibt es zweitens die Voraussetzung, dass hinsichtlich des Tadels soviel Verständnis von den sozialen Regeln (s.u.) vorhanden sein muss, dass der Tadel beim Kind überhaupt Reue über sein fehlerhaftes Handeln auslösen kann. Gefordert ist hier also ein Schuldverständnis auf einfachster Stufe.

Wissenschaftliche Erkenntnisse 11

Ich möchte noch einmal zur Erklärung dieser Zusammenhänge einen Blick auf die entsprechenden neuropsychologischen Vorgänge im menschlichen Gehirn werfen, so wie sie die Wissenschaft heute für erwiesen hält. Für individuelle wie für soziale Erfahrungen von positiven und negativen Wert in Bezug auf das Selbst gibt es definierte Systeme im Gehirn, die mittels Botenstoffen bzw. Neurotransmittern die jeweiligen gefühlsmäßigen Empfindungen in einen jeden Gedankenfluss „einstimmen". Es existieren hierfür das bereits besprochene Belohnungs- und Bestrafungssystem. Beim Menschen löst das erstere angenehme Gefühle aus, solche von Macht und Stärke mittels der Neurotransmitter Dopamin, Serotonin und zu ihrer wirkungsvollen Verstärkung auch Endorphin. Orte im Gehirn hierfür sind das Limbische System und die Frontalhirnrinde (mesolimbisch-mesocortikales System, s.o.). Dadurch entsteht ein Anreiz zur Wiederholung. Das zweite System löst gegenteilig Gefühle von Beschämung, Schwäche und Angst aus mittels der Stresshormone zentrales Cortisol/CRH (Corticotropin Releasing Hormon) und Noradrenalin. Hierdurch entsteht nun ein gezieltes Vermeidungsverhalten. Nur wenn beide Systeme ausreichend strukturiert und „eingespurt" sind, das heißt auf das Fühlen und Handeln bezogen eindeutige Signale in der inneren, gedanklichen Welt des Kindes abgeben, dann kann ein von außen heran getragenes, erzieherisches Eingreifen mit Lob und Tadel überhaupt wirksam werden.

Im Umkehrschluss bedeutet das für ein Kind, welches in einem sehr belastenden sozialen Klima aufwächst, nahezu depriviert ist und keine ausreichenden, sozialen Strukturen in seinem Selbst hat abbilden können, einem verbalen Lob oder einem Tadel nicht in einem zu erwartendem Maße mehr zugänglich ist. Allenfalls wirkt hier noch die dingliche Belohnungsform mit Geschenken oder die substanzielle, letztlich auch körperliche Bestrafung durch Wegnahme von Geschenken oder Schläge, weil diese erzieherischen Mittel es immerhin noch bewirken, positive oder negative Selbstattribute aufzubauen. Ein dingliches Lob, eine Belohnung in Form eines Geschenks oder die körperliche Bestrafung durch eine Ohrfeige unterlaufen im Grunde die kompliziertere, verbale Form von Lob und Tadel. Sie sind pädagogisch zwar weniger Wert, dafür aber umso wirkungsvoller. Was ihre konkrete Anwendung angeht, blieben im Falle einer nicht mehr normalen psychischen Entwicklung praktisch nur das dingliche Lob in Form eines Geschenks erfolgreich oder die materielle Bestrafung in Form einer Vorenthaltung bzw. Fortnahme von Geschenken. Bei dissozial entwickelten Kindern verfährt man in der Erziehung tatsächlich auf diese Weise.

Jegliche Form von körperlicher Züchtigung, insbesondere Gewaltanwendung ist im Falle gesunder wie psychopathologischer Entwicklung aus ethischen Gründen abzulehnen, was, wie gezeigt, nicht gegen ihre Wirksamkeit spricht. Das festzustellen ist von besonderer Bedeutung, weil auf der Welt allenthalben gegen diesen ethischen Grundsatz verstoßen wird. Körperliche Bestrafung als Erziehungsmittel einzusetzen scheidet, um das noch einmal zu betonen, aus!

Die Verhaltenspsychologie bedient sich dieser Kenntnisse über den Einsatz von dinglichem Lob, in dem sie verschiedene Belohnungssysteme therapeutisch instrumentalisiert (token-System). Auch Bestrafungsprinzipien mit Strafpunkten und nachfolgendem Verbot begehrter Tätigkeiten gehören dazu.

Körperliche Bestrafung fällt in dem hier entwickelten, pädagogischen Konzept vollständig aus. Die Möglichkeiten des Einsatzes von Tadel sind bei Kleinkindern, wie gerade besprochen, aus Gründen der noch zu gering vorhanden, sozialen Einsichtsfähigkeit vorläufig aber noch sehr begrenzt. Zu einer rein verbalen Wirksamkeit des Tadels muss sich erst einmal ein klares Verständnis von rechtmäßiger, sozialer Anforderung und unrechtmäßigem, persönlich fehlerhaftem Handeln aufgebaut haben. Der eigene Fehler kann erst über diesen Weg auch als Schuld empfunden werden. Und nur über diesen Weg entwickelt sich dann auch ein Pflichtgefühl einer bestimmten, die Regeln und Gesetzte einsetzenden Instanz gegenüber. Eine solche Instanz bilden für das Kleinkind zunächst einmal allein die

Eltern. Später kommt z.B. der Kindergarten mit den Anweisungen der Erzieherinnen dazu.

Um persönliche **Schuld** empfinden zu können, müssen vom Kind drei geistige Schritte vollzogen werden:

a) Verstehen und Anerkennung sozialer **Regeln**,

b) Anerkennung dieser **sozialen Regeln** als **höherwertig** im Verhältnis zu den eigenen Bedürfnissen,

c) Die Erkenntnis, dass ein Übertreten solcher regelhafter Gebote im eigenen **fehlerhaften Handeln** die persönliche **Verantwortung** vor der Allgemeinheit nach sich zieht.

Aufgrund der hier dargestellten Voraussetzungen wird klar, dass Gedankenschritte von solcher Tragweite im kindlichen Gehirn geradezu Meilen-Sprüngen in seiner geistigen Entwicklung gleich kommen.

Nun muss ein weiterer Schritt hinzukommen, wahrscheinlich sogar der wichtigste in der aufgezeigten Kette der Sozialprinzipien überhaupt: Die bis hierhin rein verstandesmäßigen oder kognitiven Entwicklungsfortschritte müssen richtig gepaart oder verbunden werden mit jenen im Selbst verankerten Emotionen von **Stolz und Scham**. Erst wenn diese Gefühlsmomente sich als stimmungshafte Einfärbung untermischen oder als emotionale Unterstreichung der sozialen Ansprüche an das fortgeschrittene Denken und Handeln von außen herangetragen werden, bekommt das letztlich rein rationale Gefüge seine endgültige, innere Wirkung. Also erst wenn das Kind all das fühlt, was es denken kann, oder wenn Fühlen und Denken in der Abstimmung auf die sozialen Ansprüche eine sinnvolle Übereinstimmung aufweisen, kann es auch danach handeln.

Ab wann aber kann ein Kind solche komplizierten Gedankenvorgänge vollziehen und wie kommen die Gefühls- und Erkenntnissphäre derart kongenial zusammen? Die erste Frage möchte ich noch in diesem Kapitel klären. Die zweite soll das Thema des nächsten Kapitels mit der Besprechung der Theory of Mind sein.

Ich hatte anhand der Untersuchungen von Bischof-Köhler (s.o.) über die Selbstentwicklung des Kleinkindes zu zeigen versucht, dass ein Kind dann in der Lage ist, die Auswirkungen der Gefühle in einem anderen Menschen zu verstehen, wenn es sein eigenes (autonomes) Selbst entdeckt hat. Diese Erfahrung von Einfühlsamkeit in einen Anderen, das heißt die Möglichkeit, sich in die Gefühlswelt eines anderen Menschen hinein zu versetzen, wird in der Entwicklungspsychologie als **Empathie** bezeichnet. Mehrere empirische Untersuchungen an Kleinkindern konnten belegen, dass der früheste Zeitpunkt für wahre Empathie sich etwa um den 18. Lebensmonat bewegt. Aber von der einfachen Empathie in die Gefühlswelt der Anderen bis hin zum Verständnis von Lob und Tadel auf der Basis der oben beschriebenen Voraussetzungen dürften noch einmal gut eineinhalb Jahre vergehen. Also erst nach dem dritten Geburtstag kann man realistisch damit rechnen, dass ein Kind Tadel begreifen kann und auch nicht viel früher wird es verbales Lob wirklich verstehen. Denn ungefähr so lange dauert es in der Regel, bis sein Selbstverständnis und Selbstvertrauen groß genug geworden sind, das Lob als Selbstbestärkung zu verstehen und es positiv in die Selbstbeurteilung einzubauen und den Tadel als das genaue Gegenteil.

Die hier genannten Zeiträume sind von Kind zu Kind sicher etwas unterschiedlich, was erstens mit der kognitiven Entwicklung, speziell mit der Sprachentwicklung, zu tun hat und zweitens mit der allgemeinen sozialen Reife. Die lobenden oder tadelnden Worte müssen begrifflich-inhaltlich verstanden werden. Außerdem müssen logische Zusammenhänge mit der eigenen Lebenswirklichkeit hergestellt werden. Das Kind muss begreifen, dass ein bestimmtes Verhalten von ihm die Ursache für die verbale Reaktion der Eltern ist oder umgekehrt die verbale Reaktion die Wirkung seines Handelns beeinflussen soll. Von solchen Fähigkeiten weiß man in der Entwicklungspsychologie, dass es große individuelle Unterschiede gibt, aber dass sie höchst selten vor dreieinhalb bis vier Jahre zu erwarten sind.

Scham und Stolz sind bildlich gesprochen negativer und positiver Stempel auf die Selbstattribute. Demzufolge müssen die emotionalen Grundstrukturen des persönlichen, autonomen Selbst auch soweit fortgeschritten sein, dass das wertende Urteil über ein Geschehen oder Handeln in der Gesellschaft vom Kind mit diesen „Ansichten über sich selbst" in Abgleich gebracht kann. Die guten und schlechten, zunächst einmal nur rein persönlich bezogenen, Handlungsweisen in der sozialen Gemeinschaft greifen mit dieser Werteskala in die innere Welt des Kindes ein und werden in Form von Repräsentationen im Gehirn ein Stück des eigenen Selbst. Dabei gilt im Besonderen: Was die Bezugspersonen gut und richtig finden, wird auch das Kind immer gut und richtig finden, und was von den Bezugspersonen als schlecht und falsch angesehen wird, wird auch vom Kind entsprechend negativ gewertet. Noch gibt es kein abgelöstes, eigenständiges Wertesystem im Kind. Bis es dazu kommt, werden noch weitere Lebensjahre vergehen müssen und werden noch viele neue, andere Sichtweisen (z.B. aus den altersgleichen Gruppen, den Bildungseinrichtungen und der allgemeingesellschaftlichen Ethik) vom Selbst auszuwerten sein.

In dem Kleinkindalter ist das bewertende Denken also noch ganz Spiegelbild seiner Bezugspersonen, fast immer seine Eltern und die Familie. Ganz ohne Hinzukommen einer eigenen, wissentlichen Registrierung, also rein implizit wird dieses werteschaffende Denken und Handeln der kleinen, noch begrenzten Gesellschaft um das Kind herum, in dessen Gefühls- und Denkstruktur abgebildet. Dort wird es mit der Zeit als Erinnerungsspur ursprünglich damit verbundener Ereignisse Bestandteil seiner geistigen Netzwerkverknüpfung. Auf die Vorgänge im Gehirn bezogen könnte man überspitzt formulieren, dass die geschaffenen Knoten im geistigen Netz, genannt Synapsen, das repräsentative Spiegelbild desjenigen sind, das zu ihrer Verknüpfung geführt hat. Das ganze Gehirn ist anfangs somit eine Art Spiegel auf seine zeitnahe Wirklichkeit.

Und doch bleibt immer noch ein großes Quantum Eigenheit bestehen, welches aus den hirnorganischen, genetisch vorgegebenen Anteilen herrührt, und das dafür sorgt, dass selbst unter höchst ähnlichen Lebensbedingungen doch immer wieder recht unterschiedliche Individuen hervorgehen. Diese Tatsache belegen zahlreiche Studien der Zwillingsforschung. Was bei dieser Betrachtung nämlich noch nicht ausreichend berücksichtigt worden ist, ist der kreative Faktor des individuellen Gehirns, auch schon des kindlichen, welcher sich daraus ergibt, dass angelegte Gedankenstrukturen sich unter dem Willen zu neuen, phantasievollen Inhalten verbinden können. Eine solche **Kreativität** äußert sich bereits ganz früh z.B. in der Erfindung von Worten, die als Ersatz für die noch unfertige Sprache verwandt werden, oder im Spiel, in dem erfahrene Wirklichkeit bis zur Erfindung von Phantomgestalten verfälscht wird. Auch musikalische Kreativität gehört in dieses Spektrum frühkindlicher Leistungsfähigkeit zur Erfindung.

Kein Kind hat wegen solcher „Verfälschung" der Realität, um hier ein wichtiges Nebengleis zu streifen, Schuldgefühle. Es kennt also (noch) nicht den Begriff der **Lüge** oder der Falschheit. Diese Feststellung erlangt da Bedeutung, wo die Abweichung von den Verhältnissen in der tatsächlichen Welt nicht selten zu eigenen, oft egoistischen Zwecken „missbraucht" wird. In den Augen der Erwachsenen kommt dieses Verhalten einer Lüge oder Falschheit gleich. So darf aber der Vorgang vorläufig noch nicht beurteilt werden. Der „Missbrauch" der Wahrheit ist zu diesem frühen Zeitpunkt in der kindlichen Gedankenwelt nichts anderes als der geschickte Einsatz der Phantasie, Wissenslücken zu füllen und dabei günstige Selbstattribute zur Vermehrung von Stolz auf sich zu vereinen, bzw. negative Selbstattribute zur Vermeidung von Scham abzuwehren. Erst wenn der Sozialisationsfortschritt dem Kind vor Augen führt, was Wahrheit wirklich bedeutet und vor allem, dass Wahrheit über allen Eigennutz zu stellen ist, erst dann darf vom Kind eine Ächtung der Lüge erwartet werden.

Die ganz eigenen, persönlichen Charaktereigenschaften möglichst wenig deformiert im Kind entstehen zu lassen, ist das überaus lohnenswerte Ziel einer jeden kindgerechten Erziehung. Die günstige Entwicklung der eigenen Veranlagungen und Charaktereigenschaften führt zur Harmonisierung der Persönlichkeitsstruktur und erzeugt damit gleichzeitig die notwendige, positive Selbstattributierung mit dem innerseelischen Ergebnis von Stolz. Um aber die gewünschte Anerkennung für diese elterliche Erziehungsleistung von seinem Kind zu erhalten, müssen Eltern noch bis zum Zeitpunkt nach der Pubertät warten.

Bereits in der Schulzeit erleben Eltern bei ihren Kindern allerdings auch schon Verhaltensweisen, die ziemlich genau das widerspiegeln, was sie in den Jahren der Kleinkindzeit mit ihnen wissentlich oder unwissentlich einstudiert haben. Dabei erleben sie die ersten Auswirkungen ihrer elterlichen Vorbildfunktion, die bereits so früh das kindliche Verhalten in der Gruppe und der Gemeinschaft ausrichten und prägen. **Vorbild** und **Identifikation** gehen Hand in Hand, dessen sollten sich Eltern und Erzieher(innen) bewusst sein. Das Wissen darüber und die damit gemachte Erfahrung sollten zum Anlass genommen werden, das eigene vorbildhafte Verhalten auf seine Auswirkungen und Tragfähigkeit in der Gesellschaft zu überprüfen und gegebenenfalls zu korrigieren.

Im alltäglichen Umgang mit Kleinkindern kommt immer wieder die Frage auf, wie man mit sehr scheuen, von Scham gezeichneten Kindern umgehen soll, und wie man ihr schwaches Selbstbewusstsein stärken kann. Die Gründe für Schwächung des Selbst wurden im Text bereits ausführlich benannt, an dieser Stelle sollen sie noch einmal zusammengefasst werden. Mangelnde Selbstsicherheit und Selbstschwächung als Charakteristikum des unausgewogenen Selbst entstehen durch:

a) eine unsichere Bindung,

b) eine erschwerte oder unvollständig gelungene Loslösung,

c) viele Misserfolge in der frühen Kleinkindphase, und zwar ohne Trost und Aufmunterung durch die Eltern,

d) ständige Kritik und Verächtlichmachung durch die Eltern und andere dem Kind bedeutsame Personen mit der Folge tiefgreifender Kränkung,

e) soziale Erfolglosigkeit, z.B. fehlende Freundschaften, Unbeliebtsein, Ausgeschlossenwerden, etc. (hier schließt sich der Kreis). Die Punkte c), d), und e) sind Ausdruck der inneren und äußeren Negativattributierung.

Um das sozial scheue Kind aus seiner emotionalen Negativgestimmtheit und aus seiner Selbst-Isolation zu befreien, sollten Eltern erstens die Punkte „Misserfolge ohne positive emotionale Korrektur" sowie „Kritik und Verächtlichmachung bzw.

Ablehnung" in der familiären Kommunikation bearbeiten. Negative Grundstimmung und soziale Isolation sind in der Regel verbunden mit starker Anhänglichkeit an die Mutter als der noch erhaltenen, primären Bindung oder als der aus der Not geborenen **Rückbindung** an sie wegen erschwerter und anhaltend unvollständiger Loslösung (s.o.).

Das bedeutet für Eltern und Erzieher(innen), dass alle selbstschwächenden Erziehungsmaßnahmen bewusst verhindert und nach Möglichkeit auf Dauer ganz beendet werden müssen. Vor allen Dingen sollte dafür gesorgt werden, dass die Loslösung vorankommen kann. Der väterliche Einsatz oder die Suche nach Ersatzvorbildern ist gefordert. Wenn ein Kind tatsächlich kritisiert werden muss, dann immer nur in der Sache, aber nie in Bezug auf die Person! Wenn ein Misserfolg zu beklagen ist, dann immer mit der Aussicht, das es beim nächsten Versuch besser funktionieren wird. In solcher Form kann Kritik vom Kind leicht akzeptiert werden. Auf gewisse Weise kann es sogar seine Positivattribuierung stärken.

Gleichzeitig müssen die elterlichen Erziehungskompetenzen zur Stärkung des kindlichen Selbstbewusstseins und seiner positiven Selbstbewertung deutlich verbessert werden. Ziel ist immer die Unterstützung und Förderung des ausgewogenen Selbst:

a) Liebe und Zuneigung müssen immer wieder neu versichert und dabei auch demonstriert werden.

b) Zutrauen und Unterstützung müssen dem Kind hinsichtlich der Loslösung gewährt werden. Hierzu muss die Vaterrolle gestärkt werden.

c) Eine geschickte soziale Einbindung muss hergestellt werden, z.B. über gemeinsame Spiele oder eine Begleitung des Kindes bei dem Schluss von ersten Freundschaften.

d) Positive Wertungen müssen signalisiert werden durch Mimik, Gestik und Handlung, zunehmend dann auch durch verbales Lob, wenn es tatsächlich angebracht ist.

e) Das Kind muss mit erfolgreich zu lösenden Aufgaben betreut werden (Verantwortung übertragen). Talente müssen gefördert werden, aber ohne Leistungsdruck auszuüben.

f) Kritik soll ausschließlich an der Sache geübt werden und nicht an der Person (s.o.). Es dürfen keine demütigenden Kommentare zu Leistung und Verhalten des Kindes mehr abgegeben werden.

g) Die guten Seiten des Kindes müssen betont und entwickelt werden. Eltern sollten ihr Kind auch gewinnen lassen können.

317

Das verbale Lob wirkt erst dann richtig, wenn zwei Dinge im Kind vorhanden sind; ansonsten ist es wirkungslos, ja häufig sogar unwillkommen. Diese zwei Dinge sind: erstens das logische Verständnis davon, wofür das Lob überhaupt ausgesprochen wird. Also plumpe Hervorhebungen vor Erwachsenen und anderen Kindern oder eine vordergründige Demonstrationen seines – wie auch immer – vorzüglichen und leistungsstarken Kindes fördern eher die Scham, als dass sie Stolz hervorrufen. Die Kinder selbst reagieren darauf im Normalfall mit Verlegenheit. Gelegentlich dreht ein Kind dann furchtbar auf, wird extrem albern oder im Einzelfall sogar wütend. Zweitens gedeiht Lob nur da, wo Selbstbewusstsein und Gefühle des Anerkanntseins bereits vorhanden sind. Lob gedeiht also nur auf einem „lobgerechten" Boden. Ich stelle das hier deswegen noch einmal besonders heraus, weil es Erziehungskonzepte gibt, die propagieren, verhaltensschwierige Kinder allein durch Lob in die richtigen Bahnen zu lenken. Hinter diese Methode ist jedoch ein großes Fragezeichen zu setzen.

Kinder mit bereits gestörten Sozialstrukturen bedürfen viel komplizierterer Korrekturen des bislang an ihnen vollzogenen, pädagogischen Konzepts als hier dargestellt. Denn sie orientieren sich stärker an ihren aggressiv aufgeladenen Handlungen zur Stärkung des Selbst, als an verbaler Anerkennung und ausgesprochenem Lob durch Eltern oder Erzieher. Auch die vielen Belohnungen, die letztlich auf eine positive Attribuierung abzielen (s.o.) und die sich in der Verhaltenstherapie mit sogenannten tokens großer Beliebtheit erfreuen, besitzen nur eine begrenzte Wirksamkeit und werden von den etwas älteren Kindern schnell durch Hochschrauben ihrer Forderungen „ausgehebelt".

Zum Schluss dieser auf die Erziehungspraxis abzielenden Ausführungen soll der Begriff „**Regeln erlernen und akzeptieren**" wenigstens in einem kurzen Abriss besprochen werden. Regeln müssen zunächst einmal von Eltern und Kindern gemeinsam in Gesprächen erarbeitet werden. Sie sind keineswegs ein automatischer Effekt von erzieherisch gesetzten Grenzen. Erste Regeln erfahren schon ältere Säuglinge und junge Kleinkinder bereits durch ritualisiertes oder gewohnheitsmäßiges Handeln in ihren Familien. Sie werden noch vor ihrer Verbalisation implizit, ohne eigenes Bemerken vom Kind übernommen (z.B. erste Tischmanieren, Begrüßung und Abschied von Fremden, die Art und Weise miteinander zu kommunizieren, familiärer Umgang mit Zärtlichkeiten, Offenheit, was Nacktsein betrifft usw.). Diese Tatsache unterstreicht die Wichtigkeit eines guten Elternvorbilds und anderer wichtiger Bezugspersonen, denn hier wirkt die Imitation mindestens so viel wie die konkret vollzogene Erziehungsmaßnahme. Wenn Eltern bei ihren Kindern schlechtes Benehmen oder Unanständigkeit feststellen, müssen sie sich selbst die

Frage stellen, ob dieses Auftreten nicht auch etwas mit ihrem eigenen Verhalten und ihrer Vorbildfunktion zu tun hat. Das Benutzen unanständiger Ausdrücke kommt hingegen meist aus dem Kindergarten, wo es als Imponiergehabe und Effekthascherei in großem Stile eingesetzt wird.

Das konkrete Besprechen von Regeln ergibt sich häufig durch ein vom Kind zunächst nicht begriffenes, persönliches Fehlverhalten. Da sich das Kind in diesem Moment keiner Schuld bewusst ist, muss das erfolgende Aufstellen der Regel in kindgerechten Worten erst einmal begründet werden und frei sein von jedem Vorwurf. Das Aufstellen der Regel sollte auch möglichst nicht mit einer Strafandrohung im Falle der Übertretung verbunden sein, es sei denn, es gilt eine für Andere oder sich selbst sehr gefährliche Handlung damit abzuwenden.

Die Anerkennung von sozialen Regeln bewirkt beim Kind regelmäßig eine Mitreaktion auf innerpsychisch emotionalem Sektor. So wertet das Kind das Befolgen einer Regel grundsätzlich als Erfolg und empfindet dabei Stolz auf sich, allerdings nur sofern seine emotionalen und psychosozialen Voraussetzungen als geglückt gelten dürfen. Im Rahmen des Trotzes gilt dieser Grundsatz natürlich nur sehr bedingt. Das Übertreten einer Regel wertet das Kind hingegen als Misserfolg und für sich selbst beschämend. Auf dieses im Inneren begründete, wertesetzende Gefühlsspektrum kann man erzieherisch weiter aufbauen. Unter Einbeziehung der oben erstellten, pädagogischen Grundregel, Kritik nur auf der Sachebene zu formulieren und die Personenebene dabei auszuklammern, ergibt sich für das Kind automatisch die Möglichkeit, auch aus der Kritik noch Vorteile für sein weiteres Handeln zu beziehen und in deren bereitwilliger Akzeptanz eine weitere positive Attribuierung seines Selbst zu erreichen. Diese Empfindung lässt sich durch ein zielgerichtetes, verbales Lob bei älteren Kleinkindern weiter verstärken. Ganz besonders das noch selbstunsichere Kind wird auf diese Weise optimal gestärkt.

Ganz anders verläuft jedoch der Gefühlsstrom, wenn die erzieherische Kritik bei einem Regelverstoß des Kindes die Person mit erfasst, und wenn sie durch demütigende und gering schätzende Wortwahl unangemessen verstärkt wird, wobei die Kritik auf der Sachebene meist sehr undeutlich bleibt. Worte wie: „du Idiot, du Blödmann oder du Spinner", sind schnell gesprochen. Diese Kritik wird das Kind nicht akzeptieren können und die erwünschte Wirkung verpufft in sofortiger Gegenposition. Die Negativattribuierung im Kind steigt jedoch (weiter), und der nächste Regelverstoß, meist aus Protest gegen die erzieherische Haltung, ist vorprogrammiert. Allzu häufig wird aber gerade letztere Erziehungsstrategie insbesondere von Eltern eingesetzt, und zwar in Unkenntnis dessen, was sie damit bei ihrem Kind seelisch anrichten. Diese Eltern erkennen zumeist nicht den ursächlichen Zusammenhang zwischen ihrem selbstunsicheren, scheuen und schnell beschämten Kind und ihren eigenem Erziehungsstil. Diese Zusammenhänge ihnen klar zu machen, ist demzufolge eine ganz wichtige Aufgabe in der Erziehungsberatung.

4.9 Besprechung der Sauberkeitsentwicklung

Die Sauberkeitsentwicklung stellt praktisch einen Prüfstein für die bisherige, individuelle psychische und psychosoziale Entwicklung dar und verdient schon allein deswegen einen eigenen Abschnitt. Außerdem gehört sie entwicklungspsychologisch etwa in die gerade besprochene Entwicklungsphase, also ins dritte bis vierte Lebensjahr. Die Schritte zum Trockensein (Urin) und zur Sauberkeit (Stuhlgang) sind von Eltern und Kind häufig heiß umkämpfte Machtpositionen in der frühen Kindheit. Das muss jedoch nicht so sein. Es dreht sich bei der Sauberkeitsentwicklung um erste willentliche Körperbeherrschung an der Grenze von noch persistierender Abhängigkeit und bereits erworbener Autonomie. In ihr zeigt sich, was das Kind an Fähigkeit zur Selbstregulation bislang erworben hat und was es daran noch hindert.

Der früheste Zeitpunkt des Trockenwerdens am Tag und damit meist verbunden auch der des Sauberwerdens fällt insgesamt noch ganz in den Zeitabschnitt des Trotzens, nämlich zwei bis dreieinhalb Jahre. Das macht den physiologischen Reifungsvorgang hinsichtlich eines ungefährdeten Erfolgs recht brisant. Ist nämlich besonders starker Trotz nötig, damit das Kind sich aus der abzustreifenden, primären Bindung loslösen kann, und muss das Triebelement Aggression über Gebühr bemüht werden, dann kann die Ambition trocken und sauber zu werden, instrumentalisiert werden und um des Trotzens willen sogar zu Lasten des eigenen, sozialen Fortschritts eingesetzt werden (Dreimächtekonflikt, s.o.).

Ganz offensichtlich, das lehrt die Erfahrung, ist das Kind dabei nicht in der Lage, den letztlich selbst schädigenden Mechanismus der trotzig verhinderten Ausscheidung zu erkennen. Ich muss betonen, dass es sich bei den weiteren, hier angestellten Betrachtungen allein um seelisch hervorgerufene Probleme in der Sauberkeitsentwicklung handeln soll und nicht um solche, die genetisch dispositionell oder durch organische Erkrankungen hervorgerufen werden. Damit entfällt u.a. die Besprechung des nächtlichen Einnässens (Enuresis nocturna), die neueren Untersuchungen zufolge eindeutig eine neuroendokrine, das heißt hormonelle Reifung- und Funktionsstörung ist und damit als Veranlagung zu verstehen (Alexander v. Gontard, s.u.).

Worum es also im „Normalfall" konkret geht, möchte ich mit einem kurzen Beispiel erläutern.

9. Fallgeschichte

Lisa ist zweieinhalb Jahre alt und spürt schon länger, wenn ihre Ausscheidungen in die Windel gehen. Sie empfindet dabei so etwas wie Lust und Ekel, wobei sich der Ekel oder die Abscheu nicht so sehr auf den Urin, sondern viel stärker auf den Stuhl richtet, da dieser klebrig ist und unangenehm riecht. Sie spürt auch bei ihrer Mutter diesen unterdrückten Ekel, wenn diese nach dem „Geschäft" die volle Windel wechselt und ihr den Po säubert. Gleichzeitig erlebt sie, dass größere Kinder und erwachsene Menschen nicht mehr in die Windel ausscheiden, sondern dafür eigens eingerichtete Orte im Haus aufsuchen, wo sie sich zur Ausscheidung vollkommen zurückziehen. So wächst in ihr automatisch das Bedürfnis, ohne Windel zu sein und ebenfalls die Toilette oder das bereitgestellte Töpfchen aufzusuchen.

Lisas sozialer Drang „nach vorne" verbunden mit Ihrem ihr vollkommen unbewusstem Imitationslernen unterstützt sie darin, es den größeren Kindern und Erwachsenen gleich zu tun, und da sie inzwischen die rein körperliche Fähigkeit zur Steuerung der Ausscheidung auf den Moment gelernt hat, ist sie in der Lage, diesen wichtigen Schritt in ihrer Selbstregulation fortan zu vollziehen. Im Ergebnis ist sie stolz und glücklich über ihren Erfolg, und ihre Eltern sind es natürlich auch. Das Lob ist ihr gewiss, aber eine zusätzliche Belohnung ist dabei entbehrlich. Dieser Ablauf entspräche der normalen Entwicklung in vollkommener Selbstbestimmung.

So rein natürlich und einfach verläuft die Sauberkeitsentwicklung zwar häufig, aber keineswegs immer. Viele Eltern sind leidvoll geprüft mit permanenten Fehlschlägen und einer Entwicklung, die von außen betrachtet scheinbar keine Selbstregulation zulässt. Was geht da im Verlauf schief? Ich möchte vor einer Antwort auf diese Frage erst noch einmal vor Augen führen, was im Kind neben gesunden Ausscheidungsorganen noch nötig ist, um diesen Entwicklungsschritt erfolgreich zu vollziehen:

a) das organische Bemerken und Steuern des Ausscheidungsvorgangs durch Zurückhalten und Ausscheiden auf den Moment genau. Das gelingt aus Gründen der Reifung des zugehörigen sensoneuralen Systems in der Regel nicht vor dem zweiten Geburtstag.

b) die innere Bereitschaft, sich dem natürlichen Ausscheidungs-Diktat zu unterwerfen und dabei den eigenen Willen (ohne Not zu empfinden) zu diesem Zweck außer Kraft zu setzen und

321

c) das Spüren einer inneren Notwendigkeit, die Selbstregulation hierzu und den damit verbundenen, sozialen Aufstieg zu meistern (Aufwertung) und in das eigene Erfolgskonzept aufzunehmen (Stolz).

Ist einer der genannten drei Punkte nicht vollständig entwickelt oder nicht von „Altlasten" befreit, besteht die große Gefahr, dass dieser entscheidende Entwicklungsschritt in der frühen Kindheit zum Trocken- und Sauberwerden aus psychischen Gründen scheitert (psychogene **Enuresis diurna** bzw. Inkontinenz und **Enkopresis**). Ein Scheitern in puncto Trockenheit und Sauberkeit ist aber auch heutzutage noch ein Stigma für die ganze Familie und führt Eltern und Kind häufig in die Zerreißprobe ihrer Bindungsstrukturen. Ich möchte hier nicht darüber spekulieren, warum gerade die Sauberkeitsentwicklung eine so große Bedeutung für das erfolgreiche Erziehungsbild einer Familie in der Gesellschaft abgibt. Historische Gründe im Hygieneempfinden mögen dabei eine Rolle spielen. Tatsache ist, dass es so ist, und dass jede Familie im Scheitern an dieser Stelle einen hohen Leidensdruck aufbaut.

Jegliche organische Störungen in der Sensomotorik des Ausscheidungsvorgangs müssen vor einer Betrachtung des psychosozialen Hintergrunds ausgeschlossen sein. (v. Gontard und Lehmkuhl 2002). Dazu dient regelmäßig eine beschränkte, organische Untersuchungsabfolge. In verschiedenen Statistiken über die Ursachen der Enkopresis, wie auch der Enuresis allgemein, machen rein körperliche Störungsursachen deutlich weniger als zwanzig Prozent aus (Mehler-Wex und Warnke 2005). Bei zweiundachtzig Prozent der Kinder mit solchen Störungen bestehen dagegen weitere kinderpsychiatrische Störungen als Komorbiditäten (ebd.). Alexander v. Gontard betont, dass Enuresis diurna mit Miktionsaufschub (s.o.) in mindestens einundsechzig Prozent der Fälle mit überwiegend expansiven, psychischen Begleitstörungen (aggressiv oppositionelles und provokatives Verhalten) kombiniert auftritt.

Was sind solche „Altlasten", wenn es an die Sauberkeitsentwicklung geht? Was bedeutet „natürliches Ausscheidungs-Diktat"? Im vorigen Kapitel hatte ich bei der Besprechung des Dreimächtekonflikts im Zusammenhang mit dem Trotz bereits ein Erklärungsmodell vorgestellt, welche Probleme beim Trockenwerden und bei der Sauberkeit verständlich macht. Dabei ging es um die Schwierigkeit des Kindes, alle von ihm als fremde Macht empfundenen Einflüsse in der Bestimmung seines Handelns zu akzeptieren. Eine Form der fremden Macht, die bei der Ausscheidung zu akzeptieren ist, ist die „Macht der inneren Natur". Normalerweise kann sie das Kind unterscheiden von der anderen großen Macht, von der es immer wieder bedrängt wird und die es in seinem Streben nach Autonomie von außen reglementieren will, die Autoritätsmacht der Eltern oder anderer Erzieher, und sie unkritisch akzeptieren.

Ist nun das Kind in seinem trotzigen Ringen um Autonomie in der eigenen Vorstellungs- und Gefühlswelt mit seinem bisher erreichten Selbstkonzept in einen empfindlichen Nachteil geraten, wobei die egozentrische Weltsicht des Kleinkindes dabei keine Korrekturbestrebungen z.b. durch gutes Zureden der Eltern von außen zulässt, dann meint es, sich die innerlich angestrebte Selbstständigkeit durch Intensivierung des Trotzes erkämpfen zu müssen. Daraus resultiert eine starke Oppositionshaltung. Falls nötig wird hierzu auch die provokativ-aggressive Veranlagung bemüht. Auf diesem Wege werden aber gleich beide fremden Mächte bekämpft, unglücklicherweise also auch die natürliche, gegen die das Kind rein physiologisch keine Chance hat. Dennoch kann sie diese in ihren wichtigen Funktionen kräftig behindern. Die Folgen sind Unterdrückung des „Ausscheidungsvorgangs auf den Moment" und eine daraus zwangsläufig resultierende Entleerung zur Unzeit, und zwar in die Hose. Der Urin kommt in solchen Fällen tröpfchenweise schon bevor die Toilette erreicht ist oder als plötzliche und heftige Totalentleerung der Blase. Das entspricht dem Bild der **Dranginkontinenz** nach **Miktionsaufschub**.

Die durch Unterdrückung der Stuhlausscheidung verhärteten Stuhlmassen im Enddarm (das Wasser im Stuhl wird vom Darm rückresorbiert) verursachen Undichtigkeit des analen Schließmuskels und führen zu dem unangenehmen Kotschmieren, bevor dann die harten Kotballen unter schmerzhaftem Drang oft erst nach Tagen herausgepresst werden. Dieses Bild bezeichnet man in der Kinderheilkunde als **habituelle Obstipation** mit Defäkationsschmerz. Für diese Erscheinungsform kommt im Einzelfall noch eine gewisse Disposition zur Darmträgheit erschwerend hinzu.

Die Gründe, wie ein Kind im Ringen um seine Autonomie auf diese Weise in Nachteil geraten kann, wurden im Kapitel über die Loslösung und den Trotz ausführlich besprochen und in der Selbstentwicklung unter der Negativattribuierung subsummiert. Zwanglos lässt sich die Besprechung des Einnässens und Einkotens an dieser Stelle anschließen. Beide Folgen des letztlich völlig zwecklosen Kampfes gegen die natürlichen Zwänge, also Einnässen wie Einkoten geraten zu neuen Gründen für schlechtes Selbstbewusstsein und erhöhen das innere Gefühl der „Minderwertigkeit" und Scham oft dramatisch. Das Minderwertigkeitsgefühl im Rahmen der Scham hatte ich bisher noch nicht so ausdrücklich erwähnt, aber spätestens hier gehört es hin, denn es wirft ein Schlaglicht auf die innere Befindlichkeit des Kindes beim Scheitern seines sozialen Fortschritts in der Sauberkeitsfrage.

Misserfolg und Versagen zeichnen die Gefühle aus, die Einnässen und Einkoten begleiten, und beide Gefühlqualitäten werden häufig von den Eltern oder ungebetenen Kommentatoren noch kräftig unterstützt, mit dem vorgeblichen Zweck, auf das unerwünschte Geschehen erzieherisch korrigierend einzuwirken. Wie sich jetzt erkennen lässt, wird eher das Gegenteil der Fall sein.

Weil also die kleine Lisa, um im obigen Beispiel zu bleiben, in ihrem ersten und zweiten Lebensjahr erfolgreiche Schritte in der Bindung und Loslösung vollziehen konnte, wird sie im Falle einer im wesentlichen unbeeinflussten Weiterentwicklung hin zur Sauberkeit eines Tages in ihrem dritten Lebensjahr, selten später zunächst am Tage auf die Windel verzichten wollen und von Stund' an trocken und sauber sein (einzelne Missgeschicke ausgenommen). Der Windelverzicht in der Nacht erfolgt häufig ein viertel bis ein halbes Jahr später. Eltern und Kind sind über diesen sozialen Fortschritt glücklich und ganz ohne eine hochgeschraubte Bekundung von Lob durch die Eltern ist der Stolz im Kind gesichert, wie später z.B. beim Verlust der ersten Milchzähne. Der innere Fortschritt ist letztendlich verursacht durch den Zugewinn an selbstständiger emotionaler und sozialer Regulationsfähigkeit.

Wäre hingegen die kleine Lisa in ihrer psychosozialen Entwicklung belastet mit Erscheinungen der unsicheren Bindung, gefolgt von erschwerter oder gar misslingender Loslösung, und litte sie jetzt unter stark ertrotzter Selbstbehauptung, dann würde es geschehen, dass der Aufbruch in die Selbstregulation der Ausscheidungsvorgänge von ihr wie der innere Befehl einer zu sehr bedrängenden, fremden Macht empfunden wird. Der gilt es dann ebenso zu trotzen wie den elterlichen Anweisungen. Solche Empfindungen werden verständlicherweise noch verstärkt durch frühzeitig steuerndes Eingreifen der Eltern in die gewünschte Selbstregulation mit dem Ziel, Trockenheit und Sauberkeit zu einem ihnen genehm erscheinenden Zeitpunkt zu erreichen. Ein solcher Zeitpunkt ist aber fast immer psychisch (oft sogar organisch) nicht zu vertretbar. Hieraus ergibt sich dann beinahe zwangsläufig die klassische Konstellation des Dreimächtekonflikts, bei dem die Eltern mit der Natur die „unheilige Allianz" eingehen.

Das häufig gebrachte Gegenbeispiel des Topftrainings aus früherer Zeit, welches auf verständliche Weise der möglichst frühzeitigen Entlastung der Mütter vom ewigen Windelwaschen diente, überzeugt insofern nicht, als es so manches Drama in der Kinderstube hervorgerufen hat, was heute gerne unterschlagen wird. Außerdem sind etliche Fälle von Wiedereinnässen und Einkoten in fortgeschrittener Kindheit aufgetreten, was verschwiegen wird. Diese unerwähnten Folgen wurden, was aus zahlreichen Anamnesen bekannt worden ist, auf gemeine Weise in aller Öffentlichkeit sanktioniert. Eine derart elementare Einflussnahme in die Selbstregulation gegen den erklärten Willen des Kindes und unter Androhung von Demütigung und Strafe durchzusetzen, ist ein glatter Verstoß gegen das frühkindliche Recht auf eine ungestörte, individuelle Reifung. Das Trocken- und Sauberwerden kann nur und muss, um das noch einmal zu wiederholen, der selbstbestimmten Regulation überlassen sein. Jeder zwangsweise regulierende Eingriff riskiert das Misslingen von Seiten des Kindes und führt im Falle eines Dreimächtekonflikts zu einer Ausscheidungsstörung Störung mit Enuresis und Enkopresis.

Zum Abschluss dieses Unterkapitels sei noch kurz auf geeignete Vorgehensweisen hingewiesen, wenn durch Unbedachtheit, Unkenntnis oder unsachgemäße Erziehung der Eltern der Aufbruch in das Trockensein und die Sauberkeit zu misslingen droht oder bereits fehlgeschlagen ist. Die zwei Verhaltensauffälligkeiten des Kindes bei der Ausscheidung sollen noch einmal genauer beschrieben werden. Beim Miktionsaufschub weigert sich das Kind manchmal noch aus verständlichen, aber immer mehr auch aus unverständlichen Gründen rechtzeitig auf sein Töpfchen oder die Toilette zu gehen. Irgendwann ist der Druck in der Harnblase zu groß und das Kind kann mit seinem willkürlichen Verschlussmuskel den Urin nicht mehr zurückhalten. Organische Blasenprobleme müssen in diesem Fall natürlich ausgeschlossen sein. Der Stuhlgang kann im Gegensatz zum Urin wesentlich besser und damit viel länger zurückgehalten werden. Einige Tage hält das Kind ohne Probleme durch. Infolge des Zurückhaltens, oft über Tage hinweg, kommt es jedoch zu einer massiven Verstopfung. Allgemeine Unruhe, Auf-der-Stelle-Trippeln, die Beine-zusammenkneifen, Bauchschmerzen, Kotschmieren, Appetitlosigkeit und sozialer Rückzug kennzeichnen die Situation des Kindes als typische Zeichen für den Ausscheidungskonflikt. Die dann regelmäßig schmerzhafte Entleerung der harten Stuhlmassen hinterlässt oft kleine Risse in der Analschleimhaut, aus denen Blutspuren auf den Stuhl gelangen können.

Verweigern solche Kinder den Gang aufs Töpfchen oder die Toilette trotz aller Bemühungen der Eltern, und nässen oder koten sie immer wieder vollständig ein, hilft letztlich nur eins, dem Kind die Windel zurückzugeben und ihm Gelegenheit zu verschaffen, vor allem das große „Geschäft" in aller Ruhe und Verschwiegenheit unter Ausschluss der Öffentlichkeit auf die „alte Weise" zu erledigen. Das Kind bekommt dadurch die Möglichkeit, im scheinbaren Entwicklungsrückschritt (Regression) seine inneren Kräfte neu zu bündeln und den sozialen Fortschritt in einem zweiten Anlauf störungsfrei zu erreichen. Dem Kind muss dabei jeglicher Druck zur Sauberkeit (und auch zum Trockensein) genommen werden. Dadurch wird ihm der Wind aus den Segeln genommen, mit Einnässen oder Einkoten im Machtkampf um das Selbst und gegen fremde Mächte etwas zu erreichen. Der in der Weigerung versteckte Trotz geht plötzlich ins Leere. Geben nämlich die Eltern zu verstehen, dass sie sich aus der „unheiligen Allianz" mit der Natur zurückziehen, und geben gleichsam vor dem Kind zu, dass der Zeitpunkt noch zu früh zum Sauberwerden gewesen ist, bieten sie ihm gleichzeitig die Chance, zu einem späteren Zeitpunkt noch einmal selbstbestimmt in die altersgemäße Entwicklung hinein zu gehen. In diesem Fall hätte das Kind dann nur noch einen Gegner, seine eigene Natur. Vor der wird es nun leichter kapitulieren können.

Einen anderen Weg schlägt die Verhaltenstherapie ein. In ihr wird ein negativer Reiz für das unerwünschte Verhalten gesetzt, in dem der Therapeut oder die Eltern protokollarisch das Kind in kürzeren Abständen am Tag zur Entleerung der Blase und alle zwei Tage zur Entleerung des Darmes auf die Toilette schickt (Schick-Prinzip). Gleichzeitig wird ihm in Aussicht gestellt, diese lästigen, kurzen Abstände zur Blasenentleerung oder den Stuhl-Entleerungszwang in dem Moment wieder zu ändern, wenn es sich kooperativ verhält. Den Gang auf die Toilette müssen Eltern oder andere eingeweihte Personen dann natürlich auch durchsetzen und kontrollieren. Dabei muss das Kind seine momentane Spieltätigkeit unterbrechen und auf der Toilette „beaufsichtigt" werden.

Eine andere „weichere", verhaltenstherapeutisch ausgerichtete Behandlungsform mit positiver Verstärkung ist der Sonne-Wolken-Kalender, der vor allem beim nächtlichen Wieder-Einnässen zur Anwendung kommt. Grundsätzlich sollten Eltern solche therapeutischen Unternehmungen immer mit einer Kinderärztin/einem Kinderarzt oder einer Psychologin/einem Psychologen abstimmen. Das gilt insbesondere für alle Formen der Enkopresis.

Als sekundäre Ausscheidungsstörungen gelten diejenigen, bei denen die Selbstregulation eine geraume Zeit lang funktioniert hat (mindestens ein viertel bis halbes Jahr werden gefordert), aber plötzlich wieder versagt. Dabei steht das Wiedereinnässen ganz im Vordergrund; man spricht in der Kinderheilkunde von **Enuresis sekundaria** (häufiger nachts als tags). Fast immer sind aktuell auftretende Probleme des Kindes in seiner momentanen Auseinandersetzung mit der sozialen Umgebung die Ursache, Schwierigkeiten zu deren Bewältigung das Kind nicht genügend Selbstbewusstsein und Selbstkompetenz aufbringen kann (z.B. zu früher Eintritt in den Kindergarten, Scheidung der Eltern, weit entfernter Umzug). Entsprechend lautet die Behandlung auf Abstellung der Ursachen. Sind diese aber nicht zu ändern, sollten alle weiteren Schritte mit der Kinderärztin/dem Kinderarzt genau abgesprochen werden. Häufig ist eine Form der Kinder-Psychotherapie nötig.

Die Stätte der Ausscheidung, also Töpfchen oder Toilette, sollte grundsätzlich kindlichen Ansprüchen genügen und entsprechend ausgestattet sein. Im Toilettenraum ist für Sauberkeit und eine angenehme Umgebung zu sorgen, was einen kindgerechten Sitz beinhaltet und das Zurechtlegen von bevorzugtem Spielzeug. Das Thema Sauberkeit ist besonders in den Kindergärten anzusprechen, denn viele Kinder gehen ungern auf die in den Einrichtungen häufig verschmutzten Toiletten und nässen dann in ihrer Not wieder ein.

5. Grundzüge des Gewissens

Fallvignette 6

Fr. K. schildert mir die Probleme, die sie mit ihrer fast vierjährigen Tochter Miriam seit einiger Zeit immer häufiger hat. Zwischen ihrer Tochter und der Freundin Lena kommt es fast regelmäßig zum Streit. Die Anlässe sind zwar völlig banaler Natur, aber die Auseinandersetzungen werden in der letzten Zeit mit großer Verbissenheit geführt. Die Verärgerung bei der Mutter setzt dann ein, wenn es zu Handgreiflichkeiten kommt. Die Freundin Lena ist meistens die erste, die anfängt, mit irgendwelchen Gegenständen ihre Spielkameradin zu traktieren. Sie ist sich nicht zu schade, Miriam gezielt mit einem Holzklotz oder einem Bilderbuch auf den Kopf zu schlagen. Bisher hat es noch keinerlei körperliche Verletzungen gegeben, aber der Aufschrei und das Weinen von Miriam klingt jedes Mal so jammervoll, dass Fr. K. nicht an sich halten kann, Ihrer Tochter zu Hilfe zu eilen und Lena heftig auszuschimpfen.

Zwischen den Eltern ist nun ein heftiger Streit darüber ausgebrochen, ob sie ihre Tochter Miriam gezielt beeinflussen sollen, sich gegen die streitfreudige Freundin zu wehren. Der Vater vertritt die Ansicht, Miriam dazu anzuhalten, zurückzuschlagen, um der Angreiferin zu zeigen, dass sie auch die Unterlegene sein könnte. Das würde sie in Zukunft sicher davon abhalten, weitere Angriffe zu starten.

Fr. K. ist etwas anderer Ansicht. Sie möchte ihre Tochter gerne zu Mäßigung und Zurückhaltung erziehen, ärgert sich gleichzeitig auch darüber, dass Miriam im Allgemeinen sehr schüchtern und nachgiebig ist. Sie hält ihre Tochter für zu sensibel. Andererseits, so erzählt sie, sei ihre Tochter als Einzelkind sehr darauf bedacht, dass alles, was ihr gehöre, möglichst nicht die Hände anderer Kinder gelange. Inzwischen verteidige sie ihren Besitz vehement und löse so offenbar selbst auch die Streitigkeiten aus. Sie als Mutter sei sehr verunsichert, wie sie mit diesem Besitzstreben ihrer Tochter und der Kinder ganz allgemein umgehen solle. Immer wieder sehe sie sich vor die Frage gestellt, ihre Tochter zu zwingen, Spielsachen an andere Kinder abzugeben oder von eigenen Vorteilen zugunsten eines anderen Kindes zurückzutreten. Dabei spricht sie von Verständnis für die Situation des Anderen und vom Teilen.

Im Gespräch wird Fr. K. klar, dass Verzichten, Abgeben oder Teilen mit der Fähigkeit zu tun hat, die nachteilige Situation eines anderen Kindes überhaupt erst zu erkennen. Kinder, die aber noch stark um die Aufwertung ihres Selbst ringen und sich noch ganz im ichbezogenen Denken befinden, achten nicht auf die Umstände, die das andere Kind oder einen anderen Menschen betreffen. Sie sehen nur zu, ihre Vorteile und Erfolge auch tatsächlich für sich selbst zu verbuchen. Insofern hat der elterliche Anspruch auf eine friedliche Beilegung des Streits noch keine Erfolgsaussichten. Was bleibt, sind geschickte Ablenkungsmanöver oder Entschädigungsstrategien. Eine weitere Möglichkeit ergibt sich aus dem Prinzip des Tausches. So lassen sich Kinder in diesem Alter durchaus darauf ein, ein Spielzeug abzugeben, wenn sie dafür ein anderes erhalten. Auf der gleichen Basis beruht das Prinzip des sich Abwechselns.

Wie Kinder überhaupt mit Konflikten umgehen, hängt mit zunehmendem Alter auch von den Vorbildern ab, nach denen sie ihre eigenen Verhaltensweisen ausrichten. Fr. K. gibt zu, dass auch sie als Eltern ungern von dem abgäben, was ein jeder für sich angeschafft habe und untereinander sehr darauf achteten, wem etwas gehört. Miriam solle gleich von Anfang wissen, dass man das Eigentum des anderen zu respektieren habe. Offenbar hat Miriam diese geistige Grundhaltung bereits implizit übernommen.

5.1 Entstehung von Über-Ich, Ich-Ideal und Gewissen

Ich komme nun zum wahrscheinlich kompliziertesten Teil der Persönlichkeitsentwicklung des Menschen in diesem Alter, dem der Ausbildung von Gewissen, Einsicht und Vernunft. In dieser Abhandlung werde ich mich dabei weitgehend auf die Ausbildung der Strukturen des Gewissens beschränken müssen, weil diese in der Hauptsache dem emotionalen Reifungsprozess folgen, während einsichtiges Verhalten und das, was man gemeinhin als Vernunft bezeichnet, mehr in den Bereich des kognitiven Entwicklungsverlaufs gehört. Der vernunftorientierte, kognitive Anteil des Gewissens, der ohne Zweifel immer deutlich neben dem emotionalen Komplex steht, muss aus Gründen der thematischen Beschränkung etwas im Hintergrund bleiben.

Was sich aus den bisherigen Ausführungen schon speziell zu dieser Frage ergibt, ist Folgendes: das Gewissen ist in seinen Grundlagen zu dem Gefühlhaften der menschlichen Denkstrukturen oder geistigen Kategorien zu zählen. Es ist der Vernunft bzw. der Ratio als dem Erkenntnishaften gegenüber zu stellen. Bei dieser Formulierung bin ich mir jedoch der aus methodischen Gründen vollzogenen, letztlich immer nur künstlich bleibenden Trennung der beiden geistigen Instanzen bewusst. Ganz zu Anfang des Buches hatte ich bereits auf diesen wichtigen Punkt hingewiesen. Allerdings erlaubt mir dieser Standpunkt, die Grundlagen des Gewissens bereits in die Altersphase von dreieinhalb bis fünf Jahren zu verlegen, also in ein Entwicklungsstadium, das man in der Philosophie noch als prärational bzw. vorverstandlich bezeichnet.

Ich will zunächst eine Behauptung aufstellen. Sie ist vielleicht riskant, aber gerade deswegen besonders einprägsam und aussagekräftig. Gewissen lässt sich nicht wie Wissen erlernen! Sie können einem Kind bekanntermaßen hundertmal sagen, dass es dieses oder jenes Verhalten in der Gemeinschaft unterlassen soll, weil es

„schlecht" ist und sich „nicht gehört". Wenn das Kind aber das Verlangen danach spürt, es doch zu tun, sind diese Maßregeln schnell unwirksam. Das soll nicht heißen, dass es zwecklos ist, einem Kind ein Gewissen „einzureden" oder ihm ein solches in seinen moralischen oder auch religiösen Grundzügen zu erklären; es soll nur deutlich machen, dass zu jedem verhaltenskorrigierenden Einschreiten dieser Art und zu jeder damit verbundenen Sanktion eine gefühlsmäßige Grundeinstellung im Kind bereits existieren muss, damit der erzieherische Gedanke auch Wirkung in ihm entfalten kann. Andernfalls darf man sich nicht wundern, dass eine solche Verhaltensmaßregel schon bei der nächsten Konfliktsituation nichts mehr fruchtet, und das Kind wieder und wieder in seine vorher gezeigten Verhaltensmuster des Regelverstoßes zurück fällt.

Wenn Gewissen also nicht erlernbar im üblichen Sinne ist, dann muss sich die Psychologie mit den Ursachen dessen befassen, wie und warum das Gewissen im Menschen entsteht, und wie es tatsächlich das menschliche Gefühlsleben dirigiert. Dazu lautet die erste Frage: Inwieweit ist Gewissen eigentlich ein Gefühl? Ich möchte, um eine leicht nachvollziehbare Antwort zu geben, zunächst wieder in die Kinderstube blicken und einen Fall betrachten, wie er zu Tausenden auftritt.

10. Fallgeschichte

Der kleine Daniel ist fast vier Jahre alt. Er geht schon in eine Spielgruppe, die dem Kindergarten voraus gehen soll. Dort sind ihm von den Erzieherinnen bereits einige soziale Regeln bekannt gemacht worden, an die er sich jedoch nur leidlich hält. Es scheint so, als ob er sich mehr dem autoritären Druck der Frauen beugt, als dass er ein Einsehen hätte in das, was man ihm an verträglichem und rücksichtsvollem Handeln durch Regeln abverlangt. An diesem Tag nun fühlt Daniel sich nicht besonders wohl und braucht selbst noch viel Zuwendung, um mit seinen Stimmungen zurechtzukommen. Er sitzt heute lieber für sich allein im gemeinsamen Spielzimmer herum und schaut dem Treiben der Anderen zu. Da fällt ihm ein, dass er gerne auf das Schaukelpferd steigen möchte und hin und her schaukeln, denn das würde ihm jetzt Spaß machen. Leider sitzt aber schon der kleine Tobias darauf und macht auch gar keine Anstalten, von dem Holzpferd abzusteigen. Daniel sieht sich das noch eine Weile an, dann hat er das Gefühl, als habe er ein größeres Anrecht auf das Spielgerät als Tobias. Also geht er hin zu Tobias und beginnt, den kleinen Freund aus dem Sattel zu stoßen. Womit er nicht gerechnet hat ist, dass Tobias sich wehrt, und gar nicht daran denkt, seinen Platz zu räumen. Da gerade keine Erzieherin zugegen ist, greift Daniel zu härteren Mitteln und fängt an, an Tobias' Hemd zu zerren, um ihn zum Absteigen zu zwingen. Tobias, der nur ein Jahr jünger ist, weiß sich schon zu wehren und schlägt auf Daniels Arm und Oberkörper ein. Das stachelt Daniel auf, noch rabiater zu werden, und er packt Tobias Kopf mit beiden Händen und zieht und drückt den kleinen Körper hin und her, bis sich die Kufen des Schaukelpferds vom Boden abheben, an das dieser sich klammert. Tobias fängt an zu kreischen und klammert sich immer fester an das umstürzende Pferd. Mit einem lauten Rumpeln fallen Reiter und Holztier auf die Seite, und Daniel stürzt auf beide von oben mitten drauf. Dabei gerät Tobias' Bein unglücklicherweise unter den kurzen Handgriff, was ihn schmerzt, und er schreit fürchterlich auf, so dass die Erzieherinnen aufgeregt hereinstürzen. Nun hagelt es eine Standpauke auf Daniel, denn der Tatort verrät den Schuldigen der Geschichte schon beim bloßen Hinsehen.

Jeder erwachsene Beobachter weiß sofort, wer von beiden der Täter und wer das Opfer ist, wer Recht behalten muss und wer, wenigstens theoretisch, zu bestrafen ist. Aber so klar stellt sich die Sache in den Köpfen der beiden beteiligten Kinder noch nicht dar, und somit wäre von beiden auch keine Akzeptanz von Lob oder Tadel zu erwarten. Was den beiden Kindern in diesem Alter noch fehlt und was Erwachsene längst besitzen, ist das Bewusstsein für Rechtmäßigkeit und Anstand, für Sitte und Moral. Die Tatsache, dass einer von beiden, nämlich Tobias ganz offensichtlich der Leidtragende ist, und somit das Opfer, und Daniel der Aggressor, der dem anderen Leid zufügt, hat für die beiden kleinen Kinder noch keine klare Bedeutung. Ein Gewissen also, so wie man als Erwachsener sich das vorstellt, lässt sich den beiden Kindern vorläufig noch nicht attestieren.

Ich möchte das Geschehen noch einmal für jedes der beiden Kinder unter den im letzten Kapitel konzipierten Gefühlsempfindungen von Stolz und Scham betrachten, denn die beiden für dieses Alter typischen Kerngefühle in der sozialen Auseinandersetzung sind den Streithähnen seit einiger Zeit spürbar und auch bewusst. Das bedeutet konkret, dass ihr Handeln sich hauptsächlich nach diesen emotionalen Gesetzmäßigkeiten richtet. Und es sind genau diese beiden Gefühle, die gleichzeitig die bisherige, individuelle Lebensgeschichte ihrer Gefühlsentwicklung und ihres im Entstehen begriffenen Selbstbewusstseins zusammenfassen und sich für eine weitere Ausgestaltung bereithalten.

Es liegt nun nahe anzunehmen, dass Daniel überwiegend Stolz in sich verspürt, wenn er die auf Selbstbefriedigung ausgerichtete, unbedingte Absicht, sich auf das Schaukelpferd zu setzen, ohne jedes Abwägen und Hinterfragen, aber auch ohne große Scheu vor dem Anderen in die Tat umsetzt. Hätte er denn, das muss sich der Beobachter fragen, die Relativierung seiner Absicht durch die bestehende Tatsache, dass schon ein anderes Kind mit vielleicht ähnlicher Bedürfnislage auf dem Pferd sitzt, bereits in diesem Alter erkennen müssen? Gesetzt den Fall, es ist so, wie und womit hätte er eine solche Überlegung in sich selbst begründen können? Was ich hier anspreche, ist die Form des Sozialverhaltens, die man landläufig als Rücksicht bezeichnet.

Ich behaupte, als geschulter Entwicklungspsychologe muss man diesen hohen Anspruch an das Denken und Handeln von Daniel vorläufig noch zurückstellen. Denn alles, was er an geistigen Fähigkeiten, wie an inneren Werten für eine solch rücksichtsvolle Haltung gebraucht hätte, allem voran den sog. Perspektivwechsel (s.u.), besitzt er noch nicht und muss es erst erwerben und in sich verankern. Wovon wie nebenbei auch noch gesprochen wird, ist kurz gesagt das Gewissen, wenigstens in seinen Grundlagen, welches genau jenes angesprochene, emotionale Handlungskorrektiv der Rücksicht bei einer unbedingten, eigenen Bedürfnislage zu erzeugen vermag. Wie ein Kind diese Grundlagen erwirbt, das soll in diesem Kapitel untersucht werden.

Einfacher ist es mit Tobias. Er ist nach der Attacke erfüllt mit Scham, weil er unterlegen ist und weil er durch den Angriff auch noch schmerzvolles Leid ertragen muss. Unterlegen sein und körperlichen Schaden davonzutragen, wenn es sich hier auch nur um einen unwesentlichen Schaden handelt, gehört in den Gefühlsbereich der Kränkung und der ihr auf dem Fuße folgenden Scham. Beides wertet die Vorstellungswelt im kindlichen Gehirn erfahrungsmäßig als Niederlage. Die Tatsache, dass Tobias als der zu Unrecht Angegriffene in gewisser Weise jedoch im Recht ist, das ist für ihn einstweilen noch keine Kategorie. So bleibt die Scham in ihm vorherrschend und ist durch etwaige geistige Schlussfolgerungen noch unkorrigierbar. Das ist wichtig festzustellen, weil die beschwichtigenden Erklärungen der Erzieherinnen und Eltern vorläufig noch an dieser Verständnisunfähigkeit scheitern. Einzig ihr reichlich gespendeter Trost ist für die Gefühle des Kindes hilfreich.

Ich befinde mich mit diesen Beobachtungen von Daniel und Tobias auf dem Weg, den Ursachen der Entwicklung von Gewissen auf die Spur zu kommen und muss dazu jetzt wieder theoretisch werden. Allen weiteren Ausführungen sollte vorausgeschickt werden, dass in dieser Abhandlung mit dem Begriff Gewissen vorläufig noch kein religiöses, spirituelles oder sozialethisches Konstrukt gemeint ist, welches in den Bereich der menschlichen Kultur und damit der höchsten Form von Geistigkeit gehört, sondern zunächst einmal einzig ein entwicklungspsychologisches Phänomen, von dem alle psychisch gesunden Kinder auf der Welt eines Tages erfasst werden. Dass religiöse oder ethische Maximen sich im Laufe des Lebens dieser psychologischen Basis in der frühen Kindheit bemächtigen und in diese geistigen und gefühlsmäßigen Vorgaben dann ihre Inhalte hinein pflanzen, ist ein fundamentales Geschehen, das damit nicht in Abrede gestellt wird. Mehr noch, dieser Entwicklungsverlauf kennzeichnet jene empirisch erworbene, bald landläufige Erfahrung, dass man in Kinder, welche nie ein stabiles Gewissen erworben haben, nur noch schwer soziokulturelle Moralinhalte und Kategorien implantieren kann. Im emotionalen und geistigen Elend aufgewachsene Kinder laufen große Gefahr, später in ihrer Jugend und im Heranwachsen bei Fehlen dieser Gewissensgrundlagen antisozial zu handeln und einzig durch eine strenge Normierung und durch eindeutige Gesetzgebung prosoziales Verhalten entwickeln zu können. Ich werde im Rahmen der Besprechung der Grenzsetzung und der Strafe auf diesen Punkt zurückkommen.

An diese Stelle gehört ein kurzer Rückblick auf die historischen, entwicklungspsychologischen Vorstellungen über den Erwerb des menschlichen Gewissens. Vor allem zwei Namen sind hiermit verbunden: Jean Piaget und Lawrence Kohlberg. Beide Entwicklungspsychologen nähern sich dem Problem der Gewissensbildung einzig vom kognitiven Entwicklungsverlauf des Kindes her. Beide kommen sie bei ihren Überlegungen zu dem Schluss, dass erst am Ende des Vorschulalters überhaupt ein erwähnenswerter Entwicklungsstand von Gewissen und prosozialem Verhalten zu erwarten ist. Daher bezeichnen sie das Stadium im Kleinkindalter davor als egozentrisch geleitete, der eigenen Nützlichkeit unterworfene Frühphase.

Jean Piaget nennt diese Phase die der **Heteronomie**, womit er zum Ausdruck bringen möchte, dass jede kindliche Vorstellung von wertemäßig, rechtschaffenem Handeln nichts anderes darstellt als die Akzeptanz der von seinen Erziehern gesetzten Regeln (Piaget und Inhelder 1983). Respekt und Identifikation bewegen das Kind dazu, so zu denken. Das heißt, das Kind reproduziert nur dasjenige gute Handeln, das ihm die Eltern oder andere Autoritätspersonen „vorleben" und zu dem diese es anleiten. Das Kind handelt sozial, weil die Erwachsenen soziales Handeln als maßgeblich für seine Entscheidungen in der Erziehung vorgeben (aus dem Trotzalter ist es ja heraus und lernt jetzt Entscheidungen zu treffen). Die eigentlichen Inhalte dieser Prinzipien werden vom Kind als unhinterfragbare, „heilige" Gesetze empfunden.

Lawrence Kohlberg interpretiert dieses Stadium nicht wesentlich anders (Kohlberg 1996). Er nennt es im Unterschied zu Piaget aber **präkonventionell**, um darauf hinzuweisen, dass das Kleinkind grundsätzlich noch keine gesellschaftlichen Konventionen (an)erkennen kann. Nützlichkeitsprinzip (Utilitarismus) und Selbstüberzeugtheit (Egozentrismus) sind Ersatz für diese Beschränkung und die entscheidenden Handlungsgründe in dieser Altersphase. Zwei universale Erziehungsmittel bezeichnet er dabei als für das Kind konkret handlungsweisend, nämlich Lohn (für Gehorsam) und Strafe (für Verweigerung). Seine Annahmen gehen dahin, dass die **Angst vor der Strafe** ein tief im kindlichen Wesen verankertes Fühlen ist, welches sich zum psychischen Instrument entwickelt, Regeln und Normen auch dann anzuerkennen, wenn diese dem kindlichen Wunsch und Bedürfnis zuwider laufen. Eine ideologisch geprägte Kultur des Strafens muss also gar nicht notwendig sein.

In einem Stufenschema mit jeweils sechs Schritten entwirft Lawrence Kohlberg im z.T. kritischen Rückblick auf Jean Piaget die Entwicklung des Kindes und Jugendlichen beim Erwerb von Moral, Regelakzeptanz und Wertigkeit menschlichen Lebens. Alle Schritte basieren im Wesentlichen auf von Vernunft und Einsicht gesteuerten Verstandesleistungen in der Auseinandersetzung des Einzelnen mit den Ansprüchen durch die Gesellschaft. Sie beginnen mit der niedrigsten Stufe etwa dort, wo altersmäßig von mir die Gewissensentstehung des Kleinkindes angesetzt wird. Überschneidungen beider Konzeptionen gibt es dabei höchstens in der Moralentwicklung, weil Kohlberg hierbei auch mit dem Begriff Gewissen arbeitet (allerdings erst auf einer höheren Stufe). Ein vollständig emotional ausgerichtetes System der Entstehung von Gewissen, Vernunft und prosozialem Handeln, insbesondere auch unterhalb von vier Jahren, sucht man bei Kohlberg und Piaget vergebens.

Die zentralen Erziehungsmittel Lohn und Strafe erzeugen nach Kohlbergs Auffassung immer dann die ersten Wertvorstellungen im Denken des Kleinkindes, wenn in dessen Bedürfnis nach gesellschaftlich angepasstem Verhalten ein **Dilemma** auftritt, also eine situative Konstellation, in der ein eigennütziges Empfinden mit einer durch die Autoritäten aufgestellten Regel in elementaren Widerspruch gerät. Gehorsam führt bei der „Lösung" des Dilemmas zu einem guten Ausgang und prägt sich durch den Lohn als positiver Wert ein, Strafe spiegelt ein schlechtes eigenes Verhalten wider und führt zu einer negativen Wertung, die schließlich zu Strafe führt.

Eine derartige Ereigniskonstellation wie das „Dilemma", das in der Entwicklung des Gewissens sicherlich eine grundlegende Funktion ausübt, möchte ich in meiner Darstellung lieber mit dem geläufigeren Begriff **Konflikt** bezeichnen, denn der Ausdruck Dilemma suggeriert eine seelische Unauflösbarkeit gleichermaßen berechtigter, äußerer Ansprüche. Unauflöslich sind aber zumindest diejenigen Ereigniskonstellationen nicht, die ich z.B. im oben aufgezeichneten Fall von Daniel und Tobias dargestellt habe. Ein Dilemma im eigentlichen Sinn ergab sich höchstens daraus, dass Daniel noch gar nicht in der Lage gewesen ist, Recht und Unrecht zu unterscheiden. Das aber ist streng genommen kein Dilemma, sondern eine entwicklungspsychologische Beschränktheit, die in sich völlig wertfrei zu beurteilen ist. Folglich wäre Daniel vielleicht zu kritisieren, aber nicht zu verurteilen (und damit auch nicht zu bestrafen)!

In zwei Eigenschaften unterscheiden sich die Überlegungen in der von mir entworfenen Konzeption zur Gewissensentwicklung fundamental von Piaget und Kohlberg. Erstens möchte ich die Gewissensentwicklung bewusst nicht so stark mit der kognitiven Entwicklung des Kindes in Verbindung bringen, als vielmehr mit der emotionalen. Zweitens beschäftige ich mich in diesem Buch hauptsächlich mit jenem Entwicklungsstadium des Kindes, das die beiden Wissenschaftler für ihre Schlussfolgerungen gleichsam ausgeschlossen haben. Ich habe diese Phase bereits als prärational bezeichnet, beziehe mich also auf die Lebensjahre von null bis ungefähr fünf Jahre.

Dieses Vorgehen führt mich zu zwei ganz neuen Überlegungen: erstens, welche „Vorläufer" des Gewissens gibt es in dieser frühen Phase und wie kommen sie zustande? Zweitens, wo liegen die Wurzeln des Gewissens in der emotionalen Entwicklung? In ähnlicher Weise stellt auch Kohlberg seine Fragen (s.o., S. 17), jedoch ohne auf die emotionale Entwicklung in den ersten Kindheitsjahren genauer einzugehen.

Um Antwort auf diese Fragen aus emotionspsychologischer Sicht zu geben, komme ich noch einmal auf den Konflikt von Daniel und Tobias zurück. Stolz und Scham, so hatte ich es formuliert, sind in dieser Altersphase so etwas wie die sozialen Kerngefühle der Kleinkinder. Da die jeweiligen Gefühlsinhalte das Sozialverhalten regulieren helfen, muss man sie in der frühkindlichen Sozialisation als erste sozial-interaktive Gefühle bezeichnen. Beide Gefühle repräsentieren jenes Empfinden im Kind, das sich in seiner eigenen Vorstellungswelt über sein Selbst ausbreitet. Stolz ergibt sich dabei aus den positiven Attributen des Selbst, Scham aus den negativen. An der Rangelei der beiden Jungen wurde deutlich, wer von beiden welches Gefühl als sogenannte Nettoempfindung in sich gespürt hat. Wenn ich die Entwicklung des Gewissens nun aus diesen beiden Gefühlskomponenten ableiten möchte, muss ich dazu für beide eine Art innere Instanz oder einen Art „pool" beschreiben, in dem sie gesammelt und gespeichert werden. Denn Gefühle sind flüchtig und schnell in ihr Gegenteil umkehrbar.

An diesem Punkt möchte ich einen Sprung in die alte Schule der Psychoanalyse machen und die Begriffe **Ich-Ideal** und **Über-Ich** wieder aufgreifen, wie sie seinerzeit von S. Freud geprägt worden sind. Ohne jedoch auf die genauen Definitionen der von Freud eingeführten Begriffe einzugehen, möchte ich die geistigemotionale Struktur des Über-Ich als den „pool" der negativen, schambesetzten

Gefühle und Empfindungen beschreiben und diejenige des Ich-Ideals als den „pool" der positiven, von Stolz geprägten. Es erscheint mir sinnvoll, diese alten Begriffe weiter zu verwenden und nicht gegen andere auszutauschen, weil dadurch eine Brücke geschlagen wird zwischen retrospektiv betrachtender und therapeutisch arbeitender Psychoanalyse von Erwachsenen und ereignisparalleler, entwicklungspsychologischer Direktbeobachtung von Kindern. So finden zersplitternde Richtungen in der Psychologie leichter wieder zusammen.

Was ich damit außerdem erreiche, sind zwei weitere, wichtige Ergebnisse: einmal finden sich die Gefühle Stolz und Scham wieder in zwei definierten und zugeschriebenen Instanzen im Icherleben dauerhaft im menschlichen Gehirn repräsentiert. Zweitens lässt sich jetzt viel besser der permanente Widerstreit der Gefühle im Menschen einordnen, den er in Bezug auf sein Selbst empfindet. Widerstreit nenne ich es deswegen, weil Stolz und Scham von Grund auf unvereinbar erscheinen und doch Bestandteil ein und derselben Seele sind, ein und derselben Persönlichkeit. Das soll heißen, dass in jedem Menschen diese in sich konträren, die Selbstwahrnehmung in strikter Polarität prägenden Gefühlsmomente lebenslang fort existieren und lediglich in dem einen Menschen mehr in diese, in dem anderen mehr in jene Richtung überwiegen.

Die eben entworfene, tiefenpsychologisch orientierte Grundstruktur der menschlichen Persönlichkeit, die natürlich nicht nur aus dem Widerstreit der besagten Gefühle besteht, die aber daraus fundamentale, emotional-affektive Eigenerlebnisse bezieht, ist grundlegend für das Verständnis des Gewissens. Eine weitere Vorbemerkung ist dazu noch erforderlich: Das entstehende Selbst im Kleinkind unterliegt einstweilen einer permanenten Rückbindung an die Eltern und an alle Menschen, die wertend und urteilend auf sein Selbst Einfluss nehmen. Insoweit ist Jean Piaget mit seinem Postulat der Heteronomie (s.o.) in gewisser Weise Recht zu geben. Theoretisch, das sei der Vollständigkeit halber erwähnt, können in diesen emotionalen Rückbezug auf sich selbst sogar auch reine Gegenstände einbezogen werden, wie z.B. das Übergangsobjekt oder ein anderes Lieblingsstofftier, aber auch ein geliebtes Haustier wie Hund, Katze oder Meerschweinchen. Sogar Phantasiegestalten, die im Rahmen magisch kognitiver Gedankenprodukte (s.o. bei der Kurzbesprechung des Rollenspiels) erfunden werden, lassen sich vom Kind für diese Aufgabe nutzen. Übergangsobjekte und Phantasiegestalten verwendet das Kind meistens zur positiven Selbstbestätigung. Sie ersetzen einstweilen noch den späteren besten Freund bzw. die beste Freundin. Bei Bedarf kann das Kind allerdings die wertenden Vorzeichen für solche Objekte austauschen und dann auch alles Schlechte auf sie projizieren.

Im Wesentlichen sind es also die Eltern, fremdbetreuende Erzieher (vor allem auch die Erzieherinnen im Kindergarten, s.u.) oder andere Familienmitglieder, welche die Funktion einer rückbezüglichen Wertungsorientierung ausüben. Das bedeutet, dass das Kleinkind in seinem Urteil über sich selbst noch ganz auf seine Bezugspersonen angewiesen ist. Dieses Angewiesensein auf Andere im Urteil über sich selbst verursacht auf längere Sicht eine große Abhängigkeit.

Alle Urteile und Wertungen der genannten Personen werden nun, je nachdem ob sie positiv oder negativ ausfallen, ins Ich-Ideal oder ins Über-Ich integriert, so dass zu guter Letzt ein **zweigeteiltes Selbstbild** im Inneren entsteht, das aber im Normalfall nach außen, den anderen Menschen und der Gemeinschaft als Einheit präsentiert wird. Diese Inkongruenz der Perspektiven zwischen innerer Selbstwahrnehmung und äußerer Selbstpräsentation wird im Falle einer gesunden psychischen Entwicklung bereits im Inneren durch Harmonisierung der Gefühle ausgeglichen. In dieser Fähigkeit liegen die Gründe für die von der Gesellschaft geforderte Affekt- oder Selbstregulierung (s.o.) begründet.

Im Inneren durch Harmonisierung ausgeglichen heißt dabei, dass positive und negative Wertungen des Selbst als Bestandteil ein und derselben (eigenen) Persönlichkeit akzeptiert sind und sinnvoll miteinander verwoben werden. Natürlich können, auch in der Normalentwicklung, je nach Stimmungslage und momentaner Befindlichkeit Widersprüche im Selbstempfinden und dem zugehörigen Verhalten auftreten und gute und schlechte Eigenschaften in sehr unausgewogener Weise affektiv zum Vorschein gelangen. So etwas bezeichnet man landläufig als **Laune**. Solche Launen sind im Normalfall aber nicht allzu stark ausgeprägt und stören höchstens einmal vorübergehend das Sozialverhalten.

Gelingt jedoch diese Vereinheitlichung der gegensätzlichen Selbstbeurteilungen im Inneren aufgrund schwerer seelischer Verletzungen, bzw. Psychotraumata aus früheren Zeiten nicht oder nicht mehr, kann sich das Selbst in einen Dauerzustand der Zweiteilung begeben, wobei zumeist der positive Teil als dem Ich nah empfunden wird, der negative Teil als dem Ich fern. Gerade dieser als unangenehm empfundene, ich-ferne Anteil wird in Form von Projektionen aggressiv auf andere Menschen (oder auch das Übergangsobjekt, s.o.) gerichtet. Dieser Zustand innerer Zweiteilung wird samt derartigen Projektionen je nach Stimmungslage tatsächlich nach außen präsentiert und in die Gemeinschaft in Form von extremen Launen, latenter Aggressivität und andauernder, starker Unausgeglichenheit hinein getragen. Große Widersprüchlichkeit und Unberechenbarkeit kennzeichnen diese Menschen bereits in der fortgeschrittenen Kindheit. Die sozialen Folgen einer solchen Fehlentwicklung, die in der narzisstischen Persönlichkeitsstörung gipfeln (Kernberg, s.o.), zu besprechen ist hier jedoch nicht der Ort. Sie zählen zu den psychopathologischen Entwicklungen.

Vor allem aus dem Mund seiner Eltern und Erzieher bevorzugt das Kind aus nahe liegenden Gründen positiv ausfallende Meinungen und Wertungen, um nach Möglichkeit sein Ich-Ideal zu stärken. Das Übergangsobjekt hilft ihm bei dieser Aufgabe, weil es emotionale Zuflucht bietet und negative Aussagen durch Selbstberuhigung abmildern hilft. Natur und Lebenswirklichkeit lassen in der Regel jedoch keine einseitig positive Gewichtung in der Selbstbewertung zu, und so bleibt es nicht aus, dass immer auch das Über-Ich Bestärkung aus der Umwelt erfährt. Kaum ein Kind kommt, realistisch betrachtet, ohne Misserfolg und Kritik, ohne Ermahnung und Bestrafung, ohne Ausgeschimpftwerden und die eine oder andere kränkende Bemerkung davon.

Aus klassisch psychoanalytischer Sicht ist sogar die zu vollziehende Trennung des frühen Selbst von der Mutter (allein schon das Abgestilltwerden im Säuglingsalter) eine tiefe Kränkung mit Auswirkungen auf die kindliche Seele, eine Sichtweise, die ich hier jedoch nicht unwidersprochen stehen lassen kann. Denn die gelungene Loslösung aus der Mutter-Kind-Dyade mit dem Erringen der Autonomie sind in dem hier vorgestellten Konzept ganz gegenteilig eine große Aufwertung des entstehenden Selbst und letztlich der einzig gangbare Weg in die Freiheit der eigenen Persönlichkeit.

Das zuvor Gesagte über die selbstbewertenden Urteile soll noch weiter ausgeführt werden. In dem steten Bemühen des Kleinkinds, positive Urteile über sich von allen sozialen Einflussgrößen zu erhalten, liegt der vordringliche Grund für ein Kind, (überhaupt) zu gehorchen. Auf das **Gehorchen** werde ich weiter unten detailliert zurückkommen. Gleichzeitig macht sich das Kind, wie schon gezeigt, aber auch abhängig von solchen positiven Bewertungen. Das heißt Meinung und Ansicht der Eltern und Erzieher über den eigenen Wert, erkennbar in deren ausgesprochenen Kommentaren und Urteilen, werden zu einer entscheidenden Macht über die im Kind heranreifende Selbstbeurteilung. Jedes Kind wird zwangsläufig bestrebt sein, in diesem Urteil günstig vertreten zu sein, und letztlich gehen all seine Bemühungen exakt in diese Richtung. Jedes Kind, um es einfach auszudrücken, will zuerst und vor allem seinen Eltern gefallen.

Dieses Bemühen muss jedoch bis zu einem gewissen Grad scheitern, denn einem solch hohen Anspruch an Selbstgefallen kommen keine Eltern nach. Allein schon die heftigen Durchsetzungskräfte des Willens, ausgefochten im oft nervenzerreißenden Trotz, setzen diesem Ideal klare Grenzen. Misserfolge im noch ungeschickten Handeln gesellen sich dazu. Auf diese Weise entsteht beim Kind immer öfter ein Gefühl des Versagens, ausgelöst und zusätzlich verstärkt durch die von Ärger gekennzeichneten, oft sogar gezielt strafenden Reaktionen der Eltern. Das Kind fühlt sich zurückgesetzt und schnell auch abgelehnt, und aus den daraus resultierenden, negativ attributierten Empfindungen erwächst einmal mehr die Scham (wie gleich zu Anfang vor dem eigenen Spiegelbild).

Aus dieser Unvermeidbarkeit erwachsen also die zahlreichen, negativen Empfindungen des Kindes in seiner Persönlichkeitslaufbahn. Dabei entsteht in ihm eine Vorahnung, dass Individualität nur unter gleichzeitig auch immer negativen Vorzeichen im Gefühlsleben zu erreichen ist. Einzig in der Selbstentwicklung zur Grandiosität (s.o., Windrose des Selbst) herrscht ein anderes Bild vor, was jedoch kein gesunde psychische Entwicklung verheißt. Das Kind spürt also, bei seinem Tun und Handeln prinzipiell immer auch eine Ablehnung und vielleicht sogar eine Bestrafung durch seine Bezugspersonen zu riskieren. Das allein genügt, um Scham zu erzeugen. Seiner ständigen Sorge um das seelische Wohlergehen wird das Kind nun sein Bemühen um Verständigung im Konfliktfall entgegen setzen, vorausgesetzt die Trotzphase ist im Wesentlichen überwunden. Zugleich bemüht es seine Identifikation mit den Bezugspersonen (Vorbild) mit dem Ziel, den negativen Grundempfindungen von vornherein ein positives Korrektiv zur Seite zu stellen.

Das Kind geht in seinem Bemühen um Harmonie mit seinen Bezugspersonen sehr weit. Sogar offenkundig aggressive Akte seitens der Eltern gegen sich selbst werden noch positiv umgedeutet, nur um der Negativattribution und damit zugleich der Scham zu entgehen. Dieses Phänomen, dem eine tragische Note innewohnt, hat S. Freud als die **Identifikation mit dem Aggressor** bezeichnet. Tragisch ist dieses Verhalten deshalb, weil es das Kind in eine emotionale Sackgasse führt. Um sich selbst zu schützen, sieht es Missachtung, Missbrauch und Misshandlung durch seine Eltern oder sonstige wichtige Bezugspersonen im Nachhinein als durch sich selbst verursacht und damit letztendlich gerechtfertigt an. Das heißt, dass die Beschämung und der Schmerz, die das Kind bei seiner Misshandlung verspürt, nur soweit ertragen werden kann, als der Täter entschuldigt und das eigene Selbst belastet wird. Davon wird die Scham jedoch nur unwesentlich kleiner, und das Kind bleibt seinem Peiniger fortan ausgeliefert, weil es sich in dieser Verkehrung nicht mehr wehren kann.

Ich komme wieder auf die auch in der normalen Entwicklung unvermeidliche Scham zurück. Die Scham, so hatte ich vorangestellt, soll der Ausgang für die Gewissensbildung sein. Aber die Scham kann es nicht allein sein. Das sich schämende Kind bricht zwar sofort mit seinen tatsächlich oder vermeintlich unzulässigen Handlungsabsichten ab, erkennt seinen Fehler oder sein Versagen und ist betroffen und unglücklich. Es kann aber, anders als später bei der Gewissensbildung, diesen Ansturm an Negativität in Bezug auf sich selbst nicht gewinnbringend nutzen. Das heißt, eigentlich müsste es alles daran setzen, jegliche Scham kategorisch zu vermeiden und jedem Konfliktgeschehen mit dem Risiko von Kritik aus dem Weg zu gehen. Diese Reaktionsform ist tatsächlich die geläufigste und dient hauptsächlich dem **Selbstschutz** (s.o.). Sie ist die am einfachsten zu verstehende Auswirkung der Scham. Häufig findet jedoch noch etwas Anderes statt.

Wie alle Eltern zu berichten wissen, reagiert das Kind keineswegs immer mit derart defensiven Sozialstrategien. Widererwartend wird es beim Fühlen der Scham sogar wütend und trotzig. In etwas fortgeschrittenerem Alter nennt man ein solches Verhalten das **Beleidigtsein,** das mit unverkennbaren Affekten besonders bei Uneinsichtigkeit in die Ursachen der Beschämung auftritt. Rein theoretisch müsste sich das Kind in einer beschämenden Situation gegen den wahren oder vermeintlichen Angriff aus der Umwelt sogar aggressiv wehren. Jedoch greifen hier die gleichzeitig entstehenden Schamgrenzen ein, so dass die entstehende Aggression praktisch im Keim erstickt wird. Zuweilen wendet sich dann die unterdrückte Aggression gegen sich selbst in Form einer Autoaggression wie sich selbst schlagen oder in die Hand beißen usw. Möglicherweise findet späteres selbstverletzendes Verhalten oder auch die Anorexie hier ihren frühesten Ursprung.

Kinder, die aus welchen Gründen auch immer kein echtes Schamgefühl aufbauen können, müssen als grandios gelten (s.o.). Sie kennen bei einem ihr Selbst abwertenden Angriff aus der Umwelt solche Schamgrenzen des Wutausbruches nicht. Die mit der Abwertung verbundene Kränkung begreifen sie sehr wohl. Daher werden sie tatsächlich aggressiv, oft sogar in extremer Weise. In diesen sehr heftigen Reaktionen ist der Beginn einer Entwicklung zum Jähzorn zu sehen. Häufig handelt es sich dabei um einen Übergang zum pathologischen Verhalten.

Was aber in der Scham, und damit komme ich auf die Ausgangsfrage zurück, ist nun noch erforderlich für die Gewissensbildung? Normalerweise, so hatte ich es gerade festgestellt, setzt dieselbe Scham, die eben noch die Wut ausgelöst hat, zugleich sozial verträgliche Grenzen der Impulsivität. Die Empfindungen der Scham bremsen also die Wut, die sie vorher ausgelöst haben. Es existiert aber noch ein weiterer Zug in der Scham, erzeugt durch das in ihr enthaltene Gefühl des Bereuens. Dabei ist zunächst einmal weniger die Reue des einsichtigen Denkens und Handelns im Nachhinein einer Tat (wie beim Gewissen selbst, s.u.) gemeint, sondern jene **Reumütigkeit** die den Affekt bei der misslingenden Tat aktuell begleitet. Andere Worte für dieses Empfinden wären Bedauern oder (innerer) **Leidensdruck.**

Wie nun das Kind diese Reumütigkeit, diesen Leidensdruck (und in Zukunft auch die echte Reue) erwirbt, ergibt sich aus längst erworbenen und im Handeln weiter zu verfeinernden sozialen Fähigkeiten, die jetzt in die Analyse mit einzubeziehen sind. Vor allem ist es die in den vorausgegangenen Kapiteln schon besprochene Fähigkeit zur **Empathie**. Diese wird immer dann heftige Wutreaktionen bremsen und einsichtiges Handeln erzeugen, wenn das Kind mit seinem fehlerhaften Tun Gefahr läuft, einem anderen Menschen seelischen oder körperlichen Schmerz zuzufügen oder dieses bereits getan hat. Ein solches Mitempfinden mit einem Anderen bezeichnet man gewöhnlich als **Mitleid**. Das Bedauern ist sein innewohnender Bestandteil. Genau genommen handelt es sich hierbei um die „sympathische" Form der Empathie des Menschen, die ein positives Einfühlungsvermögen in die Gefühlswelt eines Anderen erzeugt. Daneben gibt es auch andere Formen der Empathie, z.b. solche reiner Solidarität, die aber im Moment nicht zur Debatte stehen. Der innerpsychische Vorgang der Empathie ist zugleich die Grundlage für den in Zukunft geistig zu vollziehenden Perspektivwechsel in Form eines nur in Gedanken erzeugten Rollentausches mit dem anderen, vom eigenen Handeln Betroffenen. Konkret bedeutet das für die geistige Welt des Kindes, die Illusion aufzubauen, das Gefühl des Anderen wäre dasselbe in ihm selbst.

Die dritte noch zu erwerbende Fähigkeit neben Leidensdruck und Empathie auf dem Weg zum Gewissen ist nicht ganz so griffig. Langsam bemächtigt sich des kindlichen Denkens jetzt eine vollkommen neue, geistige Instanz, die der Anerkennung allgemeiner, **sozialer Regeln** und **Normen**. Einsicht in das soziale Regelwerk ist ein Ergebnis von auf parallelem Weg geistig bzw. verstandesmäßig erworbenen oder noch zu erwerbenden Kenntnissen über den verträglichen Umgang in der menschlichen Gemeinschaft.

Gegen das von ihm begriffene, soziale Regelwerk kann das Kind nun mit seinem Handeln verstoßen oder hat dieses bereits getan. Ein solcher Regelverstoß läuft dem **Regelverständnis** zuwider, was das Kind immer dann spürt, wenn dieser Verstoß eine Enttäuschung in der Erwartungshaltung der Eltern oder Erzieher(innen) nach sich zieht. An der Vermittlung der sozialen Regeln ist die konkrete Erziehungsarbeit der Autoritätspersonen maßgeblich beteiligt. Das Vorbild von Eltern und Erzieher(innen) nimmt sich dabei ganz besonders aus.

Die in das Regelverständnis eingebundene, weitergehende psychosoziale Leistung, nämlich soziale Regeln auch über eigene Wünsche und Handlungsimpulse zu stellen, bewegt sich mehr noch als das Mitleid selbst an der Grenze von Geist und Gefühl. Zu diesem emotional gesteuerten, geistigen Schritt, ist das Kind jetzt langsam fähig. Erwachsene kennen und bezeichnen das „denkende Empfinden" im Falle eines Fehltritts oder eines bewussten Verstoßes gegen die Regeln als **Schuld**. Die Schuld ist an diesem Punkt der kindlichen Entwicklung nun so zu verstehen, wie aus der Erwachsenensicht, und nicht mehr als Folge von Verursachung (s.o.), obwohl sie vom Kind ganz zu Beginn des Reifungsprozesses erst einmal noch so aufgefasst wird.

Es handelt sich in diesem Stadium also um eine durch Regelverständnis und frühe Schuldanerkennung geistig stark überlagerte Form der Empathie, die genau genommen darin besteht, sich in die allgemein gemeinschaftlichen Handlungs- und Empfindungsweisen hinein zu denken und sich dadurch verantwortungsbewusst in diese einzufügen. Dazu gehört auch der generelle Respekt vor dem Wunsch und dem Begehren des Anderen. In diesem Zusammenhang ist zum erstenmal der Gebrauch von dem Begriff **Verantwortung** zu machen, denn das gut dreijährige Kind ist jetzt langsam der Lage, eine Selbststeuerungsfunktion durch gesellschaftliche Anweisungen und Handlungskonzepte zu entwickeln und freimütig auch zu übernehmen. Diese Steuerung bleibt einstweilen natürlich noch auf einem niedrigen Niveau.

Schuld ist daraus folgernd ein sozial orientiertes, selbstregulatives Empfinden, das sich aus wenigstens drei Komponenten zusammensetzt:

1. Anerkennung der Empathiegesetze mit der Forderung nach Tröstung und zukünftiger Unterlassung,

2. Regelverständnis und -anerkennung außerhalb der eigenen Wünsche und Bedürfnisse oder über diese hinaus (Basis einer allgemeinen, sozialen Werteskala),

3. Einsicht in den begangenen Verstoß gegen diese Regeln mit dem Einsetzen negativer Empfindungen über sich selbst, insbesondere als ein Empfinden von Reumütigkeit, Leidensdruck und Scham.

Die eigentliche Aversion, das heißt der innere Negativimpuls im sozialen Geschehen richtet sich auf dieser weiter fortgeschritten Entwicklungsstufe des Sozialverhaltens jetzt nicht mehr gegen das ausgesprochene Verbot selbst (wie im Trotz und im oppositionellem Verhalten!), sondern gegen dessen *persönliche* Übertretung durch Unterlegenheit in die eigenen Wünsche und Bedürfnisse. In der Erwachsenenwelt stellt sich das geistige Konstrukt, das dahinter steht, sehr viel einfacher dar, weil Erwachsene sich längst im System der sozialen Ordnungsstrukturen eingerichtet haben und im sogenannten gebührenden Verhalten auskennen. Sie erleben diesen Konflikt konkret nur noch in Momenten persönlicher, moralischer Schwächen, sind aber im Allgemeinen bereit, das soziale Regelwerk fraglos anzuerkennen und sich im Verhalten danach ohne ständiges Hinterfragen zu richten. Diese zuletzt genannte Fähigkeit zu erwerben, das sei an dieser Stelle vorab schon erwähnt, ist die entscheidende Grundlage für das Erreichen der **sozialen Kompetenz.**

Schuld ist demzufolge also der persönlich zu verantwortende Verstoß gegen gesellschaftliche Regeln, die die Menschen gemeinschaftlich im Verlauf ihrer Zivilisationsgeschichte sprachlich ausformuliert und in Gesetze gegossen haben. Gesetze im eigentlichen Sinne kennt ein Kleinkind aber noch nicht. Ihm müssen die allgemeinen, gesellschaftlichen Regeln erst beigebracht werden, und diese müssen dann von ihm als solche erkannt, anerkannt und schließlich in ihrer Wichtigkeit und Bedeutsamkeit verstanden werden. In einem entscheidenden, letzten Schritt müssen sie dann noch über die eigenen Wünsche und Bedürfnisse gestellt werden (s.o.). Dieser letzte Schritt ist fraglos die schwierigste Stufe in der Gesamtentwicklung und ein recht langwieriger, innerer Entwicklungs- und Erkenntnisprozess, wie zugleich auch ein oft zäher Erziehungsprozess. Seine Dauer reicht weit ins Schulalter hinein. Die Erziehung hierzu ist in oft leidvoller Erfahrung ein von vielen irrtümlichen, unfreiwilligen, aber auch manchen gewollten Regelverstößen (Provokationen) begleiteter Prozess. Vor allen Dingen den gewollten Verstößen liegen vielfach kindliche Launen (s.o.) zugrunde, aber auch in einer zunehmend aggressiven Persönlichkeit verankerte antisoziale Gründe.

Neben dem Anhalten zu mitleidsvoller Empathie und Einsichtsfähigkeit in ein Schuldgefühl bedarf es in der Erziehung generell noch eines weiteren Elements, das leider häufig übergangen wird. Ich spreche von der Vorbildfunktion der Eltern und Erzieher(innen). Das **Vorbild** oder Idol ist das Grundelement der Identifikation. Jedes Kind sucht sich solche Vorbilder (vgl. die Loslösung), um ohne Anstrengung und geistige Arbeit zu einem normverträglichen Verhalten zu finden. Der Vorgang der Identifikation ist implizit, das heißt er wird weder bewusst initiiert noch in kontrollierter Weise auf sich selbst übertragen. Darin liegt aber auch seine Tücke, denn ein kritisches Hinterfragen dessen, was da vom Selbst an Fremdverhalten angenommen wird, ist damit ausgeschaltet. Das zu wissen ist wichtig, denn hieraus ergibt sich die hohe Verantwortung aller Erzieher überhaupt, sozial günstiges und die Gemeinschaft förderndes Verhalten auf ihre Zöglinge zu übertragen (die eigentliche Gefahr liegt in der Manipulation). Wer also bei seinem Kind altruistisches Verhalten erzeugen möchte, muss zu allererst einmal selbst altruistisch auftreten und handeln.

Ich ziehe diese Erkenntnisse nun noch einmal zu einer kurzen Aussage zusammen: **Aus entwicklungspsychologischer Sicht sind die Ursprünge des Gewissens in der Verbindung von Empathie und Mitleid, Regelverständnis, Leidens-**

druck und Schuld zu suchen, angesiedelt in der Empfindungswelt des Kindes. Ein gutes Vorbild ist dabei unentbehrlich. Folgende Entwicklungsschritte kennzeichnen also diese Entwicklung:

a) die selbstattribuierende Scham mit Reumütigkeit und Leidensdruck,

b) die zum Mitleid erweiterte Empathie,

c) das Normen- und Regelverständnis,

d) die Erfahrung der Schuld.

Aber mit diesen emotionalen und kognitiven Fortschritten des Kindes bin ich immer noch nicht ganz beim Gewissen selbst, sondern immer noch bei seinen „Vorstadien" oder Entwicklungspfaden, allerdings den letzten, in der notwendigen Abfolge der Einzelschritte. Diese letzten Pfade drücken sich im Verhalten des Kindes aus in einer mehr oder weniger vernunftgesteuerten Unterordnung bzw. Anpassung an die gesellschaftlichen Anforderungen. Diese Fähigkeit ist zugleich auch ein zunehmend kognitiv überformtes Instrument zur Verhaltenssteuerung. Damit befinde ich mich ungefähr in L. Kohlbergs präkonventionellem Stadium von „Strafe und Gehorsam".

Was zu all dem in der Gewissensausbildung nun noch fehlt, ist die emotionale Unterfütterung der Verhaltensformung. Der endgültige Schritt zum Gewissen erzwingt einen allerletzten Vorgang in der inneren Welt des Kindes. Ich hebe ab auf einen dynamischen Prozess in der Erlebniswelt der eigenen Gefühle, welcher in gewisser Hinsicht ein genialer Schachzug der Evolution zum Menschen ist.

5.2 Die „Balance" von Scham und Stolz und das schlechte und gute Gewissen

5.2.1 Allgemeine Betrachtung

Schuldempfinden, Scham und Leidensdruck habe ich aus den bisherigen, psychodynamischen Entwicklungsprozessen des Kindes abgeleitet. Der letzte Schritt, gewissermaßen das fehlende Glied in der Entstehung des Gewissens, ist die **Reue**. Anders als die Reumütigkeit oder der Leidensdruck des fehlerhaft handelnden Kindes, Gefühle von Betroffenheit mit einer Wendung ins eigene Innere, ist die Reue ein seelisches Empfinden mit „Umkehrcharakter" zur Befreiung aus der inneren Notlage. Das wäre zumindest das theoretische Konstrukt. Aber welchen konkreten Vorteil bezieht nun das Kind aus der Reue, wenn zu ihr bisher nur – negativ attributierte – Scham geführt hat? Denn ohne einen persönlichen Vorteil, das sollte nicht unterschlagen werden, würde das auf ein egozentrisches Fühlen, Denken und Handeln programmierte Kind nicht plötzlich altruistisch reagieren. Das Kind muss demzufolge in diesem Gefühlspaket noch eine weitere Wirkung auf sich selbst erleben. Bei dieser muss es sich der gerade formulierten Annahme zufolge um ein sozial ausgerichtetes Gefühlselement handeln, das befreiend wirkt und dem Selbst einen positiven Begleitwert vermittelt, es also gleichsam positiv re-attribuiert. Das entspräche dem gerade erwähnten Umkehrcharakter.

Dieses gesuchte psychosoziale Element ist folgendermaßen zu definieren: Hinsichtlich einer Anerkennung in der menschlichen Gemeinschaft bringt Reue folgenden offenkundigen Vorteil, streng genommen sogar zwei: erstens denjenigen einer zukünftigen Vermeidung seines eigenen, fehlerhaften Handelns, was dem Kind auf Dauer erneute Beschämung erspart. In diesem Moment wird der spontane Selbstschutz als ursprünglicher Nutzen der Scham (s.o.) zum konzipierten Verhalten mit vorausschauendem Charakter für die eigene Sicherheit. Zweitens bringt Reue den Vorteil einer potenziellen Beseitigung des entstandenen Schadens, was die soziale (Wieder-)Anerkennung hervorruft (s.u.). Beide Vorteile kommen allerdings zunächst nur in der erklärten Absicht des Kindes zum Tragen und erst einige Zeit später auch in deren Verwirklichung. Das bedeutet, dass ein Kind zu Beginn dieses Einsichtsprozesses vorläufig nur gute Vorsätze äußert, sie aber noch nicht umsetzen kann. Zur Realisation dieser guten Vorsätze müssen Eltern und Erzieher(innen) das Kind erst noch anhalten. Aus Absicht und Verwirklichung wird mit der Zeit dann aber das vollständige soziale Endprodukt, das wie folgendermaßen zu beschreiben ist.

Die Vermeidung einer Wiederholung des gemachten Fehlers kommt zustande durch den **Handlungsverzicht** und die (generelle) **Unterlassung.** Damit entfallen für das Kind erneute Kritik und weiterer Tadel, gegebenenfalls auch die Strafe (s.u.). Der zweite Vorteil, die Beseitigung des Schadens oder seiner Folgen, ergibt sich aus der Akzeptanz einer Aufforderung zur **Wiedergutmachung.** Durch die Wiedergutmachung lässt sich regelmäßig eine freundliche Stimmung unter allen Beteiligten wiederherstellen, ein Zustand in der menschlichen Gemeinschaft, nach dem sich jedes (psychisch gesunde) Kind sehnt und den es mit seinem Verhalten regelmäßig anstrebt. Während der Verzicht auf Wiederholung eines fehlerhaften Handelns außerdem noch Willen und Selbststeuerung stärkt, garantiert die Wiedergutmachung dem sozial Strauchelnden den Erhalt seiner sozialen Bindungen und das Verbleiben in der Gemeinschaft. Dies sind weitere, gewinnbringende Faktoren für den notwendigerweise auf ein soziales Leben ausgerichteten Menschen. All das kann das Kind offenbar schon intuitiv als einen entscheidenden Vorteil für sich erkennen. Bei psychischer Gesundheit wird es darauf nicht verzichten wollen.

Gerade jenen zweiten wichtigen Faktor im Handeln des reuigen Menschen, die Wiedergutmachung nämlich, hatte ich schon sehr viel früher, bei eineinhalbjährigen Kindern (also bereits mit Entdeckung des Selbst) in Ansätzen angesprochen, ja aus pädagogischem Kalkül sogar zur Stimulation angepriesen. Ich meine damit jenes Erscheinungsbild im Rahmen der frühen Empathie, wenn das Kleinkind im unkontrollierten Affekt oder aus schwachen, aggressiven Impulsen heraus seinen Eltern Schmerz zugefügt, z.B. durch Treten, Schlagen, Kneifen oder Beißen, und dann hinterher bereit ist, seine Eltern zu trösten (z.B. durch streicheln und das sogenannte „Ei-ei-machen" usw.). Dieses Verhalten zu stimulieren durch vorgetäuschtes, elterliches Weinen oder Spielen von Gekränktsein hatte ich bei der Besprechung früher Widerstandshandlungen, also z.T. noch vor Einsetzen des Trotzes, und vor allen Dingen bei der Besprechung des aggressiv verstärkten Trotzes empfohlen. Dafür hatte ich den dafür allgemein verwendeten Begriff der **Induktion** übernommen. Die unmittelbare und konkrete Wiedergutmachung ist dem Kind also schon von klein auf recht gut bekannt und ein zunehmendes Bedürfnis beim Erwerb sozialer Fähigkeiten.

Der Handlungsverzicht als die andere vorteilhafte Komponente bei der Reue ist dagegen ein jetzt neu hinzukommendes Verhaltensinstrument. Es weist auf den zunehmenden Einfluss der Vernunft hin. Von Einsicht und Vernunft gesteuerte Reaktionen setzen immer ein fortgeschrittenes Maß an kognitiven Fähigkeiten voraus. Am Ende dieses Kapitels werde ich hierauf noch einmal kurz eingehen.

Mit diesen Ausführungen, besonders denen zur Wiedergutmachung, bin ich nun ganz dicht an dem entscheidenden Faktor, welcher zur Ausbildung des Gewissens führt. In dem seine Eltern tröstenden, jungen Kleinkind kann man im natürlichen Umgang genau das sehen und erleben, was noch zu hinterfragen ist. Als aufmerksamer Beobachter erlebt man hier ein Kleinkind, welches in vollzogener Rollenumkehr und im frühen Wechsel der Perspektiven von Bezugsperson und eigenem Selbst, sowie in freudiger Gestimmtheit und mit zufriedenen Gefühlen diejenige Funktion ausführt, die es am liebsten von seinen Eltern an sich selbst erlebt, nämlich das Trösten. Das „umgekehrte" Trösten (also Kind tröstet seine Eltern) konnte in dieser Entwicklungsphase deshalb schon gelingen, weil allein durch die Zunahme von Loslösung und Autonomie das Kind die Möglichkeit zur Empathie (s.o.) erworben hatte und das tröstende Verhalten durch Imitation seiner wichtigsten Bezugspersonen direkt am Gegenüber umsetzen konnte. Exakt durch diese Tatsache, nämlich seine hoch bewerteten, geliebten Eltern (dyadische und triadische Bezugsperson), als selbst noch kleines, unsicheres und abhängiges Wesen trösten zu können, erfüllt die in sich schwach erscheinende, kindliche Seele mit großem **Stolz**. Es handelt sich hier um eine ganz besondere Form des Stolzes, ein Stolz, welcher sich dadurch auszeichnet, dass er **in sich selbst attribuiert** ist. Ohne den geistigen Umweg über die soziale Anerkennung durch Andere verschmilzt dieser Stolz unmittelbar mit dem Selbst. Es ist also kein von einem Anderen vermittelter und schon gar kein materiell attribuierter Stolz. Dieser Stolz ist auch deswegen so besonders befriedigend für das Kleinkind, weil er ihm im Moment des Fühlens Macht suggeriert, Macht oder wie viel weiter oben als Begriff geprägt Omnipotenz. Dieses Empfinden der Omnipotenz stammt noch aus der Zeit der Mutter-Kind-Dyade, als es im Säuglingsalter unreflektiert ganz aus sich heraus in der illusionären Verschmelzung mit dem mütterlichen Selbst auftauchte. Dieser „omnipotente Stolz" wird auch jetzt nicht reflektiert, sondern einfach als selbst-zugehörig wahrgenommen. Er ist die eigentlich höchste Form der Macht, die ein Mensch empfinden kann, die vollkommene Macht über die Gefühlsempfindung eines anderen Menschen. Der Stolz in der Wiedergutmachung rührt also nahe heran an diese äußerste und höchste Macht im Menschen, oder ist sie sogar selbst als die ursprüngliche, wenn auch weiterhin illusionäre, Omnipotenz. Hieraus entspringt nun auf geradem Wege das **Gewissen**.

Der schnell auch zwielichtige Faktor Macht ist in diesem Zusammenhang noch etwas genauer zu beleuchten, denn er bekommt hier eine ganz besondere Note. Die grundsätzliche Zweifelhaftigkeit der Macht in der Wirkung auf die menschliche Psyche ist in der Konstellation mit der Gewissensbildung gänzlich neutralisiert durch die Tatsache, dass ihm geradezu sein Gegenteil, die Ohnmacht und die Scham durch sanktioniertes, fehlerhaftes Handeln vorausgegangen ist. Und gerade auch darin liegt der besonders vorteilhafte Effekt des entstehenden Gewissens auf das Kind, weil dadurch **Ohnmacht in Macht umgemünzt und zugleich einen Großteil der Scham in Stolz verwandelt wird!** Dieses entscheidende Geschehen in der kindlichen Seele und in seinem Bewusstsein muss in Zukunft dann nur noch in der Lebenswirklichkeit gefestigt werden, um schließlich zu einer zuverlässigen psychodynamischen Größe in der Adoleszenz und dem Erwachsenalter zu werden. Es handelt sich unter diesem Gesichtspunkt um ein fundamentales, das menschliche Verhalten zeitlebens steuerndes, intrapsychisches Instrument zur Ausübung eines von Mitleid und Verständnis geprägten Sozialverhaltens.

Das Gewissen ist demzufolge also nicht Ausdruck des „pools" aller negativen Empfindungen und Gefühle, also des weiter oben formulierten Über-Ichs, wie oft dargestellt, und ebenso wenig sein in positiven Gefühlen schwelgendes Pendant, das Ich-Ideal. Vielmehr ist es ein innerer Ausgleich dieser beiden moralischen Ich-Instanzen, verkoppelt im oder mit dem Selbst, steuerbar vom willenskräftigen Ich und fühlbar durch die Emotionen von Scham und Stolz. Damit wird es automatisch ein Teil der menschlichen Identität. Um alle genannten Schritte in einem Satz zusammenzufassen, lässt sich folgende Formulierung wagen: **Das Gewissen ist die direkte Verbindung von Scham und Stolz mit deren glücklicher Verwandlung in Gestalt einer günstigen Ausbalancierung von entscheidenden Anteilen der selbstbezogenen, positiven und negativen Empfindungen und Gefühle.**

Bei einer sehr detaillierten Analyse dieser in der kindlichen Seele stattfindenden Vorgänge lassen sich genau genommen zwei Vorgangskomponenten unterscheiden, die im allgemeinen Sprachgebrauch auch als getrennte Begriffe oder als Begriffspaar geführt werden. Gemeint ist das „schlechte" und das „gute" Gewissen. In den folgenden Abschnitten möchte ich diese Unterscheidung konkretisieren.

Am Anfang eines jeden Ereignisses, welches eine Gewissensregung im Kind hervorruft, steht neben der unbedachten Verfehlung immer ein sozialer Konflikt. Aus bereits genannten Gründen ziehe ich den Konflikt dem Dilemmabegriff von L. Kohlberg vor. Im Falle des sozialen Konflikts prallen grundsätzlich zwei Anspruchshaltungen aufeinander, und zwar die des unaufschiebbaren Wunsches oder dringenden Bedürfnisses im kindlichen Selbst und die einer Autoritätsperson oder einer gesellschaftlichen Konvention. Der zunächst „äußere" Konflikt wird am Ende des Trotzalters und mit zunehmender sozialer Reife des Kindes in die innere Erlebniswelt verlagert, das heißt introjiziert, und mit der Ausgangslage der eigenen positiven oder negativen Attributionen direkt im Selbst verknüpft. Im Alter von drei bis vier Jahren kann man bei Kindern mit einem solchen nach innen verlagerten Konfliktgeschehen Zug um Zug rechnen. Als positiv wertet das Kind vorläufig, noch aus der vorangegangenen Zeit der Selbstentwicklung übernommen, seinen eigenen Willen und Wunsch bzw. sein Erfüllungsbestreben, als negativ dagegen dessen Behinderung durch die Eltern, andere Erzieher oder den allgemeinen gesellschaftlichen Anspruch. Später kommen von der Vernunft gesteuerte Erwägungen dazu. Bei den jetzt folgenden Überlegungen möchte aus formalen Gründen nur von Autoritäten oder Autoritätspersonen sprechen.

Lässt sich die Anspruchshaltung der Autoritätspersonen im Konfliktfall ohne großen Selbst-Verzicht (oder Selbstwertverlust) in die positive Selbstbeurteilung mit einbauen, ist das **Gehorchen** beim Kind unmittelbare Folge. Eine solche günstige Übereinstimmung entspricht dem natürlichen Wunsch und Anspruch aller Autoritätspersonen an das Kind. Der Konflikt zwischen ihnen und dem Kind wäre damit optimal gelöst. Auch das Kind profitiert dabei durch ein Gefühl von Stolz auf seine gesellschaftlich erfolgreiche Aktion oder Reaktion. Der Konflikt besteht hingegen dann fort, wenn der Anspruch der Autoritätsperson sich mit der positiven Eigenbeurteilung des Kindes nicht überein bringen lässt, bzw. mit ihr sogar kollidiert und damit dem eigenen Wunschdenken zuwiderläuft. Wird vom Kind nun in einem solchen Moment dem eigenen Wunsch Vorrang eingeräumt, was aus seiner Sicht verständlich ist, ergibt sich zwangsläufig ein Widerspruch zu den äußeren Bestimmungen und Regeln. Der dadurch anwachsende Konflikt wird in der Introjektion (s.o.) vom Kind jetzt selbst auszutragen versucht, woran es zunächst aber noch scheitern muss, da ihm die dazu nötigen Strategien eines sozial kompetenten Handelns noch weitgehend fehlen.

Das führt dazu, dass das Kind diesen Konflikt in einem oft „stundenlangen" Hin-und-her-diskutieren und Sich-widersetzen erst einmal an die Autoritätspersonen zurückgibt. Dabei fühlt sich das Kind einstweilen absolut im Recht, denn es hält entwicklungsgemäß die Befriedigung seiner Wünsche und Bedürfnisse noch für den Maßstab aller Dinge. Irgendwann müssen die Autoritäten dann das berühmte Machtwort sprechen.

In vielen Fällen steht der kindliche Wunsch gleichzeitig auch im Gegensatz zu den allgemein gesellschaftlichen Normen, Regeln und Gesetzen, das heißt nicht mehr allein im Gegensatz zum persönlichen, elterlichen Willen und Anspruch, so dass man in der Kinderpsychologie im Falle eines tatsächlichen Nichtgehorchens auch von **Regelverletzung** spricht. Die Frage, die sich folgerichtig stellt, ist die, wie das Kind aus dem Konflikt zwischen eigenem Wunschdenken und regelgemäßer Einschränkung durch die Autoritäten ohne Beschädigung seines Selbst, und sei diese auch nur oberflächlich, auf Dauer herauskommt. Dass es aus diesem immer wieder neu auftretenden Widerspruch zu den elterlichen Ansprüchen und Anweisungen sowie den gesellschaftlichen Regeln herauskommen muss, wird jedem Kind allein dadurch klar, dass es Vorwurf, Kritik und sogar Ablehnung durch seine Bezugspersonen erfährt, wenn es starr an seinen eigenen Wünschen und Bedürfnissen festhält. Durch eine solche Kritik oder Ablehnung seitens der Autoritäten erlebt das Kind sein Selbst beschädigt und empfindet Scham durch daraus resultierende, negative Selbst-Attribution. Das Kind muss also einen „inneren Weg" finden, Anspruchshaltung und Anweisung der Autoritätspersonen, wie auch vorgetragener gesellschaftlicher Regeln gegen den eigenen Willen und die eigenen Bedürfnisse bei sich selbst durchzusetzen, ohne dass es sich gleich zurückgesetzt und dauerhaft beschämt fühlt. In der Besprechung der Gewissensformen lässt sich dieser innere Weg finden.

5.2.2 Die Gewissensformen

a) Das schlechte Gewissen

Ich möchte zuerst den Entstehungsvorgang speziell des schlechten Gewissens um-
reißen, um damit Anschluss an das zuvor Ausgeführte zu finden. Genau genommen wiederholt sich dabei ein Großteil der bereits gemachten Ausführungen,
jedoch jetzt unter einem besonderen Aspekt. Hat das Kind die im Konfliktfall zu
brechende oder bereits gebrochene, und damit „verletzte" Anweisung oder Regel
schon als „höheren" Wert – verglichen mit dem eigenen Wunsch und Willen – in
sein Bewusstsein übernommen, wozu es im Alter von vier Jahren jetzt zunehmend
fähig wird, verlagert sich der Konflikt als regulative Gedankenführung unwiderruf-
bar in seine Gedankenwelt. Das Kind fühlt sich fortan nicht mehr von Grund auf
im Recht mit seinen eigenen Wünschen und Ansprüchen, denn es lernt und versteht neuerdings die soziale Regel, eigenes Wunschdenken nicht immer höher zu
bewerten als den elterlichen oder gesellschaftlichen Anspruch. Wunsch und Regel
liegen in Zukunft als ebenbürtige Beurteilungskriterien und Normierungsgrößen in
der Gedankenwelt des Kindes verankert und gehen nicht mehr völlig getrennt ein
in die Bereiche Eigenleben und soziale Umwelt, wie es vorher der Fall gewesen
war. Durch die ins Innere verlagerte Austragung der Konflikte als Konsequenz
einer Regelverletzung, oder auch nur einer drohenden, wird das Kind an die Grenzen seiner Selbstüberzeugung geführt, und es kommen ihm Zweifel bezüglich seiner bisherigen gedanklichen Einstellung und den damit verbundenen Verhaltensweisen. Durch diesen Selbstzweifel entstehen automatisch innere Betroffenheit und Leidensdruck. Das Schamgefühl unterstützt weiter diese Position. Der
unbedingte Durchsetzungswille des Kindes geht dadurch verloren.

Durch Schimpfen, Ermahnen oder eine wie auch immer geartete Strafe (bzw. deren
Androhung) empfindet das Kind gleichzeitig eine weitere Beschämung seines
Selbst, und zwar ganz in der ihm bekannten Form der negativen Attribution.
Schließlich, wie als eine rettende Auflösung aller inneren Widersprüche und Be-
klemmungen, bemerkt das Kind die unrechtmäßige Überbewertung seines persönlichen Wunsches und Strebens und damit zugleich auch den drohenden oder
bereits vollzogenen Fehler im Übertreten der Regel. Der Autoritätsperson gegenüber kommt in ihm auf diese Weise das Gefühl von **Schuld** auf, denn es versteht
jetzt, dass es mit seiner Haltung oder seinem Handeln selbst die Ablehnung durch
die Autoritätsperson hervorgerufen hat. Durch dieses Schuldgefühl verstärkt sich
die innere Scham jedoch weiter. Und aufgrund dieser „Scham durch die Schuld"

entsteht automatisch das schlechte Gewissen. Auf einen kurzen Nenner gebracht ist das schlechte Gewissen also das Produkt aus Schuldempfinden und Scham. Dieses schlechte Gewissen würde immer dann eine totale Blockade des Handelns bewirken, könnte es nicht seinerseits positiv umgewandelt werden. Bevor ich aber auf die produktive Auflösung des inneren Konflikts und das Entkommen aus dem schlechten Gewissen in das gute eingehe, möchte ich noch einmal kurz zusammenfassen, was konkret im kindlichen Verhalten zu einem schlechten Gewissen führt:

1. das Sich-widersetzen den elterlichen Anweisungen oder solchen anderer Bezugspersonen (der **Ungehorsam**),

2. das Begehen eines von der Gemeinschaft nicht mehr akzeptierten Fehlers,

3. der ungerechtfertigte Angriff auf ein anderes Kind oder auf einen Erwachsenen,

4. das unachtsame oder mutwillige Zerstören eines bedeutsamen Gegenstandes,

5. das Quälen von Tieren oder generell schwächeren Lebewesen,

6. das Ausführen oder Denken der in der Gesellschaft verbotenen Handlungen und Worte (Punkte 2 bis 6 entsprechen dem Tatbestand der Regelverletzung).

Die innere Scham, das Schuldbewusstsein und das damit verbundene schlechte Gewissen als Folge der gerade aufgezählten Vorgänge sind zusammen mit dem Selbstzweifel die Grundlage für das Einsetzen von Reue. Die Vorteile der Reue für das Kind sind, so hatte ich es weiter oben besprochen, die zukünftige Unterlassung und Wiedergutmachung der von Folgen belasteten Tat. Hat das Kind hierzu sofort Gelegenheit, spielt sich das ganze Geschehen hauptsächlich im äußeren, interaktionären Rahmen ab und tangiert nicht so sehr die tiefen Schichten seiner Seele. Anders ist es jedoch, wenn die Wiedergutmachung nicht mehr unmittelbar zu leisten ist und sich Schuld und Scham im Inneren anhäufen. Jedes Kind will nun unbedingt aus dieser „Gefühlsklemme" des anwachsenden, schlechten Gewissens herauskommen, denn Scham im Verbund mit Schuld ist ein äußerst bedrückendes Gefühl. Es nagt stark am entstehenden Selbstbewusstsein. Außerdem kommt jetzt mehr und mehr das rein kognitive Bestreben im Kind zum Tragen, sozial richtiges und regelhaftes Verhalten über die bisherigen Impulse des ausschließlich nach persönlichem Genuss und Befriedigung strebenden Handelns zu stellen. Die hiermit verbundene soziale Anerkennung und Aufwertung durch die Eltern und anderer bewertender Erwachsener sind dem seelisch gesunden Kind von Natur aus ein hohes Bedürfnis.

b) Das gute Gewissen

Um den Schritt zum guten Gewissen zu verstehen, muss ich mich mit dem Verhältnis der beiden erforderlichen, sozialen Konsequenzen der Reue noch intensiver befassen, das heißt dem (zukünftigen) Handlungsverzicht und der Wiedergutmachung. Ich hatten diese beiden sozialen Konsequenzen aus einer fehlerhaften Handlung bisher nur in einem gemeinsamen Atemzug genannt. Jetzt rückt aber der Handlungsverzicht in der Ursache-Wirkungs-Beziehung ein gutes Stück vor das Bedürfnis nach Wiedergutmachung. Denn der Handlungsverzicht auf die Wiederholung des Fehlers führt im Zusammenhang mit der verbalen Intervention der Autoritätspersonen allein schon zur Bereinigung des Konflikts und verspricht dem Kind den Rückgewinn der sozialen Anerkennung. Dieser Schritt findet als mentaler Vorgang auf der Basis des schlechten Gewissens in der Gedankenwelt des Kindes bereits seine Vorbereitung. Aber erst in der Wendung zum guten Gewissen etabliert sich „die gute Absicht" als überzeugende Form der Selbstkontrolle.

Aus der gedanklichen Bereitschaft, das fehlerhafte Handeln nicht mehr zu wiederholen und die ständige Verneinung des elterlichen oder allgemein gesellschaftlichen Willens nicht weiter zu „kultivieren", entsteht in einem Folgeschritt beinahe automatisch das Bedürfnis nach Wiedergutmachung. Ein spontanes Streben nach Wiedergutmachung gab es in Ansätzen auch schon beim Kleinkind. Nur war da die direkte und immer konkrete Wiedergutmachung in Form von Trösten und Zärtlichkeitsäußerungen ein rein imitativer Akt noch ganz ohne jede gedankliche Untermauerung. Darüber hinaus war dem Kind noch die geistige Beschränkung des Alters auferlegt, keine Vorstellung von einem zukünftigen Handlungsverzicht entwickeln zu können. Kurz gesagt, es gab keinen Erkenntnisprozess hierzu. Daher wurde die gerügte Tat auch ständig wiederholt.

In der weiter fortgeschrittenen Alters- und Entwicklungsphase ab vier Jahre liegt der Wiedergutmachung jetzt eine zunehmend klare Vorstellung zugrunde, welches im Einzelnen die Handlungsschritte zur Beseitigung des angerichteten Schadens sein könnten und dass diese auch noch in Zukunft ausgeführt werden könnten. Durch diese Vorstellungskraft verstärkt sich noch einmal die innere Überzeugung, dass die „böse Tat" auch nicht wiederholt werden darf. Wiedergutmachung ist demzufolge eine zusätzliche Bestärkung für den bereits zuvor versprochenen Handlungsverzicht. Unter dem rein sachliche Aspekt entsteht dabei die **Einsicht**, dass einer oder einem Geschädigten nicht nur Trost zu spenden ist, sondern dass zerstörte oder verloren gegangene Gegenstände ersetzt werden müssen oder entwendetes Spielzeugs zurückgegeben werden muss mit der Versicherung, es nie wieder ungefragt wegzunehmen. In diesem Fall wären Wiedergutmachung und Handlungsverzicht auf optimale Weise miteinander verkoppelt.

Besonders herausstellen möchte ich an dieser Stelle noch einmal, dass die Entdeckung und das Verständnis des Faktors Zeit als gedankliches Instrument zur Formulierung solcher Versprechen erst in dieser Altersphase eingesetzt werden kann. Gemeint ist damit das Verstehen der Dimensionen Vergangenheit und Zukunft in der richtigen Zeitenabfolge.

Die Wiedergutmachung lässt sich grundsätzlich einteilen in eine ideelle und materielle Form. In der frühen Kindheit kommt nur die einfache ideelle Form zur Anwendung. Zu ihr gehören die auf kindliche Weise geäußerten Bezeugungen von Zuwendung, Zärtlichkeit und Trost für den Geschädigten, ausgedrückt durch Umarmen, Küssen und beschwichtigende Worte, also Verhaltensweisen, die das Kind aus seiner eigenen Bedürfnislage kennt, die es in diesem Zusammenhang jedoch mit einer erhöhten Bedeutung versieht.

Die materielle Wiedergutmachung ergibt sich aus dem Schädigungsmodus der Tat. Darin eingeschlossen sind Rückgabe, Reparatur, Ersatz und Wiederbeschaffung des entwendeten, beschädigten oder zerstörten Gegenstandes. Ein verursachter körperlicher Schaden erfordert vor allem Maßnahmen zur Blutstillung und Schmerzbeseitigung. Da das ein Kind nicht allein bewerkstelligen kann, muss es sich hierzu an eine Betreuungsperson wenden und diese um Hilfe bitten. Die materielle Wiedergutmachung ist die typische Entschuldigungsform des Schulkindes.

Mit noch unvollständigem Erfolg und nur Schritt für Schritt können Eltern und Erzieher(innen) dem älteren Kleinkind jetzt auch die kompliziertere Form der ideellen Wiedergutmachung in Form des verbalen Entschuldigens antragen. Das Wort „**Entschuldigung**" oder „Es tut mir Leid" wird dem Kind am Anfang noch schwer fallen, da es seinen Sinn nicht richtig versteht und ihm seine gesellschaftliche Wertung nicht geläufig ist. Intuitiv versteht das Kind am wahrscheinlichsten noch den Begriff „Leid-tun", weil es selbst Leidensdruck kennt und zeitweilig verspürt. Eine materielle Wiedergutmachung hingegen erscheint dem Kind zunächst viel verständlicher, weil ein konkret feststellbarer Schaden oder Verlust durch einen konkreten Ersatz ausgeglichen wird (als „Austausch", Tausch, s.o.).

Das Entscheidende bei allen Handlungen oder Worten der Wiedergutmachung ist die dem Kind dadurch widerfahrende soziale Aufwertung und gezollte Anerkennung. Beides muss tatsächlich auch stattfinden und beides gibt dem Kind das Gefühl von Stolz zurück. Einzig dieses Gefühl versetzt das Kind in die Lage, sich auch in Zukunft zu einer solchen Form von Entschuld(ig)ung motivieren zu lassen.

Auf diese Weise ergibt sich in ihm in zunehmendem Maße jenes Empfinden, das man in der Gesellschaft als das gute Gewissen bezeichnet. Weiter oben hatte ich bereits gesagt, dass das gute Gewissen die Auswirkung einer äußerst positiven Form der Selbstattributierung ist. Jetzt lässt sich sagen, dass dasselbe auch für die umgekehrte Reihenfolge im Geschehensablauf zutrifft. Und exakt diese Ahnung und dieses Empfinden verursachen im Kind den hohen Grad der Motivierung zu Unterlassung und Wiedergutmachung auch in der weiteren Zukunft. Daher sollten Eltern und Erzieher(innen), trotz der unabhängig von allen äußeren Einflüssen stattfindenden Selbstbestätigung im Kind allein, ihrerseits mit anerkennenden Worten nicht allzu zurückhaltend sein. Wenn ein **Lob** angebracht ist für eine kindliche Leistung, dann an dieser Stelle. Das Lob steht meines Erachtens dabei keineswegs im Gegensatz zur genannten Selbstmotivation des Kindes, denn es wirkt in jeder Hinsicht anspornend. Das Lob ist das notwendige Signal der Gemeinschaft, die guten Absichten des Kindes erkannt zu haben und sie auch gutzuheißen.

Um Ursachen, Gründe und Wirkung des guten Gewissens auf einen einfachen Nenner zu bringen, lässt es sich als ein Produkt von Reue und dem Bedürfnis nach direkter Wiedergutmachung, sowie zukünftiger Unterlassung definieren mit dem Ergebnis einer positiven Selbstattribution durch hohen Zugewinn an Stolz.

c) Ausblick auf die weitere Entwicklung des Gewissens

Im Vorschulalter, dem Entwicklungsabschnitt, von dem an dieser Stelle die Rede ist, spielen sich die Gewissensfragen vornehmlich noch im unmittelbaren elterlichen Kontakt oder im größeren Familienkreis ab. Hinzu kommen in dieser Hinsicht dann der Kindergarten und die verschiedenen anderen Kleinkindgruppen. Im Schulalter erweitert sich der Kreis über die Gruppe der Altersgleichen, also der „peers", hinaus, um dann etwa jenseits von zehn Jahren langsam die Schwelle zur gesamten Gesellschaft zu überschreiten. Diese letzte Phase der Gewissensbildung zieht sich bis zum Ende der Pubertät hin und geht nahtlos in das Erwachsenenalter über. Erst in diesen späteren Phasen werden die bis dahin eingeübten Verhaltensmuster und geistigen Antworten auf Gewissensregungen in ein eigenständiges, individuell entworfenes Lebenskonzept übernommen und eingebaut. Gerade in der Phase der Adoleszenz nehmen die Einflüsse aus den altersgleichen Gruppen, den sogenannten Jugendgruppen, in entscheidendem Maße zu und vermitteln dabei neue, soziokulturelle Wertsetzungen aus den Bereichen Religion, Philosophie, Gesellschaftslehre und Kunst. Das aus der eigenen Familie mitgegebene emotionale und soziale Grundgerüst wird dabei auf seine Bewährungsprobe gestellt.

Zwar ist den Jugendlichen der geistige Hintergrund ihrer neu hinzukommenden Wertschöpfungen nicht ohne weiteres klar – die Schule ist aufgerufen, ihnen diese zu erhellen –, aber sie nehmen sie begierig auf und verwenden das moralische Rüstzeug, um ihre Identität weiter auszuformen und im sozialen Kontext abzusichern. An diese Stelle gehört jetzt die Nennung des Begriffs Moral, denn das zunächst rein individuelle Gewissen unterwirft sich in diesem Stadium übergeordneten, allgemein gesellschaftlichen Normen, Werten und Ethikgesetzen. Gerade diese Alters- und Entwicklungsphase ist nun extrem anfällig für Manipulation, denn durch den zur gleichen Zeit stattfindenden, selbst initiierten und bewusst vollzogenen Rückzug aus dem elterlichen und familiären Einfluss sucht sich der Jugendliche Ersatz in der altersgleichen Gruppe. Dabei hält er sich bereit, deren Ideale und Ziele zu übernehmen. Eine völlig eigenständige Moral in dem zu entwerfenden Lebenskonzept wäre in diesem Stadium weder stark noch beständig genug.

5.3 Das frühe Gewissen im Verhalten des Kindes

Auf die „Vorläufer" der Gewissensbildung im Kleinkind und die aktive Gewissensanregung in Form der Induktion bin ich an den entsprechenden Stellen in meiner Schilderung der frühkindlichen Entwicklung eingegangen. In diesem Zusammenhang ist zur weiteren Erklärung rückbezüglich noch anzufügen, dass die durch Induktion im zweiten bis vierten Lebensjahr einsetzenden, empathischen Reaktionen des Kindes zunächst noch nicht mit den Kategorien des schlechten und guten Gewissens zu messen sind. Diese Kategorien werden vorläufig noch übersprungen, und die viel konkretere Ebene der unmittelbaren Wiedergutmachung übernimmt deren Part, wenn auch auf einer sehr viel einfacheren Stufe. Trotzdem stellt der geschulte Beobachter von Kleinkindern in solchen durch Induktion ausgelösten Situationen Verhaltens- und Reaktionsweisen fest, die denen der älteren Kinder mit ausgereiftem Gewissen stark ähneln. Offenbar sind diese Reaktionsformen im Verhaltensrepertoire des Menschen erblich festgelegt.

Gemeint sind so typische Reaktionsweisen wie der Gesichtsausdruck von Verlegenheit, das schamvolle Wegdrehen des Kopfes und zu Boden blicken, das Aufsteigen der Schamesröte im Gesicht oder auch das Erkennbarwerden von latenten Angsterscheinungen im Rahmen der Scham (sich in Wirklichkeit davonstehlen wollen). Solche Reaktionen treten immer dann auf, wenn ein Kleinkind wegen falscher Verhaltensweisen gerügt wird oder ein von ihm gemachter Fehler entdeckt und offenkundig kritisiert wird. Die Anzeichen der Beschämung sind für das Kind von

Anfang an in eindeutig definierter Weise fühlbar und jedem Erwachsenen ersichtlich. Die erblich festgelegten, typischen Verhaltensformen der Scham transportieren also das innerlich erlebte Gefühlsmuster in unzweideutiger Form nach außen. Der von der Evolution auf diese Weise angestrebte Zweck ist, dass der interagierende Sozialpartner solche Gefühle als eindeutig wahrnehmen kann und sich mit seiner Vorwurfshaltung rücksichtsvoll danach richtet. Das gelingt ihm jedoch nur bei ausreichender, sozialer Verantwortung. Scham und ein schlechtes Gewissen sind immer ein Appell an den Anderen, ob nun von dem Fehler selbst betroffen oder als „Schiedsrichter" hinzu gerufen, den „Gefehlt-habenden" mit Nachsicht zu behandeln oder ihm gar zu verzeihen. Im Sinne der Natur ist dieser schon durch seine Gefühle von Unmut ausreichend „bestraft".

Solche das soziale Miteinanderauskommen bereits auf einer Ebene unmittelbarer Betroffenheit regelnden Fähigkeiten gelingen auch schon im Kleinkindalter nur bei weitgehend ungestörter, psychischer Entwicklung. Das betrifft vor allem die Kinder, die sich schon etwas weiter in der Phase der Loslösung befinden. Denn nur seelisch ausgeglichene Kinder vermögen es, eine ausreichend stabile Persönlichkeit zur sozial verträglichen Konfliktregelung aufzubauen (innere Regulationsmacht, s.o.).

Noch deutlicher wird diese Beschränkung dann im Kindergartenalter ab vier Jahre. Psychosozial gestörte Kinder und solche, die einer dauerhaft instabilen Persönlichkeit entgegen gehen, können Konflikte auch kraft ihres Gewissens nicht oder nur sehr viel schlechter regeln. Sie können mit dem sozialen Angebot des Anderen nicht richtig umgehen und antworten nicht mit den zu erwartenden, einsichtigen Reaktionen. Das bedeutet im Einzelnen, dass man von solchen Kindern kaum Schuldanerkennung und Reueempfindung erwarten kann und noch weniger das Bedürfnis nach Unterlassung und Wiedergutmachung. Einsicht in das eigene, fehlerhafte Handeln und die Befriedigung über die Verzeihung durch den Anderen bleiben von diesen Kindern weitgehend unverstanden. Hingegen fühlen sie sich ständig ungerecht behandelt, ungerechtfertigt kritisiert und sinnen insgeheim auf Vergeltung und **Rache.**

Anfangsprobleme im Umgang mit dem Gewissen ergeben sich ganz allgemein nicht nur für die Kinder durch unbedachte, unsoziale Handlungen, sondern auch für die Eltern und Erzieher(innen). Eine große Gefahr liegt z.B. darin, dass durch zu heftige Kritik am Kind oder durch zu frühes und zu hartes Strafen die ersten Schamgefühle beim Fehltritt über Gebühr verstärkt werden, und sich Reue gar nicht erst einstellen kann. Das Kind bleibt gewissermaßen im Schuldgefühl stecken, empfindet Minderwertigkeit und häuft aus diesem Bewusstsein heraus Scham auf

Schuld. Der Weg aus der Schuld heraus in die positive Attributierung eines guten Gewissens bleibt ihm durch die rigide erzieherische Haltung weitgehend versperrt, und allein der innere Rückzug in die Trauer und Verzweiflung steht ihm noch offen. Einen derart unglücklichen Verlauf seines fehlerhaften Handelns erkennt der aufmerksame Beobachter beim Kind offenkundig an dessen demonstrativem, sozialen Rückzug. Er ist die Folge von schwerer Enttäuschung über sich selbst und über die Erzieher. Solche Kinder können anhaltend weinen und sich regelrecht in eine Ecke verkriechen.

Der innere Schmerz, der dabei entsteht, eignet sich aber entgegen landläufiger Meinung nicht dafür, die nötige Reue im Nachhinein doch noch auszulösen. Im Gegenteil, zuletzt bleibt das trauernde Kind nur unheilvoll in seine Schuldgefühle und Scham verstrickt und leidet fortan am seelischen Druck durch das permanent schlechte Gewissen. Über den Themenkomplex des Strafens, zu dem der gerade geschilderte Ablauf gehört, möchte ich an späterer Stelle noch genauer sprechen. An dieser Stelle möchte ich zunächst wieder auf ein auf konkretes Beispiel zu sprechen kommen. Mich interessiert eine Situation, in der ein schlechtes Gewissen im Kind hervorgerufen wird:

11. Fallgeschichte

Zwei Geschwister, die fünfjährige Lotta und ihr zweieinhalbjähriger Bruder Lars spielen im gemeinsamen Kinderzimmer friedlich zusammen. Schon eine halbe Stunde geht das gut, und man hört nichts aus dem Raum außer den leisen Kinderstimmen. Die Mutter ist glücklich und bereitet das Abendessen vor. Auf einmal gibt es ein fürchterliches Geschrei in dem Zimmer, zunächst zetert das Mädchen, dann weint der kleine Bruder. Bevor die Mutter hinzu eilen kann, öffnet sich die Zimmertür, Lotta rennt davon und flüchtet sich ins Wohnzimmer in eine Ecke hinter dem Sofa. Dort verharrt sie reglos, bis die Mutter sie findet. Auf dem mütterlichen Arm sitzt sichtlich beruhigt und etwas triumphierend inzwischen der kleine Bruder Lars, der noch ein paar Blutstropfen auf seiner Backe hat. An dem langen roten Striemen auf der Gesichtshaut erkennt man, dass seine Schwester ihn wüst gekratzt hat. Das macht sie öfter, wenn sie wütend ist, und Lars hat mehrere solcher Fingernagelspuren im Gesicht. Als Lotta ihre Mutter groß und vorwurfsvoll blickend über sich sieht, dreht sie sich zur Wand und vergräbt ihr Gesicht in den Händen. Die Mutter spricht jetzt ermahnende Worte, zunächst noch ruhig, dann immer erregter und verfällt schließlich in ein lautstarkes Schimpfen. Ihre Tochter blickt fortgesetzt zur Wand und hält sich demonstrativ die Ohren zu. Da setzt die Mutter Lars zu Boden, schnappt sich ihre Tochter, richtet sie auf und zieht ihr die Hände von den Ohren. Es erklingen Sätze wie „Du hörst mir jetzt zu!" Und: „Tausendmal habe ich Dir schon gesagt, dass usw.". Schließlich schüttelt die Mutter ihre Tochter noch einige Male unsanft, um sie dann beschämt in der Ecke sitzen zu lassen.

Ich möchte mich noch nicht fragen, ob sich die Mutter günstig verhalten hat, und was in solchen Fällen als günstiges oder ungünstiges Verhalten zu gelten hätte. Die erste Frage muss meines Erachtens lauten, was ist hier wirklich passiert? Die große Schwester Lotta hat irgendein Fehlverhalten ihres kleinen Bruders, Fehlverhalten gegenüber ihrem persönlichen Regelwerk, zum Anlass genommen, ihm ihre Bestimmungsmacht zu demonstrieren und, weil Geschwisterrivalität ein unvermeidliches Geschehen in allen Kinderzimmern ist, ihm zur Klärung der Machtpositionen auch gleich „eins ausgewitscht". Eine solche Rangelei ist immer aggressiv unterstützt, denn zum Rivalisieren gehört der Impuls, ein Machtgefälle in der Gruppe herzustellen, so klein sie auch ist. Die fünfjährige Schwester fühlt sich berechtigt, ihren kleinen Bruder hier und da zu reglementieren, womöglich sogar noch unterstützt von den Eltern, die ihr für die Momente ohne ihre Oberaufsicht indirekt sogar einen Auftrag zu solcher Beaufsichtigung gegeben haben. Eine derartige Bevormundung durch ihre älteren Geschwister lassen sich aber die Jüngeren höchst ungern gefallen. Die Ausübung von Widerstand ist somit logische Folge und meistens folgt auch noch eine kleine Provokation.

Gelingt dann die Herstellung des Machtgefälles nicht im Guten, wird vom größeren Kind häufiger physische Macht durch seine größere Kraft ausgeübt. Schrammen, Kratzer, blaue Flecken oder Hautrötungen durch Kneifen und unsanftes Anfassen sind noch die milderen Folgen solcher Auseinandersetzungen.

Worauf es hier nun im Besonderen ankommt ist, die Schuldempfindung der älteren Schwester für ihre Tat zu beleuchten, die sie offensichtlich hat und in der Flucht und dem Verstecken vor der Mutter zum Ausdruck bringt. Das schlechte Gewissen und die einsetzende Reue zeigen sich in der Blickvermeidung mit der Mutter und dem Zuhalten der Ohren, um den erwarteten Vorwurf von der Mutter nicht hören zu müssen. Lotta weiß, dass sie schlecht gehandelt hat, und dass die Mutter ihr dafür eine schwerwiegende Rüge erteilen wird. Etwas prekär wird die ganze Angelegenheit für das Mädchen dadurch, dass es in den eigenen Augen grundsätzlich nichts Ungehöriges getan hat, denn für die Herstellung der Rangordnung im Kinderzimmer fühlt es sich innerlich, wie bereits festgestellt, in gewisser Weise sogar legitimiert. Allein die Methoden, wie sie diese durchsetzen oder erhalten wollte, waren falsch und ablehnungswürdig. Das ist ihr inzwischen durch zunehmend prosoziales Denken (s.u.) bewusst und den Leidensausdruck ihres Bruders hat sie aufgrund ihres Empathieverständnisses auch mitleidsvoll wahrgenommen. Daher rührt ihre Reue, und aller Verhaltensausdruck von Lotta weist eindeutig darauf hin, dass sie ein schlechtes Gewissen in sich trägt.

Wie kann aus diesem schlechten Gewissen nun ein gutes werden, das, wie theoretisch dargestellt, notwendig ist, um den ganz ins Innere verlagerten Konflikt noch im Selbst auszugleichen und zu verarbeiten. Um das klar auszuführen, muss ich nun doch auf die Gründe zu sprechen kommen, die zum Streit der Geschwister im Kinderzimmer geführt haben. Getreu der Feststellung, dass in der Anfangszeit der Gewissensentwicklung noch die Vorstellung im Kind herrscht, angerichteter Schaden können nur durch materielle Wiedergutmachung ausgeglichen werden, muss erst einmal der Schaden taxiert werden. Ich stelle mir also als Streitursache vor, dass der kleine Bruder nicht mit den Stiften seiner Schwester auf sein Papier hat kritzeln dürfen, und er diese in seiner Wut quer durch das Zimmer geschmissen hat. Dieses Verhalten entspricht im Auge der Schwester einer klaren Provokation. Daraufhin sieht sie sich berechtigt, mit ausgestreckten Fingern auf ihn los zu gehen und ihm das Gesicht zu zerkratzen. Prompt hat der kleine Bruder fürchterlich zu weinen angefangen, und die Mutter hat nicht lange auf sich warten lassen. Der weitere Verlauf ist bekannt.

Um Lotta nun zu einem guten Gewissen zu verhelfen, könnte die Wiedergutmachung darin bestehen, dass die Schwester die ihrem Bruder zugefügte Wunde selbstständig mit einem Pflaster versorgt und ihm als Entschädigung einige selbst ausgesuchte Buntstifte zur Verfügung stellt, mit denen er nach Herzenslust kritzeln darf. Die Mutter, und jetzt muss auch ihr Verhalten konkret besprochen werden, hätte dafür zu sorgen gehabt, dass diese Wiedergutmachungszeremonie in aller Ruhe und Entspannung stattfinden kann. Natürlich sollte die Mutter vorher kräftig geschimpft haben, wobei sie, um der Gerechtigkeit willen auch die wütend-aggressive Handlung des kleinen Bruders in der Verurteilung nicht ausklammern sollte. Gerade dies würde die Schwester ganz zu recht mit spitzen Ohren vernehmen. Aber das Einreden eines schlechten Gewissens gehört wie die Anstiftung zum Mitleid (s.u.) zur Methode eines sinnvollen erzieherischen Vorgehens.

Die mütterliche Verurteilung des Geschehens mit Worten sollte vor allen Dingen Lottas Unangemessenheit in der Reaktion auf ihren Bruder zum Inhalt haben und nicht die Art ihrer Gesamtpersönlichkeit. Also Worte wie: „Du bist ein Biest!" oder „Du alte Kratzbürste!" sind pädagogisch falsch und besser zu unterlassen. Indes sollte die Mutter auch die Erklärung abgeben, dass das Kratzen mit Fingernägeln, wie z.B. auch das Beißen oder Kneifen große Schmerzen beim Anderen hervorrufen kann und deswegen verboten ist. Worte wie: „Hast du denn nicht gehört, wie er geschrieen hat!" sollte sie dabei äußern, oder „es tut ihm doch weh, wenn du ihn so kratzt". Im Einzelfall ist es sinnvoll auf mögliche, größere Folgen durch derartig wütende Attacken hinzuweisen, indem z.b. gesagt wird: „Das hätte auch ins Auge gehen könncn!" oder „Du hättest ihm ja beinahe den Arm ausgerissen!". In diesem Fall sind also auch wieder leichte Übertreibungen angebracht (vgl. Induktion), um die Gewichtigkeit der Rüge zu verstärken. Solche Redensarten sind das, was man als „ein Gewissen machen", bezeichnet, eine aktiv erzeugte Gefühlsempfindung, die hier nur als zusätzlich zu verstehen ist, denn Scham und Schuld sind ja ohnehin entstanden. Ebenso wichtig, wie auf die schmerzlichen Folgen für den Anderen durch die Attacke hinzuweisen, ist es, das angreifende Kind auf dessen seelisches Leid oder die situationsbezogenen Unannehmlichkeiten noch einmal in ganzer Deutlichkeit aufmerksam zu machen. Das Gewissen soll immer da im Inneren des unrechtmäßig Handelnden in Erscheinung treten, wo ihm die Grenzen seines Tuns bewusst werden müssen. Denn das Gewissen ist für den Menschen das wichtigste Regulierungsinstrument seiner Taten und Handlungen, vor allem auch seiner offen aggressiven Impulse, sowie seiner triebhaften Gelüste. Er muss lernen, solche Impulsdurchbrüche zu beherrschen, im Griff zu behalten und durch günstigeres Sozialverhalten innerlich auszugleichen.

Ich möchte noch ein weiteres Beispiel für die Entstehung eines schlechten Gewissens mit Wiedergutmachung schildern.

12. Fallgeschichte

Sarah hat ihre Freundin zu Besuch. Beide Kinder sind etwa viereinhalb Jahre alt und spielen Verkleiden. Die Mädchen möchten Fee sein und benötigen dazu weite Kleidchen und einen spitzen Feenhut mit einem kurzen Schleier oben an der Spitze. Sarah besitzt aber nur einen einzigen Hut, und folglich müssen sich die beiden Mädchen bei dessen Gebrauch abwechseln. Zunächst gelingt das auch ganz gut, aber als ein imaginärer Prinz die Szene betritt, der verzaubert werden soll, da wollen auf einmal beide Mädchen den Hut auf dem Kopf tragen. Zuerst wird heftig mit Worten gestritten, welche von den beiden Mädchen das Vorrecht genösse, den Hut zu tragen. Sarah macht ihre angestammten Besitzrechte geltend, ihre Freundin Eva pocht auf besondere Vorrechte durch ihre Idee mit dem Prinzen. Das Spiel bricht plötzlich auseinander, und es kommt zu einem Gezerre um das Kleidungsstück. Dabei reißt zunächst der Schleier ab und Sarah wird furchtbar wütend. Sie schlägt Eva ins Gesicht. Daraufhin gehen auch Eva die Nerven durch, und sie packt sich den Hut und tritt auf ihm herum. Man braucht die Szene nicht bis zum Ende zu verfolgen, um zu wissen, wie sie ausgeht.

Wie ließe sich das Geschehen nun auf der Basis von Gewissen regeln? Solche Ereignisse in den Kinderzimmern sind neben aller Belastung für die betroffenen Eltern immer ein guter Augenblick, ein auf Gewissen basiertes, prosoziales Verhalten schon im frühen Kindesalter einzuüben. Zurück zum Geschehen: In diesem Fall ist für den Beobachter nicht ganz eindeutig, ob ein Kind von den beiden Streitenden überhaupt ein schlechtes Gewissen haben muss. Und doch ist ganz klar, dass sich beide Kinder etwas vorzuwerfen haben. Sarahs Verstoß gegen geltende Regeln besteht darin, den begehrten Feenhut nicht durch Änderung des Spielgeschehens auch ihrer Freundin zur Verfügung gestellt zu haben. Evas Fehler besteht darin, den Hut in haltloser Wut beschädigt zu haben. In gewisser Weise resultiert der hier beschriebene Konflikt auch aus der Rivalität, die die beiden Mädchen untereinander eingehen. Beide erheben den Anspruch, in Bezug auf einen dritten, den imaginären Prinzen, eine höhere Bedeutung zu besitzen. Die Lösung, sich im Tragen des Hutes abzuwechseln, kam dabei nicht mehr infrage.

Scham und Schuldempfindung erlebt Sarah darin, ihrer Freundin kein Recht im Tragen des Hutes eingeräumt zu haben, und Eva darin, in voller Wut auf den Hut getreten und ihn dabei beschädigt zu haben. Eltern und Erzieher(innen) hätten nun die Aufgabe, beiden Mädchen diesbezüglich „ein Gewissen zu machen", das das ohnehin schon bestehende schlechte Gewissen noch stärker akzentuiert. Reue und das Bedürfnis nach Wiedergutmachung kämen dadurch besser zustande, verstärkt durch die Belehrung über die Verletzung der Regeln und die gegenseitig bereitete Enttäuschung. Sarahs Fehltritt ist der, sich unsozial verhalten zu haben, denn die Regel lautet auf freundschaftlichen und nachgiebigen Umgang mit dem Spielgefährten. Die Regelverletzung bei Eva ist die, einen intakten, einigermaßen wertvollen Gegenstand beinahe zerstört zu haben, denn die Regel hierzu lautet auf Achtung vor intakten Gebrauchsgegenständen und deren Erhalt.

Die Aufgabe der Eltern oder Erzieherin besteht vor allem darin, auf Wiedergutmachung zu bestehen und den Fortgang des Spielgeschehens so zu lenken, dass nun beide Mädchen mit dem Feenhut zur Geltung kommen können. Eine alternative Lösung könnte darin bestehen, einen anderen Hut zur Verfügung zu stellen und entsprechend zu verzieren. Diese Lösung, die nebenbei gesagt den Konflikt auch schon im Vorfeld verhindert hätte, – im Übrigen hätten die Mädchen auch nach einem zweiten Hut fragen können –, hat allerdings nur dann Sinn, wenn das Geschehen der Wiedergutmachung hauptsächlich noch auf eine materielle Form ausgerichtet ist.

Die Methode der Wiedergutmachung im späteren Leben ist jedoch, wie bereits angedeutet, die der ideellen. Diese hätte hier im Teilen des Hutes, das heißt konkret in der Abwechslung bestanden. Eine solche letztlich symbolische Form der Wiedergutmachung ist auch immer dann anzuwenden, wenn aufgrund der Kompliziertheit der Zusammenhänge eine dingliche Wiedergutmachung unsinnig oder gar unmöglich ist. Entsprechend dem geistigen Entwicklungsstand der älteren Kinder, sowie der Adoleszenten und Erwachsenen wird zur ideellen Wiedergutmachung meist nur noch die Sprache verwendet, welche in Form einer **Entschuldigung** mit dem Versprechen der zukünftigen Unterlassung verbal zum Ausdruck gebracht wird.

Die Entschuldigung ist genau genommen die verbalisierte Form der ideellen Wiedergutmachung. Sie hat allerdings nur dann Erfolg, wenn der in der Auseinandersetzung Schuldlose dieser Form der Entschuldigung durch rückwirkende **Verzeihung** seinerseits die Zustimmung gibt. Entschuldigung und Verzeihung sind interaktionär-kommunikative Prozesse im gehobenen, menschlichen Sozialverhalten, welche die komplizierten emotional-affektiven Vorgänge im Konfliktfall auf verbale Weise regulieren helfen und die gute Beziehung zwischen den Streitenden wiederherstellen. Eine solche ideelle Form von Schuldanerkenntnis, Reueempfinden und Wiedergutmachungswunsch setzt eine hohe, kognitive Leistung beim Kind voraus, die man entwicklungspsychologisch gesehen erst mit fünf bis sechs Jahren erwarten kann.

Ich möchte nun noch einmal zusammenfassen, welche Grundkonflikte im frühen Kindesalter zur Ausbildung von Gewissen führen und von Eltern und Erzieher(inne)n zielgerichtet dafür genutzt werden sollen, die einsetzenden Gewissensimpulse zu verstärken:

a) Regelverletzungen (klare Verhaltensfehler, echte Unfolgsamkeit und bewusste Übertretung von Verboten),

b) Sachbeschädigung (absichtliche oder unachtsame Zerstörung von wichtigen Gegenständen),

c) Körperverletzung (aggressive Handlungen wie Schlagen, Beißen, usw.; Quälen von Tieren),

d) Heftiger Streit bei Rivalität (gemeine Übervorteilung des Anderen, unerlaubte Wegnahme von Gegenständen),

e) Beleidigung eines anderen Kindes (Herabwürdigung u. Schmähung, Gruppenausschluss),

f) Erste Gefühle von Neid und Missgunst (haltlose Eifersucht, mutwillige Beschädigungen aus Rache),

g) Lüge, Verfälschung der Wirklichkeit (zum ungerechtfertigten, persönlichen Vorteil).

Diese Liste kann nicht vollständig sein, denn es gibt auch in der frühen Kindheit schon viele, sehr spezielle Konflikte in der Auseinandersetzung unter den Kindern sowie zwischen Kindern und Erwachsenen, die für die Gewissensinduktion geeignet sind und die hier im Einzelnen nicht aufgelistet werden können. Aber die meisten Konflikte lassen sich auf diese Grundkonflikte zurückführen. Je komplizierter die Sozialstrukturen werden, desto komplizierter werden auch die Konfliktformen, und es ist Aufgabe einer dezidierten, psychologischen Betrachtungsweise im Einzelfall, das Konfliktmuster herauszulesen und dem Ergebnis zufolge eine angemessene Form der Wiedergutmachung festzulegen. Die Kinder sind hierbei auf die Hilfe der Erwachsenen angewiesen. Die rein symbolische Form der Wiedergutmachung durch verbales Entschuldigen sollte dabei über die körperliche oder dingliche Regulation hinaus zur Vereinfachung des Geschehens immer mehr in den Vordergrund rücken. Das beinhaltet die Tendenz, die Versicherung der zukünftigen Unterlassung als Hauptbestandteil der Wiedergutmachung anzusehen.

Ich möchte zum Abschluss noch auf eine weitere Form der Gewissensfrage zu sprechen kommen: Folgende Konfliktkonstellation unter Kindern ist auch im Vorschulalter schon zu beobachten. Sie ist häufig ein Ergebnis von ersten Regelspielen, die in diesem Alter jetzt gerne ausgeführt werden. Das frühe Regelspiel ist grundsätzlich ein guter Maßstab dafür, wie weit ein Kind in der Entwicklung der selbstständigen Gefühlsregulation mittels Gewissen vorangekommen ist.

Ist ein Kind durch Intelligenz, Geschicklichkeit oder gute Motorik besonders begabt und dadurch im Spiel ständig auf Erfolgskurs, wird es zunächst Genuss dabei verspüren, immer der **Gewinner** zu sein. Die anderen Kinder werden seinen Erfolg bestätigen und ihn deswegen im Gruppenspiel gerne zum Anführer küren. Aber wo ein Gewinner ist, ist auch immer ein **Verlierer**, der als der Unterlegene und Verschmähte nun Versagen und Scham erlebt, besonders, wenn er auch vorher schon schlechte Attribute auf sich vereint hat. Diese Scham wird, wenn sie innerlich nicht mehr auszugleichen ist, meistens zum Anlass für Ärger und Wut. Die Wut wird noch vermehrt durch ein ganz neues, im Sozialbereich verankertes Gefühl. Ich spreche vom **Neid**. Neid und Wut bei Verlieren geziemen sich in der Gemeinschaft aber nicht, und diese normative Regel wird Kindern von klein auf beigebracht. Das geschieht nicht nur, weil sich die aus Neid entwickelnde Wut schnell spielzerstörend auswirkt. Es soll auch zu einer früh entstehenden, persönlichen Bescheidenheit erziehen.

Die aus Neid resultierende Auseinandersetzung, – jeder kennt das Kind, das aus Wut über sein Verlieren das Spielbrett durch das Zimmer schleudert –, gleicht in ihrem Ergebnis in etwa derjenigen der beiden rivalisierenden Mädchen aus dem vorangegangenen Beispiel und müsste in ähnlich Weise erzieherisch gelöst werden.

Es gibt nun hierzu aber noch eine andere Möglichkeit im kindlichen Verhalten, und die möchte ich jetzt besprechen. Traut sich das vor dem besseren Mitspieler versagende Kind nicht, seine Wut auszulassen, unterdrückt es also seine Wut (vielleicht aus Angst vor Spott oder vor Strafe, vielleicht auch aus übergroßer Scham) hinterlässt diese Unterdrückung in ihm einen inneren Schmerz, der sich zuletzt in der Trauer Bahn verschafft. Im Alter ab etwa vier Jahre lernt das Kleinkind das Gefühl der Trauer verstehen und kann es auch genau benennen (s.o.). Die Trauer des Verlierers kann nun der Gewinner, und damit komme ich auf die Ausgangsfrage zurück, durch seine Fähigkeit zur Empathie in Verbindung mit dem inzwischen erlernten Perspektivwechsel nachvollziehen, und zwar vor allem dann, wenn er seinerseits die Verliererposition schon einmal kennen gelernt hat.

Auf diese Weise schafft es ein gut attribuiertes, schon sehr selbstbewusstes Kind, auch den Unterlegenen gezielt einmal gewinnen zu lassen. In gleicher Weise schafft es eine ganze Mannschaft, ihren Gegner gewinnen zu lassen, ohne dass sich Neid und Missgunst auf ihrer Seite regten. Ein solches Verhalten ähnelt ganz stark den kognitiven Errungenschaften von Einsicht und Vernunft.

Was ein Kind dabei in seiner Handlungsweise leitet, ist sein – in diesem Fall nur theoretisch – schlechtes Gewissen, das es dafür überkommt, immer Gewinner zu sein und dadurch den Spielpartner als den ewigen Verlierer traurig zu machen. Dem schlechten folgt aber sofort das gute Gewissen, wenn Wiedergutmachung geleistet ist. In der hier zur Debatte stehenden Konstruktion besteht die Wiedergutmachung im Gewinnenlassen des eigentlichen Verlierers. Der Gewinner erntet Lob von den Eltern oder Erzieher(inne)n und empfindet Stolz auf seine gute Handlungsweise.

Am besten gelingt der Perspektivwechsel (Theory of Mind, s.u.) zwischen Gewinner und Verlierer dann diesen altruistischen Kindern, wenn sie einem jüngeren Mitspieler gegenüber sitzen. Allerdings erscheint die Leistung jetzt etwas geschmälert, weil jüngere Kinder nicht so sehr als Rivalen oder Konkurrenten empfunden werden. Dennoch ist der Verzicht auf Gewinn auch in einem solchen Fall hoch einzuschätzen. Verzicht auf Gewinn ist der Beginn der **Bescheidenheit**, ein rein vom Gefühl gesteuertes Verhalten, das in der Erwachsenenwelt als Tugend betrachtet wird.

In dieselbe Richtung geht auch eine andere Leistung des Kindes, die schon auf dieser frühen Stufe des Sozialverhaltens moralisches Denken und Handeln unter Beweis stellt. Es geht um die Fähigkeit, Spielregeln einzuhalten und nicht zu mogeln. Das Mogeln wird immer dann zu einer Versuchung für das Kind, wenn das Spiel für es selbst verloren ist. Die spielerische Norm und die soziale Regel hierzu lauten, trotz des eigenen Nachteils die höhere Wertigkeit der Spielregel anzuerkennen und sich ihr bedingungslos zu unterwerfen. Beim Versuch nun zu mogeln bzw. die Regel zu übertreten sollte das schlechte Gewissen einsetzen, weil sich durch den Spielverderb ein hoher Grad an Scham des Kindes bemächtigt. Im besten Fall unterlässt das Kind das Mogeln. Bei dieser Unterlassung und der Anerkennung der Regel als höherem Wert gegenüber dem persönlichen Nutzen kommt das gute Gewissen zum Zuge. Der Stolz auf sich selbst ergibt den inneren Lohn. Mir ist bewusst, dass das hier dargestellte Denken und Handeln zunächst einmal nur die Idealform in der frühen Moralentwicklung des Kindes wiedergibt.

Etwas verkürzt könnte man als Resultat aller Darstellungen über die Gewissensbildung beim Menschen folgende abschließende Formulierung wagen, ein Leitsatz, der sich anhört wie eine Faustregel: **das schlechte Gewissen ist der Ausdruck von „Scham wegen Stolz", das gute Gewissen Ausdruck von „Stolz auf Scham".** Man könnte diesen intrapsychischen Balanceakt im Kind auch als den Anfang einer jeden menschlichen Moral ansehen und daraus eine **Theorie der psychodynamischen Moralentwicklung im frühen Kindesalter** ableiten. Das Gewissen führt allen Ausführungen nach also zu einer Ausgewichtung von Scham und Stolz über den Weg der Schuldanerkenntnis und Reue mit dem Bedürfnis nach zukünftiger Unterlassung der fehlerhaften Handlung und seiner baldigen Wiedergutmachung. Das Kind gewinnt auf diese Weise aus seinem eigenen Inneren heraus wichtige, positive Selbstanteile, in dem es den Fehler bzw. das Versagen freimütig anerkennt und korrigiert.

Diese positiven Selbstanteile werden noch bestärkt durch die unmittelbar resultierende, soziale Anerkennung und das erzieherische Lob. Hierin, so möchte ich es formulieren, liegt meiner Auffassung nach der natürliche Grund zur Ausbildung des Gewissens. Diese Aussage soll, und das muss noch einmal betont werden, nicht im Gegensatz zu den religiös oder in anderer Form kulturell abgeleiteten Definitionen von Gewissen stehen. Sie soll nur jene Grundlagen in der menschlichen Seele darlegen, die dazu dienen, dass sich religiöse Gebote und kulturelle Maximen im Kind überhaupt einrichten lassen und weiter entwickeln. Mit der hier gemachten Aussage über die Entstehung des Gewissens wird, ausgedrückt in neuropsychologischen Kategorien, jenes psychoorganische Gefäß konstruiert, in dessen Bauch fortan die soziokulturellen Maximen mit ihren Inhalten des recht schaffenden Handelns eingehen werden.

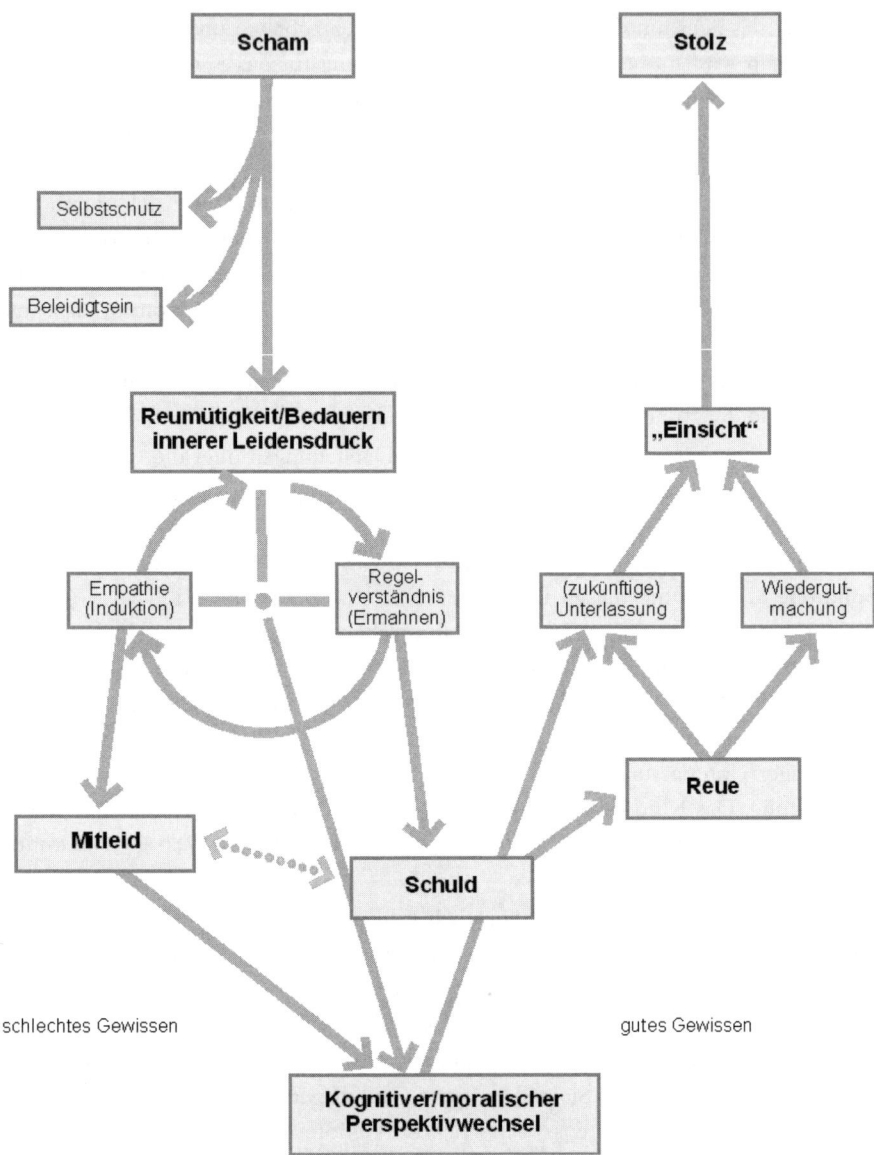

Abbildung 5: Gewissensbildung als psychodynamisches Modell

5.4 Gehorsam und Bedürfnisaufschub auf der Basis von Gewissen

Im Kapitel über Stolz und Scham habe ich bereits darauf hingewiesen, dass sich **Gehorsam** spontan aus dem Gefühl von Stolz entwickelt. Dieser Stolz entsteht aus dem Bedürfnis des Kindes, elterliche oder auch fremde erzieherische Anweisungen freimütig und mit Erfolg umzusetzen. Das positive Urteil einer für die Selbstbewertung anerkannten Person löst diesen Stolz beim Kind in besonderer Weise aus. Gehorsam aus diesem Blickwinkel betrachtet ist also nicht das Ergebnis einer bedingungslosen Anerkennung von Autorität und auch nicht ein Ergebnis von Unterwerfung unter die Macht des Stärkeren, z.B. aus Angst vor Strafe. Natürlicher Gehorsam ist eine freiwillige Einordnung des Kindes in das Regelwerk der – vorläufig nur in Teilen – begriffenen sozialen Gemeinschaft. Allerdings sind auch der Widerstand gegen die Autoritäten und der Ungehorsam ein ebensolches (fundamentales) Bedürfnis des Kindes, und zwar um weiterhin Selbstbehauptung zu üben und um die Toleranzgrenzen der Gesellschaft, vertreten durch die Autoritätspersonen Eltern und Erzieher(innen), zu erfahren und einschätzen zu lernen. Insofern geht an Erziehung kein Weg vorbei.

Der eigentliche Lohn für das Gehorchen ist den Ausführungen zufolge zunächst einmal ein rein persönlicher, innerer. Eine zusätzliche Belobigung durch Eltern und Erzieher ist beinahe unnötig. Ein unaufdringliches Lob ist allerdings nie falsch und erhöht die kindliche Motivation für den Gehorsam auch in Zukunft. Ich halte es für wichtig, an dieser Stelle noch einmal explizit darauf hinzuweisen, dass sämtliche rein behavioristischen Vorstellungen von einem sozial angepassten, die gemeinschaftlichen Regeln anerkennenden Verhalten des Menschen im Allgemeinen und des Kleinkindes im Speziellen zu kurz greifen, insbesondere weil solche Erziehungsstrategien das sozial angepasste Verhalten auf die Leitprinzipien von Lohn und Strafe reduzieren. Ganz nebenbei darf in diesem Zusammenhang die Frage gestellt werden, ob auch therapeutische Prinzipien, wenn sie auf reinen Konditionierungseffekten basieren, im Menschen überhaupt von nachhaltiger Wirkung sein können.

Allein entscheidend für bereitwillige Akzeptanz oder klare Ablehnung einer Regel durch das Kind ist dessen inneres Bild von sich selbst, welches entweder eine positive, wertzuschätzende Ansicht bietet, die es zu erhalten gilt und auszubauen lohnt, oder nur eine negative, scheinbar wertlose, welche letztlich einzig im Kampf mit den Autoritäten für den psychosozialen Fortbestand gerettet werden kann. Kurz gesagt: Das auf sich selbst stolze Kind gehorcht besser, das dauernd beschämte schlechter. Unabhängig von diesen sozialen Grundlagen für spontanen Gehorsam meine ich weiterhin, dass ein Kind ab einem gewissen Alter auch ein **Recht** darauf besitzt, verständliche Erklärungen zu einer Anweisung zu erhalten. Denn nur auf diese Weise kann seine Fähigkeit zur Einsicht und zum vernünftigen Handeln angesprochen werden und in Zukunft zum Tragen kommen.

Unter den Vorzeichen des schlechten und guten Gewissens setzt sich dieser gerade skizzierte, elementare pädagogische Prozess des Gehorsams im Kind weiter fort als kompliziertere Form einer sich ständig wiederholenden Selbstanerkennung. Durch das gute Gewissen verstärkt sich dieser Prozess sogar noch, weil das soziale Regelwerk, das dem Kind inzwischen immer mehr bekannt ist, den Gewissensvorteil klar herausstellt und soziale Erfolgserlebnisse auf diesen Grundlagen verspricht. Einen solchen sozialen Vorteil muss die Gesellschaft aber auch vorbildhaft anbieten.

Die so betonte Wichtigkeit der Einhaltung von Regeln verstärkt die Chancen des Kindes, in der Gemeinschaft erfolgreich zu agieren und dadurch Fortschritte in der Selbstentwicklung zu machen. Verstärkt wird hierdurch allerdings auch die Möglichkeit, fehlerhaft zu handeln, Verstöße zu begehen und dabei die Scham zu vermehren (s.u.). Aus beiden Aspekten der sozialen Selbstattribution leitet sich fast zwangsläufig ab, dass eine Gesellschaftsform, welche sich anarchische und von Willkür gekennzeichnete Grundprinzipien auf die Fahne schreibt, nicht damit rechnen kann, dass aus ihr Kinder hervorgehen, die ein starkes und gutes Gewissen entwickeln. Im Gegenteil, Kinder aus solchen Gesellschaften oder auch nur einzelnen Gemeinschaften gleichartiger Couleur werden eher egoistisch akzentuierte, auf den eigenen Vorteil und das Selbstüberleben konzentrierte Verhaltensformen in ihrem Nachwuchs erzeugen und weiter aufrecht erhalten. Dadurch werden die Kinder den Vorrang sozialer und gemeinschaftlicher Projekte als anstrebenswertes Ziel nicht anerkennen lernen und diese vielleicht sogar bekämpfen.

Aus den Vorläuferprozessen der Gewissensentwicklung ergibt sich, dass die gut attributierten Kinder grundsätzlich im Vorteil sind, denn sie können bereits auf eine von Stolz ausgezeichnete Gefühlsbasis aufbauen. Schlechter ist die Situation für überwiegend negativ attributierte, unter vermehrter Scham leidende Kinder, die der kritische Beobachter als besonders schüchtern und noch an Mutter oder Vater anhänglich erlebt, die aber in Form eines versuchten Befreiungsschlags plötzlich auch heftige Aggressionen herauskehren können. Derart ausgestattete Kinder versagen im weiteren Verlauf ihrer Sozialentwicklung immer häufiger hinsichtlich der gesellschaftlichen Ansprüche auf Kooperation. Sie zeigen im weiteren Verlauf ihrer Entwicklung einen stetigen Rückzug in die Depression oder in eine unbeherrschbare Aggression. Beide Reaktionsweisen aber nehmen in umgekehrter Richtung fehlerhaftes Handeln und Versagen in der Gruppe gleichsam vorweg. Denn aggressives Auftreten wie auch emotionaler Rückzug oder extreme Schüchternheit werden zumindest in unserer westlichen Kultur grundsätzlich als Fehler gewertet und lösen beinahe automatisch eine Spirale von Aktionen und Reaktionen aus, die das Kind immer weiter in seine Negativattributierung hinein treiben, oft bis an den Rand der psychischen Isolation.

Was ergibt sich nun rein praktisch aus diesen Ableitungen über Gehorsam und sozialem Versagen? Zunächst dürfte klar ersichtlich sein, dass die Prämissen des Trotzes und der Selbstentstehung, welche sich aus positiver und negativer Attributierung des Kindes zusammensetzen, im Gehorsam ihre unmittelbare Fortsetzung finden. Um das noch einmal zu betonen: das auf sich stolze Kind gehorcht prinzipiell besser, das von Scham betroffene Kind schlechter. Allerdings ist auch das beschämte Kind im Grundsatz bereit zu gehorchen, und zwar aus zwei Gründen: Erstens will ein solches Kind ebenfalls an den positiven Gefühlen der gesellschaftlichen Anerkennung teilhaben, wenn auch nur ein Funke von Stolz in ihm verblieben ist. Zweitens sind seine Scham und sein negatives Selbstbild oft so groß, dass ihm ein Aufbegehren gegen – positiv ausgedrückt – autoritative Ansprüche von Eltern und Erzieher(inne)n gar nicht möglich erscheint. Diese Form von Gehorchen ist jedoch weit mehr von Unterwürfigkeit und Demut gekennzeichnet als von bereitwilliger Regelanerkennung, was die Auswirkungen auf das gehorchende Kind selbst in dramatischer Weise ins Ungünstige verkehrt. Denn unterwürfiges oder devotes Gehorchen vermehrt letztendlich nur wieder die Scham und löst einen verderblichen Teufelskreis mit einem zunehmenden Verlust an Selbstachtung aus. Werden unterwürfige Empfindungen aus Gründen einer Selbstbefriedigung im Zusammenhang mit Sexualität vom betroffenen Kind zu kanalisieren versucht und zugleich als Sublimation unterdrückter Aggression in der weiteren Entwicklung scheinbar wieder positiv gewandelt, ist der damit eingeschlagene Weg in die sexuelle Fehlentwicklung eines Masochismus beinahe unausweichlich.

Ebenso gut können genau dieselben Gefühle in ein latent empfundenes, aggressives Sich-wehren-müssen ausmünden, was sich im späteren Leben des betroffenen Kindes, wenn es seine körperlichen Kräfte oder institutionellen Machtbefugnisse zulassen, in Gewaltexzessen Bahn brechen kann. Ich will an diesem Punkt aber Halt machen und nicht weiter auf die verschiedenen, pathologischen Fehlentwicklungen zu sprechen kommen, sondern möchte stattdessen drei grundsätzliche Empfehlungen für eine günstige Erziehungsstrategie zum Gehorchen ableiten:

1. Gehorchen gelingt am besten auf dem Boden eines gut attribuierten, überwiegend stolzen Selbst. Über die damit verbundene Stärkung von Selbstbewusstsein habe ich weiter oben gesprochen.

2. Freiwilliges Gehorchen ist die Grundlage für die Anerkennung des sozialen Regelwerks einer jeden menschlichen Gesellschaftsform.

3. Erzwungenes Gehorchen durch die Androhung oder Ausführung von Strafe in jeglicher Form schmälert automatisch den günstigen erzieherischen Effekt.

Zum Abschluss dieser Thematik möchte ich auf ein wichtiges, mit dem Gehorchen verbundenes Problem im menschlichen Verhalten zu sprechen kommen, dasjenige des Bedürfnisaufschubs oder der Lust- (bzw. Trieb-) Versagung. Im Bedürfnisaufschub, bzw. auch der Versagung eines auf sofortige Ausführung oder Erfüllung drängenden Wunsches in Form der **Selbstbeherrschung** wird das erlebte Prinzip des Gehorsams aus der unmittelbaren Interaktion mit den sozialen Partnern praktisch komplett in das emotional-kognitive Selbsterleben übernommen. In diesem Moment gehorcht das Kind also allein seiner Gewissensstimme, die ihm kraft der verinnerlichten, sozialen Regeln den potenziellen Verstoß und die nachfolgende Schuld (verbunden mit der Reue) vorab suggeriert. War Gehorsam bis dahin immer an die Anwesenheit der Autoritätsperson gebunden, wird er jetzt das Produkt der inneren Verhandlung von Stolz und Scham. Denn um nicht Scham in sich aufkommen zu lassen, geht das Kind im Gehorchen gleichsam unmittelbar in die Unterlassung lustvollen, aber des potenziell falschen Handelns über. Ein gewisser Trost ist ihm dabei, dass in diesem Fall die Unterlassung vielleicht nur eine vorübergehende ist. Sein Lohn ist wiederum der Gewinn an Stolz. Dieses Prinzip kann vom älter werdenden Kind eines Tages auf der Gewissensbasis mit religiösen sowie mit ethisch-moralischen Werten inhaltlich angefüllt und dadurch mental verankert werden. Dadurch wird es im weiteren Leben immer befähigter dazu, einer Übertretung von gesellschaftlichen Geboten allein aus sich selbst heraus dauerhaft zu widerstehen. Der Gehorsam wird somit zu einem Teil der Selbststruktur.

Dieses Verhaltensmuster des Gehorsams gilt nicht nur für das älter werdende Kind, sondern in seiner weiter entwickelten Form schließlich für Menschen jeden Alters. Die über dem eigenen Wunsch angesiedelte gesellschaftliche Regel, die dem soziokulturellen Wertesystem entnommen ist und dem heranwachsenden Menschen durch gesellschaftliches Vorbild und konkrete Belehrung durch Eltern und Erzieher(inne)n vermittelt wird, wird in den eigenen Denkstrukturen zunehmend als höchste Urteilsinstanz eingerichtet. Das ist, wie im vorigen Absatz ausgeführt, zunächst zwar immer nur auf den jeweiligen Einzelfall begrenzt, kann aber später in einem Schritt der Abstrahierung allgemeine, übergeordnete Formen annehmen (Maxime). Die Regel steht eines Tages stellvertretend für das gesamte erzieherische Prinzip, das vordem die Gesellschaft selbst oder deren Vertreter, Eltern, Erzieher, Gruppenführer usw. in Person ausgeübt hatten.

Der innere, sich selbst gezollte Gehorsam, der diese Entwicklung entweder im Aufschub, der Unterlassung oder in der vorübergehenden, gegebenenfalls auch endgültigen Versagung einleitet, erzeugt im weiteren Leben dieselben positiven Selbstbewertungen, wie es der rein erzieherische Gehorsam schon im frühen Kindesalter getan hat. Positive Selbstattributierung und Stolz auf sich selbst wirken demzufolge permanent weiter. Insofern lassen sich die hier aufgestellten Kriterien beinahe mühelos für jedes Lebensalter übernehmen. Voraussetzung ist allerdings, dass sich das Kind und der Heranwachsende mit dem gesellschaftlichen System, in dem sie leben, identifizieren können.

Um es noch einmal auch aus einer etwas anderen Sicht zu beschreiben: Ein gut attributiertes, auf sich selbst stolzes Kind kann Aufschub und Lust-Versagung sowie Regelanerkennung generell weit besser akzeptieren, als ein negativ attributiertes, von Scham und Schüchternheit erfülltes. Aber auch bei letzteren Kindern gilt, dass sie Aufschub von Wunscherfüllung, Versagung von Lust und Regelakzeptanz aushalten können, jedoch mit einem entscheidenden Unterschied. Ihre im Endeffekt doch nur fremde Ansprüche erfüllende Reaktion führt viel seltener und vor allem in viel geringerem Maß zu einer positiven Bewertung des Selbst, als bei den Anderen. Hingegen kann bei ihnen leicht eine ins Pathologische verkehrte, selbstquälerische Steigerung der Lust entstehen (s.o.). Eine solche Entwicklung würde dazu führen, dass bei ihnen das negative Selbstattribut im Sinne von: „ich mache ja sowieso alles falsch" und „ich bin schlecht" eine demütige Scheinerhöhung ausübt. Solche verbalen Selbstbezichtigungen sind bei den so beschriebenen Kindern sehr häufig wortwörtlich zu hören.

Ganz praktische Auswirkungen der Feststellungen über Bedürfnisaufschub und Lust-Versagung bei schambehafteten und schüchternen Kindern kennen alle Eltern und Erzieher im Umgang mit Belohnungen, kindlichen Kaufwünschen oder z.B. beim Süßigkeitenkonsum. Insofern möchte ich an dieser Stelle kurz darüber sprechen, obwohl die Anfänge dieser Probleme bekanntlich bis weit in das Trotzalter zurückreichen.

Die Versagung eines Kaufwunsches erzeugt bei Kleinkindern viel Spannung und Verdruss. Beispiele hierzu von quengelnden und bettelnden Kindern in Spielwarengeschäften und Kaufhäusern sind Legion, besonders bei den schlecht attributierten Kindern. Gerade diese Kinder sind aber besonders angewiesen auf Belohnungen und erwarten umgehende Erfüllung. Andernfalls bricht ihre Ertragensfähigkeit von Frustration und Untersagung schlagartig zusammen. Nun müssten aber gerade diese Kinder begriffen und in sich aufgenommen haben, was weiter oben in der Theorie über den Bedürfnisaufschub gesagt worden ist.

So ist zunächst einmal bei der Fülle der verlockenden Angebote in den Spielwarengeschäften und in den Supermärkten der Konflikt zwischen Eltern und Kind zwingend vorprogrammiert. Vom Anbieter solcher Waren können Eltern keine Hilfe erwarten, ihm sind Verkauf und Profit oberste Richtlinie. Da müssen Eltern schon selbst dafür sorgen, dass nicht jeder Kaufwunsch in Erfüllung geht. Das reine, unkommentierte Verbot erreicht dabei allerdings gewöhnlich wenig und führt, wie bereits herausgestellt, im Falle der schlecht attributierten, auf unbedingte äußere Befriedigung angewiesenen Kinder (ein Geschenk ergibt ein positives Attribut, s.o.) zu einem als oppositionell sich ausweitenden Trotzanfall. Lassen sich die Eltern jetzt um der „sozialen Schande" im Geschäft zu entgehen zu Nachgiebigkeit hinreißen, versteht das kognitiv inzwischen fortentwickelte Kind schnell, dass sich hier eine Möglichkeit zur Erpressung seiner Eltern auftut. Von dieser Möglichkeit machen wiederum die schlecht attributierten Kinder einen deutlich höheren Gebrauch.

Noch neben oder besser kurz nach einer konsequenten Versagung der Wunscherfüllung durch das unvermeidlich autoritär einschreitende Elternverhalten muss demzufolge ein beschwichtigender Kommentar für die erzieherische Konsequenz folgen. Dieser Kommentar muss die Weltsicht des Kindes gebührend berücksichtigen und dessen Sprachverständnisebene mit einbeziehen. Wie schon bei der Deeskalation am Beginn des Trotzgeschehens, ist auch in diesem Stadium darüber hinaus immer ein Tauschangebot sinnvoll. Es ist in einer solchen Situation den Eltern zu empfehlen, ihrem Kind etwas Kleineres und weniger Bedeutendes „stattdessen" zu kaufen, vielleicht sogar etwas Gesundes und Schmackhaftes zum Essen. Oder die Eltern könnten ihm versprechen, gleichsam als Trost zu Hause ein Spiel mit ihm zu spielen etc.

Das heißt konkret, dass die weitere Negativattributierung durch die elterliche Versagung unbedingt relativiert werden muss durch das Angebot einer positiv erscheinenden Alternative. Selbst wenn das Kind diese im Moment seiner Wut ausschlägt, erfährt es doch, dass die Eltern nicht allein um des Verbots willen handeln oder um ihre Macht zu auszuspielen, sondern aus einem bestimmten Grund, z.B. der Anhäufung von zuviel Spielsachen zu Hause oder zu hohen Kosten bei der Anschaffung. Außerdem erfährt das Kind, dass es trotz des wütenden Ausbruchs, der auch in seiner Vorstellungswelt eine fehlerhafte Übertretung im Regelsystem darstellt und damit zur Negativattributierung führt, seinen Eltern noch soviel wert ist, dass sie ihm eine Chance zur Wandlung in die Positivattributierung geben.

5.5 Defensive und offensive Persönlichkeitsmerkmale im Sozialverhalten

Die oben ausgebreitete Theorie über die Gewissensbildung, so wie sie von mir aus den dynamischen Wechselbeziehungen von positiven und negativen Selbstgefühlen (Stolz und Scham) im Kleinkind entwickelt worden ist (psychodynamische Moraltheorie der frühen Kindheit), muss nun über den Einzelfall hinaus auf ihre Tragfähigkeit im allgemeinen Verhalten von Kleinkindern und in ihrer Auswirkung auf die Gemeinschaft überprüft werden. Schließlich sind diese Überlegungen und Vorstellungen über moralisches Handeln bei Kindern noch weitgehend neu und heben sich grundsätzlich ab von den klassischen Vorstellungen über ausschließlich anerzogene und damit rein kognitiv erworbene Moralprinzipien. Letztere basieren ausschließlich auf den Grundlagen von Sitten und Gebräuchen (Konventionen), Religion, Sozialität oder im Einzelfall auch auf philosophischer Ethik.

Die psychodynamische Moraltheorie, deren Grundsätze ich den bisherigen Prinzipien des kindlichen Moralerwerbs in der Entwicklung voran stelle, möchte ich nicht als eine konkurrierende Idee zu den bisherigen, „klassischen" Vorstellungen und Interpretationen verstanden wissen. Vielmehr möchte ich sie einführen als deren tiefenpsychologische Ergänzung oder Untermauerung mit dem erklärten Ziel, dass vor jeder gesellschaftlich geistigen Überformung von Moralprinzipien deren elementare Grundlagen in der Entwicklung und Wechselwirkung der frühkindlichen Emotionen zu suchen sind. Dass bei der von mir entwickelten Konzeption der hauptsächliche Entwicklungsweg in der inneren Welt des Kindes zu suchen ist, speziell in der Ichstruktur und der Selbstbewertung mit allen ihren Licht- und Schattenseiten, liegt an meiner Überzeugung. Denn ich bin der Auffassung, dass gerade in diesem ursprünglichen, psychodynamischen Geschehen des Menschen, die Wurzeln zu jeglichem pro- oder antisozialen Handeln zu finden sind.

Von großer Bedeutung und Aussagekraft in diesem Zusammenhang sind meiner Auffassung nach die entwicklungspsychologischen Studien von Jutta Kienbaum, die sie in ihrer Schrift über die „Entwicklungsbedingungen prosozialer Responsivität in der Kindheit" (2003) veröffentlicht hat. Die Veröffentlichung ihrer Studien, die zugleich einen guten, historischen Überblick über vorausgegangene Untersuchungen an Kindern bezüglich ihrer Entwicklung zu **prosozialem Verhalten** beinhalten, zeigt eine gute Übereinstimmung mit dem in dieser Abhandlung vorgetragenen Modell über die frühkindliche, emotionale Entwicklung.

Zugrunde gelegt wird auch von Jutta Kienbaum die Vorstellung, dass sich die Sozialisation des Menschen auf angeborenen Charakteranlagen vollzieht, die sich in der Wechselbeziehung mit der realen Lebensumwelt des Kindes zur individuellen Persönlichkeit ausgestalten. Dabei sprechen Ihren Aussagen nach die Studien der Zwillingsforschung entgegen landläufiger Meinung für eine eher schwache erbliche Prägung solcher im Charakter festgelegten Sozialisationsanlagen. Die weitaus stärkere Ausgestaltung dieser Anlagen erfolgt durch die Bedingungsstrukturen in der unmittelbaren sozialen Lebenssituation in früher Kindheit, sprich in der Familie und in den spezifischen Existenzbedingungen. Das deckt sich mit dem von mir vorgelegten Sozialisationsmodell.

Ohne Frage wird sich aber die Sozialisation eines Menschen immer auch den jeweils aktuellen, zeitnahen, lebensgeschichtlichen Umständen und dem momentanen sozialen Kontext anpassen und unterwerfen müssen, so dass in der grundsätzlichen Betrachtung zur sozialen Entwicklung eines Menschen zunächst einmal nur von einer Generallinie gesprochen werden darf. Diese Generallinie zieht sich allerdings klare Konturen in Form einer starken Eingrenzung der Persönlichkeit auf die erwähnten Grundbedingungen und -verhältnisse in der individuellen Anfangsentwicklung.

Demzufolge wird ein sicher gebundenes und erfolgreich losgelöstes Kind mit von Stolz überlagerter Scham mit allerhöchster Wahrscheinlichkeit in seiner Schulzeit und Adoleszenz ein beständig prosoziales Verhalten aufweisen, welches nur durch schwere Erschütterungen oder Herausforderungen aktueller Lebensumstände an seine Grenzen geführt wird. Umgekehrt wäre ein unsicher gebundenes, weniger erfolgreich losgelöstes und überwiegend von Scham und Selbstzweifel aufgewachsenes Kind im Schulalter und in der Adoleszenz stark gefährdet, unsoziales Verhalten an den Tag zu legen, es sei denn, glückliche, aktuelle Lebensumstände erleichterten ihm den inneren Durchbruch zu Prosozialität schließlich doch noch. Zu diesen glücklichen Umständen zählte dann auch die Veranlagung zu hoher Intelligenz. Stark aggressive Anlagen oder lebensgeschichtliche Prägungen wirkten sich hingegen zusätzlich ungünstig aus, regressive Strukturen wiederum könnten auch günstige Auswirkungen haben.

Die Untersuchungen von Jutta Kienbaum mit Rückgriff auf die zahlreichen früheren Untersuchungen und Beobachtungen zu demselben Thema, kommen zu ganz ähnlichen Ergebnissen. Kienbaum stellt in ihren Studien die Entwicklung und das Verhalten des zu untersuchenden Kindes in ein Kräftedreieck von „Personvariablen des Kindes". Damit meint sie erstens das Geschlecht, zweitens die Anlage zu Schüchternheit und Aggressivität, und drittens die „familiäre und außerfamiliäre Sozialisation". Hierzu werden in ihrer Arbeit zwei Standardsituationen konstruiert, die in einem Testverfahren statistisch ausgewertet werden.

Die entwicklungspsychologisch schwierigen Begriffe Schüchternheit für Gehemmtheit oder, wie ich sagen würde „defensives" Verhalten, sowie triebgestützte Aggressivität (s.u.) für Offenheit oder besser „Offensivität" werden in dieser Arbeit zunächst einmal definiert. Dabei zeigt es sich, dass Schüchternheit offenbar zwei Facetten im Seelenleben aufweist, nämlich eine Schüchternheit, die sich aus der ursprünglichen Fremdenangst ergibt („Fremdengehemmtheit") und eine solche, die sich aus der Scham herleitet („Bewertungsgehemmtheit"). Die von mir an dieser Stelle verwendeten Begriffe Fremde, bzw. Fremdeln und Scham sind bezüglich ihrer realen Entstehung des zugehörigen Gefühls aus dem vorliegenden Text vertraut und bedürfen daher keiner zusätzlichen Erklärung. Kienbaum geht in ihrer Auffassung hinsichtlich der Entstehung solcher Gefühle allerdings von weitgehend angeborenen Verhaltensmustern aus.

Aggression wird in den zitierten Studien in seiner ursprünglichsten Funktion im menschlichen Verhalten als Eigenschaft des „auf den anderen zugehen" verstanden. Hier gibt es eine gewisse Deckungsgleichheit zu dem weiter oben von mir definierten Unterschied zwischen einer ganz natürlichen und angeborenen Form von Aggression, die zur Selbstverteidigung und Selbstbehauptung dient, und einer erst reaktiv im Sozialleben entwickelten, die in übersteigerter oder bereits pathologischer Form attackierende und destruktive Elemente annimmt.

Diese Ähnlichkeit im Begriffsgebrauch der Aggression erhält ihre besondere Bedeutung durch die mehrfach festgestellte Tatsache, dass „Aggressivität" bei Jungen erwartungsgemäß empathisch-prosoziales Handeln behindert, bei Mädchen jedoch fördert. Das lässt sich nach Jutta Kienbaum folgendermaßen erklären: Der im ursprünglichen Sinn positive Beiklang jedes aggressiven Impulses entspringt bei Mädchen viel weniger der Abwehr potenzieller Gefahren und Bedrohung als bei Jungen. Vielmehr dient er bei Mädchen allein seinem ursprünglichen Verhaltensauftrag, nämlich offensiv auf den Anderen zuzugehen und sich selbst vor diesem zu behaupten.

5.5.1 Aggressivität und ihre Rolle im Sozialverhalten

Diese Form von Aggression darf man getrost als prosozial bezeichnen, und sie nutzt den Mädchen aus genannten Gründen weitaus besser als den Jungen. So dient sie auch dazu, empfundene Schüchternheit zu überwinden. Demzufolge ist es mit der gesellschaftlichen Erwartungshaltung, wenn es um die Geschlechterzuordnung geht, hinsichtlich Aggressivität und Schüchternheit genau umgekehrt, wie allgemein festzustellen ist. Das heißt Aggressivität wirkt sich für Mädchen günstiger aus, als für Jungen, Schüchternheit hingegen für Jungen günstiger als für Mädchen. Wie ist das zu verstehen? Mädchen brauchen ihre Aggressivität für eine bessere Durchsetzungskraft in der Gesellschaft. Sie sollten sich die angeborenen, aggressiven Impulse bis zu einem gewissen Grad erhalten dürfen. Jungen hingegen sollten zu weniger Aggressivität erzogen werden. Ihnen nützt vielmehr die Schüchternheit, die die Zurücknahme kämpferischer Impulse bewirken kann.

Dass man diese Erkenntnisse in der Gesellschaft ganz anders sieht, hat etwas damit zu tun, dass geringe Aggressivität und Schüchternheit bei Mädchen den Erwartungsnormen viel besser entspricht und daher gerne verziehen wird. Bei Jungen hingegen wird Schüchternheit eher argwöhnisch betrachtet und zum Teil massiv abgelehnt. Ganz gegenteilig wird von Jungen ein stärker aggressives Auftreten gefordert, was dem Männlichkeitsideal entspricht.

5.5.2 Schüchternheit und ihre Rolle im Sozialverhalten

Ein schüchternes Mädchen, um auf die Untersuchungen von Jutta Kienbaum zurückzukommen, ohne genügend aggressiven Impuls zeigt mit vier bis fünf Jahren, oder auch schon früher, nachweisbar weniger prosoziales Handeln und weniger Hilfsbereitschaft für andere, als ein entgegengesetzt veranlagtes. Es entwickelt geringeren Altruismus, da es sich nicht getraut, auf den anderen Hilfesuchenden beherzt zuzugehen. Den mit einem größeren aggressiven Impuls ausgestatteten Mädchen gelingt das erwünschte, prosoziale Verhalten sehr viel besser, so dass Eltern und Erzieher(innen) sich zu der pädagogischen Empfehlung bekennen sollten, einem Mädchen seine aggressiven Elemente nicht wegzunehmen.

Bei Jungen liegen die Dinge insgesamt etwas komplizierter. Schüchterne Jungen ohne starke aggressive Veranlagung integrieren sich leichter in die Gemeinschaft. Haben sie neben der Schüchternheit jedoch gleichzeitig eine starke, aggressive Veranlagung, nützt ihnen ihre Zurückhaltung offensichtlich wenig. Denn bei Jungen ist der aggressive Impuls gleich sehr viel stärker auf persönliche Bedrohung und rivalisierende Konkurrenz ausgerichtet. Daher verstärkt in diesem Fall die Aggressivität auf paradox erscheinende Weise die geringe Bereitschaft zum sozialen Handeln. Ihm im Wege steht das der Aggressivität innewohnende Konkurrenzdenken, das Hilfsbereitschaft grundsätzlich unterdrückt. Demzufolge sollte einem schüchternen Jungen nicht der Auftrag erteilt werden, sich besonders aggressiv in Szene zu setzen, denn das Ergebnis wäre schnell das Gegenteil des Erwünschten. Solche Aufforderungen ergehen aber gerne gerade an sanft erscheinende, defensiv eingestellte

Jungen. Der einzige Weg zu mehr Hilfsbereitschaft bei Jungen verläuft über die Stärkung von Empathie und Mitleid.

Schüchternheit wird wie schon angedeutet in unserer Gesellschaft bei Jungen nicht gerne gesehen. Dadurch ist ein Junge im Falle einer Veranlagung zu schüchternem und defensivem Verhalten, verbunden mit schlechterem Sozialverhalten (s.o.), viel stärker den korrigierenden Reaktionen seitens seiner Umwelt ausgesetzt als ein Mädchen. Dabei spielt, Untersuchungen von Jutta Kienbaum zufolge und anders als zu erwarten, gerade der Einfluss von *Erzieherinnen* im Kindergarten interessanterweise eine größere Rolle als die Erziehungsbemühungen der eigenen Mutter. Auf diese Feststellung werde ich gleich im Zusammenhang mit dem fehlenden väterlichen Vorbild und im Rahmen der frühen Fremdbetreuung noch mehrfach zu sprechen kommen.

5.5.3 Das väterliche und mütterliche Vorbild

Ich möchte zunächst aber noch einmal bei der Frage der Sozialisation von Jungen bleiben. Ohne auf die zahlreichen Untersuchungen im Einzelnen eingehen zu wollen, lässt sich mit einiger Sicherheit sagen, dass bezüglich eines Rollenvorbilds und Verhaltensideals für die Jungen die Väter sehr viel wichtiger sind als die Mütter. Die Väter üben in ihrer Vorbildfunktion bei der nicht direktiven Erziehung eindeutig den größeren Einfluss von beiden Elternteilen aus. Die Gründe hierfür sind nahe liegend; den Vätern kommt neben der Rolle des „Loslösungmodells" aus der primären Bindung und der Vorbildfunktion für die Autonomie jetzt auch die geschlechtliche Identifikation des Kindes zur Einordnung in seine gesellschaftlich vorgegebene Rolle zu. Was aber in der Familie für die Väter gilt, gilt außerhalb der Familie auch für jede andere männliche Person, die mit der Loslösung in Verbindung gebracht werden kann und die dadurch Idolfunktion übernimmt.

Die Erzieherinnen in den Kindergärten besitzen unter Beachtung der gerade aufgestellten Prämissen nun Eigenschaften sowohl der mütterlichen (Bindung) als auch der väterlichen (Loslösung) Seite. Da es so gut wie keine männlichen Erzieher in den Kindergärten gibt, müssen sie auch vor allem von den Jungen auf diese Eigenschaften festgelegt werden. Das erklärt die große Bedeutung der Erzieherinnen gerade für die Jungen.

Auch für die Mädchen ist die Vorbildfunktion des Vaters über die Loslösung hinaus von großer Wichtigkeit, jedoch spielen hier wegen der Gegengeschlechtlichkeit andere Einflüsse eine Rolle. So wird für sie das Bild des Vaters zum Urmodell für alle männlichen Verhaltensformen und prägt zugleich auch ihre ersten Gefühlserlebnisse im sexuellen Kontext. Letzteres ist jedoch nicht so zu verstehen, dass hier Phantasien einer partnerschaftlichen Beziehung ausgelebt werden. Das ödipale Konzept aus der klassischen Psychoanalyse findet in meiner Vorstellung keine Anwendung mehr (s.o.). Es geht den Mädchen vielmehr um die Erfahrungen von Nähe und Distanz in den Äußerungen ihrer kindlichen Vaterliebe.

Die eigentliche Identifikation der Mädchen bezieht sich wegen der Gleichgeschlechtlichkeit viel stärker auf die Mütter, ein Faktor, der wegen deren ursprünglicher Funktion als primäre Bezugsperson auf natürliche Weise viele Spannungselemente hervorruft. Demzufolge profitieren die Mädchen, was ihre Loslösung und Autonomie anbelangt, in einem besonderen Maße von einem starken Vatervorbild. Das mütterliche Vorbild führt sie grundsätzlich in die Bindung zurück.

5.5.4 Der fehlende Vater im Kinderzimmer

Steht nun jedoch, wie in vielen Fällen unserer westlichen Industriegesellschaft, der Vater nicht oder nur unzureichend zur Verfügung, greifen besonders die Jungen, das weisen auch die Untersuchungen von Jutta Kienbaum aus, in ihrer Suche nach einer Leitfigur für die gelingende Loslösung nicht wieder auf die Mutter zurück (mit der erschwerten Loslösung), sondern wenden sich einer „dritten" Person mit Bezugskontinuität zu, die in der Regel eine Erzieherin im Kindergarten ist. Vermutlich wäre es allein dieser Beobachtung zufolge besser, es gäbe in den Kindergärten, -horten und -krippen auch ausreichend männliche Betreuungspersonen. An solche Erzieher würden sich die Jungen höchstwahrscheinlich dann mit Vorliebe halten. Wie allgemein bekannt ist, ist der Erzieherberuf für Männer jedoch äußerst unattraktiv. Dennoch sollten sich die Männer über ihre grundsätzlich große Bedeutung, die sie auf die Sozialisation von Jungen ausüben, im Klaren sein.

Erleben nun die Mädchen eine unzureichende Verfügbarkeit ihrer Väter, haben diese anders als die Jungen eine stärkere Tendenz zur Rückbindung an die eigenen Mütter, was nun sowohl unter den Bedingungen der Gleichgeschlechtlichkeit als auch unter dem starken Bedürfnis nach Autonomie ein besonders hohes Spannungspotenzial erzeugt. Über die Folgen der erschwerten Loslösung habe ich, noch auf beide Geschlechter bezogen, in den vorangegangenen Kapiteln ausführlich gesprochen.

Durch diese Rückbindungstendenz an die Mutter ergibt sich im Falle der Nichtverfügbarkeit eines Ersatzloslösungsvorbilds, dass die erschwerte Loslösung bei Mädchen ein größeres Konfliktpotenzial mit sich bringt als bei Jungen. Die Jungen suchen sich leichter ein Ersatzloslösungsvorbild, z.B. in der Erzieherin oder einer anderen familiären Person. Die denkbare Schlussfolgerung, dass unter den Bedingungen der erschwerten Loslösung die Jungen nun grundsätzlich besser wegkämen, entspricht jedoch nicht der Empirie. Nur in Einzelfällen hat es sich bewahrheitet, dass eine konstante und einfühlsame Erzieherin als Ersatzbezugsperson die Loslösung effektiv vorangebracht hat. Es müssen wohl bisher nicht bekannte, weitere variable Faktoren dazu kommen.

5.6 Das Gefühl von Recht, Unrecht und Gerechtigkeit

Ich möchte nun auf die Vorstellungen des Kindes von einer Gerechtigkeit an sich, von der Sühne für eigenes Fehlverhalten sowie von der Ungerechtigkeit im Handeln anderer gegenüber zu sprechen kommen. Denn erst mit der Ausbildung des Gewissens können solche im gemeinschaftlichen Leben und in der Sozialisation wurzelnden Empfindungen tatsächlich erfahren und verstanden werden. Im Kapitel über den Trotz hatte ich im Rahmen der Besprechung der Rivalität die Geschichte von der unrechtmäßigen Wegnahme eines herumliegenden Schüppchens zum Anlass genommen, auf die Unmöglichkeit einer gerechten Lösung für derartige Konflikte durch den erzieherischen Einsatz der Eltern hinzuweisen. Ich kam zu dem Ergebnis, dass Kinder vorläufig kein Rechtssystem für Besitz verstehen und alles das als rechtmäßig für sich beanspruchen, dessen Nutzen und Gebrauch sie im Moment erkennen bzw. ausüben wollen. Diesen kindlichen Anspruch führte ich auf das Utilitarismusprinzip zurück. Dieses steht in der entwicklungsbedingten Vorphase sozialer Integration mangels geistiger Verfügbarkeit einer Rechtsnorm als Entscheidungsgrundlage für eigenes Handeln über den tatsächlichen Besitzverhältnissen. Jetzt etwa eineinhalb bis zwei Jahre später sehen die Dinge dann schon anders aus.

Im Rahmen des sozialen Handelns und der empathischen Prosozialität (s.o.) kann das Kind jetzt erkennen, dass es nicht einfach etwas wegnehmen darf, das ihm nicht gehört. Denn auf eine sehr einfache Weise versteht es nun, dass es so etwas wie **Eigentumsverhältnisse** gibt. Dabei versteht es zwar immer noch nicht, dass es übergeordnete, allgemeine Besitzrechte als gesellschaftlichen Kodex gibt, den es zu respektieren gilt, aber es versteht immerhin, dass die Vorstellungen von das ist „meins" und das ist „deins" etwas mit persönlicher Bestimmungsmacht über die Gegenstände zu tun haben. Diese Bestimmungsmacht darf jetzt Anderen nicht mehr ohne weiteres streitig gemacht werden. Übertritt es dennoch dieses Gebot, so entsteht inzwischen auf Gewissensbasis ein Schuldempfinden, das zwar noch nicht justiziabel ist, dass aber doch schon Reue auslöst und nach Wiedergutmachung drängt. Eine solche Wiedergutmachung besteht in diesem Zusammenhang immer in der freiwilligen Zurückgabe. Für die hierzu notwendige, gedankliche Schlussfolgerung ist wiederum das Gewissen zuständig, und zwar zunächst noch allein auf dem Boden prosozial ausgerichteter Gefühle. Denn, was einstweilen im geistigen Gebäude noch fehlt, ist die theoretisch geschlussfolgerte Erkenntnisleistung zu den persönlichen Grundrechten. Immerhin können Eltern und Erzieher(innen) jetzt aber erwarten, dass das Kind einsichtig handelt und den widerrechtlich an sich genommenen Gegenstand ohne großen Protest zurückgibt.

Neben den Besitzverhältnissen und der Anerkennung von Rechtmäßigkeit steht das Gewissen unbedingt und von Anfang an auch für den richtigen Umgang mit Schmerzverursachung anderen Menschen gegenüber, das heißt für deren zwingende Unterlassung. Wahrscheinlich noch vor den Besitzfragen oder zumindest parallel mit diesen kommt die Frage des grundsätzlichen Rechts auf **körperliche Unversehrtheit** eines anderen Menschen auf.

Im zweiten Lebensjahr gehörte die Zufügung von Schmerz, z.b. auch der primären und sekundären Bezugsperson, häufig zu den kleinen, aggressiv unterstützen Angriffen im Rahmen der Loslösung. Ganz am Anfang erlebt das Kind dabei weder Mitleid noch Schuld. Erst im Rahmen der aufkommenden Empathie mit gut einneinhalb Jahren, das heißt mit dem Zuwachs an Einsichtsfähigkeit in die Empfindungen des anderen Menschen, entwickelt das Kind so etwas wie ein Mitgefühl in die nicht mehr dem Selbst zugehörigen Lebenslage des Anderen. Das hatte erstens etwas mit der Erfahrung des nun selbstständig und ureigen gewordenen Selbst in der Loslösung zu tun, verbunden mit dem Verständnis davon, dass auch der Andere ein eigenes Selbst besitzt. Zweitens entwickelte das Kind jetzt schrittweise die Erkenntnis, dass der beim Anderen erlebte Schmerz kein anderer ist als der am eigenen Körper erlebte.

Seitdem, so war es formuliert, sollten Eltern die Reue und das Mitleid im Kind fördern, in dem sie den „aggressiven" Akt dazu benutzen, ja geradezu missbrauchen, das einen selbst „verletzende" Handeln mit etwas übertrieben gespielter Betroffenheit zu quittieren (Induktion, bzw. Anstiftung zum Mitleid). Diese Methode gelingt prinzipiell nicht nur an sich selbst, sondern auch in Bezug auf andere Kinder oder andere Menschen überhaupt (s.o.). Die Missbilligung einer solchen aggressiven Attacke und die eigene Verärgerung darüber sollten über die Technik der Induktion hinaus durch Schimpfen sowie ärgerliche Mimik und Gestik dem Kind klar und deutlich erkennbar gemacht werden. Letztlich kommt es dabei auf den mit der ärgerlichen Reaktion verbundenen „Übertragungseffekt" an, dem Kind Gewissensbisse zu verursachen und es dazu aufzufordern, sich um den Trost seines „Opfers" zu bemühen. Diesen Vorgang würde man am besten als „ein Gewissen machen" beschreiben; nur „ein Gewissen machen" deshalb, weil sich die Interaktionen noch vor der eigentlichen Entstehung des Gewissens abspielen. Der Vorteil solcher induzierten „Spiel- oder Theaterszenen" ist, wobei jetzt Drohen, Schimpfen, und Belehren eingeschlossen sind, dass das Kind

a) Einsicht in sein unrechtmäßiges Handeln gewinnt und

b) im Trösten und der damit verbundenen Wiedergutmachung zugleich Selbststärkung erlebt.

Im Zuge des Verständnisses von der einsetzenden Gewissensbildung ab etwa dem 4. Lebensjahr lassen sich die Zusammenhänge der Induktion also erst richtig verstehen.

Induktion im Sinne „ein Gewissen machen" ist also ein Mittel, schmerzhafte Angriffe des Kindes auf die eigene Person, aber auch mutwillige Zerstörung von Gegenständen, mittelbar abzuwehren und zu verhindern. Ziel ist es, dabei erste frühe Gefühle (Vorahnungen) von Schuld, Reue und Mitleid, sowie dem Bedürfnis nach Unterlassung und Wiedergutmachung beim Angreifer auszulösen. Das gleiche gilt für Angriffe auf andere Kinder oder, was eher selten vorkommt, andere Erwachsene (z.B. Großeltern). Ziel ist es immer, solche Angriffe auf Dauer zu unterbinden. Die Untersuchungen von Jutta Kienbaum (s.o.) und anderer Wissenschaftler belegen an etwas älteren Kleinkindern und Schulkindern eindeutig, dass solche Induktionsstrategien in der frühen Kindheit sich positiv auf das spätere Sozialverhalten auswirken.

Als weiteres Grundmotiv für Gewissensregulierung steht neben den bereits besprochenen Eigentumsfragen und der körperlichen Unversehrtheit des Mitmenschen die Frage nach der Anerkennung und der **Würde des Anderen**. Aus der Würde des Anderen ergibt sich automatisch der erforderliche Respekt, der jedem anderen Menschen grundsätzlich zu zollen ist. Alle Eltern und Erzieher(innen) wünschen sich diesen Respekt seitens der Kinder ihnen als Erwachsenen gegenüber. Außerdem soll er auch den anderen Kindern gegenüber erwiesen werden. Die Würde eines Menschen hat bei Kleinkindern zunächst aber noch keinerlei Bedeutung. Grundsätzliche Anerkennung dafür, Mensch zu sein oder ganz allgemein ein Lebewesen, ist ein viel zu abstraktes Denken, als dass es von einem Kleinkind vollzogen werden könnte. Ebenso abstrakt ist natürlich auch die Vorstellung, Achtung und Respekt deswegen vor einem Menschen zu haben, weil dieser älter ist und mehr Erfahrung besitzt.

Aber in sich selbst so etwas wie Würde spüren kann ein Kind ab etwa zwei bis drei Jahren bereits. Das Gefühl für Würde entsteht offenbar parallel mit der Entstehung des Selbst und den in ihm verankerten positiven und negativen Attributen. Kinder können sehr leicht beleidigt sein, wenn sie meinen, Ihre Würde sei verletzt, und die **Beleidigung** ist ganz offensichtlich auch für Kinder ein sehr unangenehmes Gefühl (s.o.). Menschliche Würde auf die Gefühlsebene gehoben ist für Kinder so etwas Ähnliches wie Stolz auf das erworbene Selbst. Die Ursachen für die Beleidigung liegen demzufolge in der Verletzung des Stolzes und der Auslösung von Scham. Sie haben immer etwas mit persönlicher Entwertung und Kränkung zu tun (Negativattribuierung). Beleidigtsein rückt in die Nähe der Scham, die in diesem Fall jedoch eine allein von außen zugefügte Scham im Sinne von **Beschämung ist**. Ein beleidigtes Kind reagiert demzufolge ganz ähnlich wie bei der Scham.

Die Art von Entwertung, die die Beleidigung hervorruft, darf auch im Auge des Kindes nie durch ein eigenes Fehlverhalten erzeugt worden sein. Somit spiegelt sie grundsätzlich eine ungerechte Behandlung wider. **Die persönliche Entwertung oder Beleidigung ist allem zufolge der eigentliche Ursprung für das Gefühl der Ungerechtigkeit.** Beobachtbare Zeichen für Beleidigtsein sind demonstrativer Rückzug aus der kritischen Situation und starkes Schmollen, aber auch wütend-aggressive Auftritte und herzzerreißendes Weinen. Ob ein Kind in solchen Augenblicken offensiv oder defensiv auftritt, hat neben seinen Anlagen sehr viel mit seiner bisherigen Biographie zu tun. Das Maß von Stolz und Scham spielt auch hier wieder die entscheidende Rolle. Je schneller ein Kind beleidigt reagiert, desto schlechter ist, davon ist auszugehen, die Lage seines Selbstbewusstseins. Die gerade beschriebenen Konditionen von Würde und Beleidigung gelten im Erwachsenenalter weiter fort.

Eine persönliche Erfahrung von Verletzung der Würde und damit verbundenem Beleidigtsein macht jedes Kind schon früh in seinem Leben, z.B. durch übermäßiges Ausgeschimpftwerden, durch ungerechtfertigte Strafen, durch Zurücksetzung in der Gruppe bei einer Partnerauswahl für die Gruppenspiele oder durch einen ihm unberechtigt erscheinenden Ausschluss aus der altersgleichen Gruppe. In solchen Fällen kann die Entwicklung des Gewissens nun generell dazu beitragen, dass die erlebte Schmach nicht einem anderen Kind oder überhaupt einem anderen Menschen im Sinne der Rache sofort zurückgegeben wird, selbst wenn die Macht dazu bestünde, oder die Gruppe dieses einforderte. Eine Abmilderung der eigenen Negativattribution bewirkt das Gewissen hingegen nicht.

Daher scheint gerade diese Gewissensregung besonders schwierig in der Einhaltung zu sein, denn das gegenseitige Beleidigen findet in den Kinderzimmern oder in den Kindergärten in großem Umfang statt. In solchen Fällen sollten Eltern und Erzieher(innen) mit eindringlichen Worten dafür sorgen, dass das Gewissen derjenigen, die diese Schranken immer wieder übertreten, noch stärker angeregt (induziert) wird.

Das Beleidigen mit Schimpfworten wird in den Kindergärten und in der Gruppe der Gleichaltrigen zeitweilig geradezu zelebriert und von jedem noch nicht infizierten Kind schnell aufgegriffen und imitiert. Der Reiz liegt offenbar darin, eine prompte emotionale Reaktion des Anderen auf eine wenig aufwändige und damit effektreiche Weise hervorrufen zu können. Im Rahmen solcher Verbalattacken besondere Machtgefühle zu empfinden, und zwar allein durch die treffsichere Wortwahl, spielt eine gewichtige Rolle im menschlichen Leben. Erreicht das Kind auf diese Weise das, was es will, wird der Effekt des verbalen Angriffs auch an fremden Kindern auf der Straße, an unbekannten Erwachsenen, und mit Vorliebe auch an den eigenen Eltern ausprobiert. All das müssen Eltern und Erzieher(innen) noch dem Normalen hinzu zu rechnen. Das regelrecht unflätige Beleidigen eines anderen mit fäkalen Schimpfworten dient allerdings überwiegend dem aggressiv-provokativen Verhalten und bewegt sich damit am Rande des Normalen. Es wird in diesem Zusammenhang von allen Kindern genutzt und sollte regelmäßig zu einer Zurechtweisung führen.

Eine weitere wichtige regulative Funktion nimmt das Gewissen im Rahmen von eigener Vorteilsnahme oder zielgerichteter Übervorteilung eines Anderen ein. In diesem Zuge ist auch über das Phänomen des Lügens, bzw. der „**Umdeutung von Wahrheit**" zu reden. Das Kleinkind kennt ursprünglich keinen wertmäßigen Unterschied zwischen Wahrheit und Ehrlichkeit auf der einen Seite, und verbaler Erfindung und reiner Phantasiegeschichte auf der anderen. Vor allem dann, wenn alle diese Spielarten der Realität, letztendlich ist die Unwahrheit auch eine mögliche Denkweise, dem eigenen Vorteil dienen, macht das Kleinkind von ihnen beinahe unterschiedslos Gebrauch.

Formen der verbalen Erfindung zum eigenen Vorteil und eigennützige Realitätsumdeutungen bezeichnet man in der Erwachsenenwelt als **Lüge.** In der Regel sind Erwachsene aufgebracht und entsetzt, wenn ein Kind sich dieses Mittels zur persönlichen Entschuldung oder Vorteilsgewinnung bedient. Eine solche Empörung wäre bezogen auf die Altersklasse der jungen Kleinkinder den zurückliegenden Ausführungen zufolge neu zu überdenken.

Denn erst mit der Ausbildung des Gewissens entwickelt das Kind die Fähigkeit, den höher zu wertenden Umgang mit der Wahrheit über die ausgedachte Geschichte zum persönlichen Vorteil anzuerkennen. Die Schwierigkeit in dieser Urteilsleistung besteht jedoch darin, dass ein Kind dieses Alters noch in ein absolut egozentrisches Weltbild eingebunden ist. Ich hatte im Zusammenhang mit der positiven Selbstattribuierung (s.o.), aber auch mit den frühesten Besitzfragen, schon auf diesen Sachverhalt hingewiesen und das Bedürfnis des Kindes herausgestellt, grundsätzlich all jenem den Vorzug geben, das offenkundig sein Selbst aufwertet. Demzufolge wird es auch im Umgang mit der Wahrheit alle Mechanismen einsetzen, diesem Ziel näher zu kommen.

Das Gewissen muss es nun dabei lehren, dass genau dieser Grundsatz zu korrigieren ist, und dass es höherwertige Ziele gibt, als den eigenen Vorteil. Ein solches übergeordnetes Ziel würde das Kind jedoch nur dann akzeptieren, wenn ihm Lohn und Nutzen aus dieser höheren Bewertung erwachsen. In diesem Punkt liegt nun eine große Aufgabe der Erziehung, mit der ich mich aber erst im nächsten Unterkapitel befassen will.

An dieser Stelle möchte ich noch einmal die vier Hauptaufgaben im Sozialverhalten zusammenfassen, die vom Vorschulkind mit der Ausbildung des Gewissens zu lösen sind:

a) frühe Regelung von Eigentums- und Besitzrechten,

b) Anerkennung der körperlichen Unversehrtheit eines anderen Menschen,

c) Respekt vor der Würde des Anderen,

d) die Unterscheidung von Lüge und Wahrheit mit dem Vorzug der letzteren auch gegen eigene Interessen.

Genau genommen gehört das Lösen dieser vier Aufgaben zu jenen Tugenden, die in unserer Gesellschaft für ihre humanen und demokratischen Funktionen ganz oben auf der Liste stehen, und die jedes Kind erlernen und anwenden muss, um in der menschlichen Gesellschaft erfolgreich bestehen zu können.

Daher möchte ich mich abschließend noch einigen ganz konkreten Fragen zum frühesten Gerechtigkeitsempfinden im menschlichen Leben zuwenden. Kleinkinder im Kindergartenalter streben ganz offensichtlich schon stark nach Gerechtigkeit oder dem, was sie in ihrer egozentrischen Weltsicht dafür halten. Insbesondere in Situationen, in denen sie sich im Nachteil wähnen oder sich tatsächlich befinden, verlangen sie nach einer für sie gerechten Lösung. Diese gerechte Lösung ist bei genauerem Hinsehen aber beinahe immer das Erkämpfen eines persönlichen Vorteils und/oder Gewinns. Das darf man den Kindern nicht als bösen Egoismus auslegen; es geht ihnen wie eigentlich immer in dieser Altersphase nur um eine positive Attribuierung ihres Selbst. Sich ungerecht behandelt zu fühlen, wird dem Negativteil des Selbst zugeordnet und somit unbedingt vermieden oder kategorisch abgelehnt. Besonders die Kinder mit schwachem Selbstbewusstsein sind von letzterem Problem stark betroffen und wehren sich oft massiv gegen ein echtes oder vermeintliches Unrecht. Unter diesem Gesichtspunkt ist allen Eltern und auch den Erzieher(innen) unbedingt zu raten, in der Schlichtung der zahllosen Auseinandersetzungen zwischen den Kleinkindern immer darauf zu achten, keines grob zu bevorteilen oder zu benachteiligen.

Häufig können sich Eltern und Erzieher(innen) nur auf die Weise aus der Affäre ziehen, dass sie die Gerechtigkeit einer generellen Gleichbehandlung unterstellen und z.b. auch dem „Verlierer-Kind" einen Trost spendieren. Dieses Vorgehen empfiehlt sich vor allem bei jenen Kinderspielen, bei denen es ganz offenkundig schon um Gewinner und Verlierer geht, also um die ersten, echten Regelspiele.

Regelspiele können, das sei hier noch einmal wiederholt, als Prüfstein für die Ausbalancierung von Stolz und Scham im frühkindlichen Selbst gewertet werden. In der Fähigkeit gewinnen und verlieren zu können zeigt sich so etwas wie die innere Kraft, die positiven Effekte von Lob und Anerkennung für den eigenen Erfolg mit jenen negativen Effekten bei Unterlegenheit, Verlust und gegebenenfalls Kritik ausgleichen zu können. Erkennbar wird diese Fähigkeit darin, dass der Gewinnerstatus ohne großen Triumph angenommen wird und der Verliererstatus oder die Kritik ohne zerstörerischen Wutausbruch. Freude beim Gewinnen und Trauer beim Verlieren sind als von der Natur vorgegebene Emotionen und Affekte für Sieg und Unterlegenheit hingegen immer zu akzeptieren. Die gesellschaftliche Rangvergabe, auf der auch die Ergebnisse der frühen Regelspiele basieren, zieht sich letztendlich durch das ganze Leben und kann nicht früh genug einstudiert werden. Nicht zuletzt sind diese Effekte des Regelspiels auch Vorprüfungen für den späteren, sozialverträglichen Umgang mit Rangzuteilungen im Berufsleben und den Rollenzuweisungen in der Familie, sowie mit Erfolgs- und Misserfolgserlebnissen in der allgemein gesellschaftlichen Auseinandersetzung.

5.7 Gewissen als individuelles Gefühl und soziales Verhaltenskorrektiv

Der Weg über die emotionalen Prozesse im Kind für das Verständnis von einem offensiven, selbstbewussten Auftreten wie auch von einem defensiven, selbstunsicherem und schüchternem war zu beschreiten, um die Auswirkungen von Stolz und Scham im Gefühlsleben der Kinder ab vier bis fünf Jahren auf ihre konkreten Verhaltensweisen in der sozialen Gemeinschaft zu beschreiben. Denn die beiden entscheidenden, sozial regulativen Gefühle Stolz und Scham treten in der weiter fortgeschrittenen Sozialentwicklung nicht mehr so sehr durch offenkundige Affekte zutage, sondern bleiben immer mehr im inneren Gefühlsleben des Kindes durch bewusst verdeckende Verhaltensstrategien verborgen. Neben eigenen Handlungs-strategien wirken sich immer stärker auch verhaltenseinschränkende Erziehungs-maßnahmen auf die Selbstdarstellung und den unmittelbar affektiven Gefühlsaus-druck aus.

Allerdings gibt es weiterhin untrügerische Zeichen in Mimik und Gestik, die Stolz oder Scham eindeutig zum Ausdruck bringen. Da ist zum einen der selbstbewusste Auftritt des Kindes in der Kindergruppe oder vor Erwachsenen mit erhobenem Kopf, klarer Stimme und herausforderndem Blick; und da ist zum anderen der gegenteilige Fall des schüchternen Auftritts mit schamvoll gesenktem Haupt, leiser Stimme und traurigem Blick, oft verbunden mit einem „Sichherumdrücken" am Körper der Mutter. Während die ersteren Kinder sich außerhalb von Zuhause schon viel zutrauen, im Kindergarten Anführerschaft übernehmen und vielleicht schon einmal woanders übernachten, sind die letzteren von geradezu extremer Zu-rückhaltung und großer Ängstlichkeit außerhalb ihrer vertrauten Umgebung cha-rakterisiert.

Stolze Kinder werden von Erwachsenen durchweg als normal und „gut gelungen" empfunden, schamvolle hingegen als schwierig, gehemmt, unzugänglich und eher „schlecht gelungen". Und noch eine klare Unterscheidung trifft die Gesellschaft eil-fertig bei kleinen Kindern und die richtet sich nach dem Geschlecht. Ein schamhaf-tes Verhalten wird bei Mädchen weitgehend toleriert, zum Teil sogar als „reizend" angesehen und damit verziehen. Beim Stolz ist es genau umgekehrt. Der wird nun bei Jungen gern gesehen, viel gelobt, bei Mädchen aber schnell mit Argwohn be-trachtet. Die Ergebnisse der kulturellen Prägung einer Gesellschaft nehmen jetzt unaufhaltsam Einfluss auf das konkrete Erziehungsgeschehen.

Nach den oben gemachten Ausführungen zur Entstehung des Gewissens und aus den neuen Erkenntnissen in der Psychologie der frühen Kindheit heraus, muss der kritische Betrachter jedoch zu einer anders gearteten Einstellung gelangen. Diese muss so weit möglich kulturell unabhängig und bezogen auf das Geschlecht des Kindes annähernd neutral ausfallen. Wie oben ausgeführt, müssen die beiden sozial ausgerichteten Affektqualitäten Offensivität und Defensivität jeweils in ausreichen-der Stärke in der Seele des Kindes vorhanden sein, ganz ähnlich wie Stolz und

Scham. Um nun auch über diesen Weg Gewissen aufzubauen, muss jede Gesellschaft den Jungen soviel Defensivität (und Scham) zugestehen, dass sie ihren Stolz kontrollieren lernen, und den Mädchen soviel Offensivität (und Stolz), dass sie in der Lage sind, ihrer Scham Herr zu werden. Es sollte also keine einseitige Erziehung mehr geben mit dem Ziel, die Mädchen möglichst in femininer Schüchternheit zu belassen und den Jungen zu maskulin selbstbewusstem Auftreten zu verhelfen. Manchmal gewinnt man jedoch den Eindruck, als stünde dieses Prinzip noch weit hinter seiner tatsächlichen Anwendung zurück.

In der primären Bindung kam es für das Kind darauf an, möglichst viel negatives Ursprungsgefühl in positive Empfindungen umzuwandeln, um gute Voraussetzungen für die Loslösung zu schaffen und den Willen zu stärken. Beim Trotz stand für das Kind im Zentrum, möglichst viel positive Attributierung zu erzielen und negative gleichzeitig einzudämmen, um Selbstbewusstsein aufzubauen. Nach Bindung, Loslösung und Trotz heißt es jetzt aber nur noch, einen günstigen Ausgleich zwischen positiven und negativen inneren Werten zu erlangen, um eine optimale Balance des Selbst herzustellen (s.o., die Windrose des Selbst, Abb. 4).

Warum das psychodynamische Geschehen in diesem Stadium der Gefühlsentwicklung nun anders ist hinsichtlich des Verhältnisses und der Zielsetzung von positiven und negativen Gefühlsanteilen als in den vorausgegangenen, möchte ich folgendermaßen erklären: Erstens haben sich die Gefühle auf dieser fortgeschrittenen, psychosozialen Ebene vom permanenten Dialog der Emotionen zwischen Mutter, Vater und Kind hin zum **Monolog im Inneren** des Kindes selbst verlagert. Die Gefühle werden dadurch zunehmend mental im Selbst verankert. Damit sind auch die feststehenden Rituale und die verschiedenen Übergangsobjekte so gut wie überwunden. Dieser Schritt ruft im Kind eine ganz neue Wahrnehmung seines Gefühlslebens hervor; es wird selbst zum Initiator seiner Gefühle.

Zweitens ist es zu einer geistigen **Bewertung der Gefühle** durch das Kind selbst gekommen, welche dazu führt, dass es allein darüber entscheiden kann, welche Gefühle es gerade in sich wahrnimmt. Es braucht weder seine Bezugspersonen danach zu fragen, noch muss es diese in einer entsprechenden Auseinandersetzung immer wieder neu erfahren. Aufgrund dieses Fortschritts vermögen die Gefühle eine neue dimensionale Wirkung in der Interaktion und im sozialen Geschehen zu entwickeln. Das bedeutet konkret, dass die Gefühle **kommunizierbar** werden und nicht mehr in einem „unmissverständlichen" Affekt vorgetragen, ausgetauscht und erlebt werden müssen.

Und drittens haben sich positive wie negative Gefühle mit gleichlautenden Selbstattributionen verbunden und zu ganzen „**pools**" angesammelt (Ich-Ideal und Über-

Ich, s.o.), was für ihr „Verwalten" im nun autonomen Selbst eine neue Strategie erzwingt.

Diese Strategie erprobt sich in der Ausbildung einer vom Kind im eigenen Inneren wahrgenommenen Persönlichkeitsstruktur, die mit den inzwischen erworbenen, emotionalen Grundlagen auch das angeborene Temperament und die Charaktereigenschaften neu verbindet. Und noch eins ist anders: die erworbene Persönlichkeit gerät nun unausweichlich in den Spiegel der Gesellschaft, ob sie das will oder nicht, und ob sie dafür stark genug ist oder nicht; denn sie wird fortan mit Zuweisung von Eigenschaften und Rollen geradezu überschwemmt. Die kleinste Gesellschaft außerhalb der Familie, die diese Zuschreibungen als erstes ausgiebig vornimmt, ist die altersgleiche Gruppe, die peer-group, sowohl in der kleinen, altersgemischten Gruppe als auch im ganzen Kindergarten.

Ich möchte diese Gedanken zur frühkindlichen Entwicklung der Gefühlsregulation noch einmal in ihren Einzelschritten aufzeigen: Zu Anfang, also in der Säuglingszeit, wurden die vom Kind im inneren empfundenen Gefühle einzig von außen durch die Bezugsperson dyadisch reguliert. Günstige Rituale (sogenannte Engelskreise) haben den Zustand positiver Gefühlshaftigkeit hervorgerufen. Selbstregulation, ausgedrückt im Zustand einer konstant positiven Stimmungslage war zu diesem Zeitpunkt hingegen ein Zufallsfaktor momentaner, glücklicher Daseinsumstände.

Im Laufe der Zeit kamen durch Selbstbehauptung und Trotz erste Augenblicke wirklicher Selbstregulation zustande und zwar im Rahmen von erworbener Bestimmungsmacht (frühe Regulationsmacht, s.o.). Positive Selbstattribute haben diesen Schritt unterstützt, negative gefährdet. Das emotionale Ziel der Entwicklung war aber immer klar auf den Erwerb einer beständigen, inneren Regulationsmacht gerichtet, auf die viel beschworene **Affekt- oder Selbstregulation.** Dyadische und triadische Rituale, das Übergangsobjekt, Tagträumereien und auch Phantasiegestalten haben dem Kind bei diesen schwierigen Entwicklungsschritten geholfen und diese in der Innenwelt emotional abgefedert. Empathieverständnis und erste Fähigkeiten zu einem Perspektivwechsel (s.u.) haben im weiteren Verlauf wichtige Grundsteine gelegt – oder werden es noch tun – für die Verständigung mit dem anderen Menschen. Sie haben auf diese Weise die emotionalen und kognitiven Voraussetzungen erheblich erweitert. Im vorerst letzten Schritt finden nun die im Inneren erlebten Gefühle eine von der Fremdbewertung weitgehend unabhängige Kontinuität im eigenen Selbst durch **kognitive Bewertung** und **Mentalisation.** Solche Bewertungen werden zunächst noch ganz in Abhängigkeit ihrer situativen Wirkungen vorgenommen, sowie durch eine „stille" Übernahme von Meinungen und Urteilen der Bezugspersonen, die dem Kind in offenkundigen Reaktionen, direkten Kommentaren und rückbezüglichen Verhaltensweisen erkennbar geworden sind. Infolgedessen werden diese bewerteten Gefühle auch gleich über modifizierte Affekte und angepasstes Verhalten aus dem Inneren der kindlichen Seele wieder nach draußen in die Gesellschaft zurück getragen und repräsentieren jetzt die ersten, eigenen Persönlichkeitsanteile.

Dieser letzte Schritt auf dem Weg zum Verständnis der eigenen Gefühlswelt ist zugleich auch der entscheidende in der emotionalen und sozialen Verständigung zwischen erwachsenem und kindlichem Sozialpartner. Denn jetzt findet eine gegenseitige Unterrichtung darüber statt, was in jedem von beiden im Inneren tatsächlich vorgeht, wenn ein Affekt oder ein bestimmtes Verhalten bei ihm in Erscheinung tritt. Durch die Bewertung der Gefühle und die damit verbundene Einkleidung in Worte, befindet sich das Gefühlsleben der beiden Partner auf einer vergleichbaren, interaktiven Ebene. Endlich kann ein regelrechter Dialog über die momentanen Gefühlsempfindungen stattfinden und dabei eine inhaltliche Verständigung (deiktische Interaktion n. Lemche, s.o.) erzeugt werden. Kinder fragen in dieser Phase oft ganz konkret nach, wenn sie etwas falsch gemacht haben: „Mami, bist du traurig?" Oder: „Bist du jetzt zornig?"

Es gibt nun in der emotionalen Verständigung der Sozialpartner Eltern und Kind nicht mehr den alleinigen Weg über die affektive Darstellung und direkte Austragung der Gefühle und Empfindungen, sondern zusätzlich den viel leichteren über den verbalen Dialog. Und es gibt noch einen weiteren Vorteil: Auf diese Weise kann im Kind endlich die angestrebte, selbstkompetente Regulation und Steuerung seiner Gefühle stattfinden. Denn in diesem emotional-affektiven Entwicklungsstadium wird es ihm gleichzeitig möglich, über die eigenen Gefühle auch kritisch nachzudenken. Um noch einmal das Alter zu benennen: das Kind muss darüber mindestens vier Jahre geworden sein.

Ein weiterer, überwiegend kognitiv ausgerichteter Entwicklungsschritt vollzieht sich in diesem Alter um den vierten Geburtstag auf parallelem Weg. Ich spreche von jenem fundamentalen Schritt in der geistigen Entwicklung des Kindes, der heutzutage als die – bereits zitierte – **Theory of Mind** (Sodian in: Entwicklungspsychiatrie s.o.) bezeichnet wird. Den klassischen Versuch zu ihrer Erklärung will ich hier kurz aufgreifen und auf die Praxis zugeschnitten wiedergeben, denn er dient als Schlüssel zum Verständnis des Gemeinten:

Ein Versuchsleiter versteckt mit dem zu testenden Kind im Beisein eines weiteren Kindes, ich übernehme für ihn den Namen Max, eine Tafel Schokolade in einer grünen Schachtel. Daneben liegt eine zweite, rote Schachtel. Max verlässt nun auf

Geheiß des Versuchsleiters den Raum und der Versuchsleiter verlegt im Beisein des Testkindes die Schokolade aus der grünen Schachtel in die rote. Max wird daraufhin aufgefordert zurückzukommen und sich die in der Schachtel versteckte Tafel Schokolade zu nehmen. Bevor das aber geschieht, fragt der Testleiter das Testkind, wo es vermutet, dass Max die Schokolade jetzt suche. Ein Kind deutlich unter vier Jahren wird sagen, Max suche in der roten Schachtel, wo sich die Süßigkeit inzwischen tatsächlich befindet. Ein Kind über vier Jahren aber wird sagen, er suche in der grünen Schachtel, nämlich da, wo sie gemeinsam die Schokolade, bevor Max hinausgeschickt wurde, versteckt hatten. Was hat nun also das über vierjährige Testkind begriffen im Gegensatz zum dem unter vierjährigen?

Das vierjährige und ältere Kind hat offensichtlich begriffen, dass in Max eine eigene Vorstellung von Wirklichkeit, ein eigenes **Realitätskontinuum,** bestehen muss, welches ihm sagt, dass die versteckte Schokolade weiterhin dort zu suchen sei, wo er sie zuletzt gesehen hat, bzw. wo sie vor seinem Verlassen des Raumes mit dem Versuchsleiter deponiert worden ist. Das Kind, das diese Erkenntnisfähigkeit noch nicht besitzt, meint hingegen, Max müsse an jenem Ort suchen, wohin die Schokolade in seiner Abwesenheit gelegt worden ist. Es meint also, auch Max müsse wissen, was es selbst jetzt weiß. Es hält also sein Wissen für das gleiche Wissen aller Beteiligten. Das Begreifen von einem eigenen Realitätskontinuum in jedem einzelnen, anderen Menschen bezeichnet Bischof-Köhler als Perspektivübernahme oder **Perspektivwechsel** (Bischof-Köhler 2000, s.o.).

Mit diesem geistigen Schritt, der nachweislich im vierten bis fünften Lebensjahr vollzogen wird, im Einzelfall aber auch schon vor dem vierten Geburtstag einsetzt, beginnt nun neben der ersten Vorstellung von einer unabhängig vom eigenen Selbst existierenden Welt in den Köpfen der anderen Menschen zugleich auch ein wichtiges soziales Welt- und Wirklichkeitsverständnis. Ich meine damit die generelle Verflechtung des eigenen Gefühlserlebens mit demjenigen der anderen Menschen und mit den allgemeinen, sozialen und kulturell überformten Ansprüchen an das eigene Empfinden, Denken und Handeln, das sogenannte Normenverständnis. Das vier- bis fünfjährige Kind kann nämlich langsam eine konkrete Beziehung herstellen zwischen seiner im Inneren aufgebauten Bewertungsskala hinsichtlich der von ihm erlebten Gefühle (s.o.) und jenen Gefühlsmustern, welche unter den anderen Menschen in der Gesellschaft als soziales und kulturelles Gedankengut miteinander geteilt und ausgetauscht werden. Damit vollzieht das Kind gleichzeitig auch den emotionalen Perspektivwechsel, der Voraussetzung ist für prosoziale, das heißt rücksichtsvolle, auf Bedürfnisse anderer Menschen abgestimmte Handlungen. Das Verständnis hierfür gilt sowohl für den verbalen sowie mimisch-gestischen Austausch als auch für die allgemeinen Weisungen und Befugnisse. Damit erreicht das Kind ungefähr jenen Stand der Intersubjektivität, wie ihn auch Jugendliche und Erwachsene schließlich besitzen.

Beruhte also bis dahin Empathie ausschließlich auf dem jeweils aktuellen Erleben der Empfindungen im Austausch mit den Bezugspersonen, weshalb die diesbezüglichen Inhalte auch ständig im Spiel reproduziert werden mussten, so kann das Kind jetzt langsam verstehen, dass Freude und Leid ein dem eigenen Selbst vergleichbarer Empfindungszustand auch im anderen Menschen ist, und zwar unabhängig vom aktuellen Austausch im Geschehen. Das Kind hat dabei gleich mit zu lernen, dass dieser Gefühlszustand im Fall der Freude uneingeschränkt gutzuheißen ist und im Fall des Leids generell zu bedauern. Hieraus erwächst unmittelbar die Fähigkeit des Kindes zur glücklichen Anteilnahme bei positiven Ereignissen und zur Rücksichtnahme und persönlichen Zurücknahme im Falle negativer Gefühlsstimmungen.

Zugleich versteht das Kind jetzt aber auch, dass der Andere ganz gegenteilige Gefühle haben kann als es selbst, und dass diese Erkenntnis auch in Bezug auf ein- und denselben Auslöser gewonnen werden kann. Die differenzielle Betrachtung eigener Gefühle und solcher von anderen Personen schafft die Grundfesten für einen bewusst vollzogenen, respektvollen Umgang mit dem Anderen, sowie für eine erfolgreiche Selbstbeherrschung.

Gingen die Lerneffekte hinsichtlich der Ausübung von Mitleid durch Induktion bis zum vierten Lebensjahr nach kurzer Zeit immer wieder nahezu verloren, weil vorläufig ein immer wiederkehrendes, konkretes Geschehen zur ihrer Reaktivierung nötig war, so kann das Kind jetzt entsprechende moralkategorische Implikationen, das heißt gesellschaftliche Ansprüche an ein moralisch korrektes Verhalten, in sich verankern und für neue Ereignisse bereit halten. Solche Implikationen nehmen konkret Gestalt an in der grundsätzlichen Unterlassung und Vermeidung von Schmerzzufügung, Ausgrenzung, Schmähung oder Beleidigung anderer Personen, ob Kind oder Erwachsener. Auf diesem Weg wird dem Kind auch zunehmend bewusst, dass es jegliches Leid anderer Menschen (und anderer Lebewesen generell) zu vermeiden und konkret zu verhindern hat. Voraussetzung hierzu ist allerdings die vorhandene Wahrnehmungsfähigkeit und Benennungsmöglichkeit eigener Leidensgefühle, die bei schweren psychischen Störungen nicht oder nicht mehr vorhanden ist.

Doris Bischof-Köhler weist in diesem Zusammenhang auf einen weiteren, wichtigen Aspekt hin. Der gerade dargestellte, absolut entscheidende, sozial-kognitive Entwicklungsfortschritt zum Erwerb überdauernder Moralkategorien basiert letztendlich auf dem Übergang von der anfänglich rein ausdrucksvermittelten Empathiefähigkeit zu der jetzt situationsvermittelten (Bischof-Köhler 1994, s.o.). Das bedeutet, dass das Kind erst jetzt aus dem alleinigen Betrachten einer zu empathischem Reagieren auffordernden Situation (der Schlüsselsituation) entnehmen kann, dass es sich gefühlsmäßig beteiligen soll und unter Umständen sogar eingreifen. Es ist nicht mehr auf die klar sichtbare Leidensreaktion des betroffenen Menschen angewiesen, zu dem es anfangs auch noch eine intensive Beziehung haben musste. Das Kind kann jetzt rein gedanklich entscheiden, ob es sich in das Geschehen involvieren lassen möchte oder nicht.

Dieser Entwicklungsschritt befähigt das Kind aber auch zu einer gegenteiligen Reaktion, der Empfindung von Schadenfreude. Außerdem kann es anhand einer bestimmten Situation in Zukunft abmessen, ob diese gefährlich für ein anderes Kind ist oder nicht. Und es kann jetzt vor einer Aktion bemessen, ob sie auf Zustimmung oder Ablehnung stoßen wird bzw. ob das, was es tut, eine gute oder schlechte Stimmung in der Gruppe auslösen wird.

Das Erkennen und Interpretieren der emotionalen Lage des Anderen muss im Guten wie im Bösen verstanden werden, wobei die „bösen" Geschehnisse selbstverständlich das Mitleid des Kindes mit dem Opfer hervorrufen sollten und die Solidarität mit dem Unterlegenen. Die guten Geschehnisse hingegen sollten „Mitfreude" erzeugen und ein Verderben der guten Laune verbieten. Die Fähigkeit zur Unterscheidung des Guten und Bösen im Spektrum erlebter Gefühlsrealität erwirbt das Kind hierzu aus seinen kognitiven Fortschritten im Erkennen und Verstehen seiner Gefühle. Im kompetenten Umgang mit seinen Gefühlen erfährt es wichtige Einsichten in das Sozialgeschehen. Solche Einsichten vermitteln es ihm, den Empfindungszustand des Anderen, ob freud- oder leidvoll, letztlich als ein mit dem eigenen Gefühlspektrum vergleichbares Empfinden zu erkennen. Auf diese Weise gelangt das Kind zu dem Schluss, dass die eigenen Gefühle Teil einer gemeinsamen Realität sind. Das gilt zunächst immer nur für den Augenblick und erst mit zunehmender Erfahrung für alle wieder kehrende Ereignisse.

Für diese wichtigen Fortschritte in der Beurteilung des sozialen Gefühlsspektrums benötigt das Kind außerdem mentale Voraussetzungen in der Empfindung von Zeit. Es muss lernen, dass sich Gegenwärtiges, Vergangenes und Zukünftiges auf einem gemeinsamen Zeitpfeil abspielen und dadurch Wahrung und Wiedererleben der erlernten emotionalen und sozialen Bezüge gewährleisten. Die Empfindung der Zeit als linearer Geschehensablauf wird dem Kind erst jetzt wirklich bewusst.

Das Verhältnis von Empathieentwicklung und Gefühlsregulation beim Kleinkind soll in der folgenden Tabelle gegenübergestellt werden.

Alter	Empathiestatus	Gefühlsregulation
0 bis ca. 1,5 Jahre	**Affektansteckung** (genetisch vorgegeben)	**Mutter-Kind-Dyade, Habituationen** und **Rituale** (responsive Affektspiegelung)
ca. 1,5 bis ca. 4 Jahre	**Empathiefähigkeit** (ausdrucksvermittelt und spielerisch immer wieder reproduziert)	durch **Übergangsobjekt**(e), Phantasien, erste **Regulationsmacht** bei hoher Selbstattribution
ab ca. 4 Jahre	**Perspektivwechsel** mit Übernahme der Sichtweise des Anderen, situationsvermittelte Empathie, **Realitätskontinuum** des Anderen	innere **Bewertung** (Mentalisation) der Gefühle mit **Dialogfähigkeit**, **kategoriales Fühlen** (deiktische Interaktion), **Affektregulation**
5–6 Jahre und älter	Entwicklung von **Sozialkompetenz** durch: a) Versuch einer kognitiv-emotionalen Gefühlsregulation auf der Basis von **Gewissen und Vernunft** (Sozialeinsicht) b) Moralische Urheberschaft und rücksichtnehmendes Verhalten als bewusster, **rationaler Perspektivwechsel** c) Kognitive Bearbeitung der eigenen Gefühle (**Coping-Strategien** mit Organisation, Regulation und Anpassung der Affekte)	

Tabelle 7: Verhältnis von Empathieentwicklung und Gefühlsregulation beim Kleinkind

Erst, wenn alle genannten Vorbedingungen zum Erwerb früher Sozialkompetenz im Kind erfüllt sind, kann die Gesellschaft damit beginnen, ihre Wertevorstellung aus Religion, Ethik und Moral an das Kind heran zu tragen und ihm die allgemeingültigen Maximen von gut und böse, richtig und falsch oder gerecht und ungerecht usw. zu vermitteln. Und erst jetzt ist es möglich und sinnvoll, das allumfassende, soziale Regelwerk dem Kind zu erklären und das Verständnis von gesellschaftlichen Werten und Normen erzieherisch zu vermitteln und auszubauen.

Ich möchte mich, bevor ich mit dieser Schlussfolgerung im aktuellen Kapitel zum Ende komme, noch mit den Methoden beschäftigen, wie Autoritätspersonen die zu erkennenden und anzunehmenden, sozialen Regeln dem Kind verständlich machen und wie sie deren Einhaltung auf günstige Weise durchsetzen können. Auf einen kurzen Nenner gebracht heißt das allen bisherigen Ausführungen zufolge, dem nachzugehen, wie Eltern und Erzieher(innen) die Entwicklung der Gewissensgrundlagen im Kind fördern und stärken und wie sie darüber hinaus einen Zugang zur Vernunft anbahnen können.

Hierzu will ich noch einmal auf die Studienergebnisse von Kienbaum zurückgreifen und die von ihr vorgestellten vier Erziehungsvariablen aufgreifen, die sie hinsichtlich fördernder Wirkungen auf gewissenhaftes und prosoziales Verhalten beim Kind untersucht hat. Als diese vier Variablen sind zu aufzuführen:

a) der warmherzige, unterstützende Umgang der Eltern mit dem eigenen Kind,

b) das elterliche Modellverhalten,

c) die Techniken zur Disziplinierung und

d) die Zulassung von Gefühlsregungen wie Angst und Trauer.

Alle vier im direkten zwischenmenschlichen Bereich angesiedelten, interaktionären Vorgänge zwischen Eltern und Kindern möchte ich im einzelnen beleuchten und darauf untersuchen, welche Erziehungsfunktion sie genau ausüben und welche Regeln im Sozialverhalten durch sie festgelegt werden:

a) Warmherziger, unterstützender Umgang zu Hause

Alle Untersuchungen, die Kienbaum zu dieser Fragestellung zitieren und zum größten Teil auch selbst vorlegen kann, belegen die Auffassung, dass Kinder, die von Geburt an in einem annehmenden, das Wohlgefühl fördernden Familienklima aufwachsen, günstigere Voraussetzungen im weiteren Leben dafür besitzen, sich in der Gemeinschaft zurecht zu finden, sich selbst zu behaupten und sich in nützlicher und sinnvoller Weise in die Gesellschaft einzupassen. Selbstverständlich haben solche Kinder automatisch auch den Vorteil, eine harmonisch ausgewogene Gestaltung ihres Selbst realisieren zu können und damit leichter zu ihrer Identität zu finden. Diese Erkenntnisse werden von mir also absolut geteilt.

Im Umkehrschluss heißt das, dass eine Untergrabung oder Zerstörung des annehmenden und Geborgenheit vermittelnden Familienklimas, aus welchen Gründen auch immer, die Chancen auf eine gelingende Integration in die Gesellschaft schmälert und ab einem gewissen Maß sogar unmöglich macht. Wahrscheinlich sind daran aber nicht so sehr die negativen, rein objektiven Umstände Schuld, die die Familie in Not und Bedrängnis bringen und die sich auf das Kind schädlich auswirken, sondern vielmehr die innerfamiliären Spannungen und Zerwürfnisse, die sich aus solchen negativen Umständen meistens ergeben. Trennung oder Scheidung der Eltern, Arbeitslosigkeit, Suchtverhalten eines Elternteils oder beider, dramatischer Wechsel der Bezugspersonen oder schwere, finanzielle Einbrüche in der Familie (z.B. durch Arbeitslosigkeit), sowie auch gravierende Krankheiten sind derartige Ereignisse, die das Familienklima mit großer Regelmäßigkeit ins Negative verkehren. Der tragischste Fall in dieser Aufreihung wäre der Tod der Eltern.

Zum warmherzigen und unterstützenden Familienklima gehört auch die Chance zu einer erfolgreichen Umsetzung der in diesem Buch herausgestellten positiven Kern-

Entwicklungsschritte wie sichere primäre Bindung, gelungene triadische Loslösung und Entfaltung eines ausgewogenen Selbst. Sie sind geradezu Spiegelbild eines günstigen Familienklimas und geben den fruchtbaren Boden ab für eine zukünftige partnerschaftliche Erziehungssituation zwischen Eltern und Kind. Das lässt sich aber erst in der fortgeschrittenen Eltern-Kind-Beziehung richtig feststellen z.b. an dem geringen autoritären Druck, den die Eltern ausüben müssen, um bei ihren Kindern eine Akzeptanz der in der Familie festgelegten Regeln durchzusetzen oder in der hohen Identifikation des Kindes mit seinen Eltern, über die ein spontaner Gehorsam möglich wird. Im Idealfall werden solche Kinder die erzieherischen Schritte und Ansprüche ihrer Eltern weitgehend widerspruchsfrei annehmen, vorausgesetzt, es handelt sich um gerechte, verstehbare und einsichtsfähige Regeln. Auf eine Begründung und Erklärung der einzuhaltenden Regeln kann auch beim günstigen Verlauf nie ganz verzichtet werden. Denn, was die Regelakzeptanz anbelangt, geht der Appell noch über das Gewissen des Kindes hinaus und richtet sich direkt an die Vernunft, die sich in altersgemäßen Schritten auf dem geistigen Sektor entwickeln muss.

b) Elterliches Modellverhalten oder Vorbild, bzw. das Lernen am Modell

Ganz unabhängig von gezielten, verbalen Erklärungen einer Richtigkeit oder Fehlerhaftigkeit des kindlichen Handelns und damit völlig ohne bewusste Kontrolle vollzieht sich das Lernen am Modell. Kinder beobachten ihre Eltern beim Reden und Handeln sehr genau und beinahe ohne Unterbrechung, um zu erfahren, wie man sich in der Gesellschaft darstellen sollte und wie man mit Schwierigkeiten am besten umgeht. Dabei übernehmen sie automatisch deren Verhaltensweisen und Techniken, um ihre eigenen Probleme zu bewältigen und zu lösen. Eltern sind also permanentes Vorbild. Dieser Vorgang wird von den Eltern selbst oder anderen Erziehern so gut wie nicht bemerkt. Er vollzieht sich weitgehend über das implizite bzw. prozedurale Gedächtnis, das sich außerhalb reflektierter Lernvorgänge abspielt. Eltern und Erzieher(innen) dürfen diesen einer Kontrolle unzugänglichen Faktor in der Erziehung auf keinen Fall unterschätzen.

In gewisser Weise ist das implizite Lernen die Fortsetzung anfänglicher, ganz einfacher Imitationsformen. Die Evolution hat für dieses Lernen durch Nachahmung im Gehirn, neueren Forschungen zufolge, regelrechte „Imitationsorgane", die sogenannten Spiegelneurone (s.o.) entwickelt, welche sich aus Gründen eines schnellen und unkomplizierten Erlernens nützlicher Handlungs- oder Verhaltensweisen schon auf früher Entwicklungsstufe miteinander vernetzen und eine gewisse Steuerungsfunktionen übernehmen. Diese anfängliche, reine Imitation durch Spiegelung des vorgemachten Verhaltens oder Handelns bezieht sich jedoch auf eher vordergründige, zweckmäßige Strategien. Das sich daraus dann entwickelnde, implizite Lernen beinhaltet und bewegt darüber hinaus ganze Vorstellungswelten. Wie stark sich dieser unbemerkte Lernprozess auf die kindlichen Verhaltensweisen auswirkt, merken Eltern mit der Zeit daran, wie sehr die Kinder ihnen in Mimik und Gestik, Bewegungsarten und konkreten Handlungen, aber auch in ihren Redensarten ähneln.

Gut und Schlecht werden bei der Übernahme des Vorbilds anfangs nicht unterschieden, denn eine vom Willen gesteuerte, verstandesmäßig kritische Überprüfung einer solchen geistigen Einvernahme elterlicher Handlungsweisen findet nicht statt. Erst später, wenn die Kinder anfangen, ihr eigenes Verhalten kritisch zu überprüfen, wozu sie die Mittel kategorialer, moralischer Bewertung erworben haben müssen, denken sie darüber nach, ob ihr Handeln gut oder schlecht ist. Was aber bei den Kindern selbst von früh an nur scheinbar bewusst stattfindet, ist eine deutliche Rollenunterscheidung in der Form, dass sich Mädchen stärker am mütterlichen Verhalten orientieren und Jungen am väterlichen. Ihr Identifikationsbedürfnis zwingt sie zu dieser Geschlechterunterscheidung (s.o.).

Ein günstiges, warmherziges Familienklima erzeugt also viel leichter die Übernahme prosozialer, altruistisch ausgerichteter Verhaltensmerkmale, als ein ungünstiges, das im Gegenteil unsoziale und egoistische hervorbringt. Dabei ist es wichtig für das Kind, dass in seiner frühen Kindheit wenigstens eine positiv erscheinende, vorbildhafte Person ihm als Modell zur Verfügung steht, an der es sich mit seinen eigenen Persönlichkeitsmerkmalen ausrichten kann und die es ihm ermöglicht, seine Identifikation mit altruistischem Gedankengut zu verbinden. Andernfalls droht dem Kind soziale Orientierungslosigkeit und ein Abgleiten in unsoziale, egoistische Selbstausrichtung. Diese entscheidend wichtige, vorbildhafte Person ist meistens auch diejenige, die ein günstig veranlagtes und sehr begabtes Kind, das jedoch in äußerst ungünstigen, sozialen Verhältnissen aufwächst, vor dem Abgleiten in ein späteres antisoziales Leben bewahrt. Damit ergibt sich durch sie ein protektiver Faktor (Schutzfaktor) für das Kind. Zuweilen setzt diese „günstig ausrichtende Ersatz-Bindung" schon sehr früh in der Loslösungsphase ein, wenn z.B. der Vater in der Familie fehlt und die Mutter allein erziehend ist (Miller, „wissender Zeuge").

c) Disziplinierungstechniken wie Induktion, elterliche Insistenz und Strafe

Alle Disziplinierungstechniken gelingen am besten in einem warmherzigen Familienklima, sogar das Strafen. Das Kind fühlt sich in einem ihm wohlgesonnenen Umfeld gut aufgehoben und geborgen und ist bereit, viel für den Erhalt und Fortbestand dieser günstigen Lebensverhältnisse herzugeben. Diese Erfahrung sollte aber nicht zur Rechtfertigung eines auf Strafe basierenden Erziehungskonzepts benutzt werden. Ebenso wenig sind Eltern und Erzieher(innen) berechtigt, die Formen kindlicher Bereitwilligkeit zu ihrem Machtvorteil auszunutzen. Unter Disziplinierungstechniken möchte ich die frühpädagogischen Maßnahmen **Induktion, Insistenz** und **Strafe** verstehen.

Die Technik der Induktion hatte ich zuletzt bei der Besprechung von Recht und Unrecht noch einmal ausführlich besprochen. Sie zeigt ihre Wirkung nicht nur in der bisher hervorgehobenen, „theatralischen" Verstärkung, sondern mit fortschreitendem Sprachverständnis und zunehmender Vernunft auch rein verbal in Form eines eindringlichen **Ermahnens**. Voraussetzung für seine Wirksamkeit in Bezug auf eine nachhaltige Verhaltenskorrektur beim Kind ist aber, wie mehrfach betont, die erfolgreiche Ausbildung des Gewissens. **Induktion und Gewissen sind in der emotionalen Welt des Kindes aufeinander bezogene Elemente einer wachsenden sozialen Handlungsbereitschaft bzw. der Prosozialität.**

Viel direkter als die Induktion greift als Erziehungsmaßnahme die **Insistenz** in das zu korrigierende Verhalten des Kindes ein. Unter Insistenz soll hier das elterliche oder allgemein erzieherische Verhalten verstanden werden, das sich dadurch auszeichnet, die Abmahnung des Kindes mit großer stimmlicher, gestischer und inhaltlicher Energie vorzutragen. Wortwahl und Unterton in der Stimme werden dazu mit einer Eindringlichkeit und Überzeugungskraft eingesetzt, die der Bedeutung der Anweisung oder Zurechtweisung gerecht wird. Dazu gehört auch die passende Mimik, so wie sie im Rahmen des Trotzes von mir als „drohend" beschrieben worden ist. Dazu gehört dann aber auch die Konsequenz in der Durchsetzung der Anweisung und der Realisation der angekündigten Folgen. Ohne diese Konsequenz droht der gewünschte erzieherische Effekt schnell im Nichts zu verpuffen und sich an der Folgenlosigkeit tot zu laufen.

Was bei der Insistenz erreicht werden soll, ist Gehorsam auf der Basis eines Überzeugtseins von der Richtigkeit der elterlichen oder allgemein erzieherischen Anweisung. Die Anweisung muss daher in aller Klarheit und einer für das Kind verständlichen Sprache erfolgen. Gerade ihr Anspruch auf Rechtmäßigkeit unterstreicht noch einmal deutlich, wie wichtig es ist, dass die Durchsetzung der An- und Zurechtweisung immer konsequent zu erfolgen hat, selbst wenn sich herausstellt, dass der erzieherische Eingriff vielleicht etwas übertrieben gewesen ist. Das Kind versteht die Abfolge von Ermahnung und Gehorsam nur dann richtig, wenn sie sich mit einer spürbaren Folgereaktion verbindet. Ermahnungen und Androhungen, denen keine Konsequenz beschieden ist, verwässern das Prinzip und hebeln es schließlich aus.

Natürlich darf die Konsequenz keine Ungerechtigkeit zur Folge haben, das heißt Eltern und Erzieher(innen) sollten sich vorher überlegen, was sie faktisch als eine solche androhen. Kommt es dabei dennoch zu einem erzieherischen Fehler, muss dieser nach Beendigung der Aktion unbedingt zur Sprache kommen und auf das hohe Bedürfnis des Kindes nach gerechter Behandlung im Nachhinein noch einmal abgestimmt werden.

Ein inhaltlich-semantisches Auseinanderbrechen von insistenter Abmahnung und elterlicher Wortwahl, wie es vor allem Teil der Ironie ist, wird von Kind nicht verstanden und erscheint ihm unauthentisch und verwirrend. Ironie ist in der Erziehung fehl am Platze, und auf solche für das Kind irrationalen Botschaften sollte besser verzichtet werden. Zu groß ist die Gefahr, dass sich das Kind dadurch massiv herabgesetzt fühlt, denn der in der Ironie verborgene Humor wird vom Kind als eine persönliche Preisgabe an die Lächerlichkeit verstanden.

Die **Strafe** ist wahrscheinlich die älteste Erziehungsmethode überhaupt. Sie basiert, wenn man alle Beschönigungen weglässt, auf dem Prinzip Vergeltung mit dem Ziel, durch körperlichen oder seelischen Schmerz das Kind zur Reue zu bewegen. Die Strafe ist deswegen so wirksam, weil sie sich bei der Anwendung – ohne dass Eltern und Erzieher(innen) sich dessen tatsächlich bewusst sind – der Grundlagen von Stolz und Scham bedient und zwar auf deren elementarster Ebene. Das ist so zu verstehen, dass mit der Methode des Strafens eine massive Selbst-Abwertung des Bestraften erzeugt wird, weil in ihm alle Empfindungen der Negativattribuierung hochgefahren werden. Daher kann Strafe in ihrer gewöhnlichen Form von Eltern und Erzieher(inne)n auch leicht dazu missbraucht werden, die völlige Entwertung des kindlichen Selbst herbeizuführen. Auf eine solche Weise wird das Kind gefügig gemacht.

Vor allem bei Strafen, die die kindlichen Ansprüche an die Bestimmungsmacht außer Kraft setzen und solchen, die die persönliche Wertigkeit grundlegend infrage stellen, setzt Scham in hohem Maße ein und deckt den Stolz schließlich vollkommen zu. Vor solchen Empfindungen und Gefühlen fürchtet sich jeder Mensch; ein Kind ist in solchen Momenten seinen negativen Emotionen völlig hilflos ausgeliefert. Fast alle stärker bestraften Kinder fangen heftig an zu weinen. Sie sind wie geschüttelt von Scham und Trauer.

Als physische Bestrafungsmaßnahmen gelten alle Formen von Schlägen, auch „Klapse" auf die Finger und den Po, sowie die vielfach angewandten Ohrfeigen.

Prügel oder sonstige körperliche Gewaltanwendung sind Eskalationen von einfachen Schlägen. Jede methodische Unterscheidung in große und weniger große Gewalt ist pädagogisch nutzlos und in humanethischer Hinsicht verwerflich. Zu den Strafmaßnahmen in enger Verbindung mit Gewalt gehört auch der Nahrungsentzug, das Einsperren oder die gezielte Kälte- und Hitzeexposition in jeder Form. Die Übergänge zur schweren Kindesmisshandlung sind fließend. Alle diese von körperlicher Macht geprägten Übergriffe gegen das Kind lösen neben dem rein körperlichen Schmerz in höchstem Maße auch tiefe Trauer und massive Beschämung beim Bestraften aus. Gerade diese Wirkung wird oft übersehen. Sie führt im schlimmsten Fall zu seelischen Störungen im Sinne einer posttraumatischen Belastungsstörung. An diesem Punkt ist der Übergang zu pathologischen Entwicklungen mit Dissoziation zu suchen. Dissoziation ist die vollständige Abspaltung der Gefühle vom Geschehen mit dem Ziel, die Abspeicherung im Gedächtnis zu verhindern. Diese Form der Abspaltung ist jedoch anders zu werten als die Verdrängung, denn bei der Dissoziation werden sogar die begleitenden Fakten der Unterdrückung von Erinnerung unterworfen. Beschädigungen des in sich zusammenhängenden (kohärenten) Selbst sind die unmittelbare Folge.

Als verbale Strafmaßnahmen gelten Beschimpfung, Verspottung, Herabwürdigung, Schmähung oder Demütigung des Kindes. Auch Liebesentzug und demonstratives Verlassen des Kindes sind ein Teil von Strafexpeditionen. Schließlich sind auch scheinbar harmlose Strafen aufzuführen, wie das „sich in die Ecke stellen müssen", Selbstbezichtigung oder Selbstkritik vor anderen üben, oder auch das beliebte an den Ohren ziehen und Kopfnüsse verteilen. In den siebziger Jahren des vergangenen Jahrhunderts waren solche Erziehungspraktiken zu Recht als schwarze Pädagogik verfemt.

Als akzeptable Strafen sind einzig solche Maßnahmen zu werten, welche dazu dienen, beim Kind Einsicht in sein fehlerhaftes Handeln auszulösen und in ihm das Bedürfnis zu wecken, den begangenen Fehler wieder gutzumachen. Eine solche sinnvolle Strafe wäre z.B. die selbst verursachte Unordnung im Zimmer oder die unachtsame Verschmutzung im Flur zu beseitigen, oder das wegen des eigenen Nachteils mutwillig zerstörte Spiel komplett abzubrechen. Richtig ist auch, vom Kind zu verlangen, die Folgen einer Beschädigung selbst zu beseitigen, wenn Fehler und Korrektur in einem angemessenen Verhältnis zueinander stehen und die Korrektur selbst geleistet werden kann. Grundsätzlich zu vermeiden sind hierbei alle Strafen, deren Auswirkungen für das Kind viel größer sind, als der angerichtete Schaden. Unbedingt muss gelten, dass der Inhalt einer Strafe in einem logischen Bezug zu der begangenen „Tat" zu stehen hat.

Strafen werden in einem günstigen Familienklima selten gebraucht, im Idealfall sollte es gar keine Strafe mehr geben. Die Kinder richten sich dann nach den Anweisungen ihrer Eltern und Erzieher(inne)n, weil sie diese Personen als Mensch lieben und in ihrer erzieherischen Funktion anerkennen. Sie haben gesunden Respekt vor ihnen und keinerlei Angst. Von diesem Idealfall ist man in der heutigen Gesellschaft insgesamt jedoch noch weit entfernt!

Wenn ein Fehler oder ein aggressiver Akt eines Kindes tatsächlich einmal stärker geahndet werden muss, dann müssen sich die Autoritätspersonen darüber Rechenschaft ablegen, dass sie mit der Strafe ein für das Kind schwerwiegendes, manchmal sogar dramatisches Erziehungsmittel wählen. Das mindeste, das sie dabei zu beachten haben, ist, dass sie nach Möglichkeit nur die Sache, also die Handlung bestrafen und nicht die Person in ihrer Gesamtheit. Ich hatte dieses Grundprinzip schon bei der Besprechung des Umgangs mit Kritik und bei der Förderung des Selbstbewusstseins weiter oben herausgestellt. Hier muss es noch einmal besondere Erwähnung finden.

Alle Formen einer juristischen Bestrafung bei Jugendlichen, sowie das Prinzip der Strafanwendung bei pathologischen Formen der Sozialentwicklung müssen hier aus Gründen der Beschränkung ausgeklammert bleiben.

d) Emotionale Freiheit, seinen Gefühlen Ausdruck zu verleihen und die Ermutigung

Bleibt zum Schluss noch eine Erziehungsmethode zu besprechen, welche eher im präventiven Sinn zu verstehen ist als in dem einer Sanktionierung. Es handelt sich dabei um den allgemein gesellschaftlichen Umgang mit den affektiv-emotionalen, kindlichen Äußerungen bezogen auf eine zwischenmenschliche, negative oder positive Interaktion. Allen Eltern bekannt ist die Art von Kindern, sich zuweilen übermäßig zu freuen oder im Gegenteil furchtbar wütend zu werden und auch theatralisch zu trauern. Natürlich unterscheiden sich die Kinder in ihrer Reaktionsweise hierbei individuell sehr nach ihren Charakteranlagen und ihrem Temperament. Außerdem spielt die sich anstauende Lebensbelastung eine vermehrt mitgestaltende Rolle. Im Laufe der Jahre werden die Kinder immer mehr auch durch die implizite Übernahme ihrer Vorbilder beeinflusst, so dass sich insgesamt verändert, wie sie sich weiterhin der Gemeinschaft präsentieren; das heißt in Besonderem, ob sie in die Lage gelangen, emotionale Selbstkontrolle zu übernehmen oder nicht.

Nicht zuletzt mischen sich darüber hinaus immer stärker kognitive Einflüsse unter das Anpassungsverhalten, das heißt ob eine ausschließlich dem Affekt unterworfene Reaktion noch für sich selbst nützlich erscheint, oder ob es nicht besser wäre, mit einer größeren Selbstkontrolle gesellschaftlich opportun zu reagieren. Das bedeutet aber, dass das Kind lernen muss zu unterscheiden, ob ein zügelloser Affektausbruch oder eine bewusst gesteuerte, emotionale Reaktion die bessere Antwort auf ein spannungsgeladenes, interaktionäres Geschehen ist. Die Möglichkeiten, zu einer solchen kognitiven Leistung hängen in diesem Alter noch nicht so sehr von einem wohl kalkulierten Gedankenkomplex ab, als vielmehr von der grundsätzlichen Fähigkeit des Kindes, seine Gefühle selbstständig regulieren zu können (Affekt- oder Selbstregulation, s.o.).

Gerade in diesem Punkt wird nun in der Gesellschaft, und das scheint unter den verschiedenen Völkern auf der Welt in ganz ähnlicher Form verbreitet zu sein, ein großer Unterschied gemacht, ob es sich um einen Jungen oder ein Mädchen handelt. Im Hinblick auf den Umgang mit dem Ausdruck von Gefühlen wird den Mädchen fast ausnahmslos eine viel größere Freizügigkeit gewährt als den Jungen. In diese klare Geschlechterunterscheidung, was die Behandlung von kindlichen Gefühlsäußerungen anbelangt, greifen zusätzlich gezielte kulturelle Einflüsse ein, auf die im Einzelnen einzugehen hier nicht der geeignete Ort ist. Den Spruch vom „Jungen, der nicht weint" kennt aber jeder Erwachsene, und gleichermaßen bekannt ist das Bild vom „koketten, freundlich lächelnden Mädchen", das die Autoritätsperson um den Finger wickelt. Vor solchen Etikettierungen und Vorurteilen sollten sich Eltern und Erzieher(innen) befreien.

Es gilt allgemein als psychologisch erwiesen, dass das Ausleben der Gefühle im Affekt innere Spannungen abbaut. Auf diese Weise bleibt es dem Kind erspart, nicht mehr zu bewältigende Gefühlsanteile verdrängen zu müssen und damit sein Unterbewusstsein zu belasten. Gleichzeitig werden induktive Prozesse im Kind gefördert. Gemeint sind das Verstehen, Zulassen und Erwidern ähnlicher Gefühlsausbrüche bei Anderen. Wegen des unmittelbaren Spannungsabbaus weinen viele Kinder, wenn sie Misserfolge erleiden müssen oder gekränkt werden.

Aus den genannten Gründen ist schnell ersichtlich, dass die Basisaffekte im Kindesalter generell zuzulassen sind. Im unmittelbaren Ausleben der Trauer vergeht die Wut über die erlittene Schmach. Es ist interessant, wie genau an diesem Punkt ein offensiv-aggressiver Affekt in einen defensiv-depressiven umschlägt und wie damit eine ins Innere projizierte Form von interaktionärer Gefühlsaustragung zu ihrer real-situativen Auflösung beiträgt. Für die Gesellschaft ist dieser Schritt generell ein Gewinn, weil er allgemein zur Befriedung beiträgt. Das wird von ihr aber nur dann akzeptiert, wenn ihr solche Zusammenhänge wenigstens intuitiv klar werden. Einstweilen anerkennt man in der Gesellschaft diesen nützlichen Prozess aber vornehmlich nur bei Mädchen, bei Jungen wird um des Männlichkeitsideals willen beinahe überall noch die Parole vom „Indianer, der keinen Schmerz kennt und nicht weint" vertreten. Ein Junge „darf" nicht weinen, und er sollte auch möglichst wenig Angst zeigen. Ich wähle zur Erklärung dieser Zusammenhänge noch einmal ein kurzes Beispiel:

13. Fallgeschichte

Ein Kind klettert auf dem Spielplatz zu hoch auf die Seilpyramide und bekommt beim Herunterklettern plötzlich Angst. Es fängt an zu weinen und ruft seine Mutter zu Hilfe. Die aber hält diese Angst für übertrieben, und das vor allem deshalb, weil es sich bei ihrem Kind um einen Jungen handelt. Schon aus Prinzip verweigert sie es daher, ihrem Sohn entgegen zu klettern und ihn herunter zu begleiten. Glücklicherweise befindet sich ein anderes, etwa gleichaltriges Kind in der Nähe des Geängstigten auf den Seilen. Dieses versteht empathisch die Not des Klettergefährten sofort und hangelt sich zu diesem hin. Es bleibt nun in seiner Nähe, spricht ihm Mut zu und ist sogar bereit, ihm die Hand oder den Fuß zu halten, um ihn beim Herabklettern zu lenken. So kommt das ängstlich und unsicher gewordene Kind wieder unbeschadet auf den Boden zurück.

Was der nicht unterrichtete Beobachter hier für eine simple, vernunftorientierte Hilfestellung des anderen Kindes hält, basiert emotional-affektiv auf etwas ganz anderem. Dieses andere Kind, welches zur Hilfestellung bereit ist, muss den von mir gemachten Ausführungen zufolge ein solches sein, das in einer atmosphärisch wohlmeinenden Familie mit freizügiger Äußerungsmöglichkeit von Gefühlen groß geworden ist. Es hat dabei gelernt, nicht nur seine eigenen Gefühle zu verstehen, sondern auch die Gefühlsäußerungen seiner Mitmenschen richtig zu interpretieren. Daher spürt es in der geäußerten Not des Anderen einen Appell an sich selbst, seine momentane Überlegenheit – in diesem Fall die Körpergeschicklichkeit – dem Schwächeren zur Verfügung zu stellen. Der hier geschilderte Junge ist zugleich in der Lage seiner intuitiven Empfindung nach zu handeln. Ein solches Mitfühlen ergibt den Anfang eines grundsätzlich verantwortlichen Empfindens, Denkens und Handelns in der sozialen Gemeinschaft. Gerade auch hierin drückt sich früh dasjenige aus, was beim Kind mit Gewissen gemeint ist.

Der eben geschilderte Anfang von Prosozialität basiert neben den frühen Elementen von Gewissen vor allem auch auf der freizügigen Gewährung einem jeden Kind, seine spontanen Gefühle von Empathie ohne Sorge vor Spott oder Missachtung äußern zu können. Aus diesem Anfang von mitfühlendem Denken und Handeln wird mit zunehmendem Lebensalter und auf höherer geistiger Ebene eine menschliche Eigenschaft, die man in der Gesellschaft als **Zivilcourage** bezeichnet. Zivilcourage ist eine Tugend, die die Menschen dringend benötigen, um ausgeübtes Unrecht untereinander zu erkennen und im Rahmen der eigenen Kräfte zu verhindern. Die Empfindungswelten, die in einem solchen verantwortlichen Handeln dem Mitmenschen gegenüber zum Tragen kommen, sind prinzipiell vollkommen unabhängig von Herkunft und Geschlecht. Jeder psychisch gesunde Mensch muss die Chance bekommen sie zu entwickeln. Daher sind jegliche Unterschiede zwischen Jungen und Mädchen in der diesbezüglichen Methodik der Erziehung entbehrlich.

Im Einzelfall mag es jedoch einmal angebracht sein, einem Jungen oder Mädchen die Einhaltung von Verhältnismäßigkeiten zwischen Gefühlen und Affekten anzumahnen, um zu verhindern, dass mit übertriebenen Äußerungen ein falscher Eindruck der Situation für die Beteiligten entsteht. Solche Reaktionen entstehen leicht beim Kopieren elterlicher Vorbilder. Nur ganz nebenbei sollte man sich als Erwachsener aber auch klarmachen, dass Theater und Film von solchen Übertreibungen geradezu leben, und damit auf kulturellem Weg emotionale Grundzustände in der menschlichen Existenz erklären helfen. In der alltäglichen Auseinandersetzung mit Gefühlen bedarf es jedoch einer klaren, allgemeinen Verständlichkeit des affektiven Ausdrucks. Als kritische Übertreibungen möchte ich hoch affektive Selbstinszenierungen anführen, die schnell den Grad von Hysterie annehmen.

Abschließend sei gesagt, dass es das günstige, positiv ausstrahlende Familienklima ist, das die Grundlagen für den verhältnismäßigen und weitgehend angepassten Ausdruck der kindlichen Affekte in Verbindung mit seinem Verhalten möglich werden lässt. Die Einsicht dieses Grundsatzes sollte allen Eltern die Erkenntnis vermitteln, auf Erziehungsmaßnahmen, die ein vermeidendes Verhalten in Bezug auf den Ausdruck von Gefühlen hervorrufen, zu verzichten.

5.8 Das Gewissen, sein Verhältnis zur Vernunft und das Gute und Böse

Womit ich mich zum Abschluss des Buches noch unbedingt zu befassen habe, ist die Klärung dessen, wie man das Gewissen in einem Kind von Anfang an gezielt entwickeln kann und vor allem auch, wie man es weiter fördern und verstärken kann, wenn die Schritte dahin zunächst nur schlecht oder unvollständig gelungen sind. Wenn ich es bisher nicht so deutlich gesagt habe, an dieser Stelle möchte ich noch einmal in aller Klarheit feststellen, dass es gerade das Gewissen im Kind ist, welches die grundsätzlichen Aspekte von Selbstkontrolle, Mitgefühl und Moralvorstellung im menschlichen Verhalten erzeugt und im konkreten Handeln fortan steuert. Damit meine ich im Speziellen:

a) den inneren Ausgleich von Egoismus und Altruismus,

b) die Regulation und Kontrolle der eigenen Affekte, Impulse und Triebe,

c) den sinnvollen Umgang mit Wunsch und Versagung, sowie Erfolg und Misserfolg,

d) die ausgewogene Haltung zu Anspruch und Bescheidenheit,

e) die Fähigkeit zur Selbstzurücknahme und Rücksicht,

f) die generelle Akzeptanz von Verlusten und Verlieren und

g) die Akzeptanz allgemeiner, sozialer Werte im Selbst als Urteilsgrundlage und Basis für die Ehrlichkeit.

Alle diese erwünschten und letztlich unerlässlichen Verhaltensweisen von Kindern, ja von Menschen überhaupt, Verhaltensweisen, die man in der Gesellschaft mit dem Wort Tugend positiv belegt, haben direkt oder indirekt etwas mit der moralischen Instanz Gewissen zu tun. Möglichst viel von dieser Gewissenhaftigkeit, aber ohne die Selbstentfaltung dadurch zu behindern, sollte ein Mensch aus seiner Kindheit mitbringen. Gewissen ist die Grundlage aller ethisch-moralischen Ansichten zu den gesellschaftlichen Vorgängen und Abläufen in der Lebenswirklichkeit. Gewissen ist zugleich die Basis aller Selbstkontrollmechanismen, die einem Menschen zur Verfügung stehen. Unbedingt ist das Gewissen auch die letzte Instanz vor einem Abrutschen in die Dissozialität.

Wenn ich den Kontrollmechanismen des individuellen Handelns mit dem Gewissen eine emotional konstruierte Grundstruktur unterstelle, dann muss ich gleichzeitig darauf hinweisen, dass es neben dieser Gefühlsplattform auch eine geistige Instanz gibt, die eine solche Kontrolle und Steuerung ausübt; ich spreche von der Vernunft. Es ist jedoch meine offenkundige Absicht in dem hier vorgetragenen, frühkindlichen Entwicklungsgeschehen, das emotional angelegte Gewissen in diesem Alter in seiner Wirkung auf das Denken und Handeln noch über die geistigen Entwicklungsschritte zur Vernunft zu stellen. Denn das „Denken" mit den Gefühlen ist dem Kleinkind meiner Ansicht nach eigentümlicher als das Denken mit den Möglichkeiten des Verstandes. Erst im Laufe des Lebens wird sich jenes komplizierte Verhältnis von Gewissen und Vernunft herausbilden, welches die ethisch-moralischen Ansichten des individuellen Menschen zwischen Gefühl und Verstand wie ein Vexierbild hin und her kippen lässt.

Gewissen ist, wie ich gezeigt habe, keinesfalls eine Errungenschaft des Fühlens, Denkens und Handelns, die mit einem Schlag plötzlich da wäre, und die sogleich über die grundsätzlichen, individuellen, menschlichen Eigenschaften und Handlungsweisen optimal walten könnte. Ganz im Gegenteil baut sich Gewissen Schritt für Schritt auf aus verschiedenen Vorläufern und rudimentären Vorstufen, um dann seine spätere, reife Ausdrucksform voll zu entfalten. Um nun zu klären, wie man die Ausbildung von Gewissen gezielt fördern und verstärken kann, werde ich diese einzelnen Entwicklungsschritte noch einmal kurz abgehen müssen.

Ganz zu Anfang all dieser Vorstufen steht im menschlichen Leben eine Eigenschaft, die nicht nur beim Menschen, sondern auch schon bei Tieren, zumindest bei Primaten, anzutreffen ist. Gemeint ist die der Fähigkeit zur **Affektansteckung**. Alle Menschen kennen das Phänomen, dass wenn ein Säugling weint/schreit, über kurz oder lang auch die anderen anfangen zu schreien, die sich in Hörweite des ersten Schreiers befinden. Auf Krankenstationen in den Säuglingszimmern hört man daher zuweilen ein regelrechtes Schreikonzert. Noch eindrücklicher ist dieses Phänomen vielleicht zu Beginn des Kleinkindalters. Wenn ein gut einjähriges Kind herzerweichend zu weinen anfängt, stimmen alsbald auch einige der dabeistehenden, unbeteiligten Kinder ein oder flüchten sich in den Schutz ihrer Mütter, so als ob eine Gefahr heraufzöge. Offenbar spüren sie im Affekt des weinenden Kindes dessen innere Not und fühlen sich automatisch in gleicher Weise betroffen. Von Solidarität hier zu sprechen wäre allerdings verfrüht.

Für diese typisch frühkindliche Verhaltensform der Affektansteckung ist aller Wahrscheinlichkeit nach auch eine besondere Form der Spiegelneurone in den Grenzbereichen der sensorischen und sensomotorischen Zentren zuständig, auf deren Vorhandensein ich u.a. im Rahmen des impliziten Lernens und des prozeduralen Gedächtnisses bereits hingewiesen hatte. Inwieweit bei diesem Vorgang vielleicht auch tatsächliche Gefühlserlebnisse z.B. durch Übertragung von Schwingungen zwischen Menschen transportiert werden, bleibt ein interessanter Forschungsgegenstand für die Zukunft.

Aber nicht nur beim Weinen sondern auch bei der Freude und beim Lachen gibt es das Phänomen der Affektansteckung. Lächelt die Mutter ihren Säugling an, lächelt über kurz oder lang auch der Säugling selbst. Nicht nur Kleinkinder sind sehr anfällig für gemeinsame Lachorgien, bei denen nachher kein Kind mehr weiß, worüber eigentlich gelacht wurde. In der Erwachsenenwelt würde man diese typische Form kindlichen Verhaltens als Albernheit bezeichnen. Die individuelle „Anfälligkeit" für Affektansteckung ist eine weitgehend durch Temperament und Charakteranlagen vorgegebene Eigenschaft, die sich kaum durch Erziehung beeinflussen lässt.

Aus der phylogenetisch vorgegebenen Fähigkeit zur Affektansteckung, die der Evolution wahrscheinlich dazu dient, soziale Spannungen in der Gruppe abzubauen und einer gemeinsamen Lösung zuzuführen, wird im Rahmen der Entstehung des autonomen Selbst die Fähigkeit zur Empathie. Ich hatte diesen wichtigen Entwicklungsschritt zur Empathie, der mit dem Schritt zum Selbstbewusstsein gekoppelt zu sein scheint und um den achtzehnten Lebensmonat herum einsetzt, weiter oben eingehend besprochen.

Mit dem Erreichen der Empathiefähigkeit sprach ich von einer elterlichen Reaktionsweise, die es immer dann gezielt einzusetzen gilt, wenn die im Anderen ausgelösten Gefühle dem Kind konkret zurück gespiegelt werden sollen. Diese Reaktionsweise trägt die Bezeichnung **Induktion**, und sie beinhaltet den oben gemachten Ausführungen zufolge die erzieherische Empfehlung, z.B. kleine, aggressiv erscheinende Attacken des Kindes gegen die Bezugspersonen(en), vor allem Mutter und Vater, dahingehend zu benutzen, durch leicht theatralisches Reagieren die kindliche Mitfühlsamkeit herauszufordern. Dieses Vorgehen möchte ich gerne als **Anstiftung zum Mitleid** bezeichnen.

Auch bei den oft aggressiv vorgetragenen Auseinandersetzungen zwischen Geschwistern und in der altersgleichen Gruppe aus den bekannten Gründen der Rivalität ist ein solches Reagieren seitens der Eltern und Erzieher immer wieder wichtig, wobei hier für die Theatralik meist schon das unterlegene Kind sorgt, und der pädagogische Auftrag an die Erzieher darin besteht, eindringlich ermahnende und ernst vorgetragene Worte der Missbilligung an das angreifende Kind zu richten. Zugleich sollten sie auf direkte Wiedergutmachung pochen, denn die frische Tat ist für das Kind am eindrücklichsten. Die ermahnenden Worte müssen jedoch frei sein von eigener Wut und Aggressivität und müssen von der bildhaften Sprache der Kinder Gebrauch machen, wenn sie den Sachverhalt erklären sollen.

Wie in der Theory of Mind (zitiert nach Bischof-Köhler, s.o.) klar wird, müssen in den Jahren zwischen eineinhalb und vier solche Induktionsstrategien zur inneren Vertiefung der Empathie immer wieder neu „aufgelegt" und durchgespielt werden, denn ein vom unmittelbaren Ereignis abgehobenes, theoretisches Denkmodell zu dem von Mitleid geprägtem Handeln über die unmittelbare Gegenwart hinaus gelingt dem Kind noch nicht. Solche Induktionsstrategien immer wieder zu inszenieren, dazu bietet das Kind in der Regel mit seinem großen Bedürfnis nach Spielen und seinen Drang zu kleinen Attacken genügend Anlass.

Darüber hinaus versteht das Kleinkind bis etwa vier Jahre noch nicht, dass grundsätzlich in jedem anderen Menschen eine seiner eigenen Gefühlswelt vergleichbare Empfindung besteht, die es zu ergründen und zu begreifen gilt. Hier entsteht nun eine entscheidende Aufgabe für das Kind, auf die es sich spontan einzulassen hat. Das gelingt ihm immer dann, wenn die emotionalen und sozialen Grundvoraussetzungen stimmen. Die so ergründete Gefühlswelt des anderen und deren Inhalte muss das Kind um der emotional-affektiven Verständigung untereinander willen in seiner eigenen inneren Welt dauerhaft repräsentieren, und diesen Vorgang für jeden anderen Menschen immer wieder neu ausführen. Daher spielt ein Kind solche gefühlsauslösenden und von klaren Affekten begleitete Handlungsakte immer wieder durch, nur um sich der Übereinstimmung seiner eigenen, dabei empfundenen Gefühle und jener des Anderen in Form einer Rückübertragung zu vergewissern.

Ich will diesen Vorgang noch einmal anders ausdrücken: In dem Entwicklungsstadium zwischen eineinhalb und vier Jahren, also noch vor dem Einsetzen des Verständnisses von einer subjektiven Empfindungswelt des Anderen, muss sich das Kind ständig neu vorstellen, den Schmerz oder die Gefühle des Anderen in sich selbst zu spüren, um zu erfahren, welcher Art diese Empfindung ganz konkret ist. Exakt dazu dienen die ausgeführten Scheinattacken. Und all das findet vorläufig noch im Hier und Jetzt statt und hat noch keinerlei antizipierende Wirkung für die Zukunft.

Mit etwa vier Jahren setzt dann der Theory of Mind zufolge das Bewusstsein im Kindes für die subjektive Lebenswelt des Anderen ein und damit rückbezüglich auch für die eigene mit all ihren individuellen Empfindungen und Gefühlen. Im Kind baut sich ein Verständnis davon auf, dass diese Lebenswelten generell unabhängig von einander existieren und auf sie gegenseitig Rücksicht zu nehmen ist. Ich hatte diesen Schritt als die Erfahrung des **Realitätskontinuums** im Anderen bezeichnet. D. Bischof-Köhler nimmt dafür eine soziologische Metapher, in dem sie den Begriff des **Perspektivwechsels** oder auch der Perspektivübernahme wählt (s.o.).

Entscheidend ist im einen wie im anderen Fall der geistige Schritt des Kindes zur erweiterten **Intersubjektivität**. Erst diese ermöglicht ihm ein Verständnis davon, dass die eigenen Gefühle nicht unbedingt mit denen des Anderen identisch zu sein brauchen, und, um noch konkreter zu werden, dass eigene freudige Auftritte oder Erzählungen bei den Eltern, anders als bisher erwartet, ganz gegenteilig ärgerliche oder traurige Reaktionen auslösen können. Was bis zu diesem Zeitpunkt als eine völlig unverständliche und widersprüchliche Erfahrung vom Kind hingenommen werden musste, bekommt jetzt seine verständliche Erklärung. Die Entdeckung des Kindes heißt im einfachen Wortlaut: jeder Mensch besitzt seine eigene Empfindungswelt. Gleichzeitig begreift das Kind aber auch, dass die ganze Gesellschaft ein bestimmtes Empfindungspotenzial besitzt, das es zu verstehen und zu respektieren gilt; gemeint ist die allgemeine Werteskala.

Dass alle diese Empfindungswelten unterschiedlich ausfallen können, ist für das Kind im Moment die wichtigste, neue Erfahrung. Aber es gibt auch die andere Erkenntnis, dass sich die Standpunkte gleichen können. Gerade in der Erfahrung des letzteren liegen meines Erachtens die Urgründe für das Schließen von Freundschaften und für das Eingehen von Bündnissen und solidarischen Pakten. Beide Entwicklungsschritte sind Dreh- und Angelpunkt von Pärchen- und Grüppchenbildung im Kindergarten, aber gleichermaßen auch von Einsicht und Einwilligung in gesellschaftskonformes Verhalten.

Neben der direkt verhaltenssteuernden Einflussnahme durch die Eltern bei der Induktion spielen in der Förderung von Gewissen vor allem wieder auch die sozialen Kernprozesse der frühen Kindheit eine entscheidende Rolle. **Je positiver die emotionale Integration abgelaufen ist, ausgedrückt in der sicheren Bindung, und je erfolgreicher dadurch die Loslösung vonstatten gegangen ist, ausgedrückt in einem ausgewogenen Selbst mit wachsendem Selbstbewusstsein, desto leichter ist es, ein Gewissen in das Kind einzupflanzen.** Letztlich läuft dieses Geschehen immer auf eine emotionale Balance von Stolz und Scham hinaus, wobei ausschlaggebend das günstige Verhältnis dieser beiden sozial eingebetteten Gefühle untereinander ist, die Psychodynamik von „Stolz auf Scham" und „Scham wegen Stolz" (s.o.). Aber wie bereits hervorgehoben, muss sich auch Scham ausreichend Geltung verschafft haben und fortan erhalten können.

Aus psychoanalytischer Sicht lässt sich dieser Wendepunkt in der konzeptionellen Selbstbetrachtung des einzelnen Menschen auch als der im Ich erzeugte, günstige Ausgleich von Ich-Ideal und Über-Ich verstehen. Weitere psychoanalytische Interpretationen wie die Betrachtung der seelischen Vorgänge im Kind auf der Achse Es, Ich und Über-Ich, sind in dieser Sichtweise nicht mehr vertreten. Dennoch ist im Vergleich mit der klassischen Psychoanalyse der Schritt zum Gewissen über die Ausbildung des Über-Ichs vielleicht noch etwas leichter zu verstehen, als aus der rein psychodynamischen Sicht der Gefühle von Stolz und Scham.

In der einen wie in der anderen Betrachtungsweise läuft das zugehörige innere Empfinden beim Kind hinsichtlich einer Fortsetzung seiner sozialen Reifung immer darauf hinaus, Schuld für sein fehlerhaftes Verhalten zu empfinden, Reue zu entwickeln, Unterlassung zu üben und Wiedergutmachung anzustreben. Das ist noch einmal die Essenz aus der Besprechung der Gewissensformen. Diese äußerst komplexen, ganz im menschlichen Sozialverhalten verankerten Empfindungen und Gefühle sind die Voraussetzung für das Individuum, sich die Normen und Werte der Gemeinschaft anzueignen und sich dem davon abzuleitenden Regelwerk zu unterwerfen. Außerdem führen sie dazu, die Ansprüche der Gesellschaft auf ein positiv angepasstes Verhalten in die persönlichen Wunschvorstellungen und Projektionen bereitwillig zu übernehmen und einzubauen. Dazu gehört es dann auch, freimütig Hilfsbereitschaft zu üben und sich ohne Gegenleistung an Gemeinschaftsleistungen zu beteiligen. Dazu gehört außerdem die Verinnerlichung des gesellschaftlich allgemein anerkannten Wertemaßstabes zur Ausbildung der **Ehrlichkeit.**

Gerade in den Zusammenhängen sozialer Bereitschaft spielt erneut das **Elternvorbild** eine gewichtige Rolle. Als ein vorbildhaftes Verhalten wertet unsere Gesellschaft diejenigen menschlichen Reaktionsweisen, die das Prinzip des Altruismus über dasjenige des Egoismus stellen. Dabei wird allerdings akzeptiert, dass im Einzelfall und aus wichtigem Grund das eigene, individuelle Bedürfnis höher eingeschätzt werden darf, als das eines Anderen oder der ganzen Gemeinschaft. Gemeinsames Ziel aller vorbildhaften Handlungen ist, dass das Kind erfährt und lernt, in Fällen unterschiedlicher Meinungen und Ansichten immer erst nach Abwägung der verschiedenen Standpunkte eine Entscheidung zu treffen, egal ob diese Entscheidung zu Gunsten des Anderen und der Gemeinschaft ausfällt oder zu seinen eigenen.

Entscheidend ist, dass das eigene Handeln grundsätzlich auch die Interessen des oder der Anderen mit berücksichtigt. Auf die Vermittlung eines solchen Erziehungsziels sollten die Eltern auch bei ihren persönlichen Handlungen achten, weil diese großen Vorbildcharakter besitzen. Das gilt nicht nur im Hinblick auf die eigenen Kinder, sondern auch, wenn fremde Kinder zugegen sind und die Reaktionen beobachten können. Ist ein solcher altruistischer Hintergrund im Handeln des Erwachsenen nicht ohne weiteres für das Kind erkennbar, sollten gut überdachte Worte nachhelfen. Das Kind mit etwa fünf Jahren ist durchaus in der Lage, hintergründiges Denken und Handeln zu verstehen, vor allem, wenn die damit verbundenen Erklärungen sprachlich seinem Alter angepasst sind.

Das was sich so theoretisch anhört, hat eine außerordentliche, praktische Bedeutung. Das gilt nicht nur für normal entwickelte Kinder, sondern vor allem auch für die verhaltensauffälligen mit aggressiv oppositionellen Tendenzen oder hyperkinetischer Störung des Sozialverhaltens. Das umfangreiche Thema der hyperkinetischen Kinder kann ich hier nur kurz streifen. Sowohl in der Therapie, als auch in der Prävention spielt gerade bei diesen Kindern das elterliche Vorbild eine entscheidende Rolle. Neben den als sicher geltenden genetischen Anlagefaktoren, die die Entstehung eines Aufmerksamkeitsdefizit- und Hyperkinetischen Syndroms begünstigen, ist für dessen Ausbruch das aktuelle soziale Umfeld von ausschlaggebender Bedeutung. Elternvorbild sowie erzieherisches Handeln stehen dabei im Mittelpunkt. Auch im Rahmen der Sekundärprävention, wenn medikamentös ausgerichtete, therapeutische Schritte psychologisch und pädagogisch flankiert werden müssen, oder wenn überhaupt nur psychotherapeutisch behandelt wird, erhält das elterliche Modellverhalten sein besonderes Gewicht.

Das elterliche Vorbild, das mag die Tücke des Vorgangs sein, geht, wie gesagt, implizit, also ohne Wissen und Kenntnis des Kindes in seine Vorstellungswelt ein, und in der Regel auch ohne kritische Selbstbeobachtung beim Erwachsenen selbst. Das betrifft die ungünstigen wie die normalen Verhaltensmerkmale. Manchmal erschrecken Eltern eines Tages davor, wie ähnlich ihr Kind den eigenen Verhaltensweisen geworden ist. Bei einer solchen Ähnlichkeit sehen Eltern natürlich lieber die Übernahme guter Eigenschaften. Aber manchmal gewinnt man in der Psychologie den Eindruck als übertrügen sich schlechte Eigenschaften beinahe noch leichter als gute.

Aber nicht nur die Eltern wirken mit ihrem vorbildhaften Verhalten stillschweigend auf die Kinder ein, sondern auch die Erzieherinnen und Erzieher, und mit Zunahme des Lebensalters mehr und mehr auch die „starken Typen auf der Straße", die Anführer der altersgleichen Gruppen (der „peers"). Hierzu zählen ältere Kinder im Allgemeinen, also auch schon im Kindergartenalter. Manchen Eltern ist es ein Dorn im Auge, wenn ihre Kinder nach einiger Zeit des Kindergartenbesuchs plötzlich mit Schimpfwörtern und obszönen Ausdrücken nach Hause kommen; oder wenn ihre Kinder plötzlich Eigenschaften an den Tag legen, die ihnen aus der familiären Erziehung unbekannt sind.

Mit diesem Punkt befinde ich mich an der Schwelle zu den sozialen Vorgängen, mit denen gewöhnlich die Untersuchungen des Gewissens überhaupt erst anfangen. Damit meine ich den ganz allgemeinen, soziokulturellen Einfluss der Gesellschaft auf den einzelnen Menschen. Jede Gesellschaft besitzt ihren eigenen, philosophisch-religiös begründeten Unter- bzw. Überbau, welcher seinen normierenden Einfluss auf die Verhaltensstrukturen der einzelnen Mitglieder ausübt. In den auf das Kindesalter ausgerichteten sozialen Gemeinschaften, bei denen in unseren westlichen Industriegesellschaften Kindergarten, Kinderhort und Kinderkrippe traditionell den größten Raum einnehmen, beginnt dieser Einfluss außerhalb des Elternhauses bereits zwischen dem zweiten und vierten Lebensjahr (teilweise noch früher). Das ist sehr früh, und wahrscheinlich machen sich viele Eltern nicht genügend klar, was das bedeuten kann.

Zwar bleiben Meinung und Handeln der Eltern einstweilen noch federführend für das, was ihr Kind auf besagte implizite Weise in sich aufnimmt und mental verankert. Aber je geringer das elterliche Vorbild aus rein zeitlichen Gründen oder solchen eines beschränkten, elterlichen Engagements ist, desto machtvoller drängt sich der außerhäusige Einfluss auf. Ab einem gewissen Grad wird letzterer sogar stärker als der elterliche, vor allem dann, wenn zugleich auch noch Ersatzbindungen an fremdbetreuende Personen eingegangen werden und die Eltern zunehmend zu erzieherischen Randfiguren ihrer Kinder werden.

Auf diese Wiese ist es ein leichtes Spiel für pädagogische Einrichtungen, ihre institutionelle Meinung in die Köpfe der Kinder hinein zu pflanzen und die kindliche Gedankenwelt auf versteckte Weise in diese oder jene Richtung zu beeinflussen. Im schlechtesten Fall droht ein Ideologisieren der Kinder. Das Kleinkind jedenfalls hat noch keine Chance, kritische Fragen zu stellen, oder sich aktiv solchen Einflüssen zu entziehen. Dass eine Ideologie sich auch der Inhalte des Gewissens bemächtigen kann und falsche Ideale in ein Kind hinein setzen, um es für ihre Zwecke zu missbrauchen, ist eine alte und leider weltweit bekannte Tatsache. Sie sollte allen Eltern bewusst sein, wenn sie ihre Kinder in frühe Fremdbetreuung weggeben, und sie dazu motivieren, sich Ihrer Erziehungspflicht mit allem Ernst fortgesetzt zu widmen. Die geistigen Inhalte einer jeden pädagogischen Einrichtung sollten von ihnen zunächst immer kritisch hinterfragt werden.

Alle Freiheit des Gewissens mit prosozialen Vorzeichen liegt vorzugsweise in der günstigen, das heißt ausgewogenen Selbstentwicklung des Kindes begründet, verbunden mit einem von Altruismus und Toleranz bestimmten elterlichen Vorbild, sowie einer Gesellschaftsform, die die Menschenrechte in ihrem Grundgesetz verankert hat und diese auch ernsthaft achtet und verteidigt. Ein freies Gewissen geht automatisch in Richtung eines guten Gewissens, wenn es sich in zugewandten, fürsorglichen Eltern widerspiegeln kann und in eine menschliche, sprich humane und tolerante Gesellschaft eingebettet erleben darf.

Wissenschaftliche Erkenntnisse 12

Gibt es einen Ort im menschlichen Gehirn, an dem die Psychologie das Gewissen vermuten kann? Es mag für viele Ohren absurd klingen, wenn die Hirnforschung heutzutage behauptet, diese Frage mit ja beantworten zu können. Aber Neurologen und Forscher der Neurowissenschaften haben Ideen dazu entwickelt, wo solche hoch komplexen, geistigen Vorgänge sich im menschlichen Gehirn abspielen könnten, und sie legen auch schon gezielte Beobachtungen dazu vor. An diesem Punkt schließt sich nun der Kreis zu den Vorbemerkungen zum Buch, in denen ich von den bildgebenden Verfahren zur Erforschung der Vorgänge im menschlichen Gehirn gesprochen habe, wie z.B. funktionelle magnetische Resonanztomographie (fMRT), Positronen-Emissionstomographie (PET) oder neuerdings auch Magnetoencephalographie.

Zwei Möglichkeiten zur direkten Untersuchung des menschlichen Gehirns tun sich auf den genannten, apparativen Wegen auf. Erstens jener Weg, gesunde, geistige und gefühlsbestimmte Vorgänge durch komplizierte, experimentell erstellte Untersuchungsanordnungen an Probanten hervorzurufen und dabei Vorgänge im Gehirn computertechnisch sichtbar zu machen. Zweitens der Weg, durch pathologische Störungen auf dem Wege des Rückschlusses normale Funktionsweisen des Gehirns aufzuspüren, Störungen verursacht z.B. durch Hirnverletzungen oder Tumoren, welche regional begrenzte Schäden setzen und damit definierte Ausfälle verursachen. Beide Möglichkeiten werden ausgiebig genutzt.

Gleichsam eine Pionierleistung auf diesem Gebiet hat der anfangs erwähnte, amerikanische Neurologe Damasio in den neunziger Jahren des letzten Jahrhunderts geleistet. In seinem Buch „Descartes' Irrtum" (s.o.) beschreibt er einen historischen Fall von unfallbedingter Hirnschädigung bei einem Schienenarbeiter in den Vereinigten Staaten von Amerika mit Ausschalten seines gesamten Sozialbewusstseins, und er stellt diesen Fall vergleichbaren, „modernen" Fällen von Tumorpatienten gegenüber. Bei seinen Studien kommt er zu dem Schluss, dass verschiedene Zentren im Gehirn an dem Aufbau des Sozialbewusstseins und der kritischen Selbstüberprüfung (er spricht nicht direkt von Gewissen, jedoch von einem auf sich selbst bezogenen Gefühlsleben) beteiligt sind. Als hierbei besonders herausragend benennt er bestimmte Zonen im Frontalhirn, und zwar die, die dem Spalt zwischen den beiden Hemisphären zugewandt sind (ventromedialer Cortex, VMC) und die auf dem Augendach ruhen (orbitofrontaler Cortex, OFC). Von dort gibt es erwiesenermaßen ein ausgeprägtes neuronales Netzwerk zu den Handlungsplanungszentren, z.B. der supplementär motorischen Area (SMA) und den vordersten Frontalwindungen mit dem Frontalpol.

Aber das ist offenbar nur ein Teil des gesamten Systems, und zwar der exekutive bzw. ausführende. Wie die Gefühle und Empfindungen in das Frontalhirn gelangen ist der andere. Hierfür hat sich die Forschergruppe um den ebenfalls schon von mir erwähnten Joseph LeDoux bereits Anfang der neunzehnhundertneunziger Jahre interessiert. LeDoux hat seine Ergebnisse (hauptsächlich an Tieren) in seinem Buch „Das Netz der Gefühle" (s.o.) niedergeschrieben. Danach scheint es in Übertragung auf den Menschen so zu sein, dass die frühkindlich aufgebauten und erlebten Gefühle über die Mandelkerne im Schläfenlappen (Amygdala), sowie das Limbische System via cingulärem Cortex (Cingulum) in das Frontalhirn gelangen, besonders in die beiden oben genannten Regionen ventromedialer und orbitofrontaler Cortex. Im cingulären Cortex befindet sich den Untersuchungen von Fallgatter u.a. zufolge (s.o.) auch jenes Zentrum, welches eine Kontrolle über die Willensfunktionen erlangt. Diese Entdeckung halte ich für ein zentrales Teilchen im Puzzle der persönlichkeitsbildenden Funktionen des menschlichen Gehirns. Daher wiederhole ich hier noch einmal die Zusammenhänge.

Die Amygdala gehört in großen Teilen zum Gedächtnissystem (entorhinaler Cortex und Hippocampus) und speichert hauptsächlich angstbesetzte sowie motivationale Gefühle und Empfindungen. Letztere beziehen sich vorzugsweise auf die Triebelemente von Aggression und Sexualität. Daneben ist aber, auch das ist Wiederholung von bereits Gesagtem, jenes aus Tierversuchen bekannte Belohnungssystem ins Gedächtnis zu rufen, welches eine direkte Verbindung zwischen Mittelhirn, Limbischem System und Basalganglien des Großhirns darstellt (Ventrale tegmentale Area, Limbischer Kreis und Nucleus accumbens), und welches wohl ausschließlich die guten und angenehmen Gefühle zum Selbst ins Bewusstsein transportiert. Denn auch hierher enden alle neuronalen Netzwerkverbindungen schließlich im Frontalhirn.

Nicht zuletzt ist das Zentrum der Körperfühlsphäre in Verbindung mit Selbstgefühlen (Somatosensorisches Zentrum, Inselregion) über zurückführende Faserverbindungen an diesem neuronalen Verbund mit beteiligt. Im Frontalhirn scheint die Aufgabenteilung nun so zu sein, dass sich die „guten", angenehmen Gefühle mehr in der linken Hirnhälfte niederschlagen und mental verankern und die „schlechten", unangenehmen mehr in der rechten, was für Tumor- oder Schlaganfallspatienten bei der Seitenlokalisation ihrer Erkrankung eine große Bedeutung hinsichtlich des Stimmungserleben haben kann. Das rechte Frontalhirn leistet aber offenbar auch Impulskontrolle und Beherrschung der Aggressivität, sowie die Fähigkeit zur Selbstreflexion (Schore, s.o.).

Ein Ausfall dieser Systeme durch Tumorerkrankung oder eine Minderfunktion, z.B. durch falsch arbeitende Botenstoffe (Dopamin, Serotonin, Acetylcholin, Noradrenalin, Endorphine, Neuropeptide u.a.) in Verbindung mit deren Rezeptoren im synaptischen Spalt als der Signal-Übertragungsstelle, führt zwangsläufig zu erheblichen Verhaltensstörungen bis hin zu psychischen Erkrankungen. Im dem genannten Buch von A. Damasio werden Fälle von Tumorpatienten dargestellt, deren soziales Leben dadurch vollkommen zerstört worden ist, dass der Tumor die kritischen Areale im Frontalhirn vernichtet hat. Bezogen auf das Kindesalter spricht vieles dafür, dass das ADHS (Aufmerksamkeitsdefizit-Hyperkinetisches Syndrom) u.a. auf eine anlagemäßige und entwicklungsbedingte Störung der Dopaminfunktion (bestimmte Dopamin-Transporter-Rezeptoren) im Belohnungssystem und der Frontalrinde zurückzuführen ist. Auf diese Weise wird verständlich, wieso Psychostimulantien mit positiver Wirkung auf Dopamin-Rezeptoren (z.B. Methylphenidat) eine so günstige Wirkung auf das kindliche Verhalten entfalten können. Ob man daraus jedoch eine rein medikamentöse Therapie ableiten kann, steht auf einem anderen Blatt.

Ich möchte nach diesem kurzen, zusammenfassenden theoretischen Exkurs über jene das Sozialverhalten repräsentierenden Hirnstrukturen noch einmal etwas detaillierter auf die spezielle mentale Verankerung des Gewissens zu sprechen kommen. Der hier dargestellte, sich in den nächsten Jahren langsam weiter entwirrende „Irrgarten" im menschlichen Gehirn in Bezug auf die frühkindliche, psychosoziale Entwicklung fördert bei genauem Hinsehen ein Modell zutage, das erklärt, wie sich die funktionalen Netzwerke im Gehirn miteinander tatsächlich verknüpfen könnten, um ein dauerhaftes System zu etablieren. Was dabei ersichtlich wird, sind vor allem zwei Dinge:

1. Das Gehirn ergeht sich in eine fein abgestimmte Aufgabenteilung nicht nur auf somatosensorischer Ebene, wie es schon länger bekannt ist, sondern auch im emotionalen und sozialen Funktionsbereich.

2. Das Gehirn kennt auch auf diesem Sektor eine Hierarchie, das heißt es gibt unter- und übergeordnete Zentren, deren Aufgabenteilung ein Gesamtssystem ergibt. Keines der beteiligten Teilsysteme kommt dabei ohne das andere aus. Gerade das letztere gilt für die Funktionszentren mit höherer und differenzierterer Aufgabenstellung, wie z.b. das Sozialempfinden und das Gewissen. Das übergeordnete Zentrum für das Gewissen liegt allen bisherigen Untersuchungen nach in spezifischen Arealen des Frontalhirns.

Für die optimale Entstehung und Justierung gerade dieser auf das Sozialverhalten ausgerichteten, neuronalen Netzwerke im menschlichen Gehirn sind positive, emotional stabilisierende Gefühle und Empfindungen bereits am Lebensanfang von ausschlaggebender Bedeutung. Derart günstige Voraussetzungen zu gewährleisten, ist die entscheidende Aufgabe, die an die Eltern und Erzieher(inne)n von der Evolution gestellt wird. Negative, emotional destabilisierende Gefühle bewirken ungünstige Entwicklungen und müssen im weiteren Verlauf durch günstige, direkte und indirekte erzieherische Beeinflussung wieder ausgeglichen werden. Letztlich entscheidend für die seelische Gesundheit ist allein der Nettoeffekt aus allen negativen und positiven Einflüssen.

Günstig veranlagte Temperamente sind in diesem sozialen Geschehen von Natur aus bevorteilt, schwierige Charaktere prinzipiell benachteiligt, was aber durch eine optimale Gestaltung der sozialen Umgebung in der Familie und den frühen Institutionen vielfach ausgeglichen werden kann. Der Mensch mit seinem intelligenten Gehirn ist grundsätzlich in der Lage, solche günstigen Bedingungen zu schaffen. Dabei hilft ihm sowohl die hohe Anpassungsbereitschaft auf Seiten des Kindes, als auch der soziale Gestaltungswille unter den Erwachsenen.

Es ist das ausgewogene Selbst, das im Verlauf dieses Entwicklungsgeschehens zum Dreh- und Angelpunkt aller weiteren psychosozialen Schritte wird. Dabei steht am Ende der frühen Kindheit im Mittelpunkt die Entstehung der sozial ausgerichteten, emotionalen und kognitiven Strukturen Gewissen und Vernunft, welche bei erfolgreicher und stabiler Ausbildung beinahe automatisch zu prosozialem Verhalten führen und bei instabiler oder fehlender zur Antisozialität. In diesem Entwicklungsgeschehen schneiden die ausgewogenen Selbstkonstruktionen ungleich besser ab, als die unausgewogenen und natürlich die pathologischen.

Was bedeuten nun diese Erkenntnisse ganz konkret für den Ablauf in der frühkindlichen emotionalen Entwicklung? Sie bedeuten, dass sich die einzelnen Grundbausteine der psychosozialen Entwicklung im Hinblick auf eine spätere gelungene Gesamtfunktion bereits in frühester Kindheit ausbilden, und zwar am besten in einem Klima, das gute emotionale und soziale Voraussetzungen dafür bietet. Auf diesen Grundlagen wird sich ein erstes, stabiles neuronales Netzwerk im Gehirn errichten, das die positiven Erfahrungen abspeichert, fortan repräsentiert, und seinerseits die Grundlagen bildet für die nächsten, sich darauf aufbauenden, stabilen und handlungsbestimmenden Netzwerke.

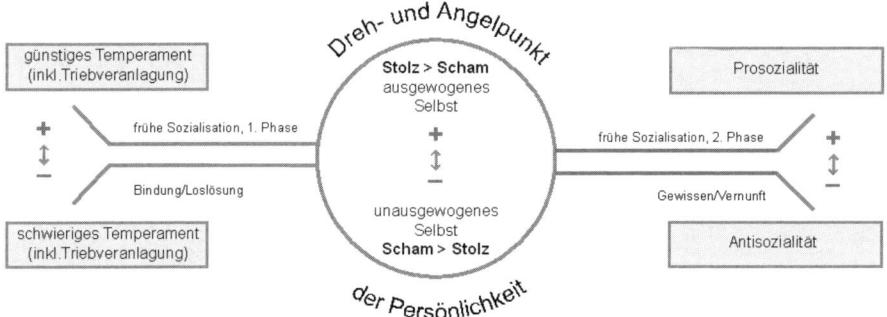

Charakterveranlagung　　　　　　　**Persönlichkeitsbildung**

Abbildung 6: Die frühe Sozialisation des Menschen im 2-Phasen-Modell

Das heißt in der hier vorgestellten, logischen Abfolge der Entwicklungsschritte, dass die im ersten Lebensjahr günstig verlaufende, emotionale Integration mit Ausbildung einer sicheren Bindung die Basis schafft für alle weiteren psychosozialen, und zugleich auch kognitiven Entwicklungsschritte. Auf diese günstige Ausgangsplattform aufbauend gestaltet sich in nahtlosem Anschluss der nächste Schritt, die Loslösung, erfolgreicher und bildet seinerseits ein tragfähiges Grundgerüst für die nun einsetzende Wahrnehmung von persönlichem Ich und eigenständigem Selbst. Schließlich schält sich in der Abfolge der Entwicklung ein stabiles und ausgewogenes Selbst heraus, welches die angeborenen Temperaments- und Charakteranlagen so gut wie möglich erhält und diese dann in der wachsenden Struktur der Gesamtpersönlichkeit mit Gewissen und Vernunft optimal verbindet. Mit Hilfe der aus solch günstigen Lebensbedingungen resultierenden Fähigkeit zur selbstkompetenten Regulation der Emotionen und Affekte kann das eigene Fühlen, Denken und

Handeln bewusst beeinflusst und willentlich kontrolliert werden. Das wäre das, was man in der Psychologie und Soziologie als gesunde und sozial verantwortliche **Selbstkompetenz** bezeichnet.

Alle Autoritätspersonen, also Eltern und Erzieher(innen), Lehrer(innen) usw. haben die von der Evolution vorgegebene Aufgabe, ihr Bestes dafür zu tun, dass eine solche Entwicklung in jedem einzelnen Kind auf optimale Weise zustande kommt. Schließlich sind die Kinder ihrer aller Schutzbefohlene. Diese zu beschützenden Kinder aber sind die Erwachsenen von morgen, die ein psychosoziales Rüstzeug dafür in sich vorfinden möchten, selbst wieder kompetente Eltern und Erzieher(innen) werden zu können.

Nachbemerkungen und sozialpolitischer Ausblick

In den vergangenen Jahrhunderten galt die Familie unangefochten als die einzige gesellschaftliche Gruppe, die das Großwerden von Kindern zu gewährleisten hatte. Alternativen zu dieser Lebensform, den Nachwuchs aufzuziehen und gleichzeitig auch zu prosozialem Verhalten anzuleiten gab es zumindest in der abendländischen Kultur so gut wie nicht. Erst im vorvergangenen Jahrhundert kamen in Deutschland die Kindergärten als institutionelle Einrichtung zur stundenweisen Versorgung der Kleinkinder dazu. In der jüngsten Zeit, die bestrebt ist, sich als postmoderne Kultur auch ein passendes Erziehungswesen zu schaffen, wird das Modell Familie als sozialer Hort der Kindheit jedoch infrage gestellt. Das hat verschiedene Gründe, die allesamt aus den Zeitströmungen zu verstehen sind. Allen voran steht die Auflösung des Rollenmodells von der Frau und Mutter als Versorgerin zu Hause und dem Vater, der einer von der Familie getrennten Arbeit nachgeht, um den Lebensunterhalt zu verdienen, sowie den Kindern, die halbtags Bildungseinrichtungen besuchen, um den Rest des Tages zu Hause zu verbringen.

Die Auflösung dieser familiären Grundstrukturen hat hauptsächlich mit dem berechtigten Anspruch der Frauen zu tun, ihrerseits einer Arbeit außerhalb des Zuhauses nachzugehen, um durch eigenes Geldverdienen und damit verbundener finanzieller Unabhängigkeit einen den Männern gleichwertigen sozialen Rang zu erreichen. Das dahinter verborgene Problem von einer über Jahrhunderte hinweg bestehenden Abwertung der Arbeit zu Hause mit dem Großziehen von Kindern und der Haushaltsorganisation wird selten offen diskutiert. An diesem Punkt muss in Zukunft unbedingt ein Umdenkprozess ansetzen.

Außer dieser gerne dem Feminismus zugeschriebenen Änderung der Grundvorstellungen in der weiblichen Selbstverwirklichung und ökonomischen Expansion gibt es auch rein sozioökonomische und politische Gründe für diesen Paradigmenwechsel in der gesellschaftlichen Position der Familie. Ob nun aus einer sozialistisch-ideologischen Grundposition heraus oder einem kapitalistisch-marktwirtschaftlichen Kalkül, ist das Ziel in beiden Lagern gemessen an ihren politischen Absichtserklärungen das gleiche. Es gilt, eine möglichst frühe Rückführung von zu Eltern gewordenen Erwachsenen in den Dienstleistungsbereich und Produktionsprozess zu ermöglichen. Das mag aus sozialpolitischen Gründen opportun erscheinen, aus familienökologischen Gründen ist es das sicherlich nicht.

In der sozialistischen Gesellschaftsform wird das Großziehen und Erziehen von Kindern mehr als ein allgemein gesellschaftlicher Auftrag definiert und kritiklos der zusätzlichen Fremdbetreuung von Anfang an unterworfen. Dadurch wird die Mutter auf einfache Weise wieder frei für Produktion und Dienstleistungen. Das ist das erklärte und vorrangige Ziel der sozialen Ökonomie. Bindungsstrukturale Mutter-Kind-Modelle haben in der materialistischen Psychologie praktisch keinen Platz (Autorenkollektiv 1975). Sie werden kurzer Hand zu Konditionierungseffekten umgedeutet, basierend auf dem Paradigma eines universellen Anpassungsbestrebens des Säuglings und Kleinkindes an den jeweils vorgefundenen sozialen Bezugsrahmen. Im Vordergrund aller beschriebenen Bindungstechniken, die sich vor allem mit früh begleitender Fremdbetreuung befassen, steht immer das Wohl der Allgemeinheit und der Gesellschaft, aus der dabei frei werdenden mütterlichen Arbeitskraft Nutzen für die Produktion zu beziehen. Der individuelle Aspekt der Mutter-Kind-Dyade wird dem Vorrang dieses Allgemeinwohls größtenteils geopfert.

Ein individualpsychologischer Ansatz, wie er in der Formulierung der emotionalen Integrationstheorie zum Ausdruck kommt, hat in dieser Weltanschauung genau genommen keinen Platz. Wollte man ihn dennoch in ein solches Gesellschaftssystem einbeziehen, müssten die Grundsätze der materialistischen Psychologie grundlegend geändert werden.

Eine solche individualfeindliche Position kannte man in der Weltanschauung der bürgerlich-kapitalistischen Gesellschaft prinzipiell nicht. Im Gegenteil, das Recht des Individuums auf seine persönliche Entwicklung wurde als Paradigma gewertet, ja geradezu zum obersten Ziel erklärt, und spiegelte sich wider in der Vorstellung vom erfolgreichen Einzelmenschen im aktuellen Lebenslauf und späteren Produktionsprozess. Voraussetzung für einen solchen, von Erfolg geprägten, gesellschaftlichen Aufstieg war eine psychisch gesunde Entwicklung in der Familie. Hierdurch ging der Auftrag der Erziehung eindeutig an die Eltern und die Familie.

In der sogenannten postmodernen Gesellschaft sind diese Paradigmen allerdings ins Wanken geraten. Die Probleme der sozialen Marktwirtschaft mit der demographischen Umkehr der altersmäßigen Bevölkerungsstruktur, der Verkleinerung und Vereinzelung der Familien, und der Globalisierung im Produktionsprozess mit vielen sozialen Nachteilen für den Einzelmenschen (bis hin zur leichten Kündigung seiner Arbeit) machen es der Familie schwer, sich als die ideale Erwachsenen-Kind-Gruppe und Keimzelle der Gesellschaft zu positionieren und in Zukunft zu erhalten. Dazu trägt der Anspruch des Individuums auf eine optimale Lebensgestaltung und Selbstverwirklichung nicht unwesentlich bei. Das ist der Stand der Dinge, mit dem sich heutzutage die Entwicklungspsychologie intensiv auseinanderzusetzen hat. Denn auch in der bürgerlich-kapitalistischen Gesellschaft machen sich immer mehr jene Erziehungsformen breit, wie sie auch in den sozialistischen Gesellschaftsformen anzutreffen waren oder noch sind.

Hinsichtlich einer Beurteilung der gegenwärtigen Familiesituation sollte man sich allerdings davor hüten, mit einer polarisierenden Darstellungsweise Angst in der Gesellschaft zu schüren. Denn diese Angst leitet sich in Wahrheit einzig aus dem Vorurteil her, in der sozialistischen Gesellschaft sei prinzipiell alles schlechter und die Bewertung des einzelnen Menschen generell „unmenschlicher".

Interessant ist eigentlich nur, dass zwei sich diametral entgegenstehende Weltanschauungen auf der Basis der Individualpsychologie zwangsläufig annähern müssen, um die gesellschaftlichen Lebensbedingungen der Menschen zu definieren. Denn das Kernproblem einer jeden Gesellschaft ist unabhängig von der aktuellen Lebensform immer identisch; ich spreche davon, das Problem Allgemeinwohl und Individualwohl im Sinne einer funktionierenden Gemeinschaft überein zu bekommen. Aber nicht die Erkenntnis, dass Psychologie immer dieselbe Psychologie ist, ob nun in einem sozialistischen oder einem kapitalistischen Gesellschaftssystem, führt zu einer solchen Annäherung, sondern die Eskalation der gesellschaftlichen Probleme im real existierenden, marktwirtschaftlichen System. Konkret gesagt: erst die wirtschaftliche Not oder sagen wir, der sich zuspitzende wirtschaftliche Engpass führt das kapitalistisches System an die Grenzen seiner individualpsychologischen Grundsätze.

Dagegen führt das sozialistische System an seine Grenzen der Widerstand der einzelnen Menschen gegen die materialistische Psychologie und Soziologie, die auf der Beugung individueller, emotionaler und kognitiver Expansion beruht und konditionierende Anpassung in den Mittelpunkt ihrer Erziehungsmaximen stellt. Die jüngste Geschichte bietet hierfür genügend Lehrstücke. Auf unerwartete Weise finden so beide Systeme im Problemgeschehen ihres realen Existierens zusammen.

Bei genauer Betrachtung lassen sich in beiden Weltanschauungen große Fehler entdecken, die zum Zusammenbruch ihrer inhärenten Grundsätze hinsichtlich der Betrachtung und Behandlung des einzelnen Menschen führen müssen. Da ist zu nennen erstens der Irrtum, dass Konditionierungstechniken zur Anpassung an den real vorgefundenen, sozialen Bezugsrahmen ein wirksames Instrument zur menschlichen Erziehung ist. Denn unter dem Deckmantel der Anpassung an allgemeine soziale Ansprüche schwelt bei einigermaßen gesunder Entwicklung des Menschen sein Drang nach individueller Expansion permanent weiter und wird sich eines Tages in einem gemeinsamen Befreiungsakt entladen. Der vom Selbst mühsam unterdrückte Widerstand gegen autoritäre Lenkung durch Institutionen oder nicht identifikationsfähige Menschengruppen sammelt sich im Individuum zu einem hochexplosiven Potenzial. Das geschieht auch schon beim Kind. Dieses Spannungspotenzial führt zu einem nicht enden wollenden stummen Protest, welcher sich dann massiv entlädt, wenn der äußere Druck nachzulassen scheint oder wenn sich eine Gegnerschaft gleichermaßen Betroffener im Untergrund heraus bilden kann. Ein gewaltsamer Befreiungsschlag oder eine ganze Revolution kann die Folge sein. Da ist weiter zu nennen die irrtümliche Vorstellung, dass die Mutter eines Kindes nur Teil einer größeren Gruppe von Bezugspersonen ist, welche zu beliebiger Zeit und eigenen Aufgaben gehorchend ihre Rolle an andere Bezugspersonen abtreten kann. Da ist außerdem zu nennen die fatale Idee, dass man menschliche Verhaltensweisen, die von einem sozial-altruistischen Ausdruck geprägt sind, durch ein Gemenge ideologisierender Einflüsse auf agitatorisch-medialer sowie pseudokünstlerischer Ebene induzieren kann und damit entwicklungspsychologische Grundsätze ersetzen. Da ist noch zu nennen die Methode, die freie Entwicklung des Einzelnen auf sein Bedürfnis, der Gemeinschaft in nützlicher Form zu dienen, zu reduzieren, und diese Reduktion in einem starren, äußeren Rahmen seines Bewegungsspielraums festzusetzen. Schaut man genau hin, stellt man fest, dass alle diese Schritte zur Reglementierung des Menschen geschickt ineinander greifen und sich gegenseitig dahingehend ergänzen, dass der Ausbruch des Einzelnen in die Freiheit begrenzt oder ganz unterbunden wird.

Was sich ohne Mühe in Bezug auf das sozialistische System sagen lässt, hat sein Pendant eindeutig auch im kapitalistischen. Denn auch das kapitalistische System kann es sich nicht ohne weiteres leisten, individualpsychologische Grundsätze zu Maximen zu erheben. In ihm steht fehlerhaft die gesellschaftliche Rolle der Männer vor jener der Frauen, aber auch vor jener der Mütter und ganz besonders vor der der Väter im Vordergrund. Das hat auch Auswirkungen auf den Erziehungsprozess. Denn diese Rolle wird festgeschrieben auf ein persönliches Aufgehen der Männer im Dienstleistungsbereich oder Produktionsprozess, um durch Karriere und Lohnmaximierung das Familieneinkommen und Familienansehen zu vergrößern. Ein Vater im Kinderzimmer, der sich um seine Sprösslinge bemüht, verliert in diesem System automatisch an Achtung. Das „Erziehungsgeschäft" wird dafür ganz allein der Frau übertragen. Deutlich hervorzuheben ist in diesem Zusammenhang jene falsche Vorstellung von einer natürlich vorgegebenen Rolle für die Frau als Nur-Mutter, die sich widerspruchslos in das Joch spannen lässt, Kind sowie Haus und Hof zu versorgen und diese Aufgabe dann als ihre weibliche Selbstverwirklichung auszugeben bereit ist. Derart strikte Rollenzuweisungen für Frauen wie für Männer kann die Evolution für die existenzielle Absicherung der Menschheit nicht vorgesehen haben. Zu sehr ist das Überleben der Menschen auf einen geschickten Austausch der Rollen angewiesen. Beredtes Beispiel sind nicht zuletzt die Leistungen der Frauen in der Nachkriegszeit.

Die Kinder sind im Kapitalismus, neben der Tatsache erwünschter Nachwuchs sowohl für den Fortbestand von Dienstleistern und Produzenten als auch Geldbeschaffer im Generationenvertrag der Sozialversicherungen zu sein, hauptsächlich willkommene Konsumenten für den Warenkauf.

Abgesehen davon hat sich in der bürgerlichen Gesellschaft jedoch eine Psychologie entwickeln können, welche den Freiheitsgedanken in der menschlichen Entwicklung wenigstens formulieren durfte. Insbesondere die bindungstheoretischen Grundsätze haben einen entscheidenden Schritt in diese Richtung unternommen. Der Aspekt der Mutter-Kind-Dyade unterstreicht das Verständnis von einem individualpsychologischen Geschehen auf frühester Ebene menschlicher Sozialisation. Das Kind wird als individuelles Wesen respektiert und seiner einzigen primären Bezugsperson, der Mutter, gesellschaftlich wie entwicklungspsychologisch zugeordnet. Die emotionale Integrationstheorie unterstreicht dabei den psychodynamischen Gewinn, den das Kind aus der primären Bindung für sein ganzes Leben davon trägt. Weitere Bezugspersonen werden als Ersatzbezugspersonen gewertet und notwendigerweise hierarchisch abgestuft. Damit wird der Boden für die individuelle Entwicklung eines jeden Menschen bereitgehalten. In der Vorstellung von der Verinnerlichung der primären (Bindung) und im zweiten Schritt der sekundären mit triadischer Bezugsperson (Loslösung), als fundamentaler Ausgangsbasis für den Schritt zur Selbstentfaltung, wird der Einzelstellung des Menschen vom Kindesalter an Rechnung getragen. Allerdings wird damit auch klar zum Ausdruck gebracht, dass sich kein Kind in einem Leerraum menschlicher Bezüge entwickeln kann. Die wahre, individuelle Freiheit des Kindes liegt einzig in der Zufälligkeit seines natürlichen, sozialen Bezugsrahmens.

Die gerade formulierten, individualpsychologischen Grundsätze sind zum Teil noch relativ neu in der Entwicklungspsychologie und keineswegs allgemein anerkannter gesellschaftlicher Konsens. Was ich hier formuliere ist im Moment nur eine positive Aussicht auf das, was einmal Paradigma in der Behandlung von Säuglingen und Kleinkindern werden könnte.

Das Problem der postmodernen Gesellschaft mit ihren Auflösungstendenzen der Familie läuft solchen günstigen Aussichten auf die Kindererziehung zuwider. Denn für die noch in der Möglichkeitsform befindlichen, neuen Paradigmen in dem Großziehen und Erziehen von Kindern ist das System Familie unabkömmlich, wobei der angestrebte Familienbegriff von ideologischen Vorlasten unbedingt zu entschlacken ist. Die Familie bedarf aber wieder jenes hohen gesellschaftlichen

Ranges, den sie einst vor Hunderten oder sogar Tausenden von Jahren gehabt hat. Es dürfte ein großer Irrtum sein, wenn man in der Gesellschaftspolitik die Zerstörung traditioneller Familienstrukturen als eine Befreiung aus überkommenen Strukturen eines Lebens in der Gemeinschaft propagiert. Daran ändert auch nichts die Tatsache, dass es irgendwo auf der Welt Völker gibt, die besser in größeren Gruppen als in kleinen Familien zusammen leben. Solche Lebensgemeinschaften haben ihre besonderen Gründe und Merkmale, und sie gehören zu einer spezifisch ethnischen Entwicklung, die nicht einfach zu verallgemeinern ist. Man wird auch fragen müssen, wie solche größeren Gemeinschaften mit Bindungsformen tatsächlich umgehen und ob sich aus ihrem anders gearteten Modell nicht neue Probleme ergeben, die im klassischen Familienverband, so er intakt ist, fremd sind.

Das Credo, das hier für die Familie ausgesprochen wird, basiert nicht auf verschlossenen Augen vor den Problemen, die sich aus den bereits angedeuteten Schwierigkeiten der aktuellen gesellschaftlichen Entwicklung ergeben. Im Gegenteil, dieses Credo soll einem Aufruf dienen, die Familie in der postmodernen Gesellschaft wieder zu stärken und ihr zu jener Bedeutung zurück zu verhelfen, die sie zweifellos in der menschlichen Gesellschaft hat. Das Problem der modernen Familie ist nicht allein der Ansturm modernistischer Entwicklungen zur Vereinzelung des Menschen und zur Selbstverwirklichung um jeden Preis, sondern vor allem auch ihre generelle Abwertung in der gesellschaftlichen Bedeutung sowie ihre Ausgrenzung aus dem Themenkreis über die Ursachen eines moralischen Werteverfalls. Denn wo lernt der Mensch die ersten Werte in seinem Leben kennen, wenn nicht in der Familie, das heißt in dem Miteinanderumgehen in der kleinsten, gesellschaftlichen Zelle. In der Besprechung des Themas Empathieentwicklung und prosoziales Verhalten wurde deutlich, wie eminent wichtig der Einfluss der beständigen und zuverlässigen Bezugspersonen auf das Kind in dieser Frage ist. Selbstverständlich sind die Geschwister, Großeltern und peripheren familiären Bezugsperson hierzu ebenfalls von Bedeutung und sehr deutlich dann auch alle fremdbetreuenden Personen, ob individuell oder institutionalisiert. Aber entscheidend ist und bleibt das Verhaltensmuster, das sich im unmittelbaren familiären Kontext beim Kind herausbildet.

Im Verband der Familie bleibt die kindliche Entwicklung in gewisser Weise individuell und frei, was seine genetischen Anlage und sein zufälliges, soziales Umfeld anbelangt. Diese Freiheit darf nur dann geopfert werden, wenn die Familie nicht intakt ist und dem Kind dadurch Schaden in seiner Entwicklung droht. Eine versagende Familie kann auch ein Gefängnis für das Kind sein. Diesem Grundsatz hat die Rechtsprechung in der Bundesrepublik Deutschland mit dem Schutz des Kindes und seinem Anspruch auf Wohlergehen Rechnung getragen. Aber es gibt Tendenzen, diesen Grundsatz jetzt aufzuweichen mit der Begründung, das Kind könne ebenso gut von früh auf in außerhäuslichen Gemeinschaften aufwachsen und erzogen werden, wie in seiner eigenen Familie. Nach der hier vorgelegten, entwicklungspsychologischen Konzeption steht diese Ansicht über das Kindeswohl jedoch eindeutig infrage. Ein reguläres, institutionalisiertes und bis zu einem gewissen Grade anonymes Fremdbetreuungsmodell wird in dieser Konzeption erst ab dem vierten Lebensjahr für möglich gehalten, wenn das Kind gemäß der Theory of Mind emotionale und kognitive Voraussetzungen und Fähigkeiten entwickelt hat, sich in einer größeren Gemeinschaft ohne die dauerhafte affektiv-emotionale Rückabsicherung bei seinen Hauptbezugspersonen zu bewegen. In den Jahren davor gelingt eine Fremdbetreuung, wenn sie keinen psychischen Schaden riskieren will, nur mittels einer ganz persönlichen Bezugsperson, der Ersatzbezugsperson. Realistisch betrachtet wird die familiäre Situation nur auf einer anderen Ebene wiederholt. Natürlich kann die dazu ausgebildete Erzieherin nicht in einer Eins-zu-eins-Betreuung beruflich aufgehen, aber mehr als vier oder fünf Kinder wird sie bei in dieser Rolle nicht übernehmen können. Funktionierende Kleinkindgruppen bedürfen also immer eines hohen personellen Schlüssels.

Wie lässt sich nun die familiäre Wirklichkeit in der Zukunft definieren, wenn zwei Prämissen zugrunde zu legen sind: erstens diejenige eines ungefährdeten Aufwachsens des Kindes unter bindungs- und emotional integrationstheoretischen Voraussetzungen und zweitens diejenige einer Garantie zur Selbstverwirklichung (auch beruflich) beider Eltern innerhalb des Familienverbandes. Zur Beantwortung dieser Frage ist zunächst noch einmal ein kurzer Blick auf die drei Entwicklungsschritte des Kleinkindes hin zur Selbstständigkeit zu werfen. Auf die Phase der Bindung im ersten Lebensjahr folgt die Phase der Loslösung im zweiten und dritten. Erst dann schreitet die Selbstständigkeit soweit voran, dass eine unkomplizierte Ablösung von den Eltern erwartet werden kann. Allerdings müssen hierfür Selbstvertrauen und Selbstbewusstsein des Kindes so stark entwickelt sein, dass sie diesen Entwicklungsschritt tragen und weiter aufrechterhalten können. So betrachtet, ist also die klassische Variante vom Kindergarteneintritt mit etwa vier Jahren richtig gewählt. Diese Wahl hatte wohl in der Gründungsphase der Kindergärten einmal der Empirie zur Entwicklung von Kindern entsprochen. Vorgehensweisen anderer Art und in anderen Ländern entsprechen in dieser Hinsicht nur anderen Entscheidungskriterien. Dort ist der Blick manchmal weniger auf das Kind gerichtet, als vielmehr auf die Elternbedürfnisse und die ökonomisch eingegliederte Familie.

Auch in Deutschland nimmt aktuell der Trend zu, die Blickrichtung weg vom Kind zu nehmen und hin auf Mutter und Vater zu lenken sowie auf die gesamte Familiensituation mit der erklärten Absicht, beide Elternteile frühzeitig in den Dienstleistungssektor oder Produktionsprozess zurück zu führen. Damit wäre ich aber bei der zweiten Prämisse angelangt. Es scheint derzeit so zu sein, dass Berufstätigkeit, finanzielle Unabhängigkeit und materieller Wohlstand als entscheidende, individuelle Grundvoraussetzungen für eine geglückte Selbstverwirklichung in der Gesellschaft wahrgenommen werden. Um dieses Lebensglück zu erreichen ist es aber notwendig geworden, das entspricht jedenfalls der sozialpolitischen Realität, dass beide Eltern frühzeitig wieder berufstätig sind.

Genau hier müsste der politische Hebel ansetzen. Zwei Problemkomplexe sind dabei zu lösen: Erstens die entwicklungspsychologisch richtige Eingliederung des Kindes in das institutionelle Gemeinschaftswesen, und zweitens die Entlastung der Eltern von den wirtschaftlichen Zwängen, frühzeitig in den Arbeitsprozess zurückkehren zu müssen. Entlastung der Mutter von den wirtschaftlichen Zwängen, frühzeitig wieder arbeiten gehen zu müssen, muss vor allem allein erziehenden Müttern (selten sind es auch Väter) zuteil werden, denn gerade sie sind unvermeidliche Opfer jeder kinderfeindlichen Politik. Ihr Schicksal ist mit dem des Kindes auf ganz besondere Weise verstrickt.

Ein Vorschlag hierzu könnte folgendermaßen aussehen: Beide Eltern unterliegen mit Geburt eines Kindes, abgesehen von den Vergünstigungen für die Frau in der Schwangerschaft, einem arbeitsrechtlichen Sonderstatus für drei Jahre. In dieser Zeit teilen sie sich die Betreuungszeiten des Kindes nach entwicklungspsychologischen Grundsätzen. Das heißt in der Regel, dass die Mutter die ersten eineinhalb Jahre für das Kind zu Hause bleiben darf, der Vater die zweiten eineinhalb Jahre. Bindungs- und Loslösungsgeschehen wären auf diese Weise grundlegend repräsentiert. Eine Umkehrung dieser Positionen ist prinzipiell möglich. In den jeweils freien eineinhalb Jahren kann ein Elternteil mindestens halbtags arbeiten oder in einem flexiblen Arbeitszeitmodell beliebig teilzeitmäßig. Dieses Modell basiert auf einem staatlichen Ausgleich für den Lohnausfall, das heißt das Familieneinkommen muss gesichert bleiben. Weitere Kinder verlängern diesen Sonderstatus bis zu einer allgemein verträglichen Grenze, die festzulegen ist. Den jungen Familien müssen weitere finanzielle Zusicherungen gemacht werden, damit sie aufgrund ihrer Kinderzahl nicht in soziale Schwierigkeiten kommen.

Damit die Eltern während der Ausfallzeit nicht den Anschluss an die berufliche Entwicklung verlieren, müssten in den Betrieben Angebote gemacht werden, die in Abendkursen oder über Computervernetzung mit dem häuslichen Bereich den aktuellen Ausbildungsstand erhalten und sogar noch erweitern. Für selbstständig Erwerbstätige müsste ein vergleichbares Konzept entwickelt werden.

Über diese soziopolitischen Angebote hinaus sollte den jungen Eltern ein fundiertes und **entwicklungspsychologisch basiertes Fremdbetreuungskonzept** angeboten werden, welches Gewähr dafür trägt, dass die Tatsache, ein Kind zu bekommen, nicht gleichbedeutend ist mit sozialer Isolation. Das entwicklungspsychologische Fremdbetreuungskonzept mit Tagesmüttern basiert auf drei Grundsätzen:

a) Das Kind muss spontane Sympathie für die Ersatzbezugsperson empfinden. Bis zum 4. Lebensjahr ist die/der Fremdbetreuer(in) immer eine Ersatzbezugsperson.

b) Der Übergang in die Fremdbetreuung muss immer atraumatisch erfolgen, das heißt es muss eine sanfte Ablösung geben. Die Länge des Übergangs bestimmt das Kind.

c) Die Fremdbetreuung sollte nach Möglichkeit zunächst in der eigenen häuslichen Umgebung erfolgen. Ein fremder Ort oder eine Institution (Kinderkrippe/Kindergarten) muss kindlichen Ansprüchen genügen.

In den Familien, in denen Großeltern das Fremdbetreuungskonzept übernehmen können, ist erst einmal auf diese Möglichkeit zurück zu greifen. Sie entspricht den natürlichen Verhältnissen. Aber auch hierbei gelten dieselben Regeln. Denn auch Großeltern gelten im Normalfall als Ersatzbezugspersonen. Für jedes Kind ab drei Jahren muss ein Kindergartenplatz garantiert sein. Die Aufnahme in den Kindergarten darf nur mit sanfter Ablösung und den übrigen Kriterien des entwicklungspsychologisch basierten Fremdbetreuungskonzepts erfolgen. Zusätzliche betriebliche und an den Ausbildungsplatz gebundene Einrichtungen wären wünschenswert und sind politisch speziell zu unterstützen. Der Kindergarten muss den Auftrag einer entwicklungspsychologischen Förderung des Kindes erhalten. Ab dem Alter von vier Jahren sollte neben dem psychosozialen Angebot auch die kognitive Entwicklung einer besonderen Förderung unterliegen, ohne dass ein Verschulungsprozess einsetzt. Die Erzieherinnen und Erzieher sind entsprechend auszubilden und adäquat für ihre Leistung zu entlohnen. Der Übergang in die Grundschule sollte weitgehend nahtlos erfolgen.

Um diese sozialpolitischen Voraussetzungen überhaupt schaffen zu können, muss eine neue Werteorientierung in der Gesellschaft einsetzen. Kind und Familie müssen wieder höchste Priorität in der Werteskala menschlicher Verwirklichungsideale erlangen. Das Generationenparadigma als Lebenssinn sollte über die persönliche

Selbstverwirklichung einmal mehr Oberhand gewinnen, allerdings nicht wie in vor-industrieller Zeit und in den Entwicklungsländern noch heute vorhanden als eigene Altersabsicherung bei unzureichender oder fehlender Sozialversicherung. Dieses rein auf den Zweck ausgerichtete Denkschema für die Erzeugung von Kindern dürfte durch eine zu Lebzeiten erworbene soziale Absicherung für den eigenen Al-tersprozess zumindest in den modernen Industrienationen aus der Welt zu schaffen sein. Das ist sich die moderne, wirtschaftlich prosperierende Gesellschaft schuldig.

Das Kind für sich allein als der nächste Gast in dieser für die Menschen lebenswer-ten Welt sollte wieder höchstes Ziel des eigenen Daseins sein. Allein das zwingt die Menschen auch dazu, die Welt unbedingt als lebenswert zu erhalten. Man kann die-sen Appell an den Erhalt des Planeten Erde als lohnender Lebensraum für weitere Generationen, wie immer man will, im rein weltanschaulich biologischen Sinn ver-stehen, aber ebenso im philosophisch-ethischen oder religiösen. Entscheidend ist in jeder Argumentation das unbedingte Bekenntnis für das Kind.

Literatur

Ainsworth, M.D.S., Blehar, M.C., Waters, E., Wall, S. (1978). Patterns of attachment. A psychological study of the strange situation. Hillsdale, NJ: Erlbaum, L., (Kap. 6, 10); Zit. n. Oerter, Rolf, v. Hagen, Cornelia, Röper, Gisela, Noam, Gil (1999). Klinische Entwicklungspsychologie. Ein Lehrbuch. Beltz/Psychologie Verlags Union: Weinheim

Ainsworth, Mary D.S. (2001). Weitere Untersuchungen über die schädlichen Folgen der Mutterentbehrung. In: J. Bowlby (2001). Frühe Bindung und kindliche Entwicklung. 4. Aufl., Ernst Reinhardt Verlag: München, Basel

Autorenkollektiv Wissenschaftspsychologie (1975). Materialistische Wissenschaft und Psychologie. Erkenntnis- und wissenschaftstheoretische Grundlagen der materialistischen Psychologie. Pahl-Rugenstein Verlag: Köln

Bauer, Joachim (2005). Warum ich fühle, was du fühlst. Intuitive Kommunikation und das Geheimnis der Spiegelneurone. 6. Aufl. Hoffmann und Campe Verlag: Hamburg

Bauer, Joachim (2007). Unser flexibles Erbe. In: Gehirn und Geist 9, 58-65, Verlag Spektrum der Wissenschaft: Heidelberg

Birbaumer, Niels, Töpfner, Stephanie (1998). Hirnhemisphären und Verhalten. In: Deutsches Ärzteblatt 45, 2844–2848

Bischof-Köhler, Doris (1994). Selbstobjektivierung und fremdbezogene Emotionen. In: Zeitschrift für Psychologie, 202, 349–377

Bischof-Köhler, Doris (2000). Kinder auf Zeitreise. Verlag Hans Huber: Bern, Göttingen

Bowlby, John, Ainsworth, Mary (2001). Frühe Bindung und kindliche Entwicklung. 4. Aufl., (engl. Orig. 1953), Ernst Reinhardt Verlag: München, Basel

Braun, Karin, Bock, Jörg (2003). Die Narben der Kindheit. In: Gehirn und Geist, 1, 51–53, Verlag Spektrum der Wissenschaft: Heidelberg

Braus, Dieter F. (2004). EinBlick ins Gehirn. Moderne Bildgebung in der Psychatrie. Georg Thieme Verlag,: Stuttgart, New York

Brisch, Karl-Heinz (1999). Bindungsstörungen. Von der Bindungstheorie zur Therapie. 7. Aufl., Klett-Cotta Verlag: Stuttgart

Chugani, H.T., Behen, M.E., Muzik, O., Juhász, C., Nagy, F. and Chugani, D.C. (2001). Local Brain Functional Activity Following Early Deprivation: A

Study of Postinstitutionalized Romanian Orphans. In: Neuroimage, 14, 1290–1301

Damasio, Antonio R. (1997). Descartes Irrtum. Deutscher Taschenbuch Verlag: München

Deneke, Friedrich-Wilhelm (1999). Psychische Struktur und Gehirn. Schattauer Verlag: Stuttgart

Dornes, Martin (1993). Der kompetente Säugling. Fischer Taschenbuch Verlag: Frankfurt a. Main

Dornes, Martin (2000). Die emotionale Welt des Kindes. Fischer Taschenbuch Verlag: Frankfurt a. Main

Egle, U.T., Hoffmann S.O., Joraschky P. (2004). Sexueller Missbrauch, Misshandlung, Vernachlässigung. Erkennung, Therapie und Prävention der Folge früher Stresserfahrungen. 3. Aufl., Schattauer Verlag: Stuttgart

Eibl-Eibesfeld, Irenäus (1984/1995). Die Biologie des menschlichen Verhaltens. Piper-Verlag: München, Lizenzausg. (1997), 3. Aufl., Seehamer-Verlag: Weyarn

Erikson, Erik H. (1995). Kindheit und Gesellschaft. 12. Aufl., (1. Aufl. 1982), Klett-Cotta Verlag: Stuttgart

Ewert, Jörg-Peter (1998). Neurobiologie des Verhaltens, Lehrbuch. Verlag Hans Huber: Bern, Göttingen

Fallgatter, A.J., Ehlis, A.C., Seifert, J., Strik, W.K., Scheuerpflug, P., Zillessen, K.E., Herrmann, M.J., Warnke, A., (2004). Altered response control and anterior cingulate function in attention-deficit/hyperactivity disorder boys. In: Clinical Neurophysiology, 115, 973–981

Fallgatter, A.J., Ehlis, A.-C., Rösler, M., Strik, W.K., Blocher, D., Herrmann, M.J. (2005). Diminished prefrontal brain function in adults with psychopathology in childhood related to attention deficit hyperactivity disorder. In: Psychiatry Research: Neuroimaging, 138, 157–169

Flehmig, Inge (1990). Normale Entwicklung des Säuglings und ihre Abweichungen. 4. Aufl., Georg Thieme Verlag: Stuttgart

Fornagy, Peter u. Target, Mary (2002). Neubewertung der Entwicklung der Affektregulation vor dem Hintergrund von Winnicotts Konzept des „falschen Selbst". In: Psyche, Zeitschrift für Psychoanalyse und ihre Anwendungen, Hg. von Werner Bohleber, Sonderheft Entwicklungsforschung, Bindungstheorie, Lebenszyklus, 56. Jahrgang, 839–862, Klett-Cotta: Stuttgart

Freud, Anna (2000). Das Ich und die Abwehrmechanismen. 16. Aufl., Fischer Taschenbuch Verlag: Frankfurt a. Main

Freud, Anna (1987). Die Schriften der A.F., Band V. Fischer Taschenbuch Verlag: Frankfurt a. Main

Freud, Sigmund (2000). Das Ich und das Es. 8. Aufl., Fischer Taschenbuch Verlag: Frankfurt a. Main

Gebauer, Karl und Hüther, Gerald (Hg.) (2005). Kinder brauchen Wurzeln. Neue Perspektiven für eine gelingende Entwicklung. 5. Aufl., Patmos-Walter Verlag: Düsseldorf

Gergely, György (2002). Ein neuer Zugang zu Margaret Mahler. Normaler Autismus, Symbiose Spaltung und libidinöse Objektkonstanz aus der Perspektive der kognitiven Entwicklungstheorie. In: Psyche, Zeitschrift für Psychoanalyse und ihre Anwendungen, Hg. von Werner Bohleber, Sonderheft Entwicklungsforschung, Bindungstheorie, Lebenszyklus, 56. Jahrgang, 809–838, Klett-Cotta: Stuttgart

Gontard, Alexander v., Lehmkuhl, Gerd (2002). Enuresis. Hogrefe Verlag: Göttingen, Bern

Gopnik, Alison, Kuhl, Patricia, Meltzoff, Andrew (2000). Forschergeist in Windeln. Hugendubel (Ariston): München

Grandjean, D., Sander, D., Pourtois, G., Schwartz, S., (2005). The Voices of Wrath. Brain Responses to Angry Prosody in Meaningless Speech. In: Nature Neuroscience, 8, 145–146

Grossmann, Karin, Grossmann, Klaus E. (2003). Elternbindung und Entwicklung des Kindes. In: Herpertz-Dahlmann, B., Resch, F., Schulte-Markwort, M., Warnke, A. (2003). Entwicklungspsychiatrie. Biopsychologische Grundlagen und die Entwicklung psychischer Störungen. 115–133, Schattauer Verlag: Stuttgart

Hetzer, H., Todt, E., Seiffge-Krenke, I., Arbinger, R. (Hg.) (1995). Angewandte Entwicklungspsychologie des Kindes- und Jugendalters. 3. Aufl., UTB für Wissenschaft: Heidelberg, Wiesbaden

Hopf, Hans (1998). Aggression in der analytischen Therapie mit Kindern und Jugendlichen. Vandenhoeck und Ruprecht: Göttingen

Hüther, Gerald (2001). Bedienungsanleitung für ein menschliches Gehirn. Vandenhoeck und Ruprecht: Göttingen

Izard, Carol E. (1981). Die Emotionen des Menschen. Beltz-Verlag: Weinheim, Basel

Kernberg, Otto F. (1996). Narzisstische Persönlichkeitsstörungen. Schattauer Verlag: Stuttgart

Kienbaum, Jutta (2003). Entwicklungsbedingungen prosozialer Responsivität in der Kindheit. Eine Analyse der Rolle von kindlichem Temperament und Sozialisation innerhalb und außerhalb der Familie. Psychologia Universalis, Pabst Science Publishers: Lengerich

Klein, Melanie (1962). Das Seelenleben des Kindes. Klett-Cotta Verlag: Stuttgart

Kohlberg, Lawrence (1996). Die Psychologie der Moralentwicklung. Suhrkamp Taschenbuch Wissenschaft 1232: Frankfurt a. Main

Kohnstamm, Rita (1985). Praktische Kinderpsychologie. Eine Einführung für Eltern, Erzieher und Lehrer. 2. Aufl., Verlag Hans Huber: Bern

Kohut, Heinz (1981). Die Heilung des Selbst. Suhrkamp Taschenbuch Wissenschaft 373: Frankfurt a. Main

Krause, Rainer (2003). Überblick über die Emotionspsychologie. In: Herpertz-Dahlmann, B., Resch, F., Schulte-Markwort, M., Warnke, A. (2003). Entwicklungspsychiatrie. Biopsychologische Grundlagen und die Entwicklung psychischer Störungen. 105–114, Schattauer Verlag: Stuttgart

Laucht, Manfred, Schmidt, Martin H. (2005). Entwicklungsverläufe von Hochrisikokindern. Ergebnisse der Mannheimer Längsschnittstudie. In: Kinderärztliche Praxis. Soziale Pädiatrie und Jugendmedizin, 11, 348–354

LeDoux, Joseph (1998). Das Netz der Gefühle. Carl Hanser Verlag: München

Lemche, Erwin (2000). Emotion und frühe Interaktion. Die Emotionsentwicklung innerhalb der frühen Mutter-Kind-Interaktion. LOB.de-Lehmanns Media: Berlin

Mahler, Margaret, Pine, Fred, Bergmann, Anni (1980). Die psychische Geburt des Menschen. Fischer Taschenbuch Verlag: Frankfurt a. Main

Miller, Alice (1980). Am Anfang war Erziehung. Suhrkamp Verlag: Frankfurt a. Main

Müller-Wex, Claudia, Warnke, Andreas (2005). Enkopresis – Diagnostik, Therapie und Verlauf. In: Päd. Praktische Pädiatrie, 3, 226–232

Nieuwenhuys, R., Voogd, J., Huijzen, C. (1991). Das Zentralnervensystem des Menschen. Ein Atlas mit Begleittext. 2. Aufl., Springer-Verlag: Berlin, Heidelberg

Oerter, R., von Hagen, C., Röper, G., Noam, G. (Hg.) (1999). Klinische Entwicklungspsychologie. Ein Lehrbuch. Beltz/Psychologie Verlags Union: Weinheim

Pauen, Sabina (2003). Denken vor dem Sprechen. In: Gehirn und Geist. 1, 44–49, Verlag Spektrum der Wissenschaft: Heidelberg

Papousek, M., Schieche, M., Wurmser, H. (2004). Regulationsstörungen der frühen Kindheit. Verlag Hans Huber: Bern, Göttingen, 1. Nachdruck

Papousek, Mechthild (1999). Regulationsstörungen der frühen Kindheit: Entstehungsbedingungen im Kontext der Eltern-Kind-Beziehungen. In: Oerter, Rolf, v. Hagen, Cornelia, Röper, Gisela, Noam, Gil (1999). Klinische Entwicklungspsychologie. Ein Lehrbuch. 148–169, Beltz/Psychologie Verlags Union: Weinheim

Pausen, Sabina (2006). Was Babys denken. Eine Geschichte des ersten Lebensjahres. Verlag C.H. Beck: München

Petermann, F., Döpfner, M., Schmidt, M.H. (2001). Aggressiv-dissoziale Störungen, Hogrefe Verlag: Göttingen, Bern

Pfeiffer, Ernst, Lehmkuhl, Ulrike (2003). Bindungsstörungen. In: Herpertz-Dahlmann, B., Resch, F., Schulte-Markwort, M., Warnke, A. (2003). Entwicklungspsychiatrie. Biopsychologische Grundlagen und die Entwicklung psychischer Störungen. 541–547, Schattauer Verlag: Stuttgart

Piaget, Jean, Inhelder, Bärbel (1983). Die Psychologie des Kindes. 5. Aufl., Fischer Taschenbuch Verlag: Frankfurt a. Main

Piaget, Jean (2003). Meine Theorie der geistigen Entwicklung. Beltz Verlag: Weinheim, Basel

Pohlmann, Friedrich (2000). Die soziale Geburt des Menschen. Einführung in die Anthropologie und Sozialpsychologie der frühen Kindheit. Beltz Verlag: Weinheim, Basel

Posth, Rüdiger (2003). Schreibabys und das ungünstige Temperament. Vom Umgang mit schwierigen Säuglingen. In: Kinderärztliche Praxis. Soziale Pädiatrie und Jugendmedizin, 3, 179–187

Posth, Rüdiger (2003). Fremdeln und Anhänglichkeit. Bindungstheorie im Spiegel der Neurowissenschaften. In: Kinderärztliche Praxis. Soziale Pädiatrie und Jugendmedizin, 6, 385–394

Posth, Rüdiger (2004). Loslösung, Trotz und frühe Selbstgefühle. Anfänge der Persönlichkeitsentwicklung. In: Kinderärztliche Praxis. Soziale Pädiatrie und Jugendmedizin, 8, 528–536

Renggli, Franz (1999). Angst und Geborgenheit. Soziokulturelle Folgen der Mutter-Kind-Beziehung im ersten Lebensjahr. Ergebnisse aus Verhaltensforschung, Psychoanalyse und Ethnologie. Rowohlt Taschenbuch Verlag: Reinbek bei Hamburg

Roth, Gerhard (1999). Entstehen und Funktion von Bewusstsein. In: Deutsches Ärzteblatt 96, 30, 1957–1962

Roth, Gerhard (2003). Fühlen, Denken, Handeln. Wie das Gehirn unser Verhalten steuert. Suhrkamp Taschenbuch Wissenschaft 1678: Frankfurt a. Main

Richter, Horst-Eberhard (1972). Eltern, Kind und Neurose. Die Rolle des Kindes in der Familie. Rowohlt Taschenbuch: Reinbek bei Hamburg

Schmidt-Denter, Ulrich (1988). Soziale Entwicklung. Ein Lehrbuch über soziale Beziehungen im Laufe des menschlichen Lebens. Beltz/Psychologie Verlags Union: Weinheim

Schore, Allan N. (2000). Attachment and the regulation of the right brain. In: Attachment and Human Development, Vol. 2, No. 2, 23–47

Sodian, Beate (2003). Die Entwicklungspsychologie des Denkens – das Beispiel der Theory of Mind. In: Herpertz-Dahlmann, B., Resch, F., Schulte-Markwort, M., Warnke, A. (2003). Entwicklungspsychiatrie. Biopsychologische Grundlagen und die Entwicklung psychischer Störungen. 85–95, Schattauer Verlag: Stuttgart

Spitz, René A. (1976). Vom Säugling zum Kleinkind. 5. Aufl., Klett-Cotta-Verlag: Stuttgart

Spitzer, Manfred (2001). CNS 2001-Signale für die Nervenheilkunde. Editorial, In: Nervenheilkunde, 4. Schattauer Verlag: Stuttgart

Spitzer, Manfred (1996). Geist im Netz, Spektrum Akademischer Verlag: Heidelberg, Berlin

Stern, Daniel N. (1992). Die Lebenserfahrung des Säuglings: Klett-Cotta Verlag: Stuttgart

Tschöpe-Scheffler, Sigrid (Hg.) (2005). Konzepte der Elternbildung – eine kritische Übersicht. Verlag Barbara Budrich: Opladen

Winnicott, Donald W. (1976). Von der Kinderheilkunde zur Psychoanalyse. Kindler Verlag: München

Winnicott, Donald W. (1979). Vom Spiel zur Kreativität. Klett-Cotta-Verlag: Stuttgart

Wolke, Dieter (2006). Frühkindliche Regulationsstörungen und ihre Langzeitfolgen. In: Kinderärztliche Praxis. Soziale Pädiatrie und Jugendmedizin, Sonderheft, März

Waxmann

Ilona Heuchel,
Eva Lindner,
Karin Sprenger (Hrsg.)

Familienzentren in Nordrhein-Westfalen

Beispiele innovativer Praxis

Soziale Praxis, 2009, 226 Seiten, br., 19,90 €
ISBN 978-3-8309-2106-6

Familienzentren in NRW bieten Betreuung und Bildung sowie Beratung und Unterstützung für Eltern und Kinder. Familienzentren bieten Familien Hilfe bei Erziehungsfragen, vermitteln Tagesmütter, unterstützen die Vereinbarkeit von Beruf und Familie und sind somit Sensoren für die Belange von Familien.

Mit dem Programm „Familienzentrum Nordrhein-Westfalen" will die Landesregierung 3.000 Tageseinrichtungen für Kinder bis zum Jahr 2012 zu Familienzentren weiterentwickeln. Gerade Tageseinrichtungen für Kinder in Kooperation mit Einrichtungen aus den Bereichen Bildung, Beratung und Betreuung haben die Chance, neue Akzente in der Begleitung von Familien zu setzen.

In diesem Band werden grundlegende Rahmenbedingungen, Kontexte und Aufgaben von Familienzentren dargestellt. Den Einführungen von Wissenschaftlern und ausgewiesenen Fachleuten zu den einzelnen Themenbereichen folgen Praxisbeispiele aus Familienzentren, die die Aufgaben in dem jeweiligen Arbeitsbereich konzeptionell entwickeln, umsetzen und erproben.

MÜNSTER · NEW YORK · MÜNCHEN · BERLIN

Waxmann

Pascal Bastian,
Annerieke Diepholz,
Eva Lindner (Hrsg.)

Frühe Hilfen für Familien und soziale Frühwarnsysteme

Soziale Praxis, 2008, 232 Seiten, br., 19,90 €
ISBN 978-3-8309-2014-4

Nach der Veröffentlichung dramatischer Todesfälle kleiner Kinder und der daraus resultierenden Diskussion um einen verbesserten Kinderschutz erfahren Maßnahmen wie das 2001 ins Leben gerufene Modellprojekt „Soziale Frühwarnsysteme in Nordrhein-Westfalen" eine hohe bundesweite Aufmerksamkeit. Ein zentraler Aspekt des Diskurses um frühe Hilfen ist, wie die Zusammenarbeit der ansonsten getrennt agierenden Hilfssysteme, beispielsweise des Gesundheitswesens und der Jugendhilfe, verbessert werden kann.

Im Rahmen dieser Publikation werden sowohl die theoretischen Grundlagen früher Hilfen als auch die Möglichkeiten ihrer praktischen Umsetzung dargestellt. Basierend auf Erkenntnissen der Entwicklungspsychologie und der Bindungsforschung entwickeln die Autorinnen und Autoren eine Theorie der sozialen Frühwarnsysteme. Zentrale Fragen hierbei sind: Welche Unterstützung wünschen sich Eltern und was benötigen sie, um ihren Erziehungsaufgaben nachzukommen? Welche Effekte haben frühe Hilfsangebote auf die elterlichen Erziehungskompetenzen?

Den Kern des Praxisteils bilden sieben Berichte, in denen etablierte Projekte früher Hilfen aus Nordrhein-Westfalen ihre eigenen Erfahrungen mit sozialen Frühwarnsystemen darstellen.

MÜNSTER · NEW YORK · MÜNCHEN · BERLIN

Waxmann

Drorit Lengyel

Zweitspracherwerb in der Kita

Eine integrative Sicht
auf die sprachliche und
kognitive Entwicklung mehrsprachiger
Kinder

Internationale Hochschulschriften, Band 521, 2009, 284 Seiten, br., 29,90 €
ISBN 978-3-8309-2086-1

Fast 10 Jahre ist es her, dass PISA die deutsche Bildungslandschaft auf-rüttelte. Seitdem steht auch das Thema Mehrsprachigkeit mehr und mehr im Zentrum des Interesses. Nur selten wird der Blick jedoch auf die Fähigkeiten der Kinder bei der Aneignung des Deutschen als zweite Sprache gelegt.

Drorit Lengyel setzt mit ihrer Bearbeitung des Themas dort an, wo viele Kinder, die mit mehr als einer Sprache aufwachsen, zum ersten Mal Deutsch als Werkzeug zur Zielerreichung einsetzen müssen. Im Rahmen einer Untersuchung in vier Kindertageseinrichtungen geht sie dem Zu-sammenwirken sprachlicher, kognitiver und interaktiver Prozesse wäh-rend der Aneignung der Zweitsprache Deutsch auf den Grund. Hierbei entledigt sie sich disziplinärer Grenzziehungen, indem sie unterschiedli-che Ansätze beleuchtet. So werden auf der Suche nach Wegen zur Sprachbildung und Sprachförderung die Grundzüge einer integrativen Sichtweise auf Kinder im Zweitspracherwerb entwickelt, die das Kind in seiner „Sprachwerdung" in den Mittelpunkt der Betrachtung rückt.

MÜNSTER · NEW YORK · MÜNCHEN · BERLIN

Waxmann

Michael Kirch

Englisch lernen
mit dem Fernsehen

Eine Studie über die Eignung
des Fernsehens im Rahmen des
frühen Fremdsprachenerwerbs
am Beispiel der Sendung *Something Special*

Internationale Hochschulschriften, Band 517, 2009, 212 Seiten, br., 24,90 €
ISBN 978-3-8309-2076-2

Wenn vom Verhältnis Kinder und Fernsehen die Rede ist, geschieht dies oft unter einem problematisierenden Blickwinkel. In der vorliegenden Arbeit hingegen wird das Potenzial des Mediums Fernsehen als Lernumgebung für den Fremdspracherwerb bei Kindern im Kindergarten- und Vorschulalter thematisiert.

Kindern dieses Alters fällt der Erwerb einer zusätzlichen Sprache besonders leicht. Inwieweit sich diese Fähigkeit entfalten kann, hängt wesentlich von den Rahmenbedingungen ab.

Das Fernsehen ist für jüngere Kinder nach wie vor ein motivierendes Medium. Es hat außerdem vielfältige Mittel, das rezeptive Sprachverstehen wirkungsvoll zu unterstützen, das für einen erfolgreichen Fremdsprachenerwerb unerlässlich ist.

Ob sich das Fernsehen deshalb eignet, um erste Schritte in eine erste Fremdsprache zu machen, wird in diesem Buch am Beispiel der englischen Kindersendung *Something Special* der BBC untersucht. Dabei wird das Verständnis der Sendung abgefragt, das Rezeptionsverhalten analysiert und ausgewählte Programmeigenschaften der Sendung untersucht.

Stefan Weyers,
Monika Sujbert,
Lutz H. Eckensberger

Recht und Unrecht aus kindlicher Sicht

Die Entwicklung rechtsanaloger Strukturen
im kindlichen Denken und Handeln

2007, 224 Seiten, br., 29,90 €, ISBN 978-3-8309-1868-4

Dieses Buch richtet sich auf einen besonderen Ausschnitt der kindlichen Normenentwicklung: die Herausbildung von Rechtsvorstellungen und rechtsanalogen Strukturen. Wie denken und handeln Kinder anhand rechtlich relevanter Fälle? Das Buch stellt die Fragestellungen, Methoden und Ergebnisse einer interdisziplinären Untersuchung dar. Schwerpunkte sind das kindliche Verständnis von Rechtsnormen und rechtlich relevanten Verhaltensmustern im kindlichen Spiel. Außerdem werden die Herausbildung von Besitz- und Eigentumsnormen an einer Fallstudie beschrieben und die pädagogischen Implikationen der Arbeit diskutiert.

Die Forschung zur Entwicklung moralischer Urteile wurde zwar in den letzten Jahren weiter vorangetrieben, die Ontogenese von Rechtsvorstellungen ist bislang jedoch weitgehend unerforscht. Die vorliegende Studie nimmt explizit Bezug auf das Recht und die kindliche Normenentwicklung und verknüpft damit Ansätze aus Entwicklungspsychologie, Rechtswissenschaft und Pädagogik.

VERLAG GMBH
Münster · New York · München · Berlin
www.waxmann.com · info@waxmann.com